Les Guêpes...

Alphonse Karr

LES

GUÊPES

ŒUVRES

D'ALPHONSE KARR

Format grand in-18.

Paris. — Imp. Walder, rue Bonaparte, 44.

LES
GUÊPES

PAR

ALPHONSE KARR

— PREMIÈRE SÉRIE —

NOUVELLE ÉDITION

PARIS

MICHEL LÉVY FRÈRES, LIBRAIRES-ÉDITEURS

RUE VIVIENNE, 2 BIS

—

1859

A MES AMIS INCONNUS

L'histoire racontée par les *Guêpes* renferme une période de dix ans.

De ce recueil, complétement épuisé en librairie, on me demande une nouvelle édition.

J'aurais cru ma probité intéressée à ne faire aucuns changements, ni aux idées, ni aux appréciations, — quand même mes idées et mes appréciations auraient changé, — ce qui n'est pas.

Quelques pages seulement ont été supprimées, à la demande des éditeurs. — Nous n'aurions pu imprimer aujourd'hui ce que je disais alors, — et je ne veux pas dire autre chose.

Je viens de relire les cent volumes des *Guêpes*, et, dans ma conscience, je puis répéter aujourd'hui ce que j'ai dit en tête du premier volume, publié en novembre 1839.

A. K.

Avril 1853.

LES
GUÊPES

PRÉFACE, AVERTISSEMENT, AVANT-PROPOS;

LE TOUT EN VINGT LIGNES.

Ce petit livre est le premier de douze volumes semblables qui paraîtront successivement et chaque mois, d'ici à un an.

Ils contiendront l'expression franche et inexorable de ma pensée sur les hommes et sur les choses en dehors de toute idée d'ambition, de toute influence de parti.

Je parlerai sans colère, parce qu'à mes yeux les hommes les plus méchants sont encore plus ridicules que méchants, et que d'ailleurs je suis sûr de leur faire ainsi à la fois plus de tort et plus de chagrin.

Je n'appartiens à aucun parti : je juge les choses à mesure qu'elles arrivent, les hommes à mesure qu'ils se manifestent ; je prends peu de choses au sérieux, parce que, n'ayant besoin de personne que de mes amis, et ne leur demandant que leur ·

amitié, je sens, je vois et je juge avec le sang-froid et la gaieté tranquille d'un spectateur passablement assis.

J'adresse mes petits livres *aux amis inconnus* que je puis avoir dans le monde, aux gens de bonne foi, de bon sens et d'esprit : c'est-à-dire que j'ai pris mes mesures pour n'avoir besoin que d'un petit nombre de souscripteurs.

Nous rirons bien ensemble de bien des gens qui voudraient passer pour sérieux, et nous nous amuserons à mesurer la petitesse des *grands* hommes et des *grandes* choses.

———

Novembre 1839.

Aux amis inconnus. — Le gouvernement et les portiers. — Les partis et leurs queues. — Indépendance des gens de lettres. — Le roi des tragédies. — N'importe qui premier. — Ce que signifient les prodiges. — Gouvernement des marchands de peaux de lapin. — Consciences à trois francs. — Voyage du duc et de la duchesse d'Orléans. — Porte-crayons en or, contrôlés par la Monnaie. — L'hospitalité de Bourges. — Chercher Blanqui. — M. Cousin, philosophe cynique. — Les rois et les bergères. — Bon mot de S. M. Louis-Philippe. — Bon mot de M. Thiers. — Mauvais mot de M. de Salvandy. — Sur le jury. — Sur les avocats du roi. — Manière de faire condamner un accusé. — Vol de grand chemin. — M. Laffitte et un cocher. — Les livres. — Les romans. — M. de Salvandy. — Aux gens sérieux. — Parenthèse : les femmes de lettres. — L'école des journalistes. — La *Cenerentola* et les pieds des chanteuses. — Le Daguerréotype et Christophe Colomb. — Le nez de M. Arago. — Les femmes s'en vont. — Les gants jaunes. — Les écuyères du Cirque.

Certes, aux personnes qui me connaissent pour un homme de loisir et de fantaisie, il doit paraître extraordinaire que j'aille ainsi, de gaieté de cœur, me donner le tracas et l'ennui de créer une publication, quand il paraît chaque matin, sous le titre ambitieux d'*organes* de *l'opinion publique*, un si grand nombre de carrés de papier, où il me serait loisible de glisser ce que je puis avoir à dire à mes contemporains.

Il faut donc que j'aie une raison forte et invincible, et cette raison la voici :

C'est qu'*il n'y a pas* UN *journal dans lequel on puisse mettre vingt lignes où il n'y aurait ni bêtise, ni mauvaise foi.* J'en prends à témoin plusieurs de mes amis, hommes d'esprit et de talent, qui y écrivent ou plutôt qui y rament avec tant d'ennui et de dégoût. Je fais mieux, je prouve.

Autant que je me le rappelle, au mois de juillet de l'année 1830, une révolution a été faite *pour la liberté de la presse* par cette intéressante partie de la population qui ne sait pas lire : la presse est donc libre.

Si le despotisme a ses inconvénients, la liberté a aussi les siens ; le despotisme est considéré par celui qui l'exerce, ou comme un droit, ou comme une puissance acquise par la force, et conséquemment odieuse : comme droit, il a des limites, comme tout droit, en dehors desquelles il cesserait d'être ; comme usurpation, il y a une goutte qu'on n'ose pas mettre dans la coupe sous peine de la faire déborder.

Mais la liberté étant une vertu, elle prend ses plus funestes ou ses plus grotesques excès pour un progrès, et elle ne reconnaît pas de bornes.

Le gouvernement a cru agir sagement, en mettant *quelques* restrictions à la liberté de la presse.

Ces quelques restrictions remplissent dans le Code onze pages, contenant chacune cinquante lignes de soixante lettres, c'est-à-dire environ soixante-dix pages d'un volume ordinaire.

Le gouvernement a cru agir sagement, en quoi il s'est parfaitement trompé.

La presse sans entraves se servait de contre-poids à elle-même ; chaque nuance avait son journal, et chaque journal n'avait qu'un petit nombre de clients :

Le cautionnement a été la plus grande entrave, mais en même temps il a créé des priviléges ; c'est-à-dire que, s'il a rendu beaucoup de journaux impossibles, il a donné une immense puissance à ceux qui ont pu remplir cette condition, en cela que les diverses nuances de lecteurs se sont absorbées dans une couleur et ont fait à chacun des journaux existants une très-nombreuse clientèle.

Les conditions fiscales imposées à la presse l'ont retirée des mains des écrivains pour la mettre à celles des spéculateurs et des entrepreneurs.

Ainsi, aujourd'hui, on ne pourrait citer un seul écrivain possesseur d'un journal ; mais, en revanche, la presse est gouvernée, dirigée par d'anciens bonnetiers, d'anciens pharmaciens, d'anciens avoués, etc. ; quelques-uns, — les journaux par actions, — appartiennent à la fois à deux mille épiciers, bottiers, pâtissiers, merciers, rôtisseurs, portiers, perruquiers, bouchers, avocats — et autres citoyens d'une littérature contestable.

Voici quels sont les résultats de cet ordre de choses pour le gouvernement et pour les écrivains.

Le gouvernement, par une de ces maladresses qu'il n'y a que les gouvernements qui sachent faire, a fait passer l'arme dont il avait peur des mains des poëtes aux mains des hommes d'affaires et des marchands. Les marchands savent ce qu'ils mettent et ce qu'ils risquent dans une affaire, et les bénéfices multipliés par les risques que doit leur rapporter cet argent. Ils ont une tenue, une pertinacité, que n'auraient jamais eues les écrivains, qui n'auraient eu en vue que des idées, des paradoxes ou des systèmes. Les marchands vont droit à leur but, qui est de rançonner comme ami ou comme ennemi le gouvernement, ou de le renverser pour prendre ou vendre sa place. Vous avez voulu avoir affaire aux marchands ; eh bien ! arrangez-vous avec eux ; ils vous achètent la presse en gros, ils vous la revendront en détail, et gagneront dessus, et ils vous la vendront cher, et ils vous la feront payer de tout ce qui est à vous, et de bien des choses qui ne sont pas à vous.

🐜 Pour les gens de lettres, qui parlent si haut et si souvent de leur indépendance, voici ce qu'ils ont gagné au *progrès*. Ils ne sont plus, il est vrai, aux gages de Louis XIV ; ils lèvent fièrement la tête et plaignent ou méprisent Corneille, qui a subi ce joug honteux ; mais ils sont aux gages de M. Trois-Étoiles, négociant en vins, ou fabricant de cheminées, ou des deux mille bottiers, rôtisseurs, portiers, avocats, etc., dont je vous parlais tout à l'heure, qui ont déposé le cautionnement de cent mille francs exigé par la loi.

🐜 Il n'y a que deux sortes de journaux : ceux qui approuvent et soutiennent le gouvernement, quoi qu'il fasse, et ceux qui le blâment et l'attaquent, quoi qu'il fasse. Que le gouvernement prenne deux mesures *contradictoires*, ce qui n'est ni impossible ni rare : il est clair que si l'une est mauvaise, la seconde est bonne ; que si la première est bonne, la deuxième est mauvaise. Eh bien ! *il n'y a pas un seul journal* où on puisse dire cela.

🐜 Les journaux de l'opposition sont aussi obstinés et serviles dans leur critique que les journaux ministériels dans leur enthousiasme.

🐜 A côté de ces inconvénients visibles, il y en a d'autres plus cachés.

Tel journal indépendant, habituellement hostile au pouvoir, adoucit ses colères chaque fois qu'il faut faire renouveler à un théâtre royal l'engagement de certaine danseuse maigre.

🐜 Tel autre, toujours confit en admiration devant les derniers garçons de bureau des ministères, mêle un peu d'absinthe à son miel, à certaines époques où il est d'usage de discuter les subventions accordées aux journaux.

Outre que dans aucun journal on ne peut dire sa pensée entière, il y a pour les gens qui n'ont pas d'ambition, et conservent conséquemment du bon sens et de la bonne foi, il y a un inconvénient qui empêche de se rallier à aucun des partis en possession de la presse.

Le parti gouvernemental, à le juger par ses sommités, a l'avantage sur le parti de l'opposition. Il possède des hommes de science réelle, d'expérience, d'esprit vrai et de bonne compagnie ; mais il traîne à sa suite tout ce qu'il y a de mendiants, de valets et de cuistres. ,

Le parti de l'opposition montre avec un juste orgueil des gens de résolution et même de dévouement, des gens d'une probité sévère et d'une conscience éprouvée ; mais sa queue se forme de tout ce qu'il y a de fainéants coureurs d'estaminets, de tapageurs, de braillards, de vauriens, de *culotteurs de pipes*.

Et les hommes recommandables des deux partis savent combien ces queues sont lourdes et difficiles à traîner.

Il n'y a pas en France un seul journal qui oserait imprimer en entier dans ses colonnes le présent petit livre. Ce n'est pas cependant qu'il renferme rien qui soit contraire aux lois, à la morale publique, au bon sens ; — grâce à Dieu, ils n'y regardent pas de si près.

Je suis forcé de mêler ce premier pamphlet d'une certaine quantité d'aphorismes ou professions de foi.

Je ne parlerai guère de la royauté ; le trône est devenu un fauteuil, la couronne une métaphore : on a mis sur le trône un roi constitutionnel, c'est-à-dire le roi des tragédies, un farouche tyran auquel chaque personnage a le droit de débiter trois cents vers d'injures dont le moindre vous ferait casser la tête par un commis en nouveauté ; un roi qui, si le feu prenait à la France comme à la maison de certain philosophe, serait forcé de dire comme lui : « Cela ne me regarde pas, je ne me mêle pas des affaires de ménage, dites-le à la Chambre des députés. »

Un roi pour lequel — s'il veut contenter l'opposition — le mot *regner* n'est plus qu'un verbe auxiliaire comme *être*, et qui *règne* comme une corniche *règne* autour d'un plafond. On pourrait, il est vrai, dire avec La Fontaine :

> Mettez une pierre à la place,
> Elle vous vaudra tout autant.

Mais qui insulterait-on d'une manière aussi amusante, aussi audacieuse en apparence, aussi peu dangereuse en réalité? On couronne les rois comme on couronna le Christ; chaque fleuron de leur couronne est une épine.

En fait de ministre, je suis de l'avis de cette vieille femme qui priait à Syracuse, dans le temple de Jupiter, pour la conservation des jours de Denis le Tyran : « Ma bonne, lui demanda Denis. qui se rendait justice, qui peut vous engager à prier pour moi?

— Seigneur! dit la vieille, votre prédécesseur était bien mauvais, et j'ai prié Jupiter de nous délivrer de lui. Hélas! mes vœux ont été exaucés : il a été remplacé par vous, qui êtes bien plus méchant que lui! Qui sait comment serait votre successeur? »

Il y a en France une folie bizarre, tout le monde veut être gouvernement. Cela vu de trop près, comme nous sommes, ne paraît pas aussi bouffon que ce l'est réellement. Ne ririez-vous pas cependant, si vous voyiez tous les habitants d'une ville se faire bottiers? Il est cependant plus facile de chausser les hommes que de les gouverner. Tout le monde s'efforce de prendre les sept portefeuilles des sept ministères : je crois que les trente millions de Français y passeront; cela serait long, mais cela aurait une fin, si ceux qui ont été ministres se tenaient tranquilles et laissaient de bonne grâce la place aux autres.

Depuis quinze ans on n'administre pas en France, Les ministres s'occupent à rester ministres et ne font pas autre chose. Voilà quinze ans qu'on se bat derrière la toile à qui jouera les rôles, et on n'a pas encore commencé la grande représentation du gouvernement représentatif, tragi-comédie en trois actes.

Je suis prêt à crier : *Vive n'importe qui premier !* pourvu qu'on le laisse en place, et qu'il puisse s'occuper d'améliorations matérielles. Il y a des gens qui demandent des droits politiques pour le peuple ; le premier droit qu'on doit donner au peuple, c'est le droit de manger, et pour cela il ne faut pas lui faire détester, quitter ou négliger son travail pour de vaines théories.

Il y a une partie du peuple qui sait lire aujourd'hui, on se plaît à nommer cela émancipation. Jusqu'ici les lumières du peuple n'ont servi qu'à le rendre dupe et esclave des divers morceaux de papier imprimé qu'on lui met dans les mains. Les journaux de l'opposition lui ont tant et si bien dit que le gouvernement voulait se défaire du peuple (un gouvernement qui aurait réussi à se défaire du peuple serait, je pense, fort embarrassé), que des désordres graves ont eu lieu sur plusieurs points de la France, à l'occasion du transport des blés d'un lieu à un autre ! Dans la Sarthe, où la rumeur a commencé, le préfet et le procureur du roi ont cédé à l'exaltation populaire. C'est fort embarrassant de faire partie d'un pouvoir sorti de l'insurrection, et obligé de toujours lutter avec sa mère et d'avoir à gouverner un peuple souverain. Néanmoins, le ministère actuel a fait ce qu'il devait faire ; il a destitué les fonctionnaires incertains. Voilà donc démentie une fois cette sottise si répétée, si applaudie à la Chambre des députés, *de l'indépendance des fonctionnaires.*

Au Mans, un ancien soldat, chef d'émeute, expliquait ce que le gouvernement faisait du grain qu'on exportait : « On le jetait dans la Seine pour affamer le peuple ; il se rappelait, en menant son cheval à l'abreuvoir, quand il était en garnison à Paris, l'avoir vu enfoncer jusqu'au poitrail dans le blé que roulait le fleuve. »

Je découvre avec douleur que le peuple instruit (on prétend

qu'il l'est) est un peu plus bête que le peuple ignorant ; et je ne vois pas à ces désordres, aussi fâcheux dans leurs résultats que ridicules dans leur cause, que ledit peuple ait changé depuis le temps de Moïse.

Il y a du reste en France un parti qui est toujours sûr d'éveiller de nombreuses sympathies, un parti qui a des dévouements et même des martyrs, c'est le tapage.

⁂ Les *grands citoyens*, les *amis du peuple*, les *forts*, les *sérieux*, les *habiles*, les *grands politiques*, se sont alors dit : « Le peuple a peur de la famine, le pain est cher ; c'est le moment de demander pour lui... des droits politiques. »

Et les uns se sont mis à demander l'abaissement du cens électoral ; les autres, son abolition ; les autres, le suffrage universel.

⁂ La chose est arrivée à propos pour les journaux quotidiens, et il faut ici révéler une des misères de ces pauvres journaux.

La première condition d'un journal quotidien est de paraître tous les jours ; — je dirai plus, c'est à peu près la seule condition. Un journal se compose d'une feuille double imprimée sur quatre côtés.

Pendant les sessions des Chambres, la besogne est facile ; une page de compte rendu et un article sur la séance font l'affaire. Mais, pendant les vacances, c'est une terrible lacune à remplir.

Aussi les journaux usent-ils des moyens les plus extrêmes ; rien n'est trop absurde, si cela fait une ligne et demie.

A les croire, à peine la session est finie que la France se couvre de centenaires, de veaux à deux têtes, de chiens et d'enfants savants. On tue des aigles qui ont des colliers d'argent. Si l'on coupe un arbre, il y a dans la moelle une figure de saint. Tout bloc de marbre renferme un serpent vivant ; des ours étonnent les populations par le spectacle de leurs vertus et de leur humanité. Le pays est encombré de prodiges.

Il manque cinq lignes. Allons, un petit refus de sépulture, un assassinat.

C'est le compte.

Les ours vertueux commençaient à poindre, les centenaires se manifestaient dans les provinces, quand la question de la réforme électorale, question providentielle, s'il en fut jamais, est venue tirer d'embarras ces pauvres feuilles quotidiennes.

🐜 Voici la miraculeuse logique des partisans de la réforme électorale et du suffrage universel : 1° ils se plaignent du règne de la petite bourgeoisie et de la finance; 2° de la corruption électorale.

On pourrait leur répondre : 1° qu'ils n'ont dans la bourgeoisie que ce qu'ils ont fait et demandé; que ce gouvernement des bonnetiers et des usuriers m'est aussi désagréable qu'à eux pour le moins; mais que ce n'est pas une raison pour lui substituer le seul qui puisse être pire. Car, Dieu merci! si le gouvernement des bourgeois est mauvais, ce n'est pas parce qu'ils sont trop spirituels et trop éclairés, et le premier changement ne devrait pas être pour descendre de ce qu'ils avouent être trop bas. Il est difficile de voir en quoi le gouvernement des porteurs d'eau, des marchands de chaînes et de peaux de lapin, l'emportera sur celui des prêteurs a la petite semaine et des droguistes.

Ces messieurs, qui trouvent aujourd'hui si mauvais, et je suis bien de leur avis, le gouvernement des bourgeois, le trouvaient excellent quand il s'agissait de faire arriver aux affaires cette classe dont ils faisaient partie. Mais ces bons marchands, qui n'avaient jamais pensé à être rois de France, y sont maintenant accoutumés, prennent la chose comme si elle leur était due, et ne se laissent plus assez diriger. D'ailleurs, ils ont gagné ce qu'ils pouvaient espérer, et ils ont quelque chose à perdre.

2° Si on corrompt les électeurs à deux cents francs, ce que je ne nie pas, si les garanties de fortune sont insuffisantes, quelles garanties donneront des gens sans fortune? Cela ne peut amener qu'un rabais avantageux aux corrupteurs, et procurera des consciences à trois francs. — *Le treizième en sus.*

QU'ON SE LE DISE.

Les pauvres diables qui rédigent, ou à peu près, les journaux ministériels, ont eu bien du mal par ces temps derniers. Il s'agissait de décrire d'une manière chaude et variée l'enthousiasme des populations sur le passage de LL. AA. RR. le duc et la duchesse d'Orléans. Voici à peu près comment ils se tiraient d'affaire :

A *Bordeaux*, la garde nationale était en haie, des jeunes filles vêtues de blanc ont offert des fleurs à la princesse ; le maire a fait un discours au prince, le prince a répondu. L'enthousiasme a été *au plus haut* degré.

A *Libourne*, c'était tout autre chose : la garde nationale était en haie, des jeunes filles vêtues de blanc ont offert des fleurs à la princesse ; le maire, par une singularité remarquable, le maire a fait un discours, le prince a répondu. L'enthousiasme a de beaucoup dépassé celui qu'on avait manifesté à Bordeaux.

Mais c'est surtout à *Limoux* que le voyage de Leurs Altesses a été un triomphe ; la fête était des plus ingénieuses ; la garde nationale était en haie, des jeunes filles vêtues de blanc ont offert des fleurs à la princesse ; le maire a fait un discours au prince, le prince a répondu. L'enthousiasme a de beaucoup dépassé celui manifesté à Libourne.

Ce lazzi des journaux ministériels a duré quinze jours ; ils auraient pu varier peut-être encore davantage le récit en y mêlant certaines mésaventures arrivées à Leurs Altesses Royales. Il eût fallu peindre les discours, la pluie, les revues, les vins du cru à boire et à louer. A Limoux, par exemple, la nécessité de mettre la fameuse *blanquette de Limoux* au-dessus du vin de Champagne. A Libourne, des insectes malfaisants dans le logément faillirent dévorer LL. AA. RR. A***, une galanterie des autorités, ayant fait repeindre l'appartement destiné aux nobles voyageurs, ils faillirent mourir pendant la nuit asphyxiés par l'odeur de l'essence de térébenthine. Dans d'autres endroits, épuisés de fatigue, ils commençaient à s'endormir quand une sérénade, sous leur fenêtre, venait les réveiller en sursaut.

La princesse a donné des porte-crayons *magnifiques* à divers poëtes de différents crus. La princesse donne volontiers ces bagatelles, plus précieuses par la grâce avec laquelle elles sont offertes que par la valeur du présent.

Pendant ce temps, les journaux dits indépendants se sont émus ; ils ont également rendu compte, jour par jour, du voyage de Leurs Altesses Royales, ils ont crié à la prodigalité des conseils municipaux ; ils se sont plaints de ce qu'on *buvait la sueur du peuple ;* ils ont remarqué que le prince buvait du vin frappé, et ils ont dit que la glace est fort chère cette année ; ils ont chanté pouille à un préfet qui lui a fait boire du vin de *Tokai,* parce que le vin du cru eût été plus patriotique et moins cher, le tout dans le style de ce bon M. Cauchois-Lemaire, qui, à propos des fêtes et de l'inauguration du musée de Versailles, écrivait : « Pour moi, dans un cabaret du coin, je vais boire du petit vin à douze qui ne sera pas trempé de la sueur du peuple. »

Les affaires d'Espagne paraissent terminées. Don Carlos a reçu en France une touchante hospitalité. La gendarmerie française a montré un empressement de bonne compagnie à le recevoir. On l'a prié de choisir la ville où il lui plairait demeurer, en l'assurant qu'on serait heureux d'obtempérer à sa demande, pourvu que son choix tombât sur la ville de Bourges.

Il y a à Bourges un triste souvenir pour un roi détrôné. Il y a plus de quatre cents ans, Charles VII s'y fit faire des bottes par un cordonnier, qui, apprenant que le roi ne pouvait les payer, ne voulut pas les lui laisser et les remporta.

Je ne me rends pas bien compte du traitement que, dans cette circonstance, on fait subir à Don Carlos, ni quelle loi on lui applique. En sa qualité d'étranger voyageant en France, on doit le laisser circuler librement; ou bien, si on ne trouve pas ses papiers en règle, le faire paraître comme vagabond devant la septième chambre. Que ferait-on si Don Carlos, réclamant le secours des lois françaises, attaquait les ministres, aux termes des articles 114, 115, 116, 117, 341, 342 du Code pénal? En attendant, la princesse de Beira rend fou le préfet de Bourges; elle a découvert que le cómte de Lapparent s'appelle M. Cochon, et elle ne lui donne pas d'autre nom. Les feuilles légitimistes, depuis ce temps, consacrent tous les jours une demi-colonne à des paraphrases de fort mauvais goût et de fort mauvaise compagnie sur ce sujet.

🐜 Pendant ce temps, la reine d'Espagne, affermie sur son trône par la trahison de Maroto, distribue des récompenses qu'elle voudrait rendre dignes des services qu'elle a reçus; mais, vu le mauvais état des finances, elle a prodigué les honneurs. Napoléon, qui aimait faire des ducs, c'était sa faiblesse, leur donnait avec le titre de beaux apanages. La reine d'Espagne, par des motifs d'une louable économie, a imaginé des titres métaphysiques; elle a nommé Espartero duc de la Victoire. Ces duchés sont faciles à créer. On parle d'un officier nommé comte de la Sobriété; Maroto est, dit-on, marquis de la Trahison.

La campagne qui a fait sortir Don Carlos d'Espagne s'est faite beaucoup moins avec des soldats qu'avec de l'argent. Ainsi, M. Gaviria vient de recevoir de S. M. la reine la grand'croix de l'ordre d'Isabelle la Catholique. M. Gaviria aurait fait faire, en faveur de la reine, d'habiles manœuvres à une ármée de ducats bien disciplinée. Les journaux de Madrid, qui parlent de cette distinction accordée au banquier Gaviria, ne disent pas si on lui a rendu son argent. Cette question que nous faisons n'est pas aussi saugrenue qu'elle en peut avoir l'air. L'Espagne est connue pour une habileté plusieurs fois éprouvée dans le *vol à la tire* et à *l'Américaine.*

🐜 On a décidé, il y a quelques jours, dans le conseil de

la reine, qu'il fallait prendre une mesure pour « ranimer les espérances des créanciers de l'Espagne. » Ce qui nous paraît devoir inspirer la plus grande défiance aux petits ex-rentiers ruinés par de gros marchands devenus, depuis, grands citoyens, sous prétexte d'emprunt espagnol, dont ils étaient moins les banquiers que les compères.

Le gouvernement, si toutefois il y a un gouvernement en France, ressemble beaucoup à certains bourgeois : si un homme ivre leur demande un peu tard l'heure qu'il est ou le nom d'une rue, ils prennent la fuite et disent à leur femme alarmée qu'ils ont été attaqués par quatre hommes, et que, sans leur courage, leur intrépidité et leur sang-froid, ils auraient succombé. Le lendemain, entièrement remis de leur frayeur, ils racontent les détails de leur victoire : « Ils étaient cinq, des figures de galériens, j'en ai jeté trois par terre, les quatre autres ont pris la fuite. »

Le gouvernement s'invente des ennemis formidables, pour se créer ensuite d'éclatantes victoires. On a fait un bruit énorme de la capture de M. Auguste Blanqui. On eût dit que le salut du pays était attaché à la prise de M. Auguste Blanqui.

Caveant consules !

Domine, salvum fac regem ! Dieu, sauve le roi !

M. Auguste Blanqui ne demandait pas mieux que de se sauver lui-même, et on aurait dû le laisser faire, cela eût évité beaucoup d'embarras et d'ennuis à MM. les pairs, dont les fils ne regrettent plus l'hérédité, tant le métier devient dur et désagréable. Et M. Blanqui, une fois hors de France, n'aurait plus donné le moindre prétexte aux terreurs bouffonnes que l'on faisait semblant d'avoir de lui.

Le plus grand inconvénient de ces ridicules émotions est celui-ci : les agents de la police se mettent à laisser faire tout ce qu'on veut dans la ville. On assassine en plein jour dans la rue, on arrête les passants et on les dépouille à huit heures du soir. On enlève le plomb des maisons ; la police n'en peut mais. Ses agents boivent et dorment dans les cabarets, se lèvent tard et se couchent de bonne heure ; et ils appellent cela « *chercher Blanqui.* »

Si un agent supérieur rencontre le soir, au coin d'une borne, un de ses subordonnés : *hesterno et hodierno inflatus Iaccho,* attendant dans un doux sommeil qu'il plaise à sa maison de passer, le subordonné, brusquement réveillé et interpellé, répond brusquement : « Je guette Blanqui. »

Un autre va passer trois jours à la campagne, assister à la chute des feuilles jaunies. Il aime à contempler la nature parée de ses plus grandes splendeurs ; les arbres, plus riches que ceux des Hespérides, tout chargés de feuilles d'or ; la vigne ornant les maisons rustiques de festons couleur de rubis. Si on lui demande compte de ses loisirs, il n'a qu'un mot à répondre : « Je suis sur la trace de Blanqui. »

Et un jour on rencontre par hasard M. Blanqui, et on l'arrête ; et cependant les forêts les plus célèbres

Sont auprès de Paris un lieu de sûreté.

Paris n'a plus rien à envier à Athènes. Depuis longtemps, sous prétexte de monuments nationaux, il possède plus de temples grecs que n'en eut la ville de Minerve : aujourd'hui il a son philosophe cynique. M. Cousin a fait un grand scandale : conseiller en service ordinaire, c'est-à-dire avec douze mille francs d'appointements, il s'est vu tout à coup conseiller en service extraordinaire, c'est-à-dire sans honoraires ; et, en effet, ce serait un service bien extraordinaire que celui que M. Cousin rendrait pour rien. Il s'est emporté, a écrit dans les journaux, a donné sa démission de ce qu'il appelle « un titre *vain.* »

Mais, ô Diogène ! dans cette colère qui vous fait rejeter tout pacte avec un pouvoir ingrat, vous avez oublié de vous démettre également de deux petites places agréablement rétribuées qui vous restent. Prenez garde, ô Diogène! on croira que les titres *vains* sont les seuls que vous dédaignez, et que vous vous êtes moins occupé, votre lanterne à la main, de chercher un homme que de chercher des places.

Est-il vrai, ô Diogène! que, dans votre retraite, vous composez un *Traité* dans lequel vous démontrez combien vous méprisez le mépris des richesses?

Autrefois, il était convenu que les rois, les reines et les princes *immolaient à leurs grandeurs* les plus *doux sentiments* de la vie. L'amour n'était nullement consulté dans leurs mariages. C'était sur le cœur des bourgeois que ce dieu exerçait son empire.

Aujourd'hui les bourgeois se sont emparés des *grandeurs :* les rois pensent ne devoir rien *immoler* à des *grandeurs* qu'ils n'ont plus. Un journal anglais, en parlant d'un projet de mariage entre la reine d'Angleterre et le prince Albert, ajoute : « Nous savons *de bonne part* que l'inclination de Sa Majesté pour le jeune prince date de quelque temps. »

En même temps, l'empereur de Russie a envoyé son fils chercher, chez les petits princes allemands, une femme *selon son cœur*. Le prince a trouvé à la cour de Hesse-Darmstadt *une jeune fille du nom de* MARIE, *que la grande noblesse dédaigne : elle n'a que ses quinze ans et sa beauté, le mariage sera célébré d'ici à un mois.*

Le fils d'un marchand de la rue Saint-Denis, ou du dernier des Dupin, serait fort mal reçu s'il présentait à son père une semblable bru, bonne tout au plus, aujourd'hui, pour un roi de France ou un empereur de Russie.

Les rois se montrent du reste bien avisés de chercher les joies de l'amour dans le mariage ; je leur conseillerais peu de les demander à des amours illicites, et de suivre les exemples de Louis XIV, le Grand ; de Louis XV, le Bien-Aimé ; de Henri IV, le Père du peuple ; d'Élisabeth d'Angleterre, dont les erreurs ont été déifiées par leurs contemporains, et acceptées bénévolement par la postérité, que nous avons l'honneur d'être. S. M. Louis-Philippe a fait placer à Versailles, parmi les portraits des rois ses aïeux, et des grands hommes qui ont honoré ou servi la France, ceux des diverses beautés qui ont adouci illégitimement *les ennuis de la royauté* de ce temps-là.

La presse, le seul gouvernement despotique et arbitraire qu'il y ait aujourd'hui, mettrait bon ordre à de semblables délassements : les journalistes les plus *viveurs, dîneurs, soupeurs, bambocheurs,* les plus exacts à exercer les droits de jambage sur leurs vassales des théâtres, sont trop *vertueux* dans leurs feuilles pour permettre aux autres le moindre scandale. Le vice, autrefois apanage des grands, aujourd'hui appartient à la classe moyenne ; elle l'a conquis et elle saura maintenir ses droits ; malheur à qui y toucherait !

On a surveillé de près les affections de la reine d'Espagne ; la presse anglaise a signalé chaque regard que sa pauvre petite reine a laissé tomber.

Aux vertus et à la nullité que l'on exige aujourd'hui d'un roi, chaque pays devrait faire canoniser et empailler le premier qui lui mourra, et le déclarer roi perpétuel ; l'Académie a bien un secrétaire perpétuel. C'est une fatuité que l'on comprend du reste de la part d'un corps d'immortels.

Une nouvelle a fort couru chez les feuilles légitimistes et chez les feuilles dites indépendantes.

N. B. Je vous dirai dans mon second volume des choses fort réjouissantes sur les deux classes de journalistes : *journalistes indépendants, martyrs de leurs opinions,* et les *journalistes vendus.*

Cette nouvelle est que chaque matin une voiture aux armes du roi de France va vendre au marché Saint-Joseph les légumes des châteaux royaux.

Les marchands se sont faits rois de France, le roi de France se fait marchand de légumes : c'est dans l'ordre.

De tout ceci il résulte que ces paroles des escamoteurs et des tireuses de cartes, du petit Albert et du grand Éteila, se sont réalisées :

« On a vu des rois épouser de simples bergères. »

Reste à savoir si l'on trouvera encore longtemps des bergères assez simples pour consentir à épouser des rois.

Il y a quelques jours, dans une conversation avec le roi, M. Thiers parut satisfait de quelques explications que S. M. Louis-Philippe voulut bien lui donnner sur sa politique.

« Ah! sire, s'écria celui qu'on a plaisamment appelé Mirabeau-Mouche, vous êtes bien fin, j'en conviens, très-fin, mais je le suis encore plus que vous.

— Non, reprit le roi, puisque vous me le dites. »

Le même M. Thiers a dit de certains ministres nouvellement aux affaires que l'on accuse de manquer de politesse et de savoir-vivre : « Ils se croient vertueux parce qu'ils sont mal élevés. »

M. Persil a été fort blâmé en son temps d'être venu remplacer à la Monnaie son prédécesseur à peine mort. M. Persil, destitué et réintégré, a cette fois remplacé aussi brutalement un homme vivant, M. Méchin, et dans ce cas-là les vivants crient bien plus que les morts.

M. de Salvandy, l'ex-ministre, a dit à ce sujet : « Méchin, comme un perroquet, est mort par le persil. »

Je ne prends pas la responsabilité du mot, qui est médiocre.

Je respecte l'institution du jury, comme je respecte toutes les institutions : mais voici un petit raisonnement mathématique que je risque contre ladite institution.

Tacite l'a dit, et *Cicéron* aussi, et, je crois, tout le monde aussi : la vérité n'a qu'une forme, le faux en a mille ; en effet, mettez un seul juge, un cadi, à un tribunal, et donnez-lui une cause à juger ; si la cause est un peu embrouillée, il y a une douzaine de manières de juger la question ; de ces douze manières une seule est la bonne. C'est déjà assez inquiétant pour l'accusé de jouer sa fortune ou sa vie avec une chance pour lui et onze contre lui. Et certes je suis bien modéré en supposant qu'un homme n'a que onze chances de se tromper dans un jugement. Demandez à un passant quelle est la date du mois, il a tout de suite vingt-neuf chances contre une pour répondre une erreur. Mais, prenant pour base une chance pour la vérité, et onze pour l'erreur qu'aurait un seul juge, douze jurés ont naturelle douze chances pour tomber juste et cent trente et une pour se tromper.

Dernièrement encore deux hommes ont été condamnés à mort par un tribunal et acquittés par un autre comme parfaitement innocents, *malgré* la *remarquable* plaidoirie de M. le procureur du roi de l'endroit.

Il n'y a rien au monde de si ridicule et de si atroce que la position de ce qu'on appelle le *ministère public*. Un avocat passe quinze ans de sa vie à défendre n'importe qui et n'importe quoi ; ensuite il arrive au *parquet,* et là il passe quinze autres années à accuser n'importe quoi et n'importe qui. Or, sur dix accusations capitales, il y a au moins cinq acquittements. Le ministère public rentre donc dîner chez lui cinq fois par mois pour le moins, ayant parlé cinq heures pour faire guillotiner un homme innocent. Il dîne bien, prend son café et va au théâtre ou dans le monde, où il est reçu avec égards ou distinction. Chose bizarre, cependant, on honore le procureur du roi et on avoue une répugnance invincible pour le bourreau. Il faudrait cependant pour que les choses fussent égales entre eux, que le bourreau eût tranché la tête à un certain nombre d'innocents, et qu'il l'eût fait sciemment.

Il est connu au *palais* que lorsque l'on *tient* à une condamnation capitale, on ne fait venir l'affaire qu'à la fin d'une session; les jurés se sont accoutumés alors à l'idée terrible de prononcer la peine· de mort. Ils ont pour les derniers accusés toute la sévérité qu'ils n'ont pas osé avoir pour les premiers ; et puis, ils sont fatigués, ennuyés. Tel homme va aux galères, moins pour avoir commis un vol avec effraction que pour avoir fourni à un avocat le prétexte et le droit de parler et d'ennuyer les jurés pendant cinq heures.

On distingue, au commencement d'une session, les jurés en deux classes :

Ceux qui viennent avec l'intention de ne jamais condamner ;

Ceux qui apportent la ferme résolution de condamner toujours.

J'ai entendu raconter à M. Laffitte, qu'il avait entendu dire à un juré : « Entre nous, ce n'est pas pour rien qu'on place ainsi un homme sur un banc, entre deux gendarmes ; ce n'est · ni vous, ni moi, ni aucun honnête homme qu'on connaisse, que l'on traite ainsi. Cet homme-là a fait quelque chose ; si ce n'est pas le crime dont on l'accuse, c'est un autre ; et je condamne. »

Ceux qui ne condamnent jamais admettent toujours des circonstances atténuantes. Nous avons vu un homme accusé d'avoir coupé sa sœur par morceaux, déclaré coupable, *mais* avec des *circonstances atténuantes*. Où diable étaient les circonstances atténuantes ?

Est-ce parce que la victime était sa sœur, ou parce que les morceaux étaient petits ?

Il ne me semble pas que ces exemples de bévues, que je pourrais multiplier à l'infini, militent puissamment en faveur de *l'abaissement du cens électoral* et du *suffrage universel*.

Il y a sur l'institution du jury une curieuse et singulière remarque, que je n'ai aucune raison de garder pour moi seul.

Tout est aux mains des marchands : la royauté, la presse, les places, les honneurs, etc.

La justice n'a pu leur échapper; la justice est rendue à leur point de vue.

Ainsi, selon les Codes, les jurisconsultes et les moralistes de tous les temps et de tous les pays, le crime le plus punissable est le meurtre.

Le vol ne vient qu'en troisième ou quatrième ligne.

Depuis l'institution du jury, cet ordre a été changé : le crime le plus effrayant, le plus horrible, le plus inexorablement puni, est le vol.

L'assassinat ne vient qu'après.

Je ne parle que de l'assassinat commis par haine ou par vengeance; l'assassinat suivi de vol est aussi sévèrement puni que si c'était un vol simple.

En effet, deux hommes sont animés d'une haine mutuelle; l'un a offensé l'autre, etc.

L'offensé ou l'offenseur tue son ennemi; cela n'est pas précisément conforme à la justice, à la morale ni aux usages, pensent les jurés, mais au fond cela ne nous regarde pas.

Et, comme je l'ai entendu dire à un de ces estimables négociants, « entre l'arbre et l'écorce, il ne faut se mêler de rien. »

C'était une affaire entre le tué et l'assassin, c'est une chose finie. Il a tué cet homme parce qu'il lui en voulait; il est mort, il ne lui en veut plus. La *société* (mot qui veut dire *moi* dans la bouche d'un juré, comme le *peuple* dans la bouche d'un homme politique) n'est pas menacée.

Mais on a volé un négociant (comme moi), homme patenté (comme moi), un parfumeur (comme moi), dans une rue déserte (comme la mienne); le voleur n'en voulait pas à ce parfumeur précisément, mais à l'argent. Son crime ne l'a pas satisfait; au contraire, la cause n'a pas cessé d'exister comme dans le crime précédent. La *société* (j') a (ai) de l'argent, donc la *société* est menacée, il faut se défaire du scélérat.

Et ceci n'est pas un paradoxe, les faits sont là ; tout le monde peut juger et tirer les conséquences.

🐝 A ce propos, je répondrai à un reproche que l'on m'a fait plus d'une fois ; on m'a accusé d'être paradoxal. Il y a deux sortes de paradoxes :

Le premier se fait en affirmant le contraire de toute opinion reçue, seulement *parce que* c'est une opinion reçue ;

Le deuxième se fait en affirmant ou en niant une chose, *quoique* l'on se trouve en opposition avec une opinion reçue.

Je défie que l'on trouve, dans les volumes que j'ai écrits, un seul paradoxe qui appartienne à la première classe.

Ce n'est pas ma faute si une opinion est souvent d'autant plus absurde, qu'elle a plus de partisans et qu'elle est plus généralement acceptée ;

Si on ne dit la vérité sur un point qu'après avoir épuisé, sur ce même point, toutes les formes et toutes les transformations du mensonge.

Il n'y avait sur le soleil et la terre que deux opinions à émettre : la terre tourne ou le soleil tourne ; est-ce ma faute si on a pendant tant de siècles choisi le soleil, et si on a un peu brûlé ceux qui pensaient autrement ?

🐝 Un Anglais vient d'exécuter d'une manière neuve et originale le vol de grand chemin. Il a volé le grand chemin même.

Le docteur Delawoy, propriétaire du château de Cambden-Town, avait une cour à faire paver. Il a fait enlever par ses gens les pavés de la grand'route, dont il s'est servi pour sa cour.

Eh bien! si j'étais juré, je n'oserais pas condamner cet homme, qui a fait la seule chose neuve qui se soit faite depuis longtemps.

🐝 Beaucoup de gens se trompent ou feignent de se tromper sur l'esprit français : ils croient les Français indépendants,

ennemis de tout joug, de toute autorité ; ils se trompent grossièrement. Le Français est vain et fanfaron ; il aime à taquiner
et à braver l'autorité, mais non à la renverser. Que diable taqui-
nerait-il après? Il aime à faire des émeutes, et il est fort étonné
lorsque, dans la bagarre, il a fait sans s'en douter une révolution au profit de quelques ambitieux. Une partie de l'*amour si*
célèbre des Français pour *leurs rois* vient du plaisir qu'ils ont
trouvé de tout temps à faire des chansons contre eux ; c'est ce
qui explique la faveur dont jouit tout homme qui a des démêlés
avec la police. Les *grands citoyens*, les *hommes* dits *éclairés*,
partagent ce sentiment, l'échauffent, l'exaltent, et finissent quelquefois par en faire quelque chose d'extrêmement saugrenu. Il
est excellent pour la popularité d'un homme qu'il ait été un
peu sur les bancs de la police correctionnelle. Cela s'appelle
persécution ou *martyre*, selon les articles du Code qui l'ont
prévu, et l'appellent autrement.

Dernièrement un cocher de cabriolet s'est trouvé en contravention : des agents de police ont dressé un procès-verbal. C'é-
tait, il faut l'avouer, attenter à la liberté du citoyen cocher auquel il plaisait d'être en contravention. Mais il faut dire aussi
que la liberté du citoyen cocher pouvait attenter à la liberté des
citoyens piétons auxquels il plairait de n'être pas écrasés. Le
cocher battit les sergents de ville et en blessa un grièvement.
Un procès s'ensuivit. Le cocher fut condamné à des frais, qui
mangèrent son cheval et son cabriolet.

M. Laffitte intervint et fit présent audit cocher d'un autre
cheval et d'un autre cabriolet.

On ne lit guère en France ; mais en revanche tout le
monde écrit. La littérature présente un peu en ce moment le
triste aspect d'un théâtre sans spectateurs.

Ceux qui ne font ni romans ni pièces de théâtre trouvent
moyen d'écrire encore sous prétexte de critiquer les ouvrages
des autres.

Il y a des réputations fondées sur l'ennui, des écrivains qu'on aime mieux admirer que de les lire. Les anciens avaient déifié toutes les choses dont ils avaient peur : la fièvre, la mort, la peste. Les modernes ont déifié l'ennui, divinité mille fois plus puissante que la fièvre, la peste et la mort. On l'apaise par des sacrifices, et on lui brûle de l'encens.

C'est des choses ennuyeuses que se forme ce qu'on appelle la littérature sérieuse, la grande littérature que l'on ne lit pas. Il m'arrivera quelquefois de lui manquer de respect, et de m'exposer au reproche de sacrilége.

Les gens qui ont des bibliothèques achètent d'abord tous ces livres de grande littérature, et les enveloppent d'une reliure si riche, qu'on ne lit pas les livres de peur de les gâter; splendides tombeaux d'où les morts ne sortent pas ! Puis ils ferment la bibliothèque et en cachent la clef, de crainte sans doute qu'il n'y revienne des esprits.

Puis ils s'abonnent à un cabinet de lecture, et lisent des *futilités* qui les font pleurer, ou rire ou rêver.

En général on ne lit que des romans, et on n'avoue guère que l'on en lit. Les gens graves disent d'un écrivain : « C'est dommage qu'il ne fasse que des romans. « O gens graves! mes bons amis, vous êtes bien drôles!

Que des romans! Pardon, gens graves ; que reste-t-il, dans la tête et dans le cœur des hommes, des chefs-d'œuvre de l'esprit humain?

Qu'est-ce donc que l'*Iliade*, et l'*Odyssée*, et l'*Énéide*, et *Gil Blas*, et *Don Quichotte*, et *Clarisse Harlowe*, et la *Nouvelle Héloïse*, et *Werther*, et *Quentin Durward*, et *Invanhoé?* Qu'est-ce que tout cela, gens graves, mes amis?

Qu'est-ce que vous voulez donc qu'on lise? la *Cuisinière bourgeoise?* les dictionnaires? l'histoire peut-être? Ah ! vous croyez à l'histoire, mes braves gens !

L'histoire est le récit des événements, quand elle n'est pas un conte ; le roman est l'histoire éternelle du cœur humain. L'histoire vous parle des autres, le roman vous parle de vous.

Que des romans ! Je sais bien qu'un ministre de l'instruction publique, qui n'est plus aux affaires, a dit ce mot comme vous.

Que des romans ! Mais je le comprends d'un ministre ; il pensait aux journaux. Les journaux renversent les ministères, tantis que les romans ne détruisent que la société.

Que des romans ! savez-vous l'influence des romans ? savez-vous combien l'*Héloïse* de Rousseau a dérangé de têtes ? combien le *Werther* de Gœthe a causé de suicides ? Et aujourd'hui, une femme habillant d'un style riche et pompeux les rêveries saint-simoniennes, savez-vous ce qu'elle a jeté de désordres dans le monde ? Un président de cour royale me l'a dit : « Depuis le saint-simonisme et madame Sand, les *demandes en séparation*, qui n'étaient qu'un rare scandale, se sont augmentées de plus d'un tiers, et n'étonnent pas plus au Palais qu'une contravention aux ordonnances sur le balayage. »

Mais il n'y a pas de direction de l'instruction en France, parce qu'un ministre a bien assez à faire de s'occuper de rester ministre ; on ne s'occupe ni de romans, ni du théâtre. O hommes graves ! je disais tout à l'heure que vous êtes drôles ! Hélas ! il faut dire pis, vous êtes bêtes !

Il y a trois ans que l'Académie française n'avait perdu un de ses membres quand la mort est venue frapper M. Michaud. Un aussi long laps de temps ne s'était pas encore écoulé depuis l'origine de l'Académie. Les académiciens sont comme tout le monde, la foi les a abandonnés ; ils ne croient plus à la postérité, ils essayent d'être immortels de leur vivant.

Le libraire Renduel a fait annoncer dans le journal la *Presse :*

LES CHATS DU CRÉPUSCULE,

Par M. Victor Hugo.

Nous pensons que c'est la même chose que les *Chants du cré-*
puscule déjà publiés.

🐝 Il y a en ce moment bien du scandale à la Comédie-
Française; les femmes s'en emparent définitivement. Madame Ancelot y fait jouer de temps en temps un drame par mademoiselle Mars ; madame Sand, un drame, la *Haine dans l'a-*
mour, qu'elle a fait lire par un jeune avocat chevelu.

Madame de Girardin est arrivée la dernière avec l'*École des*
journalistes.

PARENTHÈSE. — Il y a des femmes qui réclament la liberté et
l'égalité des droits avec les hommes. Elles sont comme le héros
de Corneille :

..... Monté sur le faîte, il aspire   descendre.

Les femmes jusqu'ici ont tout fait en France, et les hommes
n'ont jamais été que leurs éditeurs responsables. Si l'on écrivait l'histoire des véritables rois de France, Agnès Sorel, madame de Maintenon, madame de Pompadour, etc., y seraient
représentées coiffées de la couronne des illustres amants qui
furent rois sous le règne de ces dames.

Il n'y a pas eu en France une seule grande chose, bonne ou
mauvaise en politique, en littérature, en art, qui n'ait été
inspirée par une femme.

N'est-il pas plus beau d'inspirer des vers que d'en faire? Il
me semble voir des divinités descendre de leurs niches pour arracher l'encensoir à leurs adorateurs.

Au moment où j'écris ceci, elles envahissent tout, elles s'emparent de tout. En vain les hommes protestent ; ils sont obligés,
pour garder encore une dernière différence, et pour se distinguer
des femmes, de laisser croître leur barbe.

Autrefois nous avions les titres et les noms ; les femmes, le pouvoir et les choses : constatons que ce sont elles qui veulent changer cela.

❊ La comédie de madame de Girardin a été reçue à l'unanimité, avec acclamations, etc.; par suite de quoi il a été décidé qu'on ne la jouerait pas.

C'est ici qu'une autre comédie s'est jouée en dehors du théâtre, où on n'en joue guère, hélas !

Sous un gouvernement stable, les ambitieux et les gens en place n'ont à s'occuper que de peu de monde, du pouvoir actuel et du pouvoir futur, mais maintenant il faut s'occuper du gouvernement actuel et de tous les gouvernements *possibles*. On ne peut deviner qui sera au pouvoir demain ; il faut donc faire la cour à tout le monde. Le seul ministre que l'on puisse négliger est le ministre qui est aux affaires, parce que, quel qu'il soit, il ne peut tarder à s'en aller.

Messieurs les comédiens ont cru voir dans la pièce de madame de Girardin une attaque contre M. Thiers.

Dans l'*École des journalistes*, il est question d'une calomnie répandue par un journal sur le compte d'un homme d'État. L'auteur défend et réhabilite *son* homme d'État.

Messieurs les comédiens ont remarqué que la calomnie dont s'est servie madame de Girardin est précisément la même chose qu'un bruit que certains journaux ont répandu, dans le temps, sur M. Thiers, avec des formes passablement inconvenantes.

L'auteur soutient qu'il n'a eu en vue, ni M. Thiers, ni personne ; et d'ailleurs M. Thiers n'aurait qu'à se louer d'une semblable allusion, si elle existait, puisqu'elle donne comme *une calomnie* ce que d'autres ont pris soin de présenter comme *une médisance*.

Mais, si l'on se livre à un semblable système d'interprétations, il devient impossible de faire une ligne pour le théâtre : il est impossible de jouer une seule pièce même de l'ancien répertoire ; on trouvera dans tout une allusion à quelque chose que l'on aura dit sur quelqu'un.

Ainsi, que l'on apporte à ces messieurs *Rodogune*, ils ne la laisseront pas jouer à cause de M. U. ; *Esther*, il y a des Juifs, et que dira M. de Rothschild? *Iphigénie*, M. *** prendra pour lui la dureté d'*Agamemnon; Harpagon*, M. B*** prendra cela pour une personnalité ; le *Bourgeois gentilhomme*, que dira M. D***? les *Fâcheux*, MM. Br***, C*** et A*** se fâcheront ; la *Comtesse d'Escarbagnas*, toute la nouvelle cour entrera en fureur ; et *Sganarelle* donc! Molière serait bien reçu, s'il venait représenter *Sganarelle* à ces messieurs : une personnalité offensante contre tout le monde! Ces messieurs refuseraient immédiatement l'autorisation, par égard pour MM. A***, F***, P*** d'U***, de B***, G***, L***, Q***, de V***, C***, H***, ***, de M***, R***, X*** D***, de Z***, de N***, S***, d'Y***, d'E***, J***, d'O***, de T***, d'I***, etc.

Cherchez bien dans ces noms, et vous trouverez celui de quelqu'un de votre connaissance que messieurs les comédiens pourraient chagriner en permettant la représentation de *Sganarelle*.

🐜 On a repris au Théâtre-Italien la *Cenerentola;* les feuilletons ont repoussé leurs cris, leurs hurlements d'admiration, de l'année passée. Mais, pour la première fois, on a remarqué que la pantoufle de Cendrillon, si ravissante dans le conte de Perrault, a été remplacée dans le libretto par un bracelet : on a demandé pourquoi? Je vais le dire à ces messieurs.

Il y a une demi-heure chaque jour... c'est précisément celle où j'écris, il est une heure de l'après-midi; eh bien! en ce moment, dans toute la France, trois cent mille femmes se livrent à d'épouvantables tortures; il s'agit de renverser un axiome de géométrie : « Le contenant est plus grand que le contenu ; » il s'agit de faire entrer de grands pieds dans de petits souliers. Les femmes de théâtre sont allées fort loin dans cet art ; mais une pantoufle, une pantoufle qu'il faut perdre, une pantoufle qui doit s'échapper du pied, une pantoufle trop large, ne peut se prêter à un mensonge.

Les Italiennes n'ont pas les pieds fort petits ; il n'est pas une *prima donna* qui n'eût retiré, de la pantoufle, du ridicule et de l'humiliation.

Je m'étonne qu'aucun vaudevilliste n'ait pensé à faire jouer le rôle de Cendrillon à mademoiselle Jenny Vertpré, qui a de si petits pieds. Est-ce que par hasard les vaudevillistes n'auraient pas autant d'esprit qu'on le croit à Saint-Pétersbourg ?

Le daguerréotype... a beaucoup fait parler, beaucoup fait écrire.

Le procédé exploité par M. Daguerre a été découvert par M. Niepce, ainsi qu'en fait foi un traité passé entre MM. Niepce et Daguerre, le 14 décembre 1829. M. Niepce vivait à la campagne ; un de ses parents parla de sa découverte à l'ingénieur Chevalier, qui en parla à M. Daguerre, qui alla voir M. Niepce.

D'après ce traité du 14 décembre 1829, il est dit que, en cas de décès de l'un des deux associés, la découverte ne pourra jamais être publiée que sous la raison Niepce et Daguerre.

M. Niepce est mort et la *machine* s'appelle *Daguerréotype*.

Le monde découvert par Christophe Colomb s'appelle bien *Amérique*.

Il faut constater ici une singularité remarquable. Un des journaux dits *indépendants*, s'étant permis quelques plaisanteries sur la découverte exploitée par M. Daguerre, il lui a été enjoint de ne pas continuer et de se repentir, attendu que tout journal *indépendant* doit respecter une chose dont M. Arago a fait l'éloge.

Il y a un an, M. Dantan, qui a fait la charge en plâtre de toutes les illustrations contemporaines, fit également celle du même M. Arago. Plusieurs apôtres de liberté allèrent trouver M. Dantan et l'obligèrent à briser son moule et à faire amende honorable.

M. Arago doit être bien fâché du rôle qu'on lui fait jouer, et, pour ma part, je le plains de tout mon cœur d'avoir des amis aussi acharnés contre lui.

Les dieux s'en vont, a dit un ancien. Je dirai quelque chose de plus triste : les femmes s'en vont.

S'il y avait une destinée belle et noble, c'était celle des femmes, telle qu'elle a été si longtemps en France.

Reines par la beauté et par l'amour, on les avait placées sur un piédestal si élevé, que les moins *divines* d'entre elles n'en osaient descendre dans la crainte de se rompre le cou.

Une grande, une sublime fiction avait établi que l'amour d'une femme ne s'obtenait que par la manifestation de tout ce qu'il y a de noble et d'héroïque dans la nature humaine.

Au courage, à l'honneur, à l'esprit, il fallait joindre la distinction et l'élégance.

Les hommes avaient fait les femmes si grandes, qu'il fallait devenir grand pour arriver jusqu'à elles.

Les petits hommes et les imbéciles, les natures communes et vulgaires ont changé tout cela.

Le goût des plaisirs faciles devait dominer à une époque où il y a une haine insatiable contre tout ce qui est grand et beau. Les hommes des meilleures familles, les hommes les plus faits pour le monde, se sont laissé entraîner. Autrefois ils *avaient* des danseuses, aujourd'hui ils *sont eus* par elles. Ils ont brûlé aux pieds de ces divinités impures un encens auquel elles n'étaient pas accoutumées. Les journalistes ont vanté la décence et la noblesse, les vertus et le bon ton des sauteuses qui se montrent, trois fois par semaines, toutes nues au public, et qui d'ailleurs ne peuvent avoir d'autres charmes que de n'avoir ni bon ton, ni vertus, ni décence.

Donnez à un grand poëte, à un roi, la vingtième partie des éloges que les journaux donnent tous les jours à des acrobates parfaitement maigres et parfaitement jaunes, et on vous accusera de camaraderie et de servilité, et on cassera vos vitres avec des pierres.

Les choses en sont arrivées à ce point, que si aujourd'hui — les exemples sont connus — si aujourd'hui une danseuse épouse un duc, cela s'appelle toujours, comme autrefois, une mésalliance ; mais c'est la danseuse qui se mésallie. Tout le monde, en apprenant ce mariage, qui se fait à l'église, au chœur ou à la chapelle de la Vierge, s'écrie : « Quelle folie ! » ne croyez pas que l'on veuille parler du duc : c'est la danseuse qui est folle, et qui fait une mauvaise affaire.

On en est venu à applaudir plus une chanteuse que le musicien, dont elle gâte la musique.

Qu'il paraisse un beau livre, aucun souverain ne s'en émeut. Depuis que le peuple sait lire, ce qui n'est peut-être pas un bien, — je crois que les rois ne le savent plus, ce qui, à coup sûr, est un mal ; mais qu'une de ces diverses saltimbanques, que l'on paye pour gigoter sur les théâtres,

> Et montrer aux quinquets, le soir, de maigres choses
> Que personne, autre part, ne voudrait voir pour rien ;

qu'une danseuse décolletée par en bas jusqu'à la hauteur où les autres femmes se décolletent par en haut, s'avise de faire trois pirouettes devant un roi, il fait complimenter la funambule, demande la permission de se présenter dans sa loge, et lui offre, non pas de l'argent, mais un souvenir. La reine d'Angleterre détache un bracelet de son bras et la prie de l'accepter.

Aujourd'hui, les femmes de tout Paris qui ont le plus de succès, qui le soir sont le plus entourées de beaux et de *gants jaunes*, sont les sauteuses du Cirque-Olympique.

Houp-là, houp, dia, hu, ho ; houp-là, houp.

PARENTHÈSE A PROPOS DES GANTS JAUNES. — Il n'y a plus de grands noms, de grandes familles, d'illustration personnelle aujourd'hui, pour une certaine classe d'individus ; on ne distingue plus les hommes que par la couleur de leurs gants.

Les gants jaune paille, car il faut bien les préciser pour la postérité, du prix de deux francs cinquante centimes, remplacent tout ce que nous venons de dire, et, en outre, l'esprit, la distinction, les bonnes manières, etc., etc.

Il faudrait ne pas avoir deux francs cinquante centimes dans sa poche pour s'en priver.

L'ancienne aristocratie, l'aristocratie de race, avait de belles mains ; celle qui surgit sur les débris de l'ancienne se contente d'avoir de beaux gants, qui servent à cacher des mains vulgaires. On pourrait lui dire, comme Lafontaine à son loup :

Montrez-moi patte blanche.

Et, il faut l'avouer, les femmes n'ont pas su défendre leur belle couronne menacée. Elles n'ont pas eu la dignité des sénateurs romains, qui, voyant Rome livrée aux Gaulois, au fer et à la flamme, se drapèrent dans leur toge et restèrent assis sur leur chaise curule, calmes, grands, impassibles, et faisant hésiter la mort et les barbares.

Les unes, et c'est le plus grand nombre, ont fait des concessions et des lâchetés ; elles ont permis aux hommes tout le sans-façon qu'elles ont cru être le charme de leurs rivales des théâtres, elles ont toléré qu'on vînt dans un salon :

En cravate noire,

En bottes,

En redingote;

Elles se sont accoutumées à l'odeur du cigare.

Hélas!

Quos vult perdere Jupiter dementat.

Jupiter aveugle ceux dont il a résolu la perte.

🦋 Elles auraient dû consulter M. Moëssard, acteur et régisseur du théâtre de la porte Saint-Martin.

Harel, son directeur, abusait un peu de sa longanimité :

« Mon petit Moëssard, disait-il à son pensionnaire, qui est gros comme une tonne, vous me ferez bien encore cette concession? »

M. Moëssard recula d'un pas, rejeta sa bonne grosse tête rouge en arrière, mit sa main droite dans son gilet et dit :

« Monsieur Harel, c'est de concessions en concessions que Louis XVI est monté sur l'échafaud. »

Elles ont vu de ce temps tout ce qui arrive aux royautés qui se *popularisent*.

Sans parler de Sylla qui, après avoir abdiqué, fut poursuivi d'injures et de pierres.

🦋 D'autres sont entrées dans la lice avec les acrobates; elles ont cherché tous les moyens de paraître en public, de monter sur les planches, d'être applaudies. Elles ont reçu des actrices chez elles et ont chanté avec elles; elles ont chanté devant un public payant, sur les théâtres, sous prétexte de bienfaisance; elles ont vendu publiquement dans des bazars, et ont chanté gratis à Notre-Dame-de-Lorette, sous prétexte de piété.

La piété et la bienfaisance sont les deux vertus les plus complaisantes et les plus commodes qu'on puisse imaginer.

Voici mon volume fini, mes chers lecteurs; — adieu jusqu'au 1er décembre.

L'auteur à ses guêpes. — M. de Cormenin. — M. Duchâtel et ses chevaux.
— Les fous du peuple. — M. Cauchois-Lemaire. — Une phrase de
Me Berryer. — Le roi de France doit-il payer les dettes du duc d'Orléans ? — Quatrain. — M. Chambolle. — M. Garnier-Pagès. — Les pha-
raons et les crocodiles. — M. Persil. — M. Etienne. — M. Viennet. —
M. Rossi, citoyen du monde. — M. Etienne fils. — M. Persil fils. — Les
hommes de lettres du château. — M. Cuvillier-Fleury. — M. Delatour.—
M. Vatout. — M. Pepin. — M. Baudoin. — Histoire de Bleu-de-Ciel et de
M. Baudoin. — Les journalistes vendus. — Dîner chez Plougoulm. — Les
philanthropes. — Madame de Dino.—M. Casimir Delavigne. — La nichée
des Delavigne et la couvée des de Wailly.—L'Académie.—M. de Balzac.
— Un soufflet. — Un mari et le télégraphe. — Un distique. — Me Dupin
et ses discours obscènes. — La comédie de madame de Girardin. —
M. Cavé. — Madame Sand. — M. de Waleski. — Les hommes vertueux.
— La tribune. — Un jour néfaste. — MM. Léon Pillet, L. Faucher, Tas-
chereau, Véron, Emile Deschamps. — Règne de M. Thiers. — M. Dosne.
— Madame Dosne. — Madame Thiers. — La symphonie de M. Berlioz. —
Épilogue.

L'AUTEUR. — A moi mes guêpes, à moi mon rapide escadron !
A moi mes guêpes, à moi ! sonnez la charge en bourdonnant.

Vous avez fait voir le dernier mois combien vous êtes dociles
et bien dressées ; vous avez défilé en ordre de bataille sous les
yeux de la foule ; vous avez fait reluire au soleil vos cuirasses
de topaze ; mais vous n'avez que montré vos aiguillons encore
vierges. Allons mes guêpes, en avant !

Déjà, votre bourdonnement fait tinter les oreilles de bien des
gens ; déjà quelques journaux de province, qui se font faire à
Paris, sous prétexte de décentralisation, vous ont adressé de timides injures, signées de ces vagues et prudentes *initiales* qui
ne sont le commencement d'aucun nom.

Déjà les amis de votre maître se sont armés contre lui d'une
hypocrite bienveillance, et sont allés disant : « Ce pauvre Alphonse, c'est bien dommage ! Il ne continuera pas l'ouvrage

commencé ; quand le printemps exhalera le parfum du jeune feuillage ; quand les ajoncs en fleurs couvriront d'un drap d'or les côtes de la Normandie qu'il aime tant ; quand les plaines de la Bretagne seront toutes roses de bruyères, il disparaîtra avec son fusil de chasse, et ses guêpes resteront errantes et vagabondes à se rouler dans les fleurs blanches des cerisiers de son jardin. »

Hélas ! mes bons amis, pardonnez-moi si je dissipe cette agréable inquiétude, si je vous console de ce chagrin que vous n'avez pas. Mes guêpes me suivront partout, et de partout elles reviendront à Paris ; à Paris, ce grand bazar où l'on vient de tous les points vendre et acheter, où l'on vend, où l'on achète tout, même les choses qui ne devraient ni s'acheter ni se vendre. A Paris, ce gouffre où chaque jour entrent pêle-mêle, par toutes ses issues, par toutes ses barrières, du lait, des bestiaux, des légumes et des poëtes, qu'il dévore en un instant. Chaque mois, mes guêpes reviendront à Paris avec le vent qui vous apportera, de la Provence, l'odeur des premiers orangers, avec le vent d'ouest, qui vous amènera de l'Océan les nuages noirs pleins d'éclairs et de tonnerres. Elles pénétreront dans le château et dans les riches salons, dans les tavernes et dans les mansardes obscurcies par la fumée du tabac, et elles piqueront les peaux les plus dures, les cuirs les plus coriaces, et elles reviendront à moi, comme des faucons bien dressés sur le poing du chasseur.

Beaucoup ont critiqué le format de mes petits livres. Je réponds que je ne les écris pas pour qu'ils soient enfermés cérémonieusement dans une bibliothèque ; je veux qu'on les mette dans sa poche, que l'employé les porte à son bureau, le député à la Chambre, le juge au Palais, l'étudiant au cours ; et je tiens à dissimuler le plus possible tout ce qu'ils ont de sérieux ; je serai trop heureux de me faire pardonner d'amuser les gens ; je ne veux pas qu'on s'aperçoive que je les fais aussi penser.

Ceux qui ont déclaré le *peuple souverain* ont entouré

sa nouvelle majesté de tous les attributs des anciennes royautés détruites. Ils ont pris soin surtout de rétablir une charge importante, depuis longtemps déjà tombée en désuétude, ils se sont rappelé *Triboulet* et l'*Angeli*; et, pour que le peuple souverain n'eût rien à envier aux rois qui l'ont précédé, ils se sont faits eux-mêmes les *fous du peuple*.

🐝 Il y a de par le monde un homme d'esprit et de sens qui s'est fait créer vicomte par la Restauration. Cet homme n'était pas d'une noblesse assez ancienne ni assez illustre pour prendre rang parmi les nobles; il n'était que bien juste assez vicomte pour faire croire aux gens du parti populaire qu'il leur sacrifiait quelque chose. Semblable à ce philosophe ancien, qui mettait à part les taureaux maigres en disant : « C'est assez bon pour les dieux. »

M. de Cormenin s'était jusqu'ici distingué par le style, le sens et l'esprit de ses ouvrages. Il paraît qu'on a exigé de lui qu'il déposât sur l'autel de la patrie, avec son titre de vicomte, le style, l'esprit et le bon sens qu'il avait.

Il ne faut que quelques grelots au bonnet de la liberté pour en faire le bonnet de la folie.

🐝 Voici ce qu'a écrit M. le vicomte de Cormenin dans l'*Almanach populaire* pour 1840 :

« Le budget est un *livre* qui *pétrit* les *larmes* et les *sueurs* du peuple pour en tirer de l'*or*. »

Cette phrase a le malheur de ressembler beaucoup à une phrase célèbre de M. Berryer, qui se présente en ce moment comme candidat à l'Académie. « C'est *proscrire* les *véritables bases* du *lien* social. »

Ou à ce langage grotesquement figuré, qui fit pendant longtemps la fortune de l'ancien *Constitutionnel* : « *L'égide* de la raison peut seule *retenir* le *char* de l'État, *ballotté* par une *mer* orageuse. »

M. de Cormenin croit peut-être devoir faire à l'égard du

peuple, pour se faire mieux comprendre de lui, ce que font les nourrices pour les enfants, quand, imitant leur langage et leur bégayement, elles leur disent : « Si Popol est saze, il aula du tateau. »

Nous dirons à M. de Cormenin que le peuple fait des fautes de grammaire, mais ne fait pas de fautes de logique et de bon sens, à moins qu'on ne les lui ait apprises par des publications dans le genre de cette dernière publication de M. de Cormenin.

Que la phrase que nous venons de citer n'est pas une faute de français seulement, mais qu'elle serait une faute dans toutes les langues, sans en excepter la langue chinoise, parce que c'est une absurdité.

Tous les grammairiens et tous les orateurs, Longin, Quintilien, Vaugelas, Dumarsais, l'Académie et la raison, disent qu'une *figure* doit être *suivie* et se pouvoir traduire sur la toile.

Or, il serait, ce me semble, difficile de peindre *un livre* qui *tord;*

Et qui *tord* des *larmes;*

Et des *larmes* dont on extrait de l'*or.*

Tout aussi bien que la *base* d'un *lien;*

Et une *base* qu'on *proscrit.*

C'est une chose que tout le monde sait, jusqu'aux critiques du *Journal du Commerce.*

Mais ceci n'est rien ; continuons :

« Un livre qui chamarre d'or et de soie les manteaux des ministres, qui nourrit leurs coursiers fringants, et tapisse de coussins moelleux leurs boudoirs. »

Ah! les ministres ont donc des manteaux chamarrés d'or et de soie? On apprend tous les jours : d'honneur, je l'ignorais jusqu'ici. On m'a montré dans le temps M. Perrier, qui avait un habit noir fort simple; M. Laffitte, qui avait un habit bleu à

boutons de cuivre ; M. Thiers, en habit noir, ou *œil de corbeau*.
Qui diable a donc des manteaux chamarrés d'or et de soie? Ce
n'est pas M. Cunin-Gridaine, que je sache; je l'ai aperçu à l'exposition des produits de l'industrie avec un habit noir. M. Schneider porte une redingote vert russe. Est-ce donc M. Duchatel?
Mais non, M. Duchatel est d'ordinaire assez mesquinement vêtu.
C'est dommage, du reste, car avec son ventre rondelet qui
semble un ventre postiche, le manteau chamarré d'or et de soie
sur l'épaule, comme Almavina, lui irait à ravir. Tout bien considéré, il paraît que les ministres n'ont pas de manteaux chamarrés d'or et de soie.

Alors pourquoi M. de Cormenin le dit-il, et le dit-il au peuple,
que signifie alors la phrase de M. de Cormenin? Est-ce pour
faire croire que, dans son incorruptibilité plus que sauvage, il
n'a jamais vu de ministres? Pardon, monsieur, vous avez au moins
vu ceux de la Restauration, quand vous leur demandiez avec
tant d'instances qu'on érigeât en vicomté certain pigeonnier que
vous savez.

Continuons :

Ah! j'oubliais les *coursiers fringants* et les *boudoirs* des ministres. Qui est-ce qui a vu les coursiers fringants de M. Duchatel? Les pauvres coursiers! eux fringants! Flatteur de M. de
Cormenin! comme il prodigue aux chevaux des adulations dont
il est si avare pour les rois! *fringants! les coursiers* de M. Duchatel! D'honneur, le mot est joli, et je voudrais l'avoir dit. Deux
bêtes percheronnes communes à faire peur, qui se sont couron-
nées, comme les rois sont couronnés aujourd'hui, en se mettant
à genoux.

Je parle des chevaux de M. Duchatel, parce que les autres
ministres n'en ont pas, et louent des urbaines au mois.

Et les boudoirs tapissés de coussins moelleux! Je ne crois pas
qu'il y ait beaucoup de *boudoirs* dans les ministères. Toujours
est-il que le grand salon du ministère de l'intérieur, entre autres,

est couvert d'un vieux tapis à rosaces qui date de l'Empire, et meublé d'un vieux meuble du même âge, d'un vieux meuble en soie verte éraillée, usée, déchirée, qu'aucun ministre n'a osé remplacer jusqu'ici.

PARENTHÈSE. — Dernièrement M. Duchatel, chez lui, avait, avec un homme de quelque importance, une conversation sérieuse sur des questions politiques d'un haut intérêt. Il était distrait et perplexe, et ne pouvait détourner ses yeux d'un certain fauteuil. Tout à coup, cédant à l'impatience, il laissa son interlocuteur au milieu d'une phrase commencée, et se précipita sur un cordon de sonnette.

Un domestique parut.

— Qui a jeté de la bougie sur ce fauteuil? demande le ministre. Il faut enlever la tache de suite,

Le domestique se mit en devoir d'obéir, et ce n'est que lorsqu'il eut exécuté l'ordre que M. Duchatel revint à sa conversation.

M. de Cormenin ajoute que le budget est encore « un livre qui paillette les habits des ambassadeurs. »

Cette fois, voilà qui mérite d'être examiné sérieusement : comment! on fait *représenter* les Français à l'étranger par des messieurs couverts d'habits pailletés! Eh bien! cela doit être joli et ne peut manquer de donner une bonne opinion de la nation. Il est vrai que l'on est quelquefois *représenté* à la Chambre par d'autres messieurs étrangement vêtus. Mais cela se passe en famille, tandis qu'à l'étranger, cela cesse d'être drôle, à moins cependant que les ambassadeurs n'aient pas plus d'habits pailletés que les ministres n'ont de manteaux chamarrés d'or et de soie.

Avec des *prémisses* de cette force, M. de Cormenin devait arriver à des résultats d'une haute bouffonnerie. Il n'y a pas manqué. Il dit *au peuple* que le budget ne doit pas exister, que c'est un abus, un préjugé.

Ne serait-il pas, ô monsieur de Cormenin! plus vrai, plus raisonnable et plus honnête à la fois de dire au peuple que les impôts, sous beaucoup de rapports, sont mal perçus et mal dépensés; qu'il faudrait d'abord s'occuper de la répartition, c'est-à-dire dégrever les choses de première nécessité, et imposer davantage le luxe; mais qu'ensuite. dans un pays riche comme la France, les bons esprits, les esprits justes, réellement désireux de la prospérité publique et du bien-être général, doivent demander, non pas combien on dépense d'argent, mais comment on le dépense?

Pas de budget, monsieur de Cormenin! c'est-à-dire pas d'impôts, c'est-à-dire pas d'administration, pas d'armée, pas de travaux, pas de pavés, pas de lanternes, pas de réparations aux anciens édifices, pas d'hôpitaux, pas de lois, pas de magistrats, pas de propriété, pas de sécurité dans les rues ni dans les maisons, aucune répression pour le crime, aucun asile pour la faiblesse. C'est donc là ce que vous voulez, monsieur Cormenin? Je vous en fais mon sincère compliment. Pas d'impôts, c'est une idée remarquable, et que l'on n'avait pas encore émise aussi clairement. Qu'est-ce que l'on reprochait donc à l'opposition, de n'avoir pas de doctrine et de n'avoir rien à mettre à la place de ce qu'elle s'efforce de renverser? pas d'impôts!

Il est triste de voir un homme d'autant de sens et d'esprit que M. de Cormenin devenir ainsi de la force de M. Cauchois-Lemaire.

Ce pauvre Cauchois-Lemaire écrit, il faut le dire, d'une façon merveilleusement biscornue. Mais il est honteux cependant qu'on ne lui ait pas fait une position honorable. M. Cauchois-Lemaire s'est sacrifié maladroitement, sous la Restauration, aux intérêts de la famille d'Orléans, qui n'était pas encore une dynastie.

Un duc d'Orléans devenu roi, à une autre époque, sous le

nom de Louis XII, répondit à des courtisans qui lui rappelaient certaines malveillances dont il avait eu à se plaindre avant de monter sur le trône : « Le roi de France ne venge pas les injures du duc d'Orléans. »

On doit blâmer les courtisans de S. M. Louis-Philippe, qui lui donneront dans l'histoire l'air d'avoir parodié ce mot célèbre, et d'avoir pensé que « le roi de France ne devait pas payer les dettes du duc d'Orléans. »

On commence à épousseter les banquettes de la Chambre des députés et à reclouer le tapis. Il y a quelques jours, on a trouvé sur le piédestal du Laocoon de bronze qui décore la salle des Pas-Perdus du Palais-Bourbon ces quatre vers écrits à la craie :

> Chacun, dans ce héros troyen
> Qui vainement roidit ses membres,
> Reconnaît le roi-citoyen,
> Et, dans les serpents, les deux Chambres.

En attendant l'ouverture de la session, M. Chambolle, député, a été rencontré promenant au Jardin des Plantes la famille de M. Thiers, et se servant de sa médaille de député pour faire pénétrer ces dames dans la rotonde de la girafe et des éléphants, ainsi que dans le palais d'hiver des singes, où le public n'est pas admis.

M. Garnier-Pagès préfère la promenade des Tuileries, où il porte toujours l'air et le costume d'un croque-mort allant s'enterrer lui-même. Nous l'y avons rencontré un jour de soleil. Il donnait le bras à un gros petit homme sur lequel il s'inclinait négligemment en disant : « Ce qui nous ennuie surtout, ce sont les gens de Barrot, — ou de barreau. »

A mesure qu'on démolit la pairie, on lui bâtit un palais plus vaste et plus magnifique.

Ces masses de pierre ne sont-elles pas un sépulcre semblable aux pyramides d'Égypte, et chaque membre de la Chambre, autrefois héréditaire, n'est-il pas un Pharaon dont on veut faire une momie?

Et MM. Persil, Viennet, Rossi, Étienne, etc., que l'on y enterre avec les pairs, ne font-ils pas merveilleusement l'effet des chats, des ibis, des ichneumons et des crocodiles, que l'on retrouve dans les tombeaux des rois d'Égypte, côte à côte avec ces majestés embaumées?

La Chambre des pairs, qui ne peut plus se recruter par l'hérédité, se recrute chaque année par le bon plaisir. Et voici de quel bois le bon plaisir fait des pairs de France :

Il met à la Chambre des pairs, d'abord ses députés avariés, usés, vermoulus, dont les colléges électoraux ne veulent plus à aucun prix. Exemple : M. Viennet, qui n'a pu se faire réélire. Ensuite les députés qui le gênent à la Chambre. Exemple : M. Étienne, qui rédigea la dernière adresse, en qualité de grand écrivain : hélas !

Et enfin ses favoris qui ne payent pas le cens nécessaire pour la députation. Exemple : M. Rossi.

C'est par haine de l'aristocratie que l'on a détruit la pairie ; mais on n'a pas remarqué que l'on n'a fait que transporter l'aristocratie dans la Chambre des députés, aristocratie de boutiquiers au lieu d'une aristocratie de grands seigneurs.

Il ne manquait à la Chambre basse, pour hériter tout à fait de la Chambre haute, que l'hérédité, et la voilà qui s'en empare. M. Persil a fait nommer à sa place son fils à Condom, et M. Étienne fils s'est présenté dans le département de la Meuse.

Ces héritages ouverts, celui de la pairie dont la Chambre des députés est légataire, et celui des nouveaux pairs Étienne et Persil auxquels succèdent leurs fils, affirment combien nous avions raison tout à l'heure en disant que le palais du Luxembourg est une pyramide et *un* tombeau.

HISTOIRE DE M. ROSSI, CITOYEN DU MONDE. — M. Rossi est né dans le duché de Massa, sous la domination de l'archiduchesse Marie-Béatrice, c'est-à-dire que M. Rossi commença par être AUTRICHIEN.

En 1808, un sénatus-consulte du 24 mai le fit FRANÇAIS, en réunissant à l'empire tous les États de la maison d'Autriche en Italie, et en enclavant Massa dans un département français.

M. Rossi, qui n'avait pas fait exprès de naître Autrichien ni de devenir Français, sentit le besoin de choisir une patrie ; il quitta les départements réunis pour passer au service d'Italie. Il fit les déclarations et les démarches nécessaires pour être naturalisé ITALIEN, et se fit inscrire en qualité d'avocat près les cours italiennes de Milan et de Bologne. Ce fut à Bologne qu'il fixa sa résidence.

En 1814, Bologne fut réclamé par le pape. Mais M. Rossi ne tarda pas à aller joindre Murat. Murat exigeait des Italiens qui passaient dans ses rangs qu'ils abjurassent leur patrie et se fissent naturaliser Napolitains. M. Rossi n'hésita pas à se faire NAPOLITAIN. Ce fut lui qui, avec M. Salfi, fut chargé d'appeler toute l'Italie à un soulèvement contre la domination étrangère.

Après la chute de Murat, M. Rossi quitta l'Italie et passa en Suisse. Là, il publia une brochure dans laquelle il disait : qu'il n'avait été et ne serait jamais qu'ITALIEN.

Il fixa sa résidence à Genève, y épousa une femme genevoise, et se fit naturaliser GENEVOIS vers 1820. Il entra même dans les conseils de la République.

En 1830, voyant une révolution en France, une révolution en Belgique, un soulèvement en Pologne et un en Italie, M. Rossi prit ses mesures pour redevenir Italien en cas de succès ; mais, la révolution italienne ayant échoué, il fut Genevois plus que jamais, et fut membre du conseil d'une constitution fédérale qui embrouilla tellement la question, qu'on y renonça.

Une patrie peut venir tout à coup à manquer, il est bon d'en avoir toujours une ou deux de réserve.

M. Rossi avait connu *M. de Broglie à Coppet*; il avait secondé la politique de la France; ce fut même son rapport sur les affaires suisses, au moment de la révolte des petits cantons, que M. de Broglie fit lithographier pour le communiquer à tous les ministres de France à l'étranger, comme l'exposé de la manière de voir du cabinet français.

M. Rossi était si mauvais *Suisse*, comme vous voyez, qu'il n'avait presque rien à faire pour devenir Français. M. de Broglie et M. Guizot l'appelèrent en France et lui donnèrent une chaire de droit constitutionnel français. D'abord les élèves s'obstinèrent; une ordonnance rendit les cours de M. Rossi obligatoires pour les examens de droit. Les élèves alors s'y précipitèrent en foule, mais pour tout casser, pour chanter la *Marseillaise*, et jeter au professeur des pommes cuites et autres. La gendarmerie s'en mêla. Puis, comme tout s'oublie en France assez promptement, la science réelle du professeur triompha des plus rebelles, et son cours est fort suivi. M. Rossi s'est fait naturaliser FRANÇAIS, et il fait partie de la dernière fournée de pairs.

M. Guizot disait hier à quelqu'un : « Voyez Rossi ; il s'est confié à moi, et voilà où je l'ai conduit en trois ans. »

Pour M. Rossi, après avoir été tour à tour AUTRICHIEN *par hasard*, FRANÇAIS *par accident*, ITALIEN *par étourderie*, PAPALIN *momentanément*, NAPOLITAIN *par humeur guerrière*, et GENEVOIS *par amour*, il est aujourd'hui et définitivement FRANÇAIS *par raison*.

« En effet, dit-il, la véritable patrie est le pays où l'on a une bonne chaire à l'Institut, de bons appointements, de bonnes dignités. J'ai essayé de tous les pays, et, comparaison faite, j'en reviens à la France; les autres *Français* sont Français par hasard, peut-être malgré eux ; moi, je le suis par choix et après un mûr examen. »

La cour de Goritz s'amuse aux jeux innocents; en voici un qui a eu beaucoup de succès. On prend la date de diverses époques et on en tire des conséquences.

Ainsi, en additionnant les chiffres qui forment la date de la révolution de 1789, on trouve pour total 25 ans, durée de ladite révolution.

1815 donne pour total 15, ce qui est précisément le nombre d'années qu'a duré la Restauration.

1830, à son tour, date de la révolution de juillet, donne 12 ans; ce qui serait, d'après cet enfantillage, la limite imposée au gouvernement de Louis-Philippe. Et on se réjouit fort là-bas en pensant que nous allons commencer la dixième année.

M. Viennet recevait à l'Opéra les *félicitations de ses nombreux amis* sur sa nomination à la pairie. « Eh! mon Dieu, dit-il, je descendais de la diligence d'Arpajon, je vais chez moi, mon portier m'apprend que je suis nommé pair de France.

— C'est une faveur méritée..., et vous devez en être heureux.

— Oui... oui... mais une chose m'étonne... Je n'ai vu dans la liste que trois gentilshommes, Larochefoucault, Lusignan et moi.

— Vous?

— Moi... Ignorez-vous donc que je descends des rois d'Aragon?

— Mais qu'est-ce que vous nous disiez donc alors, que vous descendiez de la diligence d'Arpajon? »

Depuis quelques jours, les journaux ministériels sont remplis entièrement des discours qu'adressent au duc d'Orléans les maires, préfets et autres dignitaires des villes qu'il a à traverser, et des réponses qu'il est obligé de leur faire. On comprend tout le plaisir que trouvent à discourir de pauvres autorités qui n'en ont pas souvent l'occasion, et l'intérêt tout de localité que peuvent avoir les discours du prince,

Mais ce sont là de ces nécessités fâcheuses que l'on devrait dissimuler. Loin de là, les journaux du gouvernement abusent de cette rédaction gratuite pour faire de notables économies sur les fonds qui leur sont alloués, et donnent aux discours de S. A. R. une dangereuse publicité.

En effet, l'improvisation admet avec une certaine grâce des négligences de style que le prince eût facilement évitées dans des discours destinés à l'impression. En outre, il est impossible que, dans cent et quelques discours qu'il a prononcés depuis son départ, il n'ait quelquefois revêtu des mêmes couleurs des pensées qui doivent être toujours les mêmes.

Cela a d'abord l'inconvénient de détruire tout l'effet de ces discours sur les localités qui les ont accueillis avec joie. Si les habitants de Marseille ont été flattés de s'entendre dire par le prince royal qu'il éprouvait un plaisir tout particulier à se voir au milieu d'eux, leur satisfaction a dû se modérer beaucoup en apprenant par les journaux que S. A. R. a éprouvé un plaisir non moins particulier à se voir au milieu des habitants de Lyon, et un autre plaisir tout aussi particulier à se voir au milieu des habitants de Châlons.

En un mot, que le compliment qui les avait flattés par son exception est un compliment banal, et que le prince est particulièrement flatté de se voir n'importe où.

Le second inconvénient est la mauvaise humeur que donnent aux lecteurs de journaux ces discours qui, outre les désavantages que nous venons de signaler, ont celui d'entraîner avec eux les discours auxquels ils répondent. Bien des gens déjà attribuent injustement à S. A. R. l'ennui que les journaux leur donnent, et on ne saurait croire à quel point il serait dangereux de faire passer l'héritier du trône pour un être ennuyeux.

Une autre maladresse des journaux ministériels est de se réjouir avec fracas des justes témoignages de respect que reçoit le prince sur sa route. Ceci est d'une humilité extrêmement grotesque. Un journal est allé jusqu'à dire : « A Marseille personne n'a insulté le prince. »

On pouvait donc l'insulter ? Il est désagréable de recevoir de tels pavés de la part de gens qui ont épousé les intérêts du trône de juillet, et qui ne les ont pas *épousés sans dot.*

Je ne sais cependant si je dois plaindre le gouvernement des mauvais offices que lui rend sa littérature. Le gouvernement ne comprend rien à la presse, et un gouvernement n'a pas le droit de manquer d'intelligence. Fondé par la presse sur les ruines d'un autre pouvoir détruit par la presse ; tous les jours remis en question par elle, il n'a pas su s'allier franchement. Il a fait deux parts des écrivains : il a acheté tous ceux qui étaient à vendre au rabais, tous les gens sans talent, sans influence, sans esprit. Et, appuyé sur eux, il a audacieusement déclaré la guerre aux autres, en les écartant avec obstination de toutes les positions honorables. Et il a mis les amis qu'il s'est choisis aux prises avec les ennemis qu'il s'est faits. Et encore, cette influence, que ses amis, ou plutôt ses domestiques littéraires, ne possèdent pas par leur talent ni par leur caractère, il n'a pas su la leur faire ni par l'argent ni par aucune illustration.

Je connais un de ces pauvres diables, qui, ne trouvant ni énergie dans son cœur, ni esprit dans sa tête, n'avait à donner que du dévouement : eh bien ! il s'est franchement dévoué ; il a été insulté par l'opposition, et il a subi, sans murmurer, les injures et les dédains ; il s'est prêté à toutes les exigences, à tous les services qu'on lui demandait. Eh bien, il vivait misérablement, à peine vêtu, cachant un linge absent par l'épanouissement fallacieux des bouts de sa cravate ; remplaçant un manteau par la rapidité de sa course dans les rues. Et ce pauvre diable était fier avec ses amis qui soupçonnaient son indigence ; si on lui offrait à diner, il refusait : *il était invité à diner chez Plougoulm.* Et ces jours-là, on était sûr de le voir, à l'heure où l'on dîne chez M. Plougoulm, se promener dans les galeries de

l'Opéra, nourrissant son esprit, faute de pouvoir nourrir son
corps, de l'espoir d'une large croix d'honneur, qu'il vient enfin
d'obtenir pour seule récompense, après dix ans de misères et de
dévouement. Et ses amis avaient fait de cela un proverbe ; et
encore aujourd'hui ils appellent, en plaisantant, *dîner chez Plougoulm*, ne pas dîner du tout.

Une autre fois, il devait aller dîner avec quelques-uns d'entre
eux au faubourg Poissonnière. Ils étaient à la Madeleine ; on
prend un omnibus. L'homme vendu au pouvoir répugne à l'idée
de l'omnibus. Il n'a pas les six sous nécessaires, et il ne veut
pas avouer sa triste situation.

—Montez en omnibus, dit-il à ses amis, moi, je vais prendre
un cabriolet ; j'ai une autre course à faire, j'arriverai en même
temps que vous.

Les amis montent dans l'omnibus, les chevaux partent au trot
et suivent la ligne du boulevard. En passant devant la rue Cau-
martin, un d'eux fait un mouvement de surprise :

— Qu'avez-vous ?

— Il m'a semblé reconnaître P*** qui passait comme un trait
à l'autre bout de la rue.

— Pas possible !

A ce moment on était à la rue du Mont-Blanc.

—Tenez, voyez là-bas ! c'est bien lui ! il court comme un
cerf. On ne le voit plus.

En effet, le malheureux suivait un chemin parallèle au boulevard. On le vit encore traverser presque d'un seul bond la rue
du Helder, la rue Taitbout, la rue Laffitte, la rue Pelletier, etc.,
et il arriva trempé de sueur et couvert de boue.

Le journaliste indépendant, au contraire, celui qui méprise
l'or du pouvoir, dîne au café de Paris, soupe au café Anglais,
et fait donner à ses parents et à ses amis des perceptions, des
bureaux de poste et de tabac, comme s'il en pleuvait. L'indépendance, pour beaucoup, n'est qu'une plus habile exploitation de

la servilité. C'est ainsi que sur terre se trouvent réalisées ces
paroles de l'Écriture, qui m'ont très-singulièrement choqué :
« Il y a plus de joie au ciel pour un pécheur qui se repent que
pour dix justes qui restent dans la bonne voie. » Seulement, les
pécheurs politiques, pour ne pas perdre le bénéfice de leur position, ont soin, quand ils reçoivent le prix de leur marchandise,
de ne la point livrer aux acheteurs.

Certes, un gouvernement bien organisé devrait être
l'assemblage de toutes les royautés intellectuelles qui possèdent
aujourd'hui la France et la gouvernent avec plus ou moins d'incertitude. J'entends par ces royautés, ces influences diverses
que se font le talent et la puissance morale. Tel écrivain règne
par la pensée sur dix ou douze milliers d'hommes, que le pouvoir semble compter pour rien, tandis qu'il devrait avoir cet
homme, non pas à lui, mais avec lui ; non pas par la corruption,
mais par une honorable alliance. Mais les choses sont faites de
telle façon, qu'à force de voir les hommes puissants et intelli-
gents en dehors du gouvernement, à force de voir que la littérature reconnue, avouée par le château et les divers ministères
qui se suivent et se ressemblent, ne se compose que de gens
sans talent, sans influence, sans portée, le public en est venu à
considérer comme une honte et un opprobre de consacrer sa
plume au soutien du pouvoir ; que l'homme d'ordre, de bon sens
et de bonne foi, a besoin de tout le courage des anciennes ré-
publiques pour ne pas insulter le roi, et qu'il lui faut laborieusement donner des raisons excellentes de la position
qu'il a prise, raisons qu'on n'écoute guère, tandis que, en
bonne logique, ce serait aux ennemis du gouvernement à se
justifier.

La littérature du château se compose de M. Casimir
Delavigne, de M. Cuvillier-Fleury, de M. de Latour, de M. A.
Pépin. Je passe sous silence un homme d'esprit, un écrivain
correct, qui paraît ne se mêler de rien ou n'être guère écouté.

La littérature des ministères se compose de MM. de Wailly, Cavé, Bertin, Mévil, Baudoin, Perrot.

A voir ces choix, il semble que la cour et les ministres n'aient autour d'eux des écrivains que comme les Spartiates avaient des esclaves qu'ils faisaient enivrer, pour montrer à leurs enfants la laideur de l'intempérance.

Voyons un peu quels services ces messieurs rendent au château et aux ministères.

M. Cuvillier-Fleury fait de temps à autre, dans le *Journal des Débats*, un article pâteux qui attire plusieurs avanies au pouvoir de la part des journaux de l'opposition ; puis il écrit à ces journaux que ce qu'il dit n'est pas l'opinion du château et qu'il est *indépendant*. On voudrait savoir ce que c'est que l'indépendance d'un homme qu'on peut, demain matin, renvoyer de la seule position qu'il puisse avoir. M. Cuvillier-Fleury, chargé de faire, dans le *Journal des Débats*, l'éloge funèbre de la princesse Marie, cette belle fleur si vite flétrie, ne put oublier qu'il avait été souvent en butte aux douces et sagaces moqueries de la princesse, et il glissa dans son article, écrit du reste sans talent et sans émotion, un reproche de sa propension à la raillerie.

Pour M. de Latour, il n'abuse de sa petite position que pour imposer à divers recueils des articles *littéraires* de son cru.

M. Alphonse (hélas !) Pépin est un pauvre diable qui remplace le talent et la capacité par le dévouement. Il a prêté son nom à une justification du règne de Louis-Philippe, dont il n'a pas écrit, dit-on, un seul mot. Le manuscrit lui arrive d'une septième ou huitième main, sans qu'il en sache l'origine. Mieux instruit que M. A. Pépin, nous pouvons dire que cet ouvrage est écrit, sinon d'une manière brillante, du moins avec ordre, logique et raison, et que son auteur véritable est un personnage de très-bonne maison.

On dit que l'on veut faire M. A. Pépin député. Je suis décidé à n'être pas représenté par lui à la Chambre. Si l'on donne suite à ce projet, j'ouvrirai un certain carton « A. Pépin » d'où je tirerai des choses assez réjouissantes.

Passons à ce bon M. Delavigne, le seul de ces messieurs qui ait un nom et du talent, quoique parfaitement commun et ennuyeux.

M. Casimir Delavigne est bibliothécaire de Fontainebleau : de plus, sous le nom de son frère, M. Germain Delavigne, il est intendant des Menus-Plaisirs. Aux Menus-Plaisirs, une nichée de quatorze Delavigne, mâles, femelles, petits et grands, sont logés, meublés et chauffés. On craint d'y voir passer la forêt de Villers-Cotterets.

Comme M. Cuvillier-Fleury, M. Casimir Delavigne se dit *indépendant*. Mais il va plus loin ; et, pour concilier les bénéfices de la popularité avec les avantages de la faveur, il fait tantôt une tragédie légitimiste (les *Enfants d'Édouard*), tantôt une comédie républicaine (la *Popularité*), et, en ce moment, il a promis sa voix à M. Berryer, pour l'Académie.

Si les Delavigne nichent aux Menus-Plaisirs, les de Wailly fourmillent à l'Élysée-Bourbon ; et, par une touchante réciprocité, les de Wailly font, dans l'occasion, augmenter les appointements des Delavigne, qui meublent à leur tour les de Wailly avec les meubles des Menus-Plaisirs.

Les Bertin n'ont jamais écrit une ligne de leur vie, mais leur journal est une puissance. M. Cavé, appelé par les uns le *spirituel auteur des Soirées de Neuilly*, par les autres, le *peu* spirituel auteur des *Soirées de Neuilly* (je ne le connais pas), est dans la dépendance de M. Thiers.

M. Mévil n'écrit pas. M. Perrot est censeur et ami intime de M. Janvier. M. Baudoin n'a pour titres littéraires que d'avoir retrouvé dans une cave des drapeaux tricolores qu'il y avait audacieusement cachés.

En fait de services rendus au ministère, M. Baudoin a eu l'heureuse idée, au moment où on avait de sérieuses inquiétudes sur la quantité de la récolte, au moment où on se plaignait hautement de l'élévation du prix du pain, de publier dans le *Moniteur parisien* un article *sur les peuples qui mangent de la terre.* Mais il est arrivé à M. Baudoin une histoire assez gaie.

HISTOIRE DE BLEU-DE-CIEL ET DE M. BAUDOIN. — En général, les imprimeurs des journaux appartiennent au parti républicain. Un jeune *compositeur,* que ses camarades appelaient *Bleu-de-Ciel* parce qu'il a les cheveux rouges, comme les Grecs appelaient les furies Euménides, avait toujours travaillé aux journaux de l'opposition. Une circonstance l'empêcha de trouver une place dans les imprimeries de son parti. On voulut l'embaucher pour un journal ministériel; il répondit qu'il préférait attendre. Il vendit sa montre, et attendit. Un mois se passa sans qu'il trouvât d'ouvrage. Il se soumit un peu à la nécessité, et annonça qu'il consentirait à travailler à un journal de l'opposition dynastique. Cette concession n'amena pas de résultats; il mit ses habits en gage, et attendit avec fermeté, vivant de pain et de fromage, plutôt que d'appuyer de son talent un gouvernement qu'il déteste sur la foi des journaux qu'il a imprimés toute sa vie. Bleu-de-Ciel, cependant, reçut un matin une lettre de sa vieille mère, qui était malade et qui lui demandait quelque argent. Il regarda autour de lui : il ne lui restait plus rien à vendre ni à engager. Il alla s'embaucher parmi les compositeurs du *Moniteur parisien,* reçut quelque argent d'avance, et l'envoya à sa mère. De ce jour il devint triste et taciturne, évita soigneusement les amis, ne se montra dans aucune réunion. Il était vaincu et humilié. Il ne se consolait un peu qu'en pensant à sa mère et en se disant : « Cette pauvre vieille femme, il fallait bien la secourir ! »

Un jour, Bleu-de-Ciel se réveilla avec une idée et en même temps avec toute sa gaieté. Il entra à l'atelier en fredonnant : « *Toi que l'oiseau ne suivrait pas.* » Il causa, fut amusant et spirituel, rechercha ses camarades, et redevint, en un mot, le *Bleu-de-Ciel* d'autrefois.

Mais de ce jour aussi il se glissa d'étranges choses dans le journal : des fautes d'impression formant un sens plus que bizarre, des mots coupés au bout des lignes d'une manière injurieuse pour le pouvoir, excitèrent le mécontentement de quelques lecteurs, l'hilarité de quelques autres, l'étonnement de tous.

Si un article mentionnait que « que le ministre avait répondu en termes très-VIFS à une interpellation, » par un simple changement de lettre, Bleu-de-Ciel imprimait « en termes très-VILS. »

« Les députés ministériels se sont réunis dans un *banquet.* » Bleu-de-Ciel les faisait se réunir dans un BAQUET.

Si, au moment du mariage que le roi préparait pour son fils, Bleu-de-Ciel avait à imprimer que « le ministère méprisait les bruits injurieux, » il finissait la ligne de manière à couper le mot en deux, et on lisait : « Le ministère méprise les *bru.* » Ce n'était qu'à l'autre ligne qu'on trouvait la fin du mot « *its.* »

« Le ministère est *matériellement* le plus fort, » disait le manuscrit.

« Le ministère est *mat*, imprimait Bleu-de-Ciel, et à l'autre ligne « *ériellement* ».

« M*** est un homme d'esprit, disait le journaliste, on l'a vu *souvent* répondre avec vivacité... » On l'a vu sou, » imprimait Bleu-de-Ciel, et ce n'était qu'après la suspension nécessaire pour aller de la fin d'une ligne au commencement d'une autre que l'on trouvait la fin du mot.

« Le ministère *mourant* d'en venir aux mains avec l'opposition » devenait « un ministère *mou* ».

Un jour on donna au journal la description d'une fête au château. Il y avait dans l'article cette phrase . « Et ces riches tapis foulés par les souliers de *satin* des dames de la cour. » Bleu-de-Ciel trouva plus gai de mettre des souliers de *catin.* »

Une autre fois, il devait y avoir à la Chambre une discussion importante ; un ministre, qui devait porter la parole, tomba malade.

« C'est une *fatalité*, » disait l'écrivain.

« C'est un *fat alité*, » imprima Bleu-de-Ciel.

Cette fois on renvoya Bleu-de-Ciel. Et Bleu-de-Ciel rentra dans un journal de l'opposition.

DISTIQUE D'UN CONSEILLER D'ÉTAT.

Près de chaque ministre où j'ai daigné descendre,
J'étais une *Cassandre* à côté d'un *Cassandre*.

PREMIÈRE PHRASE DU DISCOURS PRONONCÉ PAR UN CAPITAINE DE LA GARDE NATIONALE DE LA BANLIEUE NOUVELLEMENT ÉLU. — « Chers camarades, votre suffrage est le plus beau jour de ma carrière militaire. »

Le maire d'une petite ville que vient de traverser S. A. R. le duc d'Orléans crut devoir lui faire un discours ; mais ce qu'il savait le mieux, c'était son commencement.

— Monseigneur, dit-il, monseigneur, la joie, c'est-à-dire la satisfaction, non... je disais bien, la joie que j'éprouve, ou plutôt que je ressens, en vous voyant au milieu de nous, est si grande, si grande, si gr..... si.....

— Que vous ne pouvez l'exprimer, monsieur le maire, interrompit le prince.

Un ancien ministre disait dernièrement d'un de ses commis, qu'on lui reprochait de ne pas avoir renvoyé : « Que voulez-vous ? je n'aurais pu le renvoyer qu'aux galères. »

M. Molé a écrit au chancelier pour demander de faire l'éloge funèbre, à la Chambre des pairs, du général Bernard. Le président du ministère du 15 avril trouvera dans ce discours l'occasion naturelle de tracer le tableau de son administration, et de l'opposer aux vœux de la coalition et au système du 12 mai.

On a beaucoup parlé d'une réconciliation entre MM. Thiers et Molé. Cependant M. Thiers dit à qui veut l'entendre : « Je ne conçois pas, quand on s'appelle Molé, que l'on veuille être autre chose que garde des sceaux. »

De son côté, M. Molé, dit à ses amis : Quand on s'appelle Thiers, je ne comprends pas qu'on veuille être ministre des affaires étrangères. »

En avant ici quelques guêpes de réserve pour une des bouffonneries les plus ravissantes qu'ait produites le régime constitutionnel, si fécond en bouffonneries.

MM. Soult, Duchâtel, Schneider, etc., se figurent être ministres et gouverner la France. Il faut que je leur apprenne qu'il n'en est rien, et que le seul ministre, le seul homme qui fasse les affaires aujourd'hui, est M. Thiers. Je vais prouver ce que j'avance par des faits si évidents, qu'après la lecture de quelques pages, MM. Soult, Duchâtel, etc., paraîtront occuper une des positions les plus comiques de l'époque.

La cour de la rue Neuve-Saint-Georges a décidé que M. Thiers rentrerait aux affaires ; quelques amis dévoués se sont chargés de lui faire à ce sujet la petite violence nécessaire pour sauver l'honneur de sa vertu aux abois.

Mais on ne sait pas encore pour quel portefeuille on se décidera.

Madame Thiers penche pour l'intérieur, à cause des loges gratuites aux théâtres ; M. Dosne veut que son gendre prenne les finances ; madame Dosne ne veut pas qu'il fasse de concessions et exige qu'il rentre aux affaires étrangères pour contraindre les ambassadeurs à venir dans son salon. M. Thiers, indécis, prend l'avis de MM. Roger, Mathieu de la Redorte, Chambolle, Anguis et autres lumières de la Chambre.

Pendant ce temps, M. Thiers règne sur les journaux qu'il subventionne de promesses ; il est dictateur au *Courrier Français*, par M. Léon Faucher, qu'il *doit* faire conseiller d'État ; au *Messager*, par M. Waleski, qui *sera* dans les ambassades ; au *Siècle*,

par M. Chambolle, qui *sera* inspecteur de l'Université ; au *Nou-*
velliste, par M. Léon Pillet, qui *rentrera* au Conseil d'État ; au
National, par M. Taschereau, qui *sera* secrétaire général du département de la Seine, en place de M. de Jussieu ; aux *jour-*
naux légitimistes, par M. Berryer, auquel il donne sa voix
pour l'Académie, et qui, outre sa faveur dans ses feuilles, l'introduit dans quelques maisons du faubourg Saint-Germain ; au
Constitutionnel, par M. Véron, dont on assurera l'élection
comme député, et par M. Étienne, qui vient d'être nommé pair
de France par l'influence de M. Thiers.

En effet, c'est une chose remarquable de voir les ministres
du 12 mai obéir, à leur insu, aux sympathies et aux alliances de
M. Thiers.

A peine rend-on un service à M. Thiers que cela porte immédiatement bonheur. M. Cavé s'oppose à la représentation de la
pièce de madame de Girardin ; quelques jours après il est appelé
à des fonctions plus importantes. Le *Constitutionnel,* dont un
propriétaire influent était fort mal pour M. Cavé, ne trouve rien
à redire à sa nomination.

Les ministres du 12 mai ne font rien, ne donnent pas une signature qui ne concoure à quelque dessein secret de M. Thiers,
qui, en imposant au roi la nécessité de *régner et de ne pas gou-*
verner, s'est fait une position contraire et infiniment plus agréable : *il gouverne et ne règne pas.*

Madame de Dino, fort mal vue du faubourg Saint-Germain depuis ses accointances avec la cour citoyenne, se donne
beaucoup de mouvement pour la candidature de M. Berryer, qui
n'est pas agréable au château : elle espère par là se réhabiliter
auprès de ses anciens amis.

L'ACADÉMIE. — Selon toutes les apparences, M. Bonjour
sera élu. Il s'agit bien plus de n'avoir pas fait certaines choses
que d'en avoir fait certaines autres. Il y a une foule de candidats sans titres qui n'en font pas moins leurs visites.

M. de Balzac est allé voir M. Duval, qui lui a dit, en montrant son lit :

— Monsieur, voilà un lit où je vais bientôt mourir.

— Je vous crois encore bien des années d'existence, monsieur, a répondu l'auteur de la *Physiologie du Mariage*, et la preuve, c'est que je viens vous demander votre voix. Je ne serai pas nommé cette fois-ci ni l'autre, d'après les résultats ordinaires : il n'y aura pas d'extinction avant trois ans, c'est donc pour dans six ans au plus tôt que je compte sur vous.

🐜 Quelques académiciens ont annoncé qu'ils ne donneraient pas leur voix à un des candidats à cause de ses chagrins domestiques trop connus. Ce candidat, chargé, il y a longtemps, de fonctions administratives, crut devoir employer la voie du télégraphe pour apprendre au ministère *une infortune* personnelle dont il venait d'avoir la preuve, et demander son changement immédiat.

Cette proscription ressemble à une singulière fatuité de la part de messieurs les trente-neuf.

🐜 Nous leur rappellerons alors qu'un autre des candidats a reçu et accepté, en plein foyer du Gymnase, une insulte grave de la part de M. Évariste Dumoulin, rédacteur du *Constitutionnel*.

🐜 M. Berryer, s'il est élu, sera forcé de faire ratifier sa nomination par le roi Louis-Philippe et de lui être présenté. Quelques légitimistes appellent cela un *bon tour* joué à la royauté de Juillet ; d'autres disent que c'est une *défection*.

Il est singulier, pour les légitimistes, de voir M. Berryer porté à l'Académie et soutenu par M. Thiers, auquel il rend de son côté quelques bons offices ; par M. Thiers, auteur de l'arrestation et de l'emprisonnement de madame la duchesse de Berry.

🐜 LA COMÉDIE DE MADAME DE GIRARDIN. — C'était le jour où l'on représentait au théâtre de la Gaîté le *Massacre des Innocents*. Des écrivains chargés par les journaux de rendre compte de la représentation des pièces de théâtre, presque aucun ne parut dans la salle. Les plus influents des feuilletonistes avaient reçu une lettre ainsi conçue :

« *M. et madame Émile de Girardin prient M.*`***` *de leur faire l'honneur de venir passer la soirée chez eux, le mardi 12 novembre, à neuf heures, pour entendre* l'École des journalistes. »

Dans un salon tendu en vert, décoré avec une simplicité riche et élégante, on remarquait madame de Bawr, madame Gay, madame Ancelot, madame Ménessier, MM. Hugo, de Balzac, Étienne, de Jouy, Lemercier, Ancelot, E. Sue, Émile Deschamps, Malitourne, Roger de Beauvoir, de Custines.

Plusieurs femmes du monde, les unes spirituelles, les autres jolies, une jolie et spirituelle, des artistes distingués, des hommes du monde.

Mais surtout on remarquait tous les rois du feuilleton, et à leur tête leur maître, M. Jules Janin.

C'était là aussi un *massacre des innocents.*

Hérode ne tarda pas à paraître ; c'était une jeune femme svelte et forte à la fois comme la muse antique, encadrant un charmant visage dans de splendides cheveux blonds ; elle était vêtue de blanc, et ne ressemblait pas mal à la *Velleda* de M. de Chateaubriand.

Elle prit sa place, et commença sa lecture. C'était une suite de vers fins et spirituels qui faisaient naître dans l'esprit un sourire que beaucoup arrêtaient sur leurs lèvres ; c'était une satire contre les journalistes : l'auteur, rassemblant les traits de quelques visages, en avait fait un portrait général, dans lequel beaucoup ont le droit de ne se pas reconnaître.

Le premier acte finit au milieu des applaudissements. Madame de Girardin but un verre d'eau pure, et moi je frémis.

L'élite des journalistes était là ; ils étaient renfermés ; on leur servait des glaces et des gâteaux ; je me rappelai le poison des Borgia.

Mais que ne devins-je pas quand je m'aperçus que presque tous les hommes avaient au dos une marque blanche.

Je me rappelai alors aussi les *missions* à l'église des Petits-Pères sous la Restauration ; c'était ainsi que les agents de police marquaient dans l'église les perturbateurs, que l'on *empoignait* à la sortie.

Ces deux souvenirs, celui des missions et celui de Lucrèce Borgia, se croisant dans mon esprit, je demeurai incertain, non pas si la comédie en cinq actes aurait un sixième acte tragique, j'en étais bien persuadé, mais seulement si cela finirait comme *Bajazet*, quand la sultane dit au héros, que les muets attendent à la porte pour l'étrangler, son terrible : SORTEZ !

Ou comme Lucrèce Borgia, quand elle dit aux convives de son fils *Gennaro* : MESSEIGNEURS, VOUS ÊTES TOUS EXPOISONNÉS !

La lecture cependant, ou plutôt l'exécution continua. Quelques hommes, qui connaissaient les visages des journalistes, les désignaient aux hommes et aux femmes du monde qui ne les connaissaient pas, et on faisait à chacun l'application des dix vers qui se lisaient pendant qu'on l'examinait à son tour.

C'était assez embarrassant, je vous assure, et je me trouvai heureux de n'avoir jamais été qu'un journaliste de passage.

Les mots spirituels, les vers charmants, les épigrammes, les vérités, les injustices sortaient toujours de la bouche d'Hérode. Il vint même une scène d'un drame élevé, très-belle, très-bien écrite, et, comme l'a dit Janin dans sa réponse à madame de Girardin, mieux dite que ne l'eût pu faire aucune actrice du Théâtre-Français.

Pendant ce temps, M. Émile Deschamps répétait à chaque vers, ainsi qu'il le fait à toutes les lectures : *châmant ! châmant !*

A ce propos, il y a quinze jours que je veux aller voir Janin pour lui parler de sa lettre ; mais il demeure rue de Vaugirard, et moi rue de la Tour-d'Auvergne, à peu près la distance de Paris à Pékin.

Je vais lui écrire un mot dans ce petit livre qui lui parviendra, sans doute, avant que j'aie fait cet horrible trajet.

A M. JULES JANIN. — Mon cher Jules, je te fais de sincères compliments de ta lettre, quoique je ne pense pas tout à fait comme toi. Tu défends le journalisme, quand on n'a attaqué que les journalistes, mais tu le défends avec beaucoup de noblesse, de mesure, de convenance et de grâce. Comme ton ami, je suis heureux et fier de te voir plus d'esprit que tu n'en eus jamais, après t'en avoir vu dépenser, depuis quinze ans, assez pour faire dix réputations.　　　　　　　　　　　　　　　　　A. K.

La lecture finie, le martyre des journalistes ne l'était pas. On entourait madame de Girardin, et quelques personnes lui disaient : *Oh ! les monstres !* d'autres ajoutaient : *Vous leur prêtez trop d'esprit ; ils n'en ont pas autant que cela*, position agréable pour les journalistes présents. Cependant personne ne fut étranglé, personne ne mourut ; les marques blanches au dos provenaient d'une peinture intempestive des portes faite par un tapissier maladroit. Le lendemain, aucun journaliste n'avait d'habit. On les rencontrait tous en paletot. Les habits étaient chez le dégraisseur.

C'est alors que, pour se faire bien venir de la rue Neuve-Saint-Georges, M. Cavé s'opposa à ce que la pièce fût jouée au Théâtre-Français, et que la censure en défendit positivement la représentation, ce qu'on devait, du reste, attendre.

Le *hasard* fit qu'à quelques jours de là on vanta, dans la *Presse*, le désintéressement de M. Cavé. M. Cavé crut voir, dans la phrase, un sens ironique, et envoya MM. Dittmer et de Champagny demander à M. de Girardin une explication, une rétractation ou une satisfaction. M. de Girardin refusa le tout. Les témoins retournèrent auprès de M. Cavé fort embarrassés. Mais M. Cavé, apprenant le résultat de leur visite, se contenta de dire : « Eh bien! j'aime autant cela. »

Quelqu'un a dit, en voyant la mauvaise humeur de quelques journalistes : « Ces messieurs sont comme les enfants, ils crient quand on les débarbouille. »

🐜 LE DRAME DE MADAME SAND. — Le sujet du drame de madame Sand ressemble singulièrement au sujet de *Clotilde*, un roman que j'ai publié l'été dernier.

Une femme mariée dit à son amant : « Je ne serai jamais à deux hommes à la fois. » L'amant s'occupe naturellement d'assassiner le mari. Par une erreur bizarre, il tue un inconnu ; mais, en homme de tête, il accuse le mari du meurtre qu'il a commis. La femme trouve la chose un peu forte, rend à son mari l'amour qu'elle n'a plus pour son amant, voit les juges, sollicite et sauve son époux. L'époux, à peine hors de prison, demande raison à l'amant de son procédé qu'il trouve déloyal.

L'héroïne sait le jour et l'heure du duel. Elle écrit au jeune homme, le fascine par ses coquetteries, résiste un peu et succombe.

Puis lui dit : « Il est onze heures. L'heure du duel est passée; vous êtes déshonoré. »

N. B. Comme il y a aujourd'hui quelques femmes qui se modèlent sur les héroïnes de madame Sand, je crois devoir les avertir que, s'il s'en trouvait une par hasard qui crût m'embarrasser ainsi, j'ai ma réponse toute prête.

Au moment où elle me dirait : « Vous êtes déshonoré. — Et vous donc ? lui dirais-je. Pour moi, je vais aller dire à votre mari ce qui m'a retardé, et il m'excusera. »

🐜 LA COMÉDIE DE M. DE WALESKI. — On a lu chez madame A*** de G*** une comédie de M. le comte de Waleski qui obtient beaucoup de succès dans le monde. Le sujet est une

4*

jeune fille coquette qui, sans être criminelle, laisse prendre sur elle des droits et une influence qui font le malheur de sa vie.

La comédie de M. Waleski offre la peinture, presque unique aujourd'hui au théâtre, des mœurs contemporaines. La plupart des écrivains observent d'après les observateurs, et croient avoir beaucoup fait quand ils reproduisent des types connus et usés sous d'autres noms. Ils se contentent d'appeler le *Valère* de l'ancienne comédie *Eugène de Noirval*; *Scapin* prend le nom de *Tom*, *Sganarelle* celui de *M. Ducros* ou de *M. Valmont.* Et leur tour est fait.

Les personnages de M. Waleski sont vrais, vivent parmi nous, se conforment aux convenances de notre époque, n'entrent qu'où ils doivent entrer, parlent comme ils doivent parler. Ces qualités, ainsi que la netteté et l'élégance du style, pouvaient s'attendre d'un homme du monde ; mais on a été étonné (les gens qui s'étonnent) de reconnaître une grande adresse dans la charpente de la pièce et une remarquable entente de la scène.

La comédie de M. Waleski sera représentée au Théâtre-Français.

LE DRAME DE M. DE BALZAC. — M. de Balzac a lu à la Porte-Saint-Martin un drame dont les personnages sont tirés d'un de ses plus beaux romans. La pièce est très-neuve et très-audacieuse.

LES PHILANTHROPES ET LES PRISONS. — Deux classes de philanthropes se partagent les prisons et les prisonniers, et, loin de leur opposer une énergique résistance, le gouvernement a pris la *résolution de laisser faire*. Il a fait pour la philanthropie comme pour l'asphalte, pour les criminels comme pour les boulevards.

On a livré un côté des boulevards au bitume Polonceau, l'autre côté à l'asphalte de Seyssel. On a abandonné certaines prisons à certains philanthropes, et les autres prisons à d'autres philanthropes.

Voici en quoi consistent les deux procédés. Nous y ajouterons les résultats.

Le philanthrope de *l'école française* trouve que l'homme est déjà bien assez malheureux d'être criminel sans qu'on aille encore aggraver ses chagrins par des punitions excessives. Il veut que le condamné soit bien chauffé, bien vêtu , bien logé, bien nourri.

L'homme vertueux s'enveloppe de sa vertu et se rafraîchit du souvenir de ses bonnes actions. Mais pour le criminel, le philanthrope veut qu'on lui donne des bougies, et recommande le vin de Bordeaux de 1834, un peu de musique, le spectacle, les livres, en un mot toutes les distractions pour des hommes qui en ont tant besoin. Il aime son criminel, il le choie, il l'engraisse, il le console. M. Martin du Nord était de cette école. Comme on lui disait que les prisonniers avaient de mauvais pain, il répondit : « Leur pain vaut mieux que celui des soldats. »

Résultats : les gens gênés dans leurs affaires, les ouvriers sans ouvrage s'empressent de tuer leur femme ou d'empoisonner leur frère, pour jouir du sort des scélérats.

Pour les condamnés, ils ne quittent la prison qu'en pleurant ; il faut les en arracher par la force. Un homme amené facilement en prison par deux gendarmes n'a pas trop de six gendarmes pour le décider à sortir. Il n'est pas huit jours sans revenir, en ayant eu soin cette fois d'*étoffer* un peu son crime de circonstances aggravantes, pour s'assurer une dizaine d'années de prison.

Les philanthropes de *l'école américaine* isolent le prisonnier, inventent des tourments et des incertitudes. Après ne lui avoir laissé d'autre société que les quatre coins de son cachot, ils trouvent ces quatre coins une distraction excessive, et ils les suppriment pour le mettre dans une prison ronde.

Aucun des criminels qu'ils tourmentent n'est aussi scélérat, aussi ingénieux en férocité que le plus doux de ces braves philanthropes.

Outre la cruauté de ces essais, on peut leur reprocher une odieuse injustice. Personne n'a le droit d'aller plus loin que la loi. C'est un horrible arbitraire.

Résultats : cinq hommes sont devenus fous, un est mort en écumant ; un autre, tout récemment, ne pouvant supporter ces cruelles épreuves, s'est accusé d'un crime imaginaire qui l'envoyait à l'échafaud.

🐝 Le directeur d'un théâtre royal, très-amateur de chevaux, disait dernièrement : « Il me faut quatre chevaux pour *monter* au *bois.* »

Un cheval pour y aller en tilbury.

Un cheval pour le domestique qui me suit.

Un cheval pour faire le tour du bois au trot.

Et enfin un quatrième cheval pour faire un tour au galop.

—Parbleu, monsieur, lui dit un brave homme, il y a eu autrefois des gens qui n'étaient pas si exigeants que vous ; ils n'avaient qu'un cheval, et ils étaient quatre : c'étaient les quatre fils *Aymon.*

🐝 Les partis sont quelquefois obligés de soutenir des gens tellement nuls, qu'ils ne trouvent d'autre épithète à ajouter à leur nom que celle de *vertueux.*

C'est absolument comme lorsque les femmes disent d'une autre femme : « Elle *est bien faite.* » Cela veut dire elle est laide et grêlée.

Quand elles disent : « c'est une bonne personne, c'est le dernier degré de l'injure : cela signifie, elle est hideuse, bossue et bête.

🐝 L'ARMÉE FRANÇAISE EN AFRIQUE. — Une lettre de M. Blanqui aîné a tracé un déplorable tableau de la situation des soldats français en Afrique. Les conquérants sont mille fois plus misérables que les Arabes vaincus. Les malades manquent de lits, de médicaments et de soins; ils souffrent et ils meurent dans la bouc. C'est une chose infâme.

C'est à l'ignoble lésinerie des avocats de la Chambre qu'il faut attribuer ce crime national. Pour taquiner le pouvoir et faire de sottes économies, on n'envoie en Afrique ni assez d'hommes, ni assez d'argent; et pour que la Chambre ne réduise pas encore ce qu'elle accorde après de honteuses discussions, on simule des agrandissements de territoire conquis. On occupe une grande étendue de pays, et le pouvoir a la lâcheté de céder à la sordide chicane de MM. les avocats.

Dans une conversation générale, plusieurs femmes se plaignaient de l'inconstance des hommes. « C'est très-simple, dit madame***, les hommes se rendent justice; dès qu'ils nous plaisent, ils nous méprisent. »

Une femme s'est rencontrée ces jours derniers d'une audace et d'une impudeur extraordinaires qui a osé entamer un procès plus honteux cent fois que l'ancien *congrès*, que les magistrats les plus honorables appelaient *infâme*. La plaignante accusait son mari d'irrégularités et d'illégalités bizarres dans l'expression de la tendresse conjugale. Me Dupin a étalé complaisamment pendant trois heures une érudition d'ordures incroyable, dans le latin le plus transparent. Il n'y a rien, dans le marquis de Sades, de plus effrontément obscène que le discours que Me Dupin a prononcé en faveur des mœurs, et ceci n'était qu'un jeu d'esprit pour l'aîné des Dupin, car il ne citait que des textes de *Sanchez* et d'autres casuistes qui n'ont aucune autorité en droit français.

Si Me Dupin prend Sanchez pour une autorité, je lui dirai, s'il ne le sait pas, que l'on trouve dans Sanchez, entre autres choses, l'approbation du mensonge et du faux témoignage, et qu'on y lit en propres termes « que l'on peut nier avec serment une chose que l'on a faite, si, au serment prononcé à haute voix, on ajoute mentalement une clause qui en fasse une vérité. »

Ainsi, on peut dire haut : « Je jure que je n'ai pas vu telle personne, » quoiqu'on l'ait vue, si on ajoute bas ou mentalement : *Ce matin*.

On a beaucoup reproché au maréchal Soult la médiocre élégance de son élocution ; on a été jusqu'à l'accuser d'une confusion malheureuse des *s* et des *t*, en un mot, on a dit que le duc de Dalmatie *faisait des cuirs*. J'avoue que cela serait un inconvénient assez grave pour être reçu de l'Académie de Paris ; et encore j'aimerais mieux faire des *cuirs* et n'importe quelle faute de langage, que de commettre les phrases de MM. Berryer et de Cormenin, que j'ai citées au commencement de ce volume, et qui sont, en même temps que des fautes contre la langue, des fautes contre le sens commun.

Mais je ne vois pas pourquoi il faudrait être beau parleur pour être ministre. J'irai plus loin : en ces temps de bavardage et d'avocasserie, c'est une sérieuse et forte recommandation à mes yeux que de ne l'être pas. Ceci n'est ni une plaisanterie ni un paradoxe : voici mes preuves. La tribune est le trône des avocats ; la tribune perd la France.

Il faut une longue habitude et une étude spéciale pour parler en public. Pour beaucoup d'hommes très-braves et qui intimideraient ailleurs messieurs les avocats, il est presque impossible de traverser une assemblée, de monter à une tribune, de se draper, de *poser*, de s'occuper de sa démarche, de son geste, d'arrondir des périodes, de remplir les lacunes de la pensée par des mots plus vides que la place qu'ils laisseraient dans le discours, si on ne les disait pas.

Sur une question militaire, sur une question d'industrie, sur une question de marine, sur une question de finances, sur toutes les questions, un soldat, un marchand, un marin, un commis, un homme spécial enfin, a des lumières plus réelles et plus utiles à donner qu'un avocat. Qui est-ce qui parle cependant sur ces questions ? les avocats, toujours les avocats ; tandis que l'homme utile, l'homme qui sait, garde le silence. Pourquoi ne parle-t-on pas de sa place? pourquoi fait-on des discours? est-ce donc une académie que la Chambre? En ce cas, il y aurait beaucoup à dire sur l'éloquence verbeuse et polyglotte des avocats. Mais messieurs les avocats de l'opposition radicale, qui demandez le suffrage universel, ou au moins l'avénement à la Chambre des capacités, je suppose que vous ne renfermez pas la capacité exclusivement dans l'art de la parole (quel art! et quelles paroles, bon Dieu!), sous prétexte que toute la vôtre y est renfermée. Par exemple, si on admet les capacités à la Chambre, une capacité en agriculture sera probablement un fermier, peut-être un fermier alsacien qui parlera son patois. Si vous admettez les capacités et les spécialités, il faut brûler la tribune, et avec la tribune disparaîtront les avocats, et avec les avocats disparaîtront l'ignorance qui parle d'autant plus qu'elle n'a rien à dire, la mauvaise foi qui plaide le pour et le contre avec les mêmes élans factices, les mêmes gestes de comédien de province, le même aplomb, la même suffisance.

C'est la tribune qui perd la France, c'est la tribune qui chicane le pain, et les couvertures, et la tisane aux soldats français, et qui les fait mourir de faim, de froid et de misère en Afrique.

On a crié assez en France contre le *trône et l'autel;* il est temps de parler de la tribune, le trône des avocats, l'autel où ils immolent chaque jour les intérêts du pays, le bon sens, la bonne foi et le pays lui-même.

En attendant, le 6 du mois de novembre 1839, soixante-six licenciés en droit ont prêté le serment d'avocat. Jour néfaste! où soixante-six nouveaux vautours affamés par les jeûnes du stage ont pris leur volée sur la France.

On avait fait, lors de l'inauguration du musée de Versailles, un essai assez heureux qui aurait dû ouvrir les yeux au pouvoir: on avait invité à un dîner quelconque tous les journalistes de quelque talent et de quelque influence; cela eut pour

résultat un article de justes louanges dans tous les journaux de
Paris. Jamais depuis on n'a renouvelé la moindre politesse à ces
écrivains; jamais depuis ils n'ont reçu la moindre invitation à
la moindre soirée ni à la moindre cérémonie. Nous n'avons cependant pas entendu dire qu'ils aient emporté l'argenterie.

LA SYMPHONIE DE M. BERLIOZ. — Bien des gens prennent l'obstination pour du génie. La musique est la mélodie. Une
musique sans mélodie est *une perdrix aux choux* qui ne se
composerait que de choux. La science est un moyen et non pas
un résultat. On dit que la musique de M. Berlioz est savante.
Cela est dit par des feuilletonistes qui ne peuvent pas le savoir.
Grétry disait à un musicien : « Vous n'avez ni génie ni invention ; il ne vous reste que la ressource d'être savant. » Prenez
un commissionnaire, et vous le rendrez savant avec des maîtres
et du temps. La musique de M. Berlioz, que je n'accepte pas
comme de la musique, est le résultat d'une fausse appréciation.
M. Berlioz veut peindre par la musique ce que peignent les paroles. Ce n'est pas là un progrès : c'est une dégradation. La
musique est au-dessus de la poésie ; elle commence là où finit le
langage. Ceux qui veulent l'astreindre aux proportions du langage ressemblent à un chasseur qui fait tomber avec un plomb
meurtrier l'alouette joyeuse qui chante dans le ciel. M. Berlioz
trouve que le rhythme carré a vieilli, et il supprime le rhythme.
En poésie, la rime et la mesure sont bien vieilles aussi, monsieur Berlioz, et on les garde. Si de la musique on supprime la
mélodie et le rhythme, il reste du bruit et de l'ennui. Je me
méfie de la musique dont on veut me *prouver* la beauté. La musique doit se sentir. Physiquement, c'est dans la poitrine, et non
dans la tête que se perçoit l'impression de la musique. La musique de M. Berlioz s'adresse à la tête. Je sais qu'on m'ap-
pellera ignorant ; mais Orphée charmait les tigres et les pan-
thères, qui étaient bien aussi ignorants que moi. Les journalistes qui font des feuilletons sur la musique ont d'ordinaire

un jeune musicien auquel ils donnent à dîner et une place
dans leur loge ; le musicien leur fournit en échange un peu
d'argot musical pour leur feuilleton. M. Berlioz a peint *en
musique*, comme l'annonce le programme, Roméo sentant les
premières atteintes du poison ; les violons ont fait entendre un
bruit strident ; un admirateur enthousiaste s'est écrié. « Comme
c'est bien ça la colique ! » Au milieu d'un tumulte assez vif de
corps et de contrebasses, j'ai voulu savoir ce que ça voulait
dire, et j'ai vu au livre rose servant de programme : *le jardin
de Capulet* SILENCIEUX *et désert*. Je suis de bonne foi, j'aime la
fermeté de M. Berlioz, et je voudrais aimer sa musique. J'aurais été heureux de pouvoir l'applaudir au Conservatoire et ici ;
j'étais à l'affût de la moindre mélodie ; et rien n'a eu la complaisance d'y ressembler ; je me suis ennuyé, et je n'ai ressenti aucune émotion. On m'a dit que je ne pouvais pas juger la musique
savante. La musique de Beethoven est savante, et elle ne m'ennuie pas, et elle me fait rêver ; la musique de Rossini est savante, et elle me charme ; la musique de Weber est savante, et
elle me fait frissonner le cœur. Sous prétexte de musique savante,
on a inventé M. Halevy et M. Meyerbeer, qui, sous bien des rapports, n'est qu'un Halevy supérieur, et on a découragé et renvoyé
Rossini. Il y a dans la gloire donnée légèrement ceci de grave
et de criminel, que, pour ajuster cette belle couronne à certaines
têtes, il faut la rétrécir, et qu'elle est ensuite trop petite pour
les hommes de génie dont on peut avoir à parler.

ÉPILOGUE. — Allons, mes guêpes, mes archers au cor-
selet d'or, revenez à ma voix qui sonne la retraite ; il fait froid,
il pleut, notre campagne est finie jusqu'au mois prochain, jusqu'à l'année prochaine.

Les arbres sont nus ; les chrysanthèmes, les dernières fleurs
de l'automne, sont flétris. Revenez dans cette retraite où éclo-
sent à leur tour les fleurs brillantes de l'hiver à la douce chaleur
du foyer, les rêveries et les souvenirs.

I.   5

Rentrez, mes guêpes, vous trouverez pour vous y reposer un camélia blanc, et des bruyères couvertes de leurs petites clochettes purpurines, et un héliotrope d'hiver qui exhale une suave odeur de vanille.

Rentrez et reprenez haleine, vous n'avez pas à regretter les légères blessures que vous avez faites ; vos innocentes colères sont justes et généreuses ; vous êtes d'honnêtes guêpes. Le premier jour de l'année 1840, j'ouvrirai cette porte en vitraux colorés qui donne sur le jardin, et je vous laisserai prendre encore une fois votre volée.

Janvier 1840.

Une année de plus. — Oraison funèbre de deux dents.—Déplorable tenue des représentants de la France. — M. Auguis. — M. Garnier-Pagès. — M. Dugabé. — M. Delaborde. — M. Viennet. — Argot des journaux. — Les ministères et les attentats. — Le discours de la couronne. — M. Passy. — M. Teste. — Insuffisance, amoindrissement, aplatissement. — M. Molé. — M. Thiers. — M. Guizot. — Polichinelle et M. Charles Nodier. — Les 221. — M. Piscatory. — M. Duvergier de Hauranne. — M. Malleville. — M. Roger (du Nord). — Les offices. — Treize gouvernements en trente-huit ans. — La conjuration de M. Amilhau pour faire suite à la conjuration de Fiesque. — Les trois unités. — Un mot de M. Pozzo di Borgo. — Le marquis de Crouy-Chanel. — Le garde municipal Werther. — Le comte de Crouy-Chanel. — Arrestation extrêmement provisoire de l'auteur des Guêpes. — Le gendarme Ameslan. — 650 ans de travaux forcés. — M. Victor Hugo. — M. Adolphe Dumas. — M. Gobert. — Mlle Déjazet. — Le gouvernement sauvage. — M. de Cormenin. — Mme Barthe. — M. Coulman. — La cour de France. — Les bas de l'avocat Dupin. — Plusieurs nouvelles religions. — L'abbé Chatel. — L'Être suprême l'a échappé belle. — Un prix de mille écus. — Le prince Tufiakin. — Les nouveaux bonbons. - Dupins à ressorts. — Une surprise. — Mme de Girardin. — M. Janin. — Mlle Rond... — Le sommeil législatif. — M. Dupont (de l'Eure). — M. Mérilhou. — M. d'Argout. — M. Alexandre Dumas. — Me Chaix d'Est-Ange. — Me Janvier. — M. Clauzel. — La gloire et le métal d'Alger. — M. Arago. — M. Mauguin. —

M. G. de Beaumont.—Le maréchal Valée.—Le colonel Auvray.—Les pincettes.—S. M. Louis-Philippe et M. Jourdain.—M. Bonjour.— M. Berryer. —M. Michel (de Bourges).—M. de Chateaubriand.—M. Scribe.—M. Delavigne. — M. Royer-Collard. — Le duc de Bordeaux. — M. Bois-Millon. — Le duc d'Orléans. — Le duc de Joinville. — Le duc de Nemours. — M. Lerminier. — M. Villemain. — M. Cousin. — Dénonciation contre les princes du sang. — Une guêpe asphyxiée. — Vingt ans de tabac forcé.

L'AUTEUR. — Ainsi que je vous l'ai promis, mes guêpes, je vous ouvre cette porte en vitraux qui donne sur le jardin ; — mais ne vous laissez pas tromper par cet air de printemps ; — ne vous arrêtez pas aux violettes qui ont fleuri ces jours-ci sous les feuilles sèches, — ni à cette primevère à la corolle amarante qui s'est épanouie au pied du figuier, précisément le premier jour de l'hiver, le 22 décembre.

Nous sommes dans l'hiver ; — voici une année finie et voici une année qui commence. On appelle cela avoir une année de plus. Ceux qui sont nés depuis trente ans disent qu'ils *ont* trente ans. — Hélas ! c'est au contraire trente ans qu'ils *n'ont plus* ; — trente années qu'ils ont dépensées du nombre mystérieux qui leur en a été accordé ; — trente années qui sont les fleurs de la vie et que le vent a séchées ; — trente années pendant lesquelles on a passé par toutes les sensations qu'il faut ensuite recommencer et *ruminer*.

Heureusement que l'homme se vante d'être sobre quand il ne digère plus ; d'être chaste quand son sang est stagnant et son cœur mort ; — de savoir se taire quand il n'a plus rien à dire ; — et appelle vices les plaisirs qui lui échappent, et vertus les infirmités qui lui arrivent.

Quand on a dépensé cette première partie de la vie, — on s'étonne de la prodigalité avec laquelle les gens les plus jeunes jettent en riant leurs jours exempts de souci, sans les compter, sans les regretter, sans leur dire adieu. On est surpris comme ce voyageur dont parle un conte arabe, qui vit des enfants jouer au palet avec des *rubis*, des *émeraudes* et des *topazes*, et s'en aller sans songer à les ramasser.

Il n'est personne qui, à trente ans, ne soit déjà en train de mourir — et n'ait à porter le deuil d'une partie de soi-même. Si je voulais, pour moi, je prononcerais ici l'oraison funèbre de deux dents et de ravissantes illusions que j'ai perdues

La session est ouverte, les Chambres se sont rassemblées : messieurs les députés continuent à affliger les regards par d'incroyables négligences de costume. Les *indépendants* justifient ce laisser-aller en disant qu'ils représentent *le peuple*, et qu'ils doivent être vêtus comme le peuple. Mais le peuple ne porte ni un habit vert râpé comme M. Auguis, ni un habit noir éploré comme M. Garnier-Pagès. — Pourquoi alors ne pas porter des vestes, pourquoi pas des blouses, pourquoi pas des casquettes, pourquoi pas des sabots? Ajoutez à cela que les députés ne représentent pas seulement le peuple, — et que, s'ils représentent quelque chose, ils représentent toutes les classes de la société. — Voyez, par exemple, M. Dugabé, examinez son col de chemise enfermant sa tête qui ressemble à un bouquet dans un cornet de papier. — Vous vous dites : « Tiens, voilà un monsieur singulièrement arrangé. » — Vous demandez à un voisin :

— Que représente monsieur? Le voisin vous répond :

— Ce monsieur représente, je crois, la Haute-Garonne. Vous vous dites en vous-même : « Eh bien! on est gentil dans la Haute-Garonne! » Et voilà tout un département compromis.

Nous avons remarqué avec plaisir qu'on n'avait pas assassiné le roi, — ce qui d'ordinaire semble faire partie du cérémonial de la séance. — La reine, qui était arrivée de bonne heure, était fort pâle jusqu'à l'entrée du roi dans la salle. — Pauvre femme, moins inquiète quand ses fils sont au milieu des Arabes que lorsque son mari est au milieu des Français!

M. Delaborde, questeur de la Chambre, avait imaginé

de placer des femmes en cercle en dedans de la partie de la salle occupée par les députés. — M. Viennet, le nouveau pair, a trouvé que cela avait l'air d'une couronne de roses. — Tout le monde, à l'exception de M. Viennet, a trouvé que l'innovation était de fort mauvais goût, et je suis pour ma part de l'avis de tout le monde.

La file des voitures avançait lentement. — Un des nouveaux députés, qui arrivait dans un fiacre, s'impatientait fort et finit par interpeller un garde municipal. « Gendarme, cria-t-il, — gendarme, — laissez couper la file à ma voiture, — laissez-moi passer, — je n'ai pas le temps, — je suis député, — je vais chez moi, je vais à *mon palais.* »

Il y a dans ce mot seul tout le secret du gouvernement représentatif.

A l'occasion de l'ouverture des Chambres, les journaux ont enrichi leur argot d'un certain nombre de mots nouveaux. — Les *érudits*, les *forts* en politique, ont créé une *langue sacrée* inintelligible pour le vulgaire : ils désignent les ministères et les opinions qu'ils représentent par les dates, les attentats et les émeutes par d'autres dates. S'ils ont à parler de la politique de résistance dont Casimir Périer était l'expression, — ils disent *le 13 mars ;* l'intervention en Espagne est représentée par le 22 février.

Il n'y a rien de si facile que d'oublier ces dates pour les malheureux lecteurs de journaux. Ceux qui ont la mémoire la plus heureuse se contentent de les confondre, et prennent un attentat pour un ministère et réciproquement ; le 6 septembre, qui représente la politique des doctrinaires pour le 6 juin, qui est l'anniversaire d'une émeute.

Le ministère actuel, qui partage avec une émeute la date du 12 mai, est particulièrement exposé à de singulières erreurs.

Voici quelques phrases faites par les journaux avec ces éléments :

« Si le 12 mai, qui a amené le 6 juin, s'était souvenu qu'au 11 août a succédé le 2 novembre ; si les doctrines du 13 mars et du 10 octobre ne lui avaient pas fermé les yeux sur une péripétie nécessaire et semblable à celle du 27 octobre succédant au 4 février, il n'aurait pas si promptement rompu avec le 6 septembre et le 22 février.

» En vain le 12 mai cherche un appui dans le 11 octobre, il tombera, comme le 15 avril, sous le 22 février et le 6 septembre, qui se réuniront jusqu'à la défaite du 12 mai, après quoi on verra se renouveler le 4 novembre ou le 9 août. »

Le premier coup porté au ministère l'a été par le roi. — M. Passy a eu le chagrin de ne pouvoir faire insérer dans le discours *du trône* (pour parler selon la langue sacrée des journaux) le plus petit paragraphe sur le *remboursement des rentes*, qui est sa chimère, — ni atténuer l'engagement formel de la conservation d'Alger, dont l'abandon est sa marotte.

M. Teste, par le silence *de la couronne* (même langue que ci-dessus), a reçu un nouveau désaveu de sa malheureuse sortie contre les *offices*.

Il est difficile de savoir si le ministère passera la session. L'opposition n'a aucun plan contre lui. Le mot de ralliement n'est même pas encore trouvé. On a renversé le ministère Molé avec le mot *insuffisance*. M. Guizot a bien prononcé le mot *amoindrissement du pouvoir* contre le ministère actuel ; M. Thiers a, il est vrai, risqué celui d'*aplatissement*, et le *Constitutionnel*, qui lui appartient, a commencé ses attaques dans ce sens, mais cela ressemble trop à l'*insuffisance* de la session précédente.

Voilà cependant avec quoi et sous quels prétextes on parle tant et on agit si peu, et on néglige les véritables intérêts du pays. Tous les hommes possibles, du moins sous le règne de Louis-Philippe, ont paru successivement aux affaires, presque tous s'y sont représentés plusieurs fois dans de nouvelles combinaisons ; — et on ne sortira pas de ce cercle ; chaque mi-

nistère qui sera renversé laissera la place à un ministère déjà
renversé, qu'il renversera à son tour; ce que vous jugez mauvais aujourd'hui ne peut être remplacé que par ce que vous avez
jugé mauvais hier.

Quand M. Thiers était aux affaires, on lui adressait précisément les reproches que son parti fait aujourd'hui à ceux dont
il veut la place; — qu'il rentre demain au ministère, et ces reproches seront rétorqués contre lui. C'est absolument le bâton
dont polichinelle et le commissaire se servent tour à tour dans
la parade qu'aime tant Charles Nodier.

🐜 Quoiqu'il n'y ait pas encore de plan de campagne, —
M. Guizot et M. Thiers s'agitent beaucoup pour s'emparer des
deux cent vingt et un députés qui n'ont pu soutenir le ministère Molé. M. Guizot a dit à M. Piscatory, — comme le
Christ à saint Pierre : — « Tu seras un pêcheur d'hommes. »
M. Piscatory s'est adjoint M. Duvergier de Hauranne pour ce
coup de filet.

M. Thiers, de son côté, a lancé M. Malleville et M. Roger
(du Nord), qui s'occupent de pêcher ces mêmes deux cent vingt
et un, un à un, comme à la ligne.

Les deux cent vingt et un, outre leur importance numérique,
forment le parti de la Chambre qui renferme le moins d'avocats
et de fonctionnaires publics, et représente le plus de propriétés.
Ils n'ont pas d'ambition personnelle ni de ces candidats que les
autres fractions présentent avec une obstination invincible. Ils
seraient l'aristocratie du pays et de l'époque, si, riches comme
des aristocrates, ils savaient vivre comme eux.

Mais les seules gens qui dépensent de l'argent en France sont
ceux qui n'en ont pas.

Ce sont, du reste, de braves gens dont le rêve est la réalisation d'une utopie impossible : à savoir, le repentir de M. Thiers
et son alliance avec M. Molé. — Ils mangeraient volontiers
M. Guizot au repas des fiançailles.

🐝 L'indifférence de l'opposition pour le ministère du 12 mai (ne pas confondre avec l'attentat de la même date) semble passablement dédaigneuse. Il semble qu'il n'y ait qu'à souffler dessus quand il sera temps. Certes, le roi Louis-Philippe a agi avec assez de dignité pour un roi constitutionnel quand il a écarté des affaires M. Thiers qui voulait être plus que le roi. — Mais, en formant le ministère du 12 mai (continuer à ne pas confondre avec l'attentat), il me semble avoir agi comme les bourgeois qui croient faire de notables économies en prenant un domestique pas cher qui casse tout par maladresse dans leur maison.

Ainsi M. Passy, sans parler de l'abandon d'Alger, pour lequel il s'est ouvertement prononcé et qui est si impopulaire, — n'a rien de plus à cœur que le remboursement des rentes.

Tandis que M. Teste s'avise de sa malencontreuse idée sur les *offices*.

Comme s'il n'y avait pas en France déjà assez d'inquiétudes et d'instabilité !

A une époque où tout ce qui n'est pas renversé semble menacer ruine, — ces messieurs s'avisent de battre en brèche le peu qui reste debout.

La transmission des charges et des offices est tout ce qui reste en France des corporations. Les corporations étaient des familles ; les familles étaient des solidarités d'honneur. Du temps des corporations commerciales, le commerce français avait au dehors une honorable et fructueuse réputation de probité ; — depuis qu'il n'y a plus de corporations, il se vend sur les marchés étrangers, pour le compte de la France, des bouteilles de vin vides et des bas de soie dont chaque paire n'a qu'un bas ; et tous les jours le commerce français se déconsidère et se ruine.

🐝 Nous l'avons échappé belle pendant le mois de décembre, — nous avons été menacés de deux nouveaux gouvernements, outre tous ceux dont jouit cette époque où tout le monde est gouvernement.

🐝 Il y a trois puissances qui rendent impossible en France la réalisation des trois pouvoirs constitutionnels, qui sont la royauté héréditaire, la Chambre aristocratique et la Chambre des députés. — Ces trois puissances inhérentes, je le crains, au caractère national, sont l'inconstance, la vanité et l'ignorance. — Faites donc une royauté héréditaire avec l'inconstance qui a donné à la France TREIZE *gouvernements* en trente-huit ans — (la moyenne n'est pas de trois ans!) On a eu dans l'espace de trente-huit ans — Louis XVI, — la Convention, — le Directoire, — le Consulat rééligible, — le Consulat à vie, — l'Empire, — le gouvernement provisoire, — Louis XVIII, — Napoléon, — Louis XVIII, — Charles X, — le duc d'Orléans, lieutenant général, — Louis-Philippe roi.

Et si on écoutait chaque parti et chaque subdivision de parti, — nous aurions à la fois aujourd'hui — le duc d'Angoulême, — le duc de Bordeaux, — le duc de Bordeaux, *entouré d'institutions républicaines*, — le prince Louis Bonaparte, — cinq ou six sociétés républicaines avec ou sans président.

Faites donc une Chambre aristocratique sans aristocratie, sans fortunes, sans possesseurs de terres, malgré l'envie, la vanité et la suprême sottise que l'on appelle égalité.

Faites donc une Chambre des députés avec l'ignorance et le bavardage !

🐝 De tout temps, on a aimé à conspirer en France. — Demandez à M. Amilhau, aujourd'hui député et président d'une cour royale.

LA CONJURATION DE M. AMILHAU POUR FAIRE SUITE A LA CONJURATION DE FIESQUE. — M. Amilhau conspirait sous la Restauration. — Tout le monde conspirait alors. — M. Amilhau s'en allait tous les soirs conspirer après son dîner, cela aidait sa digestion. — Il arrivait en fiacre, donnait un mot d'ordre, faisait sa partie de whist — et s'en allait régulièrement à minuit moins un quart pour ne pas mécontenter son portier. — Cela dura dix ans, sans que M. Amilhau manquât une seule fois, sans qu'il se commît une indiscrétion.

Un jour, au bout de dix ans, un des conjurés demanda la parole, on la lui accorda en murmurant: cela dérangeait les parties.

— Messieurs, dit-il, il est temps d'agir.

Comment agir, dit M. Amilhau en se levant, agir? Qu'entendez-vous par ces paroles? pour qui me prenez-vous? Apprenez, monsieur, que je suis un honnête homme, incapable de rien faire contre les lois de mon pays.

Cela dit, M. Amilhau prit sa canne et son chapeau, s'en alla et ne revint plus.

Le marquis de Crouy-Chanel a un cousin qui demeure dans ma maison.

Ce matin-là, il faisait un temps superbe; mes pigeons faisaient chatoyer au soleil levant les émeraudes, les améthystes et les saphirs de leurs cols. — Je m'habillai et je sortis dans l'intention de faire une des dernières promenades de l'année. — Comme j'allais passer le seuil de ma porte, deux messieurs s'opposèrent à ma sortie, qui me dirent :

— On ne passe pas.

Ces deux messieurs furent appuyés par trois autres, et moi je me repliai sur mon appartement.

En un moment, j'avais reconnu la police à sa ressemblance parfaite avec les gens dont elle est censée nous préserver, — et j'avais fait un sévère examen de conscience avec une rapidité extraordinaire. — Le résultat de cet examen fut que je n'avais, pour le moment, d'autre crime à me reprocher qu'une légère irrégularité dans mon service de garde national, — et je me rassurai par ma connaissance de la loi.

Une fois déjà, — en effet, après avoir successivement envoyé contre moi — le garde municipal Dubois, puis le garde municipal Ripon, plus féroce que Dubois, — puis le garde municipal Begoin, plus terrible que Ripon, — on avait lancé le garde municipal Werther, le plus redouté de tous.

Un matin, un monsieur frappé à ma porte; — j'ouvre moi-même.

— M. Karr?

— C'est ici, monsieur.

— Monsieur, je viens pour un petit jugement.....

— Ah! vous êtes le garde municipal Werther?

— Oui, monsieur, j'ai cet honneur.

— Très-bien, monsieur Werther; — mais, ajoutai-je en regardant derrière lui, où est votre commissaire?

— Mon commissaire?

— Oui, vous vous êtes bien fait assister d'un commissaire?

— Non, monsieur; j'ai pensé...

— Vous avez alors un juge de paix?

— Mon Dieu non; — j'ai pensé que je vous ferais plaisir en vous épargnant ce petit scandale.

— Monsieur Werther, vous êtes très-aimable et très-poli; mais nous ne sommes pas assez liés ensemble pour que vous m'arrêtiez ainsi sans cérémonie.

Et le garde municipal Werther s'était en allé.

Tenant donc la porte entr'ouverte, je dis à ces messieurs:

— Avez-vous un commissaire?

— Oui.

— Où est-il?

— Dans la maison.

— Ce n'est donc pas pour moi?

— Non.

— Alors, laissez-moi sortir.

— Non.

— Pourquoi cela?

— Parce que.

Il me fallut me contenter de cette réponse peu satisfaisante.—
Ce n'est que deux heures après que je sus que la maison était
cernée et que tous les locataires étaient prisonniers. — A midi
seulement on amena le comte de C..., — et nous fûmes rendus
à la liberté.

La liste du marquis de C... était faite avec un soin extrême
— et dont je crois devoir le modèle aux conspirateurs qui
aiment l'ordre et la régularité. — C'était un registre réglé avec
des divisions à l'encre rouge ; — ces divisions, au nombre de
six, donnaient pour chaque conjuré :

Son nom, — sa demeure, — son âge, — le lieu de sa naissance, — les armes dont il pouvait disposer.

Et des notes particulières renfermant une appréciation de son
courage et de son dévouement.

Aussi, douze heures après, tout le monde était arrêté ; —
mais, huit jours après, le marquis de C... était échappé, grâce
au gendarme Ameslan qui, ayant pris au sérieux ce que rabâ-
chent les journaux sur les baïonnettes intelligentes, — sur
l'indépendance du soldat français, etc., causa avec son prisonnier, le laissa partir en le reconduisant du Palais de Justice à
la prison, et pour lui, — fier de s'être montré buffleterie in-
telligente, rentra paisiblement le soir à son quartier. — C'est à
peu près ce jour-là que l'on condamnait un jeune homme,
nommé Barthélemy, qui avait tiré à cinq ou six pas de distance
un coup de pistolet sur un sergent de ville qui allait à l'Am-
bigu. — Ce Barthélemy faisait partie de ces sociétés qui s'appellent secrètes et qui ont si peur de l'être. — Des amis lui
avaient fait quelques reproches, l'avaient accusé de manquer de
dévouement. « Venez vous promener sur le boulevard, » leur
avait dit Barthélemy. — Arrivé là, il avait chargé un pistolet et avait tiré sur le sergent de ville.

Nous pensons que le gendarme Ameslan a suffisamment
réhabilité la gendarmerie, — que la race des *bons gendarmes,*

si célébrée sous la Restauration, est retrouvée, — et que les sociétés dites secrètes ne prescriront plus à leurs adeptes de les immoler à la liberté sur l'autel de la patrie. — Du reste, M. C... est retourné de lui-même en prison.

🐜 Il n'est peut-être pas inopportun de dire, à propos de conspirations, quelques mots sur l'éducation qu'on reçoit en France.

Cette éducation est entièrement et exclusivement littéraire et républicaine. Tout élève qui a profité de ses études sort du collége, — sinon poëte, du moins versificateur et animé d'une haine profonde contre la tyrannie. C'est le moment où il doit devenir commis dans un bureau de ministère, — ou chez un banquier, — ou ferblantier, — ou limonadier, — ou fabricant de cheminées kapnofuges. — Voici pour l'éducation littéraire. — Pour ce qui est des principes, — les vertus qu'on lui a fait admirer au collége sont toutes prévues par divers articles de notre Code pénal. Les vingt premières pages de Tite-Live, contenant l'histoire des premières années de Rémus et de Romulus, — seraient, dans la bouche d'un procureur du roi, un réquisitoire entraînant sept ou huit fois la peine de mort et six cent cinquante ans de travaux forcés, — *au minimum* et en admettant des circonstances atténuantes. (Voir Tite-Live et le Code pénal.)

🐜 LA DÉMOCRATIE. — Les savants que l'on entretient à l'Institut pour nous dire le temps qu'il a fait la veille, — et qui se mêlent un peu trop des choses terrestres où ils mettent leur petite part de confusion, nous apprennent de temps en temps au matin que :

> Nous l'avons en dormant, madame, échappé belle.

Une comète a passé près de la terre, nous avons failli nous réveiller tout rôtis.

Je vous dirai, moi, qu'une forme de gouvernement a passé sur nos têtes, — et que ce gouvernement a même publié une charte ; ce gouvernement s'appelle la *démocratie*, — moi je prendrais la liberté de l'appeler le *gouvernement sauvage*.

CHARTE ET PRODROMES DU GOUVERNEMENT SAUVAGE.

Charte. — « Où est donc la souveraineté du peuple ? Où est la démocratie ? »

Se demande le gouvernement sauvage ; — je vais vous le dire, ô gouvernement sauvage !

C'est, je pense, un gouvernement passablement démocratique que celui où M. de Cormenin commente le livre de blanchisseuse du roi et publie des brochures où il déclare que le roi use trop de bottes.

Où le prince royal *n'oserait pas* se dispenser d'assister à un bal auquel l'inviterait M. Dupin.

Où madame Barthe étend les langes de ses enfants sur les balcons de la place Vendôme.

Où M. Coulman, ancien député alsacien, refuse de s'habiller proprement pour aller chez le roi — et demande si on le prend pour *un marquis.*

Où M. Dupin dit au prince royal à l'occasion de son mariage :

« La princesse que votre cœur a choisie sera bien reçue parmi nous, — nos mœurs, fort éloignées de la morgue des anciennes cours, lui seront bientôt familières. »

PARENTHÈSE. — Pauvre princesse, — l'avocat Dupin avait bien raison, — vous n'avez pas trouvé cette cour de France, autrefois asile des plaisirs, du luxe, des fêtes, de la beauté, des amours, — cette cour de France si noble, si chevaleresque, si heureuse, si enviée, que rêvaient les princesses des autres pays comme un paradis sur la terre, pour laquelle elles croyaient n'avoir jamais assez de beauté, d'esprit et de grâce. Autrefois il y avait quelque chose de plus qu'être reine, — c'était être reine de France. Les *belles* de tous les pays, de toutes les cours, venaient subir à la cour de France une épreuve qui décidait si elles étaient vraiment belles ; les seigneurs les plus

beaux, les plus riches, les plus élégants, venaient apprendre à Versailles s'ils étaient réellement beaux, riches et élégants, — de la cour de France partaient des arrêts sans appel, c'était là que régnait la mode.

Aujourd'hui, comme dit M. Dupin, — la cour est bien éloignée de cette *morgue*.

Aujourd'hui on y voit des gardes nationaux avec des boutons d'étain, — les députés y vont en bottes, en cravate écossaise et en gants verts ; — l'avocat Dupin, — sans gants, avec ses bas plissés comme un jabot, y parle haut et y est écouté.

🐜 Ah ! ce n'est pas là de la démocratie, — messieurs du gouvernement sauvage.

« Dans la société actuelle, quelques-uns ont, à l'exclusion des autres, le monopole de l'éducation, le monopole des capitaux, » ajoute le gouvernement sauvage. — Le monopole des capitaux, — ouf ! voilà le gros mot lâché.

Mais, messieurs, l'argent est le fruit du travail, ceux qui ont ce que vous appelez le *monopole* des capitaux ont aussi le *monopole* de la fatigue, des veilles, des soucis, ils ont le *monopole* de l'ordre, de l'économie.

Tout le monde a le droit de *vivre de ses rentes*, il ne s'agit que de gagner les rentes ou d'avoir un père qui les ait gagnées. — Que voulez-vous, messieurs les sauvages, serait-ce par hasard *vivre des rentes des autres ?*

Je dirai du monopole de l'éducation ce que je dis du monopole de l'argent : — Pour savoir, il faut apprendre, — et, si vous voulez que le peuple soit instruit — il ne faudrait pas lui faire employer le temps qu'il peut consacrer à la lecture à se meubler la tête de billevesées ridicules et dangereuses de certains publicistes sauvages. — Que voulez-vous, messieurs ? savoir sans apprendre ? — personne, je pense, n'a ce monopole-là.

« On dit que nous avons la liberté religieuse ; mais on s'oppose à l'exercice de certains cultes et à l'expression des doctrines qui dépassent les religions privilégiées. »

Qui diable voulez-vous donc adorer? — quels fétiches avez-vous en réserve?

Vous avez à côté du trône une princesse protestante.

Vous avez parmi les députés au moins un juif.

L'abbé Châtel se fait sacrer évêque par un épicier de la rue de la Verrerie, — et prêche un culte de son invention, tantôt dans une écurie, tantôt dans le local du Colysée d'hiver.

Des femmes du monde chantent l'opéra dans l'église-Musard de Notre-Dame-de-Lorette.

Un pédicure a professé publiquement le Johannisme.

Il y a des Templiers qui se rassemblent deux fois par semaine.

Les élèves de Fourier ont leur culte public.

Comme les Saint-Simoniens ont eu le leur.

Et vous, messieurs les sauvages, — vous vous êtes rassemblés pour discuter et mettre aux voix la reconnaissance de l'Être Suprême, — qui n'a passé qu'à une voix de majorité.

Ce pauvre Être-Suprême l'a échappé belle. Heureusement que M. Thoré, qui a une si belle barbe, lui a prêté main-forte. — On se devait bien cela entre barbes.

Personne ne vous a gêné pour cela, messieurs. — Il est difficile cependant de *dépasser* de plus loin les religions privilégiées que de prononcer la déchéance de Dieu; et personne ne vous en aurait empêché. — Qu'avez-vous donc de *plus avancé* que l'on ne vous permet pas encore de faire? — Quel Dieu voulez-vous donc adorer? — Est-ce un crocodile, un bœuf, ou un scarabée, ou un lézard? — Est-ce Vitznou, ou Irminsul, ou Jupiter? Est-ce le feu? Est-ce l'un de vous?

Mon Dieu, messieurs, adorez-vous les uns les autres, — personne ne vous en empêchera.

🐝 Du reste, supprimer la religion — c'est supprimer les frais du culte, c'est supprimer le sacrilége.

Comme supprimer la propriété c'est supprimer le vol, — c'est supprimer la justice, les tribunaux, les juges, — la police, — la gendarmerie. — Pourquoi ne pas avoir formulé votre Charte en trois mots :

Il n'y a plus rien.

C'était d'autant plus facile qu'il ne reste déjà pas grand'-chose.

🐜 Le journal la *Démocratie* devait paraître le 15 février, et n'a pas paru. — C'est dommage, — on m'avait confié une partie du premier numéro, et cela promettait d'être curieux.

🐜 POLITIQUE. — Les cochers de fiacre ne màrchent pas à moins d'un louis l'heure.

— Tout le monde se décerne des décorations. — On en voit de roses, de jaune-paille, de lilas, de bleu-lapis, de cuisse de nymphe.

— Quelques messieurs ont labouré la grande allée du jardin des Tuileries, et y ont semé des pommes de terre.

🐜 TRIBUNAUX. Quelques juges se sont rendus au palais ; — mais les gendarmes étaient allés boire avec les prisonniers.

— Il n'y a plus de lois, il n'y a plus de crimes, il n'y a plus de prisons.

🐜 NOUVELLES DIVERSES. — Il n'y a plus de timbre, il n'y a plus de poste. — Le journal la *Démocratie* prie ses abonnés des départements de vouloir bien faire prendre, chaque matin, leur exemplaire rue de Grammont, 7.

— Chacun peut frapper une monnaie à sa propre effigie.

M. *** et madame *** se sont emparés de deux télégraphes au moyen desquels ils font leur correspondance particulière.

— Vu l'approche du froid, nous avertissons nos abonnés qu'il y a de fort beaux arbres dans le jardin des Tuileries ; on peut les avoir au prix de la corde et ne pas les payer.

🐜 CULTE. — L'abbé Auzou a proclamé la déchéance de Dieu.

L'abbé Hugo a proclamé la déchéance de l'abbé Auzou.

🐜 BOURSE. — Toute dissimulation a été mise de côté dans les opérations de la Bourse. On a franchement volé des portefeuilles, des bourses et des montres. Au moment de la fermeture, les montres étaient fort recherchées ; les mouchoirs, au contraire, éprouvaient de la baisse ; les portefeuilles se tenaient fermes.

🐜 Si j'avais mille écus de trop, je les offrirais à celui qui déterminerait les raisons qui font que dans toutes les émeutes — il y a majorité de tailleurs. Je ne comprends pas bien l'intérêt qu'ont les tailleurs à ce que le pays devienne sans-culotte.

🐜 Il y a quelques jours, le prince russe T***, accompagné d'un domestique, traversait la Halle dans un cabriolet qu'il conduisait lui-même. Le prince T***, — je dois le dire à ceux qui ne le connaissent pas, — porte la tête plus qu'inclinée sur l'épaule. — Son cabriolet toucha l'éventaire d'osier d'une femme qui vendait de la salade ; — elle fit des cris de paon, — et se plaignit qu'on écrasât le pauvre monde. — Le prince descendit, lui mit un louis dans la main, — et lui dit : « Ma bonne femme, si par hasard vous étiez malade, — voici mon nom et mon adresse : je vous enverrais mon médecin. » Cela dit, — il remonta dans son cabriolet. « Ohé ! lui cria la marchande de salade qui n'avait même pas eu peur, ton médecin, mon fils, si c'est lui qui t'a remis le cou, j'en veux pas. »

🐜 On fait cette année des bonbons très-ridicules : ce sont tous les gens célèbres en sucre plein de liqueur. — J'ai envoyé hier à quelqu'un madame Sand au punch, M. Hugo au marasquin, — M. de Lamartine au rhum, mademoiselle Rachel au kirchenwaser, — M. de Chateaubriand à l'anisette, — M. Thiers au genièvre, etc., etc.

Comme joujoux, on donne beaucoup aux enfants : — des Dupin en bois qui remuent les jambes et les bras au moyen d'un fil.

On faisait compliment à la jolie duchesse *** de la naissance prochaine et apparente d'un héritier d'une si illustre maison que la sienne. « N'en dites rien à mon mari, répondit-elle, c'est une surprise que je lui prépare. »

M*** a tellement l'horreur de faire des cadeaux, que chaque année il attend au dernier moment pour donner ses étrennes, espérant toujours que quelques morts subites pourront en diminuer le nombre; cela s'étend même jusqu'à ses petits-enfants, qu'il aime beaucoup; mais c'est si fragile un enfant!

Depuis que la pièce de madame de Girardin a montré les journalistes ne puisant leur verve que dans le vin, — M. Janin — n'a pas manqué un seul matin, après son déjeuner, qui se compose d'une tasse de chocolat et d'un verre d'eau, de dire à son domestique : « François, enlevez les restes de cette orgie. »

M*** a imaginé un singulier moyen d'économiser le fiacre qui doit le reconduire chez lui après un bal ou une soirée. — Il avise un de ses amis auquel il dit tout haut en plein salon : « A***, je te reconduirai. » — L'assistance le regarde et se dit : « Tiens, M*** a des chevaux. » Au moment du départ, notre homme, descendant avec son ami, met le nez à la porte cochère et prend le premier fiacre qui se rencontre; quand le cocher demande où il faut conduire ces messieurs, — M*** répond : « Dis donc, A***, tu vas me jeter chez moi. »

Une *demoiselle*, célèbre par le luxe et la somptuosité de son ameublement, a quelquefois à subir les importunités de quelques femmes du monde dont la curiosité triomphe de toutes les convenances. Il y a quelque temps, madame ***, après avoir examiné tout dans ses moindres détails, s'écria :

« Mais c'est un conte de fées! — Non, madame, reprit mademoiselle R***, c'est un compte des Mille et une Nuits. »

Le projet que nous avons dénoncé d'enterrer tous les pairs et la pairie a eu un commencement d'exécution qui n'a

échappé à personne. Les pairs sont furieux du nouvel arrange-
ment de leur Chambre qui les renferme dans des plâtres à peine
secs où ils s'enrhument. Il n'est pas sans exemple que quelqu'un
des honorables pairs se soit endormi pendant la séance, et l'on
sait toute la gravité du danger que l'on court à dormir dans des
plâtres frais.

Je me rappelle, à ce propos, deux exemples de sommeil législatif.

A un conseil de ministres, un homme *vertueux*, qui était aux
affaires dans le commencement du gouvernement de juillet, s'é-
tait endormi profondément pendant un discours du roi. — Lorsque le roi eut développé son idée, il se retourna vers l'homme
vertueux, et, sans s'apercevoir de son sommeil, lui demanda :
« M*** est-il de cet avis ? — Oui, citoyen, répondit l'homme
d'État, réveillé, en sursaut. — Un avocat, qui était ministre peu
de temps après la révolution de juillet, — s'endormit à un conseil du roi qui s'était prolongé assez tard ; — le duc d'Orléans,
averti par sa respiration bruyante, le poussa doucement du coude.
— Le dormeur impatienté, sans ouvrir les yeux, répondit :
« Laisse-moi donc, Sophie, laisse-moi dormir, — je suis fatigué.

🐜 A un dîner chez M. d'Argout, M. A. Dumas parut avec
une broche de croix variées. — Me Chaix d'Est-Ange, remar-
quant qu'il avait, en outre, au cou un cordon attaché comme les
croix de commandeur, lui dit : « Mon cher Dumas, ce cordon est
d'une vilaine couleur, on dirait que c'est votre gilet de laine qui
passe.

— Mais, non, mon cher Chaix, reprit M. Dumas, il est du vert
des raisins de la fable. »

🐜 On lit dans un journal : « On a trouvé dans la rivière
le corps d'un soldat coupé en morceaux et cousu dans un sac,
ce qui exclut toute idée de suicide. »

🐜 Une des choses, sans contredit, sur lesquelles il se soit
dit le plus de sottises ce mois-ci est l'affaire d'Afrique.

Il est arrivé en Afrique — précisément ce qui devait arriver, et si quelque chose peut étonner les gens de bon sens, c'est que cela ne soit pas arrivé beaucoup plus tôt et d'une manière infiniment plus désastreuse.

C'est, du reste, ce qui arriverait en ce moment partout où la France aurait une guerre à soutenir.

Les avocats, qui ne doutent de rien et ne se doutent de rien, sont chargés de faire la guerre, c'est-à-dire de décider combien on enverra d'hommes sur un point, combien on donnera d'argent.

Me Janvier, qui n'est pas même garde national, en sa qualité de député, et que sa taille (une colonne trois quarts du *Journal des Débats*) exempterait de tout service militaire, — a, une fois, parlé pendant une heure à la Chambre sur l'expédition de Constantine.

Me Dupin a exigé que M. Clausel vînt d'Alger à Paris pour lui donner personnellement des explications ; — là, il a blâmé les opérations du maréchal, lui a cité des vers latins, et l'a appelé Calpurnius.

On doit se rappeler que M. Clausel prit fort mal la chose et exigea de l'avocat Dupin les plus humbles excuses.

L'avocat Dupin profita de la première circonstance pour faire un grand réquisitoire contre le duel. — Tous les avocats du monde soutinrent Me Dupin. — Il est, en effet, agréable pour ces messieurs de ne pas être obligés de demander raison des soufflets qu'ils peuvent recevoir.

Disons, en passant, que, si les Français ont eu la réputation pendant si longtemps d'être le peuple le plus poli de la terre, — c'est parce qu'ils portaient l'épée — et la tiraient facilement du fourreau.

Les hommes du métier demandent, pour Alger, soixante mille hommes et soixante millions. — Les avocats parlent, discutent, chicanent, et arrivent à donner le tiers des hommes et de l'argent demandé, — et chaque année, pour que l'on ne puisse pas diminuer encore cette trop faible allocation, — on est obligé de faire une expédition inutile, ou de donner à l'occupation une extension dangereuse — qui rendrait insuffisants même le nombre d'hommes et la somme d'argent demandés.

Puis on s'étonne quand les soldats meurent de fatigue et de maladie, sans secours.

On s'étonne quand les soldats français sont battus.

Aujourd'hui — le roi l'a dit avec raison dans son discours, — l'armée française ne sortira plus d'Afrique, — l'honneur national est engagé. Mais, avant l'événement qui a amené le résultat, il n'y avait que deux choses à faire pour l'Afrique :

Ou l'abandonner, ou la conserver.

Les députés qui étaient pour l'abandon n'ont jamais osé le dire franchement et honnêtement à la Chambre. — Ils ont, par de honteuses chicanes, rendu la conservation, dont ils ne voulaient pas, désastreuse et impossible.

Ceux qui voulaient la conservation — n'ont pas su ou n'ont pas pu exiger les moyens nécessaires.

Le résultat de toutes les discussions a toujours été — qu'on a *gardé* et qu'on n'a pas *conservé.*

On veut de l'économie et de la gloire. — La gloire est un luxe, messieurs, — c'est un luxe que la France peut se donner, — mais c'est un luxe. — La France est riche, grande, forte, brave. — Elle peut bien se passer une fantaisie de soixante mille hommes et de soixante millions.

On n'a pas de la gloire au rabais, messieurs ; — vous ne ferez pas pour la gloire ce qu'on a fait de ce temps-ci pour toutes les autres choses ; l'or au rabais s'appelle chrysocale ; — l'argenterie au rabais est du *métal d'Alger.* La gloire est chère, messieurs ; demandez aux époques glorieuses de notre histoire : — elle était fort chère sous Louis XIV, — fort chère sous l'Empire, et si la Révolution a semblé l'avoir pour rien, — c'est qu'elle la prenait à crédit, et l'Empire a payé pour la Révolution et pour lui.

Si vous ne voulez pas y mettre le prix, messieurs, il faut vous en passer, — il faut réduire la France à la vie bourgeoise et au pot-au-feu, — cela n'est pas cher — et cela n'est pas beau non plus, — cela vous conviendrait à ravir; — mais la France ne voudra peut-être pas toujours que vous lui fassiez sa part, messieurs.

Puis, quand un général est là-bas avec des forces insuffisantes, les ministres, qui craignent d'être inquiétés sur la *question d'Alger*, — lui envoient une foule d'exigences et de tracasseries de la part des députés.

Il faut faire ceci pour M. Arago, — ne pas faire cela pour M. Mauguin.

Il faut aller par là, revenir par ici.

🐝 Tenez, voici qu'on vient enfin d'envoyer à la Chambre — M. Gustave de Beaumont, — allié à la famille de la Fayette et philanthrope de l'école américaine. — Revoir le numéro des *Guêpes* de décembre.

M. de Beaumont est philanthrope, — il voudra moraliser les Arabes; — et comme M. de Beaumont est du parti démocratique, comme, d'autre part, le pouvoir fait tout ce que veulent ses ennemis, on s'occupera de moraliser les Arabes; — on ne voudra plus qu'ils renferment leurs femmes — et, sous prétexte du bienfait de l'éducation, on prendra les petits Arabes et on leur fera faire des thèmes.

Nous ferons deux remarques sur l'élection de M. Gustave de Beaumont. — La première est que le système cellulaire a causé, cette année, à Philadelphie, où il est en vogue, dix-sept morts et quatorze cas d'aliénation de plus que le régime ordinaire sur une moyenne donnée. — La seconde est que le parti démocratique devient friand et libertin, il lui faut des hommes titrés, — il lui faut aujourd'hui des vicomtes et des marquis.

🐜 Le général Valée s'accommode médiocrement des tracasseries ministérielles. — Voici une lettre officielle de lui au général Schneider, dont on a beaucoup parlé ces jours-ci :

« Mon cher général, si vous voulez que je continue à gouver-
» ner l'Algérie, ne m'envoyez plus d'ordre du ministère, at-
» tendu que je les f... au feu sans les lire. — Tout à vous. »

Et ceci n'était pas une menace vaine, — le maréchal, dernièrement, avait défendu qu'on laissât entrer personne chez lui. — Le colonel A... força la consigne.

— Colonel, ne vous a-t-on pas dit que je n'y étais pas?

— Général, on me l'a dit, mais il s'agit de signer des dépêches pour la France, et le bâtiment attend.

— Cela m'est égal, je n'y suis pas.

— Mais général, c'est très-urgent, il n'y a qu'à signer.

— Donnez.

Le maréchal prend les dépêches et les —*jette* au feu, le colonel se précipite sur les pincettes, veut les retirer, — mais le maréchal le retient par les basques de son habit et l'éloigne de la cheminée jusqu'à ce que la flamme ait tout consumé.

🐜 Il serait bon, je crois aussi, de faire en politique et en affaires sérieuses le moins de vaudevilles possible.

En France, on paraît étonné et abattu quand l'armée française éprouve le plus léger désavantage, — et on traite d'assassins et de traîtres l'ennemi qui nous tue quelques hommes.

J'ai trouvé d'aussi mauvais goût, dans le discours du roi, le reproche de perfidie qu'il fait aux Arabes.

On ne doit pas penser à imposer aux Africains, — si célèbres par leur mauvaise foi, — *fides punica*, — les conventions chevaleresques qui sont de droit commun en Europe. — Tous les moyens doivent leur sembler bons contre les Français qui sont venus porter la guerre chez eux et s'emparer d'une partie de leur pays; il ne faut pas faire comme M. Jourdain, quand sa servante lui donne des coups de fleuret contre les règles.

Quand nos soldats meurent, ils meurent sans regrets, ils savent que leur vie est leur enjeu, qu'en perdant cet enjeu ils gagnent encore la partie de gloire et d'immortalité qu'ils ont jouée.

Les académiciens ont ajourné à trois mois l'élection sur laquelle ils n'ont pu tomber d'accord. — Chacun des concurrents est invité, d'ici là, à faire un chef-d'œuvre.

Les voix obtenues par M. Bonjour peuvent se diviser en deux classes : — Les unes signifiant « pas Berryer, » les autres voulant dire « pas Hugo. » M. Bonjour n'est qu'une négation.

M. Thiers a fort soutenu M. Berryer. — M. Thiers est trop égoïste, ses amis le savent bien, pour conspirer *pour* quelqu'un ; mais, en appuyant M. Berryer, il se fait une planche pour aller un peu aux légitimistes. — Il est de même pour un autre parti ; — ne pouvant louer ouvertement les opinions politiques de MM. Berryer et Michel (de Bourges), il proclame ces deux avocats, qui n'écrivent pas, les deux plus grands écrivains du siècle.

L'élection de M. Berryer, n'ayant pas été *enlevée*, est manquée pour longtemps. — On s'attendait à voir M. Berryer écrire qu'il renonçait, — mais M. Berryer n'écrit pas. Il improvisera sa renonciation au domicile de ses amis. — On a prêté divers mots à MM. de Chateaubriand, Scribe, etc. — En voici un que je cite parce qu'il vient à l'appui de ce que je disais tout à l'heure : « Que le gouvernement fait tout ce que veulent ses ennemis. » — Quelqu'un a dit : « Mais que veut donc obtenir M. Casimir Delavigne, qu'il se met contre le roi à l'Académie ? »

M. Dupin a dit à M. Berryer : « Ma voix ne vaut pas la vôtre, mais elle vous appartient, »

Il a dit à M. Hugo. « A quoi peut servir une voix, si ce n'est à vous proclamer un génie. »

Il a voté pour M. Bonjour.

I.

🐝 Comme on demandait à M. Royer-Collard son appui pour la nomination de M. Berryer, et qu'on lui disait : « Le duc de Bordeaux vous écrira lui-même à ce sujet, il a répondu : « Si monseigneur le duc de Bordeaux me faisait l'honneur de m'écrire, je dénoncerais sa lettre au procureur du roi. »

🐝 A propos de la littérature du château, nous avons parlé de MM. Delatour et Cuvillier-Fleury ; — nous avons maintenant à dévoiler les chagrins de MM. Bois-Milon et Trognon.

Les rôles sont aujourd'hui fort changés : les jeunes élèves sont devenus les maîtres et se font obéir ; — ils obligent, à leur tour, leurs précepteurs à apprendre les choses inusitées. M. Bois-Milon est le plus heureux, c'est un homme insignifiant, et on ne s'occupe pas de lui ; — cependant le duc d'Orléans s'est fait récemment suivre par lui en Afrique. — M. Bois-Milon a d'abord eu quelques chagrins d'équitation ; puis on assure qu'il n'y avait rien de plus curieux que son équipement : il se chargeait de tant d'armes, qu'il lui aurait été impossible de se servir d'aucune. — La dyssenterie, maladie peu épique, fit de lui un bagage incommode que le prince laissa à Alger.

M. Trognon est le précepteur du duc de Joinville.—C'est un brave homme qui adore son élève. Le duc de Joinville est un jeune homme brave, impétueux, impatient, ce qui l'a fait quelquefois passer par de rudes épreuves. — Avant de s'embarquer, il rassemblait ses petits frères les ducs d'Aumale et de Montpensier, les emmenait dans les combles des Tuileries, et là leur apprenait à chanter la *Marseillaise* et le *Chant du départ*, en faisant tonner de petits canons de cuivre. On raconte que l'ambassadeur de Russie entendit un jour par hasard ce concert et en fut assez scandalisé.

D'autres fois, il forçait ce pauvre M. Trognon de faire des armes avec lui, ou il l'obligeait à s'habiller en Turc.

Plus récemment, se trouvant sur son bâtiment, à l'île de

Wight, il eut la fantaisie de donner un bal à bord. — M. Trognon s'y opposa. Le duc de Joinville attendit le moment où il se trouvait de quart, et, usant de son autorité de commandant, — il fit déposer à terre M. Trognon, qui ne revint au vaisseau qu'après le bal..

Jésuites ; — hélas! on me paraît avoir fait comme l'étudiant, qui, harcelé par un lutin, finit par le couper en deux d'un coup de sabre. — Chaque moitié devint un démon entier. — Sous la robe noire de Basile, déchirée en deux, se cachent aujourd'hui les avocats et les professeurs.

M. Lerminier est un jeune professeur — qui a longtemps professé les principes démocratiques. — Soit que le pouvoir ait senti le besoin d'avoir M. Lerminier à lui, soit que M. Lerminier, amorcé par les succès des professeurs Guizot , Villemain , Cousin, Rossi, etc., ait senti le besoin d'être eu par le pouvoir, — toujours est-il que le pouvoir a agi en cela avec sa maladresse accoutumée. — M. Lerminier est aujourd'hui perdu. — Voici deux fois qu'il essaye inutilement de recommencer son cours, et deux fois que des cris, des hourras, des avalanches de pommes, obligent de le suspendre.

M. Lerminier se console peut-être en pensant que M. Rossi n'a pas non plus manqué de pommes dans ses commencements.

Mais M. Lerminier ne pense pas qu'il y a une chose que la jeunesse, noble, grande et exaltée qu'elle est, ne pardonne jamais : — c'est l'apostasie.

On emprunte à la *Gazette d'Ausgbourg*, — journal remarquable qu'on ne connaît pas assez en France , un article contenant le détail de la réception peu polie que Sa Grandeur M. Teste avait faite à un prince déchu. Mais le *Courrier français* et les autres — ont supprimé la phrase qui termine cet article.

La voici ; « Il y a bien des réflexions à faire sur tout ce qu'il y a d'arrogance et de mauvais goût dans la conduite de cet avocat parvenu. »

Pourquoi cette suppression? C'est que, dans un coin de chaque journal, il y a toujours un petit avocat arrogant et de mauvais goût, qui espère parvenir.

🐜 Eh! mon Dieu! d'où venez-vous, ma pauvre guêpe; vos petites ailes sont tremblotantes et fatiguées, — votre petit corps est tout hatelant : êtes-vous entrée chez quelque confiseur et vous a-t-on battue? avez-vous mangé trop de sucre? avez-vous couru tout Paris sans trouver ceux que j'avais désignés à votre aiguillon? Couchez-vous dans ce beau lit de pourpre que vous offre ce camélia, — ma pauvre petite guêpe, — et reposez-vous.

Ce n'est rien de tout cela; — en passant sur le boulevard des Italiens, elle a été asphyxiée par la vapeur du détestable tabac qu'y fument les élégants, les dandys et les lions. — Ma foi, chère petite guêpe, vous m'y faites penser et nous allons traiter cette question à fond.

On annonce qu'à l'ouverture de la session, le gouvernement va proposer le renouvellement du bail de la ferme des tabacs pour un temps illimité. —

Hélas! qui va défendre à la Chambre les intérêts des fumeurs? — La génération qui y est ne fume pas, elle prise ; — nous serons bien heureux si elle n'est qu'indifférente et si elle ne nous condamne pas, par un de ces votes saugrenus dont elle est quelquefois capable, — à vingt ans de tabac forcé, — du tabac que nous vend la régie. Depuis quinze ans que l'usage du tabac à fumer s'est prodigieusement répandu en France, on ne s'est pas occupé de se préparer des récoltes plus abondantes, surtout dans les qualités supérieures; — de sorte que la régie ne peut subvenir aux besoins des consommateurs. — Outre qu'elle vend le tabac excessivement cher, et qu'elle diminue les quantités à mesure qu'elle augmente le prix, il n'est pas de drogue honteuse qu'elle ne vende tous les jours sous le nom de cigares ; — on fume du foin, on fume des feuilles de betteraves, on fume du papier gris : — il n'y a qu'une chose qu'on ne fume pas, — c'est le tabac.

La régie des tabacs, telle qu'elle est constituée, est un vol odieux. — Il est impossible à Paris, quelque prix qu'on en offre, d'avoir du tabac passable. — Cela est tellement vrai, que j'ai la douleur de dénoncer plusieurs princes du sang royal comme n'ayant pu s'y soumettre et se servant habituellement de tabac de contrebande.

Le duc d'Orléans et le duc de Nemours ne fument presque plus ; — mais, quand ils fumaient, ils faisaient prendre leurs cigares chez un marchand de vins qui, je crois, a été poursuivi depuis pour la contrebande du tabac ; — je pourrais dire son nom, — attendu que je faisais absolument comme les princes, mais je ne veux pas l'exposer à de nouvelles tracasseries. Pour le duc de Joinville, qui fumait et fume beaucoup, il a soin de faire ses provisions en voyage.

🐝 Voici mon troisième volume terminé ; toutes mes guêpes sont-elles rentrées ? Où sont Padcke — et — Grimalkain ? Les voici — fermons la porte.

———

Février 1840.

de Bordeaux. — La réforme électorale. — Situation embarrassante de M. Laffitte. — M. Arago. — M. Dupont de l'Eure. — La coucaratcha. — Les femmes vengées. — Ressemellera-t-on les bottes de l'adjudant de la garde nationale d'Argentan. — La Société des gens de lettres. — M. Mauguin. — Réforme électorale. — M. Calmon. — M. Charamaule. — M. Charpentier. — M. Colomès. — M. Couturier. — M. Laubat. — M. Demeufve. — M. Havin. — M. Legrand. — M. Mallye. — M. Marchal. — M. Mathieu. — M. Moulin. — M. Heurtault. — Prudence dudit. — Quatre Français. — Le conseil municipal, relativement aux cotrets. — Deux gouvernements repris de justice. — M. Blanqui. — M. Dupont. — Un vieux mauvais sujet. — Un préfet de Cocagne. — M. Teste. — Les rues. — Les poids et mesures. — Protestation. — L'auteur se dénonce lui-même à la rigueur des lois. — Les guêpes révoltées. — L'auteur veut raconter une fable. — M. Walewski. — M. Janin. — M. A. Karr. — M. N. R***. — Un bon conseil. — Un bal bizarre. — Madame de D***. — Les honorables. — M. Coraly le député. — M. Coraly le danseur. — Histoire de madame*** et d'une illustre épée. — M. Pétiniau. — M. Arago. — M. Ampère. — Les mathématiques au trot. — M. Ardouin. — M. Roy. — Concerts chez le duc d'Orléans. — M. Halévy. — M. Victor Hugo. — M. Schnetz. — M. Auber. — M. Ch. Nodier et madame de Sévigné. — Madame la duchesse d'Orléans. — Madame Adélaïde. — Le faubourg Saint-Germain et les quêteuses. — Madame Paturle et madame Thiers. — Mademoiselle Garcia et ses floritures, Grétry et Martin. — Indigence de S. M. Louis-Philippe. — 29 janvier. — Ce que les amis du peuple lui ont donné. — — Les pauvres et les boulangers. — Bon voyage.

CHOSES DITES SÉRIEUSES, — Les Chambres ont commencé ce qu'on appelle leurs travaux.

Après le discours *du trône*, les hommes graves et les journaux ont, comme de coutume, passé quinze jours à éplucher les phrases et à écosser les mots qui le composent, pour y trouver une foule de sens mystérieux. — Puis on s'est occupé à faire le logogriphe de la Chambre en réponse à la charade de la couronne.

On a vu reparaître alors toute la friperie phraséologique des années précédentes, — le *vaisseau de l'État*, l'*horizon politique*, — le *timon de l'État*, — les *athlètes infatigables*, — les *hydres aux têtes sans cesse renaissantes*, les *égides*, etc., etc., que l'on a ensuite remisé aux clous, où on l'avait prise et où on la reprendra l'année prochaine.

L'adresse et la discussion qui l'a précédée ont été une œuvre de banalité et de médiocrité. Les assaillants, comme les défenseurs, l'opposition, comme le gouvernement, tout le monde a contribué de son mieux à en faire quelque chose de parfaitement vide.

Personne n'a eu le courage de son opinion. M. de Rémusat a reculé devant le sens primitivement sournois et agressif de l'adresse dont la rédaction lui avait été confiée, — et a cru devoir l'expliquer. — M. de Chasseloup a reculé devant son amendement.

M. Mauguin était à la tribune et prononçait un long discours, lorsqu'il en vint à cette phrase : « Et c'est une chose de quelque importance que le siége d'Hérat. »

La Chambre entendit le siége *des rats*, et il y eut un éclat de rire universel.

M. FULCHIRON. Le siége des *rats* a excité les *souris* de la Chambre.

M. HÉBERT. Qu'en pense le *shah*?

M. DE BELLEYME. Le shah les surveille ; il a l'œil *perçant*.

M. Mauguin continuait à parler ; M. Fulchiron quitta sa place et se dirigea vers le fauteuil du président, — en lui faisant un signe d'intelligence pour lui faire comprendre qu'il avait à lui dire des calembourgs dont on sait que M. *Sauzet* est grand amateur.

M. Sauzet répondit par un geste d'autorité qui voulait dire : « Attendez un peu, quand M. Mauguin aura fini. »

Comme l'avait prévu l'avocat Sauzet, le discours de l'avocat Mauguin finit par finir, — et le président fit alors à M. Fulchiron un nouveau signe qui voulait dire : « Ah! il y a des calembourgs, eh bien! venez maintenant. »

Mais M. Fulchiron était blessé ; — il tourna la tête d'un air boudeur et ne voulut voir aucun des signes que M. Sauzet s'évertua à lui adresser pendant tout le reste de la séance.

🐝 **MM.** les députés se font passer de petits papiers sur lesquels on lit :

Quel est le sentiment qui maigrit le plus les hommes?

Quels sont les trois départements qui ne mettent pas de beurre dans leur cuisine ?

Ces questions circulent, — et chacun essaye de les résoudre.

— L'Œdipe le plus fort écrit sa réponse, et les papiers recommencent à circuler.

Deux de ces papiers que nous avons eus dans les mains contiennent, outre ces questions, les réponses que voici :

Sur la première question : — l'admiration (la demi-ration).

Sur la seconde : — Aisne, Aube, Eure (haine au beurre).

N. B. Il n'y a pas dans ce précis des travaux parlementaires la moindre plaisanterie. Tout est vrai.

🐝 Un événement parlementaire a été le discours de M. Thiers sur la question d'Orient : ce discours, très-attendu, très-annoncé, très-médité, n'a pas produit l'effet qu'on en espérait.

Ce n'était qu'une triple pétition qui n'a été apostillée par personne ; d'abord pétition au roi pour demander un ministère ; en effet, on n'y remarquait aucune phrase contre la *politique personnelle ;* loin de là, elle était traitée avec une remarquable mansuétude, le système de la paix y était fort exalté, — il y avait loin de ce discours à celui où M. Thiers a dit : « *Louis-Philippe était dans son droit, et j'étais dans le mien.* »

Pétition à la Chambre pour demander une majorité et un appui ; tout le monde avait sa caresse et sa part de paroles mielleuses ; il y avait tour à tour une phrase pour M. Berryer, une phrase pour M. Barrot, une phrase pour les deux cent vingt et un.

Enfin, troisième pétition à l'Europe et particulièrement à l'Angleterre pour obtenir l'autorité d'un grand diplomate, des visites à la place Saint-Georges et la réputation d'un homme avec lequel on peut traiter.

Mais M. Thiers a pu s'assurer que, lorsqu'on veut ainsi contenter tout le monde, on ne contente... que sa famille et ses sténographes.

En effet, voici ce qu'il est advenu des trois pétitions.

Nous croyons savoir qu'un grand ami de M. Thiers s'est fait voir au château et au ministère des affaires étrangères, où il a cherché à persuader à M. Soult de retourner au ministère de la guerre et de donner sa place à M. Thiers.

Mais, au château comme chez le maréchal, on a répondu avec une froide bienveillance que le discours était bien modéré, bien inattendu, bien tiède, mais que, pour entrer au ministère, il était trop tard.

A la Chambre, on a trouvé le discours très-sage, très-convenable, et chacun a été fort content de son lot, mais très-mécontent du lot de son voisin.

En Angleterre, *pas un* journal ni whig ni tory ne l'a commenté, ne l'a cité, n'en a parlé, ne l'a lu, — il a été considéré comme non avenu. Ç'a été un fiasco complet.

Au point de vue de la diplomatie, le discours n'apprenait rien sur la question, et tout ce qui a rapport au pacha d'Égypte présentait de telles lacunes, que tout le monde a été d'accord sur ce point, que ce n'est pas ainsi, en n'en montrant qu'un côté, qu'on peut avoir la prétention de traiter sérieusement les affaires.

Un célèbre orateur n'a pas parlé sur l'adresse. — Son silence a étonné bien des gens. En voici l'explication : cet orateur, avocat, comme tout le monde, — renonce généreusement, pour représenter son parti à la Chambre des députés, à l'exercice de sa profession qui lui rapporterait au moins cent mille francs par an. Il n'a pas de fortune, et le parti lui alloue une indemnité annuelle.

En ce moment, soit que le parti trouve que son orateur ne parle pas assez pour ce qu'on lui donne, soit qu'il ait épuisé sa bourse et son cœur pour une royale infortune qui gémit dans l'hospitalité, il est en retard d'un trimestre, et l'orateur sera muet ou enrhumé jusqu'à solde de tout compte.

М. Passy — s'occupe de la conversion des rentes, — nous allons nous occuper un peu de M. Passy.

Comme orateur, M. Passy est tout à fait insupportable à cause d'un défaut dans la prononciation qui le rend aussi fatigant qu'inintelligible. — Je me rappelle une phrase prononcée (si on peut appeler cela prononcer) par lui pendant qu'il était dans l'opposition et qu'il faisait contre le ministère d'alors la guerre que l'on fait aujourd'hui contre lui, avec les mêmes armes et les mêmes arguments. « Les choufranches de la Franche viennent chancheche de ché que le minichtère n'a pas de chychtème.

Comme homme d'État et comme administrateur, M. Passy a été perpétuellement, et d'une façon bizarre, sous la double et contraire influence des deux prénoms qu'il a reçus.

M. Passy s'appelle *Hippolyte-Philibert,* et toute sa vie il s'est efforcé d'éviter les applications qu'on aurait pu lui faire du nom d'un mauvais sujet célèbre au théâtre, et de se réfugier dans les vertus du « sauvage Hippolyte, » son autre patron. Cette précaution devait le jeter dans de singuliers excès, et elle n'y a pas manqué. M. Passy s'est efforcé de se montrer composé, ennuyeux, peu soigné dans sa mise, sous prétexte d'austérité. Jamais il n'a pu s'élever jusqu'aux gants verts que nous avons reprochés avec quelque amertume à plusieurs de ses collègues ; — il garde les mains nues, — Hippolyte ne portait pas de gants et Philibert les devait.

La conversion passera à la Chambre des députés à une majorité de deux cent vingt voix contre quatre-vingt-dix, — mais peut-être avec quelques restrictions.

Le projet viendra ensuite à la Chambre des pairs ; et il y sera rejeté à quatre-vingt-dix voix contre douze. — Parmi ces douze on peut désigner d'avance M. d'Argout, M. Pelet de la

Lozère, M. de Mosbourg, M. Boissy-d'Anglas, et les nouveaux pairs qui sont nommés pour cela.

Il ne restera alors au roi que le plaisir de ne pas sanctionner une mesure sur laquelle nous ignorons son opinion.

✳ A propos du roi et de la Chambre, une chose m'a frappé cette année plus encore qu'elle ne l'avait fait jusqu'ici.

Je ne sais pas pourquoi on s'obstine quelquefois à contrarier le peuple et à ne pas faire ce qu'il demande, — ce n'est certes pas moi qui m'amuserai jamais à contrarier le peuple, — ce bon peuple, il demande avec tant d'instance, tant de cris, tant de fureur, il est si près à mourir pour ce qu'il demande, et ensuite il se contente de si peu !

Après l'Empire on était las de la *conscription*, qui avait plus que décimé les familles... et on avait peut-être raison. — La Restauration annonça que la *conscription*, l'odieuse *conscription*, était à jamais abolie. — En effet, on la remplaça par le *recrutement*, qui est absolument la même chose, et le peuple a été content.

Après juillet 1830, on a dit au peuple : vous abhorrez la *gendarmerie*, vous n'aurez plus de *gendarmerie*. — A bas la *gendarmerie !* — Remplaçons-la par une magnifique *garde municipale* — et le peuple a été content.

Vous ne voulez plus de *gardes du corps*, ni de *garde royale*. — C'était peut-être un but à l'ambition légitime de l'armée — mais aujourd'hui, quand un soldat est ambitieux, il se proclame roi de France. — Il n'y aura plus de gardes du corps, ni de garde royale. Mais comme il faut que le corps du roi soit gardé, attendu la funeste habitude que prennent les garçons selliers de lui tirer des coups de pistolet à trois pas, on lui a donné, au roi, pour gardes du corps, des mouchards et des argousins. Quand le roi va à la Chambre des députés, quand la reine va à l'Opéra, les endroits par où doivent passer Leurs Majestés présentent un rassemblement des physionomies les plus patibulaires et les plus inquiétantes; des haies d'habits bleus râpés et gras, — des escouades de redingotes à collet de fourrure au mois d'août, — des bottes éculées, des gourdins énormes, des chapeaux crevés, des pipes écourtées vomissant des parfums nauséabonds — annoncent à Paris et entourent la Majesté Royale.

Une guêpe voyageuse me rapporte une petite histoire de Goritz. — M. de *** était allé faire sa cour au duc de Bordeaux. — En prenant congé du jeune prince, il parut un peu embarrassé, balbutia, hésita, et cependant finit par lui dire : « Monseigneur, Votre Altesse Royale excusera la liberté que je vais prendre, — mais je ne dois rien vous cacher de ce qui est dans vos intérêts : l'Europe entière a les yeux sur vous, monseigneur ; — vous n'ignorez pas la puissance de la mode, en France. — Eh ! bien... vos habits ne sont pas à la mode ! permettez-moi, monseigneur, de vous en faire faire d'autres à Paris et de vous les envoyer.

— Monsieur de ***, répondit le prince en souriant, je vous suis infiniment obligé de votre soin. — Vous me rappelez en ce moment le plus fidèle serviteur d'un des anciens rois de France. »

Quand M. de *** eut pris congé, une des personnes qui étaient auprès du prince lui demanda à quel roi et à quel serviteur il avait voulu faire allusion.

— Comment, répliqua le duc de Bordeaux, vous ne savez pas mieux l'histoire de France ? — J'ai voulu parler du grand roi Dagobert et de son conseiller, dont M. de *** m'a parfaitement rappelé le discours :

> Le grand saint Éloi
> Lui dit : O mon roi,
> Votre Majesté
> Est mal culottée.

LA RÉFORME ÉLECTORALE. — Par un beau dimanche de

janvier plusieurs centaines de gardes nationaux, précédés de quelques officiers, sont allés faire des discours à MM. Laffitte, Arago, Dupont (de l'Eure). — Quel était le quatrième, je ne me le rappelle pas. — Toujours est-il que ce n'était pas M. Odilon Barrot, qui, par cette exception, se trouve déclaré juste-milieu par ses amis. — Ce pauvre M. Barrot avait sa réponse toute prête au discours qu'on n'est pas allé lui faire ! — Les autres, plus heureux, ont parlé à loisir.

ÉPIDÉMIE. — Il y a en France — une épidémie — horrible mille fois plus que la peste — le choléra — la lèpre réunis. — Tout le monde en est atteint, et qui pis est, personne n'en meurt et les avocats en vivent. Je veux parler de la manie de parler. La piqûre de la tarentule fait danser. — Un romancier a dénoncé un insecte qu'il appelle coucaratcha et qu'il fait babiller. Les coucaratchas se sont abattues sur la France comme les nuées de sauterelles sur l'Égypte.

Car chacun y babille et tout du long de l'aune.

Où sont maintenant ces vieilles plaisanteries si usées et toujours si applaudies au théâtre, sur le caquetage des femmes ! les hommes les ont bien dépassées, — et ils ne se contenteraient pas comme elles de causer ; — causer ! oh ! bien oui, causer ! cela ne vaut pas la peine, — on ne dit presque qu'une phrase à la fois, — et on parle chacun à son tour. — Causer ! on a des interlocuteurs au lieu d'auditeurs ; — on ne cause plus, on veut faire de bons gros longs discours, — on veut monter sur quelque chose, une tribune, une chaise, un banc, une table, cela ne fait rien, — et comme tout le monde veut parler, comme il ne reste personne pour former un auditoire, tout le monde parle à la fois et sans s'arrêter.

Il n'est pas de prétexte que l'on ne prenne pour parler : on

7

va jusqu'à adopter les vertus les plus austères si elles prêtent au discours.

On se fait savant pour parler, — philanthrope pour parler, — philosophe pour parler, — prêtre pour parler.

On parle sous prétexte de charité, — sous prétexte d'horti-culture, sous prétexte de géographie, — sous prétexte de tout.

On a fondé à Paris, rue Taranne, au premier, une Société des naufrages pour parler.

On a fondé par toute la France des comités d'agriculture pour parler.

Dans ces moments où de grands citoyens et d'autres plus petits, mais excellents, pensent que le bien du pays exige qu'ils se rassemblent en un banquet patriotique pour manger du veau, sous prétexte du toast — on fait des discours.

A Argentan, — en Normandie, — un conseil municipal ou autre s'est assemblé dernièrement pour savoir si on ferait resse-meler les bottes de l'adjudant de la garde nationale, et on a parlé et discuté pendant quatre heures.

Toute la France parle, — la France est folle, elle assourdit l'Europe du bruit de ses paroles ; — au moindre événement, avénement ou attentat, — on envoie des adresses au roi, — et le roi répond par des discours. — Le duc d'Orléans voyage, — on lui fait des discours, et le duc d'Orléans répond par d'autres discours.

Et on a formé une Société de gens de lettres ; — on s'assem-ble chez un M. Pommier, et on fait des discours.

Et après :

Après on fait d'autres discours.

Mais les *affaires ?*

Les affaires ne sont qu'un prétexte, — le but sérieux est de parler, — et on parle : — d'abord chacun à son tour, puis tous à la fois.

Cela doit être joli.

J'en étais donc à MM. Laffitte, Arago, etc., auxquels trois cents hommes de la garde nationale sont allés faire des compliments sur leur zèle pour la réforme électorale : ces messieurs ont fait ensuite leurs discours, — et quels discours !

Une chose assez piquante, selon moi, c'est que cette loi électorale si mauvaise, si odieuse, qu'il est si urgent de réformer, — fut en son temps préparée, approuvée et présentée à la Chambre des députés par le même M. Laffitte, alors ministre et président du conseil.

Cette loi fut jugée par les membres de la gauche très-libérale, — et M. Mauguin lui-même dit alors qu'avec une pareille loi la France avait de la liberté pour cinquante ans.

De telle sorte que M. Laffitte voyant qu'on venait en armes et en tumulte pour parler de la réforme, de cette loi électorale dont il est le père, dut être d'abord assez perplexe et ne pas savoir si on venait le complimenter ou lui faire une avanie.

Je passais par la rue Laffitte en ce moment, et le cocher qui me conduisait répondit à ma question sur la cause de ce bruit et de cette prise d'armes : « C'est la garde nationale qui va chez M. Laffitte pour le réformer. »

Le lendemain, il se répandit un bruit que ces messieurs avaient été pris pour dupes ; que l'on était en carnaval ; que la prétendue garde nationale n'était qu'une mascarade, et que c'était à des masques qu'ils avaient débité leurs discours.

Mais ensuite les officiers qui avaient conduit l'émeute nationale furent mis en jugement et suspendus de leur grade pendant deux mois. — Suspendus ! c'est là ce qu'on appelle une peine ! mon Dieu ! que je voudrais donc être officier, quel discours j'irais faire à M. Laffitte !

Les partisans de la réforme électorale me paraissent être les jouets d'une étrange erreur.—J'ai traité ce sujet dans le premier volume des *Guêpes*.—J'ajouterai à ce que j'ai dit alors—ce que je crois également d'une vérité incontestable.

On ne fait sortir d'un pays que ce qu'il y a dedans ; il y a des choses qu'on n'ordonne pas par une loi. On ne décrète pas le patriotisme, la vertu, le désintéressement, fît-on même intervenir la guillotine.

Je prétends que, si on formait une nouvelle Chambre, soit avec la réforme électorale tant criée, tant demandée, soit avec le suffrage universel, — on la retrouverait composée des mêmes éléments, à doses égales.

Tenez, voici un autre projet de réforme électorale dont je prends l'initiative. — Barrez le Pont-Neuf à midi des deux côtés, — et formez une Chambre de tous ceux qui s'y trouveront arrêtés, — vous y trouverez, comme à la Chambre, un nombre relatif égal d'ambitieux, — de niais, — de gens sensés, — d'avocats, etc. — Vous y trouverez des gens qui parlent aussi mal français que MM. Calmon, Charamaule, Charpentier, Colomès, Couturier, Laubat, etc., etc.

Vous y trouverez des gens aussi mal vêtus que MM. Demeufve, Havin, Leyraud, Mallye, Couturier déjà nommé, Marchal, Mathieu (de l'Ardèche), restaurateur et juge au tribunal de son endroit, Moulin (de l'Allier), Garnon, etc., etc.

Ah ! diable ! — j'allais oublier M. Heurtault, un monsieur qui, riche de deux cent mille livres de rentes, — a adopté le déguenillement pour exciter l'admiration de son austérité chez les hommes de son parti et éviter les souscriptions et les emprunts.

Et quand vous aurez ainsi formé une Chambre, — demandez un vote sur n'importe quoi, — et comptez les suffrages ; — je gage ma plus belle pipe turque, celle dont le tuyau de cerisier arménien a une fois et demie la hauteur de Léon Gatayes, que vous avez dans chaque parti un nombre précisément égal à celui que vous avez dans la Chambre.

Quelqu'un me faisait hier une observation sur la guerre que je livre à certains députés à propos de l'extrême négligence de leur costume. — On me blâmait en me disant : « Les députés, étant élus par la nation, ne doivent pas chercher à se distinguer d'elle par le costume. » — Et quel est le costume de la nation ? demandai-je ; mettons-nous à la fenêtre pour voir passer la nation.—La nation... cela veut dire les Français, probablement.

Premier Français : — Un joueur d'orgue ; veste de ratine brune, chapeau décousu, pas de gants.

Deuxième Français : — Un porteur d'eau ; veste bleue, une casquette.

Troisième Français : — Un croque-mort; — habit noir, — pantalon gris, — cravate blanche.

Quatrième Français : — Une cuisinière revenant du marché ; — un fichu à carreaux sur la tête, — un châle de mérinos couleur grenat, un panier.

Les quatre-vingt-cinq mille indigents inscrits dans les mairies de Paris sont bien heureux de la douceur qui a régné jusqu'ici dans la température, — car la bienfaisance municipale n'aurait apporté que peu de soulagements à leur misère. Cette bienfaisance municipale ne pense jamais pendant l'automne qu'il fera peut-être froid l'hiver ; — l'hiver arrive, les pauvres tremblent, frissonnent, souffrent ; au bout de quinze jours de gelée consécutifs, le conseil municipal songe qu'il faut s'assembler pour conférer sur les secours à donner aux malheureux. — On discute, on parle, on n'est pas d'accord ; on remet la séance au lendemain ; — le lendemain,. — ou la semaine d'après, on vote une vingtaine de mille francs, —comme on a fait la semaine dernière, — et cela ne produit pas tout à fait un petit fagot pour chaque pauvre. — Les distributions ne peuvent se faire que quelques jours après qu'elles ont été votées, décidées et ratifiées, — et les pauvres reçoivent enfin leur cotret au dégel.

Dans ce seul mois de janvier, deux gouvernements repris de justice ont passé devant les juges.

De ces deux gouvernements, l'un avait tenté de s'établir à

Marseille ; c'était un duumvirat républicain. Cette république avait deux chefs : Carpentras, peintre en bâtiments, et Ferrary, cordonnier ; — deux sujets soumis, Carpentras et Ferrary ; — deux imprimeurs : Ferrary et Carpentras ; — deux afficheurs : Carpentras et Ferrary.

Ces deux messieurs s'étaient réunis un soir dans un café, — s'étaient constitués en assemblée nationale, — avaient décrété deux ou trois mesures et les avaient affichées pendant la nuit.

L'une ordonnait aux boulangers de faire crédit à tous les citoyens et notamment aux chefs du gouvernement, les sieurs Carpentras, peintre en bâtiments, et Ferrary, cordonnier.

Une autre intimait à *messieurs les riches* la défense de sortir de la ville sous peine de mort.

On les arrêta et on les mit en jugement, — on saisit à leur domicile plusieurs ordonnances toutes préparées. En voici deux qui méritent d'être remarquées :

ORDONNANCE. — Nous, etc.

Ordonnons ce qui suit : — On fera, sous le délai d'un mois, badigeonner à neuf toutes les maisons de la ville ; — on renouvellera les papiers qui manqueraient de fraîcheur. — Ces travaux seront confiés à M. Carpentras, peintre en bâtiments, et payés expressément au comptant. — *Signé* FERRARY.

ORDONNANCE. — Le sieur ***, corroyeur, fabricant de tiges de bottes, est un citoyen médiocre. — Nous le décrétons en conséquence de prise de corps et confisquons ses marchandises, lesquelles seront attribuées au sieur Ferrary, en récompense des services qu'il a rendus et rend journellement à la République, à titre de récompense civique. — *Signé* CARPENTRAS.

Le deuxième gouvernement était la seconde catégorie des accusés de mai qui ont été jugés par la cour des pairs.

On a pu voir encore en cette circonstance les tristes et embarrassantes conditions d'un gouvernement fondé en juillet 1830, à la suite d'une émeute réussie.

On applique les formes les plus graves et les plus solennelles à juger un certain nombre de gamineries contre lesquelles on prononce des peines qu'ensuite on n'applique pas.

Les séances consacrées aux doublures des premiers accusés n'ont produit aucune sensation. — Le jeune Blanqui, sorte de Dumilatre politique, a faiblement joué le rôle mélodramatique dans lequel Barbès avait obtenu une sorte de demi-succès.

Il a, comme Barbès, refusé de répondre à l'accusation, — mais il a espéré dissimuler le plagiat en parlant moins encore que son chef d'emploi qui n'avait pas parlé du tout ; — il a fait paraître l'avocat Dupont pour qu'il ne parlât pas non plus.

Plusieurs des pairs ont profité de toutes sortes de prétextes pour ne pas assister aux séances ; — quelques-uns, du reste, sont encore malades de la façon excessive dont on avait chauffé leur salle humide à la première séance.

Les avocats des accusés, — ceux qui parlent, — ont continué à soutenir, comme dans la première affaire, la théorie d'une différence à établir dans la pénalité entre le crime politique et le crime — comment appellerai-je l'autre crime ?

Le pouvoir combat cette théorie en paroles, mais l'admet en action ; quand il a obtenu la condamnation de ses accusés, il leur inflige une peine différente de celle prononcée.

Un gouvernement qui n'aurait pas les inconvénients d'origine que nous avons signalés — ne serait pas forcé de commettre de si singulières inconséquences ; — il mettrait peut-être moins de colère en commençant, parce qu'il se sentirait plus fort et aurait moins peur, — et manifesterait plus de fermeté dans l'exécution des condamnations, qu'il n'y a aucun prétexte de demander, quand on se réserve de montrer, par leur non-exécution, qu'on les trouve trop rigoureuses.

Certes, s'il y avait lieu à établir cette distinction absurde entre le crime politique et le crime... *civil*, cette distinction ne serait pas à l'avantage du crime politique. — On comprend, à la rigueur, un certain degré d'indulgence pour un crime auquel un homme aurait été poussé par le besoin et par la faim, — ou par une de ces passions qui ont de toute éternité rongé le cœur humain, telles que la jalousie.

Mais, quand de vagues théories politiques infiltrées dans de jeunes cervelles en même temps que les demi-tasses de café gagnées ou perdues au billard dans les estaminets, conduisent leurs adeptes jusqu'à l'assassinat, — le crime qui n'a pas pour excuse le besoin ou l'emportement frénétique de la passion — n'est guère fondé à réclamer l'indulgence, que dis-je? des égards, du respect et une quasi-impunité, parce que c'est un crime de fantaisie et surtout de vanité.

Mais le gouvernement actuel est, vis-à-vis des jeunes émeutiers, dans la situation d'un père, ancien mauvais sujet, — qui gronde brusquement un fils débauché, et ne peut cependant se refuser à l'indulgence, en se rappelant que ce sont là des *torts de jeunesse* qu'il ne peut s'empêcher de retrouver un peu dans ses souvenirs.

Nous sommes au milieu du carnaval, — et on s'étonne de ne pas voir à Paris encore un jeune préfet sur lequel on avait fait l'année passée ces deux vers remarquables :

Lorsque R*** revint du Monomotapa,
Paris ne soupait plus, — et Paris resoupa.

Nous appellerons le jeune administrateur préfet de Cocagne, — non que ce département existe tout à fait en France ; mais, outre que le nom s'applique merveilleusement à la chose, il rime au nom réel du département qui a le bonheur de le posséder, à peu près comme *halleba*RDE rime à *miséri*coRDE.

Il a ordinairement le bonheur d'être retenu dans son département par les devoirs rigoureux de sa position, — pendant les beaux mois de l'année.

Mai, où les cerisiers tout blancs livrent au vent tiède la neige odorante de leurs fleurs.

Juin, le mois des roses, etc.

Jusqu'à l'ouverture de la chasse, où il a encore le bonheur d'être si nécessaire à ses administrés, qu'il ne pourrait s'éloigner sans de graves inconvénients.

Mais, aussitôt que l'hiver descend des sommets glacés des montagnes ; aussitôt que les premiers archets glapissent à Paris ; aussitôt que les concerts, les soirées et les bals s'organisent, il arrive, par une singulière coïncidence, que la présence du préfet devient indispensable dans la *capitale.*

On le voit se hâter, presser, encourager, gourmander les postillons ; il craint de perdre une minute, une seconde ; — il marche, il vole, il arrive, et le département est sauvé. Clic-clac, — clic-clac, — clic-clac. Paris se réjouit de le revoir et lui dit : « Sois le bienvenu. » Pour lui, il cherche avec une infatigable persévérance les gens qui peuvent être utiles à son département. — Il les cherche partout, dans les soirées, dans les bals, dans les raouts ; — car, en cette saison, ce n'est que là qu'on peut trouver son monde. Quelquefois il poursuit ses recherches laborieuses jusqu'au milieu de la nuit ; il les suit dans leurs mouvements, dans leurs détours, dans leurs valses ; — il les suit jusqu'à table ou dans les tourbillons frénétiques du *galop ;* il ne recule ni devant les insomnies, ni devant la fatigue et les suites des festins tardifs : — il faut que les affaires du département se fassent.

Puis, quand l'hiver s'est écoulé dans cette vie de fatigue et d'abnégation ; quand sous les feuilles de violette se cachent de petites améthystes parfumées ; quand la poitrine sent le besoin d'un air plus pur, le département de Cocagne rappelle son cher administrateur, le devoir le réclame, et il ne connaît que le devoir ; — il quitte courageusement les plaisirs qui cessent, les bals finis, les bougies éteintes, les glaces absorbées, les gâteaux engloutis, les femmes pâles et fanées : rien ne l'arrête, il s'arrache à tout, il part et arrive dans *son endroit*, où il restera tout l'été.

Pendant que le ministre *Teste* attaque les possesseurs d'offices, que M. *Passy* (Hippolyte-Philibert) fait la guerre aux rentiers, on fait encore d'autres révolutions d'un ordre inférieur.

Je déclare publiquement que ma mémoire n'y peut suffire, — et que je proteste hautement contre les voies funestes dans lesquelles nous sommes engagés. Nous avons, tant à la Chambre des députés qu'à la Chambre des pairs, cinq cents hommes qui passsent leur vie à faire et à bâcler des lois, et à recrépir les anciennes. Tous les deux ou trois ans, on renverse de fond en comble les lois qu'on vient de faire, pour leur en substituer d'autres qui ne durent pas plus longtemps ; — et, ce qu'il y a là-dedans d'effrayant et de sinistre, — c'est que nous sommes forcés de connaître toutes les lois qu'on nous donne. — L'ignorance sur ce point n'est jamais admise comme excuse, l'ignorance est la mère de la prison et de la ruine. — À peine a-t-on fait entrer une loi dans sa tête, que la loi est changée, abrogée, renouvelée, et qu'il faut se mettre à l'oublier pour en apprendre une autre. — Que quelqu'un se livre à un long sommeil ou à un court voyage, son premier soin à son réveil ou à son retour doit être de se mettre au courant des lois nouvelles. — Pendant que j'étais allé passer quinze jours chez mon cher frère Eugène, à Imphy, on en avait fait une douzaine que je me suis mis à apprendre ; sans cela je serais exposé à me lever innocent dans ma chambre et à me coucher criminel dans une maison du roi, sous l'œil paternel de la gendarmerie.

Ainsi une ordonnance est venue le 1er janvier nous dire que nous ne savions plus compter, que c'était inutilement que nous avions chargé notre mémoire autrefois de toutes les dénominations de nombre, de mesure, d'espèce de poids, etc. — Que le *français* que nous avons appris est en partie supprimé et qu'il en faut apprendre un autre.

Paris alors s'est trouvé dans une grande confusion, il semble que le Seigneur ait dit des Français comme autrefois des audacieux architectes de la tour de Babel — en punition du bavardage auquel s'abandonne notre malheureux pays :

Genèse, XI-7. « Confondons tellement leur langage qu'ils ne s'entendent plus les uns les autres. »

Une grande perturbation s'est mise parmi les femmes — qui, obligées de mesurer leurs étoffes par mètre, centimètre et millimètre, — depuis la suppression de l'aune, vont être pendant longtemps habillées à contre-sens.

Vous vous égarez en voyage, vous demandez à un paysan à quelle distance vous êtes de la ville la plus voisine. — Si ce paysan respecte les lois de son pays — il vous effraye en vous disant : « Vous êtes à trois kilomètres et neuf hectomètres. » C'est consolant.

Il n'y a plus de voie de bois. — Ce que vous appeliez ainsi, vous voudrez bien le désigner à l'avenir, sous peine d'amende, par cette dénomination prolongée, un stère quatre-vingt-douze centistères. — Bien du plaisir.

Certes, le système décimal est bien plus logique que l'ancien système, — mais il n'est pas mal de constater en passant tout ce qu'entraîne de tumulte et de perturbation un changement, même pour une incontestable amélioration.

On entend dans les rues des gens qui crient : « Voilà la nouvelle ordonnance qui défend de compter *autrement que par les centimes*. — La voilà pour DEUX SOUS. »

Du reste, jusqu'à ce que tout le monde s'entende, il faudra subir de nombreuses et incommodes conséquences. — De l'aveu des médecins, les erreurs qui se commettent déjà trop fréquemment entre eux et les pharmaciens vont prodigieusement augmenter en nombre, et l'on pourrait déjà citer quelques martyrs du système décimal. — Quelques prescriptions deviennent impossibles, à cause que la division par tiers n'existe pas rigoureusement dans le système décimal. — Or, l'emploi habituel des poisons en médecine exige dans les doses une précision qu'il est dangereux de diminuer.

La Régie des tabacs a tiré déjà de la circonstance un parti qui trouvera des imitateurs. — Cette pauvre Régie ne produit que 90 millions par an, — elle ne gagne que trois cent soixante-cinq pour cent sur le prétendu tabac qu'elle livre à la consommation. — Dans la difficulté de mettre en rapport les poids et les prix, elle a pris un biais qu'il serait long et ennuyeux d'expliquer ici, et qui augmentera son bénéfice de quatre un quart pour cent. En même temps on change le nom d'un grand nombre de rues, pour augmenter la facilité qu'ont déjà les gens à s'égarer.

Je continue à dénoncer les princes du sang royal comme faisant usage de tabac de contrebande.

Je ne cacherai pas non plus à l'autorité que j'ai reçu un sac de tabac excellent, orné d'une étiquette ainsi conçue :

Sala, marchand de tabacs de Smyrne.

Rue de Chartres, 91, à Alger.

Mais qu'est-il donc arrivé à mes guêpes? L'escadron que je voulais faire *donner* sur le monde et la littérature refuse de marcher.

Il y a dans un coin de mon cabinet une *jardinière* en bois sculpté pleine de jacinthes en fleurs dans la mousse verte, elles s'y réfugient, comme Adam, après avoir mangé le fruit défendu, quand le Créateur lui disait en latin : « Adam, *ubi es?* — Adam, où êtes-vous? »

Mais elles ne se cachent pas timidement, — elles font entendre un bourdonnement guerrier, — ma comparaison était mauvaise, — elles ressemblent davantage aux Romains réfugiés sur le mont Aventin, — je me rappelle qu'en cette circonstance un consul leur récita une fable, et que cette fable les ramena dans le devoir, — si je leur récitais cette fable.

Mais... oh ! là, — mon Dieu, — je suis mort, mes guêpes en fureur se précipitent sur moi. Attendez, — expliquez-vous,— causons, — qu'avez-vous? — Que vous ai-je fait? Ne m'attaquez pas ainsi brutalement, imitez les héros de Virgile et d'Homère, qui faisaient précéder d'un petit discours chaque coup qu'ils portaient à leur adversaire, — au moins je saurai le sujet de cette révolte.

Ah ! les voilà retranchées derrière leurs barricades de jacinthes.

UNE GUÊPE. Je suis *Mammone*, j'ai emprunté mon nom à un des anges déchus que *Milton* range sous la bannière de *Satan*, et quelques-unes de mes compagnes ont pris comme moi leurs noms de guerre du *Paradis perdu*.

Ah ! monsieur le critique impartial, inflexible, inabordable, invincible ; — vous n'avez donc parlé si haut en commençant que pour faire comme tant d'autres, vous avez loué sur la foi d'autrui une pièce de M. Walewski, que vous n'aviez ni vue ni entendue ; — j'étais fière de marcher sous votre drapeau, mais maintenant je vous méprise, je lève l'étendard de la révolte, et je tourne contre vous mon aiguillon acéré.

L'AUTEUR. Ah ! ma chère petite *Mammone*, toi que j'aimais d'une affection toute particulière.

MAMMONE. Il n'y a pas de chère petite Mammone, — défendez-vous.

L'AUTEUR. Oh ! là, — elle m'a percé le doigt, la méchante, — le doigt dont je tiens la plume.

UNE AUTRE GUÊPE. Je m'appelle Moloch. — Quoi, vous avez loué cette pièce de théâtre !

L'AUTEUR. Je vous assure, Moloch, qu'il y a des gens qui en disent beaucoup de bien.

MOLOCH. Oui ; — l'auteur, ne se voyant pas assez loué à sa

guise par ses amis, a pris le parti de se louer lui-même dans un journal qui lui appartient.

MAMMONE. Le jour de la première représentation, où la salle était si brillante, où il y avait tant de nobles et jolies femmes, — j'ai bien vu ce qui s'est passé, cachée dans une fleur de la coiffure de madame...

Les amis applaudissaient des mains en disant : « Oh! que c'est mauvais... »

L'AUTEUR. Mais, Mammone, vous savez combien un homme a peu d'amis qui ne soient pas un peu contents d'une humiliation qui lui arrive.

ASTARTÉ. Les acteurs faisaient des entrées et des sorties qui n'avaient pour raison que d'aller changer de pantalons. — On craignait à chaque instant qu'il n'y eût des changements de pantalons à vue. — Quelqu'un en sortant...

MAMMONE. Je crois que ce quelqu'un est M. de Mornay, — mais je n'en suis pas bien sûre.

ASTARTÉ. Quelqu'un racontait que le duc d'Orléans avait dit : « C'est une pièce en cinq actes et en cinq pantalons. »

AZAZEL. Pourquoi n'avez-vous pas parlé de ces longs et solennels débats à propos de la lettre qu'on apporte sur un plat d'argent? — les acteurs voulaient qu'on le supprimât, — mais l'auteur y a tenu comme à un des plus beaux morceaux de sa comédie, et M. *de Rémusat*, qui dirigeait les répétitions en même temps qu'il méditait la rédaction de l'*adresse* de la Chambre, — a fort appuyé l'auteur dans sa résistance.

« Mais, monsieur le comte, disait un comédien, le public prendra votre lettre pour un beefteack, et il exigera qu'on mette alentour des pommes de terre ou du cresson. »

MOLOCH. Et, en effet, ce n'était pas une idée heureuse — quoique l'auteur prétende que c'est à ces petits riens qu'on reconnaît le monde : — D'abord, cet usage de se faire apporter les lettres sur un plat d'argent n'est ni si général, ni si établi qu'on n'eût pu le supprimer, — si ce n'est chez quelques dandys d'imitation anglaise. — Ensuite, il n'est pas, selon moi, très-élégant d'apporter une lettre sur un plat qui peut avoir servi à manger des côtelettes ; — on devrait employer un plateau d'une forme particulière.

AZAZEL. Depuis cette représentation, il y a une foule de faux dandys à la suite qui se font apporter, — sur un plat d'argent tout ce qu'ils demandent à leurs domestiques ; leurs bretelles, leur gilet, leurs bottes.

L'AUTEUR. Mammone, vous pourriez rire un peu moins fort, — ce me semble, — des médiocres plaisanteries d'Azazel?

(MAMMONE ne répond qu'en bourdonnant *la Marseillaise*.)

MOLOCH. L'auteur de la pièce a eu tort d'aller s'attaquer à Janin, — et d'aller chercher de petits motifs mesquins à la critique du feuilletoniste.

A part le commencement du feuilleton de Janin; qui était peut-être un peu vulgaire...

L'AUTEUR. Oh là ! Moloch, — ne parlez pas ainsi de Janin !

MAMMONE. — Nous sommes en révolte, notre ex-maître, — et je parle comme je veux.

(MAMMONE continue à bourdonner la *Marseillaise*.)

MOLOCH. Le commencement du feuilleton de Janin, sur les pièces de M. Walewski, était un peu vulgaire et banal. — Les hommes qui par goût ne vivent pas dans le monde ont tort d'en parler avec aigreur, — ils ont l'air d'être envieux, et rien n'a si mauvaise grâce.

ASTARTÉ. Eh! de quoi, grand Dieu! peut être envieux le poëte?

Quelles sont les fêtes qui valent les fêtes de pensées et de rêveries qu'il se donne lui-même?

Les acacias exhalent pour lui un parfum plus suave de leurs petites cassolettes blanches.

Le vent dans les feuilles, — le rossignol dans la nuit, lui

disent de la part de Dieu des choses si belles, et que lui seul peut entendre.

Le poëte est si riche, qu'il ne peut envier personne, et que tous les autres hommes ne sont auprès de lui que des fils déshérités.

MOLOCH. Mais, après son préambule, Janin a été plein de raison, de grâce et d'esprit. — L'auteur de la comédie a attaqué Janin, comme s'il n'avait pas assez d'un échec.

BÉLIAL. Les connaissances de l'auteur, aux représentations suivantes, — envoyaient leurs voitures à la porte du théâtre et n'y allaient pas.

MOLOCH. Cérémonial d'enterrement.

L'AUTEUR. Je ne puis supporter une telle liberté. A moi Padoke et Grimalkin, saisissez Moloch et amenez-la ici les pattes liées.

Après un peu d'hésitation, Padoke et Grimalkin passent du côté des insurgés. — Mammone bourdonne — le *Suivez-moi* de *Guillaume Tell*. — Toutes les guêpes se précipitent sur l'auteur.

L'AUTEUR. Holà! — Tant pis pour vous!

Spicula si figant, emorientur apes.

Les guêpes, comme les abeilles, meurent de la blessure qu'elles font.

MOLOCH. C'est un vieux conte de vieux naturaliste, et cela n'est pas vrai.

L'AUTEUR. Mais je vous assure que c'est un de mes amis, — un ancien camarade qui avait entendu la pièce... qui m'a dit...

MOLOCH. Ton ami est un traître; — placé entre deux amis, — il t'a sacrifié à l'autre; tant pis pour toi. — Après avoir si longtemps rabâché contre les amis dans tes livres, tu t'y laisses encore prendre : — tant pis pour toi. — Allons, Mammone, sonne encore la charge.

L'AUTEUR. — Grâce! grâce! *Astarté,* toi qui es si jolie; — grâce! *Moloch* l'invincible! — grâce! ma chère petite *Mammone,* — je ne le ferai plus; — et toi aussi *Azazel,* tu es si jeune, tu seras moins féroce que les autres.

MAMMONE, *bourdonnant.* La victoire est à nous!

MOLOCH. Nous sommes vengées; — nous rentrons sous l'obéissance, et nous acceptons ta charte et ton programme; — seulement tu nous dénonceras l'ami perfide...

L'AUTEUR. Grâce pour lui, mes guêpes!

BÉLIAL. Le trait est beau — et sera un jour donné en thème aux enfants avec l'histoire d'*Oreste* et *Pylade,* d'*Euryale* et de *Nisus.*

AZAZEL. Nous sommes soumises, et nous attendons tes ordres, tu es notre roi.

CHŒUR DE GUÊPES *bourdonnant. God save the King!*

Pour tout dire, les amis de M. le comte Walewski ne l'ont pas toujours aussi bien servi que N. R.

Pendant un entr'acte, un ami disait tout haut : « Cela ne va pas, mais on n'a pas écouté mes avis. — J'avais conseillé à l'auteur d'*inonder* le second acte de *traits* d'esprit. »

C'était cependant là un excellent conseil; en effet, il n'y a rien de si simple. — Vous avez à faire un second acte qui vous embarrasse un peu, — un ami, homme lettré, spirituel et instruit, vient vous voir; — vous lui confiez votre embarras.

— Parbleu, dit-il; une idée! *Inonde* ton deuxième acte de *traits* d'esprit.

— C'est juste, dit l'autre, — et rien n'est plus simple. — je n'y avais pas songé, — je suis sauvé! — Je vais tranquillement inonder mon second acte de traits d'esprit.

Madame*** a marié récemment sa fille; — on croyait généralement qu'elle lui donnerait les pierreries de la famille, qui sont fort belles et jouissent même d'une sorte de célébrité. — Madame a jugé à propos d'en garder encore l'usufruit. — Aussi disait-on, l'autre soir, dans un salon où la nouvelle mariée a paru avec quelques pierres de peu de valeur : « Ce sont des pierres d'attente. »

🐝 Dernièrement, quelques hommes connus dans les arts et la littérature se sont fourvoyés dans un bal où on entendait de toutes parts entre les danseurs des dialogues semblables à celui-ci :

— Vous êtes bien jolie, madame.

— Rue du Bac, 43, monsieur.

🐝 S'il est une chose de mauvais goût, c'est la manie qu'ont les gens de recevoir dans leurs salons huit fois plus de monde qu'il n'y en peut tenir, et seize fois plus qu'il n'y peut s'en asseoir. — M. Ard..., banquier de la Chaussée-d'Antin, a donné, dans son petit appartement, un bal où cette bizarrerie s'est montrée dans tout son jour.

🐝 On annonce que le comte Roy, homme de tact et de bon goût, se propose de donner, cet hiver, dans son immense hôtel, quelques concerts et quelques soirées où il n'invitera que cinquante personnes.

La cohue a proscrit la conversation ; — la conversation était le plus grand charme du monde, — les hommes se retirent du monde et vivent dans les clubs.

🐝 Un mot dont on a étrangement abusé est celui d'honneur ; — nous avons des croix d'*honneur*, — des champs d'*honneur*, — des dames d'*honneur*, — des gardes d'*honneur*, — des lits d'*honneur*, — des places d'*honneur*, — des dettes d'*honneur*, — des parties d'*honneur*, — des points d'*honneur*, — des hommes d'*honneur*, — des paroles d'*honneur*.

Il ne manquait plus que des *honorables*, — nous devons ce mot au gouvernement représentatif.

De l'*honneur*, — cette *île escarpée et sans bords*, — on a fait un pays banal, une place publique. Tous les députés indistinctement s'appellent *honorables* tout en s'accusant mutuellement et sans cesse de « trahir le pays, — d'assassiner la liberté, — d'être sourds à la voix de la patrie, — d'être des anarchistes, des tyrans, des valets, des bourreaux, etc. » Toutes choses qui, prises au sérieux, rendraient un homme fort peu *honorable*.

M. Coraly, ancien maître de ballets, a deux fils, — l'un est député, l'autre danseur à l'Opéra. — J'ai vu les deux, mais je ne puis me rappeler lequel est le danseur, lequel est le député ; — il leur arrive souvent, du reste, que l'on fait des compliments au danseur sur son attitude à la Chambre, ou sur quelques paroles risquées dans les bureaux, — et que l'on dit au député : « Vous avez bien de la grâce et bien du ballon, — vous avez été très-bien dans votre dernier pas. »

Madame *** est connue entre autres choses par la grosseur de ses bouquets. — Une femme qui aime et comprend les fleurs mieux qu'aucune autre — disait : « Je la hais, parce qu'elle finira par me dégoûter des fleurs. »

Madame *** a consacré le lundi à l'amitié qu'elle porte à une *illustre épée*, — comme on dit en argot parlementaire. Ce jour-là, elle le reçoit seul, et la porte est fermée pour tout le monde. Un de ces derniers lundis, un domestique renvoyé, qui devait quitter la maison quelques jours après, — avait résolu de se venger de son expulsion. En conséquence, feignant d'oublier la consigne, il ouvrit tout d'un coup la porte du salon de madame *** et annonça deux personnes, un ménage, qui s'étaient présentées. — Madame *** se leva pâle et effrayée, — confuse. — L'*illustre épée*, qui était à ses genoux, n'en put faire autant à cause de sa goutte. Les deux visiteurs s'étaient arrêtés sur le seuil de la porte, — hésitant et prêts à s'enfuir. — L'*illustre épée* crut retrouver de la présence d'esprit, et, restant à genoux, dit : « Madame, c'est aujourd'hui votre fête, et je m'empresse de vous la souhaiter. — Ah ! diable, j'ai oublié mon bouquet, je vais aller le chercher. » Il fit signe au domestique de l'aider à se relever, et sortit du salon. — Le ménage fit une courte visite

et s'en alla. — Il faut croire qu'il ne fut pas discret, car, le lendemain, il y eut chez madame *** une procession de domestiques
apportant des bouquets.

M. *** fut très-surpris, en rentrant de la Chambre, de
voir toute sa maison pleine de fleurs; — il en demanda la
raison.

— On les a apportées pour la fête de madame.

— Mais ce n'est pas sa fête.

— Je répète à monsieur ce qu'on a dit.

🐜 On disait d'un député riche, avare et mal vêtu : « Son
habit fait peur aux voleurs, il leur montre la corde. » .

🐜 M. Arago a prononcé l'éloge de M. Ampère, mort il y
a deux ans. — Cela me rappelle une distraction plaisante de ce
bon M. Ampère, qui était un véritable savant.

Il sortait un jour de l'Académïe, rêvant à un problème : —
tout à coup il s'arrête, ses yeux s'animent, il le tient. — Il avait
gardé à la main la craie blanche dont il venait de se servir; —
— il voit devant lui un carré noir assez semblable aux tableaux
dont il se sert habituellement, — il y place ses chiffres; — mais
tout à coup — le tableau fuit sous sa main et fait trois pas. —
M. Ampère le suit. — Le tableau prend le trot. M. Ampère prend
sa course et ne s'arrête qu'exténué, hors d'haleine et violet. Ce
tableau n'était autre que le dos d'un fiacre arrêté.

🐜 Fort instruites et fort spirituelles, pour la plupart, les
personnes qui habitent le château sont, en général, médiocrement organisées pour la musique, à l'exception de madame Adélaïde et de la duchesse d'Orléans, qui est bonne musicienne et
très-forte sur le contre-point. On a cependant donné deux grands
concerts qui se renouvelleront plusieurs fois cette année. On a
nommé M. Halévy directeur de ces concerts; et on a planté le
drapeau de la musique française.

La nouvelle salle est arrangée avec un goût parfait; — l'orchestre, très-heureusement disposé, a eu un grand succès. —

On a joué des morceaux de Rossini, de Mercadante, de Cimarosa, de Meyer-Beer, de Bellini, de Gluk et de Méhul.

Le duc et la duchesse d'Orléans ont reçu avec beaucoup de grâce et de bienveillance.

🐜 M. Nodier, qui avait été invité avec MM. Hugo, Auber, Schenetz, etc., a dit : « Ma foi, si c'est pour nous donner des princes si aimables, — vive l'usurpation ! » Ce mot rappelle un peu l'enthousiasme comique de madame de Sévigné pour le roi, qui venait de danser avec elle : « Ah ! nous avons un grand roi. »

🐜 Le monde financier est très-inquiet ; — les duchesses de la Bourse, les marquises du trois pour cent, les vicomtesses de la rue de la Verrerie, s'agitent beaucoup pour être invitées.

🐜 Les directeurs des théâtres de musique s'inquiètent aussi de leur côté ; la lésinerie de la nouvelle aristocratie est telle que bien des gens refuseront une loge à l'Opéra ou aux Italiens à leur femme, — sous prétexte des chances qu'elle a d'être invitée aux concerts du château.

🐜 Pour le faubourg Saint-Germain, il n'ira nulle part tant que don Carlos ne sera pas libre ; pour passer le temps, il s'amuse à désigner les quêteuses pour le carême. Les bourgeoises riches intriguent auprès des curés, non par esprit de religion, — mais parce que cet office de quêteuse est une sorte de privilége de la noblesse ; par la même raison, les duchesses écartent les bourgeoises.

🐜 Il est curieux de voir les *épouses* de députés, dont plusieurs ne connaissent le christianisme que dans la *Guerre des Dieux*, montrer une si excessive ferveur.

Madame Paturle a obtenu d'être d'une des dernières quêtes de Saint-Vincent de Paul.

La maison Thiers, Dosne et compagnie intrigue pour que madame Thiers puisse quêter dans une paroisse. — Mais ses bonnes amies du juste-milieu l'ont, dans un accès d'envie, dénoncée comme n'ayant pas fait sa première communion. — On ne croit pas à l'admission.

※ En écoutant, l'autre soir, mademoiselle Pauline Garcia chanter la cavatine du *Barbier de Séville*, où elle fait tant de roulades et de fioritures, je me suis mis à penser à Grétry. Il n'aimait guère que les chanteurs lui arrangeassent ainsi sa musique—et il leur disait : « Si je voulais qu'on chantât ces choses-là, — je les écrirais, et un peu mieux, j'ose le croire, que vous ne les faites. »

※ A la première représentation d'un des grands ouvrages de Grétry, — Martin qui y avait un rôle important, broda tellement son premier air, qu'il ne fit aucun effet, quoique le reste eût beaucoup de succès. Après la pièce, Grétry entra dans sa loge et lui fit mille compliments sur le succès auquel *il avait tant contribué*, — seulement, ajouta-t-il, pourquoi as-tu donc passé mon premier air? Tout *simple* que tu le trouves, j'y tenais, moi, et je suis fâché que tu ne l'aies pas chanté. » Martin rougit extrêmement et comprit si bien, qu'à la seconde représentation il chanta l'air simplement comme il était composé — et qu'il eut un grand succès.

※ On dit la future duchesse de Nemours d'une grande beauté. — Il faut que le roi Louis-Philippe soit bien pauvre pour s'exposer à voir ainsi marchander à la Chambre des députés la dotation qu'il demande pour le mariage de son fils.

※ 29 JANVIER. — Les gens qui s'intitulent sérieux appellent un *événement politique*—les choses ridicules dont voici quelques échantillons.

M. Thiers est sorti à pied avant-hier.

La reine d'Angleterre n'a pas parlé de la France avec une assez vive amitié.

On parle d'un remaniement du cabinet.

On pense à une fusion *Thiers* et *Guizot.*

Voilà de quoi on parle, de quoi on s'occupe — voilà ce qu'on désire — voilà ce qu'on craint.

Certes, on ne m'accusera pas d'exagérer les *misères du peuple* — et d'en abuser, pour faire à ce sujet de longues phrases ampoulées, — mais il s'est passé, il y a trois jours, à Paris, une chose que j'appelle, moi, un événement politique de la plus haute gravité.

Dans le quartier du quai aux Fleurs, une pauvre vieille femme est morte *de faim*.

Dans un pays civilisé — on ne doit pas pouvoir mourir de faim.

Il y aurait un bon usage à faire de la police ; — un usage qui amènerait en peu de temps à la réalisation de cette utopie : la police faite par les honnêtes gens.

La police ne s'occupe des gens qu'à mesure qu'ils deviennent voleurs ou assassins.

Il faut surveiller tout homme qui ne gagne pas sa vie — le faire venir et lui dire : *Voilà de l'ouvrage ;* — s'il ne veut pas travailler, c'est un homme dangereux qui doit être mis à la disposition du procureur du roi.

Mais, pour cela, il faut avoir des travaux toujours prêts.

Il faut, par exemple, que le gouvernement se charge de l'exécution des grandes lignes de chemins de fer ; il faut qu'il n'y ait pas de ministres et pas de députés qui aient des intérêts occultes dans l'exploitation des compagnies, et dont le vote acheté n'enlève pas la direction de ses travaux au gouvernement.

Mais qui est-ce qui s'occupe de cela, à la Chambre ou ailleurs ? Qui est-ce qui montera à la tribune pour dire : « Une femme est *morte de faim* à Paris ? »

Demain, l'opposition, le parti qui s'intitule *ami du peuple,* demandera pour le peuple « des droits politiques. »

C'est un pays de sauvages que celui où l'on meurt de faim dans une rue.

C'est à la fois un deuil et une infamie publics.

Quand il meurt, à cinq cents lieues d'ici, — un prétendu cousin du roi de France, — on prend le deuil à la cour, — et on annonce : « A cause de la mort du duc***, arrière-cousin du roi, — le bal annoncé pour le…, n'aura pas lieu. »

Mais, si toutes ces phrases dont se servent les rois, — dé *sujets qui sont leurs enfants, d'amour paternel qu'ils leur portent*, — de *cœur déchiré des souffrances du peuple*, ne sont pas une insolente mystification, — ce doit être un sujet d'affliction profonde et de deuil véritable que la nouvelle qu'une femme est morte *de faim*, — dans le quartier du quai aux Fleurs, près du Palais de Justice, — de cette maison où l'on condamnerait aux travaux forcés le malheureux qui aurait volé un pain d'un sou à un boulanger, tandis que le boulanger qui vole un sou sur le poids du pain, et rogne la portion si péniblement gagnée d'un des enfants d'une pauvre famille, en sera quitte pour cinq francs d'amende.

Bêtise féroce.

Mais qui s'occupe du peuple, à la Chambre et ailleurs ?

Les prétendus amis du peuple — l'exploitent plus que les autres encore ; — leurs plaintes niaises, fausses et hypocrites, sur la *misère du peuple*, n'ont pour but et pour résultat que d'exciter ce lion endormi, et de le lancer contre les hommes qui gênent leur ambition et leur avidité. Puis, quand il leur aura rendu ce service, ils profiteront de ce qu'il aura été blessé au profit de leur avarice et de leur vanité pour le remuseler plus fort qu'il n'était.

Le peuple n'est qu'un prétexte et un moyen.

Ce serait cependant une belle chose que la position d'un homme, d'un député, qui voudrait être réellement l'ami du peuple.

M. de Cormenin, par exemple, avec tout son esprit qui lui donne tant de lecteurs et tant d'influence, — s'il avait

dans le cœur ce qu'il n'a que dans la phrase, — si, au lieu d'exciter tristement l'envie du peuple contre les classes dites supérieures, — il lui montrait son bonheur si facile par le travail et
la modération? — si, au lieu de demander pour le peuple le
droit du suffrage qui ne serait qu'un droit de perdre des journées de travail, il demandait pour lui un travail et un salaire
assurés.

Mais qu'ont donné jusqu'ici au peuple ses prétendus
amis ?

Ils l'ont enivré de paroles bruyantes ;

Ils l'ont traîné sur les places publiques ;

Ils l'ont mené à la mort, à la prison,

En se tenant eux-mêmes à l'écart, — prêts également à se
saisir du butin si le peuple est vainqueur, et, s'il est vaincu, à
le renier lâchement.

Voilà ce qu'ont fait les amis du peuple pour le peuple.

Adieu, mes chers lecteurs, mon premier numéro sera
daté — d'Étretat ou de Tréport.

Mars 1840.

L'attitude du peuple. — J'assemble Gatayes. — *Spartacus.* — Mantes. —
Pores vendus malgré eux. — Yvetot. — Rouen. — Bolbec. — Le Havre. —
L'*Aimable Marie.* — Le *Rollon.* — Le *Vésuve.* — L'*Alcide.* — La réforme
électorale. — Le pays selon les journaux. — Etretat. — Les harengs et
l'Empereur. — Deux abricotiers en fleurs. — Un bal à la cour. — Histoire
d'un maire de la banlieue et de son épouse. — La dotation du duc de
Nemours. — La couronne et la casquette du peuple. — Les avaleurs de
portefeuilles. — M. Thiers. — M. Roger. — M. Berger. — M. de la
Redorte. — M. Taschereau. — M. Chambolle. — M. Teste. — M. Passy
(Hippolyte-Philibert). — Où trouver trente-voix ? — Les 221. — M. de
Rémusat. — Madame Thiers. — Madame Dosne. — M. Duchâtel. —
Mademoiselle Rachel. — M. de Cormenin. — MM. Arago, Dupont (de
l'Eure) et Laffitte. — La crise ministérielle. — M. Molé. — M. Guizot. —

La curée. — L'Académie. — M. Hugo. — Ne pas confondre M. Flourens avec Fontenelle, d'Alembert, Condorcet, Cuvier, etc. — M. C. Delavigne. — L'avocat Dupin. — M. Scribe. — M. Viennet — M. Royer-Collard. — Mariage de la reine d'Angleterre. — L'ami de M. Walewski. — Le duc de Nemours. — Le prince de Joinville. — Le duc d'Aumale. — Mademoiselle Albertine et mademoiselle Fifille. — Accès de M. le préfet de police. — L'amiral Duperré. — Les armes de M. Guizot. — La croix d'honneur. — Mystification de quelques lions. — Le sabre de M. Listz. — M. Alexandre Dumas et Mademoiselle Ida Ferrier. — M. de Chateaubriand. — M. Nodier. — M. de Balzac. — Spirituelle fluxion du maréchal Soult. — Derniers souvenirs. — Un assaut chez lord Seymour. — De M. Kalkbrenner et d'une marchande de poisson. — M. de Rothschild. — M. Paul Foucher. — Un seigneur rustre. — Sort des grands prix de Rome. — M. Debelleyme. — Abus des grands-pères. — Les hommes et les femmes dévoilés. — Les femmes immortelles. — Recette pour les tuer. — La torture n'est pas abolie. — *At home.* — Un mauvais métier. — M. Jules de Castellane. — Un nouveau jeu de paume. — Moyen adroit de glisser vingt vers. — Réponses diverses.

Étretat.

Un matin des premiers jours de février, comme je lisais un journal — j'y vis ces mots, qui me frappèrent singulièrement, à propos de la réforme électorale : « *Si le gouvernement veut s'instruire, il n'a qu'à regarder l'*ATTITUDE DU PEUPLE *dans toute la France.* »

Mon Dieu ! me dis-je à moi-même, que ces messieurs des journaux sont donc savants et miraculeusement informés ! — Ils n'ignorent rien, rien ne leur échappe. Le monsieur qui a écrit ces lignes était hier soir à l'Opéra, eh bien ! il sait tout ce qui se passe en France jusque dans les bourgades les plus cachées. Il paraît que l'attitude du peuple est fort menaçante, il paraît que le peuple français est semblable au peuple que représentaient hier soir les figurants de l'Opéra — tous rangés sur une seule ligne — faisant les mêmes gestes — et chantant ou criant à la fois le même mot « marchons » ou tout autre, à peu près en mesure.

J'assemblai Léon Gatayes — mon conseil intime, et je lui

proposai de nous en aller un peu voir ensemble l'*attitude du peuple* dans les départements.

Aussi bien j'avais eu l'imprudence d'annoncer à quelques amis que je méditais un petit voyage — et je n'ai jamais vu d'engagement aussi solennel, à l'exécution duquel on tienne aussi rigoureusement que la promesse imprudente d'un petit voyage. — Je devais une absence à mes amis — partout où l'on me rencontrait, on me disait avec un air fâché : « *Ah ! vous êtes encore ici ; — vous ne partez donc pas ?* » Je voyais bien que j'encombrais Paris.

Aussi, le lendemain du conseil extraordinaire tenu avec Gatayes — nous nous mîmes en route pour la Normandie.

Comme nous passions les barrières, nous vîmes le peuple qui amenait aux marchés des charrettes chargées de légumes ; — ce n'était pas là ce que nous cherchions ; — nous nous représentions bien, d'ailleurs, d'après le journal, quelle devait être à peu près l'attitude du peuple.

Tout le peuple à la fois, dans toute la France, devait se tenir debout — la jambe droite un peu en avant, les bras croisés — la tête légèrement inclinée — en un mot, tout à fait semblable au *Spartacus* de marbre des Tuileries.

A MANTES, une partie du peuple vendait à l'autre partie d'horribles cochons blancs qui criaient à fendre les pierres. — Pour la réforme électorale, il n'en paraissait pas être question.

A YVETOT, il y avait des canards dans une mare et on les regardait nager.

A ROUEN, on vendait, on achetait, on transportait des balles de coton ; le peuple remplaçait économiquement l'amadou pour allumer sa pipe par des pincées de coton arrachées en passant aux balles laissées sur les quais.

A BOLBEC, il y avait sur la place, autour d'une fontaine surmontée d'une très-jolie statue en marbre blanc, — un rassemblement assez nombreux de femmes et d'hommes ; — **pour le**

coup, cela avait bien l'air d'une attitude ; — nous nous mê-
lâmes aux groupes : — on y parlait d'un voleur qui, la nuit précédente, s'était introduit dans l'église de briques de la commune
et avait vidé le tronc des pauvres, où du reste il n'y avait que
quatre sous. — Gatayes plaignit fort le voleur, qui était évidemment volé.

Nous arrivâmes au HAVRE : — la tour et les jetées étaient
couvertes de monde, — on parlait beaucoup, — on était très-
animé ; — voici ce qu'on disait :

— Ce ne peut être que l'*Aimable-Marie.*

— Non, l'*Aimable-Marie* est chargée d'*arcajou* — et l'*arcajou* aurait fait enfoncer le bâtiment.

— L'*arcajou* n'enfonce pas.

— L'*arcajou* enfonce.

— Les pêcheurs ont rapporté un cadavre.

— On dit qu'il n'était pas mort.

— Il respirait encore, mais il n'a pu rien dire.

— Voilà une mauvaise année pour les assureurs.

— Je vous dis que c'est l'*Aimable-Marie* — capitaine
Thomas.

— Venant d'où ?

— De Santo-Domingo.

— S'il ne vient pas un peu de vent d'est, le port va être encombré.

— Voilà l'*Alcide* qui remorque un navire pour la sortie.

— Oh ! c'est un Américain ; — il n'y a qu'eux pour sortir
par ce temps-là.

La mer en effet était forte et houleuse ; — les grandes mau-
ves grises se jouaient en criant dans le vent et dans l'écume.
Le matin, des pêcheurs de *Courseulles* étaient venus annoncer
qu'ils avaient rencontré un trois-mâts sur le flanc, à quelques
lieues du Havre, en rade de Trouville, et ils avaient rapporté
un cadavre.

Trois bateaux à vapeur, le *Vésuve*, le *Rollon* et l'*Alcide*, sortirent du port se suivant et se dépassant comme des chevaux de course ; — chacun veut arriver le premier et avoir la meilleure part au sauvetage.

Nous passâmes la moitié de la nuit sur la jetée, à attendre le retour des remorqueurs, — enveloppés dans nos manteaux, avec nos amis Édouard Corbière et Félix Serville — fumant les cigares de Manille de Corbière — et songeant au sort de ces pauvres marins. Cinq mois auparavant, ils étaient partis du Havre, et revenaient mourir en vue du port — et de quelle mort !

La mort du noyé n'est plus cette mort à laquelle on s'essaye toute la vie par le sommeil de chaque jour ; — ce n'est plus cette mort qui consiste à s'endormir une fois de plus sur l'oreiller où l'on s'endormait chaque soir depuis cinquante ans. — C'est une mort mêlée de lutte, de désespoir, de blasphème. — On n'y est pas préparé par l'affaiblissement successif des organes. — On n'arrive pas à n'être plus par d'imperceptibles transitions ; — ce n'est pas un dernier fil qui se brise ; ce sont tous les liens qui se rompent à la fois ; — on meurt au milieu de la force, de la santé, de l'espoir, de la vie — sans amis, sans prêtres, — et dans ces immenses solitudes de l'Océan, poussant des cris de douleur et de désespoir que le fracas des vents et de la tempête et les cris de joie des mouettes et des goëlands — semblent empêcher de monter jusqu'à Dieu.

Bientôt nous vîmes à l'horizon les feux des trois remorqueurs ; le *Rollon* rentra le premier ; il rapportait encore un cadavre. — Le *Vésuve* rentra ensuite — et l'*Alcide* traîna l'*Aimable-Marie* sur la plage de la Hève.

Le lendemain seulement, je pensai à m'informer de la *réforme électorale ;* on me dit que, quelque temps auparavant, — il y avait eu de grandes hésitations entre deux projets pour la construction d'un nouveau bassin ; — les auteurs du premier projet s'étaient mis à recueillir des signatures et en avaient obtenu un nombre considérable ; — le second projet se mit en campagne de son côté, et revint avec un nombre égal d'acquiescements ; — le nombre des signatures obtenues par les deux projets dépassait beaucoup celui des citoyens du Havre : — on allait s'étonner quand on s'aperçut que tous deux avaient les mêmes signatures.

On pensait qu'il en serait de même pour la réforme électorale.

Le lendemain nous partîmes du Havre pour voir ailleurs l'attitude du peuple ; à *Criquetot*, — où nous passâmes le soir, — le peuple dansait autour d'un grand feu, — aucune des silhouettes noires ne ressemblait au *Spartacus*.

A *Étretat*, — où j'ai été pêcheur, — on nous reçut comme d'anciens amis. « Ah ! voilà M. Léon !... et M. Alphonse aussi ; — nous parlions de vous hier avec Valin le garde-pêche ; — nous ne pensions pas vous voir en cette saison, quoique vous n'ayez peur ni du surouë ni de la mer. — Monsieur Alphonse, — où est donc Freyschütz, votre beau terre-neuvien ? » — Et nous reconnûmes tout le monde ; — à ce voyage du moins nous n'apprîmes la mort d'aucun de nos amis. — Voilà Césaire, et Onésime, et Palfret, et Martin Valin, et Martin Glam. — Bérénice n'est donc pas mariée ?

Mais nous trouvâmes nos pêcheurs bien pauvres ; — la pêche a été bien mauvaise cette année ; — tous les ans elle devient moins favorable ; — le hareng quitte les côtes de France ; — les pêcheurs disent que c'est depuis la déchéance de l'empereur.

Ce propos, qui m'a paru absurde au premier moment, comme il vous le paraît à vous-même, mon lecteur, est cependant fondé en raison.

Sous l'Empire, il y avait peu de pêcheurs ; les marins étaient occupés sur les vaisseaux de l'Etat et sur les corsaires : — de plus, les pêcheurs étrangers n'osaient pas venir sur nos côtes.

Aujourd'hui elles sont sillonnées en tous sens par des bateaux à vapeur, et couvertes d'innombrables barques de pêcheurs, ce qui à la fois écarte le poisson, et divise à l'infini le produit de la pêche ; c'est une industrie qui ne tardera pas à disparaître ; — toute cette population des côtes est ruinée et dévouée à la misère ; — tous ces gens-là sont représentés à la Chambre par un député, — mais ce député a bien d'autres choses à faire que de s'occuper de ces détails ; — il faut soutenir ou renverser tel ou tel ministre, et ni ministre ni député ne s'occupe de trouver pour des populations entières une industrie pour remplacer celle qui s'en va. L'attitude du peuple était triste à *Étretat* ; de nombreuses familles demandaient de l'ouvrage ; — les pêcheurs, en jetant un regard de regret sur la mer, s'en allaient, les uns travailler à ferrer la route, les autres s'embarquer pour des voyages de longs cours, laissant leurs femmes et leurs enfants, qu'ils ne reverront peut-être plus. — Personne ne demandait des droits politiques — ni le suffrage universel.

Le suffrage universel, en effet, et l'exercice des droits politiques paraissent une chose ravissante à cette partie de la nation qui vit dans les cafés, fume, boit de la bière, joue au billard, — et aime à attribuer aux fautes du pouvoir la misère qu'elle se fait par la fainéantise et les débauches sans plaisirs.

C'est là ce que les journaux appellent le peuple, — la nation, — le pays, — et voilà les intérêts qu'ils représentent.

Mais les bons ouvriers, — mais les cultivateurs, — mais les pêcheurs qui m'entourent, — quand c'est l'époque de semer le blé, ou de couper les foins, quand le vent souffle de l'est, et annonce qu'il faut aller pêcher les maquereaux, croyez-vous qu'ils abandonneront ces soins pour voter et exercer des droits politiques ? — et, si vous arrivez à pervertir leur jugement au point de les faire agir ainsi, — croyez-vous que la récolte et la pêche en soient beaucoup meilleures ?

J'étais assez attristé, et Gatayes me dit : « Pour un homme qui n'a d'autre état que de vendre de l'esprit, je ne te cacherai pas que je te trouve assez bête aujourd'hui. — Mais c'est dimanche, et peut-être es-tu comme les marchands anglais, qui ferment scrupuleusement boutique le jour du Seigneur. »

   Nous retournâmes au Havre et nous passâmes à Honfleur sur le *Français,* par une mer assez dure ; — le peuple avait sur le paquebot une attitude qui se rapprochait encore assez peu de celle du *Spartacus* des Tuileries ; — le peuple avait le mal de mer — et mordait frénétiquement dans des citrons ; — un monsieur, — le vent aidant, — offrit à *Neptune en courroux* son chapeau et sa perruque.

   La Normandie, du reste, était déjà bien belle : — pendant notre voyage il y avait eu un petit printemps de quelques jours. Quelques primevères jaunes fleurissaient dans l'herbe, — les troënes, dans les haies, avaient gardé leur feuillage étroit et leurs grappes de baies noires, — les genévriers avaient aussi conservé leurs branches épineuses d'un vert glauque, — les toits des chaumières, couverts de mousse, semblaient revêtus du plus magnifique velours vert, et sur leur crête s'élevaient des iris au feuillage allongé comme des fers de lance, — et des fougères découpées comme de riches guipures. Les sommités des peupliers prenaient une teinte jaune, et celles des tilleuls s'empourpraient de la séve qui allait bientôt jaillir en bourgeons et en feuillage.

   Sur les côtes, les ajoncs couvraient les falaises de leurs fleurs jaunes comme d'un drap d'or.

   Et sur tout le soleil—qui faisait tout riant, vermeil, heureux,— le soleil, qui donne à tout la couleur du bonheur et de la vie ;—le soleil, ce doux regard d'amour que Dieu laisse tomber sur la terre.

   Et, comme nous revenions par *Vernon,* le peuple regardait deux grands abricotiers déjà couverts de fleurs, — et, en pensant au froid qui allait revenir, — il disait : « Pauvres fleurs ! »

   Nous nous arrêtâmes un moment, — et nous dîmes plus tristement encore que les autres : « Pauvres fleurs ! »

🕷 Dix jours après notre départ, nous rentrions à Paris, — et je disais à Léon Gatayes : « Est-ce que par hasard ces messieurs des journaux ne seraient pas aussi savants et aussi miraculeusement bien informés que je le croyais en partant? »

🕷 Il se passait beaucoup de choses à Paris.

Paris.

UN BAL A LA COUR. — Entre les choses qui se passaient à Paris lors de notre retour, il y avait un bal à la cour.

Quel bal et quelle cour!

Jamais un bal masqué de théâtre de troisième ordre n'offrit plus horrible cohue; — on se poussait, on se heurtait, on se bousculait, — surtout du côté des buffets, que l'on mettait au pillage. — Les salons étaient jonchés de rubans, d'épaulettes, de gants; — quelques *bottes* avaient marché sur quelques souliers de satin, que les pieds n'avaient pu retrouver. — Les femmes étaient fripées et chiffonnées, — marbrées et zébrées de coups de coude.

HISTOIRE D'UN MAIRE DE LA BANLIEUE ET DE SON ÉPOUSE. — Au dernier bal des Tuileries, le maire d'une petite commune de la banlieue, ayant reçu une invitation, — arriva à huit heures en carriole d'osier avec son épouse, parée de tous ses bijoux et de toutes les couleurs du prisme. Arrivé au guichet du quai, on l'arrête et on refuse de laisser entrer sa carriole; — mais il y a si peu de chemin à faire; — la cour est si bien sablée; — nous irons bien à pied jusqu'au péristyle. « Eh bien! Jean, tiens-toi en dehors et couvre Cocotte. » — On arrive au péristyle. Là, on demande à M. le maire ses billets d'invitation. — Il présente celui qu'il a reçu.

—Mais, monsieur, il n'y en a qu'un; — où est celui de madame?

—Est-ce que mon épouse en a besoin?

—Certainement, monsieur.

— Tiens, moi j'ai cru qu'en m'engageant on avait aussi prié mon épouse. — Nous allons toujours partout ensemble ; —nous ne faisons qu'un.

— Il m'est impossible de laisser entrer madame, qui n'est pas invitée, puisqu'on ne lui a pas envoyé de billet.

— Diable ! c'est bien désagréable d'avoir fait tant de frais pour rien. — Comment faire ?

— Comment faire ?

— Écoute, ma bonne, pour que tout ne soit pas perdu, je vais te laisser un moment chez M. le concierge, et je ferai seulement le tour du bal pour jouir du coup d'œil, — et puis aussi parce que le roi serait peut-être fâché de ne pas me voir. — Monsieur le concierge, je vous confie mon épouse, — que je vais venir reprendre.

— Ne sois pas longtemps, mon ami.

— Je t'ai déjà dit, ma bonne, que je ne veux que faire le tour du bal.

Madame la mairesse s'assied chez le concierge, — et son mari monte. Il entre dans la galerie, où se trouve une foule immense. — Il se glisse de côté, il pousse, — non sans exciter des murmures et provoquer des apostrophes, — pour arriver à la salle des maréchaux, où se tiennent la reine et les princesses. — Il y parvient à grand'peine ; mais là il n'y a pas moyen de bouger ; — on y respire tout au plus ; — l'espace nécessaire à une personne est occupé par cinq ou six. — On valse, il faut attendre la fin de la valse. — Après la valse, il se remet en route, — poussant et bousculant de plus belle, — emporté par un flot de la foule et rapporté par un autre flot, — perdant en un instant le travail qu'il a employé à *tourner* un gros invité. A une heure, il arrive de l'autre côté de la salle pour voir la famille royale ; — mais Leurs Majestés passaient dans la salle du souper ; — il les suit, moitié de gré, moitié de force ; — il voit la famille royale à table. — Il pense alors à son épouse, et veut s'en aller. — Quelle scène elle va lui faire, et quelle humeur pendant toute la semaine! — Impossible de traverser et de sortir; — les femmes y sont, il faut attendre le tour des hommes. — Il est trois heures, il faut bien prendre quelque chose. — Nouvelle lutte, nouveau combat, nouvelle victoire du magistrat municipal; il mange quelques truffes et boit un verre de vin de Champagne. — Enfin, ce n'est qu'à quatre heures passées qu'il va chercher son épouse, qui dormait chez le concierge.

Le couple retraverse la cour, — et remonte dans sa carriole d'osier.

LA DOTATION. — Il s'agissait d'obtenir pour M. le duc de Nemours une dotation de cinq cent mille francs, et le ministre s'était chargé du succès...

Au moment où j'écris ces lignes, un de mes amis entre chez moi et me dit :

— Je suis fort inquiet de savoir ce que vous direz de la dotation.

— Parbleu, j'en dirai ce que je pense.

— Êtes-vous pour, — êtes-vous contre la dotation?

— Je suis pour la dignité, pour le bon sens, pour la logique.

Il n'y avait rien de si constitutionnel, et en même temps de si humble, que de demander cette dotation.

Il n'y avait rien de si constitutionnel, et en même temps de si mesquin et de si peu conséquent, que de la refuser.

Tout le monde a agi dans son droit; — personne n'a agi avec dignité et avec noblesse.

Si j'étais roi de France, — j'aimerais mieux vendre les diamants de ma femme et de mes filles — et donner hypothèque sur mon château de Neuilly — que de m'humilier ainsi jusqu'à demander de l'argent aux avocats de la Chambre et de faire de mes fils des hommes à gages du peuple.

Si j'étais membre de la Chambre des députés, et du parti populaire, — je serais monté à la tribune et 'aurais dit : Jamais la royauté n'a plus humblement reconnu la souveraineté ou peuple que dans la démarche qu'elle fait aujourd'hui. Le peuple, appelé à exercer sa générosité princière, ne doit pas laisser échapper cette occasion de se montrer roi — par le plus bel attribut de la couronne, — par la libéralité.

« Cette demande que fait aujourd'hui la royauté est la dernière de ses abdications, à elle qui en a tant fait, et nous devons l'accepter avec empressement. » — Mais, de part et d'autre, on a agi autrement.

La couronne a mérité l'humiliation du refus par l'humilité de la demande.

Le peuple, fidèle à sa logique ordinaire d'exiger à la fois la plus grande magnificence et la plus stricte économie, — a profité de la première occasion de se montrer roi — pour redevenir un bourgeois chipotier et liardeur.

Le peuple, qui avait tant demandé la royauté, — au moment de mettre la couronne sur sa tête, — a avisé que, puisque la royauté consentait de si bonne grâce à échanger cette couronne — contre sa casquette de loutre, à lui, — il fallait que cette casquette fût plus chaude aux oreilles, et cette couronne plus ornée d'épines qu'il ne l'avait supposé.

Il a repris sa casquette et laissé tomber la couronne qu'il tenait déjà à la main, — et que la royauté a reprise, malgré elle, — un peu plus bossuée et fêlée encore qu'elle ne l'était.

REMARQUABLE HABILETÉ DU MINISTÈRE. — Nous avions en ce temps-là des ministres fort habiles, et voici la part qu'ils prirent à l'action. A propos de la dotation, les bureaux de la Chambre avaient nommé une commission extrêmement favorable au projet du gouvernement : — six membres sur neuf appuyaient le projet ; — les ministres s'endormirent sur les deux oreilles et attendirent l'événement.

Le jour de la discussion publique approchait : — le parti radical, malgré tout le tintamarre qu'il avait fait et tout le mouvement qu'il s'était donné, n'avait réussi à rassembler que les cent soixante et dix voix républicaines, démocratiques, légiti_mistes, etc., que l'on compte à la Chambre. On rallia alors à grand'peine le parti toujours si nombreux des mécontents, — tous les gens qui tiennent au notariat, menacé par M. Teste, tous les gens qui ont des rentes cinq pour cent, menacées par M. Passy, — tous les gens intéressés dans le sucre indigène, ruiné par le ministère du 13 mai, — tous les gens intéressés dans la canne à sucre, qui doit donner à la betterave une indemnité de quarante millions. Cette autre dotation à la betterave amènera aussi des embarras que le 13 mai ne doit pas être fâché de léguer à ses héritiers, — et encore quelques partisans du ministère précédent, un peu amis de tous les ministères, et qui se seraient volontiers ralliés au 13 mai si celui-ci n'avait pas eu la maladresse de ne pas les avouer.

Ce ramas hétérogène ne faisait pas encore une majorité : — il manquait trente voix ; où trouver trente voix ?

Les joueurs de gobelets et de portefeuilles, les saltimbanques politiques, voyant la situation, ont pensé que c'était le moment de jouer contre le ministère du 13 mai, toujours assuré de son succès et ne voyant rien de ce qui se passait, — absolument le jeu qui avait été joué par le même ministère *Soult* contre le ministère *Molé*, renversé par lui.

M. *Thiers* alors, — l'aspirant perpétuel, envoya ses aides de camp, — MM. *Roger*, *Berger* et *de la Redorte*, — vers la *gauche*, pour lui faire savoir que, si elle voulait être sobre d'éloquence, ou plutôt se taire tout à fait dans la discussion générale, — en échange de son précieux silence — on lui apporterait le nombre de voix dynastiques nécessaires pour compléter son triomphe. MM. *Taschereau* et *Chambolle* acceptèrent pour la gauche et se rendirent garants de la parfaite exécution de la manœuvre. — Pendant ce temps, le ministère continuait à se frotter les mains sans gants de M. *Passy* (*Hippolyte-Philibert*).

L'affaire arrangée avec la gauche, M. *Thiers* changea ses officiers d'ordonnance d'une nouvelle mission. — Ils allèrent trouver les 221, et leur dirent : « Prêtez-nous trente voix, et avec ces trente voix nous renversons le ministère qui a renversé le ministère Molé, et qui vous demande présomptueusement et insolemment vos votes sans vous avouer. Les conditions faites, l'affaire bien arrangée, les ministres sont arrivés à la séance avec une confiance toujours croissante.

Personne n'a pris la parole dans la discussion générale sur l'ensemble du projet, — et on a été au scrutin pour savoir si on passerait à la discussion des articles ; — plus heureux que jamais, les ministres ont cru que c'était dans leur intérêt que la discussion se trouvait ainsi étouffée, — et un membre innocent du cabinet a écrit au roi pendant le scrutin pour lui dire que de l'avis de M. de Rémusat, chargé de la manœuvre ministérielle, on pouvait promettre à Sa Majesté un vote favorable, avec une majorité de quarante voix.

Comme beaucoup de membres de cette nouvelle coalition auraient été fort embarrassés de justifier leur alliance avec le parti démocratique, — vingt membres des plus compromis se sont dévoués pour demander le scrutin secret, aux termes de la loi.

Pendant que les secrétaires faisaient le dépouillement du scrutin secret, les députés se pressaient, se poussaient vers leurs bureaux pour en connaître le résultat avant la proclamation qui allait en être faite. — Ce résultat — déclarait, à une majorité de deux cent vingt-six voix contre deux cents, que l'on ne passerait pas à la discussion des articles, et que par conséquent le projet du ministère serait considéré comme nonavenu.

On vit alors M. Thiers jeter un regard de triomphe sur une loge où étaient madame Thiers, madame Dosne et l'ambassadeur d'Espagne. M. Taschereau se tourna vers l'antre des journalistes.

M. Duchâtel avait envoyé un billet de premières loges à mademoiselle Rachel, pour qu'elle pût étudier la diction parlementaire ; — elle n'a assisté qu'à des scrutins.

Ainsi finit cet imbroglio, véritable journée des dupes, — car la victoire que le parti radical croit avoir remportée — ne sera profitable qu'aux *appoints* qu'on lui a donnés.

Aussi le même parti radical, qui avait songé dans son premier enivrement, à faire illuminer, par les marchands du petit commerce parisien, en l'honneur d'un vote qui leur enlève la consommation de quelques millions que le mariage du prince eût jetés dans la circulation, a ensuite décommandé les lampions, et a décidé qu'on se contenterait d'une souscription pour offrir une médaille à M. de Cormenin.

SUR LA MÉDAILLE DE M. DE CORMENIN. — Cet honneur que l'on va rendre au spirituel pamphlétaire ne peut manquer d'être médiocrement agréable à *MM. Arago*, *Dupont (de l'Eure)*, *Laffitte*, etc., momentanément éclipsés et relégués parmi les *nébuleuses*, pour se voir remplacés sur les autels de la République par M. le vicomte de *Cormenin*.

Cette souscription offre au parti l'occasion de compter son monde et de faire un nouveau recensement de ses forces.

C'est du reste, pour M. de Cormenin, une excellente spéculation que de se faire ainsi l'avocat d'office de l'économie et du désintéressement, — On comprend son silence à la tribune, — *Verba volant*. — Les paroles *le* voleraient — de tout ce que ses écrits lui rapportent.

A peine un homme aujourd'hui a-t-il paru à la surface, qu'on s'empresse de faire son buste, sa statuette, sa biographie, — toutes choses autrefois à l'usage exclusif des morts ; — on l'immortalise d'avance et en effigie, — ou plutôt de ce moment on le considère comme mort et enterré ; ses fossoyeurs prennent sa place, jusqu'à ce qu'ils soient à leur tour enterrés sous les couronnes.

La France aujourd'hui produit trop de grands hommes pour
sa consommation, — elle craint d'être consommée par eux; —
car on sait qu'en français — *immortel* est un des synonymes de
mort.

🐝 Ce serait là une heureuse transition pour arriver à l'Académie, dont j'ai quelques petites choses à dire, — si je n'avais
encore à parler du ministère qui s'en va et du ministère qui
vient.

🐝 UNE VÉRITÉ. — Il faudrait enfin voir que dans toutes ces
luttes, dans ces guet-apens, dans ces combats, il n'y a qu'ambition et avidité ; que l'intérêt du peuple, le bien de la France,
la liberté, le patriotisme, etc., etc., ne sont que des armes avec
lesquelles on s'assomme de part et d'autre ; — armes que le vainqueur a bien soin de jeter après la victoire, pour n'en avoir pas
les mains embarrassées à l'heure du butin.

On comprendra alors que chaque chef de parti a la curée
vendue d'avance à sa meute ; — qu'il n'y a pas une partie, quelque petite qu'elle soit, des entrailles de cette pauvre France aux
abois et éventrée, qui ne soit marquée et promise à quelqu'un des
chiens haletants et affamés qui ont chassé et aboyé pour lui ;

Que si trois chefs de parti arrivaient aux affaires ensemble, —
il se trouverait au moment de la curée plus de bouches avides
qu'il n'est possible de faire de morceaux.

L'ACADÉMIE. — Qu'allait donc demander M. Victor Hugo à
l'Académie ? Il reconnaît donc l'Académie ? Il admet donc sa prétendue autorité littéraire, et il pense que la réputation d'un
écrivain a besoin de sa sanction ? Mais alors il fallait être conséquent : quand un orfévre se propose de présenter ses ouvrages
au contrôle de la Monnaie, il a soin de les mettre au titre qu'elle
exige. M. Hugo a-t-il pensé à l'Académie en écrivant ses plus
beaux livres ? Pourquoi demander la voix de gens dont il n'a
jamais cherché le suffrage ? La révolte de M. Hugo ressemblait-
elle donc à l'incorruptibilité de tant d'hommes politiques, qui n'a

pour but et pour résultat que de les faire acheter plus cher?

Je comprendrais le besoin d'une sanction imposante pour un écrivain qui pourrait douter de lui-même et de son succès : mais aucune formule de la louange n'a manqué à M. Hugo. — Elle a trouvé moyen d'aller jusqu'à l'exagération, — quoiqu'il faille monter bien haut pour qu'une louange donnée à M. Hugo soit de l'exagération.

Vous voulez des honneurs? Bel honneur pour un poëte que d'être le quarantième d'un corps quelconque, — et surtout d'un corps dont vingt membres au moins n'ont aucune valeur ni aucune autorité.

Vous ressemblez à un de ces corsaires si redoutés des Anglais dans nos anciennes guerres maritimes, — qui aurait demandé un jour à être nommé lieutenant de vaisseau dans la marine royale, — pour son avancement.

Vous voulez des honneurs? — Vos honneurs, ô poëte! c'est de faire battre de jeunes et nobles cœurs au bruit de vos beaux vers; — c'est de faire répandre de douces larmes à cette femme si belle sous les lilas en fleurs, et lui traduire ces pensées confuses qui s'épanouissent dans son âme au milieu du silence et aux premiers rayons du printemps; — c'est de verser un baume salutaire sur les blessures du cœur; c'est de dire au pauvre tout ce que la nature lui a réservé de richesses gratuites.

Monsieur Hugo! — monsieur Hugo! — est-ce que votre royaume serait de ce monde?

Mon Dieu! — est-ce qu'il n'y a pas de poëtes?

Est-ce que tous ceux-là sont des menteurs qui disent en vers et en prose qu'ils aiment mieux les violettes que les améthystes, — les gouttes de rosée que les diamants, — le bandeau de cheveux bruns d'une jeune fille que le diadème des rois?

Est-ce qu'ils sont des menteurs ceux qui disent en si beaux vers qu'ils préfèrent la voûte étoilée du ciel aux plus riches lambris, — qu'ils ne reconnaissent de véritable grandeur que dans les merveilles de la nature, — qu'ils n'admirent aucune pompe royale à l'égal du soleil d'automne qui se couche dans son lit somptueux de nuages rouges et violets ?

Est-ce qu'ils n'existent pas, ces hommes que j'ai tant aimés sans les connaître, — ces rois de l'intelligence qui trouvent dans leurs cœurs et dans leur génie des trésors qui les rendent si supérieurs aux rois de la terre ? — est-ce que toutes ces belles pensées sont des mots et des phrases qu'ils vendent le plus cher possible, pour acheter, avec le prix qu'ils en retirent, tout ce qu'ils font semblant de mépriser ?

L'Académie a repoussé M. Victor Hugo, — pour accueillir dans son sein M. Flourens, médecin, et secrétaire de l'Académie des sciences.

M. Flourens n'est connu dans les lettres que par la nomination de l'Académie.

Les académiciens se défendent contre les reproches qu'on leur adresse, et citent des précédents qui constatent que le secrétaire de l'Académie des siences a très-souvent été admis par l'Académie française.

Oui certes, messieurs, — mais les secrétaires de l'Académie s'appelaient alors, non pas *Flourens*, mais *Fontenelle*; — non pas *Flourens*, mais *d'Alembert*; — non pas *Flourens*, mais *Condorcet*; — non pas *Flourens*, mais *Cuvier*.

Le secrétaire de l'Académie des sciences était, dans ce cas-là, non pas un obscur savant, mais un grand écrivain, — sans en excepter *Mairan*, auteur plein de finesse et d'élégance.

Et d'ailleurs, messieurs des lettres, c'est de votre part une grande humilité, car je n'aperçois pas que l'Académie des sciences ait l'habitude de prendre des membres parmi vous.

M. *Flourens* était fort protégé par M. *Arago*.

M. *Viennet* a voté pour M. *Hugo*, malgré son antipathie contre le romantisme. — M. *Viennet* a agi en honnête homme et en homme d'esprit : — il aurait voulu, a-t-il dit, que l'Académie fît de temps en temps une élection littéraire. ne fût-ce que pour n'en pas perdre l'habitude.

L'avocat Dupin devait être partisan de la médiocrité ; — il a voté pour M. Flourens.

M. *Delavigne*, l'écrivain chauffé, logé, nourri et indépendant du château, a voté contre M. *Hugo*.

M. *Scribe*, l'auteur d'une médiocre comédie, représentée le même jour au Théâtre-Français, a voté contre M. *Hugo*.

M. *Royer-Collard*, — ne trouvant pas, dans ses idées, M. *Hugo* un assez grand écrivain pour l'Académie, n'a pas cru cependant que M. *Flourens* lui dût être préféré, et il s'est abstenu.

Tous les gens qui n'ont pas écrit, — tous ceux qui ne devraient pas être de l'Académie, — ont voté avec frénésie pour M. *Flourens ;* — leur enthousiasme pour ce médecin rappelle la reconnaissance du duc de *Roquelaure* pour ce seigneur sans lequel il eût été l'homme le plus laid de France.

MARIAGE DE LA REINE D'ANGLETERRE. — Quand régnait l'empereur Napoléon, il y avait toujours à la broche, au château, un poulet pour Sa Majesté, afin qu'elle n'attendît pas une minute quand elle demanderait à manger. Dès qu'on retirait un poulet, on en mettait un autre.

Il en est de même pour les princes de Cobourg : — on en tient toujours un à la broche *très-tendre,* tout plumé, tout rôti, tout bardé, tout prêt à épouser les reines d'Angleterre.

S'il y a dans le monde une position étrange, c'est celle du mari de la reine d'Angleterre.

En effet, au renversement des lois divines et humaines, dans une semblable alliance, c'est l'homme qui doit soumission et obéissance à sa femme ; la femme, protection à son mari.

L'acte de naturalisation qu'il a obtenu lui donne le titre de citoyen anglais et le fait sujet de sa femme. — Jolie situation que celle d'un mari dont la moindre infidélité peut être considérée comme une *haute trahison*, — et que sa femme a le droit de faire pendre pour *incompatibilité d'humeur!*

Aux termes des lois, jamais le prince Albert ne pourra commander les armées, jamais il ne pourra être conseiller légal de la reine, jamais il ne pourra siéger au parlement.

L'aristocratie anglaise lui a refusé la préséance sur les princes du sang royal.

Ses fils, s'il en a, et il en aura, ou il sera pendu, — marcheront devant lui dans les cérémonies. La chambre des communes a rogné l'allocation qu'on demandait pour lui.

Une femme indignée a dit à quelqu'un qui le défendait : « Vous avez beau dire, ce n'est jamais qu'un prince *entretenu.* »

Dans les discours qu'on lui a adressés, on ne lui a parlé que des enfants qu'il *doit* faire à la reine. Voici son humble réponse à l'adresse du maire et de la corporation de Douvres :

« Je joins mes prières les plus ferventes aux vôtres, afin que l'événement heureux qui vient de m'unir si étroitement à l'Angleterre soit *suivi des résultats que vous désirez*, — et je mettrai *constamment mes soins* et toute mon *étude* à répondre à vos espérances. »

🐝 L'ami de M. Walewski, qui lui avait conseillé d'*inonder* le deuxième acte de sa comédie de *traits d'esprit*, est allé le trouver et lui a dit : « Mon cher, vous devriez faire à Janin une réponse spirituelle, mordante, une réponse sans réplique — enfin. »

🐝 On est allé voir pendant quelques jours la voiture de M. Guizot. Les armes attirent beaucoup l'attention ; — elles sont de celles qu'on appelle *armes parlantes ;* — elles se composent d'un *aigle*, d'un *oignon* et d'un *serpent ;* — on fait là-dessus bien des commentaires.

Une femme a dit : « *Ce sont des armes pleurantes.* »

L'artiste chargé de les peindre : « *Il y a de l'oignon ; l'aigle est forcé de se faire serpent.* »

Voici une plaisanterie de l'avocat Dupin, après le rejet de la dotation du duc de Nemours :

« Eh bien ! le prince ira à Jérusalem épouser une Juive, il trouvera *sa dot à Sion.* »

L'amiral Duperré a dit, en parlant du vote de la Chambre : « Le ministère a reçu dans le ventre un boulet qui est allé se loger dans le bois de la couronnne. »

La reine a appris le rejet de la dotation du duc de Nemours par le duc d'Aumale, — qui est entré chez elle en disant : « Ma mère, ne vous affligez pas, je suis riche pour deux. »

On parle beaucoup de l'adresse de deux bayadères de treizième ordre qui se sont fait donner quatre-vingt mille francs par la famille de deux jeunes gens de très-bonne maison, pour quitter Paris et l'Opéra, où elles gagnaient huit cents francs par an à montrer le soir un peu plus que leurs jambes, du reste fort médiocres. — Cela fait à peu près cent ans d'appointements. — On cite un mot plein de naïveté d'un des jeunes gens, — auquel son *Almée* disait, pour justifier son obéissance :

— On m'aurait mise en prison.

— En prison ! s'écria le jeune homme; — *nous* ne sommes plus sous le régime du despotisme et du *bon plaisir;* — *nous* vivons *sous* un gouvernement constitutionnel. — Vive la Charte !

Bon jeune homme !

Le préfet de police, dans un accès de moralité, — avait, ces jours derniers, défendu, dans quelques cercles de jeu qu'il autorise, la *bouillotte* et l'*écarté.* Sur les instances de plusieurs députés dont on croyait avoir besoin pour le vote de la dotation, l'ordonnance a été rapportée.

La suppression du jeu et de la loterie n'est pas étrangère à la fièvre qui a ruiné tant de gens, depuis plusieurs années, sous prétexte d'entreprises par actions.

Il faut que les passions aient leur cours et leurs exutoires.

Il serait peu logique de supprimer les égouts en haine des

ruisseaux ; — c'est cependant la même chose. — Quelque inconvénient qu'eût le jeu public, il en avait moins que le jeu
clandestin.

Le jeu est un instinct et un besoin chez beaucoup de gens ;
chassé de ses asiles, il s'est réfugié dans la politique et dans
l'industrie ; — au lieu d'y perdre des fortunes particulières, on
y met et on y perd — le crédit, la fortune politique, la confiance et tous les intérêts du pays.

On fait beaucoup de moralité contre les vieux vices usés qu'on
laisse pour en prendre d'autres.

🐝 L'*opposition* a cru faire un bon tour au gouvernement
en limitant le nombre de *croix d'honneur* dont il pourrait disposer chaque année : elle s'est figuré par cet obstacle lui ôter un
moyen d'influence, et elle s'est trompée en cela qu'elle a fait
précisément le contraire de ce qu'elle voulait et de ce qu'elle
croyait faire ; — le ruban rouge allait tous les jours se déconsidérant de telle sorte, grâce à la ridicule profusion avec laquelle on
le donnait !... Mais voyons d'abord avec quelle libéralité les divers ministres qui passaient aux affaires se l'offraient entre eux,
en qualité de *petit cadeau* pour entretenir l'amitié.

L'amiral Duperré est devenu grand-croix au mois de janvier 1831.

M. le baron Bignon a été nommé grand officier ; M. Charles
Dupin, commandeur ; MM. Passy et Pelet (de la Lozère), offi-
ciers ; M. Thiers, officier, et puis commandeur ; MM. Sauzet et
Teste, chevaliers.

Voici les avancements les plus remarquables par leur rapidité :

M. le duc de Broglie, officier en 1833, commandeur en 1834,
grand officier en 1835, grand-croix en 1836.

M. Guizot, commandeur en 1833, grand officier en 1835.

M. Dupin aîné, officier en 1832, commandeur en 1833, grand
officier en 1835, grand-croix en 1837.

M. de Montalivet, officier en 1832, commandeur en 1833, grand officier en 1835.

MM. d'Argout, Barthe et Persil ont eu le même avancement.

Au moment de sortir du ministère, dans les premiers jours de mars 1839, M. le lieutenant général baron Bernard a été nommé grand-croix ; MM. Salvandy et Martin (du Nord), grands officiers ; et M. Lacave-Laplagne, commandeur.

Mais la promotion la plus remarquable est incontestablement celle de M. le comte Molé, qui, de simple officier qu'il était, franchissant tous les grades intermédiaires, a été nommé grand-croix au mois d'octobre 1837, pendant qu'il était président du conseil.

Il serait trop long de parler de toutes les croix de la garde nationale, des croix données aux vaudevillistes, — de celles que l'on voit avec tant d'étonnement et si peu de prétexte à la boutonnière de certaines personnes que l'on rencontre, qu'aucune de leurs connaissances, comme d'un accord unanime, n'ose les en féliciter, dans la crainte de leur causer de l'embarras.

Le ruban rouge donc — allait tellement se déconsidérant, qu'entre les mains du gouvernement ce n'aurait bientôt plus été qu'une monnaie de billon avec laquelle on n'aurait pu payer que des objets sans importance et des bagatelles. ·

Les limites restrictives imposées par la Chambre ne peuvent manquer d'en élever le titre et de lui rendre un peu de valeur.

Quelques demoiselles ont inventé, pour le carnaval de cette année, une plaisanterie qui a beaucoup de succès et cause un scandale qu'il est presque impossible de réprimer. — Un dandy, un lion, est abordé au bal de l'Opéra par un domino — bien ganté, bien chaussé, masqué scrupuleusement, — en un mot, présentant tous les signes de la distinction. — On cause : le domino est spirituel, amusant ; il laisse tomber quelques noms de la haute société ; — le lion est le plus heureux des hommes ; il demande et obtient avec peine une seconde rencontre pour le prochain bal. — Le domino, plus sémillant, plus ravissant encore que la première fois, finit par avouer son nom, mais après les serments, les paroles·d'honneur les plus solennels du plus profond secret; — puis il donne une carte sur laquelle on lit le nom de madame de ***, ou de ***, ou de ***.

Plusieurs femmes, ainsi compromises, se sont crues obligées de rester chez elles et de recevoir le samedi, pour que leur absence du bal de l'Opéra fût bien constatée.

M. Thiers a fait donner à sa femme, par la reine d'Espagne, la croix de Marie-Louise ; — cette croix donne la grandesse et des honneurs particuliers ; la duchesse de Berry seule l'avait en France. — Le ruban est blanc avec un liséré violet, et se porte en bandoulière, — ceci a pour but et pour résultat de faire singulièrement enrager les bourgeoises du commerce de Paris.

On n'a obtenu des 224 les voix d'appoint pour le rejet de la dotation de M. de Nemonrs — qu'en promettant que M. Thiers s'entendrait avec M. Molé pour la composition d'un cabinet; M. Thiers l'a promis, et quelques innocents de la banque le croient encore.

TRAVAUX DE LA CHAMBRE DES DÉPUTÉS. — Cette grave question a été posée dans les bureaux de la Chambre : Quel est l'animal extraordinaire que forment trois d'entre nous? Le bœuf à vingt·cornes — (Lebœuf-Havin-Corne).

M. Litz, pianiste, a reçu des Hongrois un sabre d'honneur qu'il a juré de ne tirer que pour la défense de la Hongrie, — et il court en ce moment l'Allemagne, jouant du piano le sabre au côté. — M. Al. Dumas a épousé mademoiselle Ida Ferrier ; — les témoins étaient M. Villemain, — M. de Chateaubriand, — M. Ch. Nodier — et plusieurs comtes dont le nom m'échappe. — M. Victor Hugo prépare un volume de vers, et a présenté une pièce au théâtre de la porte Saint-Martin.

— Le *Vautrin* de M. de Balzac est en pleine répétition au même théâtre.

❀ M. Villemain, après le rejet de la dotation, sans discussion, a dit : « Nous venons d'être étranglés par des muets. — C'est souvent le sort des ennuques, a répondu un homme d'esprit.

Le maréchal Soult a repris sa fluxion annuelle ; — l'année dernière, elle a duré dix jours, pour lui laisser le temps de voir se débrouiller les choses.

❀ On ne dit plus la famille, mais le haras des *Cobourg*.

❀ M. Dupin a dit au roi : « Sire, voilà bien des ministères que vous me faites commencer sans que j'en finisse jamais aucun. »

❀ M. Kalkbrenner, le célèbre pianiste, donnait, un de ces jours derniers, un grand dîner ; — il crut devoir se transporter lui-même au marché pour se procurer un beau poisson ; — il en vit un comme on n'en voit pas. « Combien le poisson? — Rien. — Comment, rien? — Il est vendu un louis. — J'en offre deux. Impossible, c'est pour M. de Rothschild. — Écoutez, ma bonne, quatre louis! — Non. — Eh bien! tâchez de m'en trouver un autre avant quatre heures, voici mon adresse. — Quoi! s'écria la marchande de poisson en lisant la carte, — vous êtes Kalkbrenner? — emportez mon poisson. — Mais M. de Rothschild? — M. de Rothschild s'en passera ; un pianiste comme Kalkbrenner est au-dessus d'un banquier comme Rothschild! » (Authentique, raconté par M. Kalkbrenner lui-même.) — M. Paul F. a fait répandre le bruit dans les maisons où il va d'ordinaire qu'il ne peut reconduire une femme en voiture sans se rendre extrêmement dangereux. — Ses amis prétendent que c'est pour n'avoir personne à reconduire, et faire une notable économie de fiacres pendant son hiver. — Un seigneur étranger, ou plutôt un étrange seigneur, a donné des coups de cravache à une femme du monde avec laquelle il avait eu d'assez longues relations, et

qui lui avait fait de grands sacrifices. — Les hommes de la
société, depuis ce temps, lorsqu'il entre dans un club ou dans un
cercle, se retirent et le laissent seul, — pour lui apprendre à
vivre en société, — etc., etc., etc., etc.

Quand un jeune musicien a obtenu, après de longues études,
un premier prix qui l'envoie à Rome, — il s'abreuve à longs traits
de la joie du succès. — On le reçoit à Rome dans un palais plus
beau que celui du pape. — Là, on le garde trois ans dans le
luxe et la mollesse; puis on le renvoie à Paris, où il trouve toutes
les positions prises par des Italiens, — et où il traîne une
existence misérable, donnant des leçons au cachet, ou copiant les
manuscrits de ses heureux coufrères en *i*.

Tandis qu'à leur retour de Rome également les peintres font
des enseignes et les sculpteurs des portes cochères, les graveurs
gravent sur de la vaisselle les armes nouveau-nées — de gros
financiers, protecteurs éclairés des arts.

Ce n'est pourtant pas pour ceux que la munificence nationale
traite avec tant de somptuosité à la *villa Médicis* que M. Debelleyme a fondé le dépôt de mendicité.

On sait cependant qu'une clause du privilége du directeur de
l'Opéra-Comique, qui reçoit à ce sujet une grosse subvention,
l'oblige de jouer le premier ouvrage de tout pensionnaire de
l'Académie qui rentre en France.

Un des bons élèves de Lesueur, premier prix de Rome, vient
de donner à Rouen, en désespoir de cause, un opéra (les *Cata-
lans*) qui a obtenu un beau succès. — D'autres, moins tenaces,
se découragent. — On en pourrait citer qui se sont, de guerre
lasse, jetés dans l'industrie.

Pourquoi ne pas les faire commencer par là? — pourquoi
les leurrer par des appâts menteurs, — si on croit devoir donner
en France aux *Italiens* l'empire de la musique? (Le Conservatoire est dirigé par un Italien, et trois noms en *i* se font remarquer à l'Institut.)

Les femmes portent plus que jamais des *tableaux* pour broches à leur cou; — il en est d'une grandeur incroyable; — on choisit pour ces exhibitions des portraits de famille. — Dernièrement, du salon où j'attendais qu'une femme à laquelle je faisais une visite — fût en état de me recevoir, — j'ai entendu une femme de chambre qui disait : « Madame mettra-t-elle son grand-père ou son petit chien? »

Cette manifestation d'ancêtres est embarrassante pour une grande partie de l'aristocratie nouvelle, — dont la génération précédente a oublié de peindre les grands-pères, ou qu'il eût fallu représenter, — qui en cuisinier, — qui en garçon de caisse, — qui en marchand de vin, — qui en bonnetier, etc.

Je trouve singulier, du reste, cet usage de porter sur la poitrine, dans les bals et les fêtes, des portraits de personnages morts. — Cela donne aux femmes un petit air de catafalque médiocrement divertissant.

LES FEMMES. — I. Il y a déjà bien longtemps que les hommes et les femmes vivent ensemble, et ils ne se connaissent point; — ils n'ont les uns à l'égard des autres que des aperçus très-faux, ou du moins très-vagues et très incertains.

Ainsi, il y a à peu près cinq mille ans que les femmes font accroire aux hommes qn'elles sont faibles et délicates, et que, sous ce prétexte, elles leur imposent tout le travail et toutes les fatigues.

J'ai suivi dans le monde quelques femmes cet hiver, — et je puis affirmer que moi, espèce de rustre, — endurci par tous les exercices violents, — moi qui ai fait de longs voyages à pied, et de rudes traversées sur la mer, — il m'est tout à fait impossible d'accompagner plus de trois jours la plus faible, la plus grêle, la plus délicate, la plus mignonne, la plus vaporeuse des femmes. Deux nuits passées de suite m'attristent et m'abattent à un degré que je ne saurais dire; à la troisième nuit, j'ai l'air d'une ombre qui cherche un tombeau pour se reposer.

Et si, par une de ces soirées glaciales du mois de janvier, je m'étais avisé d'ôter ma cravate, — quel rhume, bon Dieu! et quel enrouement pendant trois jours! — Mais les femmes, décolletées, les unes trop, les autres davantage, — restent roses et fraîches en subissant des épreuves qui tueraient un portefaix en moins d'une semaine.

Les femmes sont immortelles, — mais à la manière d'Achille; — il n'y a qu'un point par lequel on peut les tuer.

Les femmes ne meurent pas plus de vieillesse que d'autre chose. — D'ailleurs, il n'y a pas de vieilles femmes. — La nature, on ne sait pourquoi, à une certaine époque de leur vie, déguise les femmes en vieilles femmes, — comme la fée enferme la belle princesse dans une hideuse peau d'âne. — Mais au dedans elles sont toujours jeunes; — elles ont les mêmes goûts, les mêmes plaisirs, — le même cœur.

La seule chose qui fatigue et qui tue les femmes, c'est l'ennui. — Jamais une femme n'est morte d'autre chose. — Si une vieille femme meurt, ce n'est pas parce qu'elle est vieille, ce n'est pas parce qu'elle a beaucoup vécu; — c'est parce qu'elle s'ennuie, — et parce qu'on la laisse s'ennuyer. — Donnez à Baucis des plaisirs, des fêtes, des amoureux, des amants, — amusez-la, elle se donnera bien de garde de mourir.

De leur côté, les hommes, pour se venger, ont fait croire aux femmes que la beauté à leurs yeux consistait, non pas à avoir la taille souple, svelte, élégante, — mais à avoir la taille plus mince que les bras, plus mince qu'aucune des femmes de la connaissance de chacune d'elles.

Que la beauté consistait, non à avoir un pied — mince, étroit, dans des proportions convenables à la taille; mais plus petit qu'aucun pied que l'on connaisse; — de telle sorte que lorsque les femmes, en voyant de ces informes souliers chinois, — disent : « Mais c'est horrible! » — elles lancent cet anathème avec moins de conviction que d'envie. — Ainsi trompées, les femmes, de temps immémorial, — se serrent les pieds et le corps, et se condamnent à d'effroyables et perpétuelles tortures. —L'une, du temps de la *question*, s'appelait la torture des *brodequins*. Les hommes les plus robustes ne pouvaient la supporter plus de cinq minutes sans défaillir. L'autre ne ressemble qu'au supplice infligé aux gens que l'on *rompait*, et qui causait la mort immédiatement. — On a renoncé à toutes deux, même pour les assassins et les parricides.

Le tout pour se montrer toute leur vie faites de telle façon, — qu'une femme mourrait de chagrin et son amant de dépit, si *le soir* elle se trouvait faite précisément comme elle s'est donné tant de mal pour le paraître tout le jour.

LES FEMMES. — II. Il y avait autrefois un endroit qu'on appelait la *maison*. C'était l'empire de la femme.

Là, les femmes étaient à l'abri de tous les tracas et de tous les ennuis de la vie extérieure; elles ignoraient les lois du pays; — car dans la *maison* il n'y avait pas d'autres lois que leur volonté — à elles, reines absolues, reines par l'amour.

Si elles embellissaient la maison, — elles tiraient de la maison un charme indéfinissable; — tout ce que la *maison*, — cet asile sacré, — renfermait de paix, d'élégance, de tranquillité, d'amour et de bonheur, semblait s'exhaler d'elles — comme un parfum.

Dans la maison, au charme d'être belles elles joignaient celui plus puissant encore d'être belles pour un seul, — de se réserver pour lui, — d'être avares d'elles-mêmes pour lui, — tant elles comprenaient qu'elles étaient un trésor, — et le plus précieux de tous les trésors.

Mais aujourd'hui les femmes ont quitté la maison, — elles ont abdiqué leur noble et bel empire héréditaire, dans de fausses idées de conquêtes et d'agrandissement.

Et elles ont emporté avec elles toute la paix, tout le charme et tout le bonheur de la maison.

Et je leur dis, — comme le génie d'un conte de fée dit à la belle princesse qui s'éloigne :

« Retournez-vous, madame, et voyez derrière vous là maison qui s'écroule et n'est plus que ruines et décombres. »

LES FEMMES. — III. Ce que nous signalons est un plus grand malheur qu'on ne le saurait exprimer, — et je plains à ce sujet les femmes plus que je n'ose les blâmer.

Le métier d'honnête femme est devenu, — grâce à l'aveuglement des hommes, — le plus mauvais de tous les métiers.

Ce n'était pas assez qu'on donnât à une funambule, à une sauteuse, à une acrobate, — pour faire une exhibition publique de gros pieds et de cuisses maigres, — plus d'or vingt fois qu'on n'en donne à la plus belle et à la plus honnête des femmes pour tenir sa maison et élever ses enfants.

Ce n'était pas assez que tout le luxe, — qui est l'air des femmes, fût pour ces créatures ;

Que, s'il vient à Paris un châle de l'Orient d'une beauté remarquable, — les marchands savent d'avance qu'une honnête femme n'y peut prétendre ;

Que, si un diamant miraculeusement gros est envoyé de Golconde, il est trop beau pour une honnête femme, fût-elle princesse, — fût-elle reine ; — qu'il est destiné au front banal ou au cou public d'une fille de l'Opéra.

Ce n'était pas assez de leur donner des diamants ; — on leur a jeté des fleurs.

Ce n'était pas assez : — les poëtes leur adressent leurs vers, — les journalistes écrivent que leur départ est un malheur public ; — on vante une décence, un esprit qu'on imagine pour elles ; — on les recherche, on les fête, on les honore ; — on a même renoncé à les *entretenir*, pour ne pas blesser leur susceptibilité ; — on leur fait la cour, on les séduit, — on les épouse.

(Je ne parle pas de l'exagération de respect de ceux qui se font entretenir par elles.)

On a épuisé pour les louer tout l'écrin poétique ; — il ne reste pas un mot à dire à une honnête femme — qui n'ait déjà servi à trois ou quatre sauteuses.

Aussi les femmes les envient et tâchent de leur ressembler. — Sous prétexte des Polonais, elles ont vendu publiquement dans les bazars établis chez le comte Jules de Castellane ; sous prétexte des pauvres, elles ont chanté publiquement dans les églises.

Cela était bien quelque chose : — elles avaient montré, sinon le talent, du moins l'effronterie des chanteuses ; — mais il leur allait un théâtre, — un vrai théâtre, — où elles pussent combattre leurs rivales sur leur propre terrain ; — il leur fallait cette rampe magique qui prête tant de charmes — que la plus laide des actrices a plus d'amoureux que la plus belle femme du monde.

Ce but de tous leurs vœux est enfin atteint : — c'est encore chez M. de Castellane que la chose a été décidée. — L'hôtel Castellane est une sorte de jeu de paume à l'usage des femmes.

Sous le prétexte un peu usé des mêmes Polonais, des femmes du monde vont jouer la comédie et chanter l'opéra sur le théâtre de la *Renaissance !* et cela sera public, et on ouvrira les bureaux — et qui voudra entrera.

Tout l'empire romain fut saisi de honte quand l'empereur Néron descendit dans le cirque.

Je sais bien que ce que je dis là va m'attirer des lettres toutes pleines de dédain, — où l'on me dira, — comme on m'a déjà dit, à l'occasion de certains de mes livres :

« *Vous êtes un sauvage, — toutes ces choses dont vous vous blessez sont les choses les plus simples ; — elles vous choquent, parce que vous n'allez pas dans le monde ; tout vous étonne, parce que vous n'avez rien vu, etc., etc.* »

Il faut, pendant que j'y pense, que je réponde à cela et à quelques autres choses.

RÉPONSES. — J'aurais depuis cinquante ans l'avantage d'être dans le monde, — avantage que je partagerais avec un grand nombre d'imbéciles de votre connaissance, madame, que je ne me soumettrais à rien de ce qui m'arriverait douloureusement au cœur ; — et je vous avoue qu'il me serait entièrement impossible d'être amoureux à ces conditions.

Je ne vais pas non plus chez les anthropophages, — et cependant je crois avoir le droit de blâmer leur habitude de manger les voyageurs

J'aurais été jaloux, dans mes sombres délires,
De la fleur que tu sens, de l'air que tu respires,
    Qui s'embaume dans tes cheveux ;
Du bel azur du ciel que contemplent tes yeux.

J'aurais été jaloux de l'aube matinale ;
De son premier rayon venant teindre d'opale
    Tes rideaux transparents.

J'aurais été jaloux de cet oiseau qui chante,
Que ton œil cherche en vain tout blotti sous sa tente
    D'épine aux rameaux blancs.

J'aurais été jaloux de cette mousse verte
Dans un coin reculé de la forêt déserte,
Gardant, sur son velours, l'empreinte de tes pieds.

J'aurais été jaloux du fruit que mord ta bouche,
J'aurais été jaloux du tissu qui te touche ;
Qui te touche et te cache, — ô trésors enviés !

J'aurais été jaloux du baiser que ton père
    Sur ton front eût osé poser,
Et de l'eau de ton bain t'embrassant tout entière,
    Tout entière d'un seul baiser.

Il va sans dire que je n'aurais pas aimé voir jouer la comédie sur le théâtre de la *Renaissance* à celle à qui ces vers sont adressés.

Quelques personnes m'écrivent des injures vagues sans signature ; — on en a allumé mon feu tout cet hiver ; — une lettre de ce genre était signée, — l'adresse était jointe à la signature : — M. Ducros, rue de Louvois, 2. — Je crus devoir une visite à l'auteur. — M. Ducros me dit n'être pas l'auteur de la lettre. — Beaucoup me félicitent et me témoignent une sympathie dont je suis fort reconnaissant et fort encouragé. — Quelques-uns, *au nom de la liberté*, me *défendent* de plaisanter sur *certains sujets* ; — ceux-là voudront bien avoir pour moi l'indulgence que j'ai pour eux, et me permettre d'être amusant comme je leur permets de ne l'être pas. — C'est, du reste, avouer peu adroitement, selon moi, que la guerre qu'ils font contre le despotisme a moins pour but de le renverser que de le conquérir. — Un autre m'a écrit que j'étais *vendu* à l'or du château. — Oh! oh! — cela vient de ce que je parle en termes polis du roi, le seul homme de France qui ne puisse pas demander raison d'une insulte, et de la reine, qui est une femme, absolument comme s'ils étaient de simples particuliers. — Hélas! mon bon monsieur, je ne serai, pour vous être agréable, ni manant, ni grossier, ni mal élevé. — L'or que je reçois du château se résume en ceci : — Le roi a pris aux *Guêpes* un abonnement d'un an, — comme vous, mon bon monsieur ; — c'est douze francs sur lesquels, après que j'ai payé le marchand de papier, — l'imprimeur, — le clicheur, — le brocheur, — les commis, etc., — et après que j'ai donné à mon éditeur la part qui lui revient, il me reste précisément trois francs pour me corrompre pendant un an.

Adieu, messieurs. —

Avril 1840.

Avénement des hommes vertueux au pouvoir. — Le roi. — M. Thiers. —
Le *Journal des Débats*. — Le grand *Moniteur* et le petit *Moniteur*. —
Le *Constitutionnel*. — Le *Messager*. — Le *Courrier français*. — Sonnez
cors et musettes. — Les moutons roses. — Lettre du maréchal
Valée. — M. Cubières. — M. Jaubert. — M. Pelet de la Lozère. —
M. Houssin. — M. de Rémusat. — M. Vivien. — M. Cousin. — M. Gouin.
— M. Molé. — M. Soult. — Remarquable invention de M. Valentin
de la Pelouze. — M. Lerminier. — La *Revue de Paris*. — La *Revue
des Deux-Mondes*. — M. Buloz. — M. Rossi. — M. Villemain. — Les
Bertrand. — Le quart d'heure de Rabelais. — La curée. — Expé-
dients imaginés par la vertu. — M. de Balzac. — *Vautrin*. — M. J. Janin.
— M. Harel. — M. Victor Hugo. — Soixante-quatre couteliers. —
M. Delessert. — Le ministère et le fromage d'Italie. — M. Caré. —
Madame de Girardin. — M. Laurent, portier et directeur du Théâtre-
Français. — Deux *cordons* à son arc. — M. de Noailles. — M. Berryer.
— M. Barrot. — M. Bugeaud. — M. Boissy-d'Anglas. — M. Lebœuf et
madame Lebœuf. — M. F. Girod de l'Ain. — M. Mimaut. — Me Dupin.
— M. Demeufve. — M. Estancelin. — M. Chasseloup. — M. Bresson.
— M. Armand. — M. Liadières. — M. Bessières. — M. Daguenet. —
M. Fould. — M. Garraube. — M. Pèdre-Lacaze. — M. Poulle. — M. Lacoste.
— M. F. Réal. — M. Bonnemain. — Les sténographes affamés. —
M. Desmousseaux de Givré. — M. de Lamartine. — M. Etienne. —
M. Véron. — Croisade contre les Français. — Noms des croisés. —
M. Thiers, roi de France. — Abdication de S. M. Louis-Philippe. —
M. Garnier-Pagès. — Les Français sont décidément trop malins. — Un
apologue. — Affaire de Mazagran. — M. Chapuys-Montlaville plus
terrible que les Arabes. — Bons mots d'icelui. — Musée du Louvre.
— Ce que représentent les portraits. — Qu'est-ce que la couleur ? —
M. Delacroix. — Portrait d'un chou. — Portrait d'un nègre. — La garde
nationale. — M. Jacques Lefebvre. — La femme à barbe. — Souscription
pour la médaille de M. de Cormenin. — Le sacrifice d'Abraham. —
Le supplice de la croix. — Profession de foi. — Rapacité des dilet-
tanti. — M. Bouillé. — M. Frédéric Soulié. — A. Dumas. — Madame
Dudevant. — M. Gavarni. — M. Henri Monnier. — Abus que fait le
libraire Curmer de quelques écrivains. — Protestation. — Les dames
bienfaisantes. — Le printemps du 21 mars.

AVÉNEMENT DES HOMMES VERTUEUX AU POUVOIR.

Ultima Cumæi venit jam carminis ætas.

. . . .

. . . Ac toto surget gens aurea mundo.

Pardon si je parle latin. — Mais l'avénement de tous ces hommes vertueux — me reporte malgré moi à ceux que j'ai admirés en thème, — et d'ailleurs c'est surtout en fait de louanges que

> Le latin dans les mots brave l'honnêteté :
> Mais le lecteur français veut être respecté.

Et je n'oserais dire en français : l'enthousiasme et les transports frénétiques et presque érotiques des plus vieux et des plus indépendants carrés de papier — qui s'intitulent *eux-mêmes*, ainsi que je l'ai déjà signalé, organes de l'opinion publique.

Mais, procédons par ordre dans le récit épique que nous avons à faire.

Nous avons raconté avec quelle naïveté le ministère Soult-Duchâtel, etc., dit du 15 mai, s'était laissé renverser.

Tout le temps qu'il avait duré, les journaux, amis, alliés, associés, et compères de M. Thiers, s'étaient fort attendris sur la *misère du peuple*, — sur notre *humiliation à l'étranger*, — sur la *cherté du pain*, — sur la *pluie*, — sur la *gelée*, — sur tout.

Tout allait mal ; — il fallait tout changer : — administration à l'intérieur, — politique à l'extérieur ; — c'était vraiment un gouvernement et un pays à refaire. On traitait le roi lui-même fort lestement ; — c'est un courage peu dangereux dont les journaux aiment à faire parade, et qui leur donne, vis-à-vis d'une partie de leurs abonnés, un certain air matamore et sacripant qui leur sied à ravir.

Le roi Louis-Philippe était appelé ironiquement — *gouvernement personnel* — *pensée immuable* — *couronne* — *trône* — *haute influence* — *quelqu'un* — *haut personnage*. — M. Thiers, de son côté, était un gaillard qui avait dit au roi son fait en plus d'une circonstance, et qui ne *rampait* pas avec les *courtisans*, et chez lequel, dans l'intimité, on appelait le roi papa Doliban.

Pendant tout ce temps, pour les journaux ministériels — les *Débats* — le grand et le petit *Moniteur*, etc., tout allait le mieux du monde ; — la pluie et la gelée arrivaient à propos ; — ceux qui voulaient renverser le ministère étaient des brouillons et des agitateurs ennemis du pays.

Mais, le ministère Soult renversé, lorsque le roi manda M. Thiers, — dès le lendemain les journaux avaient changé de langage, — les imprimeurs avaient retrouvé dans leurs casses les deux lettres proscrites : S. M. — M. Thiers, mandé par le ROI, — s'était rendu AUX ORDRES de Sa Majesté.

Et enfin, le 1er mars 1840, — une ordonnance du roi, insérée au *Moniteur*, apprit à la France qu'elle était gouvernée par un nouveau ministère dont voici la composition :

Présidence du conseil et ministère des affaires étrangères,

M. THIERS.

Ministère de la guerre,

M. THIERS, sous le nom de M. DE CUBIÈRES.

Ministère des travaux publics,

M. THIERS, sous le nom de M. JAUBERT.

Ministère des finances,

M. THIERS, sous le nom de M. PELET DE LA LOZÈRE.

Ministère de la marine,

M. THIERS, sous le nom de M. ROUSSIN.

Ministère de l'intérieur,

M. THIERS, sous le nom de M. DE RÉMUSAT.

Ministère des cultes et de la justice,

M. THIERS, sous le nom de M. VIVIEN.

Ministère du commerce,

M. THIERS, sous le pseudonyme ridicule de M. GOUIN.

Le *Constitutionnel*, — le *Courrier Français*, — le *Messager*, le *Siècle*, entonnèrent la trompette — et dirent en faveur du nouveau ministère — précisément ce que les journaux amis du 12 mai disaient en sa faveur. — Ceux-ci mirent en avant, contre le ministère Thiers, juste ce que les amis de ce ministère avaient dit contre le ministère Soult, — absolument dans les mêmes termes — et sans y changer une virgule.

Les trompettes chantèrent alors — comme je le faisais au commencement du présent chapitre — la fameuse églogue de Virgile à Pollion : — Les hommes vertueux arrivent aux affaires — le vertueux Barrot et sa vertueuse phalange donnent leur appui au vertueux Thiers.

❮Pollion, c'est sous ton consulat que tout ce bonheur nous sera donné : — la terre prodiguera les fruits sans culture ; — il n'y aura plus besoin de teindre la laine — *nec varios discet mentiri lana colores* , — le bélier se fera un véritable plaisir d'être naturellement vêtu d'une toison jaune ou rouge, au gré des personnes, — les agneaux se promèneront dans les prairies tout accommodés aux petits oignons, — et on pourra prendre sur les moutons des côtelettes immortelles et cuites à point, qui se renouvelleront sans cesse comme le foie de Prométhée sous le bec recourbé du vautour. ❯

Je ne vous cacherai pas que d'abord je pris au pied de la lettre toutes ces belles choses — et que je me dis : — Ma foi, c'est fort à propos qu'il en soit ainsi, — car, réellement, les essais du gouvernement constitutionnel n'ont pas été heureux jusqu'ici ; — il est temps que la nation se repose des tiraillements auxquels elle est en proie depuis tant d'années — et ce que ces messieurs lui annoncent de bonheur et de félicité — elle ne l'aura pas volé.

Ce qui surtout causait ma confiance, — c'était, je l'avouerai, l'air tout à fait bonhomme et patriarcal de ces messieurs des journaux ; — ils étaient si sévères pour les ministères précédents, ils avaient fait tant de si longs articles sur les malheurs du pays ; — ils étaient eux-mêmes si désintéressés, si vertueux !

Il est vrai qu'ils n'avaient pas toujours parlé aussi favora-

I.   10

blement de M. Thiers. — A rechercher dans leurs colonnes un peu antérieures, — on trouverait, accumulées contre lui-même, toutes les injures adressées depuis et avant lui aux autres ministres, — ce qui parfois me ferait croire — que les injures et les malédictions s'adressent tout simplement aux déten-teurs du pouvoir, des places et de l'argent, quels qu'ils soient.

PARENTHÈSE. — A ce sujet — je remarque que les journaux ont fait une chose sage et savante d'agrandir leur for-mat — de se faire imprimer le plus mal possible avec des têtes de clous sur du papier sale, mou, facile à déchirer et un peu infect, — de telle sorte qu'on ne les garde jamais, car ces feuilles de papier, arrivant incessamment et invinciblement tous les matins, ont bien vite encombré les cartons — débordent et vous chasseraient de la maison envahie par eux en moins d'un an, si on n'avait soin de les consacrer à toutes sortes d'usages domestiques.

D'ailleurs, les conservât-on, qui aurait la force, le temps, la patience et le courage de feuilleter et de chercher parmi toutes les choses insignifiantes dont ils se remplissent avec une perfide adresse — la phrase ou le fait dont on a besoin? — L'odeur du papier serré encore humide combiné avec l'odeur de l'encre de l'imprimerie — a quelque chose d'étrangement nauséabond et je dirai même vénéneux, qui à la fois débilite l'estomac et irrite les nerfs; que le bruit et le mouvement du papier que l'on déploie et que l'on feuillette et la difficulté de lire une impression serrée, pâteuse et confuse achèvent d'exaspérer.

Je m'en rapporte à ceux qui, comme moi, ont eu quelquefois l'audace d'entreprendre un semblable travail.

De telle sorte qu'il devient, grâce à cette savante manœuvre, presque impossible de constater les inconséquences, les contra-dictions et les palinodies des hommes politiques et des journaux eux-mêmes.

Cela serait bien moins commode pour eux, si une bonne loi, — que l'on pourrait substituer aux fameuses, terribles, exaspérantes, impopulaires et impuissantes lois de septembre, — les obligeait à adopter le format des livres, — et à s'imprimer sur beau papier, en caractères neufs et bien lisibles.

Ces chers journaux donc, comme je vous le disais, avaient chacun en leur temps attribué à M. Thiers, avec force invectives, tous les maux dont aujourd'hui, selon eux, le même M. Thiers peut seul délivrer la France.

Il est réellement fâcheux de voir toutes les vertus dont ledit M. Thiers se trouve si abondamment orné — exposées au souffle impur du pouvoir ; — car je ne lui donne pas trois mois pour qu'une partie de ses plus terribles enthousiastes découvrent en lui tous les vices, tous les défauts, tous les forfaits reconnus chez les ministres précédents, — et à plusieurs reprises chez lui-même.

En effet, voyez un peu dans nos numéros précédents, — car les *Guêpes*, entre autres audaces, ont eu celle de s'exposer au danger évité si soigneusement par toutes les feuilles périodiques : — on peut les relire ; — voyez dans le numéro de décembre les engagements pris par M. Thiers envers les dictateurs de ces divers *organes* de l'opinion publique.

Voyez dans le numéro de mars — ce que nous disons — qu'il a été promis plus de morceaux qu'il n'est possible d'en trouver dans la France, quelque menu qu'on la hache.

Et vous comprendrez tout ce qu'il va y avoir, sous peu de temps, de mécontents, d'incorruptibles, — de leurrés, de vertueux ennemis pour ce même M. Thiers porté si haut aujourd'hui.

UNE LETTRE DU MARÉCHAL VALÉE. — Je crois bon de couper cette sorte de discussion, plus sérieuse que je ne le voudrais, par un intermède assez divertissant dû à une nouvelle saillie du maréchal Valée, qui continue à faire en Afrique tout simplement ce qui lui plaît.

Comme il était question d'envoyer là-bas un général avec un commandement supérieur, — il écrivit au général Schneider :

« ..... Envoyez en Afrique qui vous voudrez, pourvu que ce ne soit pas ce..... de Cubières. »

Or, pendant que le maréchal écrivait sa lettre, — le ministère du 12 mai était renversé, — et la lettre, adressée *à M. le ministre de la guerre*, fut décachetée et lue par M. de Cubières lui-même, — qui eut l'esprit de la montrer à ses amis et d'en rire avec eux.

Les vertus de M. Thiers jetèrent tout d'abord un si vif éclat, — que personne ne se trouva qui ne se hâtât de répudier ses antécédents, ses convictions avouées et proclamées pour se ranger sous sa bannière. Le *Courrier français* inventa le mot commode de *défection honorable ;* les deux *Revues*, la *Revue de Paris* et la *Revue des Deux-Mondes*, soutenues et choyées par M. Molé, — s'étaient *données* à M. Soult — et se *donnèrent* à M. *Thiers ;* — quelques écrivains alors s'en retirèrent.

Mais ils ne tardèrent pas à être remplacés par des gens avides de contribuer à l'œuvre de régénération qui allait s'accomplir.

M. Lerminier, — dont la défection a le malheur d'avoir eu lieu avant que le rigide *Courrier français* imaginât d'accoler à ce synonyme de trahison l'épithète d'honorable, — n'était, comme on sait, qu'une triste et malheureuse invention de M. Villemain ; — il se hâta de devenir l'organe de M. Cousin et de se charger de la rédaction politique de la *Revue de Paris*.

Celle de la *Revue des Deux-Mondes* — fut sollicitée et obtenue par M. Rossi, dont nous avons raconté l'histoire avec de convenables et curieux détails, — et qui doit son élévation récente au ministère du 12 mai.

Plusieurs autres journaux, qui croyaient à la durée du ministère Soult — ou à un retour du ministère Molé, — et qui avaient jugé prudent de se déclarer contre M. Thiers, — ont soin aujourd'hui de ne pas se compromettre davantage , — et ne disent pas un mot des affaires. — Ils ont découvert un intérêt inusité dans la guerre que font les Anglais aux Chinois ; — ils remplissent leurs colonnes avec quelques assassinats, — quelques paricides ; les histoires d'araignées mélomanes et de veaux à deux têtes reparaissent. — Quelques écrivains voient avec surprise le compte rendu d'ouvrages déposés à la rédaction depuis un an sans qu'on en ait dit un mot

On attend, l'arme au bras, les avances du nouveau pouvoir,

Qui déjà cependant, — le malheureux qu'il est, va avoir un *quart d'heure de Rabelais* assez difficile à passer avec ses amis — associés et *Bertrands* divers.

🐜 Or, il est très-facile de renverser un ministère, — grâce à l'invention récente des coalitions, — par laquelle les partis et les hommes les plus inconciliables et les plus antipathiques se réunissent contre celui qui est aux affaires. — De telle sorte que, de quatre partis à peu près qu'il y a à la Chambre des députés : — les légitimistes, — les républicains , — la gauche — et les conservateurs, — comme il ne peut y en avoir qu'un au pouvoir à la fois, — à peine celui-là, quel qu'il soit, y est-il arrivé, qu'il a immédiatement les trois autres contre lui, — et que ceux mêmes de son parti dont le désintéressement ne se croit pas convenablement payé,— et le désintéressement est fort avide aujourd'hui, — imaginent une nuance pour un nouveau drapeau et se réunissent à ses adversaires.

La chose une fois inventée et son succès constaté, il n'y a aucune raison pour que cela finisse, et on doit penser qu'il en sera toujours ainsi jusqu'à la consommation des siècles.

Aussi, quand on a renversé un ministère, n'a-t-on fait de la besogne que la partie la plus insignifiante. Il faut conserver la place que l'on a conquise ; et je déclare qu'il n'y aura plus dans toute l'existence de la monarchie constitutionnelle un ministère qui aura un an de durée.

10*

🐝 LE QUART D'HEURE DE RABELAIS. — LA CURÉE. — LA VERTU EMBARRASSÉE. — Le pouvoir forcé, — il fallait donner la curée ; — mais, tout vaincu qu'il était, le pouvoir faisait tête à ses assaillants et ne voulait pas se laisser arracher — les fonds secrets — *jecur et viscera ;* — c'était une nouvelle bataille à gagner.

La situation du parti vertueux n'était pas très-facile en outre — à cause de sa composition. — M. Cousin, chef de l'école panthéiste, à la tête de l'Université, n'était pas, aux yeux des rigoristes, une chose d'une grande convenance.

Ces rigoristes s'étonnaient aussi de voir M. Vivien à la tête de l'administration des affaires ecclésiastiques, lui qui a publié un *Code des théâtres* et le *Mercure des salons,* journal des modes.

Quelques associés étaient de leur côté également embarrassants à cause du peu de sérieux de leurs antécédents.

Le *Constitutionnel,* le plus ferme appui de M. Thiers, est dirigé par M. Véron, le plus habile directeur qu'ait eu l'Opéra, — et par M. Etienne, auteur de *Joconde* et autres pièces à ariettes, — membre du Caveau et d'une foule de sociétés chantantes et buvantes.

Le *Courrier français* n'est connu que par la protection qu'il accorde à une danseuse maigre.

M. Barrot s'était élevé avec violence contre les fonds secrets, et, en 1837, il avait dit hautement *qu'ils n'étaient bons qu'à enfanter la corruption.*

On remplirait cent volumes semblables à celui-ci, en petit-texte, des phrases plus ou moins sonores et retentissantes qu'avaient commises depuis dix ans, contre les fonds secrets, les plus fermes appuis du nouveau ministère. — Et il fallait cependant demander et obtenir les fonds secrets — Les molosses vainqueurs s'impatientaient et semblaient prêts déjà à se retourner contre les chasseurs.

🐝 EXPÉDIENTS IMAGINÉS PAR LA VERTU. — *Premier expé-*

dient. — D'abord — on ne parlera plus de fonds secrets — la vertu n'a pas besoin de moyens aussi ténébreux ; — on ne demanda pas un million cinq cent mille francs comme le ministère Molé, on ne demanda pas douze cent mille francs comme le ministère Soult.

Un ministère *parlementaire* — représentant *le vœu et les intérêts du pays*, un cabinet, *réelle expression de la majorité* — un cabinet vertueux n'a pas besoin d'avoir la corruption et la subornation pour auxiliaires.

Et si on demandait un mauvais million — ce n'était pas qu'on en eût besoin — ni qu'on voulût en faire un moindre usage, c'était simplement pour obtenir de la Chambre *une marque de confiance* qui constatât la majorité. C'est pour cela qu'on ne tenait pas à la somme : un million était un compte tout rond dont probablement on ne saurait que faire.

Le mot trouvé — il fallait mériter la confiance qu'on demandait — et on se mit à faire des choses vertueuses.

Deuxième expédient. — La première chose vertueuse fut faite à l'occasion de *Vautrin*, de mon ami M. de Balzac. Je n'ai pas vu la pièce de M. de Balzac ; — j'étais en Normandie quand on en a donné la première et dernière représentation.

Il paraît que c'est quelque chose dans le genre de *Robert-Macaire*, — plus le talent de M. de Balzac. — La critique s'en émut ; — mon autre ami Janin en fut surtout indigné : il fit une catilinaire contre l'auteur. — *O tempora, ô mores !* — Il se récria contre les exemples et les entraînements du théâtre. Il était impossible de voir la pièce M. de Balzac sans se sentir comme un germe de crime dans le cœur ; — lui-même, Jules Janin, a eu besoin de toute l'énergie et de toute la force de caractère qu'on lui connaît — pour ne pas dévaliser quelque passant en rentrant chez lui, rue de Vaugirard. — Le *Constitutionnel* et le *Courrier français*, accoutumés aux nudités de l'Opéra, se déclarèrent scandalisés par la représentation de *Vautrin* ; — le *National*, apôtre de la liberté, demanda à quoi servirait la censure.

Alors M. de Rémusat défendit qu'on continuât de jouer la
pièce : — la presse tout entière applaudit ; — les dames, qui
vont se décolleter au profit des Polonais sur le théâtre de la Renaissance, louèrent fort la mesure ; — M. Harel, directeur de
la Porte-Saint-Martin, qui avait cru pouvoir faire des dépenses
pour une pièce d'un auteur célèbre, autorisée par la censure,—
déposa son bilan ; — M. Victor Hugo, qui avait applaudi la
pièce, fit, nous a-t-on assuré, une démarche inutile pour obtenir
qu'on rapportât l'ordonnance ; — et dit : « On ôte le crime à la
tragédie et le vice à la comédie ; — les auteurs s'arrangeront
comme ils pourront.

Il y a une sottise de la critique que nous nous permet-
trons de constater en passant :

« Comment mener à une semblable pièce sa femme ou sa
fille. »

Mes chers amis du feuilleton, — qu'avez-vous fait de votre
érudition dramatique ? Et vous, chers bourgeois, où avez-vous
pensé qu'en menant vos filles au théâtre vous pourriez économiser les chaises de l'église et les leçons de la pension? — Quelle
est la pièce où l'on pourrait conduire sa femme ou sa fille à
votre point de vue de rigorisme ? — Corneille et Racine représentent sans cesse l'adultère et l'inceste, et emploient tout leur
talent à nous attendrir sur Jocaste et sur Phèdre ; — Molière
rit du mariage et de la paternité, — les beaux rôles chez lui
sont remplis par des femmes qui trompent leurs maris, par des
fils qui volent leur père ; — et les maris trompés et les pères
volés, Molière ne les trouve pas encore traités suivant leurs mérites ; — il les bafoue, il les ridiculise de toutes les manières.

D'après cela il est évident que, sous le ministère de M. Thiers,
le théâtre sera chargé de moraliser la nation, — et on y con-
duira les pensions le jeudi.

O ministère ! — ô feuilleton ! — ô bourgeois ! il appartient
bien à une époque de corruption comme la nôtre de faire ainsi

la bégueule et la renchérie ? Mais je défie M. de Balzac d'avoir mis dans son *Vautrin* la centième partie des choses infâmes qui se font chaque jour dans la politique et dans le commerce.

Il n'y a que des filles entretenues pour avoir des exagérations de pudeur ; — j'en ai vu une qui, fourvoyée, je ne sais comment, dans une maison honnête, — répondit à un homme qui faisait l'éloge de sa main : « Monsieur, pour qui me prenez-vous ? »

Troisième expédient. — Le succès obtenu par M. de Rémusat devait fort encourager le cabinet vertueux. On fit une descente chez tous les couteliers et on saisit les couteaux qu'il plut aux agents chargés de l'exécution de considérer comme ayant un rapport plus ou moins éloigné avec des poignards, et on mit soixante-quatre couteliers en accusation.

C'est donc une chose bien terrible qu'un couteau-poignard ! — Mais oui, absolument comme un couteau de table.

M. Delessert, encore aujourd'hui préfet de police, était dérangé par le bruit que faisaient des piqueurs qui sonnaient de la trompe de chasse dans un cabaret voisin de la préfecture de police ; — il défendit la trompe de chasse dans Paris, — mais il permit, par omission, la trompette, le cornet à piston, la clarinette, le serpent, etc., etc., etc. — Le couteau-poignard n'a pas jusqu'ici obtenu la préférence des assassins ; — les instruments de cordonnerie, de menuiserie, de sellerie, ont tour à tour servi aux malfaiteurs. — Louvel s'est servi d'un poinçon ; — Lacenaire affectionnait le tirepoint ; — d'autres préfèrent le marteau. — Une femme a été dernièrement étranglée avec une jarretière ; pourquoi ne défendrait-on pas les jarretières ? — Une autre femme a fait manger son enfant par des porcs, et les porcs sont tolérés ! — Si le ministère savait cela, il prohiberait le fromage d'Italie.

Un philosophe mourut pour avoir avalé de travers un grain de raisin. — O cabinet prévoyant ! vous avez six mois devant vous pour faire arracher les vignes.

🐝 Voici d'autre part ce qui arrive à Paris à propos d'armes. — Il est défendu de porter des armes sous peine de quinze francs d'amende.

Le bourgeois timide obéit à la loi ; — le voleur, qui s'expose en l'attaquant à la peine de mort, se soucie peu d'encourir en sus les quinze francs d'amende.

Si les voleurs et les assassins avaient le cœur un peu bien situé, ils feraient une rente à la police en reconnaissance des services que leur rend l'exécution de cette ordonnance.

Pour moi, — je demeure dans un quartier désert, et je rentre tard ; — je prendrai la liberté d'être armé — jusqu'au moment où il sera parfaitement établi que, grâce à la surveillance de la police, on aura été un an sans arrêter, dépouiller, assommer ou noyer quelqu'un. — Mais tant que j'aurai un louis dans ma poche, je m'exposerai aux quinze francs d'amende de la police pour ne pas le laisser prendre ; — c'est un bénéfice net de cinq francs.

M. de Balzac et soixante-quatre couteliers sacrifiés — n'établissaient pas encore suffisamment la vertu du cabinet.— M. Cavé fut désigné comme victime, et le *Constitutionnel* comme sacrificateur. — On assure même que, pour exciter son zèle, on lui promit la place de directeur des Beaux-Arts, comme on donnait autrefois la chair de la victime aux anciens pontifes.

En vain M. Cavé avait offert en holocauste à M. Thiers et à sa grandeur imminente madame de *Girardin* et l'*École des journalistes*.

Le *Constitutionnel* porta de graves accusations ; — on fit circuler contre lui des mots attribués à M. Thiers.

L'existence de M. Cavé menacée a fait comprendre à ses amis et à ses protégés qu'il fallait se hâter.

M. Buloz, directeur de la *Revue de Paris* et de la *Revue des Deux-Mondes*, tout en passant sous le drapeau de M. Thiers, — s'est cependant dépêché d'aplanir les difficultés que trouvait son projet d'être à la fois directeur et commissaire royal du Théâtre-Français. — Il a donné le titre de régisseur général à M. Laurent, qui jusqu'ici, et depuis fort longtemps, se contentait du titre et des fonctions modestes de portier au même théâtre.

Alors s'est engagée la grande bataille pour la conquête des fonds secrets.

GRANDE BATAILLE DES FONDS SECRETS. — Les troupes de M. Thiers se composaient, outre son armée connue, de plusieurs troupes auxiliaires, telles que M. Barrot et ses vertueuses phalanges. — On comptait aussi sur la droite, qui avait donné un coup de main utile pour renverser le ministère Soult, et sur M. Berryer, dont nous avons déjà signalé les sympathies pour M. Thiers.

Mais le parti légitimiste se rassembla chez M. de Noailles,— et là on établit que, si M. Barrot oubliait la rue Transnonain,— M. Berryer devait se souvenir de la trahison de Deutz et de la captivité de Blaye ; — que, sans se faire philippiste, il était de la dignité et de l'honneur du parti de rester conservateur, et qu'en conséquence on refuserait tout appui à M. Thiers, nonseulement pour le vote des fonds secrets, mais encore pour tout ce qu'il pourrait demander à la Chambre.

M. Thiers avait contre lui la droite et les 221 ; mais combien sont les 221 ?

Quand on se rangea en bataille, les 221 se trouvèrent n'être que 195.

M. Thiers, qui avait suffisamment flatté la gauche et le parti révolutionnaire dans ses discours, et qui ne pouvait plus compter sur la droite et le parti légitimiste, écrivit soixante-deux billets à soixante-deux deux cent vingt et un, — ou députés conservateurs, — pour leur dire confidentiellement : « Les agaceries à la gauche sont une nécessité gouvernementale : — vous savez que je suis conservateur,— ma femme va au bal chez vous. »

Puis, en post-scriptum, il disait :

A M. Bugeaud : « Vous aurez le commandement de l'armée d'Afrique. »

A M. Boissy-d'Anglas : « J'étais l'ami du maréchal Maison. »

A M. Lebœuf : « Je vous débarrasserai de M. de Ségur, — et votre femme sera invitée aux Tuileries. »

A M. Félix Girod de l'Ain : « Vous serez maréchal de camp. »

A M. Mimaut : « Une cour royale vous demande pour président. »

A M. Dupin : « La Chambre des pairs sera heureuse de vous voir remplacer M. Pasquier. »

Et une foule de promesses analogues à MM. Demeufve, — Estancelin, — Chasseloup, — Bresson, — Armand, — Liadières, — Bessières, — Daguenet, — Fould, — Garraube, — Pêdre-Lacaze, — Poulle, — Lacoste, Félix Réal, — Bonnemain, — etc., etc., etc.

Puis chaque soir, sur l'hôtel des Capucines, on voyait fondre des sténographes affamés qui venaient, en attendant mieux, chercher de la part des journaux amis des subventions provisoires d'idées, de phrases, d'injures, contre les adversaires.

Et les trois jours commencèrent.

M. Desmousseaux de Givré — avait tellement peur de ne pas parler dans la question du *vote de confiance*, qu'il alla à minuit au secrétariat de la Chambre, — se fit faire du feu, passa la nuit dans un fauteuil, et, au jour, se fit inscrire le premier.

Les mêmes gens qui aujourd'hui ont demandé un vote de confiance de un million, — ont si bien, à une autre époque, établi que les fonds secrets n'étaient qu'un instrument de corruption, — que je me suis laissé convaincre par eux. Il me semble donc démontré que la différence qui existe entre le vice et la vertu est que, si le vice corrompt pour douze cent mille francs, la vertu ne corrompt que pour un million ; — ce qui prouve que la vertu achète mieux et paye moins cher.

Le premier jour du combat, M. de Lamartine fit un fort beau discours plein d'idées justes et élevées. Il avait été convenu entre M. Thiers et M. Barrot que ce dernier s'abstiendrait de parler, — parce qu'il ne pouvait parler que pour expliquer son alliance avec M. Thiers, et que la chose était difficile à faire honnêtement; — mais M. de Lamartine le pressa, le harcela avec tant d'insistance, d'obstination et de vivacité — qu'il fallut monter à la tribune, où ledit M. Barrot pataugea considérablement.

Le *Constitutionnel*, c'est-à-dire M. Étienne, l'auteur de *Joconde*, — et M. Véron, le directeur de l'Opéra, s'en indigna; — il ne trouva pas convenable que M. de Lamartine, qui n'est qu'un poëte, — se permît de se mêler de *choses sérieuses;* — on le renvoya à sa *lyre*, à *sa nacelle*, à *Elvire*.

Hélas! mes chers messieurs, — si vous ne voulez pas que les poëtes montent à la tribune, — je vous avouerai que j'ai quelquefois aussi un peu de chagrin de les voir descendre jusque-là, — de les voir jouer de grandes idées et de belles paroles, contre le patois diffus et creux des avocats que vous admirez, — et quitter les immortelles choses de Dieu, de la nature, et de l'humanité, — pour s'occuper des intérêts étroits et mesquins des coteries, et des mauvais petits ambitieux qui se partagent et s'arrachent les lambeaux de ce qui ne sera bientôt plus un pays.

Calmez cette sainte horreur contre les gens qui ont de nobles pensées, et qui parlent un beau langage; — ne craignez pas qu'ils gâtent le métier, — ils seront toujours en grande minorité parmi vous. — Dans cent ans d'ici, — tous vos grands hommes seront morts et oubliés avec les intérêts étroits auxquels ils se mêlent; — le temps, qui fait justice de toutes les ambitions, ne gardera dans l'avenir, comme il n'a gardé dans le passé, que les poëtes; — et si on se rappelle quelquefois M. Thiers, ce sera parce qu'il a écrit l'histoire de la révolution française.

Le second jour, M. Berryer prit la parole au nom de

son parti ; — sa parole puissante et animée, sa voix vibrante et nerveuse, servant à la fois d'organe à une logique rigoureuse, — firent sur la Chambre l'effet d'un tonperre lointain qui gronde.

🐝 Le troisième jour, les amis de M. Molé se réjouirent fort, et préparèrent leur cabinet pour remplacer immédiatement celui qu'ils se croyaient sûrs de renverser le soir même : —c'est ce qui les perdit.

Refuser tout à fait les fonds secrets était une chose très-grave, — car, le ministère une fois renversé par ce refus, il fallait le remplacer et vivre de la portion congrue qu'on lui aurait faite.

On fit alors proposer, par M. d'Angeville, un des deux cent vingt et un, — un amendement tendant à diminuer de cent mille francs l'allocation demandée.

Taux auquel le ministère présomptif consentait à gouverner, à sauver la France, et à faire son bonheur.

Pourquoi ne pas *entreprendre* le gouvernement tout de suite et franchement, comme les fournitures de bois, — au rabais et sur soum ions cachetées.

L'amendement fut rejeté à une majorité de 103 voix.

Le million, ensuite, fut voté à une majorité de 86 voix.

Ce qui prouve qu'il y a à la Chambre dix-huit membres qui, sans distinction de parti, ne veulent pas que le ministère, quel qu'il soit, ait moins d'un million pour récompenser le dévouement qu'ils sont bien décidés à avoir.

Et le ministère présomptif fut déclaré présomptueux.

Singulière époque que celle-ci, où l'on n'accepte pas comme principe suffisamment libéral le fils d'un régicide — mis lui-même sur le trône par une révolution. Voilà M. Thiers roi de France.

🐝 Voici donc M. Thiers roi de France, — et le roi Louis-Philippe passé à l'état de fétiche, de grand Lama, — ayant dans l'État précisément la même influence qu'aurait un de ses bustes de plâtre qui décorent les mairies et les théâtres.

Car on sait que M. Thiers est l'auteur de la maxime : — le roi *règne* et *ne gouverne pas*.

Or, comme le roi n'est ni électeur, ni juré, ni garde national, — il se trouve qu'il est aujourd'hui le moins important, le plus humble, le moins considéré de tous les Français ; — qu'il n'y a pas un épicier, ni un bonnetier, — ni un écrivain à échoppe qui n'ait plus de droits politiques et plus d'influence que lui.

M. THIERS. — Pour nous, qui n'espérons et ne craignons rien de M. Thiers, qui n'avons aucune espèce d'intérêt dans tout ce gâchis, — nous parlerons de lui sans colère, comme sans aveuglement.

M. Thiers n'est pas un esprit libéral ni progressif, — loin de là, il n'a d'idées gouvernementales que celles de l'Empire, — il fait la politique au point de vue des cafés et des estaminets, et est impuissant en dehors de ces limites. — Depuis la révolution de juillet, M. Thiers a passé à peu près huit ans au pouvoir, — quels sont les grands travaux qu'il a fait exécuter ? — à quelles améliorations matérielles a-t-il présidé ? — M. Thiers s'est opposé à l'entreprise des grandes lignes de chemins de fer par le gouvernement, — parce que de grands travaux sont tout à fait contraires aux vues et aux moyens d'action des hommes de son caractère et de son parti ; — les agitateurs n'ont dé pouvoir que sur les esprits oisifs ; les travailleurs ne mordraient plus aux paroles des avocats.

Il y a quelque temps, M. Thiers et M. Garnier-Pagès se sont trouvés faire partie de la même commission. Il s'agissait de prolonger le privilége de la banque de France qui expire en 1842. — Eh bien ! M. Pagès, membre d'un parti qui ne brille pas par le côté de la science gouvernementale, s'est prononcé pour le développement de ce privilége, et pour une extension favorable à l'industrie.

M. Thiers, au contraire, a maintenu l'état actuel.

🐜 Et vous, mes amis les Français, — savez-vous qu'on vous a joué un tour bien perfide — le jour qu'on vous a fait croire que vous étiez extrêmement malins, — ainsi que vous vous en rendez perpétuellement hommage à vous-mêmes.

Grâce à cette opinion qu'on vous a donnée de votre malice et de votre pénétration, — on vous fait passer sous les yeux d'étranges choses.

Pendant que ces messieurs se disputent votre argent et vos dépouilles, — qu'ils perdent au profit de leur avidité et de leur ambition le plus beau pays du monde,

Vous les regardez faire, assis à ce beau tournoi, dans vos stalles bien payées ; — vous prenez parti dans leurs débats et dans leurs querelles ; — vous pariez pour l'un ou pour l'autre ; — vous vous passionnez ; — vous applaudissez celui qui réussit à prendre votre argent ; — vous sifflez celui qui se le laisse enlever.

Bravo ! mes bons amis. — Les enfants trop spirituels deviennent, dit-on, fort bêtes à l'âge de raison.

APOLOGUE. — Un voyageur rencontra, un jour, dans une savane de l'Amérique, deux sauvages, deux peaux rouges qui, assis sur l'herbe, et ayant déposé leurs casse-têtes à côté d'eux, jouaient avec beaucoup d'attention à un jeu d'adresse avec de petits cailloux. Le voyageur s'arrêta près d'eux et les regarda faire. — Il faut croire, pensa-t-il, que la partie est intéressée, car ils jouent avec une application et une émotion peu communes. Ce petit qui a un soleil bleu sur le front est bien adroit ; — mais le grand, qui est décoré d'un serpent jaune, ne le lui cède pas. — Bravo ! le serpent jaune. — Ah ! très-bien, le soleil bleu. — Voilà le coup décisif. — Ma foi, c'est le soleil bleu qui a gagné. — Eh bien ! je n'en suis pas fâché ! — Il me plaît beaucoup, le soleil bleu.

— Soleil bleu, recevez mes félicitations !

Visage pâle, mon ami, — dit le soleil bleu, — c'est en t'apercevant venir là-bas, que nous nous sommes mis à jouer, et je ne te cacherai pas que nous avons joué à qui te mangerait.

✳ AFFAIRE DE MAZAGRAN. — Pendant que les avocats parlaient à la Chambre, — cent vingt-trois hommes se défendaient, dans la petite place de Mazagran, contre dix mille Arabes, — et les forçaient d'abandonner le terrain. — Je ne ferai pas compliment au maréchal Valée d'une nouvelle imprévoyance qui condamnait cent vingt-trois soldats à mort, — s'ils n'avaient égalé les prodiges les plus fabuleux de la bravoure des temps antiques et modernes. — Ce trait héroïque est consolant à une époque où on se sent prêt, à chaque instant, à désespérer de la France livrée aux avocats et aux ambitieux de bas étage.

On a annoncé qu'on *s'occupait* de récompenser dignement les défenseurs de Mazagran ; — ce sont de ces choses qu'on ne doit pas chercher, — que le cœur doit trouver au milieu même de l'émotion que cause un semblable récit. — Je ne crois pas qu'il se trouvât personne en France pour juger mauvais qu'on donnât la croix aux cent vingt héros qui ont survécu, — et que cette compagnie reçût le nom de Compagnie de Mazagran, — et ne se recrutât pas tant qu'il en restera un homme ; — que les noms des trois morts fussent toujours prononcés à l'appel les premiers, et qu'on répondît : Morts à Mazagran.

✳ Le principal hommage qu'aient reçu jusqu'ici nos héros est un récit ridiculement ampoulé, fait par M. Chapuys-de-Montlaville. — C'est surtout quand il s'agit de choses si grandes par elles-mêmes que l'enflure est si ridicule qu'elle devient odieuse, — et que l'on accuse l'écrivain qui en est coupable de n'avoir pas senti la grandeur d'un héroïsme qu'il essaye d'embellir par des mots prétentieux.

La compagnie entière, — dit M. Chapuys-de-Montlaville, — s'écria :

« Je garderai ce poste contre l'Arabe, son armée couvrît-elle de ses feux épars la colline et la plaine. »

« *Un registre est ouvert pour l'assaut :* deux mille Arabes s'y inscrivent aussitôt, etc. »

Ce même M. Chapuys-de-Montlaville est particulièrement connu par l'âpreté, l'obstination et quelquefois la bouffonnerie avec laquelle il demande des économies à la Chambre des députés. — Un jour de la session précédente, je ne sais plus de quoi il était question, mais M. de Montlaville s'écria :

..... Je demande une réduction de huit cent mille francs?

Un membre. — On ne saurait trop approuver les sages vues d'économie de l'honorable préopinant, — seulement, dans la circonstance présente, il y a un grand inconvénient et une grave difficulté à l'exécution de sa proposition. — M. Chapuys-de-Montlaville vient, messieurs, de vous proposer sur le chapitre en discussion une réduction de huit cent mille francs, — et l'article n'est que de cent quarante mille.

Un autre jour, — c'était à propos du mariage du duc d'Orléans. — « Cent trente mille francs *d'épingles*, s'est écrié M. de Montlaville, j'ai une tante qui en dépense pour douze sous par an, — et qui en perd considérablement! »

MUSÉE DU LOUVRE. — Je vais peu au Salon; je ne connais pas d'exercice aussi violent, de fatigue aussi désespérante.

Les expositions se suivent et se ressemblent : — Quelques bons tableaux, un certain nombre de mauvais, et surtout une très-affligeante quantité de médiocres.

MM. Préault, sculpteur, et Rousseau, paysagiste; — deux âmes en peine, deux ombres errantes dans les galeries, — tous deux repoussés par l'opiniâtre malveillance du jury.

Certes, je ne suis pas pour qu'on aplanisse les abords des carrières libérales; — il est juste que les aspirants passent par des épreuves et des initiations; — il est bon que, comme les hommes qui accompagnaient Josué, ceux-là seuls qui ont force, — courage et vocation — suivent l'art dans les régions élevées qu'il habite.

Depuis qu'on a réhabilité les comédiens, — nous n'avons plus de comédiens. — Le jour où on leur a rendu la terre sainte, — on a commencé par y enterrer leur art.

Si l'on pendait tous les ans le 1er janvier : — dix peintres, dix musiciens et cinquante écrivains, — il ne resterait dans cette lice chanceuse que les véritables vocations.

Mais le jury montre peu de discernement. Il faudrait que le meilleur des tableaux refusés — fût plus mauvais que le dernier des tableaux reçus. Eh bien! il n'en est pas ainsi : — il y a dans les tableaux refusés vingt toiles supérieures, sous tous les rapports, à une toile exposée par M. Bidault, qui est de l'Institut.

Il y a des hommes d'un talent reconnu qui ne doivent être jugés que par le public.

Il y en a d'autres qui ont acquis de la popularité et de la réputation par la persécution du jury, — dont personne n'a jamais rien vu, et dont tout le monde proclame le talent; — le jury n'a pas l'esprit de leur jouer le mauvais tour de les admettre.

Les peintres, du reste, une fois *arrivés*, n'ont pas à se plaindre; — seuls ils sont assurés de la protection et des *commandes* du gouvernement.

Les peintres ont depuis longtemps couvert, et au delà, la surface de toutes les murailles intérieures : on invente des palais pour y loger de nouveaux chefs-d'œuvre. On achète, on commande des tableaux; rien de mieux. Nous désirons qu'on en fasse tant, qu'on arrive à les mettre trois les uns sur les autres; cela donnera toujours le moyen d'en cacher deux.

Un reproche que l'on fait annuellement au Musée, c'est de renfermer *cette année* trop de portraits.

Il faudrait dire : trop de mauvais portraits. Les peintres ont, en général, intérêt à accréditer cette critique facile, à la portée de toutes les intelligences. Presque aucun peintre ne sait faire un portrait. — On ne compte que quelques beaux portraits dans les annales de la peinture, et un beau portrait est une des choses les plus saisissantes comme les moins communes de l'art.

On sait ce qu'on appelle portrait en général : c'est un assemblage de deux yeux, d'une bouche et d'un nez, qui, s'il arrive quelquefois à ressembler à quelqu'un, a presque toujours le malheur que ce ne soit pas à la personne qui a posé devant le peintre.

Pour notre part donc, nous ne reprocherons aux portraits que d'être mauvais; le reste du ridicule auquel ils sont généralement dévoués doit revenir aux personnes qu'ils sont censés représenter.

On ne saurait trop admirer la pudeur de gens parfaitement inconnus qui, dérobant avec soin leur nom sous le voile d'une initiale, moins obscure que ne le serait leur nom entier, n'hésitent pas à étaler aux yeux de la foule leur figure, leurs mains, leurs pieds, leurs beautés particulières et les infirmités qui les distinguent. Le Salon est rempli de femmes qui ne livrent qu'une lettre de leur nom et montrent au moins tout ce qu'elles ont d'épaules à la curiosité d'un public quelconque.

Les uns veulent être peints frisés, vernis, cravatés dans un désert, lisant un roman à cent cinquante lieues de toute habitation. Il est facile de voir les efforts du malheureux peintre, qui, ayant sous les yeux un canapé en velours d'Utrecht jaune, a été obligé de peindre un monticule couvert de mousse. Dans la forme de ces rochers, vous trouverez la forme moins pittoresque de la cheminée et de la pendule qui la surmonte. Vous vous apercevez que les chaises ont servi de modèle aux chênes séculaires, que les nuages recélant la foudre ont été faits d'après les ondulations des rideaux de damas, et la foudre, qui s'échappe en zigzags immobiles, d'après les tringles,

L'eau de ce lac, au fond du tableau, a été étudiée par le peintre dans un flacon d'eau de Cologne placé sur un guéridon, le guéridon lui-même, avec son tiroir ouvert, a servi de modèle à une caverne.

S'il y a une chose intéressante dans l'aspect de ces portraits, pour la plupart peu agréables à la vue, c'est que, s'ils ressemblent peu aux personnes dont ils portent le nom, ils sont le portrait fidèle de *leurs prétentions*, dont ils ne laissent ignorer aucune.

Mais quel avantage mademoiselle M.... D...., placée sous le n° 7266, trouve-t-elle à nous faire savoir qu'elle a la peau jonquille? — Mademoiselle M..., n° 1629, est-elle bien heureuse depuis que tout Paris sait qu'elle a le visage bleu de ciel? — M. E... T..., n° 1374, ne pouvait-il vivre sans nous faire connaître son front chauve ombragé de quelques cheveux pris à l'occiput, au moyen de cette formule d'arithmétique : J'en emprunte un qui vaut dix.

Je n'ai pu admirer avec tout le monde le tableau de M. Delacroix, — la Justice de Trajan. — Le tout ressemble à la procession du bœuf gras. — Trajan a particulièrement un air de garçon boucher enluminé de rouge de brique.

J'ai demandé quel mérite on trouvait à cela. — On m'a répondu : « la couleur. »

Et j'ai demandé à tout le monde : qu'est-ce que la couleur? la couleur consiste-t-elle à faire un cheval blanc lie de vin? Cela me paraît une misérable excuse pour un dessin aussi incorrect que celui de plusieurs figures du tableau de M. Delacroix.—L'architecture est fort belle et d'une grande légèreté.

Il y a des gens condamnés à voir tout ou jaune ou rouge ou bleu. — Le 18 brumaire, de M. Bouchot, est écarlate. — Les États généraux, de M. Couder, sont d'un violet saupoudré de blanc.

Il y a des tableaux verts, il y en a de gris, il y en a d'orange.
— Un monsieur paysagiste a inventé deux couleurs inusitées
pour les bœufs, il en a fait un gris tourterelle, et l'autre pain à
cacheter.

Pour ce qui est des batailles, — on n'en peint qu'une, toujours la même. — Une bataille représente toujours un endroit
et un moment où on ne se bat pas, — ou bien où on ne se bat
plus.

✤ Il y a une heure où les tableaux exposés au Musée
changent tout à coup d'aspect, une heure où l'habileté du pin-
ceau, la finesse de la touche, la science de l'anatomie, de la
perspective, disparaissent comme par enchantement. Le public
nombreux, le public qui vient de onze heures à midi, ne fait
aucun cas de ces qualités qu'il ne voit pas; il ne s'inquiète que
du sujet; s'il voit une bataille, il veut savoir laquelle; si les
Français sont vainqueurs, le tableau lui semble déjà une fois
meilleur.

Il est singulier de remarquer combien ce public, le plus
étranger aux arts, admet facilement la convention, à quel degré
il accepte l'intention du peintre pour le fait : quelque balai vert
qu'on lui montre, il consent sans hésiter à le prendre pour un
arbre, quelque chose qui ait une robe est une femme sans con-
testation; — une redingote grise, Napoléon; — une chose à
deux pieds est un homme; si la chose a quatre pieds, c'est un
cheval, un chien ou un bœuf, suivant la couleur. Du bleu en
haut du tableau est reçu comme le ciel; si le bleu est en bas,
c'est la mer.

Voilà des gens pour lesquels il est agréable de peindre; voilà
un public !

✤ CHOSES QUELCONQUES. — On continue à envoyer en
prison les gardes nationaux qui refusent de s'habiller; — cet
impôt exorbitant excite les plus vives réclamations.

C'est en effet une exaction odieuse que celle qui force une

foule de gens à dévoiler à tous les yeux une misère qu'ils cachent avec tant de soin, — ou à s'imposer les plus dures privations pour ne pas *déparer* la compagnie de MM. tel ou tel.

Qu'on se représente un petit marchand qui arrive tout juste à payer ses petits billets et à faire honneur à ses petites affaires. — Qu'il soit un peu gêné ; — que pour faire un remboursement il ait fait escompter à gros intérêts, à un Jacques Lefèvre quelconque ; — qu'il ait mis son argenterie, la montre et la chaîne de sa femme en gage. C'est une situation où se trouve assez fréquemment le petit commerçant.

Il est pauvre, malheureux, il vit de privations, ou plutôt il ne vit pas ; mais extérieurement, tout va bien, il *noue les deux bouts.*

Si vous lui imposez une dépense pour le moins de cent écus, et qu'il ne puisse retirer cent écus de ses affaires, ce que les petits marchands ne peuvent jamais, — il faut qu'il vienne devant ce conseil de discipline, composé d'autres marchands, avouer sa gêne et sa pauvreté.

Mais, le lendemain, il est ruiné, perdu, — il n'a plus ni crédit ni confiance, on exige des règlements, — ou plutôt on ne veut plus de sa signature.

Et tous ces pauvres gens qui ont tant de peine à conquérir sur le sort un habit propre, auquel ils doivent leur place, leurs amitiés, leurs amours, leurs plaisirs ; cet habit, qui seul peut élever l'homme d'esprit et l'homme de cœur à l'égalité avec le sot et le cuistre, il faudra donc qu'ils le suppriment pour acheter votre habit d'arlequin, ou qu'ils viennent vous en dire tous les secrets, — les coutures noircies à l'encre, et les boutons rattachés, par eux-mêmes.

MM. les députés, — qui sont exempts de la garde nationale, *nous ont donné ces loisirs.*

🙞 Lorsque, pendant la discussion des fonds secrets, — il fut un moment question de voir reparaître M. Molé, —

madame Dosne s'écria : — Comment penser à M. Molé quand on a des hommes comme nous !

🐜 Après le vote, un député a dit : « Voilà le Thiers consolidé. »

🐜 Le jury et les circonstances atténuantes vont toujours leur train ; — il y a en ce moment au seul bagne de Brest *quatorze parricides*.

🐜 La souscription pour la médaille de M. le vicomte de Cormenin se traîne assez péniblement. — Une petite lettre parfumée et toute féminine m'assure que le beau-père dudit M. de Cormenin a envoyé aux journaux une centaine de francs ainsi divisés : — un patriote, trois francs, — un ami du peuple, deux francs, etc., etc., — c'est bien méchant. — Sérieusement, parmi les souscripteurs, beaucoup se sont glissés qui ne portent d'autre intérêt à la chose que celui de lire leurs noms imprimés.

D'autres, plus habiles, font par ce moyen sur leur commerce et leur industrie, moyennant un ou deux francs, une annonce qui leur en eût coûté sept ou huit.

Ainsi j'ai lu dans le *National* :

Musch, quinze centimes, — Taillard, vingt centimes, — Dumon père, dix centimes, — Frainrie, doreur, rue Saint-Antoine, 168.

N. B. Il faut qu'un esprit aussi ingénieux que celui de M. Frainrie trouve sa récompense, je le prie donc de faire prendre chez moi un petit cadre gothique, qui a besoin d'être doré.

Voici une autre souscription que l'on m'envoie :

M. L., rue du Monthabor, 5, — qui a perdu son parapluie dans un fiacre, et promet une récompense honnête à la personne qui le rapportera, — deux francs.

🐜 A propos de la police, voici de sa part une remarquable preuve d'intelligence : une ordonnance prescrit aux cabriolets de louage de porter affiché à l'intérieur le tarif de leurs prix.

Dans les cabriolets, le cocher se met à droite pour conduire, et le *bourgeois* à gauche. — De quel côté supposez-vous que l'on mette la plaque contenant le tarif en question? — Sans doute à gauche, pour que la personne qui loue le cabriolet puisse le consulter. Nullement, l'ordonnance porte que la plaque sera à droite, c'est-à-dire, derrière le chapeau du cocher s'il est grand, et derrière son épaule s'il est petit, de telle façon qu'il est entièrement impossible d'en faire usage.

Une proposition a été faite à la Chambre tendant à faire établir qu'une loi qui ne donnerait lieu à aucune réclamation serait dispensée de discussion et de scrutin. — La proposition n'a pas été prise en considération.

En effet, cela irait trop vite, — et ferait perdre à messieurs les avocats des occasions de discourir.

Madame de Girardin a bien voulu faire à ma dernière homélie sur les femmes une réponse que je voudrais bien avoir faite moi-même. — A la Chambre des députés, M. Abraham ayant cédé son tour et M. Delacroix ayant parlé, on a dit : nous avons eu le sacrifice d'Abraham et le supplice de la croix. — Un lycéen me conseille de parler un peu de son proviseur et de détacher une guêpe de confiance sur la maison de M... à l'heure où il fait servir le brouet à ses élèves.

Diverses circonstances qui se sont présentées depuis la publication de mes petits volumes, — des lettres anonymes que je reçois où on m'appelle diffamateur, — bretteur, etc., etc., m'obligent, une fois pour toutes, à faire une profession de foi nette et positive. Il y a onze ans que je me suis mêlé pour la première fois aux débats de la presse périodique — j'ai toujours admis la responsabilité de l'écrivain dans sa plus large acception. — Je n'ai jamais écrit une ligne sans la signer, au moins de mes initiales A. K. Je défie qui que ce soit de me reprocher, dans cette période de onze ans, d'avoir manqué une seule fois à la plus stricte loyauté. — Je ne crois pas avoir usé de l'arme que j'ai dans les mains, — arme dont je connais la puissance et le danger — autrement que dans l'intérêt de la vérité, du bon sens et du bien public. — La forme ironique que j'ai adoptée de préférence a pu blesser quelques personnes. — Mais c'est ainsi que je vois et que je suis, et le reproche que l'on me ferait à ce sujet équivaudrait à mes yeux à celui qu'on pourrait me faire d'avoir les cheveux bruns. — Il m'est arrivé bien rarement d'avoir l'intention d'offenser quelqu'un, et si, dans ce cas-là, j'ai cru devoir ne pas dissimuler cette intention; si, dans d'autres circonstances, j'ai cru devoir admettre comme meilleurs juges que moi des personnes qui demandaient une réparation à une blessure qu'elles avaient sentie sans que je crusse l'avoir faite, et me mettre à leur disposition; les personnes qui me connaissent me rendent la justice que, lorsqu'il m'est arrivé — et j'ai eu soin que cela arrivât rarement — d'avoir exprimé un fait inexact, — j'ai mis le plus grand empressement à reconnaître mon erreur quand elle m'a été prouvée.

Si l'on ne m'accuse pas d'avoir jamais reculé devant la responsabilité de mes écrits, on doit me rendre témoignage également que je n'ai, en aucune circonstance, pris des airs de matamore et de fanfaron, et que je n'ai jamais hésité à donner de franches et loyales explications, lorsqu'elles m'ont été convenablement demandées.

Quand arrivent les dernières représentations des Italiens, les habitués se croient en droit de se faire donner *bonne mesure*, comme disent les marchands, et, sous prétexte de bienveillance pour les chanteurs, ils crient *bis* à tous les morceaux, et se font chanter deux fois un opéra dans la même soirée. De plus, dans les entr'actes, ils jettent sur la scène des billets dans lesquels ils demandent différents morceaux à leur choix. Le dernier jour où on a joué la *Norma*, — comme on était encore tout ému des accents passionnés de mademoiselle Grisi, on a entendu des cris : « Le billet, le papier, ouvrez le papier, lisez le papier ! » Lablache s'est alors présenté en costume de druide, — a obéi à l'injonction du public, — et a dit qu'il était désolé de ne pas pouvoir se rendre au désir exprimé par le billet, mais que Tamburini était absent pour le *duo*, — et qu'il n'y avait pas de piano pour l'*air*. Or, le duo était un duo bouffe, celui du *Mariage Secret*, et l'air n'était autre que la *Tarentelle*, de Rossini, qu'on voulait faire chanter à Lablache en costume de druide, guirlande verte et manteau drapé.

Cela rappelle qu'en octobre 1830, Nourrit, sur l'ordre du parterre, chanta la *Parisienne* à la fin de *Moïse*, après le passage de la mer Rouge.

Les Égyptiens et les Israélites chantèrent le refrain en chœur.

— M. de Lafayette était dans la salle, et, à son couplet, on fit lever tout le monde.

🐜 Chaque fois qu'il meurt une célébrité, une foule de gens, qui n'ont jamais vu ladite célébrité, s'intitulent ses amis intimes, et, sous ce prétexte frivole, la pleurent et prononcent sur *sa tombe* de longs discours que les véritables amis sont forcés d'entendre, — ce qui serait pour eux un raisonnable sujet de deuil. — Heureusement que, lorsque l'improvisation s'embrouille, lorsque l'orateur commence à patauger dans les phrases, *son émotion l'empêche de continuer.*

M. Bouilli prononce beaucoup de discours sur les tombes. Comme dernièrement il s'abstenait, au sujet d'un ami mort qu'il ne se souvenait pas d'avoir connu et dont il n'avait absolument rien à dire, un croque-mort s'approcha de lui, et lui touchant la manche : « Monsieur Bouilli, lui dit-il, est-ce que nous n'aurons rien de vous aujourd'hui? »

🐜 Les dames bienfaisantes répètent activement leur opéra au théâtre de la Renaissance. — A chaque répétition la chose va plus mal.

On parle de joindre un ballet à l'opéra, c'est-à-dire des jupes courtes et une exhibition publique de jambes, et on sait tout ce

que les bienséances du langage appellent les jambes des danseuses. D'autres bruits qui circulent, et auxquels je n'ajoute pas
foi, feraient croire que la bienfaisance de ces dames ne s'arrêtera pas en si beau chemin.

21 MARS.

> LE PRINTEMPS. — Cette saison commence
> le 20 mars à 0 heure 50 minutes du soir,
> — le soleil entrant dans le bélier.
>
> (Mathieu LÆNSBERG.)

Et comme tout cela m'aurait été égal, si le printemps était
venu le 21 mars, comme il le devait.

Si une petite pluie douce, tiède et bénie, était venue sur la
terre répandre la vie et l'amour, faire épanouir dans l'herbe les
pâquerettes, — et fleurir dans l'âme les silencieuses rêveries et
tous ces bonheurs dont le plus pauvre poëte est si riche.—Alors
qu'on se sent heureux de vivre comme les fauvettes, qui chantent dans les bois, comme les abeilles qui bourdonnent dans les
abricotiers en fleurs, comme les petits papillons bleus qui jouent
dans la luzerne rose.

Mais le 21 mars est le jour de l'année où il est tombé le plus
de neige ; — quelques pruniers en fleurs ont mêlé tristement à
cette neige la neige de leurs pétales flétris.

> Réveillez-vous, petits génies,
> Petits gnomes, réveillez-vous ;
> Il est temps de rendre aux prairies
> Leurs belles robes reverdies
> Et leurs fleurs au parfum si doux.
>
>
> Paresseux ! les filles, penchées,
> Cherchent, depuis bientôt un mois,

Sous les vieilles feuilles séchées,
Les premières fleurs cachées
De la violette des bois.

A l'œuvre, cohortes pressées!
Venez déchirer les bourgeons
Où les feuilles embarrassées
Attendent, encore plissées,
Les premiers, les plus doux rayons

Fondez l'onde de la citerne
Où s'en vont boire les troupeaux;
Otez aux prés leur couleur terne,
Et faites croître la luzerne
Pour cacher les nids des oiseaux.

Allons, gnomes, qu'on se dépêche!
Préparez les parfums amers!
Préparez la couleur si fraîche
Des premières fleurs de la pêche,
Roses sur leurs rameaux verts.

Au printemps, chaque année, alors que la nature
Revêt tout de parfum, de joie et de verdure,
         Quand tout aime et fleurit,

Dans les fleurs des lilas et des ébéniers jaunes,
De mes doux souvenirs, cachés comme des faunes,
         La troupe joue et rit.

De chaque fleur qui s'ouvre et de chaque corolle
S'exhale incessamment quelque douce parole
         Que j'entends dans le cœur.

Alors qu'au mois de juin fleurit la rose blanche,
Savez-vous bien pourquoi sur elle je me penche
         Avec un air rêveur?

C'est qu'à ce mois de juin la rose me répète :
« Tenez, Jean, je n'ai point oublié votre fête, »
    Depuis plus de quinze ans.

Chaque fleur a son mot qu'elle dit à l'oreille,
Qui souvent fait pleurer et cependant réveille
    Des souvenirs charmants.

Vous savez celle-là qui se pend aux murailles,
Et, comme un réseau vert, entrelace ses mailles
De feuilles et de fleurs, — c'est le frais liseron.

C'est le volubilis aux clochettes sans nombre ; —
Le soir et le matin, — ses cloches, d'un bleu sombre,
    Chantent une chanson.

Une chanson d'amour bien naïve et bien tendre
Que je fis certain jour que j'étais à l'attendre
    Sous un arbre touffu.

Voici là-bas fleurir la jaune giroflée. —
Rien n'est si babillard que sa fleur étoilée
    Qui dit : « Te souviens-tu !

» Te souviens-tu des lieux où ta vie était douce,
De ce vieil escalier, — tout recouvert de mousse,
    Qui menait au jardin ?

Dans les fentes de pierre étaient des fleurs dorées —
D'un long vêtement blanc, en passant, effleurées
    Presque chaque matin.

. . . .
Et, dans un coin, s'il advient que je passe
Auprès de l'oranger en fleurs sur la terrasse,
    J'entends cet oranger

Qui dit : « Te souvient-il d'une belle soirée,
Tu te promenais seul, — et ton âme enivrée
    Évoquait l'avenir ;

Et tu me dis à moi : « De tes fleurs virginales
» Ouvre, bel oranger, les odorants pétales ;
    » Sois heureux de fleurir.

» Sois heureux de fleurir pour la femme que j'aime ;
» Tes fleurs se mêleront au charmant diadème
    » De ses longs cheveux bruns. »

« Eh bien ! — depuis quinze ans, je réserve pour elle,
Chaque saison, en vain, ma parure nouvelle,
    Et je perds mes parfums. »

Mai 1840.

Condamnés à la vertu. — M. de Remilly. — M. Molé. — M. Soult. —
M. Janin. — S. M. Louis-Philippe. — Le duc d'Orléans. — La carte à
payer. — Les nouvelles recrues. — Les chevaux du roi. — M. Hope. —
M. de Vigogne. — M. de Strada. — Napoléon, Louis XVIII, Charles X.
— Les chevaux d'Abd-el-Kader. — Pacha. — M. de Montalivet. — Le
duc d'Aumale. — M. Adolphe Barrot. — M. Gannal. — Les dames
bienfaisantes. — M. Panel. — M. de Flottow. — Combien coûte sa
musique aux Polonais. — M. de Castellane. — Les lions. — Règlement
de la salle de danse de madame veuve Deleau. — Question du pain. —
M. Bugeaud, protecteur de la viande française. — Petits cadeaux. —
Les circonstances atténuantes. — Le numéro 1266. — M. de Rovigo. —
M. de Saint-Pierre. — Me Dupin et le maréchal Clauzel. — Le soleil. —
Un perruquier. — Folie de vieille femme. — M. Thiers. — M. de
Rémusat. — M. Gisquet. — M. Pillet. — Mademoiselle R. — Les
femmes laides. — M. Cousin, disciple de Platon. — M. Villemain. —
Madame Collet, née Revoil. — M. Droz. — Un homme qui a froid. —
Chansons de table. — M. Guizot. — M. Véron. — Le roi et M. Thiers

dévoilés. — M. de Cormenin couronne des rosières. — Les initiales. — Longchamps. — M. de Feuillide. — M. Méville. — Babel. — M. Altaroche. — M. Desnoyers. — Sur la société des gens de lettres. — Un conseil de révision. — M. Listz. — Un monsieur très-méchant. — Histoire d'un peintre et de son tailleur. — Mémoires d'une jeune fille. — Les lovelaces du ministère. — Mesdames L....., E....., B....., etc. — Politique des femmes. — M. Thiers et Antinoüs. — M. de Balzac et Apollon. — Le fidèle Berger. — M. Vivien. — M. Pelet (de la Lozère). — L'Angleterre. — Commerce à main armée. — Le soufre et l'opium. — Embarras des journaux ministériels. — Les baisers de M. de Rambuteau. — M. Poisson. — Frayeur de l'auteur des *Guêpes*. — Une matinée chez madame W***. — Les vicomtes. — M. Sosthènes de la Rochefoucauld. — M. de Chateaubriand. — M. Ch. Delaunay. — M. d'Arlincourt. — Comment appeler les *auditeurs* quand ils n'écoutent pas ? — Dupré et M. Isabey. — Le chapeau à fresques. — Réjouissances à l'occasion du mariage du duc de Nemours. — Le char-à-bancs. — M. Fould. — M. Michel (de Bourges). — Madame de Plaisance. — M. Roussin n'ose pas s'accorder ses propres faveurs. — Un juré innocent. — Aux lecteurs des *Guêpes*. — M. Vivien. — M. Baude. — M. Villemain. — M. Hugo. — *Post-Scriptum.* — Amnistie.

AVRIL. — *Mercredi, premier avril.* — Lorsque le parti aujourd'hui au pouvoir était dans l'opposition, on se rappelle ses clameurs contre la corruption que le gouvernement exerçait sur les fonctionnaires publics. Les gens clairvoyants s'apercevaient bien qu'il y avait dans ces plaintes plus de jalousie que de vertueuse indignation ; — mais il était destiné au ministère Thiers de rendre la chose évidente à tout le monde.

Les amis du 15 avril et du 12 mai, c'est-à-dire de M. Molé et de M. Soult, dirent aux nouveaux arrivés : « Parbleu, messieurs, puisque vous voilà, vous allez, s'il vous plaît, nous édifier par la pratique de toutes les austérités que vous avez exigées de nous avec tant de bruit et de sévérité. »

Pour commencer, M. de Remilly déposa sur le bureau du président une proposition posant en principe et en loi qu'à l'avenir aucun fonctionnaire public ne pourrait obtenir d'avancement pendant le cours de son mandat législatif.

Je suis déterminé à ne pas prendre le gouvernement constitutionnel au sérieux, sans cela, je ferais remarquer ici, — que cette proposition est inutile. — Un député promu à de nouvelles fonctions est soumis à la réélection ; — c'est un hommage complet à la souveraineté des électeurs qui sont libres de lui retirer leur mandat. La proposition de M. de Remilly attaque cette souveraineté en exagérant les pouvoirs de la chambre basse. — Les députés doivent faire des lois et non des députés ; — mais cela m'est égal, — je trouve la plaisanterie excellente — de condamner ces pauvres honorables à l'exercice des vertus qu'ils ont préconisées, — et j'approuve fort en ce sens M. de Remilly.

Les incorruptibilités fatiguées — crient beaucoup.

En effet, que devient la politique constitutionnelle, dont un philosophe faisait cette définition : — *C'est l'art de faire payer à une nation la corruption de ses représentants.*

— Janin est allé un de ces jours passés aux Tuileries. — Le roi lui a dit : « Je ne vous vois pas souvent, mais je vous lis. » Le duc d'Orléans l'a ensuite pris par le bras et a causé avec lui.

— Janin, qui était venu en habit de ville, a dit au duc d'Orléans : « Ma foi, puisqu'on me reçoit si bien ici, je vais me faire faire un habit. »

— Le quart d'heure de Rabelais, que nous avions signalé, est tout à fait arrivé. — On a présenté au nouveau ministère la *carte à payer* des dévouements, vertus et incorruptibilités qu'il a consommés. — Le Gargantua, trouvant le total supérieur au contenu de sa bourse,—refait l'addition dans l'espoir d'y trouver une erreur, et gagne un peu de temps.

Généralement on dit aux impatients : — Ce que je vous ai promis, je vous le promets encore. — Mais le parti conservateur observe ; attendons que les vendanges aient rappelé les députés chez eux.

Les plus pressés et les plus embarrassants sont les journaux, — nouvelles recrues ministérielles : — le *Constitutionnel*, — le *Courrier Français*,—le *Siècle*, — le *Messager*,—le *Nouvelliste*.

Pour le *Moniteur parisien* et les revues qui faisaient partie du mobilier précédent, ils se sont eux-mêmes installés et traités en amis de la maison.

Les seuls journaux *libéraux* qui soient restés dans l'opposition sont — le *Commerce* et le *National*.

Le *Journal des Débats*, — qui a appartenu successivement à tous les ministères, — tient rigueur à M. Thiers qui prétend le braver.

On dit que le *Journal des Débats* est encouragé dans son incorruptibilité par une subvention qu'il reçoit directement de la liste civile, — mais je n'ai pas à ce sujet de renseignements assez précis pour pouvoir l'affirmer.

🐜 2. — Comme je revenais hier de chez Gatayes qui demeure aux Champs-Élysées, — je vis passer de très-beaux équipages et de superbes chevaux appartenant à M. Hope.

Des piqueurs au galop annoncèrent la voiture du roi, et je fus alors saisi d'une émotion pénible en voyant ses chevaux ; ils allaient un train médiocre, — sur les huit, deux seulement trottaient et les autres se livraient à un galop plus ou moins intempestif et irrégulier. Je me rappelai les beaux attelages de l'empereur Napoléon, — de Charles X — et de Louis XVIII, qui, mené avec la plus grande rapidité, disait à son cocher :

— Germain, tu me conduis comme un fiacre.

Quelque temps auparavant, j'avais rencontré la reine de France. Sa Majesté sort ordinairement en daumont, eh bien ! je ne lui ai jamais vu quatre chevaux bien ensemble.

Sous Charles X, M. de Vigogne allait tous les ans en Normandie remonter les écuries du roi. — On ne montrait pas un cheval avant que M. de Vigogne eût fait son choix. — Les chevaux achetés, on les plaçait à la réserve de Versailles, où on les *entraînait* et où on les gardait pendant un an avant de les admettre dans les écuries.

Aujourd'hui, M. de Strada, qui a la direction des écuries du roi Louis-Philippe, va acheter des chevaux en Allemagne, où il prend le reste des marchands, et ces chevaux, à peine arrivés sont mis à la voiture immédiatement.

Chez le roi, — un cocher est payé cent francs par mois, — c'est-à-dire vingt-cinq ou trente francs de moins que dans les bonnes maisons. — Quelques palefreniers n'ont que quarante-cinq francs. — J'en sais un qui a quitté la maison du roi pour entrer chez un marchand de chevaux.

Les meilleurs chevaux du roi proviennent de l'ancienne liste civile, et ceux qui existent encore sont très-vieux. Je ne compte pas les animaux envoyés par Abd-el-Kader, estimés un écu la pièce.

En 1830, le bey de Tunis envoya au duc d'Angoulême un cheval d'une grande beauté, appelé Pacha. — Ce cheval n'arriva à Paris que le 20 juillet 1830, et ne fut pas inscrit sur les contrôles des écuries. — Après la Révolution, M. de Guiche chargea Landormy père de le vendre pour le duc d'Angoulême. — Il fut acheté par le roi Louis-Philippe : s'il vit encore, c'est le seul beau cheval du roi. — Mais il n'a pas moins de dix-huit ou vingt ans.

Le roi Louis-Philippe, comme l'empereur Napoléon, ne monte que des chevaux connus en Normandie sous le nom de *bidets d'allure* et que l'on paye de mille à douze cents francs. — Mais l'empereur avait de magnifiques attelages.

Sous Charles X, — les chevaux de réforme se vendaient quinze cents francs. — Quand on vend les chevaux réformés des écuries de Louis-Philippe, jamais leur prix ne s'élève à cinq cents francs. On en vend soixante-dix, soixante francs, et quelquefois même quarante et trente francs. — De sorte que *la veille* de la réforme le roi se trouve avoir été mené par des chevaux d'une valeur de trente francs. — En 1834, — le marquis de Strada a acheté pour le roi, à la foire de Caen, un cheval qui avait été refusé en dépôt de remonte pour les dragons.

Il y a quelque temps, aux écuries du Roule, — M. de Montalivet remarqua un cheval taré dans les nouvelles acquisitions du marquis de Strada, — cheval dont un palefrenier disait à demi-voix : « En voilà un dont je ne donnerais pas un œuf dur. — Monsieur le comte, dit M. de Strada, — j'ai acheté ce cheval d'un pauvre paysan dont le sort m'a fait pitié. — Monsieur le marquis, répliqua M. de Montalivet, il fallait lui donner cinq cents francs de la part du roi et lui laisser son cheval. »

Les marchands de chevaux de Paris — ont fait présenter au roi, par le général Durosnel, une supplique contre M. de Strada, qui décourage les éleveurs de Normandie en n'achetant presque, pour les écuries royales, que des chevaux étrangers. — Elle paraît n'avoir pas été prise en considération ; car on n'a pas renvoyé l'*écuyer ordinaire* du roi à la barrière des Bons-Hommes, où il a été contrôleur entre deux fortunes.

La préfecture de police, très-sévère aujourd'hui à l'égard des voitures publiques, exige la réforme des chevaux dont l'âge, les forces ou l'apparence ne sont pas convenables. — Je ne sais comment les chevaux du roi soutiendraient un pareil contrôle.

Le duc d'Orléans a peu de chevaux, — trente ou quarante, — mais ils sont généralement assez beaux, et ses écuries sont parfaitement tenues.

Je ne compte pas parler aujourd'hui des haras, dont j'aurai un jour ou un autre d'assez curieuses choses à dire.—Je raconterai seulement qu'au mois d'octobre 1835 (je crois), comme on allait vendre au haras du Pin les chevaux de réforme, on apprit tout à coup que M. Thiers allait arriver. — On songea alors que les écuries ne contenaient pas le nombre de chevaux exigé par le règlement et par le budget, — et on fit rentrer deux des réformés, qui restèrent au haras. —L'un des deux était cornard, et l'autre n'avait jamais produit.

3. — Le duc d'Orléans et le duc d'Aumale sont partis pour l'Afrique. C'est la réalisation d'une promesse que le prince

avait faite à la fin d'un banquet, lors de son dernier voyage. — Une situation singulière est celle des princes de la famille royale en France ; quels que soient leurs goûts, leur tempérament, leur caractère, leurs penchants, il faut qu'ils soient militaires. Il y a un impôt pour le payement duquel tout citoyen un peu aisé se fait remplacer : — c'est l'impôt que la conscription lève tous les ans sur la population, c'est l'impôt du sang. — Les princes de la famille royale seuls le payent toujours *en nature*, et pendant toute la vie.

— M. Adolphe Barrot, consul général de France à Manille, est arrivé à son poste. M. Adolphe Barrot est le frère du chef des *incorruptibles*, et le septième ou huitième parent que la protection de M. Odilon Barrot a fait pourvoir d'un poste avantageux.

— On éprouvait généralement en France, depuis quelque temps, le besoin d'être empaillé. — La faveur d'être conservé après le trépas était exclusivement réservée aux autruches, — aux casoars, aux singes, aux canards, etc., etc. M. Gannal est arrivé, qui a mis l'embaumement à la portée de toutes les fortunes.

— Aussi, on raconte que, *dans un dîner*, comme on parlait de la modicité de ses prix, M*** s'écria devant son père : « Ma foi, je ferai embaumer papa ! »

Un enfant a été trouvé assassiné, de là déposé à la Morgue (remarquez que, depuis que les philanthropes ont supprimé les *tours* des hospices d'enfants trouvés — on dépose, il est vrai, moins d'enfants aux hospices, mais beaucoup plus au coin des bornes et dans les auges des pourceaux). Pour prolonger le plaisir que la population parisienne semblait éprouver à aller voir ce cadavre, on l'a fait embaumer par M. Gannal.

M. Gannal, dont les procédés sont fort ingénieux, à ce qu'on dit, — me paraît, en outre, fort habile à exploiter la publicité ; j'ai vu, dans les journaux, des lettres de lui très-curieuses dans lesquelles il prévenait les lecteurs contre les concurrents qui pourraient s'élever. — « On ira ailleurs, si l'on veut, dit-il ; on

s'adressera à quelque autre, mais qu'arrivera-t-il ? — On sera
très-mal empaillé, voilà tout. » — M. Gannal n'y tient pas. —
S'il vous avertit, c'est dans votre intérêt. — Voulez-vous être
très-mal empaillé ? — Allez ailleurs.

🐜 4. — Je ne vous parlerai que pour mémoire de la représentation des dames bienfaisantes, qui a eu lieu hier au théâtre
de la Renaissance. M. Panel avait une extinction de voix. Le
monsieur qui jouait le rôle de Saint-Mégrin s'est jeté à genoux
avec une telle violence, qu'il a fait craquer le plancher. — Les
chœurs ont été cahin-caha. — La musique de M. Flottow est
pâle, incolore et ennuyeuse. — Il l'a vendue 2,000 francs aux
Polonais ; — charité bien ordonnée commence et finit par soi-
même. — On a tant parlé de cette représentation, qu'il serait
ennuyeux d'en faire un long récit. Je dirai seulement que je ne
comprends pas qu'un mari permette à sa femme de se placer dans
une position où il ne pourrait pas demander raison d'une insulte
qu'on lui ferait.

— Après la représentation, cent cinquante personnes ont
demandé sans façon à souper à M. de Castellane. — On s'est
rendu à l'hôtel, quelques-uns en voiture, les autres à pied, —
en costume de Henri III. — Les maris ont été exclus du souper
comme des coulisses, — où, assure-t-on, il se serait passé des
choses bizarres.

— Le ministère continue à faire des actions vertueuses. On a
dernièrement imaginé d'envoyer une ambassade en Perse, uniquement pour y attacher divers *lions* qui encombraient les coulisses du théâtre de l'Opéra, et entravaient le répertoire par leur
influence sur les premiers, seconds et troisièmes *sujets* de la
danse et du chant. On n'avait pensé à se débarrasser que des
grands *lions*, sans s'inquiéter des petits lions, des lions à la suite
et des sous-lions ; — mais ceux-ci, dans l'absence de leurs chefs
d'emploi, se sont mis à rugir comme eux. Alors, une ordonnance
du préfet de police est venue défendre « aux directeurs de spec-

tacles d'admettre aucune personne étrangère au service du théâtre sur la scène et dans les coulisses.—L'Opéra est compris dans cette mesure, qui ne fait exception que pour les auteurs, compositeurs et maîtres de ballets des ouvrages composant la représentation du jour. »

Comme il n'est pas toujours facile de remplir ces conditions pour les pauvres lions, quelques-uns se sont engagés comme machinistes, lampistes, etc., etc. Il est bon de dire que ces lions sont au nombre de quatre ou cinq, que plusieurs n'ont ni dents, ni crinière, et que M. Valentin de la Pelouze en fait partie.

— Les départements suivent déjà l'exemple des vertus dont le nouveau ministère émerveille Paris. — Voici un extrait d'une affiche que l'on m'envoie de Rouen : —

RÈGLEMENT DE LA SALLE DE DANSE DE MADAME VEUVE DELEAU, A SAINT-ÉTIENNE DU ROUVRAY.

« Il est expressément défendu de chanter ni de fumer dans cette salle, et le silence doit régner pendant les quadrilles, pour l'agrément du danseur. »

« Tous propos grossiers et outrageants envers quelqu'un sont interdits,—ainsi que les danses indécentes que repoussent la bienséance et l'honneur. »

« Tous costumes malpropres, cannes et bâtons, sont défendus. »

5. — Dans plusieurs départements, des troubles et des émeutes amènent de graves désordres et de tristes accidents, au sujet du transport des grains. — Le pain est très-cher. — Il n'a pas été dit un mot de cela à la Chambre des députés.—Des hommes, qui se sont occupés des céréales, prétendent qu'il dépendrait d'une administration sage et éclairée de faire baisser le prix des grains, et de calmer les inquiétudes du peuple. — J'ai rencontré hier sur le boulevard M. de Balzac, qui m'a dit avoir

à ce sujet des notions fort complètes ; je lui ai donné le titre
d'une brochure qui serait très-intéressante, — et que probablement il fait en ce moment : « *Question du pain.* »

— Grâce aux fictions du gouvernement constitutionnel et de
la représentation nationale,— les intérêts des gros propriétaires
sont soutenus avec véhémence à la Chambre des députés contre
les intérêts des classes pauvres — (si, pour remédier à cet inconvénient, vous abaissez ou supprimez le cens, vous tombez
dans l'inconvénient de la corruption, à laquelle vous donnez de
grandes et nombreuses facilités). L'entrée libre des grains et
des bestiaux étrangers diminuerait de la moitié le prix du pain
et de la viande en France ;—mais les gros propriétaires ne veulent même pas qu'on en parle. M. Bugeaud s'est constitué le
représentant de la viande privilégiée, —se disant nationale, et il
a fait, à la Chambre, un discours dans lequel il déclare qu'il
craindrait moins une invasion de Cosaques qu'une invasion de
bœufs étrangers. — M. Bugeaud, agronome distingué et gros
propriétaire, est loin d'être désintéressé dans la question. Les
amis des peuples n'ont pas pris la peine d'étudier la question
pour répondre à M. Bugeaud.

— La guerre d'Afrique paraît devoir glisser dans nos mœurs
quelques habitudes nouvelles : un cheïk arabe, notre allié, attaqué par Abd-el-Kader, lui a tué cinq cents hommes, dont il a
envoyé les oreilles au général Galbois, qui les a reçues avec
plaisir. On ne sait pas si ces cinq cents paires d'oreilles vont être
envoyées en France.

6. — Le jury continue à faire un excellent usage des
circonstances atténuantes. Jouvin, aidé de Driot, a tué sa femme
et l'a *enterrée* dans une mare. MM. les jurés les ont déclarés
coupables avec des *circonstances atténuantes*. Un tribunal ju-
geant sans jurés a montré plus d'intelligence dans l'application.
Madame Bochat, femme de quarante-cinq ans, est accusée par son
mari d'adultère commis avec un jeune homme nommé Bouvet ;

le tribunal s'est ému en faveur du jeune Bouvet, qui, selon lui, n'avait pas dû trouver un grand plaisir dans le crime, et il ne l'a condamné qu'à un mois de prison, attendu les *circonstances atténuantes*.

— Je reçois une lettre de reproches fort vifs de la personne dont le portrait figure aux galeries du Louvre, sous le n° 1266. — Ce n° 1266 est très-irrité contre moi de ce que j'ai appris au public que ledit n° 1266 a le visage d'un jaune jonquille très-prononcé. — Il me semble que la moitié de ce reproche revient au peintre, et l'autre moitié au n° 1266 lui-même, qui a permis, et peut-être demandé qu'on l'exposât.

7. — MM. de Rovigo, de Saint-Pierre, Bazancourt et deux ou trois autres, viennent d'être condamnés à plusieurs mois de prison pour avoir figuré dans un duel, les premiers comme acteurs, les autres comme témoins. On se rappelle peut-être que l'avocat Dupin, il y a deux ou trois ans, se permit, à la Chambre des députés, une sortie assez violente contre le maréchal Clauzel. Le maréchal fit demander à l'avocat une rétractation ou une réparation. — L'avocat était si déterminé… à ne pas se battre, que l'affaire s'arrangea ; — mais il prit, de ce jour, une ferme résolution — de mettre le courage qu'il n'avait pas sous la surveillance de la police, de faire de l'insolence la seule majesté inviolable, et de la couardise une vertu.

A la première occasion, il fit un long réquisitoire dans lequel, en torturant le sens de plusieurs lois tombées en désuétude, il mettait la mort donnée en duel, c'est-à-dire à son corps défendant, au rang de l'assassinat. Cette théorie fut adoptée avec enthousiasme par tous ses noirs confrères, heureux de se faire un devoir de ne pas avoir à rendre ou à demander raison des soufflets qu'ils méritent ou qu'ils reçoivent.

Voici les résultats probables des poursuites que l'on exerce contre les combattants et contre leurs témoins.

Si les Français ont passé si longtemps pour le peuple le plus poli du monde, c'est parce qu'ils portaient l'épée et la sortaient facilement du fourreau.

C'est la faute de la loi, si elle n'est pas assez forte pour qu'on ait recours à elle dans certaines circonstances.

Avant de punir les duellistes, faites qu'on ne soit pas déshonoré en France pour ne s'être pas battu.

Osez affirmer que le magistrat qui prononce la peine contre le duelliste ne l'estime pas un peu plus que si le même homme était venu lui demander la protection de la loi pour venger sa sœur, sa femme ou sa mère outragée.

Les lois faites à l'encontre des mœurs ne servent qu'à faire des crimes et des criminels.

Les gens qui doivent et qui veulent se battre se battront malgré la loi. — Seulement, comme les témoins sont poursuivis aussi rigoureusement que les adversaires, — ils ne trouveront pas de témoins, — beaucoup de duels deviendront des assassinats.

8. — Oh ! le soleil — le beau soleil
Qui fait dans le jardin tout riant et vermeil !

Le rouge est la couleur des roses,
Quand, au matin, jeunes écloses,
Elles rompent leur bouton vert.

Le vert est la couleur de l'épaisse feuillée,
Où la fauvette et sa famille ailée
Mettent leur retraite à couvert.

L'azur est la couleur du ciel pur de l'automne,
Ou des bluets que pour mettre en couronne
Les enfants vont chercher dans les jaunes guérets.

Mais, quand sur toute la nature,
Sur le sol, sur les eaux, sur la molle verdure,
Le beau soleil étend ses magiques reflets,

La couleur du soleil, c'est celle de la vie
Que l'hiver a semblé, six mois, nous dérober ;
C'est un regard d'amour que Dieu laisse tomber ;
C'est un signe qui dit que la terre est bénie.

Oh ! le soleil, le beau soleil
Qui fait dans le jardin tout riant et vermeil !
Tout aime, — tout fleurit ; les rossignols se perchent
Sur les lilas en fleurs — et chantent dans la nuit ;
Les insectes se cherchent
Sous l'herbe qui grandit.

Aux fleurs des cerisiers l'abeille d'or bourdonne ;
Les papillons d'azur voltigent par le pré ;
Le pigeon amoureux baise de sa pigeonne
Le beau col diapré.

Et pourtant, au milieu de cette douce joie,
Qui remplit l'univers,
Je rêve tristement, et je me sens en proie
A des pensers amers.

Comme en ces vieux donjons où la grande herbe pousse
Sur les corps des barons et des preux endormis,
Il semble qu'en mon cœur, tombeau couvert de mousse,
Où j'avais renfermé tant de si chers débris,
Maison longtemps déserte — il revient des esprits.

9. — J'ai lu ce matin dans un journal : — « Un perruquier sans ouvrage s'est jeté à l'eau. — Voilà où conduit le
manque de religion. » — Et le manque d'ouvrage, aurait pu
ajouter l'écrivain.

10. — Madame *** a quelque soixante ans et se marie avec un jeune homme. — Un homme de sa famille, très-puissant à la Banque, est allé la voir et lui a fait de longs discours pour la détourner de son projet.

— Eh bien ! a dit madame ***, il n'est plus temps, — il faut tout vous dire :... je me suis donnée... cet été, — aux eaux.

— Et lui aux os, — pensa le parent officieux.

Une femme, à laquelle on racontait cette démarche infructueuse, dit :

— Oh ! le mariage n'est pas encore fait, — il y a un père qui ne donnera pas son consentement.

— Quel père ?

— Le Père-Lachaise.

11. — Le ministère achète, dit-on, la propriété du *Messager*, journal du soir, — qui appartenait à M. Walewski, auteur de l'*École du monde*, homme d'esprit et de vie confortable, qui avait dans un journal, qui n'a jamais rapporté d'argent depuis sa création, une maîtresse trop chère pour sa fortune.

C'est sans doute en reconnaissance du dévouement récent de cette feuille que le ministère fait cette mauvaise affaire. — On ajoute qu'elle a été imposée à M. de Rémusat par M. Thiers.— M. de Rémusat trouve le marché si mauvais, qu'il ne se détermine au payement qu'à la charge de le faire notifier par la commission du budget.

C'est la suite des choses vertueuses du ministère ; le *Messager*, s'armant d'un rigorisme prodigieux, a immolé, l'année dernière, M. Gisquet, l'ancien préfet de police, à la vertu et à l'incorruptibilité.

M. Thiers a voulu, dans cette circonstance, oublier sa complicité politique avec M. Gisquet, pour récompenser son dénonciateur.

— Le *Nouvelliste* va être fondu dans le *Moniteur parisien*,— qui donnera une indemnité à M. Pillet, comme il en a déjà donné une au propriétaire de la *Charte de* 1830.

Comme M. Pillet ne serait pas ainsi suffisamment récompensé de sa bienveillance pour le ministère, il est question de lui donner le privilége de l'Opéra pour le moment de son expiration; c'est-à-dire dans trois ans. Si cette tentative réussissait, rien n'empêcherait M. Thiers de disposer de toutes les places et de toutes les positions dès aujourd'hui, pour jusqu'à la fin de la monarchie coustitutionnelle. ,

12. — On parlait de la mort de M. de P., qui s'est brûlé la cervelle par amour pour une femme très-laide. — Une jolie femme dit à ce sujet : « Décidément je suis jalouse des laides, il n'y a qu'elles qui inspirent de telles passions. — Sans doute, répondit-on, leurs amants sont toujours si malheureux, — même d'être heureux. »

13. — Le philosophe Cousin sacrifie quelquefois aux grâces, selon le précepte de son maître. — Avant d'arriver au ministère, il avait exigé de M. Villemain une pension pour madame Colet, née Revoil, — qui a remporté dernièrement le prix de poésie à l'Académie française, et qui a eu tant de chagrin de ce qu'on ne lui a pas permis de lire elle-même ses vers.

Comme M. Villemain faisait des objections, le philosophe Cousin s'écria : « Elle est si belle! »

Arrivé au ministère, il a augmenté la pension.

Pendant ce temps, M. Villemain, moins sensible aux charmes d'une beauté, — que, soit dit en passant, je ne reconnais pas, — donnait des preuves de la gratitude de son estomac; il accordait une pension à M. Droz, chez lequel il a l'habitude de faire de très-beaux et de très-bons dîners.

— Je ne puis trouver le courage de refuser un peu d'argent aux divers mendiants qui se présentent chez moi. — Je reçois une lettre d'un de ces messieurs, dans laquelle il me semble se moquer de moi au point de n'avoir pas changé dans sa circulaire, faite probablement l'hiver dernier, une phrase qui s'accorde peu avec les vingt degrés de chaleur qu'il fait aujourd'hui.

— Voici la lettre :

« Monsieur, daigné permêtre au soussigné, qui, par cause de maladie, se trouve sans occupation, — ayant tout sacrifié, sans vêtemens ni linge sur le corps, — mourant de *frois* et de faim, attains présentement de fièvres, ne sachant vous sabrité cette nuit.

» Que l'humanité, frêres de la vertu, pèr de la sagesse, puisse touché votres cœur bont et humain en faveur d'un pauvre malheureux honteux emproie à la plus afreuse misères, nayant pour partage que la morts, si il est abandonné par les personnes d'esprit ; qui peuve si il veut le secourir.

» Hélas ! qu'il est doux à un cœur bien né de secourir le vrai malheureux, en fesant une bonne action on posède la vrai paix du cœur et la jouissance pure de l'âme.

» En grâce que votres main bien fesante ne me repousse pas dans la tante de vos bienfait.

» Qu'une couronne de gloire soit le prix de la récompance bien mérité de votres humanité.

					» Votre très soumit serviteur. »

14. — Comme le ministère n'a encore rien pu faire pour le *Constitutionnel*, il a voulu donner, du moins, une nouvelle sanction à ses promesses, il l'a fait manger plusieurs fois à sa table.

On parle d'un ravissant dîner, à la présidence du conseil, auquel ont assisté tous les propriétaires et une partie des rédacteurs de ladite feuille. — Sur la fin du dîner, un des propriétaires a chanté une chanson un peu gaillarde ; — madame Dosne était au supplice. On a renouvelé toutes les promesses déjà faites, en ajournant l'exécution jusqu'après la session. Provisoirement on donnera au *Constitutionnel* beaucoup d'articles gratis, — tels que statistique, tableaux, etc., etc. ; toutes choses que

les journaux aiment à vendre quatre-vingts francs et à recevoir
pour rien. La candidature de M. Véron sera chaudement appuyée ; — on le présentera dans un pays moins arriéré et plus
intelligent des principes constitutionnels que la Bretagne, où on
n'a pu se figurer qu'un ex-directeur de l'Opéra, quelque habile
et spirituel qu'il se soit montré dans sa gestion, puisse être un
homme sérieux. — Quelques personnes du pays avaient conçu
de M. Véron les idées les plus singulières ; elles semblaient
s'attendre à le voir arriver en pantalon de tricot couleur de
chair ; — et un électeur, en l'entendant annoncer, fit retirer ses
deux filles qui brodaient dans le salon.

— Dans la traite des députés que fait M. Thiers, il se sert,
tant qu'il peut, de M. Guizot — pour ramener les plus rebelles ;
— mais M. Guizot a perdu toute sa valeur, depuis qu'il s'est
fait l'instrument subalterne de M. Thiers et qu'il reçoit des
ordres de lui.

— Les journaux de la gauche sont fort embarrassés ; ils ne
veulent pas perdre le fruit de leur dévouement, et cependant ils
s'inquiètent des concessions que M. Thiers est obligé de faire
aux conservateurs, concessions qui leur rendent chaque jour plus
difficile de soutenir un ministère qui se met dans une situation
déjà bien peu conforme aux principes rigoureux qu'ils ont mis si
longtemps en avant.

Leur situation est telle, que beaucoup de personnes commencent à croire que M. Thiers, d'accord avec le roi, n'est entré aux
affaires que pour faire faire au parti vertueux tant de fausses démarches et d'inconséquences, qu'il reste à jamais perdu dans
l'opinion publique et n'ose lever la tête.

J'avouerai que je suis presque de l'avis de ces personnes, et
que, si ce n'est l'intention, c'est du moins le résultat.

Il y a peu de choses qui aient été combinées d'avance, ce
n'est qu'après l'événement qu'on se donne l'honneur de la
prévision, — et les historiens ont pour état de constater et

d'expliquer la préméditation des tuiles qui tombent par hasard.

🐜 15. — Il ne manquait plus au parti vertueux que de couronner des rosières, — M. le vicomte de Cormenin s'est chargé de ce soin. Il consacre le produit de la souscription faite pour lui offrir une médaille, — à la *dotation* de cinq villageoises. — La somme est divisée, — comme celle demandée pour le duc de Nemours, en dot, douaire et épingles. — C'est une taquinerie un peu enfantine.

🐜 16. — Une comtesse italienne, fort connue dans le monde par ses capricieuses fantaisies, — a adopté une jeune fille et l'a fait élever avec la plus grande distinction, — non sans lui faire payer quelquefois ses bienfaits par des bizarreries capables de les lui faire regretter et maudire. Dernièrement la jeune personne accomplit sa dix-huitième année. — Madame... la fit venir et lui dit :

— Anna, tu vas te marier ; — ton trousseau est prêt.

— Mais, répondit la jeune fille, — je voudrais, etc., etc.; tout ce que répondent les filles en pareil cas.

— Ton mari est M. M...

Le futur était vieux et laid. — On le refusa par les larmes et par les supplications.

— Ma chère bienfaitrice, je vous en prie.

— Comment ! mademoiselle, vous refusez l'homme que j'ai choisi pour vous ?

— Mais, madame, c'est que vous avez choisi le seul peut-être que je refuse de recevoir de vous.

— On ne peut cependant pas démarquer le trousseau.

La comtesse sonne.

— Faites venir Michel.

Michel est le palefrenier. — Il arrive.

— Mademoiselle, puisque M. M... vous est si odieux, et que c'est le seul mari que vous ayez le courage de refuser de ma main, — vous allez épouser Michel. — Michel serait votre égal sans mes bienfaits; — il dépend de moi de ne pas admettre une distinction que j'ai créée.

Anna pleure, sanglote, se jette à genoux. Heureusement Michel, qui n'avait pas prévu la chose, s'était marié six ans auparavant : on le renvoie à l'écurie.

— Aimez-vous donc quelqu'un, mademoiselle ?

Pas de réponse.

— J'en suis fâchée, si cela est, car vous épouserez M. M...

— Ah ! Charles, Charles ! s'écria Anna.

— Et comment s'appelle ce Charles ?

— C'est un jeune homme de bonne famille.

— Ce n'est pas ce que je vous demande, c'est son nom.

— De M...

— Son nom commence par un M ? Il fallait le dire ; alors c'est tout simple ; — on n'a pas besoin de démarquer le trousseau : — c'était ce qui m'avait fait penser à Michel. Vous épouserez M. Charles de M...

17. — Par un hasard singulier, il a fait beau pour la promenade de Longchamps ; ce hasard n'était pas arrivé depuis plusieurs années, et je me souviens que l'année dernière j'écrivais à un de mes amis : « Les solennités du couvent de Longchamps ont été d'abord le but, puis le prétexte de cette promenade mondaine. — Aujourd'hui qu'on ne fait même pas semblant d'aller à Longchamps ; qu'on se promène pour se promener, il me semble qu'on ne devrait plus s'imposer ce plaisir, qui consiste à promener des nez rouges, des oreilles bleues, des mains violettes, des traits tirés et flétris par le froid.

« Ne pourrait-on attendre un peu et commuer cette promenade en quelque autre dans une saison moins rigoureuse ? »

Mais cette année il y avait grande affluence de promeneurs et de riches équipages ; — des gendarmes à pied et à cheval, — et dans les contre-allées des marchands de pain d'épices ; — sous des tentes, des femmes plus ou moins sauvages avec ou sans barbe, — des crocodiles non moins féroces qu'empaillés, — des mésanges savantes, — des femmes fortes auxquelles on était invité à marcher sur la gorge, — des messieurs se lavant les mains avec du plomb fondu, et se rinçant la bouche avec du cuivre en fusion, etc., etc.

18. — La politique est ce mois-ci fort aride. — Il ne s'agit que des exigences des journaux par la protection desquels M. Thiers est arrivé, et de ses efforts pour réaliser ou ne pas réaliser ses promesses. Le *Journal de Paris* n'existe guère plus. — M. de Feuillide est parti pour le nouveau monde; M. Méville reste dans l'ancien pour faire fructifier le plus possible l'argent qui lui reste. — Pour le journal, il n'est pas à vendre, il est à donner. Son triste sort sert d'exemple à ceux qui comme lui ont osé résister au petit autocrate de la rue Saint-Georges.

Discite justitiam moniti et non temnere Divos.

19. — Voici un nouveau volume de *Babel,* publication de la société des gens de lettres.

Pendant que j'y suis, — je dirai deux mots sur la société des gens de lettres, — association ayant pour but d'imposer d'un droit toute reproduction d'un ouvrage ou d'une partie d'ouvrage, au bénéfice de l'auteur. On ne peut nier qu'il ne soit juste, incontestablement légitime, de faire entrer l'auteur d'un ouvrage littéraire dans le partage des bénéfices qui proviennent de son ouvrage.

Mais il y a quelque chose de triste et de mesquin à voir une assemblée de poëtes se jeter volontairement dans les discussions commerciales les plus minutieuses, apprécier eux-mêmes chacune de leurs pensées, chacun de leurs vers en argent, — n'en pas perdre un seul de vue dans leur vol capricieux, sur l'aile des vents ou sur celle de la renommée, et, chaque fois que quelque part il sera prononcé un vers ou lu une ligne, arriver avec leur quittance, et au besoin se faire assister d'un huissier.

Ce n'est plus le temps où Colletet, crotté jusqu'à l'échine, allait de cuisine en cuisine chercher un dîner qu'il payait en bassesses et en humiliations ; le temps où l'académicien Durier faisait des vers à quatre francs le cent. Plus d'un poëte aujourd'hui rêve sous des arbres dont l'ombre et la fraîcheur sont à lui. — Nous avons des hommes de lettres qui sont ministres, et d'autres qui empêchent les ministres de dormir, et les renversent de temps à autre.

La mansarde du poëte renferme en certains lieux pour trente mille francs de tableaux, et il n'est plus de bon goût de médire des lambris dorés. Il y a des hommes de lettres qui sont logés comme des princes, si toutefois il est encore des princes qui soient logés comme certains hommes de lettres.

Nous savons que le pouvoir ne comprend pas assez la presse ; qu'il n'ose ni l'attaquer de front ni s'allier franchement à elle ; nous savons que les gens de lettres sont en dehors de toutes les lois protectrices, sans être en dehors des lois oppressives ; qu'ils sont soumis aux charges sociales et qu'ils n'ont pas leur part dans les bénéfices. Mais qu'est-il arrivé de là ? c'est qu'on a forcé les poëtes à faire une bonne fois sur la terre et en ligne droite le chemin capricieux qu'ils faisaient au degré de leur fantaisie dans les espaces imaginaires, et qu'ils se sont trouvés dépasser les autres hommes ; qu'ils se sont rués dans la société comme en pays conquis, portant avec eux le désordre et la dévastation. C'est donc aujourd'hui à la société à leur faire leur part dans des intérêts qu'ils sauront défendre quand ils seront leurs, comme ils les ont renversés en ces temps-ci. Il n'est aucune carrière qui soit fermée à l'homme de lettres, aucun but qu'il ne puisse atteindre. La littérature est dans toute la force de l'âge et de la puissance, et il est triste de la voir déjà, comme une vieille femme décrépite, penser mesquinement à de petits intérêts, — entasser des liards, faire des épargnes d'esprit, — ramasser les miettes des festins qu'elle donne, et prétendre en remplir encore cinq paniers.

O poëtes, mes amis, poëtes que nous aimons ! après avoir montré que vous pouviez aussi être riches, — quand il vous arriverait par hasard de vous soucier des richesses, il est temps que quelques-uns déploient leurs ailes depuis longtemps fermées. Vous devez, ô poëtes, semblables à cette jeune fille des contes de fée, — laisser tomber les pierreries qui s'échappent de votre bouche, — vous devez, comme Buckingham, ne pas ramasser les aiguillettes de perles qui se défilent, s'égrènent et tombent sur le parquet.

Ne nous donnez pas, ô poëtes, — le déplorable spectacle du rossignol qui interromprait son chant, dans les nuits tièdes, pour faire payer les auditeurs et diviser en stalles numérotées les bancs de gazon et les ombrages attentifs.

Voici le printemps, les cerisiers se couvrent d'une neige odorante, les lilas secouent au vent les parfums de leurs thyrses embaumés, les fleurs ne prennent pas la peine de mettre elles-mêmes leurs parfums en petites fioles, et de les vendre étiquetées et parafées.

Il est beau pour le poëte de donner à tous un grand festin d'harmonie, une fête de pensées. Il est beau à l'écrivain de ne pas se montrer préoccupé de tirer tout le *parti possible* de son œuvre d'hier, parce que sa pensée et son amour sont à l'œuvre de demain ; parce qu'il ne faut pas être si humble que de ne pas se permettre d'être un peu prodigue, et de se refuser le plaisir de se laisser un peu voler ; parce qu'il faut laisser croire que l'on a *trop d'esprit* et ne pas compter ses mots et ses phrases, et les mettre dans un coffre par sacs de mille et de cinq cents, et chaque jour les recompter et les enfermer sous une triple serrure. ·

20. — Un homme aux épaules larges et carrées s'est présenté hier devant le conseil de révision de la garde nationale.

— Vous demandez, lui dit le président, à être exempté du service de la garde nationale !

— Oui, monsieur.

— Quels sont vos motifs d'exemption ?

— Monsieur, je suis atteint de la plus grave infirmité.

— Passez dans ce cabinet.

— Mais...

— Passez dans ce cabinet.

Notre homme entre dans une petite pièce voisine, où on le fait se déshabiller des pieds à la tête. Il reparaît bientôt devant le conseil vêtu comme notre premier père.

— Voulez-vous maintenant nous dire quelle est votre infirmité ?

— J'ai la vue basse.

— Hier dimanche, le concert de M. Listz a été remarquable d'abord en ceci, qu'on n'était admis que sur invitation et nullement en payant. — C'est une noble idée qu'un roi n'aurait pas ; il n'y a que les artistes et les pauvres pour de telles magnificences.

M. Listz a, comme de coutume, donné le spectacle d'un beau talent qui se perd souvent dans l'exagération. — C'est, du reste, un moyen d'influence sur certaines femmes, qui abusent de ce bruit pour en faire un peu de leur côté, — et il y en avait qui se tordaient. — Une princesse, fidèle aux pianistes en général, n'a pas voulu s'asseoir, par enthousiasme ; elle s'est tenue tout le temps debout, appuyée contre une colonne ; — une comtesse pleurait et criait : — ces dames sont des étrangères qui pensent, sans doute, que c'est ainsi qu'on a l'air de se connaître en musique.

— Un monsieur m'a apporté, un jour, des pensées à mettre dans les *Guêpes*. — L'abondance des matières, — comme disent les journaux, m'a empêché jusqu'ici d'obtempérer à ses désirs.

— Mais il m'écrit des injures et des menaces. — Pour ne pas me faire une mauvaise affaire avec ce monsieur, qui me paraît fort méchant, — je vais transcrire ici la première pensée du recueil, — et, comme j'ai perdu son adresse, — je le préviens que je suis prêt à lui restituer les autres.

Voici la pensée :

« La vérité est un flambeau de lumière qui n'éclaire que ceux qui marchent à sa lueur. »

— On citait hier une femme de la société qui, pour se conformer au préjugé populaire qui veut qu'on ait quelque chose de neuf le jour de Pâques, n'a rien trouvé de mieux que de prendre un nouvel amant.

21. — Alfred M... est un peintre sans réputation et sans talent, qui se console parfois au cabaret des rigueurs de la fortune. Hier, on frappe chez lui de bonne heure, il ouvre et voit entrer son tailleur.

— Ah ! c'est vous, monsieur Muller.

— Oui, monsieur, et voilà plus de dix fois que je viens ; c'est bien désagréable.

— Vous venez peut-être me demander de l'argent ?

— Certainement, monsieur, pourquoi viendrais-je, sans cela ?

— Je pensais que c'était pour me prendre mesure d'une redingote dont j'ai furieusement besoin.

— J'en suis désolé, monsieur ; mais je ne vous ferai rien que vous n'ayez payé l'*ancien*.

— Oh ! mon Dieu ! ce n'est pas que j'y tienne ; voilà le beau temps, et je serai bien mieux en manches de chemise chez moi, et dehors avec ma blouse.

— Comment, monsieur, vous ne me donnez pas encore d'argent cette fois-ci !

Le tailleur se fâche un peu ; Alfred M... l'apaise de son mieux par une promesse vague. — Le tailleur descend ; Alfred M... le suit et le fait entrer dans un café établi dans la maison qu'il habite. — Alfred *paye* un petit verre de rhum. — Le tailleur commande une *tournée* d'anisette et dit :

— Bah ! tout cela ne vaut pas un petit vin blanc à quinze que je connais, à la barrière des Martyrs.

— C'est presque mon chemin.

— Venez avec moi jusque-là.

Alfred sort avec M. Muller. Arrivés à la barrière des Martyrs, le tailleur fait servir une bouteille de vin. — Alfred se croit obligé de faire comme M. Muller avait fait au café ; il en demande une seconde.

— Savez-vous, dit M. Muller, que je commence à avoir faim ?

— Eh bien ! demandons un morceau à manger.

— Pas ici, on n'est pas bien ; montons sur la butte, je sais un endroit.

Alfred M... et M. Muller gravissent ensemble la colline. — On s'arrête à mi-côte pour se rafraîchir. — On arrive à l'endroit que connaît le tailleur. — On prend du petit salé aux choux et on boit. — On prend une salade avec des œufs durs et on boit. — Vers la quatrième bouteille, le tailleur ouvre son âme à Alfred et lui raconte les chagrins que lui cause une femme acariâtre. — A la cinquième, Alfred sent le besoin d'épancher la sienne, — et lui parle de l'intrigue et de la cabale qui l'empêchent d'*arriver*.

— Il cite tel et tel qui ont été à l'atelier de Gros avec lui, et qui ont réussi parce qu'ils ont fait des bassesses auprès de M. Coyeux.

— Il prend du charbon, dessine un bonhomme sur le mur et s'écrie : « Voyez-vous tous ces beaux messieurs-là, il n'y en a pas un fichu pour camper une figure comme ça. Eh bien ! ils ont de beaux habits et de riches appartements, et moi, je mourrai dans mon grenier. »

Le tailleur s'attendrit et lui dit : « Quand je viens vous demander de l'argent, ce n'est pas que je veuille vous tourmenter ; — vous m'en donnerez quand vous en aurez. »

Ils sortent du cabaret, après avoir bu de l'eau-de-vie pour faciliter la digestion, et se promènent.

— Écoutez, dit le tailleur, je sais qu'il faut qu'un jeune homme soit bien mis; — je veux vous faire une redingote et un pantalon.

— Mais je ne sais quand je vous payerai.

— Vous ferez le portrait de ma femme et le portrait de son petit.

Et, comme on marchait toujours, le tailleur finit par lui prendre mesure d'un pantalon et d'une redingote dans les carrières.

Il commençait à faire chaud, ils retournent au cabaret et se font servir trois bouteilles de vin. — Mais, après avoir bu chacun une bouteille, ils s'aperçoivent avec douleur qu'ils ne peuvent contenir la dernière; — ils appellent le marchand de vins.

— Tenez, dit Alfred, c'est dimanche aujourd'hui, — vous donnerez cette bouteille de vin au premier homme — ayant soif, — sans argent, que vous verrez.

— C'est une bonne idée, dit le tailleur, et une bonne action; il fera furieusement soif tantôt.

Le tailleur reprend son foulard sous son bras, et les deux amis se séparent à la barrière des Martyrs.

En entrant chez lui, Alfred M... s'aperçoit qu'il est un peu ému, — il ne peut pendant longtemps trouver sa serrure, — puis ensuite il cherche à ouvrir sa porte du côté des gonds. — Enfin, il entre et se jette sur son lit; — mais il lui semble que les chaises dansent, — et que la figure commencée de son *grand tableau* joue du violon. — Il s'endort un moment et se réveille le gosier en feu. « Parbleu, dit-il, je doute qu'il y ait aujourd'hui aucun homme qui ait aussi soif que moi et qui ait moins d'argent. — La bouteille que nous avons laissée chez le marchand de vins me revient de droit. » — Il redescend son escalier et remonte à Montmartre; il faisait le soleil que vous savez. — Il gravit péniblement et arrive en sueur. — Il entre chez le marchand de vins pour demander la bouteille, et trouve le tailleur qui la buvait assis dans un coin.

🐝 22. — Une femme vient de faire paraître un livre intitulé : *Mémoires d'une jeune fille.* Il serait vrai et spirituel que ce fût un cahier de papier blanc.

— On lit dans Mézerai que Catherine de Médicis s'entourait de filles d'honneur d'une grande beauté, au moyen desquelles elle détachait du parti de la Ligue les hommes les plus considérables. — M. Thiers, à cette époque où les femmes n'ont plus d'influence que sur leurs maris, a retourné assez spirituellement la politique de la mère de Henri III. — Il a des aides de camp beaux et distingués le plus possible, qui sont chargés de séduire et d'influencer les femmes de certains députés rebelles pour leur faire amener pavillon. Quelques-uns ont un ministère fort agréable, mais c'est le plus petit nombre ; — car beaucoup de députés se sont mariés pour avoir le cens, et ont rencontré des femmes ayant plus de *portes et fenêtres* que de beauté. — Nous citerons dans les exceptions mesdames L..., E... B..., etc., etc.

On assure que M. Thiers lui-même, sachant que, dans les grandes circonstances, un général doit savoir payer de sa personne comme un simple soldat, ne dédaigne pas de descendre dans la lice — et de donner l'exemple. — Si, d'une part, toutes les femmes à séduire ne sont pas belles, — d'un autre côté, quelques-uns des séducteurs sont fort laids ; et M. Thiers lui-même n'est pas un Antinoüs. Mais ces pauvres femmes, dont la royauté est fort amoindrie, — comme toutes les royautés de ce temps-ci, — croient ressaisir le sceptre qui leur échappe, — et appellent cela *faire de la politique.*

23. — Pendant que je croyais M. de Balzac occupé à écrire sur la *question du pain*, il laisse la théorie et la généralité pour l'application et la spécialité, — et il s'efforce de nourrir les acteurs de la Porte-Saint-Martin. Il dirige pour trois mois ce troupeau sans pasteur ; c'est le seul dédommagement qu'il ait demandé au ministère, qui a si brutalement défendu *Vautrin.* — Je désire de bien bon cœur que ce soit un dédommagement. M. de Balzac, directeur de théâtre, ressemble tout à fait

à Apollon se faisant berger et gardant les troupeaux d'Admète.

24. — M. Thiers a son *fidus Achates*, son fidèle *Berger*, qu'il a poussé au secrétariat de la Chambre. Il a été question de le nommer conseiller à la cour royale de Paris ; — mais M. Vivien, — M. Pelet (de la Lozère) et plusieurs autres collègues de l'autocrate — ont eu l'audace de s'y opposer. — Toute la magistrature de Paris eût regardé comme une insulte qu'on fît entrer dans son sein un homme qui a exercé les fonctions d'avoué dans son ressort, — les relations de la cour royale avec les avoués de son ressort consistant généralement en ceci, que la cour passe son temps à rogner les ongles à ces messieurs.

— On s'occupe beaucoup des guerres intentées par l'Angleterre. — Les journaux, aujourd'hui ministériels, qui l'appelaient autrefois « perfide Albion, » la nomment — le « berceau du gouvernement représentatif. »

Pendant ce temps, l'Angleterre fait la guerre aux Chinois, parce qu'ils ne veulent pas lui acheter son opium, et aux Siciliens, parce qu'ils ne veulent pas lui vendre leur soufre aux conditions qu'il lui plairait de faire.

25. — J'ai eu à parler l'autre jour à M. de Rambuteau, préfet de la Seine. — Il s'agissait de mettre la paix entre des mariniers. — M. de Rambuteau m'a reçu fort convenablement et m'a envoyé à M. Poisson, ingénieur, dont la réception a été un peu cavalière ; de sorte que je n'ai pas osé demander le chemin pour sortir à un huissier. — Je craignais que, la politesse diminuant toujours à proportion du grade des personnes, l'huissier ne jugeât convenable de me battre.

— M. de Rambuteau passe sa vie, depuis quelques jours, à baiser sur les deux joues les divers officiers récemment élus ou réélus dans la garde nationale.

— A une matinée chez madame W..., on pria un certain vicomte de lettres, qui n'est ni M. de Chateaubriand, ni M. Sosthène de la Rochefoucauld, ni M. Delaunay, de vouloir bien lire un chapitre d'un roman qu'il vient de terminer. On parlait très-haut — et plusieurs portes étaient ouvertes, — le vicomte demanda qu'elles fussent fermées ; on ne le comprit pas. — Il lut le titre, espérant calmer le bruit; impossible de captiver l'attention de ses — dirai-je *auditeurs!* — Alors le vicomte replia son manuscrit et le remit dans sa poche sans que personne eût l'air de s'en apercevoir. — A ce moment est entré M. Donizetti; la musique a commencé, et le pauvre vicomte est resté *solitaire* sans la moindre consolation ni la moindre apparence de regret.

— Enfin a eu lieu, à la croix de Berny, — la course au clocher qui avait été annoncée il y a quinze jours. — Les coureurs étaient au nombre de cinq, et les paris importants. — Toutes les chances étaient pour Barca, — jument appartenant à lord Seymour. Les élégants qui montaient les chevaux avaient invité toutes les femmes de leur connaissance, et l'assistance était des plus nombreuses.

Il n'y a pas besoin d'être un écuyer bien habile pour savoir que, dans une course de ce genre, les chevaux et les hommes ont besoin d'être *entraînés*, c'est-à-dire animés et enivrés graduellement par la course et des obstacles légers d'abord, dont le plus grand est le dernier. — Cette fois, on avait jugé à propos de commencer par la fin. Aux courses précédentes, après plusieurs haies et barrières, on arrivait par un terrain en pente à la Bièvre, qu'il fallait franchir. Cette fois, on devait franchir la Bièvre de bas en haut; — aussi Barca, arrivée la première au ruisseau bourbeux, s'est frappé le poitrail sur le talus et a roulé dans l'eau avec son cavalier qui, — très-bon homme de cheval, n'a pas eu cependant le sang-froid nécessaire pour lui faire reprendre à temps son équilibre. — Les autres chevaux et cavaliers, qui arrivaient derrière elle, déjà intimidés, et sans l'impétuosité aveugle qui est nécessaire pour ce genre d'exercice, — sont tombés également dans la Bièvre. — Chevaux et cavaliers avaient l'air d'une matelotte gigantesque. — Barca était morte, son **cavalier**, peut-être sans le faire exprès, car il était difficile de s'y reconnaître, a pris un autre cheval, dont le maître pataugeait encore, et a continué la course, abandonnant les étriers, qui n'étaient pas à son point. — Les autres, noirs de boue, sont remontés sur leurs chevaux non moins noirs et non moins sales, et on s'est remis en route, à l'exception d'un, — qui, se trouvant sans cheval, est resté pour rendre les derniers honneurs à Barca.

Je doute que ces messieurs aient produit sur les diverses reines de beauté — l'effet qu'ils avaient espéré. — L'esprit des femmes est ainsi fait : — soyez brave, grand, généreux, honnête, si vous pouvez; — ce sont des qualités accessoires; — quand vous ne les auriez pas, — cela ne vous empêcherait pas tout à fait de réussir, pourvu que vous ne soyez pas ridicule; mais, si un seul instant vous êtes ridicule, vous êtes perdu.

Je suis sûr que, si une femme voyait son père (je n'ose pas dire son enfant) disparaître dans un marais fétide, — l'homme qui s'y précipiterait après lui, irait le chercher et reviendrait noir d'une boue infecte, inspirerait à la femme une vive reconnaissance, mais jamais d'amour. — Il vaudrait mieux laisser étouffer le père et se désoler avec elle sur le bord du cloaque, en phrases sonores et poétiques.

Les anciens tournois avaient cet avantage, que les cuirasses des chevaliers n'étaient exposées qu'à être couvertes de sang, — et, en France, en ce temps-là surtout, le sang ne tachait pas.

26. — J'ai des nouvelles d'Étretat : les habitants sont si malheureux, cette année, qu'on a ouvert au Havre une souscription en leur faveur. — Dussent les *vertueux* et les *farouches* me blâmer, je vais demander de l'argent au roi pour eux. On va également tirer une loterie à leur bénéfice. — MM. Hugo, Janin, plusieurs autres écrivains, ont donné des autographes pour la loterie;— Gatayes, une romance inédite. — Nous allons faire une souscription parmi nos amis de Paris pour nos amis d'Étretat.

Ensuite, quand les besoins seront satisfaits, — il faudra s'occuper de l'avenir. — La pêche au *châlut*, défendue ou circon-
scrite par les règlements de la pêche, — qui ne sont pas obser-
vés, détruit le poisson des côtes.— On doit envoyer, à ce sujet,
une pétition à la Chambre des députés.

Mais que fait-on des pétitions à la Chambre?

Par la Charte, les Français ont le droit de pétition.

Voici en quoi consiste ce droit :

Vous êtes lésé par un ministre, qui ne fait pas ou ne fait pas
faire ce qu'il doit, ou qui fait ou laisse faire plus qu'il ne doit
faire.

Vous vous dites : « Cela m'est bien égal; — je suis Français
et j'ai le droit de pétition. »

Vous adressez une pétition à la Chambre, et vous attendez.

Les pétitions se lisent à la Chambre le samedi; les députés
ont fixé un jour pour les pétitions, parce que, ce jour-là, ils
restent chez eux ou ils vont à la campagne.

On lit votre pétition au milieu des conversations particulières;
on va aux voix, et elle a trois chances :

Première chance : — Ordre du jour.— Cela veut dire qu'elle
est considérée comme non avenue, et que les garçons de la
Chambre la vendent au kilogramme. —Sous la Restauration,
on la vendait à la livre; — c'est la seule différence qu'ait ame-
née la Révolution de juillet.

Deuxième chance : — Elle est mise au dépôt des renseignements; — c'est à peu près la même chance, avec ces deux
nuances : qu'elle est mise dans des cartons où on ne la regarde
jamais, et que plus tard, quand on la vend, — elle est vendue,
non par les garçons de la Chambre, — mais par ceux d'un ministère quelconque.

Troisième chance : — Votre pétition est renvoyée au ministre
dont vous vous plaignez, lequel trouve généralement qu'elle n'a
pas le sens commun.

Maintenant, Français, vous connaissez votre droit de pétition ; — vous avez comme cela pas mal d'autres droits dont je vous parlerai en temps et lieu.

27. — On m'envoie une brochure intitulée :— *Défi poétique,* — *la Province à Paris.* — J'allais parler de la chose et répondre à l'auteur, qui annonce qu'il va détruire Paris et battre ses poëtes en champ clos ; — mais à la lecture de ces vers :

« Ces géants (l'auteur parle des écrivains parisiens),

Sur leur *taille souvent* j'ai porté le *compas,*

Un instant m'a suffi pour trouver leur *mesure.* »

J'ai ajourné ma réponse, craignant que l'auteur ne fût un tailleur.

— Duprez, le chanteur, est allé hier chez M. Isabey ; — on lui a gardé son chapeau, et chacun des amis de M. Isabey a décoré le feutre noir d'une peinture à l'huile. — On y a mis une guirlande de roses, — un bateau, des canards, etc., etc.

— La princesse Victoire et le duc de Nemours ont été mariés hier ; voici les fêtes qui ont été données à cette occasion :

RÉJOUISSANCES PUBLIQUES A L'OCCASION DU MARIAGE DE MONSEIGNEUR LE DUC DE NEMOURS. — Le soleil s'est levé à l'orient vers cinq heures du matin ;

Les laitières se sont placées sous les portes cochères ;

Vers sept heures, — les portiers ont balayé le devant des maisons ;

Ce n'était rien encore : les boulangers ont fait une distribution de pain... à raison de quatre-vingt-sept centimes et demi les deux kilogrammes ;

Les orgues de Barbarie ont joué sous diverses fenêtres ;

Quelques lilas ont fleuri ;

Le thermomètre s'est élevé à vingt-quatre degrés centigrades ;

A huit heures, on a allumé les réverbères ;

A neuf heures, les étoiles ont paru au ciel ;

Les théâtres ont donné diverses pièces n'ayant aucun rapport à la circonstance. — Le prix des places n'était pas augmenté ;

Les journaux ministériels — ont tous raconté que le roi, la reine et la princesse Victoire (la duchesse de Nemours), sont sortis en CHAR-A-BANCS.

Voilà où en est la royauté.

Voici donc encore une princesse que l'on dit charmante, qui vient en France recevoir des avanies ; — dans cette France, autrefois si polie et si galante, où, aujourd'hui, deux députés, dont l'un est l'avocat Michel, se sont vantés de ne s'être pas levés à l'arrivée de la reine à la Chambre des députés.

Mais on a, dans le temps, élu M. Fould, pour que les Juifs fussent représentés à la Chambre.

Ces deux messieurs, pour que la représentation soit générale, — représentent les gens mal élevés.

— M. Roussin est fort embarrassé : — comme ministre, il faut qu'il présente une nomination d'amiral à la signature du roi. — Il voudrait bien être nommé, et il n'ose se désigner.

— Un juré, avocat de son état, a donné, un de ces jours passés, une représentation qui a obtenu quelque succès à l'audience de la deuxième section de la cour d'assises : il s'agissait d'un vol avec effraction, fausses clefs et escalade.

Le chef du jury, un peu troublé de tant d'horreurs, et tout entier au bonheur d'être honnête homme, rentre dans l'audience, et, posant la main sur sa poitrine, dit : « Sur mon âme et sur ma conscience, devant Dieu et devant les hommes, non le *jury* n'est pas coupable. »

A MES LECTEURS. — Il faut que je m'arrête ici. — Padocke et Grimalkin, — Astarté et Molock, — mes petits soldats ailés, rentrez au jardin, reposez-vous sur les fleurs roses des arbres de Judée, et sur les ombelles parfumées des sorbiers. — Les deux jours qui restent appartiennent aux imprimeurs.

J'ai raconté, cette fois, le mois, jour par jour ; mes lecteurs auront ainsi à la fin de l'année une histoire complète et très-curieuse des sottises, des ridicules et des escobarderies.

Mais, comme il y a des gaillards qui pourraient profiter des deux jours dont je ne peux parler, chaque mois, pour se permettre toutes sortes de choses qui échapperaient aux aiguillons des guêpes ;

Et Dieu sait ce qu'il peut tenir de ces choses-là dans deux jours !

Le volume de juin et les autres volumes commenceront par un *report d'autre part*.

POST-SCRIPTUM. — *Ordonnance du Roi.* — LOUIS-PHILIPPE, Roi des Français,

A tous présents et à venir, salut.

Nous avons ordonné et ordonnons ce qui suit :

Art. 1er. L'amnistie accordée par notre ordonnance du 8 mai 1837 est étendue à tous les individus condamnés avant ladite ordonnance, pour crimes et délits politiques, qu'ils soient ou non détenus dans les prisons de l'État.

LOUIS-PHILIPPE.

On m'assure que les réfractaires de la garde nationale sont exceptés de l'amnistie. — Ce crime et celui de secouer les tapis par la fenêtre sont décidément les seuls pour lesquels il n'y a rien à espérer, ni des *circonstances atténuantes* du jury, ni de la clémence royale.

Juin 1840.

Report d'autre part. — Le petit martin. — **M. Thomas.** — Description du petit Martin. — M. Pelet de la Lozère. — L'oubli des injures. — Madame Dosne. — Les mariages. — M. d'Haubersaert — La machine impériale. — 1er MAI. Les discours au roi. — M. Pasquier. — M. Séguier. — M. Cousin. — M. de Lamartine. — Madame Dudevant. — Madame Dorval. Madame Marliani. — M. de Balzac. — M. Francis Cornu. — M. Anicet Bourgeois. — Le mari de la reine d'Angleterre. — Les Chinois. — Encore M. Cousin. — M. de Pongerville. — Madame Collet née Revoil. — Les feuilles amies. — Deux cent mille francs. — Avantage qu'ont les rois morts sur les rois vivants. — M. Duchâtel. — Mademoiselle Rachel. — Madame de Noailles. — M. Spontini. — M. Duprez. — M. Manzoni, — Le père de la duchesse de Nemours. — Les injures anonymes. — Conseils à M. Jules ***. M. de Montalivet. — M. Dumont. — M. Siméon. — Les restes de Napoléon. — M. Thiers. — M. de Rémusat. — M. Guizot. — M. Molé. — La caque sent toujours le hareng. — M. Taillandier. — La plume d'une *illustre épée*. — Le maréchal Clauzel. — Miei Prigioni. — Méditations. — Les lis et les violettes. — Madame Tastu. — Madame Laya. — M. Valée. — M. Cavaignac. — M. Fould. — M. Jacques Lefebvre. — M. Lebœuf. — M. Garnier-Pagès. — M. Thiers. — M. D'Argout. — M. Dosne. — M. de Rothschild et les juifs de Damas. — La quatrième page des journaux. — Les chemins de fer. — Trois cerfs. — Chasse courtoise. — Souscription pour les pêcheurs d'Etretat. — Rapport de M. Clauzel. — M. Frédéric Soulié. — M. Frédérick Lemaître. — Une représentation par ordre. — Mademoiselle Albertine. — M. Glais-Bizoin — M. Gauguier. — M. de Lamartine. — Apothéose peu convenable — Les barbarismes de la Chambre. — Le *Journal des Débats* s'adoucit. — M. Janin. — M. de Bourqueney. — M. de Broglie. — M. Sébastiani. — M. Léon Pillet. — M. Duponchel. — M. Schikler. — Mademoiselle Fitz-James. — *Am Rauchen.*

Report d'autre part.

29 et 30 AVRIL. — Toujours relativement à la carte à payer des consciences et des dévouements désintéressés qui ont été servis devant MM. les membres du cabinet vertueux, et pour subvenir à l'insuffisance de ses ressources rémunératrices, M. le président du conseil a mis le petit Martin auprès de M. Thomas, chef du personnel du ministère des finances.

Mais vous me demanderez ce que c'est que le petit Martin ?

DESCRIPTION DU PETIT MARTIN. — Le petit Martin, que l'on désigne ainsi familièrement dans les coulisses du pouvoir, a été le secrétaire de M. Thiers dans tous les postes qu'il a occupés, même celui de boudeur de la place Saint-Georges ; — il est du même pays, de la même ville, que son patron, à peu près du même âge ; — il a en hauteur un pouce de moins (le flatteur !) que son auguste maître (M. Thiers s'appelle Auguste).

Le petit Martin ne devait cependant pas, cette fois, occuper cette place de confiance auprès de M. Thiers, parce qu'à leur dernière sortie du pouvoir il avait été placé à la cour des comptes, qui exige un travail et une résidence de toute la journée. — M. Barthe, président de la cour des comptes, voyant les négligences du petit Martin, a essayé, les premiers jours, de le gronder ; — mais, en voyant le ministère s'affermir, M. Barthe s'est adouci et a cessé de tourmenter son référendaire.

La position du petit Martin, près de M. Thomas, a pour but de savoir les nouvelles vacances dans l'administration avant l'honnête M. Pelet (de la Lozère), sorte de Lagingeole gouvernemental que M. Thiers s'est donné pour collègue. — M. le président du conseil, averti des places vacantes, peut faire main basse dessus en faveur de ses ennemis députés ou journalistes.

En outre, M. Thiers, avant sa rentrée au pouvoir, ayant promis la place de chef de son cabinet à quinze journalistes, à vingt-cinq auditeurs, à quarante fils ou neveux de députés, a été contraint de reprendre l'ancien pour avoir un prétexte à donner aux déçus.

Ainsi occupé, le malheureux Martin ne peut sortir qu'une demi-heure par jour, et dormir que trois heures par nuit. Il faut qu'il reçoive tous ceux que le ministre ne veut pas recevoir, — qu'il parle à tous ceux auxquels le président du conseil ne pourrait parler sans se compromettre. De toutes ces fonctions, la principale est de se transporter près des ministres pour leur porter les ordres du président du conseil, et présenter à leur signature les nominations aux emplois lucratifs de leurs départements.

✱ On me demandera peut-être quelle sera la récompense de tant de zèle et d'un dévouement si robuste. Le petit Martin aura de l'avancement à la cour des comptes, et, de plus, madame Dosne a promis de le marier.

Car un des moyens de séduction que l'on emploie en ce moment, c'est celui de faire des mariages. — Madame Dosne tient bureau ouvert et *agence matrimoniale*. Comme elle a eu la main heureuse, il n'est pas une mère qui ne soit prête à accepter un gendre de sa main. Plus généreuse que MM. *Willaume, de Foy,* et autres agents spéciaux pour les mariages, — madame Dosne n'exige, pour prix de ses bons offices, — que l'engagement, pour les maris, pères ou frères, qui arriveraient à la Chambre, de voter pour M. Thiers. — Elle a promis, — assure-t-on, — de trouver une femme avec dot et beauté, pour le jeune conseiller d'État, M. d'Haubersaert, que son nez rouge a jusqu'ici fait refuser par plusieurs héritières.

✱ A voir, dans les luttes ministérielles, — les places et l'argent pour but unique et l'administration abandonnée aux commis, — on s'étonne que les choses n'aillent pas encore plus mal qu'elles ne vont.

En effet, un ministre ne s'occupe que de rester au ministère, — et il est renversé avant d'avoir pu prendre la moindre connaissance de son département: — ce qui fait que les affaires réelles vont encore à peu près, c'est que la vieille machine administrative de l'Empire était très-solidement construite et qu'elle subsiste encore. — Les ministres sont comme des chiens dans un tourne-broche, il suffit qu'ils remuent les pattes pour que tout aille bien : — que le chien soit beau ou laid, — qu'il ait ou n'ait pas d'intelligence, — la broche tourne et le dîner est à peu près mangeable.

Mais la machine se rouille fort et ne peut tarder à se détraquer, c'est alors que nous serons en plein gâchis.

🐝 1er MAI. — La fête du roi a été ce qu'elle est tous les ans. — Le bourgeois de Paris, qui nomme des députés pour qu'ils exigent des économies, a trouvé le feu d'artifice mesquin ; — le bourgeois de Paris veut à la fois la plus stricte économie et la plus grande magnificence. Les chefs des différents corps de l'État ont fait au roi le même discours qu'ils font depuis dix ans, et que beaucoup d'entre eux ont fait à l'empereur Napoléon et aux deux monarques de la Restauration. Il est impossible de voir des phrases plus creuses par le fond et plus ridicules par la forme que celles adressées à Louis-Philippe par ces honorables personnages. — Nous dirons en passant à M. Pasquier, président de la Chambre des pairs, qu'il n'est d'aucune langue de dire, — *qu'une source se puise,* ainsi qu'il lui est arrivé de le dire dans son discours au roi.

Nous dirons à M. Séguier — qu'il est un peu trop bucolique, pour un premier président de cour royale, de montrer les princesses « préparant des festons pour les princes, » et que « *des princes* ÉMULES *des* TROPHÉES *de Mazagran* » vaudraient des pensums à des écoliers de sixième.

Mais il y a quelque chose de plus triste : M. Cousin, ex-philosophe, — traducteur d'ouvrages allemands, traducteur dont on a dit : « Pour traduire, il ne suffit pas d'ôter un ouvrage de la langue dans laquelle il a été écrit, il faut encore le mettre dans une autre langue. » — M. Cousin, aujourd'hui ministre de l'instruction publique, — grand maître de l'Université, — a dit dans son discours au roi :

« Portez un moment les yeux sur les œuvres de votre sagesse qui est aussi leur gloire ; » c'est un exemple d'amphigouri, — et non pas un *exemplaire*, comme a dit le même M. Cousin dans un ridicule discours fait la même semaine à propos de M. Poisson, que la mort a enlevé à la science : — « M. Poisson était

2eriv

l'exemplaire vivant de cette maxime. » On a remarqué dans le discours au roi de M. Cousin cette appréciation politique dont la justesse et l'audace ont paru à la hauteur des aphorismes du célèbre M. de Lapalisse : — *Les citoyens un peu divisés, comme il arrive presque toujours dans les révolutions.*

Ce bon M. Cousin est un assez réjouissant ministre de l'instruction publique ; à la dernière séance de la Chambre des députés, voyant M. de Lamartine monter à la tribune, — il a dit : « Ah ! c'est M. de Lamartine ; je ne le connaissais pas. — On a rapporté le mot à M. de Lamartine qui a répondu : — « Je ne le connaîtrai pas. »

— La première représentation de *Cosima*, drame de madame George Sand, avait attiré une nombreuse affluence ; — la pièce n'a eu aucun succès.

Il y a eu après la pièce un souper chez madame Marliani, — souper dans lequel il ne s'est pas dit un mot de l'ouvrage tombé.

La chute de M. de Balzac et celle de madame Dudevant ont été un beau triomphe pour les fabricants de mélodrames du boulevard, — MM. *Francis Cornu* et *Anicet Bourgeois, grands écrivains de même force*, dont l'un nie le style et l'autre l'orthographe. — Je suis, pour ma part, enchanté de voir ainsi punis les gens d'un talent réel et distingué qui descendent dans l'arène avec les industriels de la littérature.

Dans un théâtre, il y a au moins quinze bottiers, autant de tailleurs, trois cents marchands, quelques domestiques ; —jamais il ne vous viendrait à l'esprit de lire à votre tailleur ou à votre bottier un seul de vos vers, encore moins de lui demander son avis, encore moins de le suivre en la moindre des choses.

Eh bien ! quand tous ces gens sont réunis, vous tombez à genoux devant eux, vous attendez avec une anxiété mortelle ce qu'ils vont décider de votre œuvre.

Aussi, que de succès dus à la vulgarité des situations, du sentiment et du langage ; — que de chutes qui n'ont pour cause

que des beautés inusitées ou de nobles hardiesses! Hélas! —
il faut le dire, c'est pour gagner un peu plus d'argent, — que
les écrivains qui s'étaient jusqu'ici abstenus du théâtre viennent
s'y compromettre aujourd'hui et y prostituer à la foule leur talent et leur réputation. Au théâtre, où tout ce qui n'est pas
aussi faux que le soleil d'huile et les arbres de carton fait dispa-
rate et choque l'assemblée ; — au théâtre, où la pensée, après
avoir revêtu déjà la forme de l'expression qui l'amoindrit, —
doit encore subir l'incarnation d'un acteur, — adopter sa figure ,
son geste, sa voix, — ses façons d'être et de comprendre ou
de ne pas comprendre.

Si deux personnes causent avec un peu d'abandon, — une
troisième qui survient fera changer la conversation. Elle deviendra immédiatement d'un tacite et commun accord, plus vulgaire
et moins intime.

Chaque fois que j'ai fait un livre , il m'a toujours semblé que
je le racontais à une personne, — à une seule, — que je connaissais ou que je rêvais; l'un a été fait pour Gatayes, — un
autre pour l'habitante, que je n'ai jamais vue, d'une petite
fenêtre fleurie que j'apercevais de la mienne; — presque tous
pour C... S..., — aucun pour ce qu'on appelle le public.

Si le poëte savait bien ce qu'il fait la première fois qu'il donne
son ouvrage à l'impression, — il y a en lui une sainte pudeur
qui se révolterait en songeant que cette pensée qui sort de son
âme et de ses veines, — il la livre et l'abandonne à tous, — et
il jetterait au feu son manuscrit révélateur, il n'oserait mettre
son cœur à nu devant le public. — Il y a des sentiments si déli-
cats et si pudiques, qu'ils meurent de froid ou de honte aussitôt
qu'ils sortent du cœur autrement que pour entrer dans un autre
cœur qui les cache et les réchauffe.

 2. — On place sur la colonne de Juillet le génie de la
liberté; — c'est la consécration d'un genre d'actes glorifiés il
y a dix ans, et criminels et punis aujourd'hui. — C'est le défaut

des monuments : — grâce aux lenteurs du bronze, — ce qu'on avait commandé contre la branche aînée semble presque s'exécuter aujourd'hui contre celle qui lui succède.

🐝 3. — Le mari de la reine d'Angleterre exécute fidèlement ses promesses, — le parlement est content de lui. — La reine est grosse; — on a donné au prince de Cobourg un régiment, — à titre d'encouragement et de récompense.

— Voici la guerre commencée entre les Chinois et les Anglais. — J'avouerai que, jusqu'ici, les Chinois m'avaient paru un peuple aussi fantastique que les Lilliputiens de Gulliver. — Que les gens de bonne foi s'interrogent, et il s'en trouvera plusieurs qui ont partagé mes impressions. — Nous ne connaissons les Chinois que par les portraits qu'ils nous envoient sur des boîtes bizarres; — portraits ridicules, invraisemblables et hideux, qu'on ne fait pas ordinairement de soi-même. — J'avais cru qu'il n'existait de Chinois que ceux qui sont peints sur les porcelaines, sur les paravents et sur les boîtes de laque; — aussi, quand j'ai lu que l'empereur avait fait un appel à tous ses sujets, — j'ai été saisi de frayeur et je me suis hâté d'entrer dans mon cabinet pour voir si ces bonnes grosses figures ne s'étaient pas détachées de mes pots bleus et de mes boîtes dorées, et n'avaient pas disparu subitement pour aller obéir aux injonctions de leur souverain.

🐝 4. — Voyez cependant comme on est quelquefois trompé : — il n'y a sorte de chose que je ne me sois laissé dire sur M. Cousin. — On m'avait raconté que, malgré les frais de représentation qui lui sont alloués au ministère, il n'y donne pas de dîners, — ou les donne si mauvais, que personne ne s'y laisse prendre deux fois; — que la vieille gouvernante qu'il avait à la Sorbonne l'a suivi au ministère, où elle continue à tenir sa maison dans des idées d'ordre auxquelles la malveillance se plaît à donner un autre nom.

On m'avait raconté que M. Cousin, qui est assez mal élevé,

avait manifesté une arrogance de mauvais ton à l'égard des hommes de lettres et des académiciens; — qu'on lui avait demandé, sur les sommes affectées à cet emploi, un secours pour un écrivain malheureux et qu'il avait répondu brutalement : « *Je ne donnerai rien; ces gens-là m'ennuient;* » —que, rencontrant M. de Pongerville, l'académicien, sur le pont des Arts, — il lui avait dit : — « Il n'y a que vous, monsieur, dont je n'aie pas reçue la visite. — Cela vient, monsieur, aurait répondu M. de Pongerville, de ce que j'attends la vôtre. »

Eh bien! toutes ces choses et une foule d'autres qu'on m'avait racontées, — toutes ces choses, après des informations scrupuleusement prises, se sont trouvées être parfaitement vraies; mais ce qu'on ne m'avait pas raconté d'abord et ce que le hasard m'a fait découvrir depuis, c'est la touchante sollicitude de M. Cousin pour la littérature. — La chose, il est vrai, ne s'applique qu'à une seule personne; — mais il n'y a aucun doute à former que M. Cousin ne soit prêt à se conduire de même à l'égard de tout autre personnage littéraire qui se trouverait dans le même cas. *Ab uno disce omnes.*

Il s'agit de madame C***, née R***, qui a obtenu un prix de poésie à l'Académie, et qui, ne se trouvant pas assez en évidence —par la lecture de ses vers, — sa présence dans l'assemblée, et la proclamation de son nom, — demanda avec tant d'instances à lire elle-même la pièce victorieuse.

Mademoiselle R***, après une union de plusieurs années avec M. C***, a vu enfin le ciel bénir son mariage; —elle est près de mettre au monde autre chose qu'un alexandrin. — Quand le vénérable ministre de l'instruction publique a appris cette circonstance, — il a noblement compris ses devoirs à l'égard de la littérature. — Il a fait pour madame C*** ce qu'il fera sans aucun doute pour toute autre femme de lettres à son tour. — Il l'a entourée de soins et d'attentions; —il ne permet pas qu'elle sorte autrement que dans sa voiture. A un dîner chez M. de

Pongerville, qui suivit de près la rencontre sur le pont des Arts, — tout fatigué, et désireux de se retirer, il attendit l'heure de l'intéressante poëte pour la reconduire dans son carrosse. — Il est allé lui-même chercher à Nanterre une nourrice pour l'enfant de lettres qui va bientôt voir le jour, — et on espère qu'il ne refusera pas d'en être le parrain. — Eh bien! voilà de ces choses que la presse, — qui devrait être pénétrée de reconnaissance, — affecte d'ignorer et de condamner à l'oubli.

🐜 5. — Pendant que les journaux amis de M. Thiers attendent plus ou moins patiemment la récompense de leur concours désintéressé, — je ne sais qui s'est amusé à jeter au milieu d'eux une pomme ou plutôt un os de discorde. On a répandu le bruit que deux cent mille francs avaient été donnés par M. le président du conseil à une des feuilles qui se sont rangées sous sa bannière. — Chacune, persuadée de n'avoir pas reçu les deux cent mille francs en question, se sentit fort irritée de cette injuste préférence, — et commença à jeter un œil investigateur et dangereux sur les autres feuilles ralliées, — et à lancer au ministère quelques mots à double entente et quelques demi-menaces. — On eut beaucoup de peine à faire comprendre à ces estimables carrés de papier qu'ils avaient été mystifiés.

— Pour l'anniversaire de la mort de l'empereur Napoléon, l'enceinte qui entoure la colonne a été jonchée de couronnes d'immortelles. — Les rois morts ont, entre autres avantages sur les rois vivants, celui qu'on ne leur fait pas de discours.

🐜 6. — Au précédent ministère de l'intérieur, on n'était occupé que de mademoiselle Rachel. — M. Duchâtel lui envoyait des livres et tous les commis lui faisaient des vers — Il est douteux que Corneille ou Racine, s'ils revenaient au monde, fussent aussi bien traités par ces messieurs. — Mademoiselle Rachel appelle mademoiselle de Noailles sa meilleure amie. Le règne des avocats en politique a pour pendant le règne des comédiens en littérature. — J'ai vu une lettre de Spontini à

M. Duprez. — Il appelle M. Duprez « son nouvel Orphée ; » il implore son appui et sa protection, et *prend la liberté* de le prier de vouloir bien accepter sa visite (la visite de Spontini chez M. Duprez !) et lui indiquer un jour et une heure qui lui conviennent (qui conviennent à M. Duprez !) pour le recevoir (recevoir Spontini !).

7. — A propos de la Saint-Philippe, on a donné des croix d'honneur dans l'armée et dans la magistrature, et aussi à des professeurs : — le seul écrivain que M. Cousin ait jugé digne de cette distinction est M. Manzoni, poëte italien. — Je n'aime pas beaucoup qu'on ait donné je ne sais quel grade dans l'ordre au père de la nouvelle duchesse de Nemours : — la croix d'honneur, que beaucoup de gens ont payée d'un bras, d'une jambe, ou d'un œil, — d'une vie entière de travaux et de privations, ne doit pas être donnée à si bon marché, que de devenir la récompense du bonheur qu'ils ont d'avoir une très-belle fille et de la bien marier. — La croix d'honneur ne doit pas devenir un petit cadeau pour entretenir l'amitié, et suppléer économiquement l'ancienne tabatière à portrait, *enrichie de diamants*, qui était la formule la plus ordinaire des libéralités royales. — On regarde plus à donner des diamants que des rubans, dont il se fait par jour trois cent cinquante mille aunes dans les manufactures de Saint-Étienne.

8. — Quelques messieurs continuent à m'adresser des lettres injurieuses et anonymes ; — j'en ai reçu deux aujourd'hui. — L'auteur de la première, après quatre pages où il met du latin, du grec, peu de français et beaucoup de grossièretés, — me défie, en me tutoyant, de mettre sa lettre dans mes petits livres ; — cependant je m'engage sur l'honneur à satisfaire au désir de ce monsieur et à faire imprimer sa lettre dans le prochain numéro des *Guêpes*, s'il veut prendre la peine de la venir signer chez moi ; — je joindrai en *post-scriptum* le récit de la correction que je lui aurai infligée ; — car, comme le dit Cham-

fort, — quand on porte d'une main la lanterne de Diogène, — il faut tenir son bâton de l'autre main.

— Un autre, qui signe *Jules*, m'adresse des injures et des menaces : — Hélas ! mon pauvre monsieur Jules, — quand on veut faire peur aux gens, il ne faut pas commencer par leur avouer qu'on est un lâche, en ne signant pas une lettre du genre de la vôtre : — j'entends par signer, — mettre au bas de sa lettre son nom, — son adresse, — et l'heure à laquelle on est chez soi ; — c'est une chose que peut demander un homme qui met son nom au commencement et à la fin de tout ce qu'il écrit.

Quand j'étais plus jeune, — quand je demandais encore à l'existence plus qu'elle ne peut donner, — quand je me déchirais les mains à vouloir cueillir des fleurs et des fruits sur les ronces stériles des routes de la vie, — ces injures anonymes m'ont fait quelquefois pleurer de rage et de désespoir : — pendant une semaine je cherchais si quelque mouvement instinctif ne me ferait pas reconnaître dans la foule mon lâche provocateur.

Aujourd'hui, — j'ai pris mon parti sur tout cela ; — je sais que l'homme qui se fait connaître par quelque talent et par un caractère indépendant, — que l'homme qui marche dans la vie d'un pas ferme et droit, — se dénonce à la bienveillance inactive de quelques honnêtes gens, — et à la haine passionnée des imbéciles et des fripons de tout genre ; — j'ai compté les deux partis, et je ne crois pas manquer de courage en faisant ce que je fais. C'est un ennemi public que l'homme qui, au milieu des mensonges des hommes et des choses, dit à chaque homme et à chaque chose : « Tu ne me tromperas pas, » et qui les poursuit par le ridicule, — seule arme qui puisse les atteindre aujourd'hui que tant de gens n'ont plus d'honneur que l'on puisse attaquer sérieusement, — et qu'il ne leur reste que la vanité.

9. — M. le comte de Montalivet s'est fait nommer dans le même mois colonel de cavalerie et membre libre de l'Académie des beaux-arts. — Ce dernier choix a été plus critiqué

que le premier : — on n'a pu découvrir d'autres titres à l'intendant de la liste civile que l'intérêt qu'ont MM. de l'Institut à avoir pour collègue et pour ami l'homme duquel dépendent souverainement les *commandes*. C'est au même titre qu'avaient été élus précédemment — MM. Dumont et Siméon, chefs de division au département des beaux-arts.

10. — M. Hugo vient de m'envoyer son livre — *Ombres et Rayons*. — Il a écrit sur la première page : « A M. A. Karr, son ami, Victor Hugo. » — J'en ai été fier en lisant certaines pièces remplies de grandes et nobles pensées. — J'en ai été heureux en lisant certaines autres, où il y a tant de cœur et de sensibilité.

— Le même jour j'ai découvert de la prose de M. Flourens, — celui qui l'a emporté sur M. Hugo à l'Académie française.

« Nous ne pouvons qu'applaudir aux efforts que fait M. Leroy d'Étiolles pour le perfectionnement de la lithotritie.

« Signé FLOURENS. »

Qu'est-ce qu'on disait donc que M. Flourens n'écrivait pas ?

11. — Une démarche officieuse, qu'a faite auprès de moi un de mes amis, qui est aussi l'ami d'un autre, me donne occasion de traiter en peu de mots une question assez grave.

La vie privée doit être murée.

Cette muraille tant réclamée pour la vie privée, chacun la demande pour soi, et personne ne la souffre pour les autres.

On s'en sert comme le chien de Montargis de son tonneau où il se réfugiait après avoir mordu.

Pour l'homme qui cache sa vie dans l'herbe, qui est heureux tout bas, pour l'homme qui vit solitaire, dont le bonheur est le soleil, dont l'ambition est l'ombre des arbres et le parfum des fleurs, l'homme dont toute la vie est un amour pour une idée, pour une pensée, pour une fleur, pour une manie, celui-là a droit à la vie privée ; mais l'homme qui fait tout pour rendre sa vie publique, l'homme qui fait du bruit pour se faire entendre, l'homme qui monte sur tout pour se faire voir, — je ne sais pas ce que celui-là appelle sa vie privée.

Un député, par exemple, a-t-il une vie privée? un homme qui, pour satisfaire ses passions, peut vendre tous les intérêts d'un pays. — N'a-t-on pas le droit de surveiller ses passions?

✹ 12. — Comme on reprenait la discussion sur les deux sucres, et que la betterave attendait dans l'anxiété une décision qui allait la déclarer sucre ou salade, — M. de Rémusat a demandé la parole et a présenté à la Chambre un projet de loi qui ordonne la translation des restes mortels de Napoléon à Paris.

Cette proposition a été accueillie avec enthousiasme. Le bon M. Gauguier a déclaré la Chambre tellement émue, qu'il allait remettre la discussion au lendemain. — On a cependant voté sur la loi des sucres, et on a pris un parti qui n'en est pas un. — On a laissé, par une augmentation de droits, aux fabricants de sucre de betteraves la faculté de continuer à faire du sucre et des faillites. La canne triomphe, mais sans générosité; elle ne veut pas que la betterave meure tout à coup, elle la condamne à une mort lente, à une agonie convulsive.

Pardon, — si pour suivre la Chambre je suis obligé de mêler ainsi le sucre et l'empereur. — Dans l'hommage rendu à la mémoire de Napoléon, — il faut distinguer deux choses. — Je ne veux pas, par enthousiasme, tomber avec la foule des étourneaux dans les filets de M. Thiers. — Je ne veux pas, par défiance de M. Thiers, me montrer trop froid pour un acte qui ne manque ni de grandeur ni de majesté.

Comme poëte et comme philosophe, j'aimais voir le tombeau de Napoléon à Sainte-Hélène; — ce tombeau solitaire, sur un roc battu par les vents et la mer, avait une grandeur qu'on ne pourra lui donner à Paris. — Toute poésie est un regret ou un désir; le regret de cet exil après la mort, la pitié pour un homme d'un si grand caractère et d'une si grande fortune, mêlait quelque chose de tendre et d'affectueux à son souvenir. — Napoléon à Sainte-Hélène était aussi loin de nous et aussi déifié que s'il eût été dans le ciel. — C'est à la Mecque que l'on va révérer la tombe de Mahomet. — C'est à Jérusalem, sur le lieu témoin de son supplice infâme, que les chrétiens, — quand il y avait des chrétiens, — allaient adorer le Christ.

Mais, au point de vue de la nation française, — je comprends qu'elle tienne à honneur de ne pas laisser le corps de son empereur au pouvoir de ses ennemis.

Ce sera une grande et belle fête que le corps de Napoléon traversant la France en triomphe.

Mais, pour qui connaît M. Thiers, tout cela n'est qu'un moyen. — Depuis un mois, il cherchait une idée et un prétexte à l'existence de son ministère; — le *conservateur* ne donnait pas, — on ne pouvait pas se donner assez à la gauche; — en un mot, — selon une expression familière de M. Thiers lui-même, « ça n'allait pas, » lorsque M. Guizot écrivit de Londres qu'on pouvait faire le coup des *cendres* de Napoléon.

L'ambassadeur ayant tendu cette perche salutaire, M. Thiers s'en est saisi et a parlé au roi.

Le roi était d'autant mieux disposé, que cette négociation avait été sur le point de s'ouvrir sous le ministère de M. Molé. — M. Thiers écrivit à M. Guizot de hâter la conclusion de l'affaire, « *de peur qu'un revirement parlementaire ne vînt donner à d'autres cette bonne fortune de scrutin.* »

Ça été l'affaire d'un conseil, — la réponse de M. Guizot est arrivée aussitôt : — ce qu'il y a de plus merveilleux, c'est que la chose a été conduite mystérieusement jusqu'au bout, — que M. Thiers, le plus bavard de tous les hommes, — qui fuit de tous côtés dans la conversation, l'a cachée même à madame Dosne et à M. Véron, et le coup de théâtre a été complet.

Mais — il y a dans le projet des restrictions qui trahissent des craintes puériles et honteuses.

On a discuté le lieu de la sépulture : — l'arc de l'Étoile, —

la colonne de la place Vendôme, — la Madeleine, — les Invalides ont été mis en question; le gouvernement s'est prononcé pour les Invalides.

C'est encore un exil, c'est encore une lâcheté; on a craint de mécontenter le parti légitimiste : — Napoléon devait être enterré à Saint-Denis; parmi les rois et les gloires de la France : — à Saint Denis, où j'ai vu, il y a quelques années, le caveau qu'il se destinait à lui-même, et deux énormes portes de bronze exécutées par ses ordres pour le fermer.

Mettre Napoléon à Saint-Denis, c'était clore entièrement la parenthèse impériale, c'était placer à tout jamais Napoléon dans l'histoire, et enlever même à son nom toute action sur le présent et l'avenir. Mais ce cher petit homme de M. Thiers, — semblable aux femmes qui vont, tremblantes, demander aux tireuses de cartes de leur faire voir le diable, — a invoqué l'ombre de l'empereur pour se faire protéger par elle, et il en a eu peur le premier.

✺ 15. — Tantôt, — vers trois heures de l'après-midi, on vit un rassemblement se former tout à coup au guichet du Louvre, — du côté de Saint-Germain-l'Auxerrois. — Une femme s'agitait et se débattait contre le garde national de faction, qui la tenait par son châle et refusait de la laisser passer. — D'abord on crut que, fidèle à sa consigne, le soldat citoyen découvrait un paquet clandestin ou un chien non tenu en laisse; — on s'approche, on écoute, et on ne tarde pas à comprendre que le garde national, — marchand de quelque chose, — a reconnu dans la femme susdite une de ses pratiques, — une mauvaise pratique qui lui doit de l'argent, et le gardien et le symbole de l'ordre public lui fait une scène scandaleuse.

L'affaire s'échauffait et ne se termina que sur la menace que fit au garde national le soldat de la ligne placé au même guichet, — et qui, jusque-là, était resté spectateur silencieux du débat, — d'appeler la garde et de faire arrêter son camarade de faction.

🐝 14. — On a discuté encore sur Alger ; — M. Thiers a beau dire, — il est évident que le gouvernement n'a pas de système et que la guerre d'Alger se fait au hasard.

M. Valée continue à se servir de la recette qui lui a réussi à Mazagran, d'exposer une poignée de braves gens à une mort à laquelle ils ne peuvent échapper que par des prodiges ; il a laissé à Cherchel, sous le commandement de M. Cavaignac, trois cent cinquante hommes qui ont eu à se défendre pendant cinq jours contre trois mille Arabes ; — c'est la première fois, je crois, depuis la guerre d'Afrique, qu'une garnison se défend hors de ses murs ; — les gens de Cherchel sont venus combattre dans la plaine les Arabes qui leur ont tué ou blessé cinquante hommes, mais se sont retirés après une perte très-considérable.

— On parle beaucoup de renvoyer M. Clauzel en Afrique ; — on oublie vite en France. Si M. Clauzel n'a rien ajouté à sa réputation militaire dans l'expédition de Constantine, — il a jeté les fondements d'une incontestable réputation littéraire. Je me rappelle, moi, en quel style fleuri M. Clauzel racontait son désastre, et quelle délicieuse amplification des églogues de Virgile nous a valu cette campagne si coûteuse en hommes et en argent.

Après son rappel, — M. Clauzel publia une brochure pour justifier sa conduite. — Achille devint son propre Homère.

La brochure de M. Clauzel souleva plusieurs récriminations ; — le maréchal répondit assez mal aux accusations du ministère, qui, par ses organes, répondit à peu près aussi mal aux accusations de M. Clauzel ; — de sorte que chacun parut avoir tort comme accusé et raison comme accusateur.

— Le gouvernement a des journaux officiels, des organes avoués ; — tout le monde sait que ces journaux sont écrits par les ministres eux-mêmes ou sur des notes données par eux. — Ne serait-il pas alors décent de ménager les éloges emphatiques de soi-même?

🐝 15. — Il ne s'agit plus aujourd'hui de m'occuper des

affaires des autres, — les miennes vont fort mal ; — en butte à
la haine de mes concitoyens, — proscrit, — fugitif, — c'est à
Saint-Germain que j'écris ces lignes. — Hier soir, en rentrant
chez moi, une lettre officieuse m'a appris que j'allais décidément
être arrêté pour un mois de prison que je dois à la garde nationale : « Parbleu ! me dis-je, je ne vais pas les attendre ; — je
vais aller me constituer prisonnier. — J'aime mieux cela que de
frissonner au moindre bruit, — de prendre dans la rue les plus
honnêtes gens pour des mouchards, et je finirai là les volumes
qu'attend l'honorable libraire Dumont. »

En effet, dès le jour, — je me suis mis en route, — me réservant de n'emménager que demain, après qu'un séjour d'une
douzaine d'heures m'aurait éclairé sur les besoins de la localité ; — j'ai dit tristement adieu à mon jardin, — à mes acacias
en fleurs et à mes rosiers qui vont fleurir.

Je me suis mis en route à pied, — j'ai traversé plusieurs
quartiers qui m'étaient inconnus, j'ai flâné devant les marchands
de bric-à-brac ; — puis, passant auprès de Notre-Dame, — j'ai
monté sur la tour. — Là, je me suis occupé à regarder en bas
des myriades de petites gens agitant de petits bras et de petites jambes, se pressant, se croisant, se heurtant dans de petites rues pour aller à leurs petites affaires ou à leurs petits
plaisirs.

Quand on gravit une montagne, il semble qu'on laisse en bas
les passions, les chagrins terrestres ; — il semble qu'il n'y a
que la partie céleste de l'homme qui peut subsister dans cet air
raréfié des hautes montagnes, et l'on contemple d'en haut tous
les intérêts qui vous garrottaient il n'y a qu'un instant. — Nous
vous avouerons que, d'en haut, — la douleur et l'humiliation
de la prison nous ont paru fort petites, — et surtout en voyant
en bas de petits points rouges qui nous ont semblé de petits
gardes nationaux, — peut-être ceux-là mêmes dont la petite colère nous a condamné.

En descendant, nous avons repris nos soucis, — comme le paysan reprend ses sabots à la porte d'un salon dont il n'a osé salir ou égratigner le riche tapis.

Arrivé au quai d'Austerlitz, — je me suis arrêté un moment et je me suis laissé aller à de profondes méditations.

PREMIÈRE MÉDITATION. — Il me semble, ai-je dit, — que dans les impôts que nous payons, il y a une partie destinée à l'entretien d'une armée de quatre cent mille hommes, vrais soldats, bien plus capables que nous de garder la ville.

Pourquoi, puisqu'on nous force de garder nous-mêmes la ville ou plutôt les guérites de la ville, — pourquoi ne nous force-t-on pas à la paver et à allumer les réverbères ? — Patience, encore quelques années de liberté, et cela viendra !

DEUXIÈME MÉDITATION. — Cet emprisonnement est immoral et illégal : — immoral, en cela que c'est la *réhabilitation de la prison;* que, dans un temps donné, les plus honnêtes gens de Paris seront allés en prison comme les voleurs, — et que ce ne sera plus un déshonneur.

Illégal, en ce que j'ai été condamné une fois à un jour, — une fois à deux jours, — plusieurs fois à cinq jours, — mais non pas à un mois de suite ; — l'intervalle qui existerait entre l'exécution comme entre les condamnations me permettrait de donner quelque temps à mes affaires et à mes plaisirs ; — un mois de suite, — un malade peut prendre sans danger, par petites doses, une quantité d'opium qui le tuerait infailliblement en une seule dose.

TROISIÈME MÉDITATION. — Un rayon de soleil tombe des nuages pour me narguer; — d'ici, les pieds dans l'herbe, — la tête dans le soleil, je vois les barreaux noirs des fenêtres; — ces portes vont s'ouvrir et se refermer sur moi, — je vais être prisonnier !

QUATRIÈME MÉDITATION. — Il y a quelque chose d'effrayant dans l'entrée d'une prison ; une fois que l'on me tient là-dedans, il me semble que l'on peut faire de moi ce que l'on veut ; que la

voix et les plaintes sont prisonnières aussi derrière les grilles,
— et que rien n'empêche le geôlier de me hacher, de faire de
moi un pâté que l'on mangera dans un festin patriotique, en portant des toasts à la garde nationale.

CINQUIÈME MÉDITATION. — Voici qui est sinistre, — le soleil
se cache : — quelles sont les horreurs qu'il refuse d'éclairer ?

Pourquoi cette prison est-elle si loin ? — les bruits n'ont
rien des bruits que je suis accoutumé à entendre. — Ce ne sont
ni les voitures, ni les cris des quartiers que j'habite ; — rien ne
me prouve que suis encore en France.

A-t-on, par un raffinement de barbarie, voulu joindre aux
tourments de la prison les tortures de l'exil ?

SIXIÈME MÉDITATION. — C'est que j'ai déjà pourri sur la paille
humide des cachots de la garde nationale ; — j'ai subi une fois
six heures de prison, et je me rappelle toutes mes angoisses ; —
j'avais le numéro 12 ; — mon cachot avait quatre pas de long et
autant de large. Il était peint en badigeon jaunâtre, — le bas en
chocolat, jusqu'à la hauteur d'une plinthe absente ; — la fenêtre
avait six carreaux. Il y avait un lit en fer, une table et un coffre
en sapin, — une chaise en merisier.

SEPTIÈME MÉDITATION. — Pfff...

HUITIÈME MÉDITATION. — C'était l'hiver ; — le numéro 12 est
au nord.

Belle parole du guichetier. — Guichetier, lui dis-je, — comment chauffe-t-on ici ?

— Monsieur, répondit le guichetier, il y a un calorifère.

— Mais, guichetier, repris-je, y a-t-il du feu dans le calorifère ?

— Non, monsieur, répondit le guichetier.

NEUVIÈME MÉDITATION. — Sans compter que j'ai horreur de
cette couleur chocolat dont est peinte une partie des cachots.

L'aspect de certaines couleurs me réjouit ou m'attriste, m'é-
lève ou m'écrase l'esprit.

Il y a des couleurs mélancoliques, des couleurs gaies, des couleurs jeunes, des couleurs ridées, des couleurs bruyantes.

Le *lilas*, — c'est une douce et poétique mélancolie; — le *rose*, c'est la jeunesse, la gaieté, — l'insouciance; le *bleu*, c'est la sérénité, le calme, le bonheur; — le *vert*, c'est la pensée; — le *bleu pâle*, la rêverie.

Mais le *chocolat* est une couleur bête; le chocolat — c'est l'*ennui*.

L'ennui est l'ennemi de l'homme. — La guerre, le désespoir, la faim, la fièvre, ne tuent pas autant d'hommes d'esprit que l'ennui; et, pour comble de mal, il ne tue pas les sots.

DIXIÈME MÉDITATION. — Pendant un mois passé hors de chez moi, — un mois pendant lequel mon domestique et mes amis sont sûrs que je ne puis pas rentrer, — il est horrible de penser tout ce qu'on peut tramer contre moi.

Mes belles roses auront presque fini de fleurir; — celle que les jardiniers m'ont prié de baptiser, à laquelle j'ai donné le nom de C... S..., était près d'épanouir ses pétales d'un jaune si riche; — dans un mois il n'en restera plus rien; — il y a un an que je l'attends, — il faudra l'attendre encore un an. On aura fumé ce qui me reste de mon tabac du Levant. — On aura rendu mes pigeons savants, — ils sauront faire l'exercice et jouer aux dominos. — On aura pêché les poissons qui habitent le bassin du jardin.

Un mois sans courir au soleil — quand les prairies sont en fleurs; — un mois sans me laisser dériver entre les saules dans ma chaloupe; — un mois sans nager avec Gatayes. — L'été passe si vite, et il y a si peu d'étés dans la vie, — et il n'y a que ceux de la jeunesse qui comptent.

ONZIÈME MÉDITATION. — O sainte liberté! — c'est sur la mousse des bois, — sous les tentes vertes, formées par le feuillage des chênes, que tu as placé ton empire.

Il passait alors un cabriolet. — Cocher! — je monte; — au

chemin de fer, — et je me suis enfui à Saint-Germain, — où je
me suis installé. — J'irai quelquefois clandestinement voir mes
roses, — odalisques gardées par les hideux eunuques de la police, dont j'aurai à tromper la surveillance.

J'ai quelquefois parlé légèrement des cousins ; — j'en ai un
ici qui me donne une excellente hospitalité ; la forêt est magnifique ; je monte à cheval. — J'ai un appétit terrible ; je crains
bien d'engraisser dans l'exil.

🐜 16. — Au commencement du ministère Thiers, — il y
avait cent vingt conservateurs — qui, sous le nom de deux cent
vingt et un, s'étaient juré fidélité. — On les a pris un à un, et
les plus fougueux ont déjà cédé. — Les *Chasseloup*, *Chegaray*,
— ont consenti à dîner chez le président du conseil.

Bientôt on verra le général Bugeaud appelé à un commandement supérieur. On compte beaucoup, pour rallier le plus grand
nombre des derniers récalcitrants, sur une fournée de préfets
que l'on médite ; et, ce qui est bien plus rare et bien plus beau,
sur une fournée de receveurs généraux. — Dans cette fournée,
on saura intercaler certaines gens de la presse et de la tribune,
— sans les faire paraître sur la liste des copartageants. — C'est
une bien indirecte et bien certaine manière de rétablir les grandes
subventions à la plus accréditée des feuilles quotidiennes.

— Voilà les concerts à peu près finis. — Mon Dieu ! si je
n'étais pas fils d'un pianiste distingué, — quelle sortie je ferais
contre les pianistes ! — Mon père, et quelques anciens pianistes
qui n'ont fait que bien peu d'élèves qui aient conservé leurs tra-
ditions, faisaient et font encore sortir de cet instrument, où tout
est en bois, — des sons vibrants et pleins.

Les pianistes modernes, — presque tous, ont plus d'agilité
que de sentiment, remplaçant les sons par des bruits, — délayent
et noient, — sous le nom de variations, — une pauvre petite
mélodie dans les flots de gammes et de notes frappées, coulées,
saccadées, — et, si je les applaudis quelquefois quand ils ont

fini, je les prie bien de croire que c'est seulement pour les récompenser de ce qu'ils finissent.

— On a donné, à la Chambre des députés, communication
des pétitions ayant pour objet la réforme électorale. — Le rapport, très-consciencieux, a été fait par un savant magistrat, —
M. de Golbéry. — Nous n'avons pas besoin de répéter ici notre
opinion, déjà exprimée à plusieurs reprises, sur l'extension du
droit de suffrage et sur le suffrage universel. — La discussion a
eu lieu entre MM. Thiers, Garnier-Pagès et Arago.

M. Garnier-Pagès — a fait, il faut le dire, de notables progrès
comme homme politique ; — il étudie sérieusement les questions,
et les traite en logicien. — Pour M. Arago, il a fait reparaître
de vieux arguments vermoulus, — qui ne répondaient qu'à des
attaques que personne ne songeait à faire. M. Thiers a été extrêmement faible. — Mais la Chambre a senti que, dans un cas aussi
grave, elle devait le soutenir, pour ajourner indéfiniment la prise
en considération de la réforme électorale.

— M. Bugeaud a cité un toast récent porté par M. Garnier-
Pagès dans un de ces banquets ridicules — que j'ai, il y a bien
longtemps, appelés gueuletons politiques, — où des gens se
disent : « La patrie est en danger, — mangeons du veau et por-
tons des toasts. » — Ce toast — de M. Pagès — répond à un
argument que j'ai mis en circulation il y a trois ou quatre ans. —
Je disais : « L'égalité que demande le parti républicain est plus
qu'un rêve, plus qu'une bêtise ; — c'est une bêtise odieuse, parce
qu'elle tend, non pas à ajouter des pans aux vestes, — mais à
couper les pans aux habits. »

« Nous ne couperons pas les pans des habits, a dit M. Garnier-Pagès, — mais nous en mettrons aux vestes. »

— Dans cette séance, — le même M. Pagès a adressé aux
ministres une interpellation un peu brutale peut-être, mais dont
la franchise ne me déplaît pas. — Il s'agissait de MM. Capo de
Feuillide et Granier de Cassagnac. — M. Thiers, qui a perdu la

tête, a horriblement patangé. — Il aurait été le plus ridicule des hommes sans M. Cousin, qui a eu la bonté de l'être plus que lui. — A propos de M. de Feuillide, M. Thiers *ne connaît pas cet homme ;* — cependant je crois savoir que M. Thiers lui a dit, — parlant à lui-même : « Eh bien ! monsieur, avouez qu'il n'y a que les gens du Midi pour être aujourd'hui ce que nous sommes l'un pour l'autre, après avoir été ce que nous étions hier. » La réponse de M. Cousin : « *Cette personne* est venue me demander des passe-ports, » rappelle celle d'un enfant qui avait reçu un coup sur l'œil en jouant avec des camarades que ses parents avaient proscrits, et qui, ne voulant pas avouer sa désobéissance, répondit à la question qu'on lui faisait sur sa blessure : « *Maman, c'est moi qui m'a mordu l'œil.* »

Le mot est resté proverbe, — et *donner des passe-ports* se dit aujourd'hui pour exprimer honnêtement une chose qui n'est pas honnête.

— Dans la discussion sur la réforme électorale, — M. Thiers s'est rendu coupable d'une phrase que nous dénonçons aux femmes : « Il faut exclure de cette prétention un certain nombre d'hommes qui, comme LES FEMMES *et les enfants,* n'ont pas la *raison nécessaire.* »

17. — Il y a trois ou quatre ans, — l'hiver a tué presque tous les lis des jardins (ceux des Tuileries n'ont pas été plus heureux que les miens de la rue de la Tour-d'Auvergne). — Un journal légitimiste a prétendu qu'on avait répandu sur ceux du château une substance corrosive ; ce que je ne crois pas, par cette raison que je viens de dire, que les miens sont morts comme les autres. Toujours est-il que je ne me suis pas aperçu qu'on les ait remplacés. — C'est un tort : le lis est une fleur splendide et magnifique, et sa proscription serait une petite et ridicule pensée.

Pauvres fleurs ! — ce n'était pas assez de leur prêter parfois un ridicule langage ; de les faire servir à exprimer les plus sottes idées du monde ; de les lier à toutes les fadeurs des troubadours, des poëtes élégiaques et des fabulistes ; on les a jetées dans les luttes politiques.—On se rappelle la rose rouge et la rose blanche d'York et de Lancastre.

Si le lis est proscrit aujourd'hui, — en 1815, les libéraux firent entrer une pauvre innocente fleur dans la politique et dans l'opposition avancée. — Les violettes, qui, jusque-là, avaient caché si soigneusement sous l'herbe leurs améthystes parfumées, — hantèrent les clubs et les estaminets, et résolurent, — égarées qu'elles étaient, de chasser un gouvernement *imposé par les baïonnettes étrangères*. La Restauration lança ses procureurs généraux, qui étaient des gaillards à en remontrer aux plus forts d'aujourd'hui, contre les pauvres violettes ; elles furent déclarées suspectes et ennemies de l'État, — et mises sous la surveillance de la haute police ; ordre fut donné aux agents de la force publique, et notamment à la gendarmerie royale, de saisir et d'appréhender au corps toute violette qui oserait se montrer dans les lieux publics, — et on vit la gendarmerie d'alors s'empresser, à la seule odeur de la violette, de cerner une maison et de faire une visite domiciliaire. — C'est à cette époque que le jardinier Tripet père crut devoir *guillotiner* les *impériales* de son jardin.

18. — Le prix de l'Académie, qui était l'éloge de madame de Sévigné, a été donné à madame... Tastu, je crois. — L'accessit à madame Laya. — La littérature tombe en quenouille, sous le ministère de ce cher M. Cousin ; — les femmes de lettres, qui, en général, ne brillent, — j'en excepte une, — ni par l'élégance, ni par le bon goût, ont exigé de lui qu'il se lavât les mains ; — il a cédé ; — c'est ce qu'il appelle, selon le précepte d'un philosophe plus ancien et plus philosophe, — sacrifier aux grâces.

On se rappelle — l'horreur avec laquelle M. Cousin repoussa, sous le ministère de M. Villemain, ce qu'il appelait un *titre vain*, — c'est-à-dire sans produit.

Le disciple de Platon — entend la doctrine de son maître comme l'entendait une mère de danseuse, qui, se plaignant de l'amour de sa fille pour un homme pauvre, appelait cela « *son ridicule amour platonique.* »

Du reste, il est parfaitement constaté maintenant au ministère de l'instruction publique — que, pour avoir une pension d'homme de lettres, il faut être jolie femme.

La discussion s'est entamée à la Chambre sur la prolongation du privilége de la Banque de France. La Chambre a montré d'une manière évidente son ignorance, son indifférence, son insuffisance et tout ce que vous voudrez de plus monstrueux. — Beaucoup de membres étaient absents; — les autres ne se mêlaient pas de la question, qui fut discutée au milieu de tout entre M. Thiers et M. Garnier-Pagès.

M. Garnier-Pagès a, sur ce sujet, abandonné ses théories républicaines, — et étudié la question depuis plusieurs années; le joli Vert-Vert universel, M. Thiers, qui la *piochait* depuis quinze jours, se sentait plus fort qu'il ne l'est d'ordinaire; il avait fait de nombreuses descentes chez son ami, M. d'Argout, pour lui chipper des renseignements, — pour défendre, en même temps que les intérêts de la Banque, ceux du papa beau-père Dosne, qui est régent de l'établissement, — et qui a donné en dot à son gendre tout ce qu'il possède de lumières sur la question. — M. Pagès, tout en reconnaissant les services rendus par la Banque de France, qui a, depuis sa création, fait baisser énormément l'intérêt de l'argent, a émis l'opinion fort juste qu'elle pouvait en rendre de nouveaux, au lieu de se renfermer dans les limites de ceux qu'elle a déjà rendus. Au résumé, le privilége est prolongé jusqu'au 31 décembre 1867.

Dans cette discussion, les hommes du métier, — M. Fould, par exemple, qui a été élu, — si on se le rappelle, parce que, disaient les voltairiens, *il fallait bien qu'il y eût un juif à la Chambre,* — comme s'il n'y avait pas déjà assez de chrétiens

raisonnablement juifs, comme MM. Jacques Lefebvre, Lebœuf, etc., etc., etc., — M. Fould, qui représente un principe,
n'a fait qu'un discours insignifiant. A quoi servent donc alors
ces manieurs de gros sous ?

— Du reste, nous allons voir la Chambre montrer la même
incapacité et la même indifférence pour les questions d'intérêt
matériel qui vont s'y présenter, — questions qui exigent des
connaissances spéciales que MM. les avocats ne pourront pas
remplacer par des aunes de phrases.

La navigation intérieure, — les céréales, les paquebots —
et surtout les chemins de fer, question où personne ne pourra
mettre le holà de l'intérêt général sur les pétitions des intérêts
particuliers.

Les anciens orateurs avocassiers de la Chambre ne brillent
que dans les vieilles questions grotesquement exhumées par
eux, de la réforme électorale, des envahissements du clergé, —
du cumul, etc., etc.

— On répétait à un théâtre... je ne sais lequel, — une pièce
de MM. Vanderburch et Laurencin. — Au milieu de la répétition, la jeune première s'arrête et dit :

— Quel est l'air de ce couplet ?

— Monsieur Laurencin, dit le directeur, — quel est l'air de
ce couplet ?

— Ma foi, je n'en sais rien, répondit M. Laurencin ; — c'est
Vanderburch qui l'a fait, — il faut le lui demander.

— Il est à son château à Orléans.

— Comment faire ?

— J'y vais.

M. Laurencin va aux messageries.

— Avez-vous une place pour Orléans?

— Oui.

— Pour quand?

— Pour tout de suite ; on attelle.

— Où ?

— Sur l'impériale.

— Il pleut.

— J'en suis désolé.

— Alors prêtez-moi un parapluie ; — je ne fais qu'aller et venir.

On part, on passe la nuit en voiture, on arrive à Orléans.

— La chapelle Saint-Mesmin ?

M. Laurencin s'égare, arrive crotté, mouillé, hors d'haleine. — Il sonne, arrive au cabinet de M. Vanderburch.

Celui-ci, qui est un homme très-hospitalier, s'écrie :

— Oh ! te voilà ; tant mieux. — Tu restes quelques jours ?

— Il ne s'agit pas de cela ; sur quel air as-tu fait le couplet de la jeune première ?

— Nous causerons de ça ; déjeunons.

— Je ne déjeune pas ; sur quel air le couplet ?

— Mais quel couplet ?

— Celui de la jeune première de notre pièce.

— Oh ! eh bien ! le voilà : — Tra la la la.

M. Vanderburch chante l'air ; — M. Laurencin se sauve ; — on veut en vain l'arrêter. — Il regagne Orléans, monte en voiture et revient à Paris avec son air.

19. — A propos des banquiers ou autres orateurs plus ou moins israélites et barbares qui veulent parler à la Chambre, — nous leur donnerons l'exemple de M. de Rothschild, leur maître à tous. — On se rappelle le cri d'exécration qui s'est élevé dernièrement contre les juifs de Damas. M. de Rothschild, pour l'honneur du nom juif, — pour prévenir le contre-coup dans l'opinion de l'Europe, a voulu plaider publiquement l'innocence de ses coreligionnaires. — Il a d'abord recueilli des pièces émanées d'autorités respectables, il les a fait mettre en ordre sous ses yeux par une main habile ; — puis il a fait rédiger un récit qui a été plus tard signé de Me Crémieux, avocat

juif, teinturier ordinaire de MM. les juifs qui ont le besoin et le moyen d'être éloquents ; — et ensuite il a fait insérer le tout, le même jour à la fois, dans tous les journaux de Paris et de Londres, et on a vu toutes les feuilles, même les plus catholiques, mordre à l'appât de l'annonce et proclamer la défense des juifs. Il y aurait un beau chapitre à faire sur la quatrième page des journaux. — Le ministère l'a senti, mais il n'a pas su le faire spirituellement ; au lieu d'*acheter des organes* aux uns, de *donner des passe-ports* aux autres, il n'avait qu'à acheter aux courtiers d'annonces la quatrième page de tous les journaux. — Par ce moyen, au lieu de s'élogier dans ses propres journaux, qu'on ne lit pas, — il se faisait donner, dans les journaux de ses adversaires, — tous les éloges qu'on y donne quotidiennement et sans mesure — aux pâtes de Nafé, — au Kaïfa, — aux toiles métalliques, aux biberons artificiels, aux allumettes chimiques, etc.

Les conseils et les exemples de M. Véron ont pu être en cela fort utiles au ministère actuel — qui, sauf le peu d'économie de ses opérations et les moyens employés, arrive pour les résultats à gouverner par les réclames, comme on vend la pâte Regnault, et se confond tellement dans les esprits, avec ce vénérable béchique, qu'il obtiendra peut-être dans l'avenir le titre de gouvernement pectoral ou ministère Regnault.

20. — Pendant que je suis à Saint-Germain, — je dois constater la manière dont on va, — ou plutôt dont on ne va pas sur le chemin de fer, à cause de la concurrence dont la compagnie est menacée sur la route de Versailles, — concurrence qu'elle n'a pas à redouter pour le chemin de Saint-Germain. — Elle a transporté sur celui de Versailles toutes ses meilleures machines. Le Parisien, qui est si fier avec les rois, est sans cesse sous la tyrannie des cochers de fiacres, des conducteurs d'omnibus et des ouvreuses de loges de théâtres, qui ne se gênent pas avec lui et le maltraitent jour et nuit pour son

argent, sans qu'il ose jamais se rebiffer ni se plaindre. — Il est presque ordinaire qu'on mette une heure pour aller de Paris à Saint-Germain, un peu plus du double du temps nécessaire; — il n'est pas déjà si amusant d'être en chemin de fer entre des talus de terre crayeuse, — procédé par lequel, comme me le disait un jour Armand Malitourne : *on va, mais on ne voyage pas.*

—La forêt, admirablement coupée pour la chasse, est pleine de chevreuils. — On m'assure qu'elle ne renferme que trois cerfs. — Quel que soit le nombre de ces victimes ordinaires des chasses vraiment royales, — ils sont l'objet d'une triste économie. — Quand il doit y avoir une chasse à Rambouillet ou à Versailles, on en prend un dans des filets, on le garrotte, on le conduit en voiture au rendez-vous de chasse; — là on le poursuit, on le force, mais courtoisement, sans lui faire de mal; — ensuite on le prend, on le remet en voiture et on le reporte chez lui. — Cela a l'air d'une chasse de théâtre, et le cerf d'un comparse chargé du rôle de cerf — qui *a ses feux* et qui peut recommencer le lendemain les mêmes exercices; — peut-être, pour prêter davantage à l'illusion, devrait-on les instruire *à faire le mort.*

Madame de Feuchères possède un grand nombre de cerfs à Morte-Fontaine; elle avait fait offrir d'en céder quelques-uns au prix de trois cent cinquante francs chaque. — On les a trouvés trop chers.

—J'ai à constater avec une grande reconnaissance l'empressement et la bonne grâce que les personnes de la famille royale, auxquelles je me suis adressé pour les pauvres marins d'Étretat, ont mis à répondre à mon appel.

Voici la liste de nos souscripteurs. — Nous avions annoncé que nous ne recevrions pas plus d'un louis de chaque personne, — pour ne pas ruiner nos amis de Paris, et ne pas avoir à faire plus tard une souscription en leur faveur parmi nos amis d'Etre-

tat. —Deux n'ont pas tenu compte de l'injonction; — nous
n'avons pas osé priver nos pauvres compagnons de l'excédant.
Gatayes et moi nous nous sommes d'abord adressés à nos amis,
puis à cinq ou six de ceux que nous voudrions qu'ils le fussent.

J'avais écrit à MM. Garnier-Pagès et Laffitte, *amis du peuple;*
ces messieurs ne m'ont pas répondu.

Il ne s'agissait de rien moins que de secourir trente-six familles — de marins blessés et malades, — ou de veuves de marins noyés, —formant un total de *cent quatre vingt-sept* enfants sans pain. —Nous vous envoyons, mes bons amis, avec
cet argent si utile, les noms — de ceux qui ont pensé à vous.

SOUSCRIPTION POUR LES PÊCHEURS D'ÉTRETAT. — S. M. Louis-
Philippe, 500 francs; S. A. R. madame Adélaïde, 200; LL.
AA. RR le duc et la duchesse d'Orléans, 300; S. A. R. le
prince de Joinville, 100; mesdames d'A..., 5; Beaudrant, 20;
MM. Bourdois (Ach.), 5; Bottier, 5; le comte de Brève, 5;
madame Carmouche, 20; MM. Curmer (Léon), 20; Cler (Albert), 5; Contzen (Alex.), 20; de Cormenin, 25; madame la
comtesse de Cubières, 20; MM. le baron de Curnieu, 20; le
marquis de Custine, 20; Delisle, 10; Duvelleroy, 5; Érard
(Pierre), 20; Ernouf (A.), 5; Gatayes (Léon), 20; Gaussen, 5;
Grangier de la Marinière, 20; Gros, 5; Halévy (F.), 10; Hugo
(Victor), 20; Janin (Jules), 20; Karr (Alphonse), 20; madame L... B..., 10; MM. Laîné, 5; Lamaille (aîné), 5; de
Lamartine, 20; Langlois (Charles), 10; Larrieu (A.), 5; Larrieu (E.), 5; le marquis de Miremont, 5; madame Mollart
(Clara-Francia), 20; le comte de Montalivet, 20; Osmont, 5;
Pape, 15; Pellier et Baucher, 20; Pihan (Louis), 15; Rul, 5;
R..., 20; de Salvandy, 20; de Saulty (Alb.), 15; Servais, 5;
lord Seymour, 50; MM. Véron, 20; Villart, 5. —Total, 1,750
francs. .

21. —M. Clauzel a fait à la Chambre des députés le rapport
do la commission relativement au transport et à la sépulture

des restes de Napoléon. Ce rapport n'a eu qu'un médiocre succès, quoiqu'on en attribue la rédaction à M. Frédéric Soulié, — les autres discours du maréchal ayant généralement été attribués à Frédérick Lemaître. La commission offre deux millions, au lieu d'un, qu'on lui demandait pour la translation et le monument.

🐝 23. — Hier, à l'Opéra, on donnait une représentation par ordre; — le duc et la duchesse de Nemours y assistaient. — En face d'eux, — dans une loge d'avant-scène, on remarquait avec étonnement mademoiselle Albertine, — ex-danseuse dudit théâtre, que de grands personnages avaient le droit de croire à Londres. (Voir les *Guêpes* d'avril.)

🐝 24. — La Chambre a parlé, discuté et voté, avec un tumulte qui ressemblait à un vacarme dans l'école, — sur le transport du cercueil de Napoléon. — M. Glais-Bizoin — a fait entendre des paroles d'avocat rancunier et mesquin. — Napoléon les détestait, — et j'aurais voté le second million pour cela seul.

M. Gauguier, — a répété, avec un attendrissement qui a nui à la clarté de son discours, plusieurs refrains de M. de Béranger. M. de Lemartine a prononcé un discours plein d'élévation, de poésie et de raison. — Que de perles! — M. Odilon Barrot a fait de ces grandes phrases sonores à proportion qu'elles sont creuses, si familières aux avocats. — Beaucoup de membres de la Chambre ont saisi ce prétexte de se rallier au ministère; c'est un passe-avant pour les consciences à livrer. Le ministère s'est réuni à la commission et a demandé deux millions. — On a marchandé; l'apothéose a été un peu mélangée d'avanie. — On n'a accordé qu'un million et les Invalides.

— Il ne peut décidément se traiter à la Chambre une question un peu importante sans que MM. les avocats en profitent pour créer un barbarisme.

On a, ce mois-ci, — parlé pendant trois jours de l'*industrie* BETTERAVIÈRE,

Et pendant quinze jours des cendres de Napoléon, qui n'a pas été brûlé, que je sache.

MM. les avocats parlent tant, que les mots de la langue française ne suffisent plus à leur consommation.

🐝 25. — Le *Journal des Débats* n'est plus déjà si méchant contre le jeune Vert-Vert, président du conseil; — il le tolère aujourd'hui, — il l'honorera demain; — il communique déjà, pour les choses frivoles, par mon ami Janin, — dont l'esprit et la gaieté font pour le ministère des affaires étrangères le plus charmant abbé de cour; — et pour les grosses choses, les choses dites sérieuses, par M. de Bourqueney, secrétaire d'ambassade en disponibilité, — rédacteur-pigeon-voyageur de la feuille, — protégé par MM. de Broglie et Sébastiani, et aspirant pour compte à l'ambassade de Bruxelles.

— M. Léon Pillet est officiellement directeur de l'Opéra. C'est une manière pour M. Thiers de compléter sa reconnaissance, et de mettre en mains sûres l'Opéra, qui a plus d'importance politique que ne le croit le vulgaire, — par les loges, stalles, etc., que l'on envoie aux députés; — par les influences plus intimes du chant et de la danse.

J'ai dit que l'ambassade en Perse n'avait eu pour but que d'ôter certaines entraves au répertoire.

On connaît l'histoire d'une estafette envoyée à franc-étrier sous le ministère du 15 avril, à Rambouillet, pour ramener à Paris M. Duponchel qui chassait chez M. Schikler. M. Duponchel prit la poste à six francs de guides et arriva au *ministère* où il s'agissait de rengager mademoiselle Fitz-James.

C'est, d'ailleurs, le complément de la politique un peu Médicis, de M. Thiers, que j'ai dénoncée le mois dernier.

🐝 AM RAUCHEN. — LES FEMMES. — L'opinion attache du déshonneur, pour le mari, aux fautes de la femme. — Le pauvre mari est comme cet enfant que l'on avait donné pour camarade à un prince, et que l'on fustigeait quand le prince ne savait pas sa leçon.

❦ Il y a cela de particulier dans la mauvaise humeur des femmes, qu'il faut nécessairement qu'elle ait son cours; les meilleurs arguments, les raisons les plus évidentes, les preuves les plus convaincantes, ne font à ce cours que ce que les cailloux font au cours d'un ruisseau : le ruisseau murmure un peu plus fort et continue son chemin.

❦ Il y a, dans l'amour, deux phases séparées par une crise difficile. — Le premier attrait de l'amour est la nouveauté. Ce serait si joli une autre femme, s'il y en avait plusieurs. Presque toujours, l'amour meurt, quand la nouveauté s'en va, car alors il n'y a plus rien, la nouveauté n'est plus, l'habitude n'est pas encore; mais, si l'amour survit à cette crise et devient une habitude, il ne meurt plus.

❦ L'amour, d'ordinaire, ne dure que jusqu'au moment où il allait devenir raisonnable et fondé sur quelque chose.

❦ Avec de l'imagination et des obstacles, on peut toujours adorer une femme; il n'est pas aussi facile de l'aimer.

❦ C'est une triste chose pour une femme de s'apercevoir que l'homme qu'elle préfère n'est pas le premier des hommes, et que tout le monde ne partage pas son amour et son admiration pour lui. L'estime des autres pour celui qu'elle aime est pour beaucoup dans l'amour d'une femme, parce que, dans son amant, elle cherche un appui et un protecteur; parce qu'elle sent qu'elle s'identifie à lui, qu'elle ne devient plus qu'une partie de lui-même, et s'absorbe en lui et n'aura plus d'autre considération, d'autre gloire que la sienne.

❦ Une femme aime moins son amant pour l'esprit qu'il a que pour l'esprit qu'on lui trouve.

❦ Il n'y a rien d'embarrassant comme d'être trop familier avec une femme dont on est amoureux; on perd tous ces indices si importants. — Vous ne pouvez comprendre ni vous faire comprendre. Une pression de main n'a plus aucun sens. Si vous voulez, on vous laissera donner un baiser. Vous pressez le bras, on n'y fait pas attention. — Pour faire comprendre que vous êtes amoureux, il ne suffit pas de faire naître un sentiment, — il faut en détruire un autre, il faut dire ouvertement . Je vous aime, — et peut-être, — je vous aime d'*amour*.

L'ami d'une femme peut, à la faveur d'un moment et d'une occasion, devenir son amant; mais l'homme qu'elle n'a jamais vu a mille fois plus de chances que lui.

C'est surtout quand il n'est pas là, qu'une femme aime l'amant auquel elle ne s'est pas donnée, parce qu'alors elle n'a rien à craindre de lui, elle s'abandonne sans restriction à l'ineffable douceur d'aimer.

En effet, c'est un bonheur d'aimer tel, qu'il nous semble étonnant de voir des femmes demander de la reconnaissance pour l'amour qu'elles donnent, comme si elles n'étaient pas assez récompensées, non-seulement par l'amour qu'elles inspirent, mais aussi par celui qu'elles éprouvent.

La femme qui se voit vaincue sent un mouvement de haine contre son vainqueur, quelque adoré qu'il soit.

Chaque femme se croit assez honnête femme, et trouve excessif en ce sens, ce qu'une autre femme a de plus qu'elle. — Un peu moins c'est une courtisane, un peu plus c'est une prude.

On doit juger de la beauté, non par les proportions mathématiques du corps et du visage, mais par l'effet qu'elle produit.

Entre les femmes, il ne peut y avoir d'inégalité réelle que celle de la beauté.

Toutes les femmes sont *la même*; il n'y a de vérité que dans les circonstances.

La véritable pudeur doit se cacher elle-même avec autant de soins que le reste. — La main qui ramène un pli de la robe fait plus rêver à ce qu'elle veut cacher qu'à la honte vertueuse qui le lui fait cacher.

✹ Si la vertu est une négation, elle devrait consister à ne pas faire, et non à faire un peu plus tard.

✹ Les vertus, comme les douleurs, comme la tendresse, doivent avoir de la pudeur, et ne pas être si pressées de se montrer toutes nues, comme des courtisanes.

✹ La coquetterie des femmes n'est un crime aux yeux des autres femmes que parce qu'elle gêne la leur.

✹ Toute femme se croit volée de l'amour qu'on a pour une autre.

✹ Les femmes n'ont qu'un culte, une croyance, c'est *ce qui leur plaît. Ce qui leur plaît* est sacré; elles lui sacrifient tout avec le plus touchant héroïsme.

✹ Il y a deux choses que les femmes ne pardonnent pas, le sommeil et les affaires.

✹ Les amoureux ont ceci de ravissant, que, lorsqu'ils se croient en présence d'un rival redoutable, au lieu d'entamer avec lui une lutte d'agréments, d'esprit et de flatteries, ils se hâtent de pâlir, de froncer le sourcil, de se retirer dans un coin, muets et refrognés, ou de dire des duretés ou des impertinences à la femme dont ils réclament la préférence.

Juillet 1840.

Mollard. — M. le vicomte d'Aure. — M. Baucher. — M. Malpertuis. —
La revue. — Le puff du gouvernement. — L'empereur de Russie. —
M. Ernest Leroy. — Le cheval de Tata. — *Attentat* du 15 juin. — Por-
trait du couteau. — Gueuletons. — Convoi, service et enterrement de la
proposition Remilly. — Libations. — M. Waleski. — Ordre du jour. —
Témérité de M. Roussel, chef de bataillon de la garde nationale de
Montreuil. — La Fête-Dieu. — Un monsieur découvre que je suis un
mouchard.— Adresse. —Dernières séances de la Chambre des députés.
— Mort de Redouté. — Bohain's french newspaper.— Le satrape Valée.
— M. Bugeaud. — Les pianos et les voisines. — La curée. — M. Pariset.
— La Chambre des pairs. — M. Pasquier. — Divers Pasquiers. — M. De-
caze. — M. de Saint-Aulaire. — M. Auguis. — M. Jouffroy. — M. Cham-
bolle. — M. Gouin.— M. Vincent.— M. Blanqui ainé. — M. de Bourgoin.
— M. de Fontenay.— M. Deffaudis. — Gaillardises d'icelui. — On donne
une place à M. Drouin parce qu'il a un mauvais caractère. — MM. Laf-
fitte et Arago, aristocrates. — M. de Balzac. — Amende honorable. —
Am Rauchen.

Report d'autre part.

MAI. — Comme on demandait à M. Thiers si quelques écrivains feraient partie de l'expédition de Sainte-Hélène? « Non
pas, a-t-il répondu ; — je veux lui laisser toute sa gravité. »

🐝 Après l'exposition publique des tableaux, on a distribué les récompenses clandestines.

Autrefois, c'était dans une séance solennelle que le roi donnait lui-même aux peintres et aux sculpteurs les médailles qu'ils
avaient méritées. — Depuis quelques années, — ils les reçoivent à domicile — par un garde municipal ; — on ne leur
demande pas tout à fait le secret, mais bien peu s'en faut. On
attribue ce changement à quelques protestations grossières faites
par de jeunes peintres, ayant plus de barbe que de talent, à la
dernière séance royale. Mais il fallait faire mettre les peintres
barbus à la porte ou au violon, — et ne pas répondre à un reproche d'injustice dans la distribution des récompenses par une
clandestinité qui, entre autres inconvénients, a celui de diminuer
singulièrement le prix qu'on attache aux récompenses.

🐝 Il y avait dix ans que MM. Jaubert et de Rémusat
mettaient une sorte d'orgueil à ne pas avoir la croix ; — il y a

en effet tant de gens dont on dit : « Pourquoi ont-ils la croix? » — que ce n'est pas une très-mauvaise chose que de faire demander pourquoi on ne l'a pas. MM. Casimir Périer, — Guizot — et plusieurs autres ministres successifs avaient en vain offert la croix à ces deux réfractaires.

M. Thiers leur a joué le tour de faire signer leur nomination au roi sans les prévenir, — de sorte que, comme ministres du roi, ils ont été obligés de l'accepter et de la porter.

En recevant sa croix, — M. Jaubert a dit : « Thiers me payera cela. »

JUIN. — 1. — Je reçois en ce moment des nouvelles d'un dieu chevalier de la Légion d'honneur, qui ne laissait pas de m'inquiéter un peu; — je veux parler de M. Enfantin, ex-dieu des saint-simoniens. Je m'étais demandé souvent : — Que diable peut-on faire quand on a été dieu?

Voici ce que je lis dans une lettre écrite par M. Bory de Saint-Vincent, chef de l'expédition scientifique envoyée à Alger : — *« Nous avons recueilli deux crapauds, dont un assez gros, marqué de taches variant du brunâtre au verdâtre, trouvé pour la première fois par M. Enfantin. »*

M. Enfantin, après avoir lutté deux ans contre Dieu, — l'autre dieu, vous savez, — l'ancien, celui qui a créé le soleil et les mondes, une foule de vieilleries; — après l'avoir traité plus que légèrement et avoir essayé d'en faire un dieu de la branche aînée, — M. Enfantin, — homme fait dieu contrairement au Christ dieu fait homme, avait donné sa démission. — M. Enfantin était, il est vrai, de première force au billard et avait inventé un *bleu* nouveau pour les *effets;* — mais ce n'était pas là un avenir ni même un présent, — il s'est fait savant; — c'est bien humble.—Qu'est-ce en effet que d'être *savant* et surtout relativement à l'histoire naturelle?—c'est simplement passer sa vie à admirer les créations infinies de Dieu et épuiser son intelligence à les comprendre. Il est triste de jouer ce rôle vis-à-vis d'un rival.

Mais, — M. Enfantin est-il de bonne foi? s'il avait découvert quelque animal beau et noble comme le cheval, — ou riche, léger, féerique comme le colibri, ou terrible comme le lion, ou utile comme le chameau, je croirais à son humilité et à sa résignation, — comme je crois à celle de ses fils les sous-dieux Michel Chevalier et quelques autres qui se sont résignés à la domination des Bertin, propriétaires du *Journal des Débats*, — et marchent d'un fort bon pas à la fortune et à ce qu'on appelle les honneurs. Mais aller découvrir un hideux *crapaud*, — assez *gros*, — *brunâtre* et *verdâtre*, — un crapaud dont Dieu l'*ancien* était honteux, qu'il avait caché dans quelque mauvaise flaque d'eau de l'Afrique, — espérant qu'on ne l'y trouverait pas; — à la façon d'un poëte qui froisse et met au feu des vers dont il est mécontent; — d'un sculpteur qui jette avec colère dans un coin la terre glaise rebelle sous ses doigts. — N'est-ce pas plutôt une dénonciation qu'une découverte : — cela au point de vue de M. Enfantin, à la fois dieu et apôtre de la forme. Ne veut-il pas dire : « Tenez, voilà ce qu'il fait votre dieu, — le dieu que vous m'avez préféré; — c'est joli, — n'est-ce pas? vous devez être bien content d'avoir un dieu qui fait des choses comme cela. »

Il est probable qu'on amènera en France les découvertes de M. Enfantin, — pour améliorer, par le croisement des *races*, l'espèce des crapauds dans notre belle patrie.

2. — La guerre que l'on fait en Afrique finira par nous paraître très-singulière. — En France, toutes les idées tournent au commerce, — à l'industrie, — aux affaires, — et la guerre entraîne de ces actes auxquels on a besoin d'être accoutumé pour ne pas s'effaroucher un peu. — Un journal, intitulé *le Siècle*, écrit dans le même numéro : « *Le maréchal Valée s'est dirigé sur la plaine du Chélif, — détruisant les tribus et incendiant les récoltes sur pied; — nos troupes ont fait beaucoup de mal à l'ennemi.*

Et à la page suivante : « *Abd-el-Kader a mis le feu à la plaine ; — la guerre qu'il nous fait est celle d'un brigand et celle d'un vandale.* »

— J'ai vu également le même jour, dans un seul journal, — deux faits différents, — dans lesquels on trouve ces mots : — « *Il a tué deux hommes.* » Dans le premier cas, — l'auteur du meurtre a un pantalon garance, son action est glorifiée ; — l'autre a un pantalon noir, il est appelé en cour d'assises. Le premier est un brave soldat qui aura de l'avancement, — le second un lâche assassin qui sera guillotiné.

🐜 3. — Les philosophes ont peu de succès en ce moment. Tandis que M. Cousin, membre de la Légion d'honneur, *sacrifie aux grâces*, — M. Jouffroy, membre de la Légion d'honneur, se laisse convaincre de s'être fait donner de l'argent sous divers prétextes, dont la plupart paraissent insuffisants. Les mêmes gens qui ont crié le plus haut contre les turpitudes qu'on a dévoilées, ont voté ensuite contre une mesure qui tendait à les rendre impossibles à l'avenir. — Ce qui montre qu'il y avait plus d'envie que de vertu dans leur bruyante indignation.

Du reste, en prononçant la publicité des secours donnés aux hommes de lettres, on se serait mis dans une position difficile. — Du jour où, pour éviter que les fonds du ministère de l'instruction publique soient livrés à des appétits indignes, — on en aura abandonné la répartition à la publicité, — les hommes auxquels on veut les conserver ne les accepteront plus, et de ce moment même il ne se trouvera pour les *consommer* que ceux-là précisément auxquels on veut les dérober, c'est-à-dire des gens sans talent et sans pudeur.

Il faut prendre garde qu'il n'en soit de cet argent comme des hospices d'enfants trouvés, — où, comme nous l'avons déjà fait remarquer depuis la suppression des *tours*, c'est-à-dire du secret, — on a déposé beaucoup moins d'enfants aux hospices, mais pour en déposer beaucoup plus au coin des bornes et dans les auges des pourceaux. Deux enfants nouveau-nés ont été, hier, trouvés, dans deux quartiers différents, sur des tas d'ordures.

Le ministère de l'instruction publique est, en France, une des niaiseries les plus graves. — Le ministère n'exerce aucune influence littéraire d'aucun genre; — il n'a aucun rapport avec les hommes qui écrivent; — il ne les connaît pas. Il change les heures des classes et des récréations dans les colléges; — il fixe le *maximum* des *pensums*; — il modifie la forme des concours. Mais, pour la littérature vivante, — pour celle qui a tant de pouvoir sur les cœurs, — sur les esprits, — sur les mœurs, — il ne sait pas ce que cela veut dire.

🐜 4. — M. Arago et M. G. de Pontécoulant, tous deux chevaliers de la Légion d'honneur, savants illustres dans le monde entier, ont écrit l'un contre l'autre une brochure, — dans laquelle chacun des deux prouve clair comme le jour que l'autre est un ignorant.

🐜 5. — M. Mathieu de la Redorte, — membre de la Chambre des députés, — chevalier de la Légion d'honneur, est nommé ambassadeur en Espagne à la place de M. de Rumigny, membre de la Légion d'honneur. M. Mathieu de la Redorte est un homme fort distingué sous plusieurs rapports, et contre la nomination duquel je n'aurais rien à dire, s'il s'agissait d'une autre ambassade; mais sa qualité de parent de Joseph Bonaparte, — et la religion réformée à laquelle il appartient, rendent peu convenable sa mission auprès de Sa Majesté Catholique.

Ce témoignage de reconnaissance a fait dire de M. Thiers : — Décidément ce n'est pas un *Fesse-Mathieu*.

En outre, M. de la Redorte devait acheter une action du *Constitutionnel*, et c'était une chose assez importante.

La propriété du *Constitutionnel* est divisée entre MM. Étienne, chevalier de la Légion d'honneur; — Véron, chevalier de la Légion d'honneur; — Jay, chevalier de la Légion d'honneur; — et quelques marchands de vin et de bois retirés, et chevaliers de la Légion d'honneur: — ç'a été de tout temps un gouvernement fort agité, et, avant l'entrée de M. Véron — dans les conseils, la discussion s'y animait parfois au point qu'on y échangeait des coups de chaise. — M. de Saint-Albin, le père, chevalier de la Légion d'honneur, — y faisait des 18 brumaire presque périodiques.

M. Véron n'y a donc qu'une puissance très-disputée, — et qui peut à chaque instant lui échapper. M. Mathieu de la Redorte devait acheter l'action de M. Roussel, chevalier de la Légion d'honneur, et adversaire de M. Véron dans le conseil, — et par ce moyen, ranger ce vieux carré de papier d'une manière immuable, sous les ordres de M. Thiers; — mais, la nomination signée, — M. de la Redorte a changé d'avis, — et M. Roussel, voyant qu'on ne voulait plus acheter son action, a commencé à dire qu'il ne voulait plus la vendre.

6. — Voici des remaniements de préfectures, — comme je l'avais prédit dans un volume précédent. — Mais, que n'ai-je pas prédit dans mes volumes précédents?

Entre autre choses, — l'élévation du petit Martin, — chevalier de la Légion d'honneur.

— Il y a à Versailles une chapelle très-sombre. — Le roi la visitait, et on avait laissé ouverte la porte d'entrée pour donner un peu de lumière. — Sa Majesté demande une lettre à un des chevaliers de la Légion d'honneur qui l'accompagnaient, et dit : « Je peux à peu près y lire; — mais la reine ne le pourra pas. »

M. Neveu, l'architecte, chevalier de la Légion d'honneur, s'approche du roi, et lui dit : « Sire, j'ai trouvé un moyen.

— Ah ! tant mieux !

— Un moyen d'une simplicité incroyable. — Il s'agit de remplacer la porte d'entrée qui est pleine, par une porte vitrée. » — Le roi eut beaucoup de peine à faire comprendre à M. Neveu qu'une porte qui ne donne pas assez de jour quand elle est ouverte, n'en donnera pas davantage quand elle sera vitrée.

🐜 7. — Quand ce volume paraîtra, — M. Ganneron, — député, et chevalier de la Légion d'honneur, — se rappellera-t-il avoir dit dans une maison, hier soir : — *Nous venons de bâcler quinze lois.*

🐜 8. — M. Lherbette, chevalier de la Légion d'honneur, a adressé des interpellations au ministère relativement aux deux journaux ministériels du soir, le *Moniteur parisien* et le *Messager.* — Voici le secret de cette petite comédie. M. Baudoin, gérant du *Moniteur,* — et chevalier de la Légion d'honneur, — voudrait anéantir M. Brindeau, gérant du *Messager,* lequel voudrait absorber M. Baudoin.

Le petit *Moniteur,* qui est imprimé à sept mille exemplaires, est préféré par le ministère au *Messager,* qui n'en vend que onze cents, et on lui donne les dépêches les plus fraîches et les meilleures. Le *Messager,* d'après un contrat, est assuré de deux années d'existence. — M. Brindeau, menacé de les passer dans l'abaissement et l'humiliation, — a songé à M. Lherbette, à côté duquel il dîne tous les jours au café de Paris, — et il l'a prié de forcer le ministère à s'expliquer clairement à son sujet ; — de sorte que les attaques formulées par M. Lherbette contre le ministère — étaient réellement faites par M. Brindeau, gérant du *Messager,* journal acheté par le même ministère.

🐜 9. — Les moralistes et philanthropes ayant de tout temps attribué les crimes des hommes à l'ignorance, — il est devenu fort à la mode, parmi les assassins et les voleurs, — d'avoir un peu de littérature. — On se rappelle les tragédies et les chansons de Lacenaire ; — l'homme à la mode en ce moment est Éliçabide. — Clément Boulanger, qui est un homme de talent et de tact, a eu raison d'écrire aux journaux qui l'avaient annoncé qu'il n'était pas vrai qu'il eût fait le portrait de cet assassin pour le publier.

Voici, au sujet d'Éliçabide, une petite anecdote que le chanteur Duprez a racontée lui-même avec beaucoup de gaieté et d'esprit :

« Il y a eu, — il y a quelque temps, une fièvre de plâtre incroyable. — On a publié la statuette de tout le monde. — Un marchand, qui n'avait pu placer tous les exemplaires de celle de Duprez, — a imaginé d'envoyer ce qui lui restait en province et de les faire vendre comme représentant Éliçabide. A Bordeaux, le peuple s'est indigné en voyant le scélérat et a brisé plusieurs statuettes. »

Le commerce ne peut manquer de s'emparer évidemment de ce débouché pour les *illustres* qui lui restent en magasin. — On a déjà envoyé trois cent cinquante Déjazet dans les départements, — pour être vendues sous le nom de madame *Laffarge*, accusée d'avoir empoisonné son mari.

Je me réjouis fort d'avoir résisté à l'honneur du plâtre.

🐜 Lettre de M. Fauvel, maire d'Étretat, m'annonçant la réception des 1,750 francs que nous lui avons envoyés.

🐜 10. — M. Népomucène Lemercier, membre de la Légion d'honneur, est mort. C'était un assez beau talent et un très-beau caractère. — Voici à l'Académie un fauteuil vacant.— Voyons comment on fera pour ne pas le donner à M. Hugo, membre de la Légion d'honneur.

— Je me trouvais à la campagne hier, — et je voyais des gens du peuple; — des ouvriers, mangeant, buvant, dansant à faire envie.

Et je me rappelais nos modernes tribuns et les phrases qu'ils font à la Chambre sur le peuple et sur le bonheur du peuple.

Et je me dis, — les Gracques, — ces colosses républicains, — aux jarrets et aux bras d'acier, — au front élevé, — aux cheveux drus et serrés, aux yeux assurés et étincelants, à la voix puissante assez pour remplir le Forum, — ont aujourd'hui pour successeurs de jeunes valétudinaires chauves et en lunettes ou de vieux avocats asthmatiques.

Comment ces hommes peuvent-ils comprendre le peuple, —
ses malheurs et ses besoins?

Aussi, écoutez-les. — Ce n'est pas la sécurité et la meilleure
organisation d'un travail suffisamment rétribué qu'ils demandent
pour le peuple.

Non, c'est le droit d'aller voter dans les colléges électoraux,
c'est le droit d'aller de temps à autre mettre dans une urne un
morceau de papier en faveur d'un avocat ou d'un marchand de
bœufs ambitieux, qu'il ne connaît pas.

A voir ces pauvres tribuns, — tristes, moroses, pâles, —
étiques, — somnolents, mornes, ennuyés,

A voir le pauvre peuple, — buvant, mangeant, faisant l'amour
avec ses puissantes facultés,

On se demande si les premiers ne sont pas un peu plaisants
dans leur pitié pour les seconds; et on s'attriste de voir le bonheur que les phthisiques amis du peuple veulent lui faire à leur
taille.

11. — Gatayes est allé voir Janin, membre de la Légion d'honneur, et il l'a trouvé fort embarrassé. — Il y a quelques années, il s'est intéressé à une vieille femme qu'il a rencontrée dans la rue. — Il l'a fait entrer dans un hospice, où elle
se trouve fort heureuse. La veille, elle avait été malade, — et,
ce jour-là, se trouvant mieux, elle s'était dit : « Il ne faut pas
que je meure sans avoir vu M. Janin. » Elle s'était fait accompagner par une femme de la maison, — et, à petits pas chance-
lants, — elle était arrivée à la rue de Vaugirard. — Là, je ne
sais comment, — elle avait réussi à monter les étages, — peut-
être a-t-elle mis deux heures ; — mais enfin elle est arrivée.
— Janin l'a reçue de son mieux, — il a déjeuné avec elle et
avec Théodose Burette, — Théodose Burette, savant et homme
d'esprit, est le Gatayes de Janin, — il a glissé de l'argent dans
sa poche, — il a été simple et bon, — il lui a parlé du régime
de l'hospice, — il l'a écoutée avec intérêt, — il a retrouvé, pour

accueillir cette pauvre femme, — tous ces soins affectueux qu'il garde au fond du cœur depuis qu'il a perdu sa chère vieille tante.

« Allons, — ma bonne, — lui dit-il, — Théodose et moi nous irons vous voir ; — il ne faut pas vous fatiguer ainsi à venir ; je suis jeune, moi, j'irai là-bas. »

Tout cela était fort bien ; — mais la bonne vieille avait épuisé tout le reste de ses forces pour arriver à l'aire du farouche critique. — Quand il fallut descendre l'escalier, ses pauvres vieux genoux fléchirent ; en vain Janin, d'un côté, — Théodose Burette, de l'autre, voulurent la soutenir, — impossible de descendre. — A ce moment, Gatayes arriva ; — et on lui expliqua la situation. « Parbleu ! dit-il, — il faut descendre la vieille sur un fauteuil que nous porterons. »

L'idée est adoptée : — on place la vieille sur un fauteuil, — Gatayes prend les pieds de devant, — Janin et Burette le dossier, et on descend un peu haletant. « Allez, — allez, — la bonne, — disait Burette, il n'y a pas beaucoup de reines qui aient un attelage comme le vôtre. »

12. — Aujourd'hui a eu lieu la grande revue de la garde nationale. — Vers l'heure du dîner, les rues étaient remplies de citoyens violets et apoplectiques ; — les malheureux étaient depuis le matin exposés à un soleil ardent, — empaquetés, serrés, ficelés, — comme vous savez ; — plusieurs en mouront. O saints martyrs, — priez pour nous.

On s'était beaucoup occupé de cette revue : — dans son humilité, le gouvernement n'avait pas cru devoir compter sur la *sympathie* de la garde nationale. — Fidèle à son système d'annonces et de réclames, — il avait imaginé un puff, devant lequel auraient reculé les marchands de pommade mélaïnocôme et d'allumettes pyrogènes.

On avait fait courir le bruit que l'*Empereur de toutes les Russies* assisterait à la revue. — Le *Siècle*, feuille de M. Barrot, l'avait annoncé dans *le corps du journal*. — Le bruit avait grossi,

et de braves gens de mon quartier disaient : « *Il paraît* que
l'empereur de Russie sera dans les rangs de la garde nationale. »

Beaucoup s'étaient rendus sur la place de la Concorde — par
curiosité, et aussi pour humilier l'autocrate par l'aspect de la
tenue d'un peuple libre. — Quelques-uns voulaient crier : « Vive
la Pologne ! »

On fut extrêmement désappointé — en ne voyant pas le des-
pote, — ceux qui voulaient crier : « Vive la Pologne ! » surtout, — et comme ils voulaient crier : Vive quelque chose, ils
crièrent : « Vive la réforme ! »

Il y avait cependant là un spectacle plus curieux que ne pouvait l'être l'empereur de Russie. — M. Thiers s'était mis en
grande sollicitude du cheval qu'il monterait. — Il s'agissait de
trouver un cheval qui eût une belle apparence, mais qui cependant ne lui fît aucune avanie. Enfin, il avait emprunté à M. Ernest
Leroy — un petit cheval arabe que monte ordinairement un enfant de quatorze ans, hardi cavalier, que les amis de M. Leroy
appellent ordinairement Tata.

Quand on demandait à M. Thiers ce que c'était que ce joli
cheval, — il répondait : « C'est Leroy qui me l'a prêté. — Ah !
c'est le roi ? — Oui, c'est Leroy. »

Les amateurs de chevaux et les habitués du bois de Boulogne
disaient : « Tiens, c'est le cheval de Tata. »

On n'a pas assassiné le roi : — décidément la mode en est
passée.

M. de Pahlen s'est plaint aux Tuileries, — et a dit hautement que l'empereur de Russie n'était pas et ne devait pas être
un canard.

🐜 13. — Comme, hier, je sortais de la maison que j'habite, rue de la Tour-d'Auvergne, une femme m'aborde et me
dit :

— Êtes-vous monsieur Karr ? — je voudrais vous parler un
moment.

Je m'incline en lui désignant de la main la porte de la maison.

— Non, me dit-elle, passez devant pour me montrer le chemin.

Je la salue et j'obéis. Mon domestique était sorti, je m'adresse à la portière pour avoir la clef de mon logis ; à ce moment l'inconnue tire un long couteau qu'elle tenait caché dans son ombrelle et m'en porte un coup dans le dos. La portière jette un cri ; — moi, d'un seul mouvement, j'avais paré le coup et saisi le couteau.

— Marie, dis-je à la portière, vous laisserez sortir librement madame, — et vous, madame, vous me permettrez de ne pas prolonger cette petite conversation.

Je la saluai et rentrai chez moi, tandis qu'elle disait : « C'est impossible, il faut qu'il ait une cuirasse. »

— Parbleu, — dis-je à Léon Gatayes, — qui arriva quelques instants après, en lui montrant le couteau : — j'ai bien raison de dire que ces femmes de lettres sont de bien mauvaises femmes de ménage ; en voilà une qui vient de dépareiller une douzaine de couteaux !

— Tu te trompes, me dit Gatayes, celui-ci est le couteau à dépecer.

Puis nous allâmes dîner à Saint-Ouen, et passer le reste de la journée sur la rivière.

Ce matin, j'apprends que l'accident a donné lieu, dans le quartier, à de singulières appréciations. — Quelques journaux ont présenté le fait avec des circonstances bizarres. — Quelques récits me donnent un air de Don Juan puni, dont je ne veux pas accepter le ridicule ; — d'autres pensent que c'est une anecdote inventée à plaisir par quelque feuille facétieuse, — ce qui me rendrait complice d'un mensonge que je n'aurais pas démenti ; c'est ce qui me détermine à en parler ici.

Mon ami le docteur Lebâtard, qui est venu voir *s'il y avait de l'ouvrage,* m'affirme que la blessure pouvait être fort dangereuse, et certes j'aurais été atteint si on m'avait porté le coup tout droit au lieu de lever le bras au-dessus de la tête, comme font les tragédiens, sans aucun doute dans la prévision de la lithographie qui pourrait être faite de la chose.

Les honnêtes dimensions du couteau sont de trente-huit centimètres de longueur. — La largeur de la lame est de deux centimètres et demi.

Il est aujourd'hui accroché dans mon cabinet au milieu de mes tableaux et de mes statuettes, avec cette inscription :

DONNÉ PAR MADAME *** (*dans le dos*).

Maintenant que tout le monde a pu émettre son opinion sur cette aventure, je vais donner aussi la mienne.

L'auteur de cette exagération — est une femme que j'ai désignée trop clairement dans un volume précédent. — C'est la seule fois, depuis que je publie les *Guêpes*, qu'il me soit arrivé de désigner ainsi une femme à propos de choses dépassant la plaisanterie. — J'ai fait un acte de mauvais goût; je ne suis pas fâché de l'avoir expié. Et, en y réfléchissant, je ne trouve réellement pas qu'elle ait tout à fait tort; — il faut le dire, il y a dans cette manière de ressentir et de venger une injure, — soi-même, — seule, — en plein jour, — quelque chose qui ne manque ni d'énergie ni de courage, et ne manquerait pas de noblesse, — si le couteau n'était pas un couteau de cuisine.

Je le répète, — j'ai fait un acte de mauvais goût, et j'en demande humblement pardon à toutes les femmes.

— Sur la proposition de M. de Sainte-Beuve, la guêpe Padocke est mise *à pieds* pour deux mois.

🐝 14. — Voici deux phrases que je trouve dans un livre que j'ai publié il y a fort longtemps :

« Il vient parfois des époques difficiles — où les hommes sérieux, — les grands politiques, — *amis du trône* ou *amis du peuple*, se disent : — Les circonstances sont graves, — le pays est en danger; — c'est le moment de dîner ensemble et de manger du veau.

» On mange, — on boit, — on parle : — bientôt arrive l'instant où tout le monde parle à la fois et où personne n'écoute ; — puis, enfin, — quand on est suffisamment ivre, — on commence à traiter les questions politiques et à discuter le sort des peuples et des rois.

» On appelle ces gueuletons — banquets politiques. »

Ces phrases ont été répétées depuis par plusieurs journalistes qui n'ont pas cité l'endroit où ils les avaient prises — ce qui m'est parfaitement égal, — et, loin de me contrarier, m'a procuré le plaisir de porter ainsi à ces ripailles patriotiques un coup dont elles ne se relèveront pas.

La proposition Remilly était *enterrée* par la *gauche*, livrée à M. Thiers par M. Barrot.

Rappelons-nous que la proposition Remilly n'avait pour but que d'établir par une loi ce que ladite gauche demandait depuis si longtemps avec tant de clameurs, — c'est-à-dire d'enlever aux ministres la possibilité de payer les *dévouements intéressés*. Le coup porté m'avait paru à moi-même difficile à parer. « Parbleu, messieurs, disait la proposition, voilà dix ans que vous criez contre la corruption qu'exercent les ministres; puisque vous êtes la majorité, puisque vos amis sont aux affaires, c'est le vrai moment de la rendre à jamais impossible. »

Je ne voyais rien absolument à répondre.

Mais je n'avais pas prévu l'argument que voici :

« Chère proposition, — répondirent ces messieurs, — il s'agissait alors de ministres corrupteurs et de dévouements mercenaires ; — mais aujourd'hui que nous avons des ministres vertueux et des dévouements désintéressés, — c'est bien différent. Fi des dévouements mercenaires! on ne doit rien leur donner; mais le désintéressement, vive Dieu! — proposition ma mie, — le désintéressement est rare; — le désintéressement est fort cher, et on ne saurait trop payer le désintéressement. »

Pour la galerie cependant il fallait faire bonne contenance;
le ministère eut l'air d'approuver la proposition Remilly; mais
M. Jaubert, — membre de la Légion d'honneur, — envoya à
ses amis, et par mégarde à un de ceux qui n'en étaient pas, —
une invitation à venir *enterrer* la proposition Remilly. Cette
lettre de *faire part*, — tombée ainsi en mauvaises mains, fut
rendue publique

Cela devait tuer un ministre et un ministère; — mais dans
ce temps-ci — on en voit tant d'autres — que l'on n'y fit presque pas d'attention, et que la proposition Remilly fut enterrée
dans l'urne du scrutin.

Les fossoyeurs furent en conséquence conviés à un convoi de
quatre-vingts couverts chez Véry; — mais, comme ce parti
manque d'homogénéité, — comme on l'a péniblement formé d'é-
léments bizarres, — que c'est une sorte de julienne, de parti-
Gibou, — les chefs défendirent qu'on parlât politique dans la
crainte que dans la chaleur du banquet on oubliât son rôle, et
que l'on s'aperçût que l'on n'était réuni que par l'intérêt.

On remplaça la politique par divers exercices bachiques, —
tels que la charge en douze temps — et l'ingurgitation de rhum
ou d'eau-de-vie dans le gosier d'un seul coup, sans qu'il touche
au palais. L'ingurgitation est la charge en douze temps appliquée
au vin de Champagne.

L'ingurgitation est susceptible de divers degrés. — Un des
représentants de la France, membre de la Légion d'honneur,
dans ce mémorable gueuleton, — réussit à boire d'un seul trait
une bouteille entière de vin de Champagne. — Quelques autres
convives tentèrent de l'imiter, mais ils versèrent les bouteilles,
et répandirent des flots de vin sur leurs cravates et leurs jabots,
et les habits de leurs voisins.

Les toasts furent remplacés par des chansons bachiques et
érotiques.

15. — Il y a plusieurs mois que j'ai annoncé, en signa-

lant l'appui que le *Messager* donnait à M. Thiers, — que M. le comte Waleski serait récompensé de ce dévouement par une ambassade. Voici qu'on va l'envoyer, en effet, auprès de l'empereur du Maroc, — pour lui demander des explications au sujet des secours qu'Abd-el-Kader a reçus de lui.

Pendant que je suis en train de rendre moi-même hommage à la sagesse de mes prévisions, — je ferai remarquer le soin avec lequel j'ai cessé de parler de M. Waleski depuis qu'il s'est réfugié dans la vie privée. J'ai, dès aujourd'hui, le droit de le mettre sous la surveillance d'un de mes insectes ailés.

16. — Holà ! mes guêpes, à moi ! — partez, *Mammone*, — *Astarté* — et *Grimalkin*; — je vous confie mes plus intrépides escadrons; — volez à tire-d'aile — sur un mauvais petit village qu'on appelle *Montreuil*, près Vincennes, — un hameau célèbre par la grosseur de ses pêches; — livrez les habitants à la fureur de vos soldats; n'épargnez ni le sexe, ni l'âge; passez le pays au fil de vos aiguillons, — et, si je vous désigne de préférence, — *Mammone*, — *Astarté* — et *Grimalkin*, — c'est que je connais votre férocité — et que vous avez pris votre déjeuner dans les fleurs de mes lauriers-roses, — déjeuner d'acide prussique, qui ne peut manquer d'envenimer vos piqûres d'une agréable manière.

Voici ce que je lis dans un journal de l'opinion *avancée* : « Les élections municipales seront vivement disputées dans la commune de *Montreuil*, près *Vincennes*.

« Un fait récent est venu donner une *grande importance* au choix des électeurs.

« Le jour de la Fête-Dieu, le maire de cette commune commanda la garde nationale pour assister à une procession; mais le chef de bataillon, M. Roussel, *résista* à cette injonction, et ne donna aucun ordre à son bataillon, qui ne parut pas à la *fête religieuse*. Les habitants se sont hautement prononcés en faveur de M. Roussel, et ils veulent lui donner un *éclatant témoignage de leur approbation* en excluant le maire du conseil municipal. »

M. Roussel, — *Mammone,* — vous entendez.

Comment ! *monsieur le chef de bataillon,* — vous faites de l'opposition contre Dieu? — vous ne le reconnaissez pas? Laissez-le donc être Dieu; — lui qui vous laisse si bien être chef de bataillon de la garde nationale de Montreuil; laissez-lui donc sa fête, — monsieur Roussel, — lui qui vous donne, en ce moment, une si belle fête de quatre mois, qu'on appelle l'été; — donnez-lui quelques fleurs, lui qui vous en donne tant, — lui qui pare tous vos pêchers de tant de belles fleurs roses qui deviennent plus tard ces belles pêches que vous nous vendez si bien et si cher. Et vous, honnêtes habitants de Montreuil, pourquoi traiter Dieu si mal? Donnez-lui, dans votre respect, le rang de chef de bataillon de la garde nationale; — ne le placez pas trop au-dessous de M. Roussel; — ne l'humiliez pas trop; — il a peut-être encore là-haut un vieux restant de grêle, — et les pêches ne tiendraient pas plus aux arbres que les hommes à la vie. Mais soyez tranquilles, n'ayez pas peur de l'offenser, ce serait trop d'orgueil; — il n'éteindra pas pour cela son soleil, — et vos pêches mûriront, — et aussi le raisin pour le vin que vous boirez dans le banquet que vous allez sans doute offrir à votre audacieux chef de bataillon.

Audacieux est le mot. En effet, le téméraire, — tout le monde est pour lui; eh bien ! cela ne l'intimide pas; il n'en suivra pas moins la route périlleuse qu'il a osé entreprendre.

Et vous, journaliste, — mon bon ami, — comme vous vous sentez heureux ! — Ce n'était pas assez d'avoir un roi constitutionnel, il fallait encore un Dieu constitutionnel, un Dieu condamné à une réclusion perpétuelle dans ses églises. — Comme Montreuil doit envier Paris ! — Paris, où Dieu est sous la surveillance de la haute police; — où, s'il se montrait dans la rue, il serait appréhendé au corps comme perturbateur; Paris, qui supprime ce jour de la Fête-Dieu, — où le peuple et les rues étaient propres ; — Paris, qui chicane les fleurs à Dieu, — dans la crainte de n'en plus avoir assez pour jeter à des danseuses en sueur.

❧ Mais cette fête dont vous refusez à Dieu sa part, ne voyez-vous pas que c'est à lui que toute la nature la donne ? — tous ces parfums qui montent au ciel, toutes ces voix joyeuses d'oiseaux qui chantent ; croyez-vous que ces voix et ces parfums ne vont pas plus haut que vous, et qu'après que vous les avez entendues et respirés, — elles s'éteignent et s'évanouissent ?

> A l'heure sainte où l'on sonne à l'église
> La dernière prière, — au loin silencieux,
> Du sol on voit monter comme une vapeur grise
> Sortant de l'herbe et s'élevant aux cieux.
> C'est l'encens qu'exhale la terre,
> C'est la solennelle prière
> De la création entière au Créateur ;
> Chaque fleur, chaque plante, y mêle son odeur :
> La *campanule* bleue en fleurs dans nos prairies,
> L'*alpén-rose* le pied dans la neige des monts,
> Et le grand *cactus* rouge, hôte des Arabies,
> Et les *algues* des mers dans les gouffres sans fonds,
> L'oiseau son dernier chant dans sa verte demeure,
> Et l'homme, des pensers qu'il ne sait qu'à cette heure.
> Ce nuage divin, formé de tant d'amours,
> Monte au trône de Dieu ; — dîme reconnaissante
> De ce que doit la terre à sa bonté puissante,
> S'étend..... et c'est ainsi que finissent les jours.

❧ 17. — On m'envoie une sorte de journal qui s'imprime à cent vingt lieues de Paris, hors de France, — où on donne simplement à entendre que je suis un *mouchard*.

Je n'ai absolument rien à répondre à cela, — l'endroit d'où le journal est daté se trouvant précisément à quatre cent quatre-vingt mille longueurs de canne de celui où je demeure.

— Je reçois une lettre qui commence ainsi :

« Mon cher Alphonse. l'usage étant généralement adopté de
présenter une adresse aux victimes bien portantes d'un crime non
réussi, — permettez-moi de recueillir ma signature...

» Je vous conseille fort de changer votre paletot de velours
contre une cuirasse ; — et d'élever à la dignité de janissaire le
père Michel, sur la fidélité duquel vous pouvez compter.

                    » Comte RAPHAEL DE GRICOURT. »

18. — Les députés s'en vont, les dernières séances
se passent — comme toutes les dernières séances.

Quand il s'agit de se faire élire, — le candidat ne recule devant aucune promesse, quelque fallacieuse qu'elle soit. — Il
n'est si haute montagne qui n'obtienne la promesse d'un port
de mer, s'il lui en prend la fantaisie. — Vous leur demande-
riez une rivière de café à la crème qu'ils n'hésiteraient pas à la
promettre.

Ausi, nous divisons les candidatures en candidatures — à
l'américaine, — au bonjour, — à la tire, — au renfoncement,
— à courre, — au tir, — au miroir, — à la pipée, — au collet,
— à la ligne, — au filet, — à l'asticot, — à la mouche artificielle.

On promet comme s'il en pleuvait — des ponts, des fleuves,
des chemins de fer, des écoles primaires, des églises, des routes,
des chemins, des étalons.

Chemins de fer. — La surface de la France ne suffirait pas
tout à fait aux deux tiers des chemins de fer promis par les candidats.

Canaux. — Si l'on exécutait tous les canaux promis, il ne
resterait pas de place pour les chemins de halage, et à plus forte
raison pas pour un seul chemin de fer ; — de même que, si l'on
exécute les chemins de fer, il faut renoncer à tout canal. Les canaux promis couvriraient, non-seulement l'espace promis aux
chemins de fer, mais encore celui réservé aux routes, aux terres

labourables, aux bois, aux prairies, aux rues et aux maisons.

— Ce serait une inondation, un déluge.

Ponts. — Si l'on exécute seulement la moitié des ponts *jurés* par les éligibles, il ne coulera plus un pouce d'eau à découvert.

Routes et chemins. — Il n'y aurait de pavés et de silex que pour un quart des routes et des chemins ferrés sur lesquels comptent les diverses communes de France.

Autant les députés, à la Chambre, ont horreur des questions d'intérêt matériel et d'intérêt local qui ne prêtent ni aux longs discours, ni aux théories; autant les gens qui les envoient ont à cœur ces questions, seul but de la peine qu'ils se donnent pour élire des députés et se faire représenter par eux.

Il n'y a pas un de nos honorables qui n'ait promis un petit pont ou une grande route, suivant les localités; quand ils se présentent aux élections, ils promettent tout ce qu'on veut, ils sont envoyés par vous pour prendre vos intérêts, ils ne l'oublieront pas. Les femmes et les enfants des électeurs les chargent de leurs commissions, ils n'en refusent aucune; ils mettent sur leur agenda :

— Des réparations à l'église;

— Un chapeau pour la femme de M. F.;

— Un polichinelle pour le fils de M. R.;

— Un pont sur la rivière.

— Des pralines à la vanille pour la sœur de M. B.— Pas trop cuites.

— Être extrêmement indépendant.

Une fois à Paris, les uns passent le temps à dire: « Très-bien ! »

Les autres à faire de longs discours sur les questions les plus oiseuses, ou à demander des bureaux de tabac pour leurs parents et amis.

La clôture finit par arriver, — et on se dit généralement:

« Je ne suis pas ici pour m'amuser; — il me faut des répurations à l'église, un chapeau vert, des pralines, un pont, un polichinelle et une extrême indépendance.

« Je vais reparaître devant mes commettants, ils vont me demander compte de la manière dont je me suis acquitté de leur mandat. Aurai-je une sérénade ou un charivari? — Illuminera-t-on? me réélira-t-on? ai-je tenu mon pont? me suis-je acquitté de mon chemin? »

Alors les députés les plus muets demandent la parole; ils interrompent les discussions les plus animées pour monter à la tribune et dire

« Messieurs, je profite de l'attention portée sur la question d'Espagne pour rappeler à la Chambre que la commune de *** (Ardèche) a besoin d'un pont. »

Ou bien :

« Oui, messieurs, comme vient de le dire l'honorable préopinant, la liberté tombe en ruine; mais, ce qui ne tombe pas moins en ruine, c'est notre église et les bâtiments y attenant, à tel point que le curé est forcé d'habiter une maison suspecte.

Sur la fin de la session, ils perdent la tête; leurs diverses commissions se confondent; ils s'écrient: « Député de la France, je serai fidèle à mon mandat; j'ai promis un polichinelle (hilarité), je veux dire une grande route à la ville de ***. »

C'est surtout l'*indépendance* qui se montre par bouffées; le député le plus ministériel pendant la session devient du jacobinisme le plus effréné; il appelle le ministère antinational; il demande incessamment la parole *contre le projet du gouvernement;* il arrive à la Chambre à la fin d'une discussion dont il n'a pas entendu un mot; — il a acheté le chapeau vert et les pralines; il monte à la tribune, et il dit : « Je ne suis pas de l'avis du ministère. »

Il parle cinq heures pour retrancher trois francs du budget.

Il ne rend plus le salut au ministre dont il assiégeait autrefois l'hôtel.

19.—Redouté, le peintre de roses, vient de mourir; — son âme s'est exhalée avec le parfum des dernières roses, à la fin de ce beau mois de juin, où les roses de toute la terre ouvrent leurs encensoirs de pourpre et exhalent toutes à la fois leurs parfums, tellement qu'il semble que le ciel de juin soit tout formé du parfum des roses.

Redouté, qui n'avait rien perdu de son magnifique talent, avait demandé qu'un dernier tableau lui fût commandé; — M. de Rémusat le lui avait promis; mais, en même temps, dans les bureaux du ministère, — on formulait un refus sec et brutal que M. de Rémusat signa sans s'en apercevoir.—A la lecture de cette réponse, Redouté fut si frappé de surprise et d'indignation — qu'il se trouva mal et mourut deux jours après.

20.—On a reçu, — sinon au ministère des affaires étrangères, — du moins à l'Opéra, — des nouvelles de l'ambassade en Perse.—Ces messieurs ont si bien fait les affaires là-bas, qu'on a envoyé un bateau à vapeur, — d'une marche très-rapide, — pour leur porter l'ordre de revenir : ils seront à Paris dans le courant du mois d'août. — On sait que cette ambassade n'avait pour but que d'enlever au répertoire certaines entraves. M. Pillet, le nouveau directeur, — membre de la Légion d'honneur, — s'alarme fort de son retour; aussi se met-il en état de défense, et se prépare-t-il à soutenir un siége dans toutes les formes.

Déjà défense a été faite aux danseuses et aux figurantes de paraître sur la scène pendant les entr'actes et dans les moments où leur service ne les y appelle pas.

—En Afrique, le maréchal Valée, membre de la Légion d'honneur, — continue son système d'imprévoyance : — il a défendu sévèrement aux soldats et aux officiers toute correspondance avec l'Europe, — et lui-même ne juge presque jamais à propos d'envoyer des nouvelles au ministère. —A chaque instant, on est dans la plus grande inquiétude au sujet de l'armée d'Afrique.

Il y a un nom bien impopulaire que je vais prononcer, — un nom qui fera froncer le sourcil peut-être à mes lecteurs les plus bienveillants : c'est celui du général Bugeaud, membre de la Légion d'honneur. — Eh bien! s'il y a un homme qui soit capable de faire prendre aux affaires d'Afrique — une face nouvelle, c'est le général Bugeaud. — M. Thiers l'avait senti lors de son avénement au ministère, et la nomination de M. Bugeaud était prête ; — mais M. *Chambolle* et M. *Léon Faucher* s'y sont opposés, — et on maintient le maréchal.

21. — J'habite un logement retiré dans un assez beau jardin planté de grands sycomores, d'acacias et de rosiers, — où, réunissant en moi deux personnages d'une fable de la Fontaine, — je suis tout à la fois *l'ours* et *l'amateur de jardins.* Autour de mon jardin, — il y a sept pianos. Malédiction sur les quartiers tranquilles!

Je connais bon nombre de gens de talent qui vivent dans les quartiers les plus bruyants et les plus populeux de Paris. — Eh bien! de temps en temps, sortent d'une de ces rues un beau livre, — de beaux vers, un beau tableau ; — mais, au contraire, les fabulistes, les gens qui font des distiques pour l'arc de triomphe de l'Étoile, — des comédies *non destinées à la représentation*, après avoir été refusées à tous les théâtres, — des charades pour l'*Almanach des muses*, — des essais sur les mœurs et la philosophie des crapauds, tous ces gens-là sentent le besoin de la retraite, de la retraite mère de la méditation, — de la méditation, père des chefs-d'œuvre.

Je suis tombé dans l'erreur des faiseurs de distiques. En effet, dans les quartiers bruyants tous les sons se confondent en un son inarticulé, — vague, monotone, — continu, — semblable au bruit du vent qui souffle dans les feuilles, — ou de la mer qui

brise sur la plage. —Nul son n'arrive assez distinct aux oreilles
pour occuper l'esprit, — mais, au contraire, dans un quartier
tranquille, chaque son apporte une idée, et chaque idée une distraction.

Un marchand vient-il à crier dans la rue,—partout ailleurs ce
bruit se perdrait dans le bruit général, dans le brouhaha ; mais
ici vous l'entendez et vous suivez l'idée qu'il vous apporte.

Travaillez donc quand chaque son de la rue vous apporte pour
deux jours de souvenirs, de regrets, — d'espoir, — de crainte ;
— suivez donc une idée !

On est toujours un peu le mari de ses voisines ; — sous ce
rapport seulement, — je me hâte de le dire,—que, comme avec
leurs maris, ces dames ne se gênent pas avec leurs voisins ; elles
se montrent à la fenêtre dans toutes sortes d'appareils avec lesquels elles aimeraient mieux mourir que de se laisser voir dans
la rue — avec de hideuses papillotes de toutes les couleurs, —
avec des yeux bouffis de sommeil.

Elles vous condamnent à entendre épeler et balbutier pendant
un mois la fantaisie brillante qu'elles joueront plus tard avec tant
de succès dans une autre maison... Dès l'aube,—nos sept pianos
entraient en jeu, hésitant, cherchant, — recommençant, — me
narguant. — C'est le matin que je travaille d'ordinaire et je ne
pouvais plus travailler. — Des représentations eussent été inutiles, j'imaginai un autre expédient : — je mandai M. Leroux,
professeur de trompe de chasse, et je le priai de me donner quelques leçons.—Au bout d'une semaine, j'étais en état de répondre
aux grincements du piano par les rugissements nasillards de la
trompe. On ne dit rien d'abord,—mais il me prit deux ou trois
fois fantaisie de jouer quelques fanfares au milieu de la nuit ; —
alors s'éleva une clameur universelle. Après de longs pourparlers,
il fut convenu que je ne sonnerais de la trompe que le moins
possible, et que je n'en sonnerais ni avant neuf heures du matin,
ni après neuf heures du soir,—moyennant quoi les pianos s'en-

gageaient, de leur côté, à ne pas commencer leurs clapotements avant neuf heures du matin.

Mais maintenant—j'ai acquis sur le redoutable instrument une sorte de talent, — et je m'aperçois que mes voisins, — qui autrefois fermaient leur fenêtre avec fureur quand je prenais ma trompe, — semblent m'écouter aujourd'hui avec une sorte de complaisance.

Aussi — comme on ne me redoute plus, — on recommence à ne plus se gêner avec moi.—J'ai entendu ce matin un piano qui couvrait le chant dont les fauvettes saluent le lever du soleil. — Un voisin prétend que mes pigeons mangent sa moisson, — et profère contre eux les plus terribles menaces. — Un autre jette dans mon jardin les débris de tout ce qu'on casse chez lui, — etc., etc. — Il faut mettre un terme à cette oppression, — et, puisque ma trompe n'est plus assez désagréable à mes voisins, — j'annonce publiquement que je suis décidé à prendre des élèves.

22. — Le chef du cabinet particulier d'un ministre, M. L***, donnait audience à M. Lannier, député, et, tout en causant avec lui, décachetait une foule de lettres adressées au ministre, — ce qui est à peu près sa véritable besogne. — « Mon Dieu ! dit-il d'un air nonchalant, — que c'est fatigant ! — on devrait bien inventer une machine à décacheter les lettres. — Oui ; — mais que feriez-vous alors ? » répond avec naïveté M. Lannier.

— Les promeneurs s'arrêtent pour admirer les nouvelles maisons construites par M. Lemaire à l'angle de la rue Laffitte et du boulevard. On a dit : « Ce sont des maisons d'or, avec quelques ornements en pierre. »

Les bronzes, — les marbres, — les dorures, — rien n'a été épargné.—La frise, sculptée en pierre par les frères Lechesne, représentant des animaux et des scènes de chasses, est presque aussi belle que ce que nous avons de plus beau de Jean Goujon.

— Il y a là sept maisons d'un style et d'un goût différents, — et toutes d'une magnificence ! — c'est une œuvre de goût et d'art, après laquelle on n'osera plus appeler de belles maisons — ces énormes masses carrées — percées de plus ou moins de fenêtres.

23. — On parle beaucoup du rôle singulier que l'on fait jouer à la Chambre des pairs : — on ne lui a présenté les lois votées par la Chambre des députés qu'après la clôture de fait de la session de cette Chambre, — de telle façon que son veto devient une sorte de formule dont il est bien convenu qu'elle ne se servira pas. — Il est remarquable qu'un ministère qui est arrivé aux affaires sous prétexte d'être *enfin* un gouvernement parlementaire, — ait commencé par annuler un des trois pouvoirs, en forçant, au moyen de la coalition, le roi à nommer M. Thiers malgré ses répugnances personnelles, — annule ensuite le deuxième pouvoir, qui est la Chambre des pairs, par l'apport tardif des lois qu'elle a à voter ; — le tout en s'appuyant sur le troisième pouvoir, la Chambre des députés, annulé par la corruption. — De sorte que quatre mois ont suffi à l'absorption des trois pouvoirs, — au profit d'une dictature mesquine, il est vrai, mais qui n'en est pas moins une dictature.

La Chambre des pairs manifeste un mécontentement assez prononcé, — mécontentement qui se trouve encore exploité par le grand chancelier, M. Pasquier, et le grand référendaire, M. Decaze, — qui trafiquent de ce mécontentement avec le ministère.

Ces messieurs, qui, par leurs parents, amis et alliés, — disposent à la Chambre de la majorité, font, l'un maintenir tous les Pasquier dans les rangs de la magistrature et des finances qu'ils encombrent, l'autre conserver à M. de Saint-Aulaire l'ambassade de Vienne.

24. — On s'agite de toutes parts pour créer des places et des vacances, et pouvoir donner la curée si promise et si attendue.

Ainsi la place de M. Daunou, vivement disputée par tous les députés de la gauche, après avoir été promise à plusieurs, — tels que MM. *Auguis, Jouffroy, Chambolle,* etc., sera définitivement donnée à M. *Taschereau* pour remplacer la division des communes qu'on lui avait promise; — c'est un commencement de liquidation avec le *Siècle.*

— M. Léon Faucher sera nommé maître des requêtes au conseil d'État, et chef de la division des prisons à l'intérieur.

— M. Blanqui aîné, frère de l'auteur de l'attentat, — ne sera pas, comme on le lui avait promis, directeur de la direction du commerce aux affaires étrangères, mais directeur du commerce sous M. *Gouin,* à la place de M. Vincent.

Ces deux nominations, — celle de M. *Léon Faucher* et celle de M. *Blanqui,* sont deux à-compte pour le *Courrier Français.*

— Il est question d'envoyer M. Jacques Coste, ancien directeur du *Temps,* à Constantinople. — On ne sait pas plus le sujet de cette mission que celle de M. Waleski à Mascate : — le plus probable est que cela n'a pour but que de donner des missions à ces messieurs, — et qu'une fois qu'ils sont nommés le but est atteint.

🐜 Nous voici, comme vous voyez, en pleine curée.

🐜 25. — Il va y avoir, malgré les dénégations, un assez grand mouvement dans le corps diplomatique. — On va mettre à la retraite le baron de *Bourgoin,* ministre à *Munich,* — le vicomte de *Fontenay,* ministre à *Stuttgard,* — et le baron *Deffaudis,* ministre à *Francfort.*

M. *Drouin,* — premier secrétaire d'ambassade à Madrid, sera rappelé pour remplacer, à la direction du commerce aux affaires étrangères, M. *Désaugiers.*

Ce déplacement n'a pas pour objet une aptitude spéciale de M. *Drouin* : la véritable raison est que c'est un homme entier, — impérieux, — obstiné, — et que M. *de la Redorte,* le nouvel ambassadeur, ayant lui-même le caractère roide et un peu opiniâtre, il leur eût été à tous les deux difficile et désagréable de vivre ensemble.

Pour M. *Deffaudis*, — la raison qu'on donne de sa disgrâce égaye beaucoup les personnes qui connaissent M. Thiers, un peu collet-monté de sa nature. — On l'accuse de mêler dans ses dépêches des anecdotes un peu grivoises. — M. de Fontenay et M. Bourgoin sont accusés de carlisme.

Voici les prétextes : — la véritable raison est qu'il faut faire des places aux très-peu nombreux membres de la Chambre des pairs qui sont partisans du ministère.

Continuation de la curée.

26. — M. *Véron* va être, selon les uns, receveur général, selon les autres sous-préfet à Sceaux.

M. Perrier fils, nommé ambassadeur en Russie, ne veut pas y aller. — Sa position de fortune, — qui rend ses services presque désintéressés, semble lui donner le droit de choisir.

— Il y aura le 14 juillet, à Belleville, un grand banquet radical à deux francs par tête. — MM. Laffitte et Arago en sont exclus comme modérés et aristocrates.

— C'est par erreur que, dans le volume précédent, — j'ai parlé de la chute du *Vautrin* de M. de Balzac. La représentation, interrompue par une brutalité ministérielle, n'a même pas été terminée.

27. — A l'Académie, les Hugophobes — ont fait ajourner l'élection au mois de novembre prochain, — pour avoir le temps de trouver jusque-là quelque génie qui aurait par hasard échappé jusqu'ici à l'attention. — S'ils ne trouvent rien dans la littérature, ils sont décidés à se rabattre sur M. Pariset, médecin de la Salpêtrière.

AM RAUCHEN. — Ceux-là se vantent d'être sobres, qui ne digèrent plus ; ceux-ci d'être chastes, dont le sang est mort et stagnant ; les autres d'avoir appris à se taire, qui n'ont plus rien à dire ; en un mot, l'homme fait des vices des plaisirs qui lui échappent, et des vertus des infirmités qui lui arrivent.

🐜 L'amour que l'on éprouve est tout dans la personne qui aime ; la personne aimée n'est que le prétexte.

🐜 Les plus désagréables des malheurs sont ceux dont on ne peut se prendre à personne ; aussi ne néglige-t-on rien pour éviter cet embarras. C'est pour cela qu'on a inventé le *sort*, espèce de puissance ennemie et taquine, qui n'est occupée que de tourmenter notre vie, et que l'on a la consolation de maudire et d'invectiver faute de mieux.

🐜 On aime mieux être lapidé par un homme dont on peut se venger que de recevoir deux aérolithes dont personne n'est responsable.

🐜 L'incertitude est le pire de tous les maux, jusqu'au moment où la réalité nous fait regretter l'incertitude.

🐜 Dans l'amour, — il y a une personne qui aime, et l'autre qui est aimée.

🐜 Entre deux amants, il n'y a qu'une somme d'amour à dépenser : ce que l'un prend de plus, — l'autre l'a de moins.

🐜 Il y a un instinct dans le cœur de l'homme qui le fait s'effrayer d'un bonheur sans nuage. Il lui semble qu'il doit au malheur la dîme de sa vie, et que ce qu'il ne paye pas porte intérêt, s'amasse, et grossit énormément une dette qu'il lui faudra acquitter tôt ou tard.

🐜 On demande en général à la vie plus qu'elle ne renferme ; nous sommes accoutumés à mettre notre bonheur dans des choses impossibles et notre malheur dans des choses inévitables.

🐜 L'espérance et le souvenir ont le même prisme : l'éloignement. Devant ou derrière nous, nous appelons le bonheur ce qui est hors de notre portée, ce que nous n'avons pas encore ou ce que nous n'avons plus.

🐜 Ceux qui entassent de l'argent ou des honneurs pour le

temps où, sans force, sans désirs, ils ne pourront plus en faire usage, me semblent des gens qui, n'ayant qu'une heure à dormir, passeraient cinquante minutes à se faire un lit bon et mou au lieu de dormir leur heure entière sur l'herbe ou sur la terre dure.

A la fin de sa vie, on découvre qu'on n'a jamais autant souffert de personne que de son ami.

La première moitié de la vie se passe à désirer la seconde, la seconde à regretter la première.

Quand on est heureux, il semble que l'on en soit fier; que le bonheur n'est pas jeté au hasard; mais que le choix que la fortune fait de vous pour vous caresser est une preuve et un témoignage de votre mérite; vous voulez faire confidence de votre félicité à tout le monde, vous l'affichez sur votre face, et vous semblez réclamer comme un droit l'amitié et la vénération, en votre qualité d'élu de Dieu, qui vous grandit et vous approche de lui par ses faveurs, par ses marques d'affection, comme fait un prince pour ses favoris! et vous êtes certain que personne ne refusera d'entrer en partage de vos joies et de vos délices.

Mais, si vous êtes malheureux, vous sentez que les arrêts de la fortune sont sans appel aux hommes; que les heureux persuaderont aux autres et se persuaderont eux-mêmes que le sort qui vous frappe est juste : car, si l'on mettait en doute la justice du châtiment, ce serait mettre en doute l'équité des caresses. Vous comprenez que les heureux accueilleront mal vos plaintes, comme le légataire universel celles du fils déshérité.

Chacun veut avoir un ami, mais personne ne veut être l'ami d'un autre.

Les hommes ne vous trouvent sage que lorsque l'on partage ou qu'on approuve leur folie.

La plupart des hommes sont persuadés qu'il sont ce que la nature a créé de plus accompli; qu'ils sont le type le plus parfait de l'homme, et que les autres sont plus ou moins bien, à proportion qu'ils s'approchent plus ou moins de leur ressemblance ; si vous n'avez pas leurs défauts ou leurs ridicules, ou leurs vices, ils vous croient mutilé ; si vous avez des talents ou du génie plus qu'eux, ils vous considèrent comme affligé de superfluité, telle qu'un goître ou une gibbosité.

La raison humaine est une plaisante chose dans votre bouche, comme dans celle de tout le monde. *Il a tort*, veut dire : *il ne pense pas comme moi. Il a raison*, signifie : *il est de mon avis.*

FIN DU PREMIER VOLUME.

TABLE DES MATIERES

1839

1840

FIN DE LA TABLE DU PREMIER VOLUME.

LES

GUÊPES

OEUVRES

D'ALPHONSE KARR

Format grand in-18.

Paris. — Imprimerie de A. Wittersheim, rue Montmorency, 8.

LES
GUÊPES

PAR

ALPHONSE KARR

—DEUXIÈME SÉRIE—

NOUVELLE ÉDITION

PARIS
MICHEL LÉVY FRÈRES, LIBRAIRES-ÉDITEURS
RUE VIVIENNE, 2 BIS

1858

LES

GUÊPES

Août 1840.

Les tailleurs abandonnent Paris. — Les feuilles de vigne. — Une fourmi aux guêpes. — On prend l'auteur en flagrant délit d'ignorance. — Il se défend assez mal. — M. Orfila. — Les banquets. — M. Desmortiers. — M. Plougoulm. — Situation impossible du gouvernement de Juillet, — Le peuple veut se représenter lui-même. — M. de Rémusat. — Danton. — Les cordonniers. — Les boulangers. — M. Arnal. — M. Bouffé. — M. Rubini. — M. Samson. — M. Simon. — M. Alcide Tousez. — M. Mathieu de la Redorte et le coiffeur Armand. — La presse vertueuse et la presse corrompue. — M. Thiers. — Le duc d'Orléans. — M. E. Leroy. — Le cheval de Tata. — Un bourreau. — M. Baudin. — M. Mackau. — Le Mapah. — M. V. Hugo. — M. Jules Sandeau. — Les bains de Dieppe. — Mme *** et la douane. — M. Coraly prévu par Racine. — M. Conte. — M. Cousin et M. Molé. — Une fournée. — Mademoiselle Taglioni et M. V. de Lapelouze. — Coups de bourse. — M. de Pontois. — Plusieurs noms barbares. — M. de Woulvère. — M. de Ségur. — Naïveté des journaux ministériels. — Un ministère vertueux et parlementaire. — Chagrins d'icelui. — M. Chambolle s'en va-t-en guerre. — MM. Jay et de Lapelouze le suivent. — Situation. — *Am Rauchen.*

1ᵉʳ JUILLET. — Les maîtres tailleurs ayant voulu exiger de leurs ouvriers qu'ils eussent des livrets comme en ont ceux des autres états, — ceux-ci ont abandonné Paris, et vivent dans les guinguettes qui entourent la ville. — Si l'on ne réussit pas promptement à mettre d'accord les ouvriers et les maîtres, il est difficile de prévoir ce que deviendra Paris. — Plusieurs de nos élégants, plutôt que de montrer des gilets déjà vieux d'un mois, — se renferment chez eux et font semblant d'être à la campagne. Paris deviendra sauvage ; — ses habitants seront obligés avant peu d'en revenir à l'ancienne feuille de vigne ou de figuier.

Cela me fait songer aux bizarres transformations qu'a subies ce vêtement de nos premiers pères. — Le mariage est, dit-on, d'institution divine ; mais, quand Dieu l'a institué, la parure d'une femme n'avait rien de ruineux. — Elle pouvait changer de toilette quatre fois par jour sans inconvénients pour la fortune de son mari. — Mais aujourd'hui — que les feuilles de vigne ont des *volants*, et qu'il en faut douze aunes pour qu'une femme soit mise décemment, beaucoup de gens restent célibataires par économie.

Voyez, en effet, cette jeune femme sortir de chez elle, — et comptez quelle armée innombrable a dû s'occuper de préparer pour elle les divers ajustements qui ont remplacé la feuille de figuier de la Bible.

Par où commencerai-je, — mon Dieu ! je vais prendre pour exemple, — madame, la plus petite peut-être des choses qui composent votre parure, ce soulier si étroit et si cambré.

Eh bien ! madame, — avant que vous ayez des souliers, il a fallu un herbager et des gens pour élever l'animal dont la peau forme cette mince semelle, — un boucher pour tuer l'animal, — un mégissier, — un chamoiseur, — un tanneur, — un corroyeur, — avec leurs divers ouvriers, — pour donner à la peau les diverses préparations qu'elle a à subir.

Pour la soie dont est fait ce joli soulier, — après qu'on a nourri et élevé les vers, — opération pour laquelle il faut planter, cultiver, effeuiller les mûriers ; — puis, qu'on a étouffé les chrysalides dans les cocons, etc., etc., — c'est-à-dire, après qu'une quinzaine d'ouvriers différents s'en sont occupés, — il reste encore à filer la soie, — la dévider, — la passer au moulin, — la blanchir et la teindre. — Alors, seulement, on la porte aux métiers ; — une fois l'étoffe fabriquée, elle passe encore par une foule de mains avant d'arriver à celles de votre cordonnier ; — là, il faut un coupeur, — une couseuse, — une brodeuse, etc., et, si j'ajoute tous les ouvriers qui, sans appartenir à la fabrication du soulier, ont cependant eu à faire des travaux sans lesquels le soulier n'eût pu exister, tels que ceux qui ont fabriqué les outils des différents ouvriers désignés, — ce ne serait pas trop de compter que deux cents personnes se sont occupées de votre chaussure.

Quand je vous aurai dit — qu'une épingle a subi dix-huit opérations différentes, dont aucune ne peut se faire par moins de deux personnes, et plusieurs en exigent un plus grand nombre, sans compter toutes celles qui ont été nécessaires pour l'extraction du minerai et pour sa transformation en cuivre ;

Si je vous parle de ces perles qui pendent à vos oreilles et qu'il a fallu chercher dans les gouffres de la mer ;

Vous aurez tort de vous étonner si je vous affirme, — vous faisant grâce de calculs dont je ne vous donne que le résultat, — que vous n'oseriez mettre le pied dehors sans que six mille hommes se soient occupés de vous faire une feuille de vigne convenable.

2. — Voici la lettre que je reçois, — relativement au volume du mois dernier :

« Monsieur, où diable avez-vous découvert que les *lauriers-roses* produisent de l'*acide prussique ?*

« Ah ! vous confondez une *apocynée* avec une *rosacée,* — vous !

« Vous mériteriez, vous et vos guêpes, un déjeuner de véritable *acide prussique.*   UNE FOURMI. »

Voici ce que je réponds à la fourmi :

« Fourmi, vous avez raison et j'ai tort, — le *laurier-rose*, auquel les botanistes n'accordent pas d'être un laurier, — mais un *nérium*, ne contient pas d'*acide prussique* ou *hydrocyanique*.

« Mais — il contient un principe délétère tellement subtil, que ses émanations seules, au rapport de quelques auteurs, ont suffi pour causer la mort.

« Un homme, pour avoir mangé d'un rôti cuit au moyen d'une broche faite avec le bois de *nérium*, — devint fou, eut une syncope et mourut. » (LIBANTIUS, *Comment. de venenis.*)

« M. Orfila, dans sa *toxicologie*, met le laurier-rose au nombre des poisons narcotico-âcres, — et il avoue avoir tué beaucoup de chiens avec l'extrait et avec la poudre de cet arbrisseau ; — je ne pense pas que ce principe ait reçu de nom.

« Ainsi donc, fourmi, — mon erreur, que je reconnais humblement, repose sur le mot, — et mes guêpes n'en ont pas moins, selon mes ordres. — puisé dans la fleur du laurier-rose de quoi rendre leurs piqûres suffisamment désagréables. Recevez, fourmi, mes remercîments et mes compliments empressés. »

3. — J'ai souvent ri des gueuletons patriotiques ; — mais, si j'étais à la place des gouvernants, — ou de ceux qui veulent ou peuvent le devenir, — ou de ceux qui attendent quelque chose d'eux, je prendrais peut-être plus au sérieux les banquets qui ont eu lieu au boulevard Montparnasse et à Belleville ces jours-ci. — La carte pourrait en être chère.

Sous la Restauration, le parti libéral, grotesquement uni au parti bonapartiste, passa quinze ans à dire au *peuple* qu'il *était esclave*, — qu'il *gémissait* dans *les fers*. — Chaque fois qu'il faisait trop chaud ou qu'il faisait trop froid, — on lui disait : c'est la faute du gouvernement ; les melons sont chers, c'est la faute du gouvernement ; — il pleut, c'est la faute du gouvernement ; — il ne pleuvait pas du temps de l'empereur.

Le *peuple souverain* voulut enfin reconquérir *ses droits*, ne fût-ce que pour les connaître. — Les faiseurs de phrases lui crièrent : *Peuple français, peuple de braves, en avant, marchons !* — et ils le laissèrent marcher tout seul, — les ruisseaux coulèrent rouges, — beaucoup de braves gens se firent tuer. — On renvoya Charles X, — on mit Louis-Philippe sur le trône, — et les avocats remplacèrent les seigneurs. — Hélas ! ne pouvait-on donc remplacer les *gentilshommes* que par des hommes si vilains !

Pour ce qui est d'autres changements, il n'en fut pas question. — Il ne s'était pas écoulé six mois que la décoration de Juillet, que le bout de ruban, — que quelques-uns avaient payé d'un bras ou d'une jambe, — était de mauvaise compagnie ; — au bout d'un an, il servait, dans les émeutes et dans les foules, à désigner aux agents de police et à la force armée ceux qu'on devait arrêter de préférence.

Tout montra jusqu'à l'évidence qu'on n'avait dit tant de mal de l'ancienne royauté — que pour y faire brèche, — comme à une ville dont on veut s'emparer ; — mais, la ville prise, on se hâta de rebâtir les murailles endommagées et de s'y fortifier ; — ceux qui s'étaient partagé le butin, — et c'étaient en général ceux qui avaient pris le moins de part au combat, — traitèrent les autres précisément comme ils avaient été traités eux-mêmes par le pouvoir de la Restauration : — les autres répétèrent contre leurs alliés de la veille tout ce qu'ils avaient dit ensemble contre le pouvoir déchu. — Le pays fut divisé en deux camps comme auparavant, — je ne tiens pas compte des subdivisions, et les partis qui n'étaient pas du pouvoir répétèrent au peuple, — qu'il était *esclave*, qu'il gémissait dans les *fers*, — etc., etc.; — ce que le peuple écoute et croit tout aussi bien que la première fois. — D'autres faiseurs de phrases entonnèrent : — *Peuple français, peuple de braves*, — *en avant, marchons !* — et le laissèrent marcher seul, absolument comme les autres. — Il y eut encore du sang de répandu, — le parti populaire, vaincu à plusieurs reprises, — fut traité comme l'eussent été les vainqueurs de Juillet s'ils n'eussent pas été les plus forts ; — car je ne sais si je commets ici un crime de lèse-quelqu'un ou de lèse-quelque chose ; — je ne sais aucun moyen raisonnable de nier ceci, — que la Révolution de juillet est une émeute réussie, — comme l'émeute du 6 juin est une révolution manquée.

Aujourd'hui le pouvoir défend les principes que défendait la Restauration ; — ses ennemis l'attaquent avec les armes qui renversèrent la légitimité. — Si ce n'étaient quelques noms changés par-ci par-là, — je ne vois pas que la situation soit différente en rien — de celle où on serait si Charles X, au lieu de mourir, était rentré en France.

Seulement de ceci je ne tire pas, comme beaucoup d'autres, la conclusion que la chose est à recommencer, — je maintiens au contraire que, si on la recommençait, il en serait absolument de même, ou peut-être pire. — Que ceux qui disent aujourd'hui ce que disait sous la Restauration le pouvoir actuel — feraient, en cas de succès, précisément ce qu'il fait aujourd'hui. — Que tout changement par la force n'est jamais un assez grand bien pour ne pas être un grand mal : — voyez aujourd'hui, — voici M. Barrot aux affaires, — les radicaux ne veulent plus de M. Barrot. — Que les radicaux arrivent aux affaires, — les communistes n'attendent pas même si longtemps pour se séparer d'eux — et, quoique je ne devine guère au delà des communistes, — je suis convaincu — que, s'ils arrivaient à leur tour, — il se trouverait un parti pour lequel ils seraient des aristocrates et des liberticides.

Certes, la position des hommes qui ont pris le pouvoir en juillet 1830 était difficile ; — ils avaient érigé la force en droit. —Si aujourd'hui —ils ne peuvent arrêter leurs principes d'alors, —ils seront renversés, —et ils ne peuvent lutter contre ces principes —que par d'autres principes qui les condamnent pour avoir renversé leurs prédécesseurs ; —car voilà ce que disent leurs ennemis : — si le peuple en sa qualité de *peuple souverain*, a eu le droit de mettre — M. Dupin (remarquez bien, ô messieurs Plougoulm et Desmortiers, que je dis M. Dupin) à la place de M. Trois-Étoiles, — il a parfaitement le droit de mettre aujourd'hui M. n'importe qui à la place de M. Dupin.

Mais s'il n'a pas le droit de mettre M. n'importe qui à la place de M. Dupin, — il n'avait pas le droit de mettre M. Dupin à la place de M. Trois-Étoiles.

Donc M. Dupin ne peut être qu'à la condition de n'être plus.

Diable !

Ce que je dis là a pour but de montrer tout ce qu'on a déjà fait de chemin sur la pente rapide de l'absurde ; — ce ne doit pas être, selon moi, une raison pour continuer. — La force n'est pas un droit, elle est la négation de tout droit, — comme le droit est la négation de la force. — Il y a bien d'autres révolutions à faire que les révolutions de rues, — et des révolutions plus grandes et plus belles. — Il en faut partout, excepté peut-être là où on en veut faire ; — il en faut dans l'éducation, dans le travail, — dans les impôts, — dans l'administration, — dans l'industrie.

Mais — ceux-là (et je m'adresse aux hommes de tous les partis), — ceux-là surtout les retardent, qui, sous prétexte du *progrès* et du *bien public*, se disputent ignoblement — les lambeaux de tout ce qui se paye et de tout ce qui se vend.

Toujours est-il, pour en revenir aux banquets, que ces braves gens, voyant que leurs représentants ne s'occupent à la Chambre : — les plus forts que de leur ambition ou de leur avidité personnelle, les plus niais que de l'avidité et de l'ambition des autres ; — le tout entremêlé — de gueuletons et de dîners, — où l'on choque les *verres pleins contre les mots vides* ; ont avisé que, — pour cela du moins, ils n'avaient pas besoin de représentants, — et que rien ne les empêchait de boire et de manger eux-mêmes, au lieu de boire et de manger par procuration.

M. de Rémusat — s'est opposé à la continuation des banquets, — c'était son devoir ; — car, si le gouvernement de Juillet n'était pas le gouvernement de Juillet, — personne n'oserait, — je pense, — lui demander d'autoriser des réunions dont le but avoué est son renversement, — et la propagation de doctrines telles que *l'abolition de la propriété*, etc., etc. (Voir ce que nous avons dit — du gouvernement sauvage dans le volume de janvier.)

Il y a eu un banquet à trois francs par tête, — et un banquet à deux francs. — On parlait mal au second des convives du premier, — auxquels — je rappellerai que Danton fut principalement condamné pour une carte de restaurateur excédant vingt-deux francs.

🐜 4. — Les cordonniers suivent l'exemple des tailleurs, et se retirent sur le Mont-Aventin.

Je ne sais plus dans quelle ville les boulangers ont refusé de continuer à travailler.

Tout le monde s'occupe de politique, — tout le monde veut être gouvernement, — excepté cependant les quelques-uns dont c'est l'état et le devoir ; — mais à quelles oreilles est-ce que je dis cela ? — Bon Dieu ! que ce désaccord entre les maîtres et les ouvriers, — ce besoin d'une nouvelle organisation du travail est une question *politique*, — mille fois, — cent mille fois plus importante — que les misérables questions de ministères — qui occupent, divisent ou réunissent la Chambre des députés. Il faut le dire, — il y a au moins dans le saint-simonisme et le fouriérisme, — au milieu de rêveries et de saugrenuités, des tentatives et des efforts pour arriver à un but de réorganisation sociale.

🐜 5. — Dernièrement, — M. Arnal, acteur comique du théâtre du *Vaudeville*, — dédia à M. Bouffé, comédien du *Gym-*

nase, un poëme en vers. Dans ce poëme, M. Arnal se plaignait du peu de considération qu'ont encore les comédiens dans la société, — et il demandait sérieusement, — en attaquant un *odieux préjugé*, —

Vernet, Bouffé, Samson — ont-ils la croix?

La mesure du vers, ou celle de sa modestie, l'empêchèrent de mettre, « *et Arnal.* »

Comme l'état de M. Arnal est de faire rire, — je trouvai son vers assez heureux, et j'en ris un moment, sans y attacher d'importance. — Le gouvernement, à ce qu'il paraît, se préoccupa davantage du vers de M. Arnal, et se demanda pourquoi quelques comédiens n'avaient pas la croix. On l'avait bien donnée, il est vrai, à M. Simon, premier *diable vert* de l'Opéra, — mais c'était plutôt comme garde national zélé — que comme *diable vert* qu'il avait obtenu cette distinction. — On songea alors à donner la croix à M. Rubini, chanteur du Théâtre-Italien.

Napoléon la refusa à Talma, — et eut raison. — Il serait charmant, en effet, de voir sur un journal : — Le chevalier de la Légion d'honneur Alcide Tousez — a fait pouffer de rire — dans le rôle de ***. Le chevalier de la Légion d'honneur Arnal a été assailli de pommes cuites.

Allons donc, — messieurs les comédiens, — vous gagnez, dans une année, plus d'argent que n'en gagnent dans toute leur vie une foule de gens savants, distingués, laborieux. — Un ténor a de bien plus forts appointements qu'un ministre, — une danseuse qu'un général en chef. — Il n'est pas un comique un peu bien placé qui, en exagérant, trois fois par semaine, les infirmités que la nature peut lui avoir données, — ne réunisse ses trente mille francs au bout de l'année. — Allons, messieurs, — laissez donc la considération aux pauvres diables. — Nous vivous d'ailleurs à une époque où on n'y tient guère, et où vous pourrez leur acheter toute leur considération pour le quart de vos appointements.

M. Alphonse Royer, — littérateur distingué, — qui désirait la croix depuis longtemps, sans avoir pu l'obtenir, est allé se faire Turc, — et prendre à Constantinople une fort belle position.

6. — M. Mathieu de la Redorte, — ambassadeur d'Espagne, — est parti depuis plusieurs jours. — On allait voir, chez le coiffeur Armand, — douze perruques à la Louis XIV, commandées pour ses gens. — Il emmène des voitures et des livrées extraordinaires.

7. — Le public a, — entre autres choses, — ceci de ravissant — que, s'il adopte souvent une idée, — sans trop savoir pourquoi, — il se donne ensuite bien garde d'en changer. — Ainsi, vous n'empêcherez jamais d'appeler journaux *ministériels* — la *Presse* et le *Journal des Débats*, qui font à M. Thiers, c'est-à-dire au pouvoir actuel, une opposition violente et systématique ; — ni journaux de l'*opposition*, — le *Courrier Français*, le *Constitutionnel*, — le *Messager*, le *Siècle*, qui appartiennent au ministère.

On a beaucoup ri, hier, au *Café de Paris*, en voyant entrer à la fois deux journalistes fort connus, — l'un, que l'on donne pour type du journalisme corrompu, — est un jeune homme qui venait bourgeoisement dîner en tête-à-tête avec sa femme, — l'autre, — journaliste *vertueux*, — amenait une danseuse célèbre par sa maigreur.

8. — M. Thiers s'est tellement enthousiasmé du cheval que lui avait prêté M. Ernest Leroy pour la revue, — qu'il a beaucoup pressé celui-ci de le lui vendre. M. Leroy s'y est refusé, parce que ce cheval est un présent du duc d'Orléans. — M. Thiers s'est adressé alors au prince royal, qui a dit à M. Leroy : « Vous me ferez plaisir, en cédant le cheval de *Tata* à M. le président du conseil. »

M. Leroy — ne voulait pas d'abord en accepter le prix, — mais M. Thiers, l'ayant fait *estimer*, lui a envoyé huit mille francs.

Le cheval de *Tata* — n'est certes pas un bon cheval, — mais il a beaucoup d'apparence; — il vaut, du reste, infiniment mieux aujourd'hui qu'à l'époque où le duc d'Orléans l'a donné à M. E. Leroy.

Depuis ce moment — M. Thiers monte à cheval tous les jours, — il s'est installé à Auteuil, — et on le rencontre dans le bois de Boulogne, — suivi d'un domestique à cheval, porteur d'un rouleau de papiers. — M. Thiers travaille à cheval — absolument comme M. Lejars du Cirque-Olympique.

9. — Une place de bourreau est vacante; — quarante demandes ont été adressées, — sept sont apostillées par des députés; — les sept candidats bourreaux sont électeurs. Il est facile de se représenter comment cela s'est fait.

— Monsieur, — je vous demanderai votre voix.

— Volontiers, — monsieur, — mais j'aurai besoin de votre appui.

— Monsieur, — il vous est acquis.

— Monsieur, — la place de bourreau est vacante à ***.

— Monsieur, — vous voudriez qu'elle ne fût pas donnée, — vous êtes, comme moi, pour l'abolition de la peine de mort, — vous....

— Pas du tout, — monsieur, — je voudrais être bourreau.

— Monsieur, — je me ferai un vrai plaisir....

— Ayez donc la bonté d'apostiller cette petite pétition que j'adresse au ministre.

— Volontiers, — monsieur.

« Je certifie que N..., excellent père de famille, — garde national irréprochable, — a tout ce qu'il faut pour faire un bourreau très-distingué; — je serai personnellement heureux de voir tomber sur lui le choix de M. le ministre; — je crois qu'il s'en montrera digne à tous égards, — et que le gouvernement n'aura qu'à se féliciter de son utile concours. »

🐜 10. — L'amiral Baudin était arrivé à Cherbourg et avait passé la revue de ses équipages — lorsqu'il a annoncé tout à coup qu'il ne partait pas, — et est retourné à Paris. — Au moment où l'amiral reçut sa mission, — il confia à M. Thiers que M. *Mollien*, consul de France à la Havane, lui était désagréable — et que sa destitution lui ferait plaisir. — M. Thiers répondit : « Nous verrons ça. »

Une fois à Cherbourg, M. Baudin écrivit à M. Thiers qu'il ne mettrait pas à la voile avant que la chose fût faite ; — la réponse de M. Thiers fut ambiguë, et M. Baudin retourna à Paris.

Si on ne peut approuver M. Baudin — d'avoir demandé la destitution de M. Mollien comme faisant partie de l'expédition, M. Thiers est sans excuse de ne s'être pas expliqué catégoriquement, et de n'avoir pas refusé formellement ce qu'il ne voulait pas faire. — De ce jour, l'amiral Baudin n'a plus été un bon amiral, et M. Mackau, envoyé à sa place, a passé homme de génie, pour son avancement, — du moins dans les journaux du ministère. — Au résumé, avec toutes ses finesses et toute son habileté, — M. Thiers n'arrive jamais qu'à priver le pays de ce qu'il a de meilleur.

🐜 11. — Un monsieur, auquel ses parents ont probablement négligé de donner un état, — s'est récemment établi Dieu, — il prétend que le véritable Dieu doit être à la fois homme et femme, — c'est-à-dire *père* et *mère*, et il s'intitule *Mapah*, nom formé des premières syllabes des deux mots *maman* et *papa*. Il y a deux ans, les femmes libres adressèrent à la Chambre des députés une pétition tendant à ce que le roi Louis-Philippe fût appelé à l'avenir roi des Français et des Françaises. — On prononça l'ordre du jour, — parce qu'on objecta — que les Françaises étaient comprises dans les Français, — et que rien n'empêcherait, si on accédait à cette première demande, d'être bientôt obligé d'appeler le roi — roi des Français, des Françaises et des chapeliers, etc., etc. Le Mapah a accompli ce vœu des femmes libres.

Je n'ai jamais vu ce nouveau Dieu ; — mais il m'a parlé comme l'autre parla à saint Jean dans le désert. — La parole du Mapah — coûte trois sous de port. — Il m'a envoyé quatre pages sur Napoléon et sur Waterloo ; — je pense que Dieu parlait hébreu à son peuple, — le langage du Mapah est de l'hébreu pour moi.

Il a écrit également à M. V. Hugo, — et lui a proposé d'être sous-Dieu ou Saint-Esprit, — M. Hugo a refusé. — Il paraît qu'il aime mieux être académicien. — On ne saurait trop porter à la connaissance du public de semblables traits de désintéressement.

Le Mapah date *ses évangiles* de *son grabat*, — décidément le métier est mauvais, le royaume des cieux n'est pas de ce monde, — et j'admire peut-être trop le désintéressement de M. Hugo.

Le Dieu, m'assure-t-on, daigne se manifester dans divers estaminets, — où il fait la Pâque et communie sous les espèces des échaudés et de la bière ; sa foudre se compose d'un rotin, et il s'encense lui-même au moyen d'une pipe culottée. — Il rencontra, un jour, dans un café, M. *Jules Sandeau*, auquel il dit : « Levez-vous et suivez-moi. » — M. Sandeau se leva et s'en alla aussi vite qu'il put aller.

12-13. — ÉTRETAT. Je me suis mis à l'eau hier, — et je me suis dirigé vers la ligne d'un beau bleu sombre que forme la mer à l'horizon, — j'ai rencontré une barque de pêcheur, elle était — montée par mon ami Samson ; — je l'ai hélé.

— Tiens !

— Monsieur Alphonse ! — Eh bien ! comment que ça va ?

— Bien, mon ami Samson, — et vous ? — Avez-vous du genièvre à bord ? — il y a longtemps que je suis à l'eau, et cela ne me ferait pas de mal.

— Non, mais voici deux beaux homards que je vous donnerai pour votre dîner.

Et Samson me montra des homards bleus étendant leurs

grosses pattes et ne saisissant que l'air avec leurs pinces formidables.

— Merci, — mon ami Samson, — mais pour le moment j'aimerais mieux du genièvre.

— Eh bien! — allez-vous-en encore au large, — tournez la porte d'aval — et vous rencontrerez Valin, le garde-pêche, — il a de l'eau-de-vie.

— Au revoir, — mon ami Samson.

— Au revoir, — monsieur Alphonse.

14. — Madame ***, l'une des sorcières de Macbeth — à laquelle on avait écrit après l'affaire de Strasbourg : — « Prends ton nez de sept lieues et va-t'en. » — Madame *** vient d'essuyer un petit désagrément de douane. — Les préposés, trompés par son aspect militaire et ses moustaches, — n'ont jamais voulu croire que ce fût une femme, — ils ont soutenu que c'était un homme déguisé, et que sa prétendue gorge devait se composer uniquement de dentelles et autres marchandises prohibées. — Ils ont voulu la déshabiller ; — madame *** a réclamé le droit d'être fouillée par une personne de son sexe, comme il est d'usage pour les femmes ; — mais la femme préposée partageant l'erreur des douaniers, a refusé longtemps de déshabiller ce *monsieur*, et ne s'est décidée qu'à grand'peine.

15. — Je vous vois bien, Padocke — vous bourdonnez depuis un quart d'heure autour de ma tête, — mais je ne vous écoute pas. — Vous avez, dites-vous, d'excellentes choses à raconter, — j'en suis désolé; mais votre arrêt est porté sans appel, — vous ne reparaîtrez qu'au mois de septembre; on voit bien, du reste, — Padocke, — que vous n'avez rien fait depuis un mois; — vous êtes horriblement engraissée, — prenez garde, — Padocke, — vous seriez la première guêpe qu'on aurait vue prendre du ventre.

Certes, Padocke, après les désagréments que vous m'avez attirés, — ce n'est pas vous que je laisserai parler sur le procès de madame Lafarge, — vous laisseriez encore échapper des choses fort risquées; aussi bien, — je ne dirai rien du fond du procès, — mais je ne puis m'empêcher de parler un peu de Me Coraly, avocat et député.

J'ai lu tous les discours dans cette affaire, — et j'avouerai qu'il a laissé derrière lui l'*Intimé des Plaideurs*.

Dans l'audience du 11, — il commence comme son modèle.

L'INTIMÉ.

> Et de l'autre côté l'éloquence éclatante
> De maître Petit-Jean m'éblouit.....

Me Coraly :
« J'ai appris par l'expérience à me défier des entraînements du talent de Me Bac. »

Et partout cette phrase prétentieuse, boursouflée, redondante, répétant trois fois la même chose;

Et ces fades éloges de la beauté de madame de Léotaud, — et des grâces de madame de Montcreton, — et la réponse de Me Bac par les louanges des *attraits* de madame Lafarge : — cette galanterie empesée, — et cette ridicule forme de langage qui fait que Me Coraly s'écrie : « On a sali *notre* vie de jeune fille. »

Comme tout cela a été prévu par Racine!

L'INTIMÉ.

> On force une maison;
> Quelle maison? maison de *notre* propre juge;
> On brise le cellier qui *nous* sert de refuge.

Une chose triste en lisant toutes ces révélations qu'entraîne un procès du genre de celui de madame Lafarge, — c'est de voir tout ce qu'il y a de commun et de mauvais goût dans les coulisses de la vie humaine, — combien peu il y a de gens qui aient quelque respect pour eux-mêmes, — et qui gardent quelque dignité quand ils sont seuls. — Il semble que, pour la plupart, les bonnes manières et la distinction soient un rôle fatigant dont on ne saurait trop vite se débarrasser ; il semble voir des chiens savants retomber sur leurs quatre pattes aussitôt que leur maître détourne la tête. — Il y a une foule de gens qui, sitôt qu'ils se croient seuls, n'ont rien de plus pressé que de mettre un bonnet de coton et de ne plus se laver les mains.

On n'aime pas à entendre cette jeune femme ne trouver rien de mieux à dire à l'autre, à propos de son mariage récent, que ceci : — « *N'ayez pas de diamants, — cela fait trop de peine de les perdre.* » Que dirait-elle donc de plus s'il s'agissait de la perte d'un enfant ?

J'ai fait, à ce sujet, depuis longtemps, une remarque affligeante : c'est qu'il y a beaucoup de femmes avares. — Qu'un domestique maladroit laisse tomber du plateau qu'il porte quelques gouttes d'eau sucrée sur leur robe, — c'est un désespoir qu'on ne prend pas la peine de cacher ; — qu'une porcelaine un peu précieuse soit brisée par hasard, que de cris ! — que de plaintes ! — que de gémissements ! — Une bague tombe, — on interrompt la contredanse : — il faut tout déranger pour la retrouver. — Et cette histoire avec M. Clavet !

> Non, je n'appelle pas vierge une jeune fille
> Qui donne des cheveux à son petit cousin,
> Ou qui, chaque matin, se rencontre et babille
> Avec un écolier dans le fond du jardin.
> Je n'appelle pas vierge une fille qui donne
> Un coup d'œil au miroir sitôt que quelqu'un sonne.

> Pour celui-ci, d'abord, pour la première fois,
>   Elle voulut être belle et parée.

Par cet autre sa main, dans un bal, — fut serrée ;
Celui-ci vit sa jambe, un certain jour qu'au bois
On montait à cheval. — Un autre eut un sourire,
Un autre s'empara, — tout en feignant de rire,
    D'une fleur morte sur son sein.
    Un autre osa baiser sa main.

Dans ces jeux *innocents*, source de tant de fièvres
    Qui troublent les jeunes sens,
Un monsieur a baisé, devant les grands parents,
Tout en baisant la joue, un peu le coin des lèvres.
On a rougi cent fois d'un mot ou d'un regard ;
On a reçu des vers et rendu de la prose,
   Et cœtera. — Mais il est une chose,
Une seule, — il est vrai, — peut-être par hasard,
Que l'on a su garder, — soit par la maladresse
    Ou l'ignorance du cousin,
    Ou la, — dirai-je, — la sagesse
    D'une mère au coup d'œil certain.
C'est encore une chose et rare et difficile !
Et c'est ce qu'on appelle une vierge ! — on l'habille
Tout de blanc, — et l'époux se rengorge au matin !

  16. — Je découvre que je passe définitivement à l'état de *canard*. — On appelle *canard* en librairie les nouvelles que les crieurs vendent dans les rues, — ou les anecdotes un peu hasardées que publient les journaux, — on est arrivé par *catachrèse* à donner le nom de canard à celui qui est le sujet de l'anecdote. J'ai compté cette semaine quatre canards dont je suis le héros, — en y comprenant les détails donnés sur un naufrage que je suis censé avoir fait à *Étrétat* avec *Gatayes*, qui n'a pas quitté Paris.

  17. — Dans un numéro du mois de décembre, j'ai raconté toute la vie de M. Rossi, — les grands journaux, les journaux sérieux, — les journaux qui savent tout, — ont, depuis

six mois, largement puisé à cette source sans la désigner jamais, — chaque fois qu'il a été question de M. Rossi.

On vient de le nommer conseiller au conseil royal de l'instruction publique, — et on a fait grand bruit de la démission qu'il a donnée d'une de ses places, — le hasard fait que c'est précisément la moins rétribuée que M. Rossi a abandonnée.

Ainsi, en quittant la chaire d'économie politique qui lui rapportait cinq mille francs, — il a conservé les douze mille francs qu'il reçoit du ministère des affaires étrangères, — les douze mille de l'École de droit.

Les douze mille du ministère de l'intérieur pour la *Revue des deux Mondes*, dont il fait la chronique politique. — Cette chronique, qui n'a aucun mérite d'aucun genre, était beaucoup plus spirituelle quand elle était faite par des Français.

🐜 18. — Il y a deux ans et demi, M. Cousin n'était pas ministre de l'instruction publique, — il faisait à la Chambre haute — une opposition tracassière. — Un jour il avait entrepris de faire réciter à M. Molé une sorte de catéchisme ridicule.

—Monsieur le ministre, disait M. Cousin, que feriez-vous s'il arrivait telle chose? que feriez-vous si don Carlos était triomphant, si le colosse du Nord venait à mourir, si la reine d'Angleterre engraissait?

« Hélas! monsieur, ne répondait pas M. Molé, nous avons déjà assez de peine à savoir bien précisément ce que nous faisons, sans encore dire ce que nous ferons. »

—Monsieur, répondait M. Molé, il m'est impossible d'improviser ici un programme complet d'une politique que les événements doivent nécessairement modifier, etc., etc.

Nous ne suivrons pas ces deux messieurs dans le dialogue, nous remarquerons seulement que le professeur Villemain venait de temps en temps en aide au professeur Cousin, — et lui donnait le temps de reprendre haleine. — M. Molé tenait bon, et l'avantage semblait devoir lui rester, lorsque le professeur Cousin imagina un de ces arguments qui bouleversent l'armée de syllogismes la mieux disciplinée.

— Monsieur, dit le professeur Cousin à M. Molé, je vous donne un démenti.

On comprend de quel étonnement, de quelle stupeur, puis ensuite de quelle indignation fut saisie la Chambre dite aristocratique. La plupart des pairs sont des hommes bien élevés, — peu accoutumés à ces façons de Trissotin, à ces interjections de garçon de classe.

M. Pasquier, quand le premier tumulte fut apaisé, — dit au professeur Jean-Vadius Cousin : « Monsieur, je vous fais observer que les paroles dont vous venez de vous servir sortent des convenances parlementaires. »

Et de toutes les convenances possibles, aurait dû ajouter M. Pasquier ; mais les membres de la Chambre haute sont des gens comme il faut, qui n'ont pas voulu dire dans une assemblée législative, dont toutes les paroles sont imprimées au *Moniteur* et lues dans toute l'Europe : « Monsieur, vous êtes un manant. »

19. La Chambre des pairs, en rejetant ou en modifiant les lois tardivement présentées par le ministère, — a montré clairement qu'elle n'entendait pas se laisser ainsi abaisser et amoindrir. — M. Thiers a senti le besoin de s'y créer un parti sérieux et il pense à une nouvelle et prochaine fournée. — Le roi n'a pas caché qu'il serait très-difficile sur les noms qu'on lui présenterait. M. Thiers manque de gens suffisamment convenables dans ses relations personnelles ; — c'est M. de Rémusat, homme du monde et homme d'esprit, — qui a été nommé *recruteur*. — Voici quelques-uns des noms déjà raccolés : — M. *de Tracy*, — M. *de Lasteyrie*, — le comte *Paul de Ségur*, — l'infortuné *Flourens*, — le général *Lamoricière* — et le général *Duvivier*. — Quelques personnes parlent de M. *Dosne* ; — ce M. *Dosne* ne serait-il pas le même M. *Dosne* qui dut à la bienveillance de la duchesse d'Angoulême une charge gratuite d'agent de change ?

Le moment et le prétexte seraient l'arrivée des *cendres* et on mettrait en tête de la liste : — MM. Gourgaud, — Bertrand — et Lascase.

Dans les familles que voit M. de Rémusat, — on s'efforce de trouver des formules de refus polies ; — beaucoup allèguent le mauvais état de leur santé , — quelques-uns demeurent bien loin du Luxembourg, — d'autres redoutent les plâtres neufs, — etc., etc., etc. Le topique violent que veut appliquer à la Chambre des pairs M. le président du conseil — est généralement d'un effet extrêmement passager ; — les nouveaux pairs ne tardent guère à comprendre les devoirs et les nécessités de leur position, — comme fit M. de Boissy après qu'il eut été nommé par le ministère du 12 mai.

M. de Villèle redoutait beaucoup cet expédient et ne s'y détermina qu'à la fin. « Chaque pair que je fais, — disait-il, — commence par mettre deux boules noires contre moi. »

20. Deux femmes accusées d'assassinat ont été toutes deux condamnées : — la mère, comme auteur du crime, aux travaux forcés à perpétuité, — et la fille complice, — vu des circonstances atténuantes, sera à vingt ans de la même peine. — Or, la mère a près de quatre-vingts ans, et il est certain que la fille passera aux travaux forcés trois fois autant de temps que la mère.

21. — Un des *canards* faits sur mon compte — annonce que je suis *très-laid ;* — cette assertion peut jeter dans les esprits des impressions illimitées. — Sans nier la chose au fond, je serai forcé, un de ces jours, d'en fixer positivement les bornes par un bon portrait légalisé, — aussi bien on en a lithographié un que l'on vend ou que l'on ne vend pas derrière certains vitrages ; — portrait qui me donne l'air d'un criminel écoutant si le jury admet les *atténuantes.* Si j'étais procureur du roi, — je ne suis pas bien sûr que je ne me ferais pas arrêter sur le seul aspect de mon portrait ; — je ne sais si c'est à cause de ce portrait

que MM. *Desmortiers* et *Hély-d'Oissel*, son substitut, ont cru devoir ajouter à mon nom, inscrit au parquet pour quelques condamnations relatives à la garde nationale : « NE MÉRITE AUCUNE INDULGENCE. »

Vraiment, messieurs, je ne sais si vous en méritez beaucoup ; — mais je sais que vous en auriez diantrement besoin, — ce que je me propose de développer convenablement en temps et lieux, — patience, — messieurs, — vous voyez que j'ai aussi une police bien faite. — J'aurais, du reste, mauvaise grâce à me plaindre de toutes ces plaisanteries.

Des ennemis de M. de Lamartine s'amusent à envoyer aux divers journaux de Paris — des vers qu'il est censé, pendant le cours de son voyage, — ici, avoir mis sur un album, — là, avoir improvisé dans un banquet, etc., etc. — Ces vers sont, comme vous pouvez le penser, fort indignes de leur auteur prétendu, — et donnent à l'honorable député un certain air troubadour, — qui n'est ni de mode, ni de bon goût, et ne va nullement avec ses façons d'être, qui sont pleines de dignité et de distinction.

Les journaux, — pendant les vacances des Chambres, poussent au degré le plus criminel l'avidité de la *copie* gratuite. — Je ne pourrais pas citer trois journalistes — qui, un soir qu'il leur manquerait vingt lignes, jetteraient au feu sans hésiter vingt lignes qu'on leur enverrait de dénonciations contre leur meilleur ami. Aussi, saisissent-ils avec un empressement féroce tout ce qu'on leur transmet sur ce pauvre M. de Lamartine. — Le plus mauvais tour qu'on lui ait joué en ce sens est de lui avoir prêté, ces jours-ci, le discours le plus biscornu qui ait jamais été fait. — La scène se passe à *Bagnères*, on chante au poëte une centaine de vers, *improvisés* par MM. *Soutras* et *Soubies*. — M. de Lamartine répond :

« Dans l'hommage que vous rendez à la poésie, en ma personne, vous avez employé les deux plus belles langues que Dieu ait données aux hommes, la langue musicale et la langue des vers.

Vous ne me laissez pour répondre que *celle* de mon émotion et de ma reconnaissance. »

Cela rappelle parfaitement cette phrase célèbre: « *De bonne heure surtout ; le mien est de te voir.* »

« Vous voulez que je vous laisse un souvenir, fait-on ajouter à M. de Lamartine... Je vous laisse celui de votre générosité. »

Ce n'est pas ruineux, — et je recommande aux poëtes, en général, ce genre de présent.

🐜 23. — Voici qu'il arrive à M. Thiers un des plus terribles désappointements que jamais ait subis un ministre constitutionnel. — On sait que le côté ou le prétexte politique de son entrée aux affaires est l'alliance de la France avec l'Angleterre ; — pendant que M. Thiers et les journaux qui lui sont dévoués faisaient grands bruits des toasts portés par M. Guizot, pendant qu'on faisait chaque jour de nouveaux éloges de cette *terre classique de l'industrie*, de ce *berceau des gouvernements constitutionnels*, — l'Angleterre, cette même Angleterre ! la Prusse, l'Autriche et la Russie, — ont signé, avec l'envoyé de la Porte-Ottomane, — une convention contre *Méhémet-Ali*, et accessoirement contre la France, soigneusement exclue de cette quadruple alliance.

🐜 Tout le monde connaît la correspondance ministérielle de la rue Jean-Jacques-Rousseau, — dont l'*officine* est située porte à porte avec l'administration des postes. — M. de l'R., directeur de cette correspondance, est un homme très-intelligent et très-entendu, qui profite de tous les moyens possibles pour accélérer le transport de ses *nouvelles*. On a vu pendant quelque temps un magnifique pigeonnier sur le faîte de sa maison, — servant d'asile à ses voyageurs. Mais, ces jours derniers, M. Conte, administrateur général des postes, l'a fait sommer judiciairement — d'avoir, aux termes de certains vieux règlements de police oubliés, à détruire son pigeonnier, et à plumer et manger ses pigeons, — le choix de la sauce étant abandonné au condamné. Ce prétexte était quelques avanies faites par les pigeons aux voitures de l'administration ; — mais la véritable raison est l'horreur qu'éprouve M. Conte pour toute concurrence dans le transport des *lettres et dépêches.*

M. de l'R. — a donné, ce matin, la volée à ses soixante pigeons, — qui se sont dirigés vers différents pays, — portant sous l'aile gauche un billet ainsi conçu :

« Monsieur, M. Conte, directeur général de l'administration des postes, a fait rendre une sentence de bannissement contre nos voyageurs. — Pendant quelque temps, vous recevrez ma correspondance par la voie ordinaire et peu accélérée des malles-postes ; mais encore quelques jours, et nous serons en mesure de prouver à M. *Conte* que tous les *trébuchets* du monde sont impuissants contre les pattus d'Anvers.   » De l'R. »

« *P. S.* — La rente a baissé de deux francs quarante centimes à Tortoni. »

Le fait est vrai : la rente a baissé énormément. — On assure que M. *Thiers*, qui jouait alors la baisse, — probablement dans la prévision et la confiance qu'il ne pourrait tarder à faire quelque haute bévue, aurait trouvé immédiatement sa fiche de consolation. — Les journaux ministériels, alors, — anciens organes du vieux libéralisme, — qui avaient eu tant de mal à glorifier l'Angleterre, — se sont sentis à l'aise quand le maître leur a permis de l'appeler comme autrefois : *Perfide Albion* et *Carthage des temps modernes.* — Le *Constitutionnel* — a mis de côté, d'une façon tout à fait crâne, son vénérable et proverbial bonnet de coton. M. *Chambolle*, — rédacteur en chef du *Siècle*, a pris son air le plus martial, — et a entonné le chant de guerre. — Il a appelé la France aux armes, — et, si on ne l'avait arrêté, je crois qu'il partait tout seul. — M. Chambolle plaisante peu avec les *puissances étrangères*, — et je leur conseille de se bien tenir, si elles ne veulent avoir affaire à lui. — « On veut humilier la France, — s'écrie M. Chambolle, — c'était bon sous les ministres pusillanimes qui nous ont précédés, — mais, à présent, nous avons M. Thiers! »

Le *Siècle* a trente mille sept cents abonnés, — ce qui suppose un peu plus de quatre cent mille lecteurs. — Je me trompe fort, ou il y a, aujourd'hui et jours suivants, en France, quatre cent mille personnes qui riront aux éclats en voyant M. Thiers métamorphosé en foudre de guerre par le zèle exalté de M. Chambolle.

En tous cas, voilà les *puissances* averties, elles s'arrangeront comme elles pourront. — Gare M. Thiers! gare M. Chambolle! — On parle d'assembler les Chambres; je ne sais, cette fois, quelle attitude prendront les avocats qui sont censés représenter la France, — mais je n'ai pas oublié — la haine qu'ils ont toujours témoignée contre les illustrations militaires, et les avanies qu'ils ont faites, chaque fois qu'ils en ont trouvé l'occasion, à tout ce qu'il y a de noble et de grand en France. — Je m'en rappelle un exemple entre mille; il y a deux ans et demi, après la prise de Constantine, — le gouvernement demandait une pension de douze mille francs pour la veuve du général *Damrémont*, tué sur le champ de bataille; — les avocats ont chicané, lésiné et réduit la pension à six mille francs.

Le lendemain, on en demanda une de trois mille francs pour la veuve du colonel Combes.

Le colonel Combes, à la tête de la deuxième colonne, avait décidé la prise de Constantine; la ville était prise, il était revenu annoncer la victoire au duc de Nemours. — Seulement alors on s'était aperçu qu'il était blessé à mort.

Une longue discussion eut lieu à la Chambre, et les avocats s'élevèrent à un remarquable degré de honteuse chicane.

On demande si la mort du colonel pouvait être considérée comme service extraordinaire, ou si c'était simplement une affaire ordinaire, l'exécution d'une consigne. Quelques avocats, et, il faut le dire, M. le général Doguereau, soutinrent cette bizarre interprétation. — M. le général Doguereau termina par cette remarquable naiveté :

« J'admire autant que qui que ce soit les paroles prononcées par le colonel Combes mourant; mais ceux qui ont été tués auraient pu en dire autant si la mort ne leur avait pas coupé la parole. »

On regretta que M. Doguereau n'eût pas ajouté que Combes, un quart d'heure avant sa mort, était encore en vie.

Cependant, on vote par assis et levé.

« Il est accordé, à titre de récompense nationale, une pension de trois mille francs à la veuve du colonel *Combes*, tué sur la brèche de Constantine. »

L'article fut adopté à une majorité de plus de soixante voix; les avocats avaient eu un peu de vergogne; ils n'avaient pu, sans rougir, voter contre la pension, mais, à une seconde épreuve, au scrutin secret, les avocats, plus libres, — firent rejeter la pension; — plus de soixante membres de la Chambre — qui s'étaient levés pour la pension, — votèrent contre au scrutin secret.

94.—J'ai reçu, de *Montreuil*, une lettre d'un monsieur fort indigné des paroles légères que je me suis permises sur *son endroit;* — la langue de Montreuil est trop différente de celle qu'on parle en France — pour que je puisse en citer des fragments. — J'ai reçu du poëte Antony Deschamps des vers qui m'ont fait le plus grand plaisir. — M. Viennet, dans une lettre écrite à divers journaux, — se plaint des *Guêpes.* — M. Viennet a tort; — j'ai mes torts, — je ne frappe pas sur ceux des autres; d'ailleurs, je n'ai jamais eu occasion de parler de M. Viennet qu'une fois — et c'était dans une circonstance où je devais le faire avec éloges. — Les élèves m'arrivent en foule pour les leçons de trompe. — J'ai rencontré un démonstrateur de figures de cire qui faisait voir— *le notaire Peytel et son complice, M. de Balzac;* — on n'a pas tardé à ordonner à ce brave homme de

suspendre son exhibition ; — il était fort irrité contre le brillant
auteur de tant de beaux romans et disait : « C'est bien petit de
la part de M. de Balzac de m'avoir fait défendre de montrer
Peytel ; — Peytel a été guillotiné, — j'ai le droit de le montrer ;
— M. de Balzac a tort, — je n'ai pas autant d'esprit que lui,
mais je n'ai pas fait *Vautrin*. »

25. — Les anniversaires de la Révolution de juillet
deviennent de plus en plus embarrassants ; — le convoi des victimes — et la translation de leurs restes sous la colonne de la
place de la Bastille — n'ont excité ni grande émotion ni grand
enthousiasme. — Il y avait, dans cette cérémonie, un aspect
profondément philosophique peu propre à irriter les passions de
la foule. — Les rapports municipaux avaient constaté que, dans
les tombes creusées à la hâte, au mois de juillet 1830, — on
avait enfoui à la fois et les morts du peuple et ceux de l'armée,
— et quelques-uns des gens qui étaient chez eux morts de peur ou
de toute autre maladie non politique. Il était impossible de discerner les ossements, — et il a fallu mettre dans les mêmes
cercueils et sous la même colonne — amis et ennemis, — ouvriers et soldats, — tous *également victimes* des passions et de
l'avidité de gens qui se portent bien aujourd'hui ; — tous tués
pour des intérêts qui n'étaient pas les leurs ; — tous pêle-mêle
— confondus dans la même mort, — dans le même silence, —
dans le même néant, — dans la même tombe.

La musique faite par M. Berlioz pour la cérémonie funèbre
a eu un grand succès. — La marche funèbre, d'une facture
large et simple ; — l'hymne d'adieu, — remplie de mélancolique
mélodie. L'apothéose est surtout un magnifique morceau plein
d'une verve entraînante — et d'un rhythme admirable. — Un
officier de la garde nationale étant tombé de cheval, — les personnes qui étaient auprès de lui ont eu peur ; — cette peur gagnant de proche en proche, — sans porter avec elle sa cause, —
a occasiomé un grand désordre de la Bastille à la Madeleine ;

— une partie de la garde nationale a été mise en déroute.

🐜 26. — La fête a été commune : — c'est toujours la même fête qu'on donne au peuple, — sous tous les gouvernements, — et en commémoration de n'importe quoi. — La joute à la lance, sur la rivière, a manqué. — Tous les autres exercices ont été supprimés ; — aussi serait-il impossible de trouver, sur la Seine, cinq mariniers bons nageurs. — Le feu d'artifice a été d'une grande magnificence.

🐜 27. — M. Thiers a du malheur : — ce n'est pas assez de sa responsabilité de président du conseil, — il faut que tout ce qui arrive de fâcheux, en ce moment, tombe précisément sur le ministre des affaires étrangères. — A Londres, pendant une visite du duc de Nemours, — il arrive ce que vous savez : — la France est exclue de la quadruple alliance. — A Vienne, M. de Saint-Aulaire, — averti que M. de Metternich lui préparait l'avanie de l'excepter seul des invitations faites aux ambassadeurs, — fait semblant d'avoir oublié sa tabatière à Paris, — et laisse là-bas son secrétaire d'ambassade. M. de Langsdorf, — ignorant l'étiquette, — remet son chapeau sur sa tête, après avoir salué — M. Mensdorf ; — est-ce bien Mensdorf que ce monsieur s'appelle ? — Mensdorf, Langsdorf, — des noms de cette dureté devraient bien s'arranger pour qu'il ne leur arrivât rien qui force à parler d'eux ; M. Mensdorf — jette à terre le chapeau de M. Lansdorf. — A Constantinople, M. de Pontois donne des lettres de recommandation — à un jeune homme qui va contribuer à l'insurrection de Syrie. — En Prusse, — M Philippe de Ségur, envoyé extraordinaire de France, et M. Bresson arrivent trop tard au palais où ils ont été invités par le roi ; — le comte de Ségur veut s'excuser ; — Sa Majesté répond en souriant : *Les représentants de la France n'arrivent jamais trop tard en Allemagne.*

N. B. Les journaux du ministère ont pris cela pour une

phrase bienveillante, — et racontent tous l'incident avec un petit air de triomphe — on ne saurait plus bouffon.

Voici la situation dans laquelle je laisse les choses en m'en retournant à Étretat :

M. Thiers — est entré aux affaires, sous prétexte de cabinet parlementaire et vertueux ; — à le considérer comme vertueux, je crois la lecture des derniers volumes des *Guêpes* assez édifiante et instructive ; — à le considérer comme parlementaire, — M. Thiers, partisan effréné de l'intervention et de l'alliance anglaise, — est sur le point de mettre la France en guerre avec toute l'Europe, en commençant par l'Angleterre, — pour défendre la non-intervention.

La rente a baissé de six francs.

M. *Chambolle*, du *Siècle ;* M. *Jay,* du *Constitutionnel ;* et M. *de Lapelouze*, du *Courrier français*, se sont levés comme un seul homme, — brandissent leurs plumes, — les mettent à leurs chapeaux en guise de plumet — et défient les ennemis de la France. — Mort et furie ! — Sabre et poignard ! — Damnation !

Septembre 1840.

Prohibition de l'amour. — Le pain et les boulangers. — Injustices de la justice.— La paix et la guerre.— La feuille de chou de M. Villemain.— Le roi sans-culotte. — M. Cousin. — M. de Sainte-Beuve. — La pauvreté est le plus grand des crimes. — Les circonstances atténuantes et le jury. — La morale du théâtre. — M. Scribe. ·· La distribution des prix à la Sorbonne. — L'éducation en France. — Naïvetés de M. Cousin.— M. Aug. Nisard. — Ce que M. Thiers laisse au roi. — M. Hugo. — Monseigneur Affre. — M. Roosman. — M. Gerain. — Les voleurs avec ou sans effraction. — Le roi et les douaniers. — Un chiffre à deux fins. — Comme quoi c'est une dot d'être le gendre d'un homme vertueux. — M. Renauld de Barbarin, — M. Gisquet et ses Mémoires. — M. de

Montalivet. — M. de Lamartine. — M. Étienne. — La Bourse. —
M. Dosne. — M. Thiers. — La vérité sur la Bourse. — Une petite que-
relle aux femmes. — Un malheur arrivé à M. Chambolle. — Aphorisme.
— Coquetterie des *Débats*. — Mot de M. Thiers. — La curée au chenil.

AOUT. — 1er. — Un tribunal vient de rendre un jugement
par lequel un pauvre diable a été condamné « pour excitation
à la débauche, dans son propre intérêt, d'une personne au-dessous de vingt et un ans. » — Mais, — mon Dieu ! — ce crime
est ce qu'on a appelé si longtemps et jusqu'ici d'une foule de
noms plus doux et plus innocents, tels que « faire la cour » —
« aimer » — « séduire. »

Au-dessous de vingt et un ans ! diable ! — quels sont les
demi-siècles qui ont ainsi influencé la justice — pour se réserver, sous la protection des lois, toutes les *excitations à la débauche* qui se pourront faire dans leur belle patrie ?

Les femmes n'oseront plus se rajeunir ; — celles qui encour-
ront la suspicion de n'avoir pas vingt et un ans seront évitées
avec horreur par tout bon citoyen, ami des lois et peu ambitieux
des travaux forcés ; — et, comme il n'est ni poli ni bien reçu de
demander l'âge des femmes, — et que d'ailleurs on pourrait
être trompé, il sera prudent de ne s'enflammer qu'après la cons-
tatation de quelque signe évident de décrépitude chez l'objet
aimé.

2. — Il n'est que trop vrai que les hommes en général n'arrivent jamais à trouver ce qui est vrai, simple et juste
— qu'après avoir épuisé auparavant ce qui est faux, tourmenté
et absurde.

On oblige le boulanger, qui vend un pain d'un certain poids,
et en reçoit le prix proportionnel, à livrer un pain conforme au
poids convenu et payé. Les boulangers cependant encourent
chaque jour des amendes et des notes infamantes pour contra-
ventions à ces ordonnances. Ils prétendent que la réduction

2*

que souffre le pain pendant la cuisson ne peut être ni prévue ni appréciée d'avance, que la forme du pain, la chaleur du four et une foule d'autres raisons amènent des variations à l'infini.

Que fait l'autorité ? — On consulte des chimistes. — Les chimistes font des expériences, — ne sont pas d'accord entre eux, — et finissent par l'être avec les boulangers, en cela qu'ils renoncent à établir combien un pain perd de son poids pendant la cuisson.

Puis on laisse les choses sur le même pied, et on continue à condamner à cinq francs d'amende les boulangers dont les pains n'ont pas précisément un ou deux kilogrammes.

Or, il faut cependant se décider. — Si c'est sciemment que le boulanger vend à faux poids, il est dérisoire de le condamner à cinq francs d'amende quand le malheureux qui volerait dans sa boutique un pain d'un sou en brisant une vitre expierait son crime par les travaux forcés. — La peine infligée au boulanger qui vole le pain du pauvre doit être au moins égale à la peine du pauvre qui vole le pain du boulanger.

Si c'est involontairement que le boulanger ne donne pas le poids convenu à ses pains, — la peine de cinq francs d'amende doit être supprimée.

Il n'y a rien de si facile à arranger que tout cela. Permettez aux boulangers de faire des pains de la forme et du poids qu'il leur plaira, — et de les vendre pour leur poids, quel qu'il soit ; — et dans le tarif comparatif des farines et de celui du pain qui se publie tous les quinze jours, ne fixez plus le prix du pain de quatre livres et du pain de deux livres, — mais seulement le prix de la livre de pain.

Que le pain se vende au poids, et seulement au poids ; qu'on n'aille plus demander au boulanger un pain de quatre livres, mais quatre livres de pain, — comme on fait chez le boucher, chez l'épicier, etc., — et toutes les difficultés disparaissent.

Cela est simple, clair, sans objection ; ce qui n'empêche pas que je serai bien étonné si on profite de l'avis (1).

※ 3. — Un pauvre saltimbanque, roué de coups par un brutal, porte plainte et fait venir son adversaire devant le tribunal de police correctionnelle. Le pauvre diable est encore tout éclopé. — Plusieurs témoins déposent des faits. — L'agresseur est condamné à... quinze francs d'amende. « Pour qui sont les quinze francs ? — Parbleu, pour le plaignant, direz-vous, c'est une faible indemnité pour les coups... — Vous n'y êtes pas le moins du monde. Les quinze francs d'amende sont pour l'État. — Et le saltimbanque ? — Le saltimbanque n'a rien. — Pourquoi cela ? — Je vais vous le dire : c'est que le saltimbanque est trop pauvre pour s'être *porté partie civile*, c'est-à-dire pour avoir fait l'avance de certains frais. — C'est-à-dire qu'on ne lui donne pas l'argent précisément à cause du besoin plus grand qu'il en a ? — C'est cela même. »

※ 4. — Le ministère a divisé ses journaux en deux camps : les uns plaident pour la paix, — les autres pour la guerre. En général, les journaux du matin, — M. Chambolle en tête, sont plus belliqueux ; — ceux du soir sont plus pacifiques ; — peut-être ont-ils peur des ténèbres et des revenants ? — Les journaux, en très-petit nombre, qui sont restés dans l'opposition, annoncent tous les matins aux puissances contre lesquelles la France est presque en guerre, — la force et la faiblesse de l'armée de terre et de mer ; — quels sont les points fortifiés, — et quels sont les points qui ne le sont pas ; — le tout enjolivé de dissertations sur la supériorité de l'Angleterre sur la France, etc., etc.

※ 5. — M. Villemain, l'ex-ministre de l'instruction publique, va, deux fois par semaine, passer la journée à Nanterre chez son ami, M. de Pongerville. — M. de Pongerville est un

(1) On en a profité depuis.

homme d'un esprit facile et conciliant, qui est fort bien avec le
monde entier, et qui n'a qu'un regret, c'est de ne pouvoir étendre davantage le cercle de sa bienveillance. —M. Villemain a
été vu plusieurs fois se promenant dans le jardin, non pas avec
une feuille de vigne, — mais avec une feuille de chou dont il se
couvre le visage pour se préserver du contact du soleil ; — d'autres disent que c'est pour préserver le soleil de l'aspect de son
visage.

🐜 6. — Le roi Louis-Philippe, fort brave de sa personne, quand il ne s'agit que de lui, — ainsi qu'on ne lui en a
fait donner que trop de preuves depuis dix ans, — passe pour
beaucoup moins résolu en politique, — et sa prudence a souvent
été qualifiée de diverses manières fâcheuses. Cette fois, cependant, il s'est montré fort irrité contre les envoyés des puissances coalisées qu'il a reçus, — et il est allé jusqu'à dire : « Si je
ne trouve pas d'autres moyens pour rendre à la France toute
son énergie contre l'Europe, — j'irai jusqu'à mettre le bonnet
rouge. »

🐜 PARENTHÈSE. — A ce propos, le mois dernier, — en
faisant l'énumération des os qui avaient partagé indûment les
honneurs rendus aux héros de Juillet, — j'ai oublié plusieurs
momies avancées, enlevées du Musée Charles X. Les pharaons
ne s'attendaient guère à être mis au nombre des héros morts
pour la Charte.

🐜 7. —Comme j'allais me mettre à écrire, — je suis dérangé par le bruit que fait une mouche qui frappe avec fureur,
de sa petite tête, contre les vitraux de ma porte. — J'ouvre et
je vois Padocke.

— Maître, —me dit-elle, — M. de Sainte-Beuve a été récompensé de sa démarche près de vous et de sa dénonciation
contre moi : — par une ordonnance du 8 août, c'est-à-dire d'a-
vant-hier, il vient d'être nommé conservateur à la bibliothèque
Mazarine, en remplacement de M. Naudet.

— Eh bien ! Padocke ?

— Eh bien ! maître ?

— C'est une justice rendue à M. de Sainte-Beuve, qui est un homme d'un grand talent. Si cette place avait dépendu de moi, je la lui aurais volontiers donnée pour le plaisir qu'il m'a fait d'entrer chez moi, et je suis enchanté qu'il lui arrive quelque chose d'heureux.

— Mais...

— Mais quoi ?

— Pourquoi ne lui a-t-on pas rendu cette justice plus tôt ?

— Parce que, Padocke, la place n'était pas vacante.

— Mais...

— Encore ?

— Oui..... depuis que M. de Sainte-Beuve est un homme d'un grand talent, et depuis que M. Cousin est ministre, — ce qui est plus récent et durera moins longtemps, — il y a eu des places vacantes à diverses bibliothèques et on les a données à des bureaucrates.

— Que voulez-vous que j'y fasse, Padocke ?

🐎 8. — Je lis sur un journal des tribunaux : « La Cour » rejette le pourvoi en cassation de Françoise Lebrun, — con- » damnée à quinze ans de travaux forcés pour crime d'infanti- » cide, — *pour défaut de consignation d'amende.* »

Pourquoi ont été instituées les cours de cassation ? Pour casser un jugement mal rendu ; — pour annuler une peine mal appliquée ; — en un mot, pour contrôler l'exercice de la justice, diminuer les chances d'erreurs, et donner quelques garanties de plus aux accusés. — Or, dans cette circonstance, — et j'en ai vu des exemples nombreux, la Cour déclare que Françoise Lebrun est bien jugée, — non parce que la procédure a été régulière, ou parce que la peine a été appliquée justement et conformément à la loi, — mais parce qu'elle n'a pas consigné une amende. C'est-à-dire qu'il y a, comme du pain, de la justice de première et de seconde qualité ; que les juges sont comme les barbiers qui *repassent*, c'est-à-dire rasent une seconde fois ceux qui payent plus cher. C'est-à-dire que Françoise Lebrun est assez bien jugée pour une pauvre femme ; — qu'elle a eu de justice ce qu'on peut en avoir pour rien. — C'est-à-dire que, sans argent, dans le sanctuaire de la justice, comme aux spectacles forains, ceux qui ne payent pas n'ont droit qu'à la parade et *aux bagatelles de la porte*.

Si on a institué les tribunaux de cassation, — si on casse souvent les jugements de tribunaux de première instance, c'est que ces derniers peuvent se tromper et se trompent ; — c'est qu'il est possible que l'accusé soit injustement condamné ; — c'est que Françoise Lebrun n'est peut-être pas criminelle ; — c'est que, si elle avait pu consigner l'amende en question, le jugement qui la condamne aurait peut-être été cassé, et elle acquittée par un autre jugement. — Le résumé de ceci est que Françoise Lebrun n'a pas le moyen de ne pas avoir tué son enfant ; — qu'elle n'a pas le moyen de ne pas aller aux travaux forcés ; — que, sans les *circonstances atténuantes*, qui sont d'invention moderne, — elle eût été condamnée à mort, — et qu'elle n'aurait pas eu le moyen de ne pas être guillotinée.

Ο μυθος δηλοι οτι... — Cela prouve qu'il y a un crime plus grand que l'assassinat, le vol et le parricide ; — un crime plus grand que tous les autres réunis, — un crime qui ne trouve ni grâce ni indulgence : — c'est la pauvreté.

C'est plus sauvage que les sauvages.

9. — Encore la justice ! encore les circonstances atténuantes. Dans le Gard, une domestique empoisonne *trois fois* sa maîtresse ; le jury la déclare coupable d'empoisonnement, MAIS *avec des circonstances atténuantes*. — En effet, pour avoir besoin de l'empoisonner trois fois, il fallait qu'elle l'empoisonnât bien peu à chaque fois.

Rosalie Hébert empoisonne son mari et l'avoué. — Le jury

du Calvados trouve une excuse dans sa jeunesse, — là où j'aurais trouvé un crime de plus ; car dans la jeunesse tout est noble et grand, et l'amour absorbe toute la puissance, qui plus tard sera divisée entre toutes les autres passions ; — elle est déclarée coupable, MAIS avec des circonstances atténuantes.

Nicolas Roulender, à Montpellier, — viole sa fille, — vit publiquement avec elle. Déféré aux tribunaux, il est condamné, MAIS avec des circonstances atténuantes. — Je voudrais bien que le plus fort des jurés de Montpellier m'expliquât ce qu'il fallait que fît Roulender pour qu'il n'y eût pas dans son crime de *circonstances atténuantes*.

— Le 18 août, le jury de Saône-et-Loire admet des circonstances atténuantes en faveur de Nicolas Mauguin, parricide et fratricide. — Ces bons négociants du jury pardonneraient volontiers le treizième crime à celui qui en commettrait douze à la fois.

🐜 10. — Il y a de singulières mœurs au théâtre ; l'amour n'ose s'y montrer qu'en ayant le mariage pour but. — Qu'un jeune homme et une jeune fille s'aiment, se le disent, se laissent entraîner, — on criera à l'immoralité. — Il n'en est pas de même s'il s'agit d'inceste ou d'adultère, — la chose paraît toute simple et on n'y trouve pas le plus petit mot à redire ; — voir *Œdipe*, — *Phèdre*, — *Clytemnestre*, etc.

Ces idées me sont suggérées par la reprise de la *Neige*, de M. *Scribe*. Dans cette pièce, le roi a surpris les amours de sa fille et du page Eginhard ; s'il ne les mariait pas à la fin, la pièce serait réputée immorale. — Mais M. *Scribe*, qui connaît son public, a ajouté ceci à la légende : — à savoir que le père jette *plaisamment* dans l'esprit de sa fille et de son gendre l'idée qu'ils sont frère et sœur, et par conséquent incestueux. Personne n'a songé à trouver cela odieux et révoltant qu'un père salisse ainsi la pensée de sa fille.

🐜 11. — LES PRIX DE LA SORBONNE ET L'ÉDUCATION EN

FRANCE. — Il y a, en France, beaucoup de bonnes gens qui croient que l'on change quelque chose ; — voyez cependant, — ô bonnes gens, — les professeurs et les avocats que vous avez mis à la tête du pays, — n'ont-ils pas rempli les robes et les simarres de leurs prédécesseurs d'autant de morgue pour le moins qu'elles en ont jamais contenu ?— Il faut le dire, en France, on n'est républicain que par amour pour l'aristocratie. L'égalité n'est pas un état auquel on veut arriver, mais par lequel on espère arriver à autre chose. Nous avons vu M. Cousin trôner à la Sorbonne pour la distribution des prix, précisément comme M. d'Hermopolis, — avec moins de bonne grâce seulement et de dignité.

Je ne vous parlerai pas du thème lu par M. Auguste Nisard,— ni des gens qui secouent la tête avec de petits mouvements d'approbation, pour se donner des airs de comprendre le discours latin : j'arrive tout de suite au discours de M. Cousin.

Le ministre de l'instruction publique—a commencé par émettre des idées de la force et de la nouveauté de celles-ci : — « *Le collége est l'image anticipée de la vie. Les luttes dont vous sortez sont l'apprentissage de celles qui vous attendent*, etc. ; » puis, faisant un retour sur lui-même, il a développé cette pensée, — que le meilleur gouvernement possible est celui où M. Cousin est ministre de l'instruction publique ; — il n'a même pas caché que la chose devait s'arrêter à ce point culminant,—que les laborieux enfantements du passé, les efforts, les luttes, avaient enfin obtenu un résultat assez satisfaisant pour que l'humanité fît, comme Dieu après le septième jour : — *Et elle vit que tout était bien, et elle se reposa le septième jour.*

« Il vous a été donné de voir la France libre et prospère, à l'ombre de cette admirable forme de gouvernement ; cette monarchie constitutionnelle, rêvée jadis par quelques beaux génies, invoquée par les sages, annoncée par Montesquieu, conquise enfin par tant de souffrances et de glorieux travaux, et dernier terme de nos longues vicissitudes ! Aimez donc le siècle, aimez le pays qui vous font ces avantages ! »

Suivez encore ce bon M. Cousin :

« Et nous devons remercier la divine Providence d'avoir comme choisi notre âge pour y rendre plus que jamais manifeste la loi sublime qui, selon d'antiques paroles, attache par des nœuds d'airain et de diamant la peine à ce qui est mal, la récompense à ce qui est bien. »

Quelle touchante naïveté ! — Il est possible qu'à d'autres époques les récompenses dues au mérite aient quelquefois été un peu détournées de leur but ; — mais, pour cette fois, *la Providence a choisi* le moment où M. Cousin est ministre pour montrer la justice des récompenses.

Ceci n'est que ridicule, — passons. Mais voici qui est plus grave : — M. Cousin, après avoir fait cette découverte un peu hardie, que *le collége est l'image de la vie*, — ajoute que l'éducation universitaire *conduit à tout*. C'est un mensonge ridicule que les générations se lèguent les unes aux autres, — mais qui n'a jamais été si mensonge et si ridicule qu'aujourd'hui.

En effet, — quand l'éducation était un privilége, on ne mettait au collége que les jeunes gens destinés à l'église, au barreau, aux lettres et aux douces oisivetés du monde et de la fortune.

Les autres classes de la société se contentaient d'une éducation spéciale, appropriée à l'état qu'elles devaient avoir dans la vie.

Mais, aujourd'hui que tout le monde va au collége, — je ne sais rien d'aussi fou que cette éducation entièrement et exclusivement littéraire à laquelle on astreint la jeunesse pendant dix ans. Je dirai donc contre le système d'éducation actuel :

1° On n'y apprend pas ce qu'on est censé y apprendre ; — prenons pour exemple une classe composée de soixante élèves. Il y en a tout au plus dix qui, en sortant du collége, savent passablement le latin et un peu moins bien le grec ; — pour les autres, et la mémoire de chacun suffit pour démontrer que je n'exagère pas, — voici comment se passe le temps de leurs études :

1re année. — *Sixième :* On s'amuse pendant les classes — à attacher des bouts de papier à l'abdomen des mouches que l'on regarde ensuite voler — pendant les récréations. Sous le nom de *pensums,* on copie cent fois, deux cents fois, trois cent fois le *Récit de Théramène,* — pour les maîtres sévères, — et *la Cigale ayant chanté tout l'été,* dont les vers sont si courts, pour les maîtres plus indulgents.

Cinquième. — Des bonshommes, attachés par un fil à des boulettes de papier mâché, sont collés au plafond de la classe ; — au printemps, on lâche des hannetons. — On copie toujours le *Récit de Théramène* et *la Cigale et la Fourmi.*

Quatrième. — On commence à *filer* régulièrement, — c'est-à-dire — à aller se promener dans les passages ou à la glacière, l'hiver ; — l'été à Montmartre ou à l'école de natation, pendant les heures des classes. On continue à copier le *Récit de Théramène* et *la Cigale et la Fourmi*, pendant les récréations.

Troisième. — On ne veut plus porter de casquette, on a un chapeau et des bottes, et on cache les livres dans son chapeau et dans ses poches. — On lit la *Pucelle* de Voltaire et les *Épîtres* de Parny ; — toujours le *Récit de Théramène* et *la Cigale et la Fourmi.*

Seconde. — On joue au billard, — on va au café, — on lit des romans et les journaux ; — on écrit aux filles de boutique du voisinage, pendant les classes. — On met des éperons à ses bottes, le dimanche ou quand on file. — Le *Récit de Théramène* et *la Cigale et la Fourmi.*

Rhétorique. — Suite de la seconde. — Le *Récit de Théramène* et *la Cigale et la Fourmi.*

Six ans à copier le récit de *Théramène* et *la Cigale et la Fourmi !* c'est beaucoup ; et, je le répète, ne croyez pas que j'exagère rien. — Et une preuve qu'aucun professeur ne niera,

— c'est que, si on prend le dernier élève de la classe de rhétorique, il ne sera pas le premier de la classe de sixième. — Dé-
mentez-moi, monsieur Nisard, si ce que je vous dis là n'est pas
vrai. — Et regardez autour de vous, dans la société, combien
y a-t-il d'hommes qui sachent bien le latin?

2º Après avoir démontré qu'on n'apprend pas au collège ce
qu'on est censé y apprendre, — j'ajouterai que, l'eût-on appris,
— ce serait, pour quarante sur soixante, une éducation nuisi-
ble, ou au moins inutile.

Les professions libérales devraient être réservées aux intelligences de quelque supériorité qui peuvent les faire marcher en
avant, et non livrées à la foule qui les encombre et les obstrue.
Ce n'est pas ainsi que l'on fait; — mais néanmoins, — sur
soixante jeunes gens, — en prenant par portions égales pour
toutes professions industrielles, pour les sciences, pour les
arts, etc., — il ne doit y avoir sur les soixante qu'un écrivain
tout au plus, — un peintre, — un médecin, — un avocat, —
un professeur. En effet, ce n'est, pour l'écrivain, quand ils seront dans la société, que cinquante-neuf lecteurs; — pour le
médecin et l'avocat, que cinquante-neuf clients qui n'ont pas
toujours des maladies ou des procès, etc.

Eh bien! toute l'éducation est faite au point de vue de l'écrivain. Les cinquante-neuf autres lui sont sacrifiés à des degrés différents : — l'avocat moins que le médecin, — le médecin moins
que le peintre, — le peintre moins que le ferblantier.

Je ne prétends pas pour cela que l'éducation de l'écrivain soit
bien complète; — car il n'y apprendra que le latin et le grec, —
et sortira du collège très-ignorant de la littérature française.

En sortant du collège, à l'exception de l'écrivain, — jusqu'à
un certain point, — tous les autres ont à faire leur éducation
réelle.

Ainsi, — le résumé de l'instruction de collège est que, pour
dix sur soixante, — elle est utile, mais incomplète;

Que les cinquante autres sont censés y apprendre des choses qu'ils n'apprennent pas, et qui ne leur serviraient à rien s'ils les apprenaient.

Et si je répète ici les paroles de M. Cousin :

« Si parmi vous il est un jeune homme qui se soit élevé peu à peu au-dessus de ses condisciples par la seule puissance du travail, n'ayant d'autre appui que sa bonne conscience, d'autre fortune que les couronnes qu'il va recevoir, que ce jeune homme ne perde point courage à l'entrée des voies diverses de la vie. »

C'est pour en tirer des conclusions contraires à celles qu'en tire le ministre de l'instruction publique, — et je dirai à ce jeune homme : Qu'il ne perde pas courage, car il en aura besoin. Non, — en ce temps-ci on n'arrive pas à tout par la *seule puissance* du travail et de la *bonne conscience ;* — pourquoi tromper ces jeunes gens que vous laissez aller? vous le savez mieux que personne, — monsieur Cousin, — tout ce qu'il faut d'intrigues, — d'alliances contre sa conscience, de concessions contre ses principes, — d'humilité avec les uns, et de boursouflure avec les autres ; — vous pourriez leur dire qu'il faut baiser la botte de l'empereur de Russie en 1815, — et cirer les souliers de M. Thiers en 1840 ; — pourquoi les tromper, — monsieur Cousin?

Et je sais un homme qui, lui, n'arrivera à rien, parce qu'il n'a rien fait et ne fera rien de tout cela, — parce qu'il s'est fait une fortune de sa modération et de son dédain ; — un homme auquel on avait dit aussi, — dans vos colléges, — quand vous étiez professeur, — monsieur Cousin : « Travaillez, cela mène à tout. » Il a travaillé, vous trouveriez son nom dans les annales des concours généraux; il était un des élèves les plus *forts* de l'université, — et un jour on l'a lâché, — comme vous en avez lâché un grand nombre hier, — et on lui a dit, — comme vous avez dit hier : « Allez et ne craignez rien. »

Il y a encore, au haut de la rue Rochechouart, une maison

où était une pension. — Il fut bien heureux d'entrer là *pour sa nourriture*, — et quelle nourriture ! et d'y travailler dix-huit heures par jour, chez un homme qui lui donnait pour logement un chenil sans vitres l'hiver, — et le forçait de boire du vin blanc le matin, — lui qui avait le vin en horreur. — Il dut se trouver heureux de supporter les caprices de cet homme, qui, tous les dimanches, après un dîner meilleur, voulait absolument l'emmener prendre la Belgique, et finissait par se mettre tout seul en route, jusqu'au prochain corps de garde, d'où on le ramenait chez lui.

— Les élèves ont demandé la *Marseillaise*, et applaudi vivement M. Hugo, qui venait voir couronner un de ses charmants enfants. — M. Thiers, pour avoir l'air de laisser quelque chose à la majesté royale, n'en a pas pris la politesse, qui consiste dans l'exactitude ; — il est arrivé que le discours était commencé. C'était le seul moyen, pour le petit homme, de n'être pas inaperçu. A l'entrée de M. Cousin, l'orchestre, je ne sais pourquoi, — a joué une marche funèbre ; — il est vrai que, dans son discours, il devait proclamer une liberté d'enseignement qui, si elle était accordée de bonne foi, ne tarderait pas à tuer et à enterrer l'université. — Monseigneur Affre, archevêque de Paris, coiffé à la Louis XIII, a l'air d'un jeune homme de trente ans.

12. — Des voleurs ont tenté un vol avec effraction à la caisse de ces bons messieurs Roosman et Gerain, au ministère des fonds secrets ; — ils n'ont rien trouvé. — Je n'écrirai pas ici ce qu'ils ont écrit à la craie sur les murs, en l'honneur des *dévouements* et des *désintéressements* qui les avaient prévenus.

13. — Le roi, voulant aller à Boulogne sur le *Véloce*, a été obligé, par le gros temps, de relâcher à Calais. — Arrivé enfin à Boulogne, — il a donné beaucoup de croix d'honneur, — et a appelé les douaniers ses chers camarades.

— Le retour de l'ambassade de Perse — a causé une grande joie dans les coulisses de l'Opéra. — Plusieurs des jeunes envoyés ont reçu, assure-t-on, en présent, des sabres et des décorations — *enrichies* de strass.

🐜 14. — On faisait beaucoup de bruit des mémoires que va publier M. Gisquet. En effet, M. Gisquet, âme damnée de M. Thiers, pouvait faire de singulières révélations. On a intrigué, on a promis de réintégrer le gendre de M. Gisquet dans sa recette générale, et M. Gisquet a fini contre M. de Montalivet ce qu'il avait commencé contre M. Thiers.

🐜 15. — M. Renaud de Barbarin, gendre du vertueux M. Valentin de la Pelouze, vient d'être brutalement nommé conseiller à la cour des comptes.

🐜 16. — M. de Lamartine a écrit dans le *Journal de Mâcon* et dans la *Presse* une longue lettre sur les affaires d'Orient. — Dans beaucoup d'endroits, cette lettre n'est pas digne de M. de Lamartine ; mais elle est fort supérieure, en tous points, aux bavardages quotidiens qui commencent les journaux chaque matin. — Les gens vulgaires et les sots ont beaucoup crié contre cette lettre ; — ils ne voudront jamais admettre que l'esprit et le talent ne sont pas une infériorité, — qu'un grand poëte est au-dessus et non pas au-dessous de la politique, — et que les hommes d'esprit ne sont pas pour cela plus bêtes que les autres.

Le *Constitutionnel,* devenu pair de France pour avoir fait des paroles d'opéra-comique, ne se peut taire sur les prétentions de M. de Lamartine.

M***, qui n'avait pas lu la lettre, a été disant partout : « Oh ! bah ! *c'est trop dans les nuages !* » On a dit : « Ce pauvre M***, les nuages commencent si bas pour lui ! »

Les élèves de Rome ont envoyé une foule de choses ; — l'un, entre autres, un projet de mairie pour le dixième arrondissement. — Envoyez donc des gens à Rome !

J'ai voyagé une fois avec un peintre ; — nous avions fait deux cents lieues, quand, un matin, je le surpris dessinant la voiture qui nous avait emmenés de Paris.

—Les gens vulgaires me reprochent ma sévérité à l'égard des femmes ; — les autres comprennent que je les aime et que ma sévérité n'est que de l'avarice. — Je suis comme Apollon, qui sent la nymphe se métamorphoser en arbre entre ses bras, — je crains toujours que les femmes ne s'avisent de se changer en quelque chose d'autre. — Si une jolie femme comprenait bien qu'elle a plus de charmes encore parce qu'elle est femme que parce qu'elle est jolie ! — Puis-je ne pas faire un bruit horrible quand je suis forcé d'apprendre que les femmes les plus comme il faut passent quelquefois dans la matinée par les mains de quatre hommes qui ne sont ni des maris, ni des amants ;

Que le matin elles livrent leurs pieds à un M. Pau, — qui les prend nus dans ses mains, et leur récite des vers d'Horace ;

Qu'ensuite un M. Thomassin, qui paraît être le Humann des femmes, leur prend mesure d'un pantalon ;

Qu'un M***, je ne sais pas son nom, — je sais seulement que c'est un Polonais... (cassez quelque chose et ajoutez ski), vient leur essayer un corset ;

Qu'un *Frédéric* quelconque vient les coiffer.

Mais je crierai de ma voix la plus forte et la plus retentissante, — mais je dirai que c'est infâme ; — que, si elles attachent si peu de prix à elles-mêmes,—nous ne pourrons nous en attacher aucun.

Je leur dirai que, pour un homme qui les aime, — elles n'ont pas un cheveu qui ne soit un trésor, et qu'elles n'ont pas le droit d'être si prodigues d'elles-mêmes. — C'est donc bien ennuyeux le ciel, qu'on a tant de peine à empêcher les dieux de venir barboter dans la fange des rues.

17. — *Sur la Bourse et sur ce qui s'y passe.* Il y a une maison de jeu appelée la Bourse, qui rapporte douze millions

chaque année au gouvernement. — Le gouvernement nomme lui-même les croupiers, auxquels il donne le titre d'agents de change, — exige d'eux des cautionnements, — et fait mettre, comme je viens de vous le dire, douze millions aux flambeaux.

La Bourse n'a été construite et instituée que pour y faire, à l'abri de la pluie, des paris sur les fonds secrets.

Il est arrivé, le mois dernier, ce qui arrive tous les mois; — il y a eu des différences à payer; les uns ont gagné, les autres ont perdu. — Mais il est arrivé aussi que des gens qui avaient perdu ou qui n'avaient pas joué croyaient avoir des droits à être de moitié dans le jeu des gagnants, qui, disait-on, n'avaient gagné que par la communication opportune et prématurée des nouvelles du ministère. — Un cri d'indignation s'est élevé du sein des journaux; on a hautement désigné M. Dosne, beau-père du président du conseil, comme ayant fait de gros bénéfices. — M. Chambolle s'est plaint vivement dans le salon de M. Thiers; — on allait jusqu'à désigner celui des embranchements des galeries des Panoramas où se tenait M. Dosne, et d'où il envoyait ses émissaires aux agents de change.

Il y a, dans le jeu que l'on prête à M. Dosne, une particularité assez curieuse. M. de Talleyrand, ministre sous l'Empire, fut accusé de gains énormes faits à la Bourse : — l'empereur le fit venir et lui en fit de vifs reproches. « Sire, reprit M. de Talleyrand, qui avait toujours joué la hausse, je ne joue pas à la Bourse, je ne fais que parier pour Votre Majesté. »

M. Dosne a fait tout le contraire; — il a joué la baisse, et conséquemment parié contre son gendre.

— Les gens les plus forts du parti de M. Molé ont exploité la circonstance, et ont tellement harcelé M. Thiers, qu'il a fini par donner dans le piége où est tombé M. Gisquet, lors de son fameux procès. — M. Thiers a ordonné une enquête pour savoir ceux qui avaient répandu de fausses nouvelles, aux termes de cinq ou six lois contemporaines du *maximum* et de la *loi des suspects,* — et qui, si elles étaient suivies, entraîneraient tout simplement la fermeture et la démolition de la Bourse ; — attendu qu'elles proscrivent l'agiotage et non certaines irrégularités dans. l'agiotage. — Or, elles sont périmées par cela seul que le gouvernement actuel est fondé sur le crédit, et a lui-même institué les jeux de Bourse.

Il est bon d'expliquer la vérité sur tout ceci. L'enquête est une mystification : parce que celui qui a donné une nouvelle l'a toujours reçue d'un autre, — et celui qui a confié une nouvelle fausse peut l'avoir crue vraie. D'ailleurs, je me sens ému de peu de pitié et de sympathie pour des gaillards qui jouent leur fortune sur des nouvelles de la force de celles-ci, qui ont *réellement* circulé à la Bourse.

Première nouvelle. « Le Taurus a été passé. — Vraiment?— Oui, mais on n'a pu trouver de gué, et on a jeté dessus un pont de bateaux. »

N. B. Il peut y avoir parmi mes lectrices une femme qui ait oublié que le Taurus est une montagne. — Je demande pardon aux autres de le rappeler.

Deuxième nouvelle. « Eh bien! on a pris Candie. — Ah! et qui? — Les Anglais. — Ah bien! ça va faire une fameuse baisse. — Eh! non, ce sont les Français qui ont pris Candie. — C'est égal, ça va faire une fameuse baisse. »

Quand on jette ces grands cris à propos de la Bourse, — le lecteur tranquille des carrés de papier, organes de l'opinion publique, — se représente toujours d'innocents rentiers, des agneaux de rentiers, qui, effrayés par une nouvelle qui les alarme sur l'existence ou sur la solvabilité du gouvernement, se hâtent de vendre leurs rentes pour le prix qu'ils en trouvent, au bénéfice des gens plus habiles qui ont propagé les nouvelles. Je saisis cette occasion de leur dire qu'il n'est rien de tout cela. On ne vend pas et on n'achète pas réellement de rentes à la Bourse. — On parie sur la hausse ou sur la baisse. — A la fin du mois, le vendeur ne livre pas de rentes à l'acheteur; celui des deux qui s'est trompé paye à l'autre la différence qui existe entre le prix auquel il a acheté ou vendu, et le prix auquel la rente est montée ou descendue.

Il n'y a pas à la Bourse des gens innocents qui sont volés par d'autres, il y a des joueurs qui perdent et des joueurs qui gagnent; — seulement, il y a des gens qui trichent, font sauter la coupe et retournent le roi. — Ces gens-là ne sont pas de niais colporteurs de niaises nouvelles sans autorité; ce sont des gens qui jouent contre ceux-là précisément avec de véritables nouvelles dans leur poche.

Quant aux criailleries des journaux contre la propagation des fausses nouvelles, je leur dirai qu'il n'y a pas un journal qui ne mette en circulation, chaque mois, une vingtaine de nouvelles fausses, — les uns sciemment, les autres par ignorance.

— Voir, pour compléter ceci, le numéro de mars.

🐝 18. — Il est arrivé un grand malheur à ce pauvre M. Chambolle, député et rédacteur en chef du journal le *Siècle*. Ledit M. Chambolle, dans le numéro du *Siècle* d'aujourd'hui 25 août, — numéro tiré à trente-deux mille exemplaires, — ainsi que le journal l'affirme lui-même, — M. Chambolle a imprimé que M. *de Lamartine est un niais*.

Ce pauvre M. Chambolle, — je prends la plus grande part à l'accident qui lui arrive, — et je le prie d'agréer favorablement mes compliments de condoléances.

APHORISME. — Les injures sont bien humiliantes pour celui qui les dit, quand elles ne réussissent pas à humilier celui qui les reçoit.

— M***, vêtu de noir, avec un crêpe à son chapeau, est arrêté dans la rue par un de ses amis. « Eh mon Dieu! qui avez-vous donc perdu? lui demande l'ami.

— Moi? je n'ai rien perdu... c'est que je suis veuf. »

19. — A propos de la guerre, M. Chambolle a rengaîné plus d'à moitié son grand sabre.

Le *Journal des Débats*, comme je l'ai annoncé, se livre à M. Thiers, après une honnête résistance. — Vieux coquet de M. Bertin.

— M. Thiers disait hier : « Je suis réellement fait pour le métier que j'exerce ; — j'ai *beaucoup de chagrins*, et cependant je dors bien, je mange beaucoup et je digère on ne peut pas mieux. »

20. — Il y a quelques années, il est venu d'Angleterre un usage ridicule qui consiste à mettre sur les lettres et sur les cartes de visite le numéro avant le nom de la rue : — cet usage subsiste encore.

Or, l'adresse qu'on met sur une lettre a pour but de faciliter au facteur de la poste, au domestique ou au commissionnaire qui en est chargé, la recherche de la personne à laquelle on écrit. — Il est évident qu'il commence par chercher la rue, qu'une fois dans la rue il cherche le numéro, — et qu'arrivé au numéro, il demande la personne.

J'ai cru ne pas devoir me soumettre à cette innovation, et conformément à l'ordre logique, — j'ai mis la rue et le numéro sur la première ligne de l'adresse et le nom au-dessous. — Cette forme d'adresse a trouvé des imitateurs et elle deviendra générale. — Tout donne à penser que je n'aurai pas mis plus de dix ans à faire cette révolution pacifique.

— Grand scandale ! — Le général Bachelu demande la dissolution d'une société qu'il a formée avec MM. Laffitte, — Arago, — et Dupont de l'Eure, — pour cause de dol et fraude ; — on va plaider.

21. — Je l'avais bien prévu, la curée a été insuffisante pour le nombre et la voracité des compagnons de chasse de M. Thiers ; — tout est dévoré, — et aux cris de joie succèdent quelques cris de colère ; — la meute est furieuse ; quelques-*uns*

commencent à tourner sur le maître des regards sanglants et irri-
tés, — et nous ne tarderons pas à voir que plusieurs vont se
ruer sur M. Thiers — et chercher en lui un appoint de curée.

— M. Thiers, toujours confiant et imperturbable, — disait
hier en se rasant : « Il faut que la Providence ait bien de la confiance en moi, car, chaque fois que j'arrive au pouvoir, elle semble me réserver les affaires les plus embarrassantes. »

Octobre 1840.

Mort de Samson. — M. Joubert. — M. Gannal veut *empailler* les *cendres*
de l'empereur. — M. Ganneron économise une croix. — Une belle
action. — Une vieille flatterie. — M. de Balzac et M. Roger de Beauvoir. — Madame Decaze au Luxembourg. — Contre les voyages. — Une
guêpe exécutée au Jockey-Club. — Un mot de mademoiselle ***. — Les
ouvriers, le gouvernement et les journaux. — A propos de l'Académie
française. — M. Cousin. — M. Révoil. — Notes de quelques inspecteurs
généraux sur quelques officiers. — M. Desmortiers placé sous la surveillance de Grimalkin. — Attentat contre le papier blanc. — M. Michel
(de Bourges). — M. Thiers. — M. Arago. — M. Chambolle. — M. de
Rémusat. — Question d'Orient. — De l'homme considéré comme engrais. — M. Delessert. — M. Méry. — Lettres anonymes. — On découvre que l'auteur des *Guêpes* est vendu à M. Thiers. — L'auteur en
prison. — M. Richard. — Avis aux prisonniers. — M. Jacqueminot. —
Aux amoureux de madame Laffarge. — Les jurés limousins. — M. Orfila.
— M. Raspail. — Le petit Martin et M. Martinet. — On abuse de Napoléon. — Idée singulière d'un *Sportman*.

SEPTEMBRE. — 1er. — Voyant le triomphe des causes atténuantes, l'exécuteur des hautes œuvres, Samson, a pris le parti
de mourir.

— On demande ce qu'est devenue la fameuse enquête sur les
affaires de la Bourse; M. Joubert, agent de change et homme
d'esprit, a résumé en un mot les explications que je vous ai

données, ô mes lecteurs! sur ce qui se passe dans le susdit tripot.

— Ce ne sont pas, a-t-il dit, les nouvelles qui font les *cours*, mais les cours qui font les nouvelles.

— M. Gannal, le grand empailleur, vient de publier une brochure fort singulière. Il réclame hautement, et en termes emphatiques, le privilége d'embaumer les restes de Napoléon, — « de cet empereur qui a fait refluer des flots de gloire sur notre patrie! »

« L'empereur va se relever plus grand, plus majestueux que jamais, dit M. Gannal, il va quitter le sol aride où l'Angleterre, haineuse alors et repentante aujourd'hui, l'avait incarcéré. »

Et ce n'est pas M. Gannal qui est chargé de l'embaumer! lui « si plein de patriotisme et de vénération pour l'empereur! »

Le conseil de salubrité a pensé sans doute que ce n'était pas avec du patriotisme et de la vénération qu'on embaumait le mieux les grands hommes.

Toujours est-il que M. Gannal accuse hautement le conseil de salubrité d'avoir fait embarquer, à bord de la *Belle-Poule*, *quatre flacons de créosote, substance putréfiante, qui, destinés à embaumer les restes de Napoléon, ne sont propres qu'à les anéantir*, et que le conseil n'a fait aucune réponse, — en quoi ledit conseil a eu tort.

M. Gannal se venge de ne pouvoir embaumer l'empereur en faisant son oraison funèbre.

S'il était un homme en France qui dût être à l'abri du barbarisme des *cendres* de l'empereur, — c'était sans contredit M. Gannal, — car ce qu'il avait à dire excluait entièrement cette métaphore. — Eh bien! il a demandé à *embaumer les cendres de Napoléon*.

Cela me rappelle cet homme qui avait *empaillé la barbe d'un chef sauvage*.

⁂ 2. — Dans une émeute, — je ne sais plus laquelle, —

un garde national se fracassa la main en chargeant son fusil et perdit un doigt. — M. Ganneron, colonel de la légion, alla le voir et lui fit de magnifiques promesses. — Rien ne serait au-dessus de la récompense de son courage et de sa maladresse. On lui donnerait entre autres choses la croix d'honneur comme à tout le monde, etc., etc.

Le blessé, guéri, alla voir M. Ganneron et lui parla de la croix. « La croix, dit M. Ganneron, est-ce que vous tenez beau-coup à la croix? Que diable voulez-vous faire de la croix ? — on ne la porte plus. — Moi qui vous parle, la moitié du temps je ne la mets pas ; — ne demandez donc pas la croix. »

Notre homme se rendit aux conseils de M. Ganneron, n'o-sant plus montrer d'empressement pour une chose dont son pro-tecteur faisait si peu de cas.

Un mois après, M. Ganneron, simple chevalier jusqu'alors, se faisait nommer officier de la Légion d'honneur.

🐜 3. — Voici un trait qui fait du bien au cœur : lors de l'entrée du roi à Calais, quatre matelots tombèrent à la mer ; trois furent sauvés avec une audace et un sang-froid admirables par les marins d'un autre bâtiment ; un fut noyé. Les marins se cotisèrent et donnèrent à sa veuve une somme prise sur leur modique paye.

— A Tréport, les princes voulurent pêcher ; la mer était hou-leuse ; le patron qui commandait la barque de pêche, prévoyant qu'on ne prendrait rien, —fit jeter des poissons dans les *applets* par les sabords du bateau.

C'est avec plaisir que j'ai vu renouveler pour des princes constitutionnels — une flatterie inventée pour Marc-Antoine le triumvir.

🐜 4. — M. de Balzac avait écrit dans le dernier numéro de sa *Revue Parisienne* : « M. *Roger de Beauvoir* ne s'appelle ni *Roger* ni *de Beauvoir*.

M. de Beauvoir fut étonné de l'attaque et en rit le premier

jour. — Il voulut prier M. de Balzac, qui a pris tant de noms, de vouloir bien lui en prêter un en échange de celui qu'il lui enlevait si brusquement. — Ses amis ne sachant plus comment le désigner, il reçut plusieurs lettres dont l'adresse portait :

« A M. Roger (si j'ose m'exprimer ainsi) de Beauvoir (si M. de Balzac veut bien le permettre). »

Dans l'intimité on l'appelait *pst*.

M. de Beauvoir est un jeune écrivain fort aimé de tout le monde et peu offensif. — On ne peut attribuer le ressentiment de l'illustre romancier qu'à un enfantillage, une complainte sur l'affaire de Peytel, qui fut dans le temps prêtée à M. de Beauvoir, à tort ou à raison, et où on trouvait ces deux vers :

> Il faut éviter, hélas !
> Balzac cherchant son Calas.

Et ceux-ci :

> Gavarni toujours peignait,
> Balzac jamais ne s'peignait.

Je profite de cette occasion pour remercier M. de Balzac de ce qu'il a bien voulu m'emprunter récemment — le format, le prix, les sommaires et le mode de publication des *Guêpes*. M. de Balzac a eu la bonté d'être si sûr que je n'avais rien à lui refuser, qu'il ne m'a rien demandé. Je ferai à ce sujet ce que fit Voiture à un autre Balzac. — Celui-ci lui fit demander quatre cents écus. — Voiture les lui envoya avec un billet ainsi conçu :

« Je soussigné reconnais devoir à M. de Balzac huit cents écus pour le plaisir qu'il me fait de m'en emprunter quatre cents. »

🐝 5. — Te rappelles-tu, Léon, nos parties de balle au Luxembourg ? — ce jardin où on était si libre, — où les étudiants entraient en casquette et les grisettes en bonnet ? — Je l'ai traversé hier ; — un gardien est venu à moi, et m'a dit : « Monsieur, on ne fume pas ici ! » — Pourquoi ne fume-t-on plus au Luxembourg ? — Qui est-ce qui s'est plaint, — dans ce jardin qui appartenait aux étudiants et aux grisettes ?

Je comprends qu'on ne fume pas aux Tuileries, — mais au Luxembourg !

Voici le secret : M. et madame Decazes se sont fait au Luxembourg un petit royaume indépendant. — Le jardin est leur jardin ; — le palais est leur palais. — Madame Decazes ne veut pas qu'on fume dans *son* jardin.

Pendant ce temps-là, M. Decazes, pour qu'on le laisse tranquille dans son usurpation, flatte la manie du roi en encombrant le jardin de pierres et de maçons. — Il dérange et détruit tout ; les roses de Hardy ne savent plus où se cacher.

Pauvre jardin !

6. — Je me suis souvent élevé contre la manie des voyages. — J'ai produit à ce sujet des aphorismes fort recommandables, — entre autres ceux-ci :

« On ne voyage pas pour voyager, mais pour avoir voyagé.

« Un voyage prouve moins de désir du pays où l'on va que d'ennui du pays que l'on quitte, etc. »

Je m'amusais à feuilleter un *Album* qu'a rapporté d'Italie mon ami Auguste Decamps. — Par une idée ingénieuse, il a pris une fleur ou une plante de chaque endroit qu'il a visité. Après un examen de ces plantes, je le décourageai fort en lui disant qu'il n'y en a pas une seule qui ne vienne naturellement dans mon jardin.

Ainsi, il a trouvé :

Sur le tombeau de Virgile, — du plantain.

Dans la grotte de la Sybille, — du trèfle blanc.

Au cap Mysène, — de la sauge bleue.

Aux Champs-Elysées, — des pervenches.

A Pompéia, — maison de la Félicité, — un bouton d'or.

A Pompéia, — maison des vestales, — des pois chiches.

Au temple de Vénus, — un coquelicot.

Dans l'île d'Ischia, — du persil.

Dans le palais de Néron, — à Rome, — une ortie.

Aux bains de Caracalla, — une lentille.

Au Vatican, — une staticée.

Au jardin Quirinal, — une rose.

Aux thermes de Titus, — une pâquerette, etc, etc.

7. — Mademoiselle ***, assez belle danseuse de l'Opéra, passe pour faire de fréquentes infidélités à un ami fort riche, — mais elle a pour principe qu'une femme doit toujours nier tant qu'elle n'est pas prise sur le fait.

— Et si elle est prise sur le fait? lui demandait une camarade.

— Alors il faut encore nier.

Il y a quelques jours, le protecteur arrive violet de colère.

— Cette fois, mademoiselle, lui dit-il, vous ne le nierez pas... j'ai des preuves...

— Des preuves... des preuves, — répondit sans hésiter mademoiselle ***; — des preuves... eh bien ! qu'est-ce que ça prouve?

8. — Paris est livré au trouble et à l'inquiétude. — Les ouvriers de tous les états, réunis en troupes, envahissent les ateliers et assomment ceux qui veulent continuer à travailler; — trois sergents de ville ont été tués à coups de couteau.

Il y a quelques années, les ouvriers se révoltèrent aux mines d'Anzin — parce que les propriétaires, qui faisaient des fortunes colossales, diminuaient progressivement leur salaire — et avaient fini par ne plus donner que vingt-cinq sous par jour pour un travail fatigant et dangereux.

Il y a quelques années, les ouvriers de Lyon, sans ouvrage et sans pain — se révoltèrent et mirent sur leur drapeau : — *vivre en travaillant ou mourir en combattant*.

Dans ces deux circonstances, la cause des ouvriers était juste.

Aujourd'hui les travaux publics et particuliers suffisent pour occuper tous les bras — et le prix du travail est à un taux raisonnable. — Ainsi les ouvriers ameutés ne demandent pas du pain, ne demandent pas de l'ouvrage. — Les uns demandent à diminuer la journée de travail de quelques heures; — les autres que le tarif du travail soit égal pour tous, quelle que soit la différence de force et d'habileté; — ceux-ci ne veulent pas qu'un ouvrier puisse gagner plus que les autres en travaillant davantage. — Ceux-là s'insurgent contre les progrès de ceux d'entre eux qui, à force d'économie et d'habileté, s'élèvent graduellement à l'état de maîtres et d'entrepreneurs; — MM. les tailleurs ne veulent pas de livrets.

Jamais le hasard ne m'a fait rencontrer un homme ayant faim sans que je lui aie donné à manger. — Jamais un ouvrier sans ouvrage n'est venu me confier sa misère sans que je l'aie aidé et soulagé; ouvrier que je suis moi-même, vivant comme lui de mon travail de chaque jour, — j'en atteste mes voisins et les habitants de mon quartier. Je prends donc le droit de ne pas faire de la philanthropie ampoulée et de la sensibilité emphatique, et je dis franchement que je suis peu touché en cette circonstance du sort des ouvriers. — Quand les ouvriers ont de l'ouvrage, ce n'est pas chez eux que l'on trouve la misère; — c'est dans une classe qu'on leur apprend sottement à envier et à haïr.

Voyez l'employé : à seize ans il entre surnuméraire; il reste au moins quatre ans sans rien gagner; — puis il obtient une place de huit cents francs — et de six cents s'il est dans l'administration des postes, c'est-à-dire trente et un sous par jour, et on exige qu'il soit mis décemment; — et le moins bien payé des aides maçons gagne cinquante sous.

Et je ne vous parle pas du menuisier en voitures qui, à la tâche, peut gagner neuf francs par jour, — des charrons qui gagnent sept francs, — de l'étireur de ressorts qui, *à ses pièces*, peut gagner trente francs dans une journée, etc., etc.

On écrit de longs articles dans les journaux, — on prétend que *l'étranger fomente ces troubles;* on fait surtout honneur de la chose *à l'or de la Russie.* C'est aussi bête que le *Pitt* et *Cobourg* de la Révolution de 93, que le *Voltaire* et *Rousseau* de la Restauration.

Hélas! mes bons messieurs les journaux; — hélas! mes bons messieurs du gouvernement! c'est à vous qu'en est la faute, et j'ai peu de pitié de vos anxiétés et de votre embarras. — Vous, messieurs du gouvernement, pendant quinze ans, — vous n'étiez pas alors aux affaires, — vous avez crié au peuple qu'il était souverain et maître, que tout devait se faire par lui et pour lui, que tout devait être à lui, que tous ceux qui avaient quelque chose le lui volaient; vous l'avez ainsi ameuté contre le pouvoir d'alors, — il s'est battu, il a renversé le gouvernement dont vous avez pris la place; puis vous avez dit au peuple : « Peuple, tu as conquis le droit de faire ta corvée comme tout le monde! — allons, à l'ouvrage! une demi-truellée au sas, gâchis serré. »

C'est fort bien, mais, dans le partage que vous avez exécuté des choses conquises, vous avez fait des mécontents.—Ceux-là, messieurs des journaux, ont répété contre vous ce que vous aviez dit contre vos prédécesseurs; — ils ont crié au peuple qu'il était plus souverain, plus volé, plus opprimé, plus muselé que jamais; — sauf à le renvoyer à l'ouvrage quand il vous aura renversés pour les mettre à votre place.

Vous avez tour à tour prêché le dogme absurde de l'égalité, qui consiste non à s'élever jusqu'aux autres, mais à abaisser les autres jusqu'à soi.

Et puis vous vous étonnez, — vous demandez niaisement : « Que veut la classe laborieuse? »

La classe *laborieuse* veut simplement ne *pas travailler*—comme vous, — comme tout le monde.

Vous avez supprimé les maisons de jeu, —mais vous avez fait de la France un grand tripot où tout se joue, — les affaires po—

litiques, les places, les rangs, les honneurs, l'industrie, la fortune; — où les gens qui ont de la noblesse, de la probité et de
la force ne trouvent plus rien qui mérite leur ambition, où les
gens avides et incapables peuvent tout gagner d'un coup de dé.

Et vous voulez qu'on travaille !

Vous êtes, mes bons messieurs, comme l'élève du sorcier, —
il commande aux lutins de lui apporter de l'eau, — puis quand
il a assez d'eau, il veut leur dire de cesser. — Mais il ignore la
formule cabalistique, et les lutins apportent de l'eau, — il en a
jusqu'aux genoux : il crie, il pleure, il se plaint, et les lutins apportent toujours de l'eau, — et ils en apporteront jusqu'à ce qu'il
soit noyé.

🐜 9. — Le journal le *National* a trouvé dans les émeutes
des ouvriers, — dans leur aveuglement,—dans leurs exigences,
— dans l'assassinat des sergents de ville, une *nouvelle preuve*
du bon sens des *masses* et un argument victorieux en faveur du
suffrage universel. — Il a ajouté que le gouvernement devrait
faire quelque chose à propos des ouvriers. — Le gouvernement,
qui n'est pas plus fort, ne trouve rien de mieux que de les faire
arrêter et emprisonner.

L'Académie a profité de l'occasion pour mettre au concours
cette question pleine d'opportunité : « Tracer l'Histoire des mathématiques, de l'astronomie et de la géographie dans l'*École
d'Alexandrie.*

🐜 10. — J'ai un compte à régler avec M. Desmortiers.
— Voici ce que je trouve dans une brochure imprimée déjà depuis quelque temps,—sans que ledit M. Desmortiers ait répondu
au reproche grave dont il est l'objet. — Je laisse parler l'auteur
de la brochure.

« Le greffe me refusant communication des pièces, à moins
d'une autorisation du procureur du roi, je demande cette autorisation à M. Desmortiers, qui me l'accorde le 11 février 1840 ;
mais la communication doit avoir lieu sous ses yeux. Je lui dis

que tout ce que je sais, c'est que mon dossier porte le n° 25,601.
Il prend la plume, écrit, et le dossier arrive. En le déposant sur
son bureau, il me dit que, si je préfère une *expédition* de l'ordonnance, on me la donnera : j'accepte cette proposition, qui me
convenait mieux ; alors il met le dossier de côté, et me dit d'attendre. Il me donne une audience, et me dit ensuite que ma présence le gêne. Je me retire ; et, après quelques audiences, il
me rappelle ; mais c'est pour lire sous mes yeux je ne sais quel
article de je ne sais quelle loi, qui lui défend de me donner l'*expédition* qu'il venait de m'offrir. Je demande au moins communication des pièces pour prendre des notes ; mais il me répond
qu'il me *l'a donnée cette communication*, et je suis forcé de m'en
aller. »

A une autre fois, monsieur Desmortiers. — Vous restez sous
la haute surveillance de Grimalkin.

11. — Les papetiers, jusqu'ici, n'envoyaient que du papier
blanc, et je leur en savais gré. — Un M. Marion envoie du papier couvert de sa prose ; — et voici un échantillon de cette prose :

« Les succès que j'ai obtenus m'ont valu l'approbation et la
clientèle du monde élégant. »

Dites-moi, — honnête M. Marion, — quel est le but de cette
lettre que vous envoyez dans les maisons ? — probablement d'ac-
quérir des clients. — Or, comme vous avez déjà le *monde élégant*, — c'est donc au monde non élégant que vous vous adressez ?

Suite de la littérature de M. Marion :

« Une lettre n'en sera que plus spirituelle pour être entourée de l'esprit d'un dessin capricieux et léger ; un billet em-
pruntera quelque chose à la coquetterie de l'ornement, et on
sera presque consolé de n'avoir pas reçu une visite en trouvant
chez soi une carte brillante de recherche. Une invitation à dîner
paraîtra plus agréable, grâce à la forme, et chacun préjugera
de l'élégance d'un bal ou d'une soirée par l'élégance du billet
qui convie à s'y rendre. »

Comment, monsieur Marion, — vous, papetier, vous ne respectez pas plus que cela le papier blanc, — vous gâtez avec de l'encre vos *charmants produits* ; — il est donc décidé que dans cette manie d'écrire qui s'est emparée de tout le monde on ne trouvera bientôt plus de papier blanc, même chez les papetiers.

🐜 12. — M. Michel (de Bourges) dîne à la Châtre, et boit à la réforme électorale.

🐜 13. — On ne peut se dissimuler ceci, — c'est que nous sommes en plein gâchis. — M. Thiers avait été au pouvoir à une époque où le pouvoir était comme un cheval de manége, qui tourne de lui-même, change de pied quand il en est besoin, etc.

Il a trouvé l'allure douce, — il a voulu recommencer, et le voilà en selle ; — mais cette fois, le cheval est dehors. — Il a aspiré l'air, — il a gagné à la main — et il s'est emporté ; — l'écuyer présomptueux, qui a perdu les étriers, se cramponne de ses petites jambes et de ses petits bras, — empoigne la selle, — la crinière, — et le cheval va franchissant les fossés et les haies jusqu'à ce qu'il trouve un mur pour se casser la tête.

M. Thiers, troublé, étourdi, — ordonne, — signe, — bouleverse. — Tout le monde le laisse faire. — Il a renversé le ministère, ou plutôt les ministères précédents, parce qu'ils n'étaient pas assez parlementaires, — et lui décide, sans assembler les Chambres, les questions les plus graves.—Il dépense des millions sans contrôle. — Deux ou trois journaux seulement, je ne dirai pas ont gardé l'indépendance, — mais ne dépendent pas de lui.

La France est sur le point d'avoir la guerre contre toute l'Europe, — et cela, peut-être, est décidé et commencé au moment où j'écris ces lignes.

M. Thiers est maître de tout. — Son vertige semble avoir gagné tout le monde. — Deux ou trois voix étouffées crient inutilement dans le désert. — M. Thiers joue la France à pile ou face, et la pièce est en l'air.

13. — M. Arago dîne à Tours, et boit à la réforme électorale.

14. — Voici une autre chose. On parle de mobiliser la garde nationale, — c'est-à-dire que d'un mot, et parce que cela lui plaît, M. Thiers va envoyer tout le monde aux frontières, — vous arracher tous à vos affaires, — à vos plaisirs, — à vos amours, — à votre liberté.

Et on trouve cela tout simple. — Et les journaux hurleurs, — qui, à d'autres époques, — ont demandé qu'on mît tel ministre en accusation parce qu'il avait dépensé quatre mille francs sans l'autorisation des Chambres; — qui ont fait tant d'éloquence ampoulée, — tant de pathos ridicule, contre l'impôt du sel, — sont muets aujourd'hui, — pour l'impôt de la liberté, — pour l'impôt du sang.

Ah! c'est là le gouvernement constitutionnel; — c'est là le ministère parlementaire! cela ne laisse pas que d'être joli.

15. — M. Thiers fait tenir à ses journaux un langage demi-fanfaron, demi-conciliant.

M. Chambolle continue à s'en aller en guerre et chante, chaque matin, — à la manière des chœurs d'opéras-comiques :

Allons,

Partons,

Courons,

Volons,

sans bouger d'une semelle.

Tout en faisant siffler le grand sabre de M. Chambolle, — M. Thiers fait défendre la publication de certaines tabatières qu'il trouve belliqueuses. — Un monsieur a mis en vente, chez Susse, un groupe en plâtre, plus estimable par l'idée et les sentiments que par l'exécution. — Cela représentait un voltigeur de la garde nationale, — M. Chambolle, peut-être.

Ah! — à propos, — il faut que je sache si ces grands partisans de la mobilisation de la garde nationale — sont inscrits sur les contrôles — et s'ils ne mettent pas leur bravoure à l'abri de quelque infirmité vraie ou fausse.

En face de ce voltigeur — étaient quatre têtes : — un Russe, — un Anglais, — un Prussien, — un Autrichien. Le garde national croisait la baïonnette et disait : « On ne passe pas. »

Diable! — dit M. Thiers, par l'organe de M. de Rémusat, — ceci est trop fort; — M. Chambolle ayant entonné ce matin dans le *Siècle*, — le : « Amis, secondez ma vaillance, » de *Guillaume Tell*, — ce serait par trop crâne.

On permit la vente du plâtre, mais on fit supprimer les quatre têtes coalisées et l'inscription. — Il ne resta que le voltigeur croisant la baïonnette contre un verre de Bohême qui se trouvait à côté de lui, dans l'étalage.

Hier matin, cependant, — la tartine Chambolle a été faible, et l'auteur de l'ex-groupe a obtenu d'écrire au bas de son voltigeur : *Il entend quatre voix étrangères.*

On peut voir la chose, qui est assez médiocre, chez Susse, passage des Panoramas.

16. — J'ai lu une foule de journaux de toutes couleurs, français et étrangers ; j'ai lu des memorandum ; j'ai lu des traités, j'ai lu tout ce que j'ai trouvé à lire sur cette question d'Orient, devenue si grave : tout cela, pour vous éviter la même peine, — et voici le résumé de mes observations :

La France a été invitée à plusieurs reprises à se faire représenter à la conférence tenue par les quatre puissances alliées ; elle a été mise au courant de tout ce qui s'est passé. M. Thiers a cru la chose peu importante, — s'est imaginé qu'on ne passerait pas outre sans lui, — et a refusé de tenir compte des avertissements qui lui étaient donnés.

Quand ensuite le traité a été signé, plutôt que d'avouer sa légèreté et son inhabileté, — il a prétendu qu'on l'avait trahi, qu'on avait insulté la France. — C'est pour sauver, non la dignité du pays, mais la vanité de M. Thiers, que nous sommes sur le point d'avoir une guerre qui détruirait, pour un temps qu'il est impossible de prévoir, le commerce, l'industrie, la fortune publique, le crédit, — et qui pourrait avoir pour résultats une situation plus grave que nous n'en avons eu depuis trente ans.

Je sais bien que les vaudevilles et les chansons prétendent qu'un Français vaut quatre Anglais, quatre Russes, quatre Prussiens, etc.; mais il y a dans tous les pays des vaudevilles et des chansons, et on chante à Londres qu'un Anglais vaut quatre Français, quatre Allemands, etc.; à Saint-Pétersbourg, qu'un Russe vaut quatre Français, quatre Anglais, etc.; partout, comme titre de gloire, on dit :

Je suis Français,

Je suis Allemand,

Je suis Anglais, etc.

Qu'un jour de bataille le soleil sorte des nuages et fasse étinceler les piques, les casques et les cuirasses; dans les deux camps, on dira : aux Français, c'est le soleil d'Austerlitz; — aux Anglais, c'est le soleil de Malplaquet; — aux Suisses, c'est le soleil de Morat, etc., etc., pendant que le soleil fait tranquillement mûrir les pommes et les moissons de tout le monde.

Si le progrès de la pensée et de la raison n'est pas une chimère, on doit être revenu, en France, de ce *chauvinisme*, et admettre qu'il y a des gens fort braves dans tous les pays.

On doit admettre que le progrès de la civilisation, tant invoqué aujourd'hui, ne doit pas être — de faire revivre quelque épreuve pâlie d'une époque passée.

La puissance réelle d'un pays n'est plus aujourd'hui dans telle ou telle étendue de terrain, — mais dans l'industrie, — dans le bien-être matériel, — dans le progrès moral. Il vaut mieux avoir dix lieues de chemin de fer chez soi — que vingt lieues de landes conquises chez les autres. — Une découverte comme celle du métier Jacquard a aujourd'hui plus d'importance réelle que la plus éclatante victoire.

Je sais également qu'il y a de fort belles chansons — qui ont pour refrain et pour but d'*engraisser les sillons avec le cadavre des ennemis.*

Mais, comme chaque pays a son patriotisme et ses chansons patriotiques, — il s'ensuit naturellement que ceux que vous appelez les ennemis vous donnent le même titre et veulent également vous employer en guise d'engrais.

On ne peut admirer le patriotisme dans un pays sans au moins le tolérer dans un autre; — et la conséquence nécessaire est qu'il faut fumer la terre avec les cadavres de tous les hommes, ce qui produirait d'excellentes moissons qu'il ne resterait personne pour récolter.

Et que sont devenues ces délimitations de pays? — qu'est-ce que l'industrie, — la raison, — la philosophie, si elles ne réussissent pas à les effacer?

Vous êtes habitant de la frontière; — vous ne pouvez tracer une ligne, si ténue qu'elle soit, qui n'appartienne pour la moitié à un pays, pour l'autre moitié à un autre. Certes, vous avez plus de ressemblance, de liens d'affection et d'intérêt avec l'ennemi qui est de l'autre côté de la ligne tirée — qu'avec votre compatriote qui est à quatre cents lieues de vous.

Cependant, sur cette ligne, il y a une touffe d'herbe, — vous en aimez la moitié. — Cette moitié fait partie d'une des belles prairies de votre belle patrie; — l'autre moitié est une terre maudite. — Il y a un caillou sur la ligne; — vous en prendrez la moitié pour casser la tête de l'ennemi, — l'autre moitié cassera votre tête.

Mais voici ce qu'il y a de pis. — Un traité amène la concession d'une portion de territoire. Ce qui était la patrie, — ce qui du moins en faisait partie, — ne l'est plus, vous ne l'aimez plus. Il était beau de mourir pour elle, — *agios tenatos*, — il est beau, maintenant, de tuer ceux qui la défendent et de mourir en la ravageant.

Les peuples commencent à voir clair là-dedans. On ne voudra plus guère, bientôt, pour l'ambition de quelques-uns, se battre à la manière des dogues que l'on excite l'un contre l'autre, et que l'on fait s'entre-déchirer sans leur en donner d'autre raison que xsi, xsi, — mords-le, — xsi, xsi.

Pendant que M. Thiers et M. Palmerston décident que la France et l'Angleterre vont se battre, — une corvette anglaise, *Samurang*, sauve les marins du vaisseau français la *Danaïde;* le navire français l'*Espérance* recueille les matelots de la corvette anglaise *Vénus*, en danger de périr.

Des capitalistes anglais achètent et payent des actions dans le chemin de fer de Paris à Rouen.

C'est qu'on finira par voir que nous avons tous une même terre à labourer péniblement; — que nous avons tous à lutter contre les mêmes besoins; — qu'il y a une grande patrie qui est la terre; que c'est une honteuse impuissance de borner l'amour de l'humanité à des limites tracées par le cadastre; — et que l'homme a parfaitement l'air d'un méchant animal, — qui n'a imaginé l'amour de la patrie, c'est-à-dire d'une petite partie de la terre et des hommes, que pour se mettre à son aise dans sa méchanceté, et haïr tranquillement tout le reste.

C'est assez, je pense, pour la méchanceté et la vanité humaine, de lui laisser deux cas de guerre, — à savoir : — quand le territoire est menacé ou quand l'orgueil est froissé par une réelle insulte.

Et, pour revenir de la philosophie à l'application, — nous ne sommes dans aucun de ces deux cas. — La France n'a d'autre ennemi que M. Thiers, elle n'est menacée dans sa fortune que par M. Thiers, — qui, pour cacher son outrecuidance, dépense des millions, — va dépenser des hommes, — et nous jette dans une guerre inutile et dangereuse.

La France n'est insultée que par M. Thiers, qui l'a audacieusement mystifiée; — M. Thiers, entré aux affaires par le trouble, — n'a donné lui-même pour raison de son élévation que l'alliance anglaise et le besoin d'un ministère plus parlementaire ; — et voici qu'il nous met en guerre avec l'Angleterre, — et, se déclarant dictateur, se demande à lui-même et se vote avec empressement des sommes énormes, — refusant d'assembler les Chambres et de leur soumettre aucune des questions dont dépend en ce moment peut-être le sort de la France.

Un monsieur anonyme m'écrit que je suis *une oie*, — un autre que j'ai *les pattes graissées* par M. Thiers ; — un troisième traduit *Am Rauchen* par *à M. Rauchen*, et voudrait savoir ce que c'est que ce M. Rochin.

17. — Tout porte à croire que j'irai finir ce volume en prison. L'état-major de la garde nationale m'a enfermé, en attendant mieux, dans le *dilemme* bouffon que voici :

M. Desmortiers, qui continue à ne me juger digne d'aucune indulgence, a pris la peine d'écrire lui-même au maréchal Gérard pour demander instamment mon incarcération : ce cher M. Desmortiers ne peut plus vivre comme cela, il faut que la société soit vengée.

M. Jacqueminot, pour le maréchal, accorde l'incarcération et me fait arrêter.

J'exhibe alors une promesse du maréchal de me remettre les peines que j'ai encourues, si je présente une demande signée des officiers de ma compagnie.

Les officiers de ma compagnie ne signeront ma demande qu'après que j'aurai monté une garde.

Mon sergent-major ne peut me commander que pour le 9 octobre.

Donc la promesse du maréchal renferme nécessairement un délai jusqu'au 9 octobre, jour où je pourrai avoir rempli les conditions qu'il m'impose.

Il n'est donc pas tout à fait loyal ni logique de m'arrêter le

24 septembre pour n'*avoir* pas monté une garde le 9 *octobre suivant et prochain*.

Voilà deux jours que j'essaye inutilement de faire comprendre cela à ces messieurs ; — comme je m'ennuierai moins en prison que je ne m'ennuie à causer avec eux, — je renonce à les persuader, — je refuse l'indulgence du pouvoir, — et je me conduis moi-même dans les cachots.

Je suis allé à l'état-major pour demander un ordre d'écrou, sans lequel on ne me recevrait pas en prison.

J'ai trouvé là un monsieur grisonnant qu'à son importance je suppose un employé subalterne.

— Monsieur, lui ai-je dit, — je vous apporte ma tête ; — je vais aller au quai d'Austerlitz, — voulez-vous avoir la bonté de me dire combien je dois y passer de temps?

— Mais pas mal, monsieur.

— Oserai-je vous prier, monsieur, de développer un peu cette réponse concise, et de me dire à combien de jours de prison je suis condamné?

— On vous le dira *là-bas*.

— Il me serait fort utile de le savoir ici, — pour arranger mes affaires et savoir ce que je dois emporter.

— On vous le dira *là-bas*.

— Ai-je un mois?

— Soyez tranquille, vous en avez assez.

— Il n'y a donc plus d'amnistie?

— Non, monsieur, il n'y en a pas eu depuis la mort du maréchal Lobau.

— Ah! si je tuais le maréchal Gérard?

— Monsieur, je *pense* que vous plaisantez.

— Vous ne voulez pas me dire le total de *mes prisons*?

— Je ne le DOIS pas.

18. — Vendredi.

De mon cachot.

4*

Le matin, j'ai invité à un déjeuner mon frère Eugène, Léon Gatayes — et quelques-uns de nos amis. J'avouerai que je ne leur ai pas trouvé une tristesse convenable. Sur l'observation que j'en ai faite, — l'un ma répondu, — nous nous consolons.

> Il faut bien pardonner un peu à la douleur;
> Eh! qui s'amusera, — si ce n'est le malheur!

A cinq heures, le déjeuner fini, on m'a conduit à la prison, — c'est-à-dire beaucoup plus loin que le Jardin des Plantes. — Les cruels ont voulu ajouter aux angoisses de la prison les tortures dé l'exil! — C'est un commencement de mobilisation.

Mes amis m'ont embrassé, et le geôlier m'a *bouclé* dans cette affreuse chambre chocolat et nankin dont je vous ai déjà parlé. — Me voici donc séparé de la société, — destiné à donner un exemple à mes concitoyens.

Discite justitiam (le conseil de discipline) *moniti et non temnere divos* (votre sergent major).

Le jour baisse: — j'ai voulu me mettre à la fenêtre, je me suis frappé la tête contre des barreaux de fer, — je ne vois qu'un grand mur et la cime de deux arbres.

Mais voici la nuit, — de petits génies, des gnomes invisibles, viennent enlever aux choses de la terre les couleurs qu'ils leur ont prêtées pendant le jour; ils vont les serrer au ciel, où ils remontent sur les derniers rayons du soleil qui disparaît; ils enlèvent d'abord le bleu. — Regardez autour de vous, — vous voyez encore sur le mur cette giroflée sauvage dont les fleurs tardives sont jaunes, — et ce drapeau, dont une partie est rouge; — mais ce qui était bleu tout à l'heure n'a plus de couleur; — après le bleu, ils emportent le vert, — puis le rouge; — le jaune et le blanc restent les derniers.

On nous enlève nos bougies à dix heures: — j'en ai demandé la raison à M. Richard, notre geôlier; — il m'a répondu par cette phrase rassurante : « La maison est toute en bois et si vieille, que, si le feu prenait, je n'aurais peut-être pas le temps de vous ouvrir les portes. »

Or cette cause n'est qu'un prétexte, — et le couvre-feu une des mille taquineries infligées aux criminels, — attendu qu'on nous laisse des briquets et que l'on peut fumer toute la nuit, si l'on veut.

J'ai renouvelé une question que j'avais faite à une visite précédente, et j'ai obtenu la même réponse.

— Comment chauffe-t-on ici?

— Avec des calorifères.

— Y fait-on du feu?

— Non, monsieur.

Quelque froid qu'il fasse on ne fait point de feu avant le 16 octobre. Les poêles sont démontés.

Tout dans la prison affiche une énorme prétention à l'*égalité*.

L'égalité, ce rêve d'envieux réalisé par des imbéciles au profit des culs-de-jatte intrigants.

Après avoir longtemps cherché, j'ai découvert que le moyen d'arriver au plus haut degré de l'inégalité est cet absurde système d'égalité qui bouleverse tout depuis tant d'années, et je le prouve.

Pour le même crime on doit chercher non pas le même moyen de punition, mais un degré égal de punition.

Ici, pour l'égalité, les chambres sont de la même grandeur.

— On ne reçoit par jour qu'une ration de vin fixe et la même pour tous; — on ne peut avoir de feu que le même jour et à un degré égal, — etc., etc.

J'ai, dans un *cachot* voisin, un homme qui d'ordinaire ne sort jamais de chez lui, — un autre a l'habitude et conséquemment le besoin de boire une bouteille de vin à chaque repas; — un autre se couche à la nuit et aime dormir quatorze heures; moi je demeure dans un jardin, — j'ai toujours vécu au grand air et à la mer, — je suis donc plus puni que le premier.

Je ne bois pas de vin, — le second est plus puni que moi.

Je dors peu — et j'aime veiller, — lire ou rêvasser la nuit; je serais donc traité bien plus sévèrement que le troisième si je n'avais pas su éluder le couvre-feu.

Et pour cette égalité de chauffage — il faudrait que tous eussent une égale sensibilité au froid. — J'ouvre mes fenêtres aujourd'hui, et mon ami le poëte Méry mourrait littéralement de froid, lui qui à Paris sortait avec trois manteaux, et n'ose plus revenir ici par crainte et par souvenir du froid qu'il y fait.

A l'imitation de divers prisonniers célèbres, — j'ai cherché une araignée pour l'instruire ; — j'en ai trouvé une petite noire, mais elle montre peu d'aptitude.

Nous restons dix-neuf heures *bouclés*, — à midi nous pouvons circuler dans une cour et dans un *promenoir* où nous avons le droit de lire une ordonnance affichée sur les murs, laquelle porte qu'on ne nous enfermera qu'à neuf heures, — ce qui n'empêche pas qu'on nous fait remonter et qu'on nous enferme à cinq heures.

Nous ne pouvons recevoir personne dans nos chambres, — nos visiteurs ne sont admis que dans un parloir où on raccommode du linge et où on peigne des enfants. Il faut causer à l'oreille de ses amis, auxquels il n'est pas permis de pénétrer dans la cour. C'est sans doute pour les empêcher de respirer le même air que les criminels qu'on nous oblige à les recevoir dans un endroit où il n'y a pas d'air.

On m'appelle, — Vingt-trois, d'après le numéro de ma chambre.

La cantinière *porte* un violent coup sur l'œil.

— Le restaurant de la prison est un homme fort zélé pour l'institution de la garde nationale, qui croit ne pouvoir trop dépouiller de leur argent les récalcitrants. L'autorité a eu soin de lui imposer un tarif, — ce qui ne l'empêche pas de me vendre sur le pied de cinq francs la livre — la bougie, qui coûte, je crois, quarante sous. — Je garde une carte fort curieuse par le mépris du tarif. — J'en citerai seulement deux exemples :

Le tarif porte : — gigot, soixante centimes.

Ma carte : gigot, un franc cinquante centimes.

Supposez une portion double, — cela fait un franc vingt centimes.

Supposez-la triple, — ce serait un franc quatre-vingts centimes.

Il faut donc supposer, pour se mettre d'accord avec le tarif, que j'ai eu deux portions et demie.

Côtelettes sur le tarif, trente centimes.

— sur ma carte, soixante-dix centimes.

Combien ai-je eu de côtelettes ? — Il faut que j'en aie eu deux et un tiers, — etc., etc., etc.

Ceci est grave, parce qu'on est condamné au restaurant en même temps qu'à la prison.

Si un malheureux n'a pas d'argent, — on lui donne des aliments ; — mais alors on le purge pendant tout le temps de sa détention, — attendu qu'on ne lui donne que de la soupe aux herbes.

Aujourd'hui, c'est le cantinier qui est avarié ; — il a le nez excorié.

— J'ai fait venir un jeu de boules qui nous est d'une grande utilité. — Je le lègue aux prisonniers qui me succéderont. — Je les prie de le réclamer s'il ne se trouvait plus dans la cour.

19. — Madame Lafarge vient d'être, par le jury, déclarée coupable d'empoisonnement sur la personne de son mari, — avec *circonstances atténuantes*.

Si madame Lafarge est coupable, et si MM. les jurés limousins ont la conviction de la culpabilité, — où sont les *circonstances atténuantes?*

Si ce verdict est le résultat d'un doute — les jurés devaient absoudre : — dans les deux cas, ils ont manqué à leur devoir.

Je ne dirai pas ici mon opinion sur cette affaire : — quelque faible que soit son poids, je ne voudrais pas mettre ce poids, fût-ce celui d'un grain d'orge, dans un des plateaux de la balance jusqu'à ce que l'affaire soit terminée. Madame Lafarge a interjeté appel.

Toujours est-il que dans ces débats, à propos d'un crime sur lequel on n'a encore rien décidé, — il s'est révélé bien des choses sur bien des personnes, — ce qui me remet en la mémoire une grande vérité que me disait un jour un philosophe allemand, un de mes amis.

— Je divise le monde en deux classes, — me disait-il :

Ceux qui sont pendus,

Et ceux qui devraient l'être.

Je ne suis pas obligé de cacher à la science qu'elle a joué un rôle bien médiocre dans cette affaire. Et le génie, à la fois terrible et grotesque d'Hoffmann, n'aurait jamais osé inventer ce qui s'est passé pendant ces incroyables débats.

On a déterré un homme, — un cadavre déjà si décomposé qu'on n'a pu en prendre quelques morceaux qu'avec une cuiller. — Les chimistes discutaient sur les parties préférables. — Prenez un peu de foie, — un peu d'estomac, — bien ! Encore un peu de foie, — c'est bien !

Ils s'en vont dans une cour, — une cour sur laquelle s'ouvrent les fenêtres du palais de justice; — ils font cuire ce qu'ils ont apporté, bientôt une odeur horrible se répand dans l'auditoire; — les juges, les avocats, l'accusée, les témoins sont suffoqués. — Qu'est-ce? c'est l'odeur de M. Lafarge qu'on fait cuire. — L'avocat général seul *ne sent rien*. — Pour un avocat général, c'est encore fade; il faut que ce soit plus *relevé* pour frapper son odorat.

Pendant ce temps, les chimistes surveillent leur infernale

cuisine : — Est-ce assez cuit ? — Non, pas encore, — encore
un bouillon. — Qu'est-ce auprès de cela que les sorcières de
Macbeth?

C'est fini, — ils apportent le produit de leur expérience; —
ils n'ont pas trouvé d'arsenic. — Il n'y a pas de crime, — donc
pas de coupable. — Mais on fait venir M. Orfila, — on lui donne
des morceaux de Lafarge qu'on lui a gardés. — A son tour il
fait l'affreuse cuisine ; — il souffle le feu, — il fait cuire sa part
du cadavre, — il rapporte de l'arsenic. — Lafarge est mort empoisonné.

Et, après de si épouvantables opérations, il reste dans la
plupart des esprits la même incertitude qu'auparavant; surtout
lorsque M. Raspail arrive à son tour déclarer que l'arsenic trouvé
par M. Orfila n'est pas de l'arsenic, — ou que c'est de l'arsenic
qu'on trouve dans tout. — Il offre d'en trouver dans un vieux
fauteuil de l'audience ; — dans M. Orfila lui-même, s'il veut se
soumettre à une cuisson convenable, — plus que M. Orfila n'en
a trouvé dans le corps de Lafarge.

On a dû s'étonner, pendant le cours des débats, de voir tous
les journaux professer unanimement l'opinion de l'innocence de
madame Lafarge. On n'est pas accoutumé à leur voir un accord
si touchant. Ceci est un mystère que je puis expliquer dès aujourd'hui.

Les différentes feuilles se sont cotisées, et, pour le prix de
soixante-quinze francs chacune, elles ont entretenu à Tulle un
seul et même sténographe, qui leur a imposé à toutes et ses impressions et ses opinions, et ses façons d'entendre et ses façons
de parler, etc.

— Il me reste à dire sur cette affaire deux mots à quelques
messieurs :

Aux amoureux de madame Lafarge. — Il est fort à la mode
parmi certains jeunes gens de professer une grande admiration,
— que dis-je? une adoration — pour madame Lafarge. — Ce

n'est qu'éloges sur son esprit, — sur sa figure, — sur sa modestie, — sur ses talents, et on finit par ces mots : — *C'est égal, c'est une femme bien supérieure.* — *Voilà une femme.*

Tout ceci, je me hâte de le dire, n'est qu'une ridicule affectation, — une jactance bouffonne, — semblable à celle de ces pauvres poëtes, amants insuffisants d'une grisette, — qui demandent dans leurs vers de brunes Andalouses et des combats de taureaux ; — pauvres diables qui cacheraient le cordon rouge de leur montre s'ils rencontraient par hasard une vieille vache qu'on mènerait à l'abattoir.

Car si on prenait ces choses au sérieux, — si on pensait que ces paroles sont l'expression d'un sentiment vrai, — il faudrait croire à toute une génération misérablement frappée de cette sorte d'impuissance qui faisait au marquis de Sade ne trouver de plaisir dans les bras d'une femme qu'autant qu'il pouvait assaisonner ses caresses de quelques coups de couteau.

Il y a un reproche qu'il faut faire à la jeunesse de ce temps-ci, — c'est de ne pas être jeune, — ou tout au moins de cacher, — comme choses honteuses, tout ce qu'elle a de jeune, c'est-à-dire de grand, de noble, de pur et d'élevé.

Malheureusement ces honteux paradoxes sont pris au sérieux par quelques-uns de ceux qui les font et par beaucoup de femmes qui les entendent faire ; — et comment feraient-elles autrement, elles ne voient d'éloges, — de fleurs — d'amour que pour des sauteuses décolletées par en haut jusqu'à la ceinture ; — et par en bas jusqu'à la ceinture ; — ceinture dont la largeur vous dit tout ce que d'elles leur amant ne partage pas avec le public.

Certes, à l'Opéra, toutes ces femmes charmantes qui remplissent les loges et qui savent bien qu'elles sont plus belles, plus distinguées que ces acrobates, — doivent se demander souvent : « Qu'ont-elles de plus que nous? »

Ces mêmes femmes et d'autres encore, — en anges timides du foyer, — voyant tant d'éloges, tant d'admiration pour l'esprit de madame Lafarge, — ont dû se dire: « Mais il y a mille femmes qui ont cet esprit et qui en ont davantage, — qu'a-t-elle de plus que nous? »

Faut-il donc être danseuse — ou accusée d'empoisonnement pour attirer l'attention, — pour être admirée, — pour être aimée? — Ne reste-t-il donc aucune récompense pour les vertus cachées qui parfument la vie intérieure? — Faut-il donc mieux remplir le monde de bruit et de scandale, — que remplir la maison — de paix, de joie et d'amour.

20. — Les *forts détachés*, qui ont fait pousser tant de clameurs lorsqu'il fut, il y a quelques années, question de les élever, — n'éprouvent pas aujourd'hui la moindre objection — par l'adresse qu'a eue M. Thiers d'accaparer presque tous les journaux.

A ce propos, — voici un exemple qui vient à l'appui de ce que je vous ai déjà dit sur le temps qu'il faut *au public* pour changer une opinion faite, pour qu'il découvre que *son* journal s'est *donné* au ministère. Ici, dans cette prison où j'écris, — mon geôlier me disait, il y a une heure, en parlant du *Siècle* et du *Courrier Français* qu'il *prête* aux détenus: « Je ne les prends qu'au jour le jour, parce qu'on peut un de ces jours me défendre d'avoir dans une maison du gouvernement des journaux *comme ça.* »

A ceux qui, à propos des fortifications de Paris, disent: « Mais ce sont les forts détachés? » on répond: « Oui, mais avec une muraille d'enceinte. »

Et à ce sujet on abuse de Napoléon. — Les uns disent: « Napoléon voulait qu'on fortifiât Paris; » les autres: — « Napoléon s'est toujours montré contraire aux fortifications de Paris. »

Je ne sais pas un sujet pour lequel on ne mette un peu Napoléon en avant. — Il y avait l'autre jour dans un journal, — Napoléon disait: « L'ouvrier est la force de la France. »

Quelle que soit l'opinion qu'on ait sur ces fortifications, je comprendrais qu'on les décidât sans les Chambres, — si cela pouvait se faire en trois mois, — parce qu'alors un mois de perdu est fort grave. — Mais les quelques jours dont on retarderait le commencement d'un travail de six ou sept ans — ne sont pas une excuse suffisante pour agir sans les Chambres, auxquelles on laissera à décider sur les pétitions de Louis XVII qui se pourraient présenter.

21. — Il devait y avoir conseil dans la journée. — M. Thiers, qui comptait faire adopter au roi le projet de fortification, — en avait envoyé la mention au *Siècle*. Mais le conseil n'eut pas lieu, et le petit Martin courut retirer la note.

M. Chambolle était à sa *villa*. — M. Martinet, qui surveille chaque soir la mise en page du journal, ne voulait pas prendre sur lui de remettre la note. — Ce n'est qu'après deux heures de dialogue qu'il s'y décida.

Cette publication prématurée eût paru peu convenable au château et pouvait être fatale à M. Thiers.

Je saisis cette occasion d'apprendre à M. Martinet tout ce qu'il a eu dans les mains et tout ce qu'il a été pour la France pendant deux heures.

22. — M. Raspail, homme savant et pour lequel, sans le connaître, j'avais une prédilection particulière, vient d'écrire dans les journaux une lettre extrêmement bizarre, — on y trouve surtout deux choses.

On l'emmène à Tulle pour contrôler le rapport de M. Orfila, — et on lui demande :

— Croyez-vous que le résidu obtenu soit de l'arsenic?

Il répond :

— Madame Lafarge cherche à plaire à tous et jamais à effacer personne.

Elle est d'une force supérieure sur le piano ; douée d'un beau timbre de voix, elle chante avec une rare méthode ; elle explique et traduit Goëthe à livre ouvert; possède plusieurs langues, improvise les vers italiens avec autant de grâce et de pureté de style que les vers français.

Puis il accuse tranquillement M. Orfila d'avoir lui-même sciemment mis de l'arsenic dans le corps de M. Lafarge.

La première des deux assertions explique la seconde.

— C'est de l'enthousiasme poussé à la frénésie.

🐝 23. — Un de nos sportsman, qui a un goût particulier pour voir tomber les gens, — a imaginé ce procédé :

Il fait paraître un cheval monté par un groom de treize ans, — et défie un écuyer habile de monter l'animal ;

L'écuyer accepte le défi ; — le cheval devient furieux, oppose les plus terribles défenses — et se roule par terre avec son cavalier.

— Des pointes d'acier sont cachées dans la selle du cheval ; il n'est préservé de leur atteinte que par des obstacles qui résistent aux trente kilos que pèse le groom et qui cèdent à un poids de cent soixante livres.

🐝 POST-SCRIPTUM. — Les hostilités ont commencé en Orient. — Beyrouth a été bombardée. — M. Thiers voit qu'il faut tomber, il veut rester, en tombant, un embarras pour ses successeurs, qui, eux, désireraient qu'il tînt encore un peu. Il va proposer au roi de telles choses, qu'il faudra les lui refuser, — et qu'il paraîtra aux Chambres avec le prestige d'un ministre démissionnaire ayant quitté volontairement une position où on ne lui permettait pas de venger la dignité de la France.

— On sait comment cela prêtera à la phrase et tout le parti qu'il en pourra tirer pour harceler ses vainqueurs.

🐝 Pour le moment, le gouvernement représentatif est aboli, et M. Thiers est dictateur : dictature sous laquelle on se livre aux marchés les plus scandaleux. Beaucoup de gens, qui crient bien haut à la dignité de la France, ne voient dans la guerre qu'un prétexte à fournitures.

🐝 On vient d'apporter à Rouen le corps d'un homme empoisonné, dit-on, par sa femme. — MM. les chimistes de Rouen vont faire, à leur tour, l'horrible cuisine qu'ont faite MM. les chimistes de Tulle. — Sous prétexte d'avoir été empoisonnés, les morts vont empoisonner toute la France.

🐜 Plusieurs citoyens, — se grisant des paroles de M. Thiers, se sont exaltés en faveur de l'*enceinte continue* avec l'enthousiasme qu'ils avaient contre la même chose, quand cela s'appelait *forts détachés*. Ces citoyens ne veulent pas confier à des ouvriers mercenaires le soin d'élever les murailles qui doivent nous enfermer. Chacun, selon le vœu de ces citoyens, mettra la main au plâtre. — Ils demandent que nous allions tous construire les fortifications à la manière du ver à soie, qui fabrique lui-même la coque qui lui sert de prison. Leur seul regret est de ne pouvoir, comme lui, tirer d'eux-mêmes les pierres et le bois, — et de ne pouvoir se changer en moellons et en solives.

🐜 M. Arago dîne à Perpignan.

🐜 ÉPILOGUE. Pour cette fois, mes Guêpes, envolez-vous à travers les barreaux de ma prison.

🐜 En terminant mon douzième volume, je répète avec confiance ce que j'ai dit en commençant le premier : « Ces petits livres contiennent l'expression franche et inexorable de ma pensée sur les hommes et sur les choses en dehors de toute idée d'ambition, de toute influence de parti. »

Mon indépendance n'est pas une de ces vertus chagrines et envieuses — qui, dans leur haine contre le vice, ont toujours l'air de crier au voleur.

Ce n'est pas même une vertu, c'est une condition de mon tempérament. A une époque de ma vie, je me suis senti ambitieux parce qu'il y avait un front pour lequel je voulais des couronnes, — de petits pieds sous lesquels je voulais étendre les tapis les plus précieux, — une existence que je voulais entourer de toutes les joies, de tous les orgueils, de tous les luxes de la terre.

Mais un jour mon rêve s'est évanoui, et je suis resté seul : —

cependant je me sentais fort et courageux ; — j'ai cherché quelle route je devais suivre et où je voulais arriver, et alors j'ai vu les routes de la vie, embarrassées de ronces et d'épines, — conduisant péniblement à des buts que je ne désirais pas.

J'ai vu des luttes acharnées de toute la vie pour s'arracher des choses dont je n'avais pas besoin.

J'ai vu dans ces luttes certaines choses, qui avaient quelque grandeur et quelque prestige — entre les mains avides qui les tiraillaient, — tomber dans la boue et dans le sang, brisées en éclats — comme une glace de Venise dont on fait, en la cassant, des miroirs à deux sous.

J'ai évité ces chemins et je ne me suis pas mêlé à ces luttes, et j'ai découvert en moi que le ciel m'avait richement partagé, — car j'avais une fortune toute faite et une liberté assurée dans l'absence des désirs et dans la modération des besoins.

Ainsi aujourd'hui, — au milieu de ce tumulte, — où tous se ruent les uns sur les autres pour s'arracher l'argent et le pouvoir, et quel pouvoir ! — je ne vois rien dans le butin qu'auront les vainqueurs qui vaille à mes yeux les magnificences gratuites dont se pare l'automne ; — les courtines de pourpre qu'étend la vigne sur les murailles de mon jardin, — le bruit du vent dans les feuilles jaunies des bois, — et les rêveries, — les pensées, — douces fleurs d'hiver qui vont éclore à la chaleur du foyer rallumé.

Dans ces combats, je ne vois aucun triomphe qui flatterait mon orgueil autant que mes luttes avec la mer en colère sur la plage d'Étretat.

Ainsi, — seul aujourd'hui, — quand les poëtes eux-mêmes considèrent leur renommée comme un moyen et non comme un but, — seul je suis resté poëte, — noblement paresseux et pauvre, — libre et dédaigneux, — et j'entends le tumulte de ces temps-ci comme un homme qui, renfermé près d'un feu pétillant, entend battre sur ses vitres une pluie glacée, — j'assiste aux mêlées furieuses de l'ambition et de l'avarice, — comme si je voyais des sauvages se battre avec acharnement pour des colliers de verre et des plumes rouges, dont je ne fais aucun cas.

Les splendeurs de la nature, — les causeries de l'amitié, — les rêveries de l'amour et ces fêtes de pensée que le poëte se donne à lui-même remplissent suffisamment ma vie, — et je n'y veux admettre rien autre chose. Mon âme s'est placée dans une sphère élevée d'où je ne la laisserai pas descendre.

Il est des instants cependant où les sots font tant de bruit, qu'ils finissent par m'importuner et que je sens le besoin de leur dire qu'ils sont des sots, et de troubler leur triomphe, et je me suis creusé dans ces petits livres un trou où je puis dire une fois par mois : — « Midas, le roi Midas, a des oreilles d'âne. »

Certes un homme qui s'avise de dire aux hommes et aux choses . « Vous ne me tromperez pas, et voilà ce que vous êtes ; » cet homme devait être considéré comme un ennemi public, — aussi, tout d'abord, — injures et menaces anonymes, — coups d'épée par devant, coups de couteau par derrière, on a tout essayé ; — on m'a fait passer pour un homme méchant et dangereux, parce que je ne veux pas dépenser la bonté, qui est une noble et sainte chose, en menue monnaie de bonhomie et de faiblesse, — comme les femmes qui dépensent l'amour en coquetterie, qui est le billon de l'amour.

J'ai pour moi, il est vrai, les gens d'esprit, — de bon sens et de bonne foi. — Qu'est-ce? mon Dieu, — contre l'armée innombrable des imbéciles, des sots et des intrigants? — Mais j'aime mieux être vaincu avec les premiers que vainqueur avec les seconds, et je continuerai ma route, — semblable à Gédéon, qui ne voulut garder que les braves avec lui.

Novembre 1840.

Les *Guêpes*. — Un tombeau. — La justice. — Ugolin, Agamemnon, Jephté et M. Alphonse Karr. — Le nouveau ministère. — M. Soult. — M. Martin (du Nord). — M. Guizot. — M. Duchâtel. — M. Cunin-Gridaine — M. Teste. — M. Villemain. — M. Duperré. — M. Humann. — L'auteur se livre à un légitime sentiment d'orgueil. — Départ de M. Thiers. — Madame Dosne. — M. Dosne. — M. Roussin. — M. de Cubières, — M. Pelet (de la Lozère). — M. Vivien. — Lettres de grâce. — M. Marrast. — M. Buloz. — M. de Rambuteau. — M. de Bondy. — M. Jaubert. — M. Lavenay. — M. de Rémusat. — M. Delavergne. — Le sergent de ville Petit. — Le garde municipal Lafontaine. — Darmès. — Mademoiselle Albertine et Fénélon. — M. Célestin Nanteuil. — M. Giraud. — M. Gouin et les falaises du Havre. — M. de Mornay. — La prison de Chartres. — Nouvel usage du poivre. — La *Marseillaise*. — La guerre. — Un réfractaire. — M. Chalander. — Les soldats de plomb. — Un bal au profit des pauvres. — Les fortifications de Paris. — Les pistolets du grand homme. — M. Mathieu de la Redorte. — M. Boilay. — M. et madame Jacques Coste. — M. et madame Léon Faucher. — M. et madame Léon Pillet. — Madame la comtesse de Flahaut. — Madame la comtesse d'Argout. — On continue à demander ce qu'est devenue la fameuse enquête sur les affaires de la Bourse. — M. Dosne se livre à de nouveaux exercices. — M. de Balzac. — Une gageure proposée au préfet de police. — M. Berlioz. — M. Barbier. — M. L. de Vailly. — M. de Vigny. — M. Armand Bertin. — M. Habeneck. — Le *Journal des Débats* porte bonheur. — Richesses des pauvres. — Subvention que je reçois. — On demande l'adresse des oreilles de M. E. Bouchereau.

Quand je voulus publier les *Guêpes*, — je chargeai un monsieur de faire imprimer mes petits volumes et de les vendre; c'est ce qu'on appelle prendre un éditeur. — Le monsieur me fit signer un papier, par lequel je m'engageais à lui laisser imprimer et vendre les *Guêpes* pendant un an; — je ne vous raconterai pas tous les ennuis que me donna ledit monsieur; toujours est-il que l'année finit, — et que j'annonçai l'intention de continuer sans lui.

Ce monsieur prétendit alors — que la promesse que j'avais

faite de lui laisser vendre mon ouvrage pendant un an — m'o-
bligeait à le lui laisser vendre pendant deux, — et il me fit un
procès.

Le monsieur n'a pas, dit-on, chez lui, une chaise, — une
paire de souliers, — une botte d'allumettes, qui n'ait donné lieu
à un procès. On désigna des arbitres ; — et on nous fit expliquer
nos prétentions. — Pour ma part, je parlai au moins pendant
deux heures ; chose que je ne pardonnerai de ma vie à ceux qui
me l'ont fait faire.

Le monsieur parla aussi beaucoup. Après quoi les juges arbitres décidèrent, à la majorité de deux contre un, après une
longue discussion : 1° Qu'une année se composait de douze mois,
en ne me cachant pas que c'était là une question embrouillée, —
et que je devais me réjouir qu'elle eût été ainsi décidée ;

2° Que le titre des *Guêpes* ayant été, de l'aveu du monsieur,
— imaginé, — apporté et écrit par moi, — ne m'appartenait
pas plus qu'à ce monsieur, qui ne l'avait ni écrit, ni apporté, ni
imaginé, et que, par conséquent, je n'avais pas le droit de m'en
servir.

En quoi ils se montrèrent moins sages que Salomon ; — car
ils tuèrent l'enfant, ainsi que le demandait la fausse mère.

Cette seconde décision me parut moins claire que la première,
— et je leur demandai humblement si j'avais encore le droit de
m'appeler Alphonse Karr ; — à quoi il me fut répondu que
j'en avais encore le droit.

Je leur témoignai de mon mieux ma profonde reconnaissance,
et je me retirai.

Hier notre ami B... nous a donné un remarquable dîner
de condoléance ; — c'était un dîner funèbre à l'imitation des
anciens, — un magnifique convoi de quatorze couverts. On a
servi un tombeau de nougat, surmonté d'une énorme guêpe. —
La pauvre bête ! — j'ai reconnu Padocke, — était étendue sur
le dos, — les ailes froissées, — les pattes roides. — Une ba-

lance, qui fut jugée par les convives être celle de la justice, — l'écrasait de son *fléau*. On m'invita à briser le nougat, — ce que je fis en détournant la tête; — jusque-là, je n'étais semblable qu'à Agamemnon ou à Jepthé qui sacrifièrent leurs filles; — mais bientôt je dévorai ma part de l'infortunée Padocke, — et je fus comparé à Ugolin, qui mangea ses enfants pour leur conserver un père.

Du nougat en morceaux sortit le *dernier* volume des *Guêpes*. — On en lut le *dernier* chapitre à haute voix, en forme d'oraison funèbre, — et on fit de fréquentes libations avec le meilleur vin du Rhin que j'aie bu de ma vie : — « Nous *appelâmes* par trois fois les *Guêpes* et nous leur *dîmes* adieu. »

Ainsi donc mes *Guêpes* sont un ouvrage terminé par autorité de justice, — et je n'écrirai plus rien sous ce titre. — Mes *Guêpes* sont mortes, — je vous laisse le soin de leur épitaphe, seulement j'imiterai la femme de ce marchand enterré au Père-Lachaise, et je graverai sur le marbre : « Leur père inconsolable continue le même commerce rue Neuve-Vivienne, 46. »

Je commence aujourd'hui un autre ouvrage en treize volumes. — Douze de ces volumes formeront l'histoire anecdotique des sottises de l'année. — Le treizième sera un roman. — Vous trouverez le détail de tout ceci sur la couverture.

Mes amis m'ont envoyé de tous côtés des titres pour remplacer celui qui m'est interdit.

— Les Frelons.
— Les Bêtes à bon Dieu.
— *Les Guêtres*.
— Les Mois.
— Les Vers-luisants.
— Les Moustiques.
— Les Cousins.

Je n'ai choisi aucun de ces titres, et, à l'imitation de Shakspeare, qui appelle une de ses comédies — *Comme il vous plaira,*

J'ai décidé que je ne donnerais pas de titre à mes treize petits volumes.

— Je n'ai pas le droit de les appeler les *Guêpes*;

— Je ne les appelle pas les *Guêpes*; — je vous prends tous à témoin que je ne les appelle pas les *Guêpes*.

Mais vous, mes chers lecteurs, vous êtes libres de les appeler comme vous voudrez.

NOVEMBRE. — *Départ de M. Thiers*. — Vous n'êtes pas sans avoir quelque ami qui, lorsqu'il vous arrive quelque chose de funeste, — accourt d'aussi loin qu'il se trouve pour vous dire : « Je vous l'avais bien dit ! » — et, d'un air si triomphant, qu'il est évident qu'il ne voudrait, pour aucune chose au monde, que le malheur qui vous arrive ne fût pas arrivé.

J'ai beaucoup de peine à ne pas triompher un peu ici de la réalisation textuelle de mes prévisions sur le départ de M. Thiers, et sur la manière dont ce départ devait s'effectuer. — Je vous renvoie simplement, pour les détails de ce qui s'est passé ce mois-ci, — au récit que j'en ai fait d'avance le mois précédent dans le dernier volume des *Guêpes*. — M. Thiers, — dit Mirabeau-Mouche, dit Mars Ier, — sort du ministère et de la position impossible qu'il s'était laissé faire, sous prétexte d'honneur et de dignité nationale ; — c'est un thème tout fait pour les discours qu'il va débiter à la Chambre des députés.

Quatre des collègues de M. Thiers ne partageaient déjà plus son avis dans le conseil : c'étaient M. de Cubières, — M. Roussin, — M. Pelet de la Lozère et même M. Cousin.

M. Pelet de la Lozère surtout, qui est fort riche et qui offrait la plus grande responsabilité pécuniaire, ne voyait pas sans inquiétude les allures d'un président du conseil — qui venait s'asseoir à son bureau, — donnait des ordres, — prenait l'argent sans explications et mettait dans son budget une confusion effroyable.

Alors commença la distribution des croix d'honneur.

M. Jaubert, qui ne pardonnera jamais ni à M. Thiers ni à la croix — d'avoir été décoré malgré lui, — l'a donnée aux jeunes mineurs de son cabinet. — Le seul dont je sache le nom s'appelle M. Lavenay et je ne le connais pas.

M. Gouin — en a fait autant ; M. de Rémusat, entre autres, a, dans l'espace de cinq mois, nommé M. Delavergne, son secrétaire particulier, — maître des requêtes, grand officier de l'ordre de Charles III — et chevalier de la Légion d'honneur.

Le nombre des croix distribuées par M. Thiers est fabuleux. — Au 22 février, il avait nommé chevaliers de la Légion d'honneur les employés des jeux ; cette fois il a donné la croix à tous ses jeunes gens : — MM. Boilay, du *Constitutionnel ;* — un anonyme du *Courrier français ;* quelques jeunes gens du Club-Jockey, qui lui apprenaient à monter à cheval, — et divers journalistes pour lesquels c'était un encouragement et une récompense pour les articles contre le roi qu'ils faisaient la veille et le lendemain du serment qu'ils prêtaient à Louis-Philippe.

M. le comte Walewski a été également décoré.

🐜 Madame Dosne a continué pendant quelque temps à tenir sa cour à la Tuilerie : c'était une imitation libre de la cour de Charles V à Bourges. — Elle avait reçu l'ordre de la modération pendant la crise ; — mais, la chose terminée, elle a repris possession de l'hôtel Saint-Georges. — Alors elle a annoncé qu'elle allait recommencer son pamphlet contre la famille royale ; — et, en effet, c'était merveille, le dernier jeudi du mois, de l'entendre semer des anecdotes, — et, pour échauffer les députés arrivant, — leur réciter les articles du *National* du matin ; — contester le mérite militaire du maréchal Soult ; — expliquer comme quoi il a perdu la bataille de Toulouse, — et, à tel point, que M. de Mornay, gendre du maréchal, s'est cru obligé de se retirer.

Ce jour-là, — il y avait beaucoup d'hommes politiques ; — tous les ministres démissionnaires n'y étaient pas.

La réunion était remarquable par l'absence des femmes, —
il n'y en avait qu'une demi-douzaine : madame Jacques Coste,
—madame Léon Faucher,—madame Léon Pillet,—madame de
Flahaut — et madame d'Argout.

On a envoyé au beau-père Dosne un avis par le télégraphe pour qu'il eût à revenir jouer à la hausse, — que ne
pouvait pas manquer d'amener la retraite de son gendre, —
comme il avait joué à la baisse pendant son inquiétante administration.

Une *dame* d'Auteuil faisait le tour de son salon, —
comme fait la reine aux Tuileries, — adressant ou plutôt jetant
un mot à chaque personne ; — elle arriva à un de ses anciens
familiers, et lui dit avec son air le plus protecteur : « Et vous,
monsieur, vous voilà donc fixé à Paris ? » — Le monsieur, indigné, — répondit d'abord un « *Oui, madame,* » très-respec-
tueux ; — mais, voyant qu'on ne le regardait pas, — il ajouta à
demi-voix :

« Ah çà ! Sophie, — est-ce que tu te... de moi, avec tes
grands airs ? »

Il est singulier de voir à combien de gens il faut appliquer ces paroles de l'Ecriture : — *Aures habent et non audient,
oculos habent et non videbunt ;* « ils ont des oreilles et ils n'entendront pas, ils ont des yeux et ils ne verront pas. » La plupart
des gens veulent absolument prendre l'obstination que l'on met
à chanter la *Marseillaise* dans les rues pour une manifestation
belliqueuse du *peuple français* et pour un cri de guerre contre
l'Angleterre. —Depuis que la *Marseillaise* a été pour la première fois défendue par la police, elle a entièrement changé de
caractère ; —elle n'est plus qu'une taquinerie contre le gouvernement. — En effet, voyez, on allait la chanter dans les théâtres ;
—le commissaire s'y opposait, sous prétexte qu'elle n'était pas
sur l'affiche. « Eh ! vous n'y êtes pas non plus sur l'affiche,
monsieur le commissaire, lui criait-on, —qu'est-ce que vous

nous chantez? » Et on ne laissait continuer la représentation qu'après qu'on était venu chanter la *Marseillaise* avec un drapeau tricolore. — On prit le parti de l'autoriser, — cela commença à n'être plus si amusant. — Heureusement que le pouvoir, dans sa stupidité, permit l'air sans permettre les paroles : *numeros memini... si verba tenerem*. — Cette prohibition soutint un peu l'enthousiasme, qui ne tomba tout à fait que lorsqu'on eut accordé les paroles et le drapeau. Ce qui fût arrivé bien autrement vite si on avait, dès l'origine, ordonné aux théâtres de faire jouer tous les soirs la *Marseillaise* pendant cinq quarts d'heure, — avant même qu'on la demandât.

C'était permis au théâtre, il n'y avait plus de plaisir : — alors on commença à la chanter dans les rues, — où on la chantera tant qu'on aura la sottise de s'y opposer.

Je gage que le préfet de police n'a qu'à défendre demain de marcher à quatre pattes dans les rues, — il se trouvera après demain des gens qui résisteront à cette ordonnance arbitraire, et y contreviendront avec un enthousiasme impossible à décrire.

AUX CHANTEURS DE LA MARSEILLAISE. — Messieurs les chanteurs de la *Marseillaise*, — vous me paraissez, hélas! — comme les autres, — entendre bien singulièrement la liberté — la liberté que vous demandez semble toujours celle que vous enlevez aux autres. — Vous voulez la liberté de casser les lanternes, — sans penser à respecter la liberté que demandent les autres d'y voir clair. C'est au nom de la liberté que vous exigez que l'on joue la *Marseillaise* dans les théâtres. — Or, tout le monde y paye sa place également, tout le monde a des droits égaux et une égale liberté. — Si vous demandez la liberté de faire jouer la *Marseillaise*, qui est une chanson républicaine, — vous ne pouvez raisonnablement nier que les légitimistes qui peuvent se trouver dans la salle ont le droit de demander *Vive Henri IV*, — ou bien *Où peut-on être mieux qu'au sein de sa famille*. — Les bonapartistes sont aussi bien fondés qu'eux et aussi bien que vous à exiger — *T'en souviens-tu?* et les gens calmes, tranquilles, qui ne veulent pas s'occuper de politique et ont des goûts champêtres, — de quel droit trouverez-vous mauvais qu'ils fassent jouer à l'orchestre *Te souviens-tu, Marie, de notre enfance aux champs?* Et les vieillards de l'orchestre, pourquoi leur refuserait-on les chansons érotiques et les chansons à boire : — *Colin et Colinette, dedans un jardinet,* ou *Le vin, par sa douce chaleur?*

Vous comprenez que la durée de la représentation n'y suffirait pas.

Et encore, quelle est l'opinion qui doit être obéie la première? — La liberté et l'égalité exigent que l'on exécute tous ces airs à la fois.

Ce qui ferait un joli petit charivari.

🐜 Eh! mon Dieu, je vous assure qu'il n'est personne d'entre vous sur qui la *Marseillaise* produise plus d'effet que sur moi, — et que, malgré tous mes beaux raisonnements et la mansuétude que j'ai acquise, — depuis que tant de choses me sont devenues égales, je ne suis pas encore à l'abri de l'effet de cet hymne dont les paroles, moins un seul couplet, sont au moins médiocres, — mais dont l'air est plus que beau.

🐜 Deux cents jeunes gens sont allés devant le ministère des affaires étrangères en chantant la *Marseillaise*, et en demandant la guerre à grands cris; — ils eussent été bien embarrassés, j'imagine, si, docile à leurs vœux, le préfet de police les eût fait cerner, arrêter et incorporer dans un régiment de ligne. — Le premier qui ait été mis sous la main de la justice s'est trouvé être un conscrit réfractaire, — c'est-à-dire un homme qui s'est volontairement exposé aux peines les plus sévères pour ne pas être soldat.

Tout ceci n'est que du tapage.

🐜 S'il y a quelque chose de facile au monde, — ce serait d'aligner de grandes phrases emphatiques sur l'*opprobre de la*

France, sur l'*étranger*, etc., toutes choses qui, écrites dans le style le plus ampoulé des plus ampoulés mélodrames, ont tous les jours un si grand et si certain succès. — Il faudrait donc penser que, lorsqu'il se trouve par hasard un homme qui renonce volontairement à ce succès — pour soutenir une thèse contraire, il faut que cet homme soit de bien bonne foi et ait une conviction bien arrêtée.

Il y a un prêtre qu'on appelle M. de Lamennais ; — ce prêtre, tourmenté d'une insatiable vanité, désespérant d'arriver par des voies ordinaires et permises au cardinalat et au chapeau rouge, a mis le bonnet rouge sur sa tonsure, — et dans des brochures écrites d'un style lourd, pâteux et souvent inintelligible, — prêche le désordre, l'anarchie, la haine et la guerre.

Le conseil des ministres avait décidé qu'on ferait arrêter M. de Lamennais, — M. Vivien, seul, ou n'a pas osé ou n'a pas voulu signer l'ordre.

On assure, — mais je n'ai pas à ce sujet des renseignements assez positifs pour l'affirmer, que M. Desmortiers, lui, qui est toujours prêt à arrêter, — ne demandait qu'un *bout d'ordre* par écrit.

Sous l'inspiration de M. Thiers, — M. Vivien, garde des sceaux, a présenté à la signature du roi des lettres de grâce et de commutation pour les sieurs tels et tels.

Les grâciés se sont trouvés ensuite n'être autres que les chefs d'émeutes de la coalition des ouvriers. Cela était convenu avec les journaux de la gauche, sous la tutelle desquels s'était placé M. Thiers.

De cette manière, si la nouvelle position que va prendre M. Thiers à la Chambre amène au moins quelques troubles, l'émeute aura tous ses soldats.

Aux observations qu'on lui a faites à ce sujet, M. Thiers s'est contenté de répondre :

— Je l'avais promis à Chambolle, — et un peu aussi à M. Marrast.

🐝 **LA CRISE. — LE NOUVEAU MINISTÈRE.** — Depuis dix ans, une trentaine d'hommes, dont quatre ou cinq seulement sont recommandables par de grands talents, se sont disputé et arraché le pouvoir. — Chacun d'eux a une vingtaine d'affidés qui partagent ses chances ; — ce qui fait en tout à peu près six cents hommes pour lesquels et par lesquels tout se fait en France. Huit seulement de ces trente hommes peuvent être au pouvoir à la fois ; — pendant le temps qu'ils y restent on les appelle *gouvernement antinational*, — *vendu à l'étranger*, — *tyrans*, — *oppresseurs*, — *corruption* ; — je passe les menues injures. — Les vingt-deux qui sont hors des affaires, s'intitulent eux-mêmes — *grands citoyens*, — *amis du peuple*, — *espoir de la patrie*, — *vertu et désintéressement*, — *le pays*, et crient contre des abus auxquels en réalité ils ne trouvent d'autre mal que le chagrin qu'ils ont de ne pas les commettre eux-mêmes. — Les huit qui sont au pouvoir se gorgent, eux et leur bande, — jusqu'au moment où ils tombent comme des sangsues soûles ; — huit autres prennent leur place. — Les huit arrivants héritent en même temps des dénominations susdites de *gouvernement antinational,* — *vendu à l'étranger,* — de *tyrans,* — d'*oppresseurs,* — de *corruption.* — Les huit déplacés rentrent dans la classe des *grands citoyens,* — des *amis du peuple,* — des *espoirs de la patrie,* — des *vertus et désintéressements,* et redeviennent *le pays.*

🐝 Pour arriver aux affaires ou pour s'y maintenir, — rien ne leur coûte : — l'agitation, l'inquiétude, — la ruine de la France, ne sont pour eux que des moyens. — Leur politique ressemble à celle du sauvage qui abat un cocotier par le pied pour cueillir un seul fruit qui lui fait envie ;

A celle du *naufrageur* des côtes de l'Armorique, — qui, par des fanaux trompeurs, attire sur les récifs — un vaisseau chargé d'or, — qui y périra avec ses richesses — et ses passagers, — pour que de ses débris le naufrageur retire une ou deux planches pour réparer le toit de sa cabane.

Ils sont semblables à un homme qui mettrait le feu à la maison de son voisin—pour se faire cuire à lui-même un œuf à la coque.

🐜 J'avouerai aussi que je ressens d'ordinaire un enthousiasme fort modéré à l'avénement d'un nouveau ministère, quand je songe que, vu le cercle d'une trentaine d'hommes dans lequel on prend toujours les ministres, — chacun des arrivants a déjà au moins une fois été rejeté comme incapable ou pis que cela.

Ainsi, dans le nouveau ministère, composé de MM. *Soult, Martin (du Nord), Guizot, Duchâtel, Cunin-Gridaine, Teste, Villemain, Duperré, Humann*, M. Soult a été antérieurement ministre trois fois, — M. Guizot, trois fois, — M. Duchâtel, deux fois, — etc., etc. ; — c'est-à-dire qu'ils ont été deux fois, — trois fois renversés sous les accusations les plus graves.

🐜 Pendant ce temps, le peuple, sous prétexte d'émancipation et d'instruction, — est devenu l'esclave obéissant des différents carrés de papier qui se publient sous le titre de journaux. — Le peuple s'agite, est mécontent, — malheureux, — sent de nouveaux besoins et perd d'anciennes ressources ; — tout le monde l'égare — et le trompe, — et à force d'excitations,

Le peuple le *plus gai* et le *plus poli* de la terre n'est pas bien loin d'en devenir le plus misérable et le plus sauvage.

Dans l'espace d'un mois, — deux cents hommes ont assassiné le sergent de ville Petit. — Darmès a tiré un fusil chargé à mitraille sur un vieux roi, et sur sa femme et sa sœur. — Un ancien soldat, Lafontaine, s'avançant seul, sans armes, avec des paroles de paix, au-devant d'une foule furieuse, a été lâchement frappé par derrière d'un coup de couteau.

🐜 La forêt de Bondy ne sert plus d'asile au moindre brigand ; la forêt Noire elle-même n'est plus fréquentée que par d'honnêtes charbonniers et de plus honnêtes fabricants de kirschenwasser, qui s'occupent à cueillir des merises sauvages. Le passage le plus périlleux que l'on connaisse aujourd'hui est le trajet des Tuileries à la Chambre des députés.

🐝 Le nouveau cabinet se compose de débris des divers cabinets précédents. — Ses partisans l'appellent — *ministère de réconciliation.* — Ses adversaires, — *ministère de l'étranger.* — Ceci est le cri de ralliement.

🐝 Le parti conservateur considère le nouveau ministère comme une des dernières cartes qui lui restent à jouer contre une révolution anarchique.

Le parti, dit du progrès, concentre ses forces et annonce qu'il ne soutiendra plus un ministère qui ne sortira pas de ses rangs. — On prend du champ et on se prépare à une grande bataille.

Il y a à l'Opéra une demoiselle *Albertine* dont j'ai déjà eu occasion de parler ; — on la désigne dans les coulisses sous le nom de Fénelon — à cause qu'elle s'est chargée de l'éducation des princes.

🐝 M. Gouin — qui était ministre, il y a quelques jours, — en voyant les falaises du Havre, s'est écrié : « Que d'argent il a fallu pour exécuter de tels travaux ! »

🐝 A propos des fortifications de Paris qui ne peuvent être terminées avant six ou huit ans, — on rappelle ce seigneur avare qui, apprenant que ses pages manquaient de chemises, — se sentit touché de compassion. « Vraiment, — dit-il, — ces pauvres enfants ! — Il fit venir son jardinier et lui ordonna de semer du chanvre. — Quelques-uns des pages ne purent dissimuler un sourire. « Les petits coquins ! s'écria le seigneur, ils sont bien contents, — ils vont avoir des chemises. »

🐝 M. Thiers prend tous les jours des leçons de tactique avec le colonel Chalander. — Il paraît que le ministère du 1er mars, — qu'on avait appelé *Mars Ier*, se prépare à commander un jour nos armées. — Les petits soldats de plomb sont hors de prix.

🐝 Lors de l'ambassade de Perse, — M. de Sercey, près d'arriver, s'aperçut qu'il n'avait aucun présent à offrir au shah. — Comme il parlait de son embarras à ce sujet à un de ses secrétaires d'ambassade, — il avisa sur une table une paire de vieux pistolets montés en argent. « Qu'est-ce ceci? demanda-t-il. — Rien autre, chose, — répondit le secrétaire, que de vieux pistolets à moi.

— Mais, — c'est que voilà mon affaire, — donnez-les-moi.

— Volontiers.

— C'est bien! »

Arrivé, M. de Sercey offrit au shah différentes bagatelles qu'il trouva à acheter, — et fit savoir indirectement aux officiers — qu'il y avait encore un présent; — mais un vrai présent, — quelque chose d'une valeur inappréciable, qu'on se déciderait peut-être à donner, quoiqu'on y tînt beaucoup : — des pistolets ayant appartenu à l'empereur Napoléon! — Ah! si M. de Sercey voulait les donner au shah... mais ce sera difficile ; — cependant, il ne faut pas se désespérer. — Qui sait si l'ambassadeur ne se laissera pas toucher par de bons procédés ? — Enfin, après de longs pourparlers, — de nombreuses hésitations, — de provoquantes coquetteries, — on a fini par donner au shah les pistolets du grand homme.

On faisait, devant M. de Balzac, un éloge mérité d'un de ses ouvrages : « Ah! mon ami, — dit le romancier à l'un des interlocuteurs, vous êtes bien heureux de n'en être pas l'auteur!

— Et pourquoi cela?

— Parce que vous pouvez dire tout le bien que vous en pensez, — tandis que moi — je n'ose pas. »

On a remarqué que, dans le conseil des ministres, — c'étaient le ministre de la guerre et le ministre de la marine qui se prononçaient pour la paix, tandis que le ministre du commerce demandait la guerre, qui tue le commerce ; — le ministre des travaux publics demandait la guerre, qui interrompt les travaux ; — le ministre des relations extérieures demandait la guerre, qui détruit toutes relations.

On assure que le roi a dit : — « Ah! on prétend que je veux la paix à tout prix ; — eh bien! qu'on touche seulement à Strasbourg! »

Voici l'hiver : — les cerisiers abandonnent leurs feuilles jaunes au vent qui a déjà dépouillé les tilleuls ; — le sorbier, bientôt, va seul garder ses ombelles de fruits rouges comme des grains de corail. — Dans une petite ville de la Creuse, — les *dames* du pays s'occupent déjà d'organiser un bal au profit des pauvres ; — les *patronesses* ont pensé à un costume qui les fît reconnaître. — On est facilement tombé d'accord d'un nœud de ruban tombant sur l'épaule ; — mais ce qui n'est pas facile de décider, — c'est la couleur de ce ruban. — La politique s'est glissée dans la question.

On ne peut adopter une couleur agréable à un parti sans exclure les autres de la fête, sans les mettre à la porte de la philanthropie. Le rouge est un symbole républicain. Le vert, le blanc appartiennent à l'opinion légitimiste, le violet est bonapartiste, le jaune est ridicule. On se rappelle les couplets qui se chantaient en 1815, et sur la mesure desquels on cassait les glaces du café de la Paix, du café Lemblin et du café Valois.

On entonnait sur l'air de la *Carmagnole :*

> Que ferons-nous des trois couleurs ?
> Le bleu c'est la candeur,
> Le rouge, la valeur,
> Le blanc c'est la bêtise,
> C'est la devise
> Des Bourbons.

Les gardes du corps répondaient :

> Que ferons-nous des trois couleurs ?
> Le rouge c'est le sang,
> Le bleu, c'est les brigands,
> Le blanc c'est l'innocence,
> C'est la devise
> Des Bourbons.

Puis on prenait en chœur les tabourets, et on se fêlait la tête.

On a pensé un moment que le lilas pourrait réunir toutes les opinions et éluder la difficulté; mais plusieurs d'entre les dames patronesses ont trouvé dans leur teint des raisons suffisantes pour refuser formellement de mettre du lilas.

On a donc forcément abandonné le lilas pour passer au rose, et le rose a eu un moment du succès; mais deux des plus belles et des plus spirituelles d'entre les dames patronesses ont déclaré que les rubans roses sur une robe blanche étaient du dernier commun; que rien n'est si laid que le commun, et qu'elles ne pousseront pas la philanthropie au point d'être laides au bénéfice des pauvres. — Tout porte à croire que le bal n'aura pas lieu.

Il y a des personnes qui prétendent que ces bals au profit des pauvres devraient être appelés : *des pauvres au profit d'un bal ;* — mais, quelque forme que prenne la charité, — il faut la bien accueillir et ne la point décourager.

Un homme qui parle de tout et n'a qu'un chagrin, qui est de ne pouvoir parler que de cela, — a quelquefois le malheur de mettre quelque confusion dans ce qu'il dit : — en annonçant le nouveau ministère, — il donnait les portefeuilles de la justice et du commerce à MM. *Martin Gridaine* et *Cunin* (du Nord).

Dans le programme encore secret de la fête des *cendres,* — il est question de faire paraître tout à coup un homme à cheval dans le costume de l'empereur Napoléon; — cet homme, après être resté quelque temps en vue, — partira ventre à terre et disparaîtra.

Quelques personnes ont fait remarquer avec raison qu'à une époque comme la nôtre, il fallait être bien sûr de l'homme auquel serait confié ce rôle important. — Il est à craindre qu'il ne prenne son rôle au sérieux et se proclame empereur des Français. — Pour moi, je ne m'y fierais pas.

Je me suis plaint, dans un volume de *Guêpes*, d'un portrait qu'on a fait de moi et dont le seul aspect aurait pu m'exposer aux poursuites du parquet. — Voici l'histoire de ce portrait :

Il y a deux ans, — je crois, — M. Célestin Nanteuil fut envoyé chez moi pour je ne sais quelle galerie ou musée ; je n'étais pas chez moi. Il m'attendit ; une autre personne m'attendait également : tous deux trouvèrent un bon feu et des cigares. — Au troisième cigare, M. de Nanteuil toussa et dit :

— Il est onze heures et demie.

— Onze heures trente-cinq, dit l'étranger.

— Il n'arrive pas, dit M. de Nanteuil.

— Il n'arrive pas, dit l'étranger.

— Monsieur est homme de lettres ?

— Non, monsieur, et vous ?

— Je suis peintre, et je m'appelle Célestin Nanteuil.

— Ah ! monsieur, j'ai vu de vous de fort jolies choses.

— J'en ai peut-être vu de vous aussi, monsieur.

— Monsieur, veuillez me donner du feu, mon cigare est éteint.

— Monsieur, très-volontiers.

— Je viens, dit M. de Nanteuil, pour faire le portrait de Karr.

— Il est fâcheux qu'il ne soit pas là.

— Euh ! pas très-fâcheux ! — Je l'ai vu plusieurs fois, et je le ferais, à la rigueur, de mémoire. — Il n'y a qu'une seule chose qui m'embarrasse ; je ne sais pas s'il a les cheveux longs ou courts.

— Très-courts.

— Très-bien ! — Ah ! voici sa robe de chambre, probablement.

Et M. de Nanteuil avise une sorte de froc en velours noir.

— Je vais toujours dessiner la robe de chambre.

La robe de chambre fut mise sur une chaise, — mais elle était vide, et les plis tombaient mal.

— Cela n'ira jamais. — Mon Dieu, monsieur, si j'osais...

— Osez, monsieur.

— Il s'agirait de rendre à moi et au maître du logis un petit service.

— J'aime beaucoup le maître du logis, et je serais enchanté d'être agréable à un homme de talent comme vous.

— Veuillez donc mettre cette robe de chambre pour que les plis fassent mieux.

— Très-bien, cela va à ravir ; — voilà qui est presque fini. Il me semble que vous avez les cheveux à peu près de la couleur des siens.

— Les siens sont moins bruns.

— C'est égal, je puis toujours faire les cheveux.

— Voici les cheveux. — De quelle couleur a-t-il les yeux?

— Je ne sais trop, bleus ou verts.

— Ah diable! les vôtres sont noirs ; — mais qu'est-ce que cela fait!

— Ah !

— N'a-t-il pas les moustaches un peu longues?

— Oui.

— Ma foi, ceci doit être ressemblant.

— A qui?

— A lui.

— Comment, à lui! c'est moi qui ai posé.

— C'est moins étonnant que si on n'avait pas posé du tout. — Attendez-vous encore ?

— Oui, et vous?

— Moi, non ; mon portrait est fini. Obligez-moi de dire à M. Karr que je l'ai attendu.

— Il sera désolé.

— Un peu de feu, s'il vous plaît. — J'ai l'honneur de vous saluer.

— Monsieur, votre serviteur.

C'est ce qui a donné l'idée au libraire d'en faire faire un autre. Je ne vous dirai pas toutes les opinions diverses de mes amis au sujet de ce portrait de Giraud, — qui est un excellent dessin. — Les uns me disent :

« Tu n'es pas flatté. »

Les autres : — « Tu es bien plus laid que cela. »

— Ah! mon ami, vous étiez bien mieux ce jour où, sur la falaise d'Etretat, — assis près de moi sur la mousse...

— Je le crois bien, — madame, — mais je ne posais pas, ce jour-là, — et un portrait est toujours le portrait d'un homme qui pose.

M. Raspail a fait de belles choses ! — Sa lettre bizarre, dans laquelle il accuse M. Orfila d'avoir lui-même empoisonné sinon M. Lafarge, du moins son cadavre, demandait une réponse. — M. Orfila répond par un cours contre madame Lafarge. — Chaque jour, publiquement, — il fait bouillir des chiens, — les uns empoisonnés, les autres étranglés, et il se livre à de longues séries d'expériences servant de *preuve* à celles qu'il a faites à Tulle. Depuis un mois, plus de quinze cents chiens innocents ont été victimes de la discussion qui s'est élevée entre ces deux messieurs.

On m'écrit de Chartres pour me prier de détacher une *guêpe* sur la prison de la ville.

Voir le commencement du présent volume où il est expliqué que les pauvres *guêpes* sont *in partibus infidelium*.

Ce n'est pas seulement à Chartres qu'existe l'abus dont on se plaint, c'est-à-dire un accroissement de peine qui ne se trouve dans aucun code ni dans le texte d'aucun jugement. — Les prisonniers et même les prévenus sont privés de tabac à priser et à fumer. Cette privation est si pénible pour beaucoup d'entre eux, qu'ils prisent du poivre qu'on laisse entrer sans obstacle.

On dit avec raison que, sous le gouvernement des hommes, ce sont les femmes qui gouvernent : — et que, sous le pouvoir des femmes, on est gouverné par des hommes. — En effet, si le ministère du 15 avril représentait mademoiselle Plessis, du Théâtre-Français, — celui du 1er mars est le règne de madame Dosne et de mademoiselle Fitzjames de l'Opéra ; — avec le nouveau cabinet, mademoiselle Rachel rentre aux affaires.

Le métier de roi ne vaut plus rien : — le roi de Hollande a fait sa liquidation, — la royauté d'Espagne a fait faillite. — M. Mathieu de la Redorte, ambassadeur en Espagne, vient de donner au ministère la démission qu'il avait reçue des événements.

Le nouveau gouvernement espagnol a imaginé de tirer un parti avantageux des diverses croix, — ordres, — cordons, — toisons, etc., que le gouvernement de la reine Christine avait un peu prodigués. — On envoie à tous les dignitaires une petite note acquittée, — avec prière de la payer dans le plus bref délai, sous peine d'être dégradés.

Cette manière de distribuer des honneurs ressemble parfaitement à l'industrie des marchandes de bouquets du boulevard de Gand, qui jettent un bouquet dans votre voiture — ou le glissent dans votre gilet, et, à quelques pas de là, vont en demander le prix,

On a renoncé, — comme je l'ai fait remarquer plusieurs fois, — à appliquer la peine de mort aux malheureux que l'étourderie ou des folies de jeunesse ont poussé à empoisonner leurs parents.

Mais il est une chose qui devait échapper aux égards de la justice comme à la faveur royale, — une chose pour laquelle, loin d'abaisser la pénalité, on l'a encore aggravée.

Je veux parler de la mauvaise habitude qu'ont certaines personnes de secouer les tapis par les fenêtres ; j'ai déjà dit avec quelle sévérité et quelle sollicitude on poursuit ce genre de délit.

Il serait à désirer que les citoyens voulussent bien se confor-

mer aux ordonnances relatives à cette défense, et donner un peu
de loisir à l'administration, qui, depuis bien longtemps, n'a pu
s'occuper que des tapis, et semble négliger une foule de soins
importants.

🐝 M. Sébastiani a été nommé maréchal de France le
21 octobre, c'est-à-dire le jour anniversaire d'un jour où il se
laisse surprendre par les Cosaques et enlever cent voitures de
bagages et cent prisonniers, — le 21 octobre 1812.

Les jeunes journaux rendent la vie bien amère à leurs anciens sur lesquels ils ont l'avantage de n'avoir pas d'antécédents. — Ils fouillent dans leurs vieilles années et en exhument
des palinodies presque incroyables. Je ne connais rien de plus
complet en ce genre que deux numéros de la *Gazette de France,*
publiés le 20 et le 21 mars 1815, dans l'espace de vingt-quatre
heures.

GAZETTE DE FRANCE.
Lundi 20 *mars* 1815.

FRANCE.

M. le prince de la Trémouille est entré hier au soir, à huit heures et demie,
dans nos murs. Ce prince a été salué par
le *cri national de : Vive le roi !* devenu
le *cri de ralliement* pour tout ce qui
porte un cœur français.

On attend demain le duc de Bourbon.
La vue de ce prince nous rappellera
quel est l'homme qui voudrait envahir
l'héritage du *bon Henri,* et NOUS *serons
glorieux de marcher,* s'il le faut, sous
les ordres d'un descendant du grand
Condé.

— Les 16, 17 et 18, les troupes de toutes armes, destinées à *marcher contre
l'ennemi,* sont sorties.

Bonaparte, qui est parti d'Autun le 16,
continue à répandre sur sa route le
mensonge, la *corruption,* l'*appel au
parjure* et la calomnie.

Mais l'opinion le *repousse avec horreur :* la France ne voit en lui que la
guerre civile et la guerre étrangère,
qu'il traîne à sa suite ; *elle se rallie
tout entière* au seul nom de ce roi qui
lui a apporté la paix et la liberté. Elle
unit son amour aux respects de l'Europe pour son auguste monarque ! *elle
combattra, elle vaincra,* et pour elle et
pour lui.

GAZETTE DE FRANCE,
Mardi 21 *mars* 1815.

EMPIRE FRANÇAIS.

Aujourd'hui, entre huit et neuf heures
du matin, l'*empereur,* dont la marche a
été retardée par l'*affluence immense* du
peuple accouru de toutes parts sur sa
route, est descendu aux Tuileries. Il n'y
a pas d'*expressions* pour rendre l'*enthousiasme* et les *acclamations des citoyens de Paris rassemblés* dans les
Tuileries, sur le Carrousel et dans tous
les environs.

Le peuple a partagé tous les nobles
sentiments des soldats.

Napoléon a débarqué avec une poignée d'hommes, il est vrai ; mais à
chaque pas, il a trouvé des *amis fidèles*
et des *légions dévouées.* Il lui a suffi de
se présenter devant elles pour être à
l'instant même reconnu et salué comme
leur empereur et leur père, il lui a
suffi de se présenter devant le peuple
pour réveiller partout le *profond sentiment de la gloire nationale.*

Hier encore on nous disait que l'*empereur Napoléon* traînait à peine quelques hommes à sa suite ; que la déser-
tion régnait dans ses troupes, accablées
de fatigues et exposées à tous les besoins. *Il faut plaindre ceux* qui ont pu
recourir à un pareil système de décep-
tion.

Le temps n'est plus où des agitateurs pouvaient compter sur la facilité du peuple français pour le séduire, l'entraîner dans les plus affreux égaremens, et l'employer lui-même à opérer son propre malheur.

L'armée, toujours fidèle à l'honneur, à son prince, à la patrie, ne servira point l'ambition de ses plus cruels ennemis ! Elle *servira jusqu'à la mort* son souverain légitime.

Partout les légions et le peuple réunis lui ont ouvert les portes des villes ; offert leurs bras et leur courage. Oui, le mouvement qui vient d'éclater fait renaître les beaux jours où *l'armée et le peuple confondaient leur enthousiasme pour la liberté.*

Ceux qui ont voulu faire *marcher* nos soldats contre l'empereur ne connaissaient pas l'ascendant de la gloire sur les *cœurs français.*

Vous revoyez dans Napoléon celui qui, conduisant toujours nos phalanges à la victoire, éleva au plus haut degré la gloire des *armées* et du *nom français.*

🐜 M. BERLIOZ ET LE FESTIVAL. — Je ne crois pas que jamais un homme ait eu à subir autant de contre-temps que M. Berlioz ; — à son début, cependant, il fut soutenu par deux classes de gens : par de jeunes artistes qui voudraient voir détruire les règles pour n'avoir pas à les apprendre, — et par quelques journaux — ennemis de tout ce qui a forme ou figure de loi ; celles de l'harmonie comme celles du code ; comme celles du bon sens ; — comme celles du savoir-vivre ; — c'est ce qu'ils se plaisent à appeler leur indépendance.

Après des difficultés inouïes, surmontées avec courage, noblesse et persévérance, — M. Berlioz trouva MM. Léon de Wailly et Barbier, qui lui firent un opéra ; — cet opéra, écrit par des hommes d'un talent réel, — avait, même pour nous, qui n'aimons pas la musique de M. Berlioz, d'incontestables qualités.

On promena M. Berlioz de l'Opéra à l'Opéra-Comique ; on lui fit réduire sa pièce de trois actes en un, après quoi on la trouva trop courte. — On obtint de M. Armand Bertin, du *Journal des Débats*, qu'il consentirait à entendre quelques airs. M. *Armand Bertin*, gros homme assez commun, hocha la tête, — et M. Berlioz perdit tout espoir d'être jamais représenté.

Mais lors de *Quasimodo*, opéra de la fille du *Journal des Débats*, on eut un peu besoin de M. Berlioz, et on l'attacha au journal. De ce jour, toute sa destinée changea, tous les bonheurs lui tombèrent sur la tête comme des tuiles. — Un nouveau colla-

borateur, un des noms les plus illustres de la littérature, M. Alfred de Vigny, vint jeter encore quelques perles dans le poëme
(les *Ciseleurs*), et l'opéra fut joué.

Mais ce serait peu pour un protégé par le *Journal des Débats*.
— Il n'est pas jusqu'aux deuils publics qui ne soient pour
M. Berlioz un sujet de joie et une source de gloire. — Le duc
de Trévise est tué par la machine de Fieschi. — On demande
une messe à M. Berlioz; — on ne joue pas sa messe, on in-
demnise M. Berlioz.

— Sois tranquille, ô mon fils! disait le *Journal des Débats;*
— attends avec patience la première calamité, elle est à toi, je
te la donne d'avance.

Et M. Berlioz regardait mourir les illustrations, attendant
qu'il s'en trouvât une digne de sa messe.

— Faut-il entonner? disait-il à chaque mort.

— Pas encore.

Enfin le général Danrémont fut tué devant Constantine, —
et le *Journal des Débats* dit à M. Berlioz : « Prends ta harpe,
mon fils, et chante-nous un peu ta *messe*. »

M. Berlioz a chanté, — et il a été décoré; — puis on l'a
chargé de l'hymne de l'anniversaire des journées de Juillet. —
Il a plu à M. Berlioz de donner un *festival* dans la salle de
l'Opéra, et la salle de l'Opéra lui a été confiée; — il lui a plu
de conduire l'orchestre, — et Habeneck lui a cédé son bâton de
commandement.

Cependant ici a failli reparaître l'ancien guignon de
M. Berlioz : les musiciens de l'orchestre ont refusé de jouer sa
musique, et ont écrit au ministre de l'intérieur pour demander
à aller ce jour-là travailler aux fortifications de Paris. — Aux
répétitions, les cors se sont mis à jouer dans un autre ton que
le reste des instruments; — la trompette à clef, au lieu de
compter les *pauses*, a joué : *Au clair de la lune, mon ami Pier-
rot;* — les cordes des basses, coupées à moitié, ont éclaté au

milieu d'une mesure avec un horrible bruit ; — derrière les pupitres se sont fait entendre des cris de divers animaux avec des explications bouffonnes : — COCORICO, *le coq, armes de France;* — MIAOU, *la chatte amoureuse ;* — OUAP, OUAP, *le petit chien qu'on lui marche sur la patte,* etc., etc. — On se rappelait qu'à un concert donné, il y a quelques années, par M. Berlioz, au Théâtre-Italien, — les musiciens avaient été engagés jusqu'à minuit ; — au milieu d'un morceau, l'un d'eux tira sa montre, avertit ses camarades qu'il était minuit, et, sans achever la mesure, tous éteignirent leurs bougies, serrèrent leurs instruments, et quittèrent le théâtre.

Pour cette fois, cependant, les choses se sont arrangées et la représentation a passablement marché.

🐜 Pendant un entr'acte du *festival*, — M. Bergeron est entré dans une loge voisine de celle où était M. de Girardin avec sa femme, — l'a brusquement frappé au visage et a disparu en criant : « *C'est moi Bergeron !* » M. de Girardin s'est élancé à sa poursuite et a été, — je ne sais pourquoi, — retenu par ses amis. Quelques raisons qu'ait à donner M. Bergeron, il n'y en a aucune qui justifie un tel acte de violence en présence d'une femme.

Quelques personnes et quelques journaux ont approuvé l'action de M. Bergeron : — je dirai à mon tour que, si M. de Girardin avait en ce moment, d'un coup de pistolet, cassé la tête de M. Bergeron, — il aurait été fort difficile de le blâmer ; je suis sûr que M. Bergeron, lui-même, est de mon avis. — Seulement, je n'aime pas beaucoup l'intervention du parquet dans une semblable affaire.

🐜 Il y a un marchand d'objets de curiosité, — nommé Capet, — rue Notre-Dame-des-Victoires, 42 ; — c'est une des nombreuses souricières où je suis attiré quelquefois par mon amour des sculptures de bois. — C'est chez lui que Darmès a acheté sa carabine ; — en la marchandant, — il la retourna longtemps dans ses mains, — et dit : « Je ne sais pas trop ce que je ferai de cela. — Ah !... ça pourra toujours me servir pour tuer un bédouin. »

Je l'ai dit souvent, — les Parisiens, — si prompts à protester contre la tyrannie des rois, — subissent de la meilleure grâce celle des cochers de fiacre ; — d'autre part, les agents de l'autorité ne pensent qu'aux émeutes, complots, attentats, etc., et ne donnent aucun soin à la sûreté et aux droits des citoyens. — Le 6 novembre, — je prends à l'heure un petit fiacre à un cheval ; — pendant que je déjeune, je le prête à un ami pour faire une course ; — le cocher refuse de marcher ; — je le conduis chez un commissaire situé rue de *Grammont*, nº 9.

Le commissaire pérore ; — le cocher raconte des histoires. — Je fais observer à ces deux messieurs que c'est *à l'heure* que j'écoute leurs harangues. Le commissaire donne tort au cocher, — mais ne prend aucune note contre lui. — Le cocher est donc récompensé de sa mauvaise foi par une demi-heure que j'ai à lui payer en sus pour la course chez le commissaire, le séjour — et le retour.

Je le quitte, — je veux le payer au tarif ; — trente-cinq sous l'heure.

— Nullement, c'est quarante-cinq sous !

— Pourquoi ?

— Parce que j'ai un numéro rouge.

— Mais votre voiture est détestable, il y pleut par vos glaces brisées, — votre cheval ne marche pas.

— J'ai un numéro rouge.

Le commissaire m'écoute — et me dit :

— *Il a un numéro rouge.*

C'est fort agréable d'être conduit par un numéro rouge ; — mais c'est peut-être un peu cher de payer ce plaisir dix sous de plus par heure. — Je dénonce au préfet de police, et le cocher sous le numéro 773, et le commissaire sous le n° 9 de la rue de Grammont.

🐜 Nous avons perdu M. Éliçabide, — il avait formé un recours en grâce; mais il a été établi qu'il avait, avant son crime, secoué un tapis par la fenêtre : — la clémence royale a dû s'arrêter devant un semblable précédent.

🐜 Les journaux de M. Thiers, qui avaient, pendant que leur patron était aux affaires, fait précéder le nom du roi de S. M., — ont supprimé ces deux lettres depuis que le petit grand homme n'est plus ministre : cela apprendra au roi; — le voilà déchu de deux consonnes.

🐜 Le peuple crie à la fois pour la *guerre* — et contre les préparatifs de la guerre. — Je l'ai dit, c'est toujours du tapage, et rien de plus.

🐜 Le besoin de parler tient aujourd'hui une grande place dans toutes les affaires et dans tous les intérêts.

A Colmar, — dans un banquet, un M. Lagrange a voulu faire un discours. — Après qu'on l'a eu laissé patauger quelque temps, — on l'a prié de cesser et de ne pas interrompre plus longtemps le festin : « Messieurs, — a-t-il dit, — *j'ai payé six francs, j'ai le droit de parler.* » — Et il a parlé.

Les convives, — alors, — ont emporté, l'un un morceau de jambon, — l'autre les biscuits, — l'autre les poires, — et se sont retirés.

🐜 Un monsieur E. Bouchereau a fait contre moi une brochure remplie de grotesques injures; — un de mes amis, qui s'était chargé de m'amener M. Bouchereau, n'a pu réussir à le trouver jusqu'ici; il se livre à de nouvelles recherches.

La chose est en vers.

J'ai tenu toujours mes lecteurs au courant des différentes découvertes faites à mon sujet par d'honnêtes anonymes; — on a découvert tour à tour que j'étais vendu au roi Louis-Philippe, — puis à M. Thiers, puis, — que j'étais un mouchard. — Selon

M. Bouchereau, — tous ces gens-là se sont trompés ; — la vérité est que je suis vendu à M. Bert..., — probablement Bertin,
le directeur du *Journal des Débats*.

Voici quelques-uns des vers de M. Bouchereau.

Voici d'abord son opinion sur mes romans :

> L'artiste impartial voulut le parcourir ;
> Mais son chef devint lourd, puisqu'il semblait être ivre.
> Bref, dégoûts et dédains lui fermèrent un livre
>   Qui le faisait dormir.

Opinion du même M. E. Bouchereau sur les *Guêpes :*

> Oui, tel est *cet auteur ;* il veut piquer les gens,
> Mais il renverse tout. Il fait les *guêpes biches ;*
> Il connaît leur instinct, il les met en bourriches,
>   En dépit du bon sens.

Opinion du même M. Bouchereau — sur ma fortune et ma
moralité :

> Mais il n'a pas d'argent ! Comment s'en procurer ?
> Bah ! il en trouvera, c'est chose assez facile,
> Dût-il vendre sa plume au premier imbécile
>   Qui voudra l'acheter.
> —Ce moyen est honteux ! — Lecteur qui dis cela,
> Connais donc bien l'auteur : pour un doigt de champagne
> Il fera de son mieux l'histoire de l'Espagne,
>   Puis apostasiera.
> Il marchait en avant, on vint à sa rencontre ;
> Il sait qu'on le recherche, à Bert.. il se montre ;
>   Bert.. veut l'acheter.

Me voici auteur d'une histoire d'Espagne, — apostat, —
ivrogne, — et devenu la chose de M. Bert... — Ceci est complet, — on me connaît maintenant.

Puis, ce bon M. Bouchereau croit devoir s'excuser de ne m'avoir pas dévoilé plus tôt; — mais son excuse est dans un bon sentiment, — j'étais pauvre.

> Il savait que jadis la dure pauvreté
> Avait marqué sur lui ses pratiques austères;
> Il savait qu'avant lui tels existaient ses pères;
> Il n'a rien raconté.

Lui, — c'est moi ; —*il*, c'est *M. E. Bouchereau*.

> Il savait tout cela; mais devant le malheur
> Il se tut, et songeant qu'un roman, dans sa vie,
> Amènerait l'aisance, il devint son Messie
> Et ne fut pas censeur.

Excellent M. Bouchereau ! il m'a permis de faire un roman. — Il paraît même qu'il a à se reprocher d'en avoir dit du bien ; — Dieu vous le rende, monsieur E. Bouchereau !

> Mais aujourd'hui l'aisance a chassé le besoin.

Aujourd'hui que je suis vendu à tout le monde, au roi, — à M. Thiers, — à M. Bert...; — aujourd'hui l'indulgence de M. E. Bouchercau est à bout, — et il me fait connaître. — Aussi, c'est ma faute : pourquoi ne me suis-je pas contenté d'avoir fait un roman ? — j'avais bien besoin d'en faire d'autres; — et puis ces maudits petits livres !

> En parcourant ces vers, bien haut Karr va crier :
> L'auteur est un méchant, sa brochure est inique.

Ah ! cette fois, monsieur E. Bouchereau, — vous qui me connaissez si bien, vous à qui je ne peux rien cacher, — perspicace monsieur E. Bouchereau, — cette fois vous vous trompez, — je ne dis pas un mot de cela; — je vous trouve beaucoup plus bête que méchant, — et votre brochure me paraît assez drôle.

Cependant, mon bon monsieur Bouchereau, — comme à la rigueur on peut être un imbécile et ne pas être un lâche, — je vous prierai, si vous n'y voyez pas d'inconvénieut, de me faire parvenir l'adresse de vos oreilles.

Il y a de bonnes gens qui crient à tue-tête : « Moi, je ne me vendrais pas à l'or du pouvoir ! » — des gens qui, — aussitôt qu'on ne partage pas les idées saugrenues qu'ils prennent je ne sais où, — vous déclarent corrompu et vendu.

Je pense que ces gens ont besoin de beaucoup de vertu et de désintéressement pour conserver ainsi leur indépendance, — et que le gouvernement est sans cesse à leur porte pour les supplier d'accepter cinquante mille livres de rente, — une voiture à panneaux œil de corbeau — et des cheveaux alezan brûlé.

Pour moi, j'avouerai humblement que je ne puis me rendre compte à moi-même de la brutalité de ma vertu à cet endroit, attendu qu'elle n'a jamais été attaquée jusqu'ici.

Mais, — mes braves gens, — je veux bien vous avouer toutes choses : je suis subventionné, il est vrai, — je le nierais en vain ; — cela d'ailleurs est facile à voir, — je n'ai pas de chevaux, mais j'ai des pigeons blancs ; j'avais un paletot neuf il n'y a pas plus de trois mois. — Après cet aveu, je n'hésite pas à vous dénoncer mes corrupteurs : — tenez, en voici un qui passe, — c'est un étudiant avec un habit noir blanchi aux coudes et aux coutures ; il monte ses cinq étages — en fumant son cigare ; — il vient d'acheter un de mes petits volumes.

Eh ! bon Dieu, en voici un autre : — celui-là c'est une femme : la voyez-vous à la fenêtre de sa mansarde, — ses cheveux blonds se mêlent au feuillage bruni des cobéas, — elle lit un de mes romans.

Mais j'en rencontre partout de ces corrupteurs qui me subventionnent : — j'en ai dans les salons et dans les ateliers. — Il y a quelque temps, — comme je courais les bois avec un de mes amis, nous avons trouvé un volume des *Guêpes* chez un garde-chasse, — dans une hutte au milieu d'une forêt. — Ce brave homme me fait un revenu de trois francs par an.

Mais si cela ne me suffisait pas, monsieur E. Bouchereau, — qui m'empêcherait d'ajouter quelques pages d'annonces à mes petits livres, comme font les journaux et les revues ? — qui m'empêcherait de me faire, par ce moyen, un revenu de cinq à six mille francs ? — personne et rien au monde, — sinon que je suis un poëte et ne suis pas un homme d'argent.

En lisant la brochure de ce monsieur, je me suis rappelé l'époque de ma vie à laquelle il faisait allusion.

Moi pauvre ! je n'ai jamais été si heureux, je n'ai jamais été si riche qu'à cette époque où je dînais souvent avec un morceau de pain et un verre d'eau. — Moi pauvre ! mais il y avait des jours, — seulement quand j'avais vu s'entr'ouvrir le rideau d'une certaine fenêtre, où j'évitais de toucher les passants du coude dans la crainte de les briser. — Moi pauvre ! j'ouvre des notes que j'écrivais tous les soirs, — et voici ce que j'y trouve. — Voyez si j'étais pauvre et si j'étais malheureux :

Août 182.....

Je me suis levé de bonne heure. Le soleil se levait dans de tièdes vapeurs ; ses rayons obliques scintillaient à travers les haies comme des paillettes d'or, et il semblait que le soleil me disait : « Je te salue, Alphonse ; c'est pour toi que je purifie l'air que tu vas respirer ; c'est pour toi, ce matin, que je couvre de pierreries les pointes vertes de l'herbe ; je te salue, tu aimes, tu es le roi du monde. »

Une fauvette à tête noire sur un châtaignier chanta et dit :

« Je te salue, Alphonse ; c'est pour toi, aujourd'hui, que sont nos concerts ; c'est une grande fête que le premier sentiment d'amour qui se glisse au cœur ; je te salue, tu aimes, tu es le roi du monde. »

Une campanule dans l'herbe : « Je te salue, Alphonse ; c'est pour toi que j'ouvre, ce matin, mes corolles de saphir, c'est pour réjouir tes yeux que les pâquerettes étoilent la prairie de leur petit disque d'or et de leurs rayons d'argent. Tu aimes, tu es le roi du monde. »

La clématite : « Je te salue, Alphonse ; c'est pour toi que j'embaume l'air de mes parfums pénétrants, c'est vers toi que je tourne mes petits encensoirs d'argent. Tu aimes, tu es le roi du monde. »

Le châtaignier : « Je te salue, Alphonse ; j'étends sur toi mes larges éventails verts ; il y a cent ans qu'on m'a planté, cent ans que je résiste aux vents pour t'abriter aujourd'hui contre les âpres baisers du soleil. Tu aimes, tu es le roi du monde. »

Le vent dans les feuilles : « Je te salue, Alphonse ; c'est pour toi aujourd'hui que seront mes plus suaves et plus mystérieuses harmonies, pour toi qui seul les comprendras. Pour les autres, je ferai crier aigrement une girouette, mais, pour toi, je te dirai les plus doux secrets de l'amour, et j'enlèverai la poussière du chemin par où tu dois aller la voir, je t'apporterai l'air qu'elle chante en pensant à toi. Tu aimes, tu es le roi du monde. »

🐝 On demande l'adresse des oreilles de M. E. Bouchereau.

Décembre 1840.

Rançon et retour des *Guêpes*. — Le cheval Ibrahim. — Un mot de M. Vivien. — Mot de M. Pelet (de la Lozère). — M. Griel. — M. Dosne considéré comme péripatéticien. — La mare d'Auteuil. — Comment se fait le discours du roi. — Un mot de M. Énouf. — Les échecs. — Un mot de M. Lherbette. — M. Barrot. — M. Guizot. — M. de Rémusat. — M. Jaubert. — Les vaudevilles de M. Duvergier de Hauranne. — Deux lanternes. — Le roi et M. de Cormenin. — Naissance du duc de Chartres. — M. de Chateaubriand. — La reine Christine. — Le général d'Houdetot. — Bureau de l'esprit public. — M. Malacq et mademoiselle Rachel. — M Lerminier et M. Villemain. — Une guêpe de la Malouine. — M. A. Dumas. — Forts non détachés. — Mot de M. Barrot revendiqué par les *Guêpes*. — M. Cochelet. — M. Drovetti. — M. Marochetti. — Une messe d'occasion. — *Obolum Belisario*. — MM. Hugo, — de Saint-Aulaire, — Berryer, — Casimir Bonjour. — M. Legrand (de l'Oise). — M. Jourdan. — Un logogriphe de M. Delessert. — Dénonciation contre les conservateurs du musée. — M. Ganneron mécontent. — M. E. Sue et monseigneur Affre. — Les fourreurs de Paris et les marchands de rubans de Saint-Étienne. — M. Bouchereau paraît. — Les inondations. — Le maire de Saint-Christophe.

DÉCEMBRE. — D'après le jugement dont je vous ai parlé, — on allait vendre le *titre* des *Guêpes* aux enchères publiques. — Mes pauvres guêpes, qu'allaient-elles devenir? — Qu'en aurait-on fait? — Elles, si libres, si indépendantes, — à quel parti, à quel valet de parti allaient-elles appartenir? — Au service de quelle sottise allaient-elles se mettre? — Au profit de quelle friponnerie allaient-elles combattre?

Je me suis ému, — et, pour leur rançon, j'ai donné tout mon argent.

J'ai racheté ce titre que j'avais créé, qui m'appartenait selon l'équité, — mais non selon la justice.

Revenez donc à moi, — Astarté, — Grimalkin, — Moloch, — j'ai pour vous recevoir de beaux camélias — et des tussilages, des héliotropes d'hiver parfumés. Revenez, mes pauvres

prisonnières ; revenez, mes enfants, mon escadron ailé, mon be-
escadron d'or, — revenez à moi.

Nous allons recommencer notre guerre contre l'avidité et
contre la sottise. En avant!

J'ai raconté dans les *Guêpes* — comment M. Thiers avait acquis de M. Leroy — un petit cheval que M. Leroy prête d'ordinaire à un enfant que l'on appelle familièrement *Tata*. — Les
journaux se sont emparés des faits, et, au lieu de dire le cheval
de *Tata*, ont dit le cheval *Tata*. — Le cheval s'appelle *Ibrahim*.
— Depuis que M. Thiers a été *mis à pieds*, il paraît qu'il a rendu
Ibrahim à M. Ernest Leroy, — que j'ai aperçu dessus l'autre
jour. Ibrahim a beaucoup gagné depuis qu'il n'est plus aux affaires.

🐜 M. Vivien a dit spirituellement, en quittant l'hôtel du
ministère pour retourner chez lui : « C'est égal, j'aurai toujours
appris ce qu'il faut se donner de peine pour être un mauvais
ministre. »

Pendant que M. *Pelet de la Lozère* était ministre des finances,
— il faisait le relevé de ses comptes avec M. *Griel*, — et il était
très-mécontent de certaines énormités. — M. Griel lui dit :
« Mais c'est M. le président du conseil qui les a ordonnées *pour*
l'Etat.

— On voit bien, dit M. Pelet, que M. le président n'y met
pas du sien. »

🐜 Docile à nos conseils, M. Dosne, que M. L..., un de
ses collègues à la Banque, appelle le beau-père du gouvernement, est venu immédiatement jouer la hausse à la Bourse sur
la démission de son gendre.

Ce grand philosophe continue ses promenades au passage des
Panoramas, de une heure à quatre heures; une demi-heure
avant l'ouverture des cours et une demi-heure après.

On s'obstine à demander ce qu'est devenue la fameuse enquête sur les affaires de la Bourse.

🐝 A un journaliste très-spirituel—on demandait s'il pensait réellement ce qu'il avait dit au sujet d'une pièce de théâtre. « Le public, — répondit-il, — a besoin qu'on lui donne *une* opinion ; — on me donne, à moi, cinq cents francs par mois pour donner une opinion sur les pièces nouvelles. — J'en donne *une*, mais ce n'est pas la mienne ; — la mienne, ce serait plus cher. »

🐝 Sous prétexte de guerre possible avec l'*étranger*, — on en fait une certaine et acharnée à nos propriétés et à nos plaisirs. — Le bois de Boulogne est saccagé ; — cet endroit délicieux qu'on appelle la mare d'Auteuil est livré aux ouvriers du génie. — On a abattu les plus beaux arbres et on entasse des moellons.

🐝 Il est bon, pour édifier nos lecteurs sur la majesté de la royauté constitutionnelle, de bien leur dire ce que c'est que le discours du roi, —que l'on appelle, dans l'argot de ce temps-ci, discours du Trône, — ou discours de la Couronne.

Ce discours est fait par les ministres—*constitutionnellement*, le roi ne doit prendre aucune part à sa rédaction ; — il l'apprend par cœur et le lit à la Chambre à peu près comme un enfant récite une fable. Dans le plus grand nombre de cas, on peut, il est vrai, supposer que le roi, qui choisit ses ministres, — n'a à répéter que l'expression de sa propre pensée ; — cependant la majorité peut forcer le choix du roi, et il lui faut alors dire des choses dont il ne pense pas un mot, et dont il pense précisément le contraire.

Le discours du roi a été fait par les ministres, dont deux sont membres de l'Académie française. — Il est impossible de rien voir de plus plat, de plus nul, — de plus mal écrit — que ce discours.

Si ce n'est pourtant l'*adresse* en réponse au discours, qui est encore bien plus plate, bien plus nulle et bien plus mal écrite. — Il y avait dans la rédaction de l'adresse trois académiciens.

Dans la nomination de la commission de l'adresse, on a re-

marqué que M. de Lamartine a obtenu une voix ; M. de Salvandy, trois ; M. Dupin, six. — C'est-à-dire que le nombre des
suffrages est en raison inverse du talent littéraire de chacun des
concurrents.

D'ordinaire les sots importants et les sottises sérieuses ont
soin de se bien habiller, sachant bien que c'est le seul mérite
qu'il leur soit permis d'atteindre. — Je n'ai jamais vu de
sottises plus mal vêtues que celles du discours et celles de
l'adresse.

Il y a des gens qui ont un procédé facile pour paraître
bien informés, c'est la contradiction ; ces gens-là ont dit que
l'adresse si hautement revendiquée par Me Dupin avait été faite
par le roi, qui se vengeait de ne pouvoir parler lui-même — en
se donnant le plaisir de se répondre. — On a été jusqu'à préciser le nombre des couverts de vermeil qui auraient été donnés
par le roi à Me Dupin — pour récompenser sa complaisance. —
Ces bruits, qui n'ont aucun fondement, n'en ont pas moins pour
cela trouvé de l'écho. Me Dupin, dans son adresse, donne au roi
plusieurs conseils fort utiles, tels que de *s'entourer de conseil-
lers fidèles et éclairés*. — Cela me rappelle ce conseiller municipal qui pendant une longue sécheresse — interrompit une délibération — demanda la parole et dit : « Il serait bien à désirer
qu'il vînt de la pluie. » — Après quoi il conseille à Louis-Philippe de se fier à *son étoile*, c'est-à-dire de s'en rapporter à la
Providence, qui est le nom chrétien, le nom de baptême du hasard. — Ce qui n'a pas paru d'une politique bien transcendante.

Pendant que je parle de Me Dupin, il me revient sur
lui que, tandis qu'il était président de la Chambre des députés,
il eut l'idée *bien naturelle* de faire augmenter les appointements
de la présidence. — Ces appointements se payaient par mois ;
or la cession ne dure pas toute l'année. — C'est pourquoi
Me Dupin demanda à être payé par an ; il n'osa pas assister à la
séance de la Chambre où cette augmentation fut votée ; un de

ses amis alla aussitôt lui apprendre le résultat de la délibération.
« Réjouissez-vous, lui dit-il, l'augmentation est votée.

— Mais, — dit l'avocat, — mais comment cela est-il formulé ?

— De la façon la plus simple du monde, *le traitement du président de la Chambre.*

— Comment, le traitement !

— Certainement, le traitement.

— Je suis perdu.

— Vous m'effrayez, que voulez-vous dire ?

— Que je ne puis cumuler mon traitement de président de la Chambre des députés avec mon traitement de procureur général. — Il faudra opter. »

Cependant M. Dupin, après quelques instants d'abattement, se rassura, — sortit, — courut, fit des visites et obtint que dans le rapport de la séance on substituât le mot *indemnité* au mot traitement, — ce qui lui permit de garder le tout.

Comme on plaisantait Mᵉ Dupin sur *l'étoile du roi*, — il répondit : « Vous ririez bien plus si j'avais parlé de *sa fortune*. »

Je n'aurai plus à parler de Mᵉ Dupin, — grâce à Dieu, c'en est fait de lui, — il est tout à fait effacé de la scène politique, — c'est aujourd'hui un homme tellement et si bas tombé, — qu'on ne peut plus même l'attaquer. Mᵉ Dupin a été un des fléaux de ce temps-ci.

Il était le représentant de la médiocrité jalouse et taquine, et envieuse de toute supériorité, le chef des avocats — bavards, importants, cauteleux et vulgaires ; insolent envers la royauté à la Chambre de une heure à cinq, pour conserver sa popularité, il allait s'excuser le soir, aux Tuileries, pour conserver ses places.

L'étoile de Mᵉ Dupin a filé.

Sous prétexte de l'adresse, on parle sans discontinuer depuis cinq jours, à la Chambre. On se querelle, on se dispute ; — on s'injurie, on s'interrompt. — J'avouerai qu'il me semble quelquefois pénible d'être représenté par des gens aussi mal élevés que le sont beaucoup d'entre MM. les députés. — Dans un des moments de la plus grande agitation, — M. Enouf, scandalisé, s'est écrié dans un groupe : « Messieurs, une idée ! si nous ne parlions que quatre à la fois ? »

Tout ce débat est misérable, et je ne comprends pas comment on peut encore prendre au sérieux les discours de MM. les ministres et de ceux qui aspirent à les remplacer.

Il y a, il paraît, en France plusieurs millions de bonnes gens qui, dans leur encourageante crédulité, se disent :

« Tiens, M. Thiers dit que ce qu'il a fait c'était pour l'*honneur du pays* ; — il paraît que c'était pour l'honneur du pays.

« Oh ! oui, — mais M. Villemain répond que *M. Thiers a gâté la fortune de la France. — Il paraît* que la fortune de la France a été gâtée par M. *Thiers.* »

Ne voyez-vous donc pas encore, mes bonnes gens, que ceci n'est qu'une partie d'échecs que jouent ces messieurs ; — que chacune des phrases qu'ils jettent de la tribune n'est qu'un *pion* qu'ils avancent ; — qu'une phrase plus ronflante est un *cavalier* ou une *tour ;* — que ces phrases-là sont toutes faites, comme les pièces de l'échiquier sont toutes tournées, — et que les phrases, comme les pions, se serrent et se prennent dans une boîte ? — M. Thiers, aujourd'hui, a les *noirs*, — M. Guizot a les *blancs*.

Que demain M. Thiers revienne aux affaires en renversant M. Guizot, — vous verrez M. Guizot prendre à son tour les noirs et jouer la partie que joue aujourd'hui M. Thiers, lequel prendra les blancs et jouera la partie de M. Guizot.

Ne voyez-vous pas encore que, quel que soit le gagnant, c'est vous qui payez, — et que toutes ces parties se jouent — comme Gatayes jouait tantôt avec mon frère dans mon jardin ? — c'était une partie de boules dont l'enjeu était un verre de mon rhum contre un verre de mon kirsch.

Mais il vous plaît de vous intéresser à cela. — Vous me semblez des gens qui se croiraient purgés si on leur disait de belles
choses sur l'émétique.

Pour faire de grandes phrases ou du pathos, — M. Thiers,
qui n'est plus aux affaires, a un grand avantage sur M. Guizot,
qui est forcé d'appliquer les théories qu'il émet.—M. Thiers, qui
voudrait absolument tomber à la tête de quelque chose, se livre
à la gauche de telle façon, que M. *Lherbette*, qui siége dans
cette partie de la Chambre, a dit: « Sous le ministère du 12 mai,
— M. Thiers a fait un discours qu'on a appelé discours-mi-
nistre; — voilà, cette fois, un discours-dictateur. »

Pour moi, quand je lis, le soir ou le matin, dans les
grands journaux, ces grands discours, — ces phrases empou-
lées, — *verba sesquipedalia*, — entremêlées de parenthèses
(Mouvement.)

(Impression profonde.)

(Marques d'assentiment.)

(Bravo !)

(Murmures d'indignation.)

Etc., etc., etc.,

Je ne me sens pas, à beaucoup près, aussi impressionnable
que messieurs les honorables, et je me vois forcé d'attribuer
une immense puissance au débit, à la voix et aux gestes des
orateurs.

Et tous ces discours qui ont produit tant d'effet à la Chambre, me semblent alors « les carcasses d'un feu d'artifice tiré,
avec ses fusées vides et ses bombes crevées. »

Le parti de M. Thiers a des déserteurs qu'il serait trop
long de compter. Il y a, à la Chambre, comme partout, un très-
grand nombre de gens fermes et immuables dans leurs convictions, que rien ne peut ébranler, et qui sont invariablement
dévoués au *pouvoir actuel*. — Fermes appuis de M. Thiers,
qu'ils étaient récemment, ils donnent aujourd'hui leur concours

à M. *Guizot*, et sont prêts à le donner à M. *Barrot*, — s'il devient, un de ces jours, *pouvoir actuel* à son tour.

Le parti doctrinaire, dont M. *Guizot* a été si longtemps le chef, a perdu MM. *Duvergier de Hauranne* — *de Rémusat*, — *Jaubert*, — et *Piscatory*, qui ont passé à l'admiration de M. Thiers.

La position parlementaire perdue, il faut la refaire par la presse. De ces quatre messieurs, deux savent écrire ; — ils ont été incorporés au *Siècle* sous M. le lieutenant général Chambolle.

M. Duvergier de Hauranne va rarranger, pour le théâtre de la Renaissance, quelques-uns des vaudevilles de sa jeunesse, si injustement sifflés sous leurs anciens titres de *Une visite à Gretna-Green*, — et *l'Amant comme il y en a peu*.

Il est fâcheux pour ces messieurs que ce ne soit pas au moment de l'avénement de M. Guizot qu'ils se soient séparés de lui : — leur scission aurait eu un éclat de désintéressement en faveur de M. Thiers, qu'elle n'a pas eu au moment où il est rentré aux affaires.

Le ministère du 1er mars avait cet avantage sur S. M. Louis-Philippe, que tous les soirs deux étoiles s'allumaient pour lui. Ces deux étoiles étaient deux lanternes qui servaient d'enseigne aux deux journaux du soir, le *Messager* et le *Moniteur parisien*. — Ces journaux, tous deux honorés des communications officielles, — disaient absolument la même chose; aussi, tandis qu'on se demandait : « A quoi servent donc au ministère deux journaux du soir? » chacun des deux journaux se demandait à quoi servait l'autre. — Le ministère Soult-Guizot a pris le parti de supprimer à l'un des deux et son appui et ses communications et surtout sa subvention. On a longtemps hésité entre M. Brindeau et M. Beaudoin, — rédacteur en chef de ces deux feuilles sans rédaction. — M. Brindeau, il est vrai, a pris dans le fameux procès Gisquet une position d'homme vertueux qui rend son concours d'un excellent effet pour un gouvernement; — mais M. Beaudoin a retrouvé en 1830 — des drapeaux tricolores qu'il avait cachés dans sa cave. M. Brindeau est plus homme du monde, — M. Beaudoin est plus homme d'affaires. — M. Beaudoin a la croix d'honneur, M. Brindeau porte des transparents rouges.

Après de longues délibérations, on a soufflé la lanterne de M. Beaudoin.

On lit dans le journal l'*Abbevillois* :

« L'observation faite par l'auteur des *Guêpes*, que le plus sûr moyen d'empêcher la fraude dans la vente du pain était d'en taxer les diverses qualités au kilogramme, a porté ses fruits : M. le préfet de police de Paris vient de prendre un arrêté qui prescrit la taxe et la vente du pain au poids. »

Mais voici qu'aujourd'hui on me fait remarquer que, depuis cette ordonnance, — les boulangers vendent du pain qui n'est pas cuit.

On assure que sous beaucoup de rapports le roi est très-ignorant de ce qui se passe, — et qu'on lui fait croire de singulières choses, — entre autres, que les écrits de M. de Cormenin sur la liste civile ont excité contre le vicomte de lettres une telle indignation, que le peuple lui jette des pierres dans la rue.

Quelques jours après l'attentat de Darmès, comme on prononçait devant le roi le nom de M. de Cormenin :

« Ce pauvre M. de Cormenin, dit Sa Majesté, il paraît qu'il est comme moi, qu'il ne peut plus sortir. — Il fait un temps affreux; eh bien! je ne puis m'empêcher de porter envie à ceux qui se crottent tranquillement dans les rues. »

Le jour où le canon a annoncé que la duchesse d'Orléans venait d'accoucher, — quelqu'un a dit : « Voyez les Parisiens, comme ils sont contents! — C'est un prince de plus... à outrager... à chasser. »

En effet, dès le lendemain, certains journaux attaquaient déjà
le duc de Chartres sur ses manières... de naître. — Il n'avait
encore fait que cela.

Un libraire a profité de ce que M. de Chateaubriand avait
donné de l'eau du Jourdain pour le baptême du duc de
Chartres — pour annoncer les œuvres complètes de l'auteur de
René.

La reine d'Espagne, Christine, est à Paris, — où le
roi Louis-Philippe l'a parfaitement reçue ; — c'est une belle
personne, — un peu trop grosse, mais ses yeux ont une remarquable intelligence. — Ses adieux aux Espagnols, qui ont été
publiés par les journaux, sont d'une grande éloquence. — Elle
voulait aller en Italie — et le général d'Houdetot a eu quelque
peine à la décider à venir à Paris. — Il est vrai de dire qu'en
fait de gouvernement constitutionnel, — pour se servir d'une
expression populaire : — *elle sortait d'en prendre.*

Il y a au ministère de l'intérieur un bureau qui s'appelle bureau de l'esprit public. — C'est de ce bureau que partent des instructions, des discours et des articles tout faits pour
les journaux de Paris et de la province et pour messieurs les
préfets des départements.

Ce bureau, depuis l'avénement de M. Duchâtel, n'est pas encore organisé. — M. Duchâtel a fait prévenir par le télégraphe
M. Malacq, qui était en province, qu'il eût à revenir promptement prendre la direction de l'*esprit public*, dont mademoiselle
Rachel avait fait l'intérim.

D'un autre côté, M. Villemain, qui, par respect pour la hié-
rarchie, ne veut pas influencer le choix de M. Duchâtel, a cependant promis au maréchal Soult de surveiller un peu l'orthographe des défenseurs du ministère. Il a proposé un grand
cabinet où l'on ferait de la polémique d'avance à l'usage des départements. — Ce cabinet serait mis sous la direction de M. Lerminier, — ce jeune savant qui, placé dans sa chaire par la vo-

lonté d'un ministre, n'en est sorti que par la force des pommes cuites et autres.

Ce choix étonne d'autant plus certaines personnes, que M. Villemain est un homme d'esprit, qui sait dans l'occasion sacrifier aux grâces comme aux muses.

Une guêpe, qui était partie dans les vergues de la *Malouine*, revient après un long voyage et me dit : « Quel charmant talent que celui de ton ami Dumas ! — quelle verve entraînante ! — Mais pourquoi parle-t-il quelquefois de choses qu'il ne connaît pas ? — Ainsi, vois par exemple le *Capitaine Paul*, 1er volume :

Hauteur et finesse des mâtereaux. (Page 20.)

Qu'est-ce que des mâtereaux ? ce sont les pièces de bois avec lesquelles on fait les mâts légers ; mais appeler mâtereaux des mâts, c'est comme si on appelait une corde un *chanvre*.

(Page 24.) *Une barque conduite par six rameurs ;* le mot barque est inintelligible pour un marin quand il s'agit d'un canot, d'une embarcation. — Le mot *rameur* s'employait lors du bon temps des galères ; mais, depuis, on dit *canotiers, avirons, nager,* au lieu de *ramours, rames* et *ramer.*

(Page 79.) *Le matelot placé en observation,* ou plutôt, comme on le dit toujours, le *matelot de vigie,* ne crie : *Une voile !* que dans les navires de Robinson Crusoé ; à bord des autres bâtiments, il crie : *Navire !*

(Page 88.) *Le navire en mer était un peu plus fort que la frégate* l'Indienne, *et portait trente-six canons ;* comme dans la page 103 il est dit que c'était un *brick,* il en résulte que le brick était d'abord de trente-six canons, ce qui ne s'est jamais vu et ne se voit pas encore, attendu que les plus grands bricks sont de vingt pièces, et qu'ensuite ledit brick était plus grand qu'une frégate, ce qui se voit encore moins.

(Page 99.) Toute la *voilière* du grand mât endommagée. Qu'est-ce que la *voilière ?*

(Page 102.) *Le grand mât du drake tombe comme un arbre déraciné.*

Alors, comment l'*Indienne*, abordant ledit drake par la hanche de bâbord, — c'est-à-dire sur l'arrière du grand mât, peut-elle engager ses vergues dans les vergues du brick de trente-six canons, son ennemi, dont le grand mât n'est plus debout?

Et la guêpe s'envola, — en faisant avec ses ailes un petit bruit d'*et cœtera.*

A chaque instant, on apprend quelque nouvelle évasion des bagnes. — Depuis peu de temps, neuf forçats ont quitté *clandestinement* le bagne de Rochefort. — Joignez à cela les circonstances atténuantes qui envoient aux bagnes des gens qui méritent mieux que cela, et vous ne pourrez voir sans inquiétude rentrer dans la *société* des gaillards qui ne sont pas destinés à en faire l'ornement.

A la chute du ministère du 1er mars, — il était à présumer qu'on suspendrait les travaux des *forts détachés.* En effet, c'était en vue de la guerre que l'on fortifiait Paris, et le nouveau ministère détruisait les chances de guerre. — Cependant, on a continué à travailler et surtout à faire des marchés, dont quelques-uns sont au moins singuliers.

Ainsi, les travaux de Noisy, sous prétexte de *soumission au rabais,* ont été adjugés à M. Benoît, moyennant une *augmentation* de vingt-deux pour cent sur le devis.

Tandis qu'à Charenton M. Lebrun les a eus à sept francs trente-trois centimes de rabais, ce qui fait que le mètre de maçonnerie qui coûte vingt francs à Charenton coûte vingt-six francs à Noisy.

Pendant la lecture de l'adresse à la Chambre des députés — *une voix* a bien voulu emprunter quelques mots aux *Guêpes* — au moment où le président est arrivé à cette phrase : « *Si notre territoire est menacé.* » M. Barrot s'est écrié : « *Oui, quand on sera à Strasbourg.* »

🐜 Attendu que, sous le *ministère parlementaire*, on a tout fait sans le concours des Chambres — et qu'il ne leur reste plus qu'à approuver des mesures et des dépenses qu'on a eu soin de trop avancer pour qu'on puisse revenir dessus aujourd'hui, — il était à craindre que nos honorables représentants ne fussent embarrassés pour occuper la session.

Mais un député a fait une découverte qui doit nous rassurer à ce sujet.

Depuis longtemps on sentait un embarras financier sans en pouvoir apprécier et définir les causes. L'opposition se plaignait d'un scandaleux gaspillage des deniers publics. — Les ministères qui se succédaient gémissaient de l'insuffisance du budget. — On n'avait d'argent ni pour exécuter de grands travaux, ni pour fonder des entreprises utiles. — Les plus forts économistes de la Chambre y perdaient leur latin.

Mais M. Chapuys de Montlaville a mis le doigt sur la blessure. — Il a découvert qu'il y a quelque part, dans un village des Basses-Pyrénées, un greffier de justice de paix qui grève indûment le budget de cent francs par an.

Ce fait va être dénoncé à la Chambre, et tout porte à croire qu'on fera justice de la rapacité du greffier. Par suite de quoi tout ira le mieux du monde.

🐜 A une des dernières séances de la Chambre des députés — quelqu'un disait ce que *Scaliger* disait des Basques, dont le patois l'étonnait un peu : « *On assure qu'ils s'entendent entre eux, mais je n'en crois rien.* »

🐜 Plusieurs journaux et plusieurs personnes de la cour ont cru imaginer une flatterie gracieuse — en rappelant, à propos du voyage que la reine d'Espagne a fait à Fontainebleau, — le séjour qu'y a fait autrefois une autre reine et une autre Christine, — qui y fit assassiner son amant, Monadelschi, — et qui, bien plus encore, — parlait latin, était fort laide — et s'habillait presque *en hussard*.

M. Thiers et le gouvernement avaient les idées les plus fausses sur la situation de l'Égypte et sur la puissance du pacha.
— M. Cochelet était là et n'y voyait rien. M. Drovetti, qui n'a jamais eu une position officielle, était mieux éclairé. — Ainsi, un jour, à Auteuil, tandis que M. Thiers se livrait à des développements de théories singulières à propos de l'Égypte, M. Marochetti, le sculpteur, qui est très-familier dans la maison et qui a été renseigné par M. Drovetti, disait à demi-voix à une autre personne : « Mon Dieu, comme on le trompe ! »

Pour les fêtes des *Cendres de l'Empereur*, — on annonce que l'on chantera une messe de Chérubini, — *la même* qui a été chantée à la mort de Louis XVIII. — Il semble qu'on aurait bien pu faire pour Napoléon les frais d'une messe neuve, qui n'eût pas servi. — Les héros ne sont pas si communs, — et, grâce au gouvernement constitutionnel et à la presse, — deux choses puissantes sans être grandes, — envieuses et aimant à rapetisser, — ils sont aujourd'hui à peu près impossibles.

Si cependant on ne pouvait faire autrement que de lui donner une messe d'occasion, — il y eût eu plus de convenance à ne pas prendre précisément la messe faite pour Louis XVIII.

M. Thiers va décidément écrire son histoire du consulat. — M. Thiers écrit l'histoire comme il la fait, — c'est-à-dire qu'il oblige les faits à entrer bon gré, mal gré, dans les nécessités d'une idée plus ou moins fausse qu'il s'est formée d'avance. — Cette période si courte n'aura pas moins de dix volumes.

M. Vivien, à sa sortie du ministère, s'est fait inscrire sur le tableau des avocats. — Il est à la fois ignoble et immoral qu'on ait retranché la pension de vingt mille francs qu'on donnait autrefois à un ministre. — Un ministre sans fortune est placé entre deux nécessités. — Il faut qu'il se *fasse* de quoi vivre pendant qu'il est aux affaires, — ou qu'il rentre tristement dans une carrière abandonnée et souvent perdue. Ainsi, je ne confie-

rais pas une affaire importante à M. Vivien, qui serait obligé de
la plaider devant des juges auxquels, pour la plupart, il est impossible qu'il n'ait pas eu quelque chose à refuser pendant qu'il
était au pouvoir.

✳ Deux élections vont avoir lieu à l'Académie, — par
suite de la mort de MM. Pastoret et Lemercier.

M. Guizot met en avant MM. Hugo et de Saint-Aulaire.

M. Thiers, continuant sa rivalité, — pousse MM. Berryer et
Casimir Bonjour.

✳ Le ministère a causé un assez grand scandale par la
destitution de M. Jourdan, directeur des contributions directes,
— pour donner une place à M. Legrand (de l'Oise), député —
et seulement parce qu'il est député.

✳ M. Legrand est de cette opinion insaisissable qu'on appelle le tiers parti, — qui n'assiste pas à la Chambre dans les
occasions graves, — ou va se rafraîchir à la buvette. — M. Legrand se fait de temps en temps hisser à quelque chose tout en
faisant destituer quelqu'un. — On l'a vu successivement devenir secrétaire général du commerce, auquel il n'entend rien, —
et faire destituer M. Marcotte, — brave fonctionnaire du côté
droit, — plus tard, M. Bresson, digne fonctionnaire du juste
milieu, — aujourd'hui, M. Jourdan, vieux patriote de 89 et rédacteur du *Moniteur*.

✳ M. Thiers et M. Barrot chantent la *Marseillaise* et ne
s'en tiennent pas là.

Ils obtiennent dans certains journaux et auprès de beaucoup de
gens un grand succès avec des phrases qui rappellent beaucoup
les couplets que chantait Lepeintre aîné en 1821, à l'époque où
il y avait dans tous les vaudevilles un soldat laboureur qui disait :

> Et, s'il le fallait pour la France,
> Je repartirais à l'instant.

Ou bien :

> Je repartirais à l'instant,
> S'il le fallait pour la France.

Que l'on variait en disant :

> Et s'il le fallait à l'instant,
> Je repartirais pour la France.

Après le discours de M. Barrot, surtout, — on fredonnait dans la Chambre ce couplet d'Henri Monnier :

> Ami certain de la valeur,
> Fidèle amant de la victoire,
> Il eut pour marraine la gloire,
> Et pour père le champ d'honneur.

Je suis peu fier d'être à peu près Français quand je songe qu'il y a tant de gens qui ne s'aperçoivent pas que tout cela est parfaitement ridicule.

On ne s'épargne les reproches d'aucun genre. « Vous, vous êtes allé à Gand, » dit-on à M. Guizot.

« Oui, mais vous, vous avez été volontaire du drapeau blanc, » répond M. Guizot à M. Barrot.

« Vous déshonorez la France, » dit M. Thiers.

« Vous avez gâté sa fortune, » répond M. Villemain pour M. Guizot.

Voilà ce qu'il y a de triste et d'embarrassant dans ces débats : — c'est que M. Thiers et M. Guizot ont parfaitement raison l'un et l'autre dans les reproches qu'ils s'adressent.

D'une part, — M. Guizot a bien l'air d'avoir joué M. Thiers pendant son ambassade à Londres; — et la visite faite au roi à Eu par le même M. Guizot a quelque droit de paraître à M. Thiers le commencement d'un accord contre lui, — ce qui est, à vrai dire, le fond et la cause de tout son grand ressentiment, bien plus que l'honneur du pays, la gloire de nos armées, etc., dont il se soucie médiocrement.

D'autre part, il est vrai que le ministère actuel, qui est *déterminé* à la paix, — aura beaucoup de peine, non pas à la conserver, — mais à la conserver honorable, — les plus sages concessions ayant un air de lâcheté après les fanfaronnades et rodomontades qu'on a faites de tous côtés.

A quoi il faut ajouter que ces rodomontades sont du fait de M. Thiers.

De sorte qu'il faudrait repousser toute solidarité avec M. Thiers, — et ne pas reconnaître même qu'on lui succède, — mais reprendre les affaires au point où les avait laissées le ministère du 12 mai.

La raison et tous nos intérêts conseillent la paix ; — mais la paix sera humiliante et honteuse, — à moins que les représentants du pays ne protestent par un blâme sévère contre la conduite de M. Thiers pendant son ministère.

🐜 Rue Saint-Georges, cour remarquable par une grande facilité de langage, — on a une manière bizarre de répondre aux objections : — tout le monde est *un polisson*. On assure que cette qualification a été appliquée à M. de Metternich.

🐜 On ne sait pas encore *le mot* d'une bouffonnerie par laquelle M. Delessert, préfet de police, — a sommé par huissier deux journaux — le *National* et le *Commerce*, — d'avoir à rectifier une erreur commise dans le compte rendu d'un discours de M. Guizot, — en vertu de l'article 18 de la loi du 9 septembre.

Voici quelle était cette erreur : le *National* et le *Commerce* avaient imprimé *méchamment :*

« *La paix partout, la paix toujours.* »

Tandis qu'au contraire, — M. Guizot avait dit à la tribune :

« *La paix partout, toujours.* »

🐜 DÉNONCIATION CONTRE LES DIRECTEURS DU MUSÉE. — Après les premières campagnes d'Italie, les tableaux qu'on transporta à Paris arrivèrent, pour la plupart, dans un tel état de détérioration, que d'abord on les regarda comme irréparables.

M, Denon fut chargé par le gouvernement d'en tenter l'essai.
M. Denon s'entoura de ce que l'école française comptait de
grands talents; et ce fut avec le concours de Gros, de Girodet,
de Gérard et de quelques autres qu'il entreprit cette difficile
opération, blâmée tout d'abord par le public, qui criait au sacrilége de ce qu'on osait toucher à ces reliques.

Un procédé de nettoyage fut adopté, et l'on exposa publiquement plusieurs tableaux nettoyés à moitié.

Cette exposition satisfit complétement. Ces hommes habiles
firent *eux-mêmes* les restaurations, et la France posséda le plus
beau musée du monde et celui où les tableaux étaient dans le
meilleur état.

Canova lui-même, chargé par les puissances alliées, en 1815,
de présider à notre dépouillement, convenait qu'il y avait une
sorte de profanation à détruire une chose aussi complète et dont
la plupart des pages importantes avaient été ressuscitées par les
soins et le talent de nos artistes. Après 1815, M. de Forbin fut
nommé directeur général des musées royaux.

Depuis vingt-cinq ans tous ceux qui sentent la peinture voient
chaque jour détériorer notre précieux reste de collection, à ce
point qu'on le croirait livré à une secte d'iconoclastes qui tra-
vaillent incessamment à l'anéantissement des bons modèles.

Les moyens conservateurs qui sont d'un effet lent, mais certain, ne conviennent pas à l'entreprise, qui cherche un bénéfice
sur les travaux qu'elle fait exécuter au rabais par ses badigeon-
neurs à la journée.

On récure avec l'*ammoniac* ou l'alcali ces tableaux que l'on
veut dévernir. On risque de les perdre comme on a fait d'un
magnifique *Largillière*, que l'on a fait gercer à ne plus oser le
montrer; mais cela va vite, cela suffit. Ou bien on accumule les
uns sur les autres une multitude de vernis, dont on fait une
croûte opaque qui empêche de voir le ton du maître. C'est ce
qui arrive pour presque tous nos tableaux italiens. On pourrait,

un par un, examiner tous les tableaux du musée du Louvre, et il ressortirait de cet examen la preuve de cette industrie coupable.

Sous le n° 94 du livret, qui représente le *Crucifix aux anges*, de Lebrun, vous verrez un des plus funestes exemples que je puisse citer, tant le côté gauche du tableau est couvert du plus pitoyable barbouillage.

Le n° 1304, l'*Expérience*, charmant tableau par Mignard, dont le ciel, entièrement refait par un infime talent, fait mal aux yeux par son manque d'air et le ton criard qui ôte toute l'harmonie de cette œuvre.

Le n° 184, qui est la ravissante *Sainte Cécile* du même maître, est tacheté de mauvais repeints, heureusement dans les accessoires.

Mais que dire du n° 684, le *Triomphe de la Religion*, par Rubens ? L'aspect de ce tableau dans l'état où on l'a mis justifie toutes les expressions de dégoût et de colère que l'on peut employer. Ce tableau est maculé de la manière la plus incroyable ; une barre épaisse, et plus grossièrement mastiquée que par le plus maladroit des vitriers, le traverse par sa moité, et un barbouillage d'un ton faux est frotté négligemment sur les épaisseurs, de façon à en faire mieux voir la grossièreté. S'il y a un motif ou une excuse à un pareil fait quand on a à sa disposition tous les moyens connus, et qu'il y a dans un pays des hommes de talent, il faut se hâter de le faire connaître, sous peine d'encourir le blâme le plus énergique.

On peut en dire autant du Jules Romain n° 1073, la *Nativité*, tableau fendu et qui se perd faute de soin ; des affreux repeints du *Jupiter et Antiope*, du Corrége, n° 955, et de tant d'autres ! Mais que faire et que dire contre une administration et une agglomération de médiocrités qui vivent dans l'abondance de cette exploitation, et dont l'existence dépend du succès de leur guerre à tout ce qui est intelligence et progrès !

M. de Forbin est le directeur des musées, MM. de Sénonne et Granet sont les cornacs de cette ménagerie mâle et femelle de barbouilleurs à la journée, qui se ruent sur les tableaux pour faire curée de chaque jour ; et comme tout cela occupe toutes les issues, cultive toutes les protections et accapare tout, cela a toutes les chances de durée. En voulez-vous un exemple? Un homme animé du sentiment des arts a trouvé un moyen de nettoyer les tableaux vernis, sans nuire à l'éclat du vernis, ce qui est d'un avantage immense pour la conservation de la peinture, puisque, une fois bien vernis, on peut ne jamais dévernir. Cet homme a cédé à la sollicitation d'un des membres de l'Académie et a soumis son procédé à l'examen de la section de peinture. L'expérience est venue justifier tous les désirs de l'inventeur, et l'on a, séance tenante, résolu qu'un rapport favorable serait fait. Mais qu'est-il arrivé? On a réfléchi qu'une pareille attestation pourrait mener à une application aux tableaux du musée et dérangerait l'exploitation si productive de messieurs tels et tels ; et l'Institut a *naïvement* fait écrire, par son secrétaire, que la commission nommée pour examiner ce procédé, n'étant pas suffisamment éclairée, n'avait pas décidé qu'elle ferait un rapport. La logique conduisait naturellement à un nouvel examen si le premier ne suffisait pas ; mais l'Institut est au dessus de ces misères.

C'est une singulière société que celle-ci, — où la bourgeoisie qui est arrivée à tout, — qui est comblée de tout, — loin de songer à défendre sa conquête, — n'a pu perdre sa vieille habitude de crier.

TYPE. — M. Ganneron — que le gouvernement actuel a trouvé épicier, — et qui est devenu .

Membre de la Chambre des députés, — vice-président de la Chambre, — membre du conseil général du département, — commandant de la Légion d'honneur, — colonel de la 2e légion de la garde nationale, — et qui danse généralement les premières contredanses avec les filles et les brus du roi,

M. Ganneron est *mécontent*.

M. Ganneron qui a gagné cent mille livres de rente *aux arts utiles de la paix* (commerce de chandelles en gros, demi-gros et détail), M. Ganneron demande la guerre.

M. Ganneron qui, sous le ministère Perrier, en 1831, fut l'auteur de l'ordre du jour motivé qui sanctionna l'inaction politique de la France pour l'infortunée Pologne.

M. Ganneron est prêt aujourd'hui à ouvrir le gouffre de la guerre universelle — pour les limites de la Syrie.

A une des dernières représentations de l'Opéra, — le duc d'Aumale, qui, dit-on, est un jeune homme très-spirituel, parlait et riait très-haut dans la loge du prince royal. — On a fait entendre du parterre un *chut* énergique. — Les princes ne se sont pas retirés et ont eu le bon goût de baisser la voix.

Ceci pourrait servir quelquefois d'exemple à d'autres loges.

La littérature fait assaut de croix et de décorations. — M. Dumas en a quinze. — M. E. Sue, chevalier de la Légion d'honneur, comme tout le monde, — a dernièrement, — à une grande chasse, chez le prince de Wagram, je crois, fait exhibition d'un cordon de Gustave Wasa.

M. Gauthier est un jeune homme qui fait depuis longtemps de la prose très-spirituelle et des vers très-magnifiques. Il y avait, certes, là plus qu'un prétexte à lui donner la croix d'honneur, qu'on a donnée sans prétexte à tant d'autres. — On a exigé, assure-t-on sérieusement, qu'il fît une grande ode sur le baptême du comte de Paris, et qu'il coupât ses cheveux qu'il portait très-longs. — J'ai vu l'ode et les cheveux coupés.

M. Eugène Sue a imaginé un moyen singulier de raconter dans la meilleure société les histoires les plus scabreuses et les mots les plus risqués ; — il met le tout sur le compte de M. Affre, l'archevêque de Paris, — qui, grâce à cette plaisanterie, commence à passer pour un homme très-spirituel, mais

un peu léger. — Je ne vois aucun moyen d'imprimer l'opinion
de M. Affre sur le procès Lafarge.

🐝 Une des conséquences tristes de la Révolution de juillet, — après celle de n'avoir pas de conséquences, — est l'émigration des magnifiques ramiers qui depuis si longtemps habi-
taient le faîte des marronniers des Tuileries, et venaient le matin
boire sur les bords du grand bassin, en faisant chatoyer au soleil
levant leur plumage d'opales. — Ils ont été remplacés par d'af-
freuses corneilles, — dont les croassements inspirent des pensées lugubres.

Sæpè sinistra cavâ prædixit ab ilice cornix.

🐝 Je ne me lasserai pas de dénoncer aux Parisiens, des-
tructeurs des rois, la tyrannie des cochers de fiacre, sous laquelle ils gémissent sans presque s'en apercevoir. Grâce à l'incurie de la police et à la mansuétude des bourgeois de Paris, —
il arrivera bientôt que les chemins de fer, qui ne sont déjà plus
un moyen d'aller plus vite à Saint-Germain ou à Versailles,
seront cause qu'on n'ira plus du tout dans ces deux villes. —
Plusieurs personnes ont eu à se plaindre de la grossièreté des
employés du chemin de Versailles. — L'autre a gardé trois jours
à Paris un paquet qu'on attendait à Saint-Germain. Il n'y a certes
pas besoin de chemins de fer pour mettre trois jours à faire cinq
lieues, attendu que les messageries feraient cent soixante lieues
dans le même espace de temps.

🐝 Les épiciers, si longtemps conspués et honnis comme
type du bourgeois crédule, vont rentrer dans leur obscurité ; —
ils viennent d'être dépassés par *MM. les marchands fourreurs
de la capitale* et par *MM. les fabricants de rubans* de la ville de
Saint-Étienne.

Il y a quelque temps, les principaux fourreurs de Paris reçu-
rent une lettre ainsi conçue :

« M*** est invité à se rendre *tel* jour, à *telle* heure, rue L..., n°..., pour affaire qui le concerne.

Signé V... »

Les fourreurs furent émus ; — ils crurent, les uns, qu'il s'agissait de quelque faillite dans laquelle ils se trouvaient compromis, — les autres, qu'il était question d'une fourniture importante ; — ils s'y rendirent tous ; — la plupart même devancèrent l'heure indiquée ; mais on fut sourd à toutes leurs questions : — Attendez ; — quand la séance sera commencée ; quand tout le monde sera arrivé, etc.

Enfin, quand on pensa qu'il y avait assez de fourreurs comme cela, — M. le directeur de ***, journal de modes, prit la parole.

J'ai longtemps hésité si je vous raconterais ici son discours à la manière de Tite-Live, — c'est-à-dire en reproduisant toutes ses paroles ; — mais la crainte de manquer d'exactitude m'a fait adopter la manière de Tacite, qui, après tout, en vaut bien une autre.

« M. V... était fort indécis, et il avait rassemblé MM. les fourreurs pour s'éclairer de leurs avis. Arbitre souverain de la mode en France, — que dis-je ? en Europe, — que dis-je ? dans le monde entier, — grâce à l'immense extension qu'a prise son journal, — il était au moment de porter ses arrêts souverains, et de décider ce qu'on porterait et ce qu'on ne porterait pas cet hiver, — ce qu'on donnerait et ce qu'on ne donnerait pas en cadeaux à l'époque du premier de l'an.

» Ainsi, il avait eu à se plaindre de la guipure, — et il avait supprimé la guipure ; — il défiait qu'on trouvât de la guipure sur les épaules d'une femme un peu bien.

» Il ne leur cachait pas qu'il n'était pas trop partisan des fourrures, — que quatre jours auparavant il avait failli proscrire les fourrures ; mais qu'il avait réfléchi que plusieurs fourreurs étaient de bons pères de famille et d'estimables négociants, —

qu'il s'était senti incertain, — que peut-être il manque à un devoir envers ses belles et illustres abonnées, mais qu'il n'a pu prendre sur lui de les ruiner tous d'un trait de plume ; que s'il n'aime pas les fourrures, il se sent touché de compassion pour les fourreurs.

» Qu'il avait été lui-même effrayé de sa puissance en songeant que d'une seule ligne, — en écrivant : *On ne portera plus de fourrures*, — il réduisait à la mendicité une foule de familles intéressantes, etc., etc. ; — car, l'arrêt porté, — il ne se vendrait plus en France un poil de fourrures ; — enfin, qu'il les avait réunis pour voir avec eux s'il n'y aurait pas moyen de les sauver. »

Les fourreurs furent atterrés ; — M. V..., lui-même, laissa tomber sa tête dans ses deux mains et se mit à méditer profondément. Tout d'un coup il releva le front ; son regard était inspiré : « Messieurs, — dit-il, — vous êtes sauvés ; — la fourrure peut n'être pas abolie. — Cotisez-vous, donnez-moi vingt mille francs, et je me charge du reste. »

Les fourreurs — réfléchirent, — se consultèrent et donnèrent vingt mille francs.

Quelque temps auparavant, M. V... était allé à Saint-Etienne, et il avait dit aux fabricants de rubans — que, sans trop savoir pourquoi, il s'était surpris à ne plus aimer du tout les rubans, — qu'il n'en pouvait plus voir un seul, — que probablement il n'en laisserait pas porter de tout l'hiver. — Cependant il s'était laissé toucher par le désespoir des fabricants de rubans de Saint-Étienne, — et il avait consenti à accepter d'eux une quinzaine de mille francs pour la grâce des rubans.

Il y a grande rumeur au Théâtre-Français. — *Par ordre supérieur*, M. Buloz doit faire passer la subvention que reçoit mademoiselle Mars, — qui se retire, — sur la tête de mademoiselle Rachel.

J'ai à remercier M. P... J..., qui, à propos de la ré-

ponse que j'ai faite le mois dernier à la brochure du sieur Bouchereau, m'a écrit pour me rappeler deux vers de Martial :

Versiculos in me narratur scribere Cinna ;
Non scribit cujus carmina nemo legit.

Je vous assure, monsieur, que je suis fort indifférent
sur ces choses, quand elles n'attaquent pas mon honneur, — et
que je me garderais bien de répondre aux lettres anonymes,
injurieuses et menaçantes, — voire même aux brochures, — ce
qui ne m'empêche pas plus de suivre tranquillement ma route—
que les coassements et le *brekekekoax* des grenouilles dans leurs
marais, quand je me promène au coucher du soleil, — ce que
j'avouerai même ne pas m'être désagréable.

Je remercie également M. E... F... de ses jolis vers.

Je remercie M. E. Bouchery, qui a eu l'obligeance de me
prier de ne pas le confondre avec M. E. Bouchereau. — Je n'a-
vais pas attendu sa lettre pour cela.

A propos de M. Bouchereau, il m'a envoyé son adresse, et
je lui ai envoyé deux amis.

— Pardon, messieurs, a-t-il dit à mes amis, M. Karr est-il
blond?

— Il ne s'agit pas de cela, monsieur.

— Beaucoup, au contraire, messieurs : c'est que, s'il est
blond, je suis prêt à me couper la gorge avec lui ; — mais, s'il
est brun, je lui fais de très-humbles excuses. — Ma brochure
est faite contre un petit blond qui m'a dit être M. Karr.

— M. Karr est grand et brun, comme vous avez pu le voir
dans le volume où il demande l'adresse de vos oreilles.

— Alors, messieurs, j'irai lui offrir mes excuses.

Et M. Bouchereau est venu m'apporter des explications écrites
qui rempliraient deux volumes des *Guêpes*, — à quoi il a bien
voulu ajouter qu'il n'avait aucune preuve de ce qu'il avait écrit à
mon endroit, — ni aucune raison d'en croire un mot, — me

priant d'agréer ses excuses, ce que j'ai fait le plus sérieusement qu'il m'a été possible.

M. Bouchereau se nomme André Éloi et est fondateur d'une société ayant pour but le soulagement des clercs d'huissier dans la détresse.

La reine Amélie a été un peu scandalisée de ce que, dans la composition de la maison de la reine d'Espagne, il n'y a aucune femme.

Il n'est peut-être rien de plus triste que de voir ces tristes familles divisées et séparées — comme les graines d'une même plante.

> Connaissez-vous, au fond de mon jardin,
> Près d'un acacia, sur le bord du chemin,
> Certaine giroflée, amis, qui se couronne,
> Lorsque vient le printemps, d'étoiles d'un beau jaune?
> Un suave parfum la dénonce de loin :
> Lorsque arrive l'été, — lorsque sèche le foin,
> Elle perd et ses fleurs et ses odeurs si douces,
> Et la graine mûrit dans de noirâtres gousses,
> Jusqu'au jour où le vent, le premier vent d'hiver,
> Qui fait tourbillonner le feuillage dans l'air,
> Emporte et sème au loin, dans diverses contrées,
> Les graines au hasard en tombant séparées.
> L'une tombe et fleurit sous le pied de sa mère ;
> Une autre sur un roc, ou bien dans la poussière,
>   Vient sécher et mourir.
>
> Dans les fentes du mur de l'église gothique,
> Petit encensoir d'or, au parfum balsamique,
>   L'une trouve à fleurir.
>
> L'autre sur un donjon, au travers de la grille,
> Secouant son parfum, se balance et scintille,
>   Et dit au prisonnier :
>
> Qu'il est encor des champs, des fleurs et du feuillage,
> Du soleil et de l'air, — et puis dans le nuage
>   Un Dieu qu'on peut prier.

M. Dosne, receveur général à deux cent mille francs par an, — sans compter l'argent de poche gagné à la Bourse, — est furieux contre le roi. — Dernièrement, au club de la Banque, — au cercle Montmartre, — il s'est laissé aller à des paroles des plus aigres. — Un financier un peu plus lettré que le receveur général, se tournant vers les généraux R... et C..., l'a arrêté par la simple citation d'un vers de Gilbert, adressé aux athées du XVIIIe siècle, qui vivaient des biens de l'Église :

Monsieur trouve plaisant le Dieu qui le nourrit.

On a joué au Palais-Royal une pièce intitulée les *Guêpes*.

LES INONDATIONS. — Pendant que M. Thiers se donnait tant de peine pour nous donner la guerre, — le ciel déchaînait de son côté un autre fléau sur une partie de la France.

Les fleuves et les rivières sortirent de leur lit avec fureur et portèrent partout la terreur, la dévastation et la mort. — Le Rhône et la Saône se rejoignirent, renversant tout sur leur passage, — entraînant les maisons par centaines, — les ponts, les hommes et les troupeaux.

Il tomba plus de pluie en sept jours qu'il n'en était tombé dans les sept mois précédents. — Plusieurs départements furent inondés, — six cents maisons furent détruites dans le seul arrondissement de Trévoux. — La Charente, la Loire, la Dordogne, la Nièvre, — franchirent leurs rives ; — c'était un nouveau déluge, — et les vengeances célestes ne furent arrêtées que par le souvenir de l'inutilité du premier.

A la nouvelle de ces désastres, le roi envoya cent mille francs, — c'est une grosse somme, — c'est une offrande convenable. — Mais quelle belle occasion perdue ! Combien il eût été beau de voir le roi de France faire un grand sacrifice, — vendre une de ses nombreuses propriétés pour en envoyer le produit aux inondés.

Il s'est laissé dépasser en générosité par M. de L..., député, qui a emprunté pour envoyer mille francs.

Pendant ce temps, pour MM. Thiers, — Gouin, etc., — pour MM. Soult, Guizot, etc., — il n'y avait qu'une affaire importante, c'était *les limites de l'Égypte*. — Je me trompe, il y en avait une autre encore plus importante, c'était de savoir qui serait ministre.

L'opposition radicale demandait la réforme électorale.

C'est un peu trop, ô Fontanarose, abuser du *spécifique unique qui guérit les maux passés, futurs, présents*.

Le parti conservateur a ici l'avantage. — MM. Hartmann, Paturle, Fulchiron, etc., ont envoyé de grosses sommes.

J'ai cherché en vain dans les listes de souscription : je n'ai pas vu que M. Thiers, enfant du Rhône, ait cru devoir apporter son offrande. — Serait-il jaloux du fléau? — Si je me suis trompé, je prie ses amis de me le faire savoir.

Au plus fort de l'inondation, — un homme est arrivé à Lyon, — en sabots et en blouse, conduisant, le fouet à la main, plusieurs charrettes chargées de pain et d'autres vivres, — qu'il mena à la mairie. « Monsieur le maire, dit-il, je suis maire aussi, — mais de la petite commune de Saint-Christophe. — Voilà tout ce que nous avons pu faire pour le moment. — Je reviendrai. »

Il y avait tant de grandeur dans cette simplicité, que les assistants furent émus.

Je le crois bien, — moi, je pleure en vous le racontant.

Le maire de Saint-Christophe revint sur ses pas, et dit : « Ce n'est pas moi qui ai eu l'idée, c'est mon adjoint. » Puis il s'en retourna.

O monsieur le maire de Saint-Christophe! — Bon homme, brave homme, que vous êtes! de tous les gens qui sont quelque chose aujourd'hui, — vous êtes le seul qui m'ait parlé au cœur. — Monsieur le maire de Saint-Christophe, homme si mo-

deste, vous ne savez pas combien vous êtes plus grand que tous
ces grands hommes de réclame, — tous ces illustres bavards,
— ces illustres voleurs, — qui se mêlent de nos affaires, ou
plutôt qui mêlent nos affaires. — Monsieur le maire de Saint-
Christophe, avec votre blouse et vos sabots, — conduisant vos
charrettes, — vous ne savez pas — de combien vous dépassez
le roi Louis-Philippe envoyant ses mauvais cent mille francs.

O monsieur, que je voudrais savoir votre nom! — J'ai des
amis à Lyon, je les prie de me l'envoyer, — cela me gêne de
ne pas le savoir. — Je ne suis pas voyageur, — mais j'irais bien
à Lyon pour vous serrer la main, monsieur. — J'admire peu,
— monsieur : — c'est que je garde ma vénération pour les
choses grandes, — pour les choses vraies, — pour les hommes
simples comme vous.

Janvier 1841.

Sur Paris. — La neige et le préfet de police. — Il manque vingt-neuf
mille deux cent cinquante tombereaux. — Deux classes de portiers.
— Le timbre et les *Guêpes*. — Le gouvernement sauvé par lesdits
insectes. — M. Thiers et M. Humann. — M. le directeur du Timbre.
— Une question des fortifications. — Saint-Simon et M. Thiers. — Vauban, Napoléon et Louis XIV. — Les forts détachés et l'enceinte continue. — Retour de l'empereur. — Le ver du tombeau et les vers de M. Delavigne. — Indépendance du *Constitutionnel*. — Un écheveau de fil en
fureur. — Napoléon à la pompe à feu. — Le maréchal Soult. — M. Guizot.
— M. Villemain. — La gloire. — Les hommes sérieux. — M. de Montho-
lon. — Le prince de Joinville et lady ***. — M. Cavé. — Vivent la joie
et les pommes de terre! — Les vaudevillistes invalides. — M. de Rémusat. — M. Étienne. — M. Salverte. — M. Duvergier de Hauranne. —
M. Empis. — M. Mazère. — De M. Gabrie, maire de Meulan, et de Denys,
le tyran de Syracuse. — Le charpentier. — *Doré* en cuivre. — Le cheval
de bataille. — M. ***. — M. le duc de Vicence. — Le roi Louis-Philippe

JANVIER. — SUR PARIS. — Pendant un froid de trois
semaines, Paris, couvert de glace, a été le théâtre d'une foule
de sinistres accidents, après quoi le dégel est arrivé, et Paris
est devenu un horrible cloaque, où les hommes marchent dans
une boue noire jusqu'à la cheville.

— On a souvent reproché au préfet de police son incroyable
incurie; mais le préfet de police ne s'occupe que de politique, et
répond que, pour enlever la neige qui couvre Paris, il lui faudrait trente mille tombereaux, tandis qu'il n'en possède, en réalité, que sept cent cinquante.

— A quoi on répond au préfet de police — qu'à Londres on
n'a jamais vu une rue sale, parce qu'on n'attend pas, pour enlever les immondices, qu'il y en ait trente mille tombereaux, —
parce qu'il y a dans les rues des cantonniers qui les balayent
perpétuellement, etc.

On répond encore au préfet de police qu'il ne suffit pas de
faire afficher sur les murs que les portiers casseront la glace et
balayeront le devant de leurs portes;

— Qu'il faut encore veiller à l'exécution desdites ordonnances et l'exiger. —

En effet, les portiers se divisent en deux classes :

PREMIÈRE CLASSE : *Portiers libéraux, ne tenant aucun compte des ordonnances de police.*

DEUXIÈME CLASSE : *Portiers juste milieu, exécutant lesdites ordonnances de la manière que voici :*

Les portiers des numéros pairs poussent leurs ordures, neiges, glaces, etc., de l'autre côté du ruisseau, et les mettent en tas contre les numéros impairs ;

Les portiers des numéros impairs poussent leurs glaces, neiges et ordures, de l'autre côté du ruisseau, et les mettent en tas contre les numéros pairs.

Après quoi chacun *a fait son devoir.*

Les portiers amis du pouvoir ont balayé conformément aux ordonnances de M. Delessert.

🐜 M. Delessert, impatienté des réclamations de ses administrés, a imaginé ce qui suit pour les satisfaire en apparence et pour s'en venger en même temps :

Sur la fin de la gelée, il place dans quelques rues, près des trottoirs, quelques comparses armés de pioches, qui vous font jaillir des fragments de glace au visage et en couvrent vos vêtements.

Au dégel, il divise ses sept cent cinquante tombereaux en cinq ou six brigades, qui, au nombre de cent, sont chargées d'encombrer une rue, de l'obstruer, d'accrocher les voitures et de rendre le passage impossible.

Alors le bourgeois se dit : « J'accusais à tort ce bon M. Delessert. — Qu'est-ce que je disais donc ? qu'on n'enlevait pas la neige ? — Les rues sont pleines de tombereaux. »

🐜 Puis le dégel arrive tout à fait, et les piétons finissent par enlever peu à peu la boue après leurs pantalons, et Paris est nettoyé — par ses habitants eux-mêmes, sans qu'ils s'en doutent.

Il est vrai de dire que, pour faire exécuter ses ordonnances, M. Delessert aurait beaucoup plus à faire qu'un magistrat anglais ; — mais, quelques difficultés qu'il y rencontre, il doit les surmonter.

En Angleterre, pays constitutionnel comme la France, où tout le monde contribue à la fabrication des lois, — comme électeur ou comme membre d'une des deux Chambres, — chacun respecte les lois et en protége l'exécution. — Un *policeman* qui inviterait un citoyen à se conformer à une ordonnance de police, et qui rencontrerait de la rébellion, trouverait immédiatement l'appui de tous les passants.

En France, c'est le contraire : qu'un homme ait un différend avec la police ou la gendarmerie, le peuple se déclare pour lui, sans même demander d'abord si c'est un voleur ou un assassin.

Un soldat a besoin du baptême du feu, — du baptême du sang ; — un citoyen, pour être populaire, a besoin du baptême de la police correctionnelle.

Quiconque se conforme strictement aux ordonnances de police est immédiatement, dans son quartier, réputé espion et mouchard.

Que la police sépare un champ en deux parties égales, et écrive d'un côté :

Défense d'entrer ici.

Cela aura précisément le résultat qu'aurait une défense d'entrer de l'autre côté... qui serait exécutée.

Une croix de bois pend du haut d'une maison d'où les couvreurs *font pleuvoir l'ardoise et la tuile à foison.* — On vous défend de passer de ce côté de la rue ; l'autre côté devient désert par le soin qu'ont tous les passants de désobéir à la défense.

Les marchands du côté où il est permis de passer se plaignent de ne plus vendre, et écrivent à M. Delessert pour le prier de ramener le public sur le trottoir en lui défendant d'y passer.

Les Parisiens de bonne foi savent bien que je ne fais ici aucune exagération ; — il y en a d'autres qui ne remarquent pas cela, parce qu'ils ne remarquent rien. — Semblables aux hommes dont parle l'Écriture : « *Ils ont des yeux et ils ne voient pas.* » Semblables aux hannetons, qui, faisant partie intégrante de l'histoire naturelle, ne savent pas l'histoire naturelle pour cela.

Ce qui donne aux Parisiens, — et, je crois, aux Français en général, l'aspect fâcheux que voici :

Ou haïssant tellement le gouvernement sous lequel *ils gémissent,* qu'ils s'opposent de tout leur pouvoir à l'exécution de toutes ses vues, quelque utile qu'en puisse être la réalisation ; c'est le peuple le plus lâche du monde de ne pas le renverser tout à fait ;

Ou c'est un peuple d'écoliers se plaisant à faire *endêver* ses pédagogues.

LE TIMBRE ET LES GUÊPES. — Le 7 décembre 1840, — M. Humann, ministre des finances, a présenté à la Chambre la carte à payer de l'orgie présidée par M. Thiers.

D'où il résulte que les dépenses prévues, pour 1841, excéderont les recettes ordinaires de HUIT CÉNT TRENTE-NEUF MILLIONS.

Ceci n'a pas laissé que de produire quelque impression sur les esprits. Le gouvernement qui succède au gouvernement de M. Thiers s'est senti réduit aux expédients, — et il n'a trouvé des ressources, pour suppléer aux huit cent trente-neuf millions de déficit, que dans les *Guêpes.*

Et voici comment :

Depuis un an et demi que je publie mes petits volumes, — on les a reçus à la poste, — on en a perçu le port sans la moindre observation :

Mais, le 8 au matin, on a fait savoir qu'on allait exiger que les *Guêpes* fussent timbrées, c'est-à-dire que mes pauvres petits livres seraient condamnés à l'avenir à être salis d'un grand vilain cachet noir qu'il me faudrait payer douze centimes par exemplaire, moyennant quoi le gouvernement pourrait continuer à marcher, malgré son déficit de huit cent trente-neuf millions.

Voyez un peu ce qu'allait devenir le gouvernement, si je n'avais pas eu, il y a un an et demi, l'idée de faire paraître *les Guêpes !*

J'ai chargé mon ami B... d'examiner la question.

Si la loi ne me condamne pas au timbre, —je ne me laisserai pas timbrer, et je soutiendrai contre M. le directeur tel procès qu'il faudra.

Si la loi me condamne, je me soumettrai sans murmurer; — seulement je ferai d'abord à M. le directeur des domaines, — puis, à son refus, aux tribunaux, la question que voici :

Le timbre a-t-il pour but d'assurer le payement d'un impôt — ou de salir les livres?

Si l'on me répond que le timbre a pour but de salir les livres, le but est rempli, je n'ai rien à dire. —Voyez par avance, sur votre journal, le joli effet que produit ce pâté noir, et représentez-vous celui qu'il produirait sur une page des *Guêpes*, qu'il couvrirait tout entière.

Et il me faudra deux timbres par numéro; alors je laisserai cette page en blanc, en mettant seulement au-dessous du cachet du fisc : *page salie par le fisc.*

Si on me dit que le timbre n'a pour but que de marquer les exemplaires qui ont payé l'impôt, pour ne pas le leur demander deux fois, et ne pas oublier surtout de le demander aux autres, —je demanderai quelle nécessité il y a que le timbre soit un gros cachet sale, pourquoi le timbre, qui occupe un petit coin de la grande feuille d'un journal, ne serait pas proportionné au format d'un livre; pourquoi on n'aurait pas un peu plus d'égard pour un livre imprimé sur de beau papier, et qui doit rester pour former collection, que pour un journal qui n'a que six heures à vivre?

Pauvre gouvernement! quel bonheur pour lui que j'aie fait

imprimer le volume des *Guêpes* le 1er novembre 1839 ! où en serait-il aujourd'hui ?

Je prie certaines personnes auxquelles parviendra la connaissance de ceci de m'accorder immédiatement la part d'estime à laquelle a droit, en France, un homme qui, d'un moment à l'autre, va se trouver repris de justice.

DES FORTIFICATIONS. — Saint-Simon, qui avait été lié avec Vauban et qui est un historien plus fort que M. Thiers ; — Saint-Simon, édité comme M. Thiers par le libraire Paulin ; — Saint-Simon, qui approuve beaucoup de choses, entre autres la convocation des états généraux et la banqueroute de l'État, Saint-Simon ne peut approuver les fortifications de Paris que rêvait le roi.

Napoléon n'y a pas pensé en dix ans de règne.

La fortification d'une capitale est un moyen désespéré, un spécifique d'empirique, — un de ces remèdes de bonne femme que les médecins permettent d'essayer quand tous les autres ont échoué et quand leur malade est condamné.

Mais il se joue une comédie — qui pourrait avoir pour titre le mot de Brid' oison :

De qui se moque-t-on ici ?

Aujourd'hui, les gens qui se sont élevés avec le plus de véhémence contre les forts détachés, — les gardes nationaux qui ont le plus crié contre lesdits forts, — les journaux qui ont fait les plus longs discours contre l'*embastillement* de Paris, — qui dénonçaient chaque pelletée de terre remuée, — avec appel à l'insurrection,

Tout le monde est devenu partisan des fortifications.

Par exemple, écoutez-les tous, — ils n'ont qu'une raison, qu'un but : — c'est la crainte d'une invasion.

Le roi craint une invasion.

Le parti radical craint une invasion.

Le parti de M. Thiers craint une invasion.

Certains hommes de finance craignent une invasion.

Les légitimistes eux-mêmes craignent une invasion

Or, en réalité, aucun d'eux ne s'en soucie le moins du monde.

Le roi tient, à un degré incroyable, à ses forts; — il sait l'influence des synonymes. — On peut en France ne jamais changer les choses, pourvu qu'on change les noms. — L'*odieuse conscription* ne fait plus murmurer personne depuis qu'elle s'appelle *recrutement*. — La *gendarmerie*, si détestée, a le plus grand succès sous le nom de *garde municipale*. — Louis-Philippe, lui-même, n'est qu'un synonyme, — ou plutôt un changement de nom. — Les *forts détachés* ont fait pousser à la France entière un cri d'indignation; — l'*enceinte continue* est fort approuvée. Si ce synonyme-là n'avait pas réussi, le roi en avait encore vingt en portefeuille, qu'il aurait essayés successivement; — on peut gouverner la France avec des synonymes.

Maintenant je dirai que je ne crois pas que le roi attache de grandes idées de tyrannie à ses fortifications, — qu'il y attache bien plutôt des idées de bâtisse.

Les partis opposés au gouvernement demandent les fortifications. — Comme Napoléon disait à un de ses généraux qui se plaignait de manquer de canons : « L'ennemi en a, il faut les lui prendre. »

Les partis savent très-bien que Paris sera toujours le quartier général de la révolution, — et qu'en cas d'événement il faut être maître de Paris. — Les partis sont enchantés que Louis-Philippe fasse des fortifications.

Je voudrais pouvoir vous dire, à propos de la nouvelle année et du nouveau ministère, — ce que Virgile disait à propos de la naissance du fils de Pollion, — qui devait amener tant de bonheur et tant de prodiges.

Molli paulatim flavescet campus arista,
Incultisque ruberas pendebit sentibus uva
Et duræ quercus sudabunt roscida mella, etc., etc.

. . . .

On verra sans travail les blés jaunir la plaine,
Aux ronces du chemin pendre un raisin pourpré,
Et des chênes noueux couler un miel doré.

. . . .

On supprime à jamais la garde citoyenne.
La vertu reparaît, et, vides, les prisons
Dans leurs humides murs n'ont que des champignons.
Les journaux en français écrivent leurs colonnes :
Le printemps, en janvier, devançant le soleil,
Pare son front joyeux de ses vertes couronnes,
Et les tièdes zéphyrs, annonçant son réveil,
Balancent des lilas la fleur nouvelle éclose.
Les moutons épargnant à l'homme un dur travail,
Se font un vrai plaisir de naître teints en rose [1],
Et paissent dans les champs tout cuits et tout à l'ail.
Chacun, depuis hier, prix d'une longue attente,
Possède, en propre, au moins vingt mille francs de rente ;
Lassés d'être valets de toute une maison,
Les portiers ont des gens pour tirer le cordon.
On ne demande plus l'aumône qu'en voiture.
Près de la Halle au blé on a vu qui fumait
Dans un large ruisseau du chocolat parfait.
Les cerfs au haut des airs vont chercher leur pâture [2];
Tout est renouvelé, tout est heureux, content,
Et, jusqu'aux députés, tout est mis décemment.

---

[1] *Sponte sua sandyx pascentes vestiet agnos.*

[2] Je ne suis pas bien sûr que ce vers, que je traduis par respect pour Virgile, et que je traduis de mémoire, — *Leves... pascentur in æthere cervi,* — soit précisément dans l'églogue sur la naissance de Pollion, — car, à vrai dire, je ne comprends pas bien quel bonheur cela pouvait procurer aux Romains, de voir des cerfs paître dans l'air, — et je serais tenté de croire que ce vers signifie que Virgile promet un *cerf-volant* au fils de Pollion, né de la veille.

RETOUR DE NAPOLÉON. — A l'égard de MM. les députés surtout, il n'en est rien, et on a été choqué de leur tenue à la fête funèbre de l'empereur Napoléon. — Plusieurs personnes même — se demandaient si, dans cette circonstance solennelle, et ensuite à la Chambre, — on ne pourrait pas leur donner des manteaux qu'ils rendraient après la séance et qui cacheraient les défroques variées dont ils se plaisent à affliger les regards. C'est ce que fait l'administration des pompes funèbres pour les proches parents des morts qui n'ont pas de costume convenable. — C'est propre, c'est décent, — et cela rendrait à nos députés, à nos représentants, un peu de la considération publique qui leur est si nécessaire.

Je ne parlerai pas de tous les vers auxquels cette fête impériale a servi de prétexte. — Il y a de belles strophes et de belles pensées dans ceux que M. Hugo a bien voulu me donner. — Ceux de M. Casimir Delavigne ont été reconnus les plus mauvais de tous; — et en lisant la strophe qui se termine ainsi :

> La France reconnut sa face respectée,
> Même par le ver du tombeau,

On a regretté généralement que les vers de M. Delavigne n'aient pas pris exemple sur ce ver mieux appris.

Le *Constitutionnel* a fait un article ainsi intitulé :

CONSÉQUENCES DÉSIRABLES DU RETOUR DES CENDRES DE L'EMPEREUR NAPOLÉON.

Le *Constitutionnel* est depuis longtemps célèbre par l'indépendance de son langage, qui brave les lois de la grammaire et brise le joug de la logique. — On se rappelle cette phrase fameuse : — « *C'est avec une plume* TREMPÉE DANS NOTRE CŒUR *que nous écrivons ces lignes, etc.* »

Et ces métaphores : — « *L'horizon politique se couvre de*

nuages, que ne pourra peut-être pas renverser l'égide du pouvoir qui tient d'une main mal affermie le gouvernail du char de l'Etat. »

Cela se passait en 1837, — à l'époque où l'avocat Michel (de Bourges) disait à la Chambre des députés : — « *Il est temps, messieurs, de sortir de l'*OCÉAN INEXTRICABLE *où nous nous trouvons.* »

Métaphore qui équivaut à celle qui peindrait — *un écheveau de fil en fureur.*

Il y avait trois tombes possibles pour Napoléon : — Sainte-Hélène, d'abord, pour les poëtes, fin si grande, si poétique, d'une si grande histoire ; — calvaire où l'homme s'était fait dieu.

Ensuite, pour le peuple et pour les soldats, — la colonne de la place Vendôme, — tombeau élevé par la grande armée à son général avec les canons ennemis.

Puis enfin, pour l'empereur lui-même et pour sa dernière volonté, *Saint-Denis*, où il avait demandé à être enterré, — et où j'ai vu dans mon enfance les portes de bronze qu'il avait fait faire lui-même pour fermer son caveau.

Mais, au moyen d'un jeu de mots, — on a traduit littéralement : *Je veux être inhumé aux bords de la Seine*, — et on a mis l'empereur aux Invalides. Il est heureux qu'on ne l'ait pas mis à la pompe à feu.

Le sort est un grand poëte comique — qui se donne parfois à lui-même de singulières représentations aux dépens des vanités humaines. — Il s'était amusé à réunir au pouvoir une foule de gens qui avaient trahi l'empereur en son temps, et qui l'avaient passablement maltraité par leurs actes et par leurs écrits.

Le maréchal Soult, un de ces hommes qu'il avait inventés, soldats intrépides, mais instruments inutiles quand ils ne furent plus dans sa main puissante.

Soldats sous Alexandre, et Rien après sa mort.

M. Guizot, M. Villemain, etc., etc.

🐜 Du reste, — on vendait dans les rues de petites brochures, — dont le titre était ainsi crié peu correctement :

Description du char et de ceux qui l'ont trahi.

🐜 Pour moi, me rappelant qu'il y avait, dans ce peuple si empressé à aller au-devant de l'empereur mort, — bien des gens encore qui, en 1815, — il y a vingt-cinq ans, — ont accompagné son départ d'insultes et de menaces de mort, je me suis senti profondément attristé, — j'ai songé à ce qu'on appelle la gloire, — seul prix des corvées que s'imposent les héros et les grands hommes ; j'ai songé à la mobilité des passions du peuple, — qui se réjouit avec un égal enthousiasme, — du retour de l'empereur, parce que c'est un spectacle, — et de son départ, parce que c'est du tapage, et je suis resté seul dans ma chambre, — seul dans ma maison, — seul dans ma rue, — à me rappeler les grandes actions et les grandes douleurs de l'empereur Napoléon,

Et à regarder ce que sont les hommes qui se prétendent *sérieux*, — et qui me disent d'un air protecteur : *Quand deviendrez-vous sérieux ?* — Parce que je suis libre, indépendant, rêveur et insouciant.

Ils sacrifient leur vie, leur douce paresse, leurs amours, pour avoir, après de longs travaux, le droit d'attacher d'un nœud à la boutonnière de leur habit un ruban d'un certain rouge. Arrivés à ce succès, ils recommencent de nouveaux et de plus grands efforts : il ne faut pas s'arrêter en si beau chemin. — Quel bonheur, en effet, si vous aviez le droit, — dût-il vous en coûter un bras ou une jambe, — quel bonheur si vous pouviez faire une rosette à votre ruban ! — On n'épargne pour cela ni soins, ni sacrifices, et, un jour, vous obtenez cette flatteuse récompense.

Une rosette, grand Dieu ! quelle supériorité cela vous donne sur ceux qui n'ont qu'un nœud !

On se rappelle, cependant, avec plaisir, le moment où on n'avait qu'un nœud ; le momend où, si vous aviez eu l'audace de faire une rosette à votre cordon, la gendarmerie, la garde nationale, l'armée entière, eussent été occupées à punir votre forfait. — On se dit : Et moi aussi, cependant, il y a eu un temps où je n'avais qu'un simple nœud ! »

Mais ce qui est encore plus loin de vous, ce que vous n'osez pas espérer, ce que vous placez au nombre des désirs ridicules — à l'égal de l'envie qu'aurait une femme d'un bracelet d'étoiles, — c'est... je n'ose le dire... c'est... ô comble du bonheur ! ô gloire ! ô grandeur ! c'est de nouer le cordon autour du cou ; — mais n'en parlons pas, c'est impossible...

Eh bien ! si vous êtes un homme heureux, si les circonstances vous favorisent, si vous n'êtes pas trop scrupuleux sur certains points,

Un jour, quand vous êtes vieux, quand vos cheveux sont blancs, il vous arrive ce bonheur inespéré. Vous yeux laissent échapper des larmes de joie, et vous mourez en disant : « O mon Dieu ! peut-on penser qu'il y a des hommes assez aimés du ciel pour porter le ruban en bandoulière, de droite à gauche ! »

Et cela, ô hommes graves et sérieux ! tandis que les femmes se couvrent, à leur gré, de rubans de toutes couleurs, en nœuds, en rosettes, en ceintures : — voilà des rubans sérieux, voilà une affaire véritablement grave, — car cela les rend jolies.

⚓ Le prince de Joinville, chargé d'aller chercher à Sainte-Hélène et de ramener en France les restes de Napoléon, a accompli sa mission avec beaucoup de convenance et de dignité ; — ayant appris en mer la rupture des relations entre la France et l'Angleterre, et craignant d'être attaqué, il s'était disposé au combat et avait annoncé qu'il ne se rendrait pas et se ferait couler.

⚓ En général, — la cérémonie, d'après ce que j'ai lu dans les journaux, — ressemblait beaucoup trop aux représentations du Cirque-Olympique. — On ne s'en étonnera pas quand j'aurai dit que le soin en avait été confié à M. Cavé et à trois autres vaudevillistes de ses amis.

J'ai déjà eu occasion de signaler plusieurs des vaudevillistes qui sont devenus des hommes d'Etat, —

Tombés de chute en chute aux affaires publiques.

M. de Rémusat, qui était ministre il y a un mois ; — M. Etienne, qui est pair de France et qui a fait le *Pacha de Suresnes ;* — feu M. Salverte, député de Paris; — M. Duvergier de Hauranne, député; — M. Empis, directeur des domaines; — M. Mazère, préfet, etc., etc. — Le pouvoir, en France, aujourd'hui, sert de retraite aux vaudevillistes invalides.

M. Cavé, directeur des Beaux-Arts, est auteur d'un vaudeville intitulé : *Vivent la joie et les pommes de terre !*

Il est surtout connu comme auteur, en société avec M. Duvergier de·Hauranne, d'une chanson fort spirituelle, dit-on, sur un sujet dont le nom, emprunté à la *perfide Albion,* — ne peut guère se dire et ne peut pas s'imprimer. —·

La cérémonie du retour de Napoléon a été funeste au gouvernement de Juillet. — M. Gabrie, maire de Meulan, avait tout préparé pour recevoir dignement à son passage, sous son pont, — un assez vilain pont, du reste, — les bateaux qui rapportaient l'empereur. — Les bateaux ont passé trop vite, — les préparatifs de M. le maire ont été perdus ; quelques habitants de la commune ont plaisanté, et M. Gabrie, exaspéré, a écrit au préfet de Seine-et-Oise une longue lettre pleine d'une amertume bouffonne, qui se termine ainsi :

« Depuis dix ans, monsieur le préfet, nous avons traversé bien des jours d'inquiétude, et toujours je vous ai dit : « Je » réponds de ma population ; elle est dévouée au roi et à la » Révolution. » Aujourd'hui, tout est rompu : il y a irritation profonde contre le gouvernement de *la peur partout et toujours;* il y a mépris évident pour celui de la dignité duquel on a fait si bon marché ; je ne puis plus dire : « Je réponds. »

» Dans cette position, je crois devoir vous adresser ma démission. GABRIE. »

M. Gabrie n'a pas voulu renoncer à l'encens que reçoit des
journaux quiconque est en opposition avec le gouvernement, —
à tort comme à raison, — et il a envoyé son épître à diverses
feuilles, qui n'ont pas manqué de trouver que *ce sont là de nobles sentiments qui honorent un citoyen et flétrissent un gouvernement pusillanime.*

Pour nous, il nous est impossible d'y voir autre chose qu'un
mélange du Prudhomme de Monnier et du tambour-major de
Charlet : — « Je donne ma démission ; le gouvernement s'ar-
rangera comme il pourra. »

Jusqu'ici on ne connaissait pas assez la population de Meulan,
— ou plutôt la population de ce bon M. Gabrie. — Il paraît que
c'est une nation bien terrible, et que, sans l'intervention de
M. Gabrie, — elle eût depuis longtemps mis Paris à la raison.
— M. Gabrie ne répond plus de rien. — La commune de Meulan
va-t-elle se borner à se déclarer ville libre et indépendante, ou
viendra-t-elle assiéger la capitale ? C'est le premier argument un
peu fort que je vois en faveur des fortifications, et, peu partisan,
jusqu'ici, des forts détachés et de l'enceinte continue, entre lesquels je n'ai pas vu une grande différence, je me propose d'examiner, avant d'en reparler, si l'état d'irritation où se trouve la
commune de Meulan ne les rend pas nécessaires aujourd'hui que
M. Gabrie ne répond plus d'arrêter ses indomptables administrés.

Je joindrai ma voix, monsieur Gabrie, aux éloges que vous
avez reçus de plusieurs estimables carrés de papier, et je vous
rappellerai les exemples des grands hommes qui avant vous ont
plus ou moins volontairement renoncé au pouvoir.

Croyez-moi, les humains, que j'ai trop su connaître,
Ne valent pas, monsieur, qu'on daigne être leur maître.

Sylla abdiqua la dictature ; — Christine de Suède vint demeurer à Fontainebleau, etc. ; — Denys, roi de Syracuse, se fit maître d'école ; — Dioclétien quitta l'empire du monde pour se faire jardinier à Salone.

Aujourd'hui, monsieur Gabrie, libre du joug superbe où vous avait attaché l'amour de votre pays, — vous rentrez dans les douceurs de la vie privée, d'autant plus agréablement, monsieur Gabrie, que vous avez gagné près de cinq cent mille francs en deux ou trois ans, — grâce à une circonstance heureuse pour vous, alors notaire de Meulan, qui fit changer de mains presque toutes les propriétés de votre commune, — ce qui fait que vous n'avez besoin de vous faire ni jardinier, ni maître d'école, — de quoi je vous félicite sincèrement.

Tout cela, en général, a eu un air de comédie, ou plutôt de mimodrame du Cirque-Olympique assez attristant.

Il fallait que le ministère Soult acquittât la promesse du ministère Thiers.

Cela avait parfaitement l'air, en effet, de quelque chose dont on s'acquitte. — On voulait en finir avec l'empereur.

On avait annoncé à tous les entrepreneurs que la cérémonie aurait lieu même si les préparatifs n'étaient pas terminés.

Un fourgon, tendu en velours, avait été envoyé en poste à Rouen et a suivi le bateau pas à pas, — prêt, au moindre obstacle causé, — soit par les glaces, — soit par une avarie au bateau, — à prendre le cercueil et à l'apporter au galop.

Le char, construit par le charpentier Belu, a été fait, pour ne pas durer, — comme un décor de théâtre.

On conserve au garde-meuble le char funèbre du duc de Berry et celui de Louis XVIII. — Celui de l'empereur a été démoli ; — aussi l'avait-on simplement *doré en cuivre.* — Le 15, à cinq heures du matin, la dorure n'était pas terminée.

La colonne de Courbevoie n'a été achevée que cinq jours après la cérémonie.

🐜 Les chevaux, — appartenant à l'administration des pompes funèbres, quoique au nombre de seize, — ont eu beaucoup de peine à mettre la lourde machine en train. — A la montée de Neuilly, — on a craint un moment qu'ils ne restassent en route.

🐜 L'invention du cheval de bataille était du mélodrame ridicule dès l'instant qu'il n'existait plus de cheval qui eût été monté par Napoléon. — Aussi s'enquit-on d'abord d'un vrai cheval de bataille.

On en connaissait trois.

Un à M***, écuyer qui devait le conduire par la bride, mais — il était depuis trois mois empaillé au Jardin des Plantes.

Un autre à M. le duc de Vicence, — c'était un cheval bai du Melleraut, — qui avait été donné à madame de Vicence par l'impératrice Marie-Louise, dont elle était dame d'honneur ; — mais il était mort huit mois auparavant, à l'âge de trente-cinq ans, — après une vieillesse entourée des plus grands soins.

Un troisième à Vire, en Normandie, — appartenant à un fermier ; — mais, lors de son dernier voyage, le roi Louis-Philippe l'a monté. — De quoi le cheval, qui ne travaillait plus depuis longtemps, — était mort, — peut-être aussi de honte d'être monté par un simple roi.

🐜 On s'adressa alors au manége de M. Kousmann, qui avait offert de prêter, — *pour rien*, — un cheval blanc assez joli, — appelé Aboukir, — et qui passe pour fils d'un des chevaux de Napoléon.

Mais cette intention ne fut pas exécutée, — et les pompes funèbres, livrées à leurs propres ressources, prirent un vieux cheval allemand blanc qui, depuis dix ans, porte les vieilles filles aux cimetières. — On le laissa un peu se reposer, — on lui fit les crins, — on lui cira les sabots, — puis on *le* revêtit d'un équipage ayant réellement appartenu à l'empereur, et qui est conservé aux Menus-Plaisirs.

🐜 Le lendemain de la cérémonie, — quatre Anglais, dont un peintre, se présentèrent à l'administration des pompes funèbres, — et demandèrent à voir le cheval de bataille de l'empereur Napoléon.

Le cheval, rentré dans la vie privée, était sorti pour affaires. — Attelé avec un autre, — il conduisait au cimetière de l'Ouest une vierge sexagénaire qui prenait par là pour aller chercher au ciel la récompense de sa vieille vertu.

On répondit aux étrangers que le cheval, fatigué et peut-être ému de la cérémonie de la veille, ne recevait pas ce jour-là ; — mais qu'ils pouvaient revenir le lendemain.

Le lendemain, on le leur montra, tout enveloppé de flanelle. — Ils le dessinèrent de côté, de face, — par derrière, de trois quarts, — de toutes les manières possibles, — puis ils partirent pour Londres, — où ils vont faire un ouvrage sur les funérailles de l'empereur, — où figurera le cheval de bataille.

🐜 On a permis à M. Dejean, directeur du Cirque-Olympique, de faire annoncer dans certains journaux qu'il s'était rendu acquéreur des caparaçons des chevaux du char, — lesquels caparaçons reparaîtront sur son théâtre. — Je ne sais si je me trompe, mais cela me fait tout à fait l'effet d'une indignité.

🐜 Quelques personnes ont crié par les rues, — mais ce sont toujours les mêmes qui crient, n'importe quoi, et qui criaient : *A bas Guizot!* — et demandaient la guerre et les fortifications, comme ils criaient, il y a deux ou trois ans : *A bas les forts détachés!*

🐜 Une impression surtout m'a dominé pendant que, de ma chambre fermée, j'entendais les cloches rares et tristes. Et cette impression, la voici :

« Je veux bien croire aux regrets pieux du roi Louis-Philippe, — de M. Soult, soldat de l'empereur, et d'une foule d'autres ; — mais je suis sûr qu'ils n'égalent pas ceux qu'ils eussent ressentis si l'empereur s'était levé vivant de son cercueil et avait dit : « Me voici. »

⚘ Décidément, à l'Académie, — le parti de MM. *Étienne et compagnie*, le parti *Joconde*, est vaincu. — M. *Hugo* sera élu ainsi que M. *de Saint-Aulaire*.

Ils auront pour compétiteurs : MM. *Ancelot, Affre, Guyon*, etc.

M. *Bonjour* se retire pour revenir avec de meilleures chances lorsqu'il s'agira du troisième fauteuil vacant.

Il n'y aura probablement que trente-deux votants, — mais beaucoup de tours de scrutin, — parce qu'il faudra dix-sept voix pour l'élection, — et que ceux d'entre les candidats qui en ont le plus ne comptent que sur quatorze.

⚘ M. Sébastiani veut, dit-on, — se présenter à l'Académie, parce que le maréchal de Richelieu en était.

⚘ La réception de M. Molé avait réuni toutes les femmes du grand monde — et tout ce qu'il y a d'élégant à Paris. — M. Molé a prononcé un discours très-pâle, auquel Mᵉ Dupin a répondu par un discours très-grossier, qui a fait dire au prince de C... : — « Il a mis ses souliers ferrés dans sa bouche. »

⚘ Il est d'usage de faire une sorte de répétition avant la séance publique, — et de soumettre les deux discours à une sorte de censure. — Mᵉ Dupin avait dissimulé les grosses choses du sien, — en le lisant très-bas et sur le ton monotone dont il lirait une purge d'hypothèque. — A la séance, l'avocat a reparu, et il a fait ressortir les énormités dissimulées.

⚘ M. Royer-Collard a grommelé tout le temps qu'a duré le discours, et il a dit à la fin: « Mais, c'est un carnage ! »

Sur la fin, Mᵉ Dupin a cru de bon goût, devant l'ambassadeur d'Angleterre, de parler de l'expulsion des Anglais du territoire français par Charles VII. — Il y a eu trois salves d'applaudissements, comme à Franconi. — Il y avait là une foule de Françaises fort disposées à jouer les *Agnès Sorel*, — sous prétexte de *Jeanne d'Arc*.

⚘ Cette séance de l'Académie avait ceci de remarquable, que M. Dupin, qui n'est nullement un homme littéraire, répondait à M. Molé, qui ne l'est pas davantage, et qui faisait l'éloge de M. de Quelen, qui l'était moins-que les deux autres.

🐜 En même temps que, le mois dernier, je parlais de certains parvenus mécontents, — dont la scandaleuse fortune n'est pas encore au niveau de leur ambition et de l'idée toute personnelle qu'ils se sont faite de leur mérite, — je ne sais qui, — dans le journal le *National*, gourmandait avec beaucoup de verve et d'esprit une autre classe de ces parvenus de juillet, et les appelait *raffinés de boutique* et *talons rouges de comptoir.*

C'est dans cette seconde classe que s'était, pour le moment, placé Mᵉ Dupin, — qui *travaille* tour à tour dans les deux genres.

Il a fait l'éloge de l'illustration de la famille, — et s'est bichonné lui-même, arrangé, poudré et attifé en ancêtre pour ses descendants.

🐜 Il a audacieusement professé cette doctrine qu'un bon citoyen ne doit pas quitter ses places, parce que le gouvernement change, — et que c'est à elles surtout qu'il doit la fidélité qu'il jure au gouvernement. C'était la paraphrase de ce mot célèbre du maréchal Soult : « *On ne m'arrachera mon traitement qu'avec la vie.* »

Il a fait l'éloge du *courage civil.* — M. de Pongerville a dit : « C'est pour faire croire aux départements qu'il est civil et brave. »

🐜 On parle de M. Empis, qui se présenterait lors de l'élection au troisième fauteuil. Parlons un peu de M. Empis.

Voici le répertoire avoué de M. Empis :

Bothwell, drame en cinq actes, en prose, Théâtre-Français, 1824.

L'*Agiotage ou le Métier à la mode*, comédie en société avec Picard, Théâtre-Français, 1826.

Lambert Simnel ou le Mannequin politique, en société avec Picard : comédie en cinq actes, Théâtre-Français, 1827.

La *Mère et la Fille*, comédie en cinq actes, en société avec M. Mazères; octobre 1830, Second-Théâtre-Français.

La *Dame et la Demoiselle*, comédie en quatre actes, en société avec M. Mazères, 1830; Second-Théâtre-Français.

Sapho, opéra en trois actes, en société avec M. H. C., musique de Reicha; Grand-Opéra, 1827.

Un changement de ministère, comédie en cinq actes et en prose, en société avec M. Mazères; Théâtre-Français, 1831.

Une liaison, comédie en cinq actes et en prose, en société avec M. Mazères; Théâtre-Français, 1834.

Lord Novard, comédie en cinq actes; Théâtre-Français, 1836. (Seul cette fois et seul à l'avenir.)

Julie ou la Séparation, cinq actes en prose; Théâtre-Français, 1837. (Toujours seul, n'ayant d'autre collaborateur que la liste civile.)

Un jeune Ménage, comédie en cinq actes et en prose; Théâtre-Français, 1838 (toujours seul). — Tout cela est imprimé en deux volumes, dont l'exhibition permanente est, dit-on, imposée à la montre vitrée de Barba. Pourquoi *imposée?* Pourquoi *Barba?* Parce que, dit-on toujours, Barba est *locataire de la liste civile*, et, en cette qualité, sous la dépendance de M. Empis.

RÉPERTOIRE NON AVOUÉ.

Vendôme en Espagne, — opéra donné en décembre 1823, — en société avec M. Mennechet, lecteur du roi.

Cet opéra a été fait à l'occasion de la campagne du Trocadero et du duc d'Angoulême.

HISTOIRE DES PIÈCES DE M. EMPIS. — M. Empis, en sortant du lycée impérial, entra dans une étude de notaire ou d'avoué d'où il sortit pour aider de son expérience contentieuse, MM. de la Boullaye et de Senonne, secrétaires généraux de la liste civile.

A propos, dans le volume de décembre, j'ai parlé de M. de Senonne, qui est mort, en voulant parler de M. de Cayeux, qui est vivant, et dont je reparlerai.

Les théâtres royaux relevaient alors de cette administration, ou plutôt de ce ministère : conséquence : *Bothwell*, 1824 ;
l'*Agiotage*, 1826 ; *Lambert Simnel*, 1827 ; *Sapho*, opéra, 1827 ;
et l'opéra désavoué de *Vendôme en Espagne*, 1823.

Peu de temps après, le duc d'Aumont, plus connu sous le
nom de duque d'Aumont, arriva à la liste civile. — A la demande de madame la baronne M***, la salle Feydeau fut abattue
et la salle Ventadour construite. — Elle coûta cinq millions, et
on la vendit peu de temps après deux millions cinq cent mille
francs à M. Boursault.

Le maréchal Lauriston remplaça le duc d'Aumont, — et
on joua encore un peu M. Empis, fort protégé par mademoiselle L***.

On le joua moins sous M. Sosthènes de la Rochefoucauld.

Surviennent les trois journées.

Il est nommé, par MM. Baude, Audry de Puyraveau et La
Fayette, directeur des domaines de la liste civile.

Laissé de côté d'abord, puis nommé ensuite par M. de Montalivet,—paraissent alors pas mal de cinq actes faits avec M. Mazères. — Mais Picard meurt, et M. Mazères est préfet, — et
cependant M. Empis a toujours en portefeuille l'intention de
toucher des droits d'auteur.

Le Théâtre-Français obéré ne peut payer les loyers à son
propriétaire, S. M. Louis-Philippe. — M. Empis, directeur des
domaines de la liste civile, accorde un délai et fait jouer *Une
Liaison*, cinq actes, 1834. — Deux années se passent ; le
Théâtre-Français doit cent cinquante mille francs au roi ; mais
on accorde un nouveau délai, et on joue *Lord Novard ;* même
manœuvre en 1837, *Julie ou la Séparation*. — En 1838,
Un jeune Ménage est représenté, et le Théâtre-Français doit au
roi deux cent vingt-cinq mille francs.

Mais le directeur de l'époque, M. Vedel, éprouve le besoin
d'un acte administratif qui triomphe des récriminations des so-

ciétaires contre lui, et qui le maintienne dans son poste. — On parle de la possibilité d'obtenir du roi la remise entière de l'énorme arriéré, s'élevant à trois cent cinquante-deux mille francs. — Par hasard, à cette époque, un traité secret est passé entre M. Vedel et M. Empis, par lequel celui-ci exige que quatre pièces de son répertoire, la *Mere et la Fille*, la *Dame et la Demoiselle, Lord Novard* et *Julie ou la Séparation*, seront remontées et jouées un certain nombre de fois chaque mois, et qu'à chaque infraction au traité les droits d'auteur seront payés comme si les pièces avaient été jouées. — M. Vedel est renversé en 1840. — Mais le roi accorde la remise, sur le rapport de M. Empis, et réduit le loyer de vingt-cinq mille francs. — M. Buloz, en qualité de commissaire royal et de directeur de deux revues, s'empare de l'autorité, et se croit assez fort pour braver M. Empis; on le ménage toutefois, et l'on attend que le roi ait consenti à se charger de la restauration de la salle, dont la dépense s'est élevée à quarante-trois mille francs. Alors M. Buloz donne un libre cours à son ingratitude. — Le traité est mis de côté, ainsi que le répertoire Empis, le lendemain du succès du *Verre d'eau*. — Mais M. Empis invoque son traité, et un commandement survient, il y a moins d'un mois, pour que le Théâtre-Français ait à lui payer une somme de quinze à dix-huit cents francs pour son répertoire.

Quelques personnes se plaisent à faire des rapprochements fâcheux pour M. Empis entre les dates de la représentation de ses pièces et les services qu'il a pu rendre au Théâtre-Français.

Mais les titres seuls de ses ouvrages militent, selon moi, puissamment en sa faveur. — Presque tous sont une satire contre les intrigues. — Il faut renoncer à juger un auteur par ses écrits, si les services rendus par M. Empis au Théâtre-Français ne sont pas parfaitement désintéressés.

🕷 M. Thiers a été nommé rapporteur pour l'affaire des

fortifications, par la négligence de M. de Lamartine, qui est arrivé trop tard. — Ah! monsieur, c'était bon, quand vous étiez poëte, d'oublier les heures et de les laisser insoucieusement vous échapper.

Le même jour, M. Thiers a été nommé, à l'Institut, membre de la classe des sciences MORALES et *politiques*. — Or, M. Mignet dispose du plus grand nombre des voix. — M. Mignet est ami de M. Thiers, et lui a donné sa voix à l'*unanimité*.

Le but de M. Thiers, en se faisant recevoir dans cette section de *morale*, — n'est autre que d'abuser les gens de bonne foi au moyen d'un jeu de mots, et de leur faire croire que M. Thiers est entré là pour ses vertus, ce qui répondrait bien avantageusement à M. Desmousseaux de Givré, et ferait croire que, si on pense généralement que M. Dosne est beau-père de M. Thiers, c'est un bruit que ses ennemis font courir.

M. L... dit, en parlant de cette élection de M. Thiers : « Je serai enchanté de le voir vice-président de la vertu. »

🐜 Dans *la Favorite*, représentée sur le théâtre de l'Opéra, — il y a encore une église, — il y en a maintenant dans tous les opéras. — Ce qui doit écarter naturellement deux sortes de personnes, — d'abord les personnes pieuses, qui n'aiment pas qu'on permette à des acteurs de semblables représentations ; et celles qui, n'allant pas à la messe, ne veulent pas non plus la trouver sur des planches, où elles viennent chercher autre chose.

Les premiers aiment mieux aller à la messe ; — les seconds préfèrent le bal Musard.

Mais tout se mêle, tout se confond dans un étrange tohu-bohu. — Si l'Opéra, à certains jours, a l'air d'une église, — nous avons l'église de Notre-Dame-de-Lorette, qui a bien l'air d'une salle de spectacle ou de bal, et qu'on a justement appelée une église Musard.

C'est, tous les dimanches, le rendez-vous de beaucoup de

danseuses et de toutes les filles entretenues du quartier. — Aussi y rencontre-t-on une foule de jeunes gens, moins assidus autrefois aux offices divins.

C'est probablement à cause que cette église n'est pas très-bien composée — qu'on y met beaucoup de sergents de ville en uniforme, — probablement pour empêcher les danses inconvenantes. — On annonce un grand bal à Notre-Dame de Paris.

A propos de ces danses inconvenantes et des sergents de ville, gardes municipaux, etc., — qui sont chargés de réprimer, dans les établissements publics, — les cachuchas populaires et les fandangos exagérés, — ne peuvent-ils pas commettre de graves erreurs? — Dernièrement, un homme arrêté par eux pour un semblable délit, développait, devant la sixième chambre, des théories embarrassantes.

— *Nous avons,* disait-il,

Le cancan gracieux, — la saint-simonienne, — le demi-cancan, — le cancan, — le cancan et demi, — et la chahut; — cette dernière danse est la seule prohibée. Je dansais le cancan gracieux.

Ne serait-il pas opportun d'ouvrir, en faveur de MM. les sergents de ville et les gardes municipaux, une école spéciale de danses *bizarres,* — où on leur apprendrait à discerner parfaitement les caractères particuliers de ces danses qui en ont trop.

Dans le monde, quand un homme a invité à danser une femme qui ne peut accepter à cause d'une invitation antérieure, il s'adresse à une autre, et me paraît faire une impertinence aux deux femmes. A la première, cela veut dire : « Je m'adressais à vous par hasard, sans choix, sans préférence; je ne danse pas avec vous; eh bien! je danserai avec une autre. » — A la seconde : « Je vous prends faute de mieux; si la femme que j'ai invitée d'abord eût été libre, je n'aurais jamais pensé à vous; elle est plus jolie, plus élégante, plus spirituelle que vous. »

Quelques-uns, pour éviter cela, ne dansent pas quand la

femme dont ils ont fait choix n'est pas libre ; — mais il peut alors arriver que l'on passe la nuit sans danser, quelque envie que l'on en ait.

Voici ce qu'on fait dans plusieurs villes du Midi : — chaque homme, en entrant, choisit dans une corbeille une fleur artificielle, — et, quand il va engager une femme à danser, — au lieu de cette formule peu variée :

« Madame veut-elle me faire l'honneur de danser avec moi ? » il offre la fleur, — qu'elle garde à sa ceinture jusqu'à ce qu'elle ait dansé la contredanse promise ; — puis, la contredanse finie, elle lui rend le bouquet, qu'il va offrir à une autre. — Par ce moyen, on ne s'expose pas à inviter une femme déjà engagée, — puisque chaque femme qui n'a pas de fleur est libre et attend un danseur.

M. Kalkbrenner, le célèbre pianiste, a un enfant prodigieux, qu'il aime à faire travailler en public. — Dernièrement, l'enfant s'arrêta subitement au milieu d'une brillante improvisation.

— Eh bien ! va donc.

— Mais, papa... c'est que... je ne me rappelle pas.

Voici un mot de la reine Christine à Espartero, — quelques personnes le connaissent, — mais celles-là l'entendront deux fois : il est digne de Corneille.

« Je t'ai fait duc de la Victoire, — marquis de***, — comte de*** ; — mais jamais je n'ai pu te faire gentilhomme. »

On parlait de l'opéra nouveau de M. A. Adam, — la *Rose de Péronne.*

C'est un auteur charmant, — il est bien populaire. « Oh ! cela est vrai, dit une femme, — il est bien populaire — et même un peu commun ; c'est le Paul de Kock de la musique. »

M. Sauzet préside assez mal à la Chambre des députés et dit sans cesse : « J'invite la Chambre à se taire. » — On a fait ainsi le résumé de ses fonctions :

« M. Sauzet invite la Chambre à se taire toute la semaine et à dîner le dimanche. »

🐜 Une femme disait à un artiste dans l'atelier duquel elle voyait un grand nombre de statuettes de femmes nues d'une grande beauté : — « On a tort d'avoir de semblables objets sous les yeux, — on se gâte l'imagination, et ensuite on exige des pauvres femmes des choses qui ne sont pas dans la nature. »

🐜 J'admets peu, d'ordinaire, les prétextes vertueux que prennent les femmes du monde pour paraître sur un théâtre quelconque, — et je n'ai qu'une médiocre indulgence pour les exhibitions d'épaules faites au bénéfice du premier fléau venu.

Je ne dirai cependant rien de la vente au profit des Polonais, faite cette année. — Je suis arrêté par mon admiration pour la princesse Czartoriska. — Cette respectable femme n'a d'autres occupations, d'autres plaisirs, que de soulager la détresse de ses compatriotes. — Son année entière se passe à préparer cette vente. — Elle fait des visites, — encourage les dames patronnesses, — console les malheureux, et trouve encore le temps de faire des ouvrages dignes des fées. — Il y a d'elle, cette année, deux paravents d'une grande beauté.

La comtesse Lehon était la plus charmante marchande qu'on pût voir. — Elle avait pour associées et pour rivales une foule de femmes d'une grande beauté. — Madame Hugo, qu'on oublie d'appeler vicomtesse, parce que c'est assez pour elle d'être madame Hugo ; — madame de Radepont, — madame Friant, — lady Dorsay, — madame de Rémusat. — On remarquait aussi mademoiselle Dangeville, célèbre par son ascension au Mont-Blanc.

La vente a été très-productive.

Les Russes ont affecté d'acheter beaucoup et de payer très-cher, — ce qui a été jugé de fort bon goût.

🐜 J'ai reçu de M. Ganneron, l'ex-épicier millionnaire mécontent, mon colonel, une circulaire relative aux inondés de

Lyon. — C'est plus français par les sentiments que par le style.
— Exemple :

« Paris, 1er décembre.

« *Plusieurs compagnies ont ouverTES des souscriptions, etc.* »

J'ai dénoncé la précipitation des journaux, qui, le lendemain de sa naissance, avaient déjà montré peu d'indulgence pour le second fils du duc d'Orléans.

M. Séguier, premier président de la cour royale, — a fait du nouveau-né un éloge qui n'est pas moins plaisant; — il l'a félicité de s'être hâté de naître.

— Mon cher, disait l'autre jour un officier de la garde nationale à un officier de l'armée, — depuis combien de temps êtes-vous lieutenant-colonel?

— De 1832.

— Oh! alors, je suis plus ancien que vous.

On demande où commencent et où finissent maintenant les annonces des journaux. — De la quatrième page elles ont passé à la troisième, où elles sont déguisées sous le titre de réclame. — De la troisième elles ont sauté à la seconde, au feuilleton. — Quelques personnes ne s'en aperçoivent pas; d'autres, au contraire, croient que tout est annoncé. — Les journaux les plus hurleurs de vertus — ne se font aucun scrupule de se rendre complices des filouteries des marchands de n'importe quoi — en ne négligeant rien pour faire croire à leurs lecteurs que les annonces payées à tant la ligne sont le résultat de l'examen et l'expression de la pensée du rédacteur.

Si un journal vous trompe sur une chose à acheter, ce qui amène une perte d'argent, — quel scrupule aurait-il de vous tromper sur une chose à penser, — ce qui n'amènerait qu'une erreur?

Quand l'annonce avait une place et une forme communes, on

savait à peu près ce que cela voulait dire ; — mais, depuis que tout cela est changé, — et que le marchand fait parler le journaliste lui-même, et lui fait dire : *Nous ne saurions trop recommander*, etc., — j'avoue que je ne comprends pas bien comment on peut croire à la bonne foi politique de carrés de papier complices volontaires de tant de tromperies commerciales.

Parlons un peu de la garde nationale de Carcassonne, qui vient d'être licenciée sur un rapport de M. Duchâtel.

Je ne me rends pas bien compte des bons effets du licenciement comme punition.

Je crois entendre le pouvoir, — comme Dieu au jugement dernier, ayant les justes à sa droite, et les méchants à sa gauche, — dire aux premiers :

— Vous, messieurs, — ou plutôt, excellents citoyens, — ou plutôt, chers camarades ; — vous qui accomplissez votre devoir avec amour ; vous qui passez, avec plaisir, des nuits à garder une guérite, ou à vous promener bruyamment pour ne pas surprendre les malfaiteurs, — votre conduite mérite des éloges, les voilà ; et des récompenses, les voici :

Vous doublerez votre service, — vous multiplierez les patrouilles, — vous perdrez plus de temps, — vous aurez le double de rhumatismes, — vous userez le double d'habillements et d'objets tricolores, — je vous accorde ces faveurs dont (*se retournant à gauche*) vos misérables camarades se sont rendus indignes, — aussi je les condamne à dormir tranquilles, tandis que vous veillerez sur eux.

(*Se retournant à droite.*) Plaignez-les, — car, tandis que vous bivaquez dans la neige, que vous laissez votre maison et votre femme au pillage, — ils dorment et ronflent honteusement chez eux, — dans leurs lits, — ou ils dansent ignominieusement au bal, — plaignez-les, — et instruisez-vous, par ce funeste exemple, — à ne pas dévier de la ligne du devoir.

Une des premières gardes nationales qui aient été licenciées est celle de Clamecy, patrie de l'avocat Dupin, qui refusa de marcher contre les *flotteurs*.

Un seul garde national, commandé par le chef de bataillon, deux capitaines, un sergent-major et un sergent, était accouru en foule à la voix de l'autorité, et s'était empressé d'opposer ses rangs à la fureur des factions, et, fredonnant lui-même la *Parisienne*, faute de musique, il ébranlait ses colonnes pour marcher au-devant de l'émeute, lorsque les divers officiers, n'ayant pas été d'accord sur la marche à tenir, et ayant tous donné simultanément des ordres différents, il n'avait plus su auquel entendre, s'était commandé volte-face et était retourné chez lui.

Depuis le licenciement de la garde nationale de Carcassonne, les récalcitrants des environs se sont réfugiés dans cette heureuse ville; — les loyers y sont hors de prix; — les maisons regorgent, — on bivaque dans les rues; — des familles entières se logent dans les armoires.

A la fin de novembre 1840, la France a pu se convaincre tristement que ses députés n'avaient jusqu'ici étudié l'histoire du pays que dans les vaudevilles joués par Lepeintre aîné et dans les lithographies de Charlet.

Le général Bugeaud, — espèce de paysan du Danube qui dit souvent de fort bonnes choses, — mais dont *les immortels ne conduisent pas assez la langue*, relativement au charme et à la facilité de l'élocution, le général Bugeaud, parlant contre la prétention de faire la guerre à toute l'Europe, que manifestaient certains orateurs, a dit :

« Pendant les guerres de la Révolution, les armées rassemblées contre nous ne s'élevaient pas à plus de cent cinquante mille hommes. C'était le système de guerre partiel, de cordon, comme on l'appelait; ce système donna du temps à la Révolution. On eut le temps d'avoir une armée. Les commencements ne furent pas heureux. Plusieurs fois nous fûmes battus. »

— Comment vaincus ! — Comment battus ! — s'écria-t-on

aussitôt de toutes parts dans la Chambre, — mais c'est une infamie, — mais c'est une trahison. — A l'ordre! — A l'ordre!

Et de longs murmures interrompirent l'*orateur*.

Les écrivains comiques sont bien malheureux de ce temps-ci, — on ne peut rien inventer d'un peu divertissant que quelque grand homme ne s'empresse de mettre la chose en action sérieusement sur une plus haute scène politique, et vous perdez le bénéfice de votre invention.

Voici un fragment d'une bouffonnerie que j'ai écrite il y a plus d'un an :

HORTENSE *à Fernand*. Vous êtes méchant!

FERNAND. Nullement, ce monsieur a pour profession d'amuser. Il doit m'amuser à ma guise, et il m'amusera.

Ici on parla du prix de l'orge, d'un arrêté de M. le maire, qui fut attaqué par les uns et défendu par les autres; cela allait bien mieux sous l'empereur; un vieux soldat porta la santé de l'empereur; on raconta plusieurs anecdotes.

HORTENSE *à Fernand*. M. Quantin va placer son calembour sur l'empereur.

FERNAND. Tenez-vous à l'entendre?

HORTENSE. Pourquoi me demandez-vous cela?

FERNAND. C'est que, si vous y teniez, je ne vous en voudrais pas priver.

HORTENSE. Je l'ai entendu une trentaine de fois.

FERNAND. Alors, c'est bien.

M. QUANTIN. Savez-vous pourquoi Napoléon a été vaincu?

FERNAND. Monsieur, Napoléon n'a jamais été vaincu.

LE VIEUX SOLDAT. Bravo!

UN AUTRE. Bien répondu!

M. QUANTIN. Cependant l'histoire est là.

FERNAND. Oui, monsieur, elle est là, et précisément pour appuyer ce que j'avance.

M. QUANTIN. Oh! oh! oh!

FERNAND. L'empereur n'a jamais été vaincu : il a été trahi.

LE VIEUX SOLDAT. Bravo, bravo, bravo!

FERNAND. Et tout homme ami des gloires de la France est forcé d'être de mon avis.

LE VIEUX SOLDAT. Et celui qui dirait le contraire aurait affaire à moi.

M. SORIN. Vive l'empereur!

M. QUANTIN. Je suis parfaitement de votre avis.

FERNAND. J'en étais sûr.

M. QUANTIN. Et ce que je voulais dire en est la preuve.

LE VIEUX SOLDAT. Voyons.

M. QUANTIN. Je vous demandais : Pourquoi Napoléon a-t-il été vaincu?

FERNAND. Je vous répète, monsieur, que Napoléon n'a jamais été vaincu.

TOUS. Napoléon n'a jamais été vaincu!

M. SORIN. Vive l'empereur!

TOUS. Vive l'empereur!

M. QUANTIN. Mais laissez-moi finir, et vous verrez que nous sommes d'accord.

FERNAND. Non, monsieur.

TOUS. Non, non, non!

Ce qui ne laisse pas que d'être encore assez singulier, — c'est que c'est presque immédiatement après son discours en faveur de la paix qu'il a été décidé que M. Bugeaud irait faire la guerre en Afrique à la place du maréchal Valée. De quoi toute l'armée sera enchantée.

CORRESPONDANCE. — Un monsieur m'envoie de Liége une lettre de papier blanc : sa plaisanterie consiste à me faire payer vingt sous de port.

Un autre m'envoie de Mulhouse une lettre écrite. — Celui-ci est furieux. — J'ai dit que ce monsieur *avait parlé dans un banquet* trop longtemps au gré des convives et il me répond :

« Si la caisse des fonds secrets ne paye pas bien cher vos provocatrices dénonciations de basse police, — dénoncez-la elle-même, — comme ne sachant plus rémunérer les plus lâches turpitudes. »

Le monsieur a demandé par écrit à un journal l'insertion de sa lettre : — le journal a cru devoir refuser. — Moi, je rends à ce monsieur le petit service auquel il semble tenir beaucoup.

Je lui dirai seulement que les lettres du genre de la sienne ne s'envoient pas par la poste : — on vient soi-même (port payé), on les apporte et on reçoit tout de suite la réponse.

Décidément c'est une triste invention que l'écriture, l'ubiquité qu'elle donne aux personnes. — Si ce monsieur ne savait pas à peu près écrire, — il serait simplement bête à Mulhouse; — tandis que, par sa lettre, il est bête à la fois à Mulhouse et à Paris.

Beaucoup de personnes m'envoient des renseignements dont je leur sais très-bon gré, et dont je ne fais pas usage. — Je ne puis, en accueillant des notes anonymes et sans garantie, m'exposer à me rendre l'écho d'une calomnie ou d'une étourderie.

Je reçois chaque mois pour cent cinquante francs d'injures anonymes. — Je trouve cela décidément un luxe au-dessus de mes moyens. J'ai résolu de mettre à l'avenir ces braves gens à l'amende du port de leur lettre, et je ne recevrai plus que les lettres affranchies.

Février 1841.

Nouveau canard. — L'auteur des *Guêpes* est mort. — Les Parisiens à la Bastille. — Scènes de haut comique. — Les fortifications. — M. Thiers.— M. Dufaure. — M. Barrot. — Influence des synonymes. — Les soldats de lettres. — Le lieutenant général Ganneron. — Tous ces messieurs sont prévus par Molière. — Chodruc-Duclos. — Alcide Tousez. — Madame Deshoulières. — M. de Lamartine. — M. Garnier-Pagès. — Les fortifications et les fraises. — Ceux qui se battront. — Ceux qui ne se battront pas. — Invasion des avocats. — Les hauts barons du mètre. — Les gentilshommes et les vilains hommes. — Cassandre aux Cassandres. — La tour de Babel. — Avénement de messeigneurs les marchands bonnetiers. — Le bal de l'ancienne liste civile. — Costume exact de mesdames Martin (du Nord), Lebœuf et Barthe.— Costume de MM. Gentil, — de Rambuteau, — Gouin, — Roger (du Nord), etc., et autres talons rouges. — Mehemet-Ali. — Le bal au profit des inondés de Lyon. — On apporte de la neige rue Laffitte.— M. Batta. — M. Artot. — Relations de madame Chevet et d'un employé de la liste civile.— M. de Lamartine et les nouvelles mesures. — La protection de madame Adélaïde. — Les lettres du roi. — M. A. Karr bâtonné par la livrée de M. Thiers. — Envoi à S. M. Louis-Philippe.

FÉVRIER. — Voici ce qu'on lit dans le journal la *Presse* :

« On a envoyé à tous les rédacteurs de journaux une lettre contenant à peu près ces mots : « J'ai la douleur de vous apprendre que M. Alphonse Karr a été tué ce matin en duel. M. M..., son adversaire, a immédiatement quitté Paris. » Cette fausse lettre *anonyme* était signée du nom d'un des amis de M. Karr, ce qui lui donnait une triste probabilité. La sinistre nouvelle s'est répandue dans tout Paris avant que M. Karr ait eu le temps de rassurer sa famille. Connaissez-vous rien de plus affreux que cette mystification ? Avec de pareilles plaisanteries, on peut tuer une mère, une sœur ou toute autre femme dévouée. Mais est-ce une plaisanterie ? M. Karr le croit. Il y a, dit-il, des gens qui aiment à rire. Quelques-uns prétendent que c'est une méchanceté ; cela ne serait pas une excuse; les plus fins disent: « C'est une rêve-rie de poltron. » Mais que ce soit une plaisanterie, une méchan-ceté ou un doux rêve, tout le monde est d'accord pour s'écrier : « C'est une infamie ! » En vérité, la gaieté française fait des progrès effrayants.　　　　　　« Vicomte Ch. Delaunay. »

Il faut réellement que le monsieur qui a pris la peine d'écrire vingt lettres aux journaux ait le rire difficile et soit peu chatouil-leux pour ne pouvoir se contenter des bouffonneries de tous genres dont nous régalent les hommes sérieux de ce temps-ci.

Les directeurs des différents journaux, — à l'exception d'un seul, je crois, — ont pris la peine d'envoyer chez moi aux infor-mations et n'ont pas inséré la lettre. — Tous mes amis, cepen-dant, ayant appris la nouvelle dans les théâtres et dans le monde, — sont venus demander s'il était vrai que je fusse mort, et, ayant appris que je n'étais que sorti, — se sont en allés en di-sant: « Ah! tant mieux! » Ce qui m'a fait, malgré moi, penser au jour où la chose sera vraie et où les mêmes amis se le feront confirmer et diront: « Ah! tant pis! »

Après quoi tout sera fini.

🐜 O monsieur! — mon bon monsieur, — vous qui êtes si gai, — que vous avez donc dû vous amuser quand cette idée si plaisante vous est venue: tiens, je vais écrire aux journaux qu'Alphonse Karr est mort, — hi, hi, hi! — Que cela sera donc drôle! — que je suis donc amusant! — mon Dieu! que j'ai donc d'esprit! — mort, — tué, — un cadavre. — Oh! c'est trop bouffon; — cela fait mal de rire comme cela. — Un corbillard! — oh! la; la, les côtes! — Un enterrement! — il faut que je me roule par terre, — je m'amuse trop.

Mon bon monsieur, vous que je suis plus près peut-être de deviner que vous n'en avez envie, — permettez-moi de vous dé-dier ce présent petit volume, — et de vous montrer certaines choses qui auraient pu vous inspirer quelque gaieté, — sans cependant vous distraire aussi agréablement qu'en me faisant passer pour mort.

Nous commencerons, monsieur, s'il vous plaît, par les scènes de haut comique, — de comique sérieux.

Je l'ai dit le mois dernier, — l'*étranger*, dont on parle tant à la Chambre et dans les journaux, — n'est pas la cause, mais le prétexte des fortifications.

Le roi voulait avoir ses forts détachés. — J'avais cru d'abord que ce n'était que pour les bâtir, — mais j'hésite dans cette pensée depuis que j'ai vu le gouvernement essayer d'éviter ou d'ajourner l'enceinte continue.

M. Thiers comprenait que, si la loi ne passait pas, — la Chambre ne pouvait se dispenser de le mettre en accusation — pour avoir commencé les travaux sans son assentiment. Le parti radical, — dont toute la puissance est à Paris, a voulu pouvoir gagner la partie en un seul coup de dé, en un seul coup de main.

Beaucoup de gens ont cédé à l'envie de prendre sans danger des airs belliqueux.

M. Dufaure, qui a prononcé un discours très-remarquable contre le projet de loi, disait le lendemain : — « Je ne recommencerai pas, — ce pauvre roi, cela lui a fait réellement trop de peine, »

La gauche et M. Barrot, — qui, il y a trois ans, jetaient de si beaux cris — contre l'*embastillement de Paris*, — ont soutenu les *fortifications*. — Je le répète, — on gouverne la France avec des synonymes. — Vous changez — *gendarmerie* en *garde municipale*, — *conscription* en *recrutement*, — *Charles X* en *Louis-Philippe*, — *embastiller* en *fortifier*, — et tout le monde est content.

La plupart des Parisiens sont enchantés du vote de la loi. — Ils ont démoli la Bastille, où on ne pouvait guère les mettre que les uns après les autres ; — aujourd'hui, — on bâtit autour de Paris, à leurs frais, une immense bastille, — où on les met tous avec leurs maisons, leurs enfants, leurs femmes, etc., et ils sont ravis. — Il y a progrès.

Comment, monsieur, ne vous amusiez-vous pas beaucoup à voir tous ces militaires de plume, — ces soldats de lettres : — le connétable Thiers, — le maréchal Chambolle, — le lieutenant général Ganneron, — le général de division Gouin, — le capitaine Rémusat, — le colonel Duvergier de Hauranne, — le lieutenant Léon Faucher, parler tour à tour ou tous à la fois — de courtines et d'ouvrages avancés; — de bouches à feu, de demi-lunes et de *lunes tout entières ;* — ces messieurs ne vous semblaient-ils pas autant de Mascarilles prévus par Molière?

N'avez-vous pas beaucoup ri de leur escrime de citation, de ces grands noms d'une autre époque transformés en pions — que l'on avançait de part et d'autre :

Vauban — dit oui.

Bousmar — dit non.

Napoléon, — Lamarque, — Thucydide, — Carnot; — et chacun venant apporter les opinions les moins applicables à la question qu'il avait trouvées le matin dans des livres ouverts pour la première fois;

Puis les noms s'épuisant, à Napoléon on répondit par Chicard, — à Vauban par Chodruc-Duclos, — ou par Arnal, — ou par Alcide Tousez, — ou par madame Deshoulières, — ou par Jean Racine, — ou par la Contemporaine, — ou par la *Cuisinière bourgeoise ;* — puis — on opposait Napoléon à Napoléon lui-même : — il a dit oui un jour et non un autre. — Vauban à Vauban : — il a d'abord été pour les fortifications, puis il a changé d'avis.

Et, comme personne ne voulait paraître moins érudit que les autres, — chacun apportait sa liste de noms, — sa kyrielle de mots qu'il ne comprenait pas, — et il ne s'est levé personne pour dire :

Il serait possible que ceux qui pensaient d'une façon en ce

10*

temps-là fussent d'une opinion contraire aujourd'hui que les choses
sont changées. — Il faut même le croire dans l'intérêt de leur
renommée et de leur bon sens ; car la France d'aujourd'hui, —
ce n'est pas la France de leur temps, — car Paris n'est pas leur
Paris, nos passions ne sont pas leurs passions ; — car nous ne
sommes pas aujourd'hui à une époque guerrière, et la meilleure
preuve en est que l'on laisse MM. les avocats parler de guerre et
de fortifications — sans qu'il s'élève dans toute la France un
immense éclat de rire et de huées universelles.

🐝 Vous n'avez pas ri à vous tordre, monsieur, de
M. Gouin-Vauban, — de M. Piscatory-Follard? Vous ne vous
êtes pas roulé par terre dans des convulsions de gaieté en voyant
M. Polybe-Thiers raconter à M. Soult le siége de Gênes, et n'ê-
tre pas arrêté par le vieux maréchal, qui lui disait en vain :
« Mais j'y étais, monsieur ; — mais c'est moi qui l'ai fait, ce
siége, avec Masséna ; — mais j'y ai eu la cuisse cassée, — monsieur. »

🐝 Ah ! monsieur, — cela était cependant bien plus réjouissant que de me faire passer pour mort.

🐝 M. de Lamartine a été courageux et éloquent. —
M. Dufaure a été vrai et raisonnable. (Voir plus haut ses remords.) — M. Garnier-Pagès a été non-seulement spirituel et
sensé, mais il s'est intrépidement séparé de son parti.

🐝 Et on n'a pas compris que Paris devient un château fort
du moyen âge, — et que la province est supprimée, — que sur
un coup de main, — appelé émeute quand cela ne réussit pas,
et glorieuse révolution quand cela réussit, — la France entière,
selon le vainqueur, sera livrée aux jésuites ou à la guillotine.

🐝 On n'a pas compris que la France entière, désintéres-
sée dans la question, pourrait être traversée pacifiquement par
une armée ennemie qui payerait ses vivres.

🐝 Paris sans fortifications — peut être pris, mais est impossible à garder.

Mais Paris fortifié au prix de la fortune publique, — Paris attaqué ne tiendra pas une semaine; on l'a dit : « *que les fraises manquent pendant trois jours — et Paris ouvrira ses portes.* »

Les hommes qui se battront à Paris sont des hommes qui n'y possèdent rien, — c'est-à-dire le peuple et les ouvriers; — mais les propriétaires, — vous croyez qu'ils exposeront leurs maisons, — et les propriétaires sont à la Chambre, — et ils sont les maîtres de faire une capitulation, — attendez seulement la première bombe qui descendra par la cheminée se mêler aux légumes du pot-au-feu, — et Paris pris, — l'ennemi le gardera au moyen des fortifications.

Parisiens, mes bons Parisiens, — on vous a persuadé — qu'il fallait vous faire une chemise d'amiante pour le cas où **votre** maison brûlerait, au lieu de vous conseiller d'éteindre le feu, je le veux bien. — Je sais bien que j'attaque l'opinion de la majorité, — que je n'ai de mon côté que les gens d'esprit et de bon sens, c'est-à-dire le petit nombre; — je sais bien qu'on va encore m'écrire des lettres anonymes injurieuses et menaçantes; — mais, voyez-vous, en vérité, je vous le dis, — il viendra un jour — où personne ne voudra avoir été partisan des fortifications, — où la Chambre qui les a votées en tirera quelque sobriquet fâcheux.

Depuis que M. Thiers a le projet d'écrire l'histoire de Napoléon — et qu'il a écrit son nom sur les bottes de la statue de bronze de la place Vendôme, il s'identifie avec le personnage d'une façon extraordinaire, — chaque fois que, dans la discussion des fortifications, on a parlé de l'empereur, — et Dieu sait si on en a assez parlé! — il a demandé la parole comme pour un fait personnel.

Un matin, — en lisant le compte rendu de la séance de la Chambre des députés, dans un journal partisan des fortifications — j'ai espéré qu'il était arrivé des forts détachés comme

autrefois de la tour de Babel, et que nous en étions délivrés, —
voici ce que disait le journal partisan des forts :

« L'agitation et les sentiments produits par ce discours se manifestent librement lorsque M. Soult est descendu de la tribune.
M. Odilon Barrot essaye en vain de parler ; le tumulte couvre sa
voix. M. Billault court à la tribune ; l'assemblée est hors d'état
de rien entendre. Bientôt tous les membres quittent leurs places
et descendent dans l'enceinte. Les ministres restent dans une
solitude complète et dont ils paraissent effrayés. La séance reste
suspendue. »

Cette chance de salut a manqué.

🐝 Tout en fortifiant Paris, — on a cependant, par un
amendement, à peu près établi que la capitale ne serait pas
classée dans les villes fortifiées. — C'est une critique assez heureuse de l'opération, — et, si M. *Lherbette* l'a faite exprès, je
l'en félicite sincèrement.

Cela rappelle un peu l'histoire de ce monsieur qui, ne trouvant pas son parapluie, écrivit à un ami chez lequel il croyait
l'avoir laissé ; — puis tout à coup, avisant qu'il l'avait serré, —
cacheta cependant sa lettre après y avoir ajouté un *post-scriptum :*

« Mon cher ami, fais-moi le plaisir de chercher mon parapluie
que je crois avoir laissé chez toi.　　　　　　　　M***. »

« *P. S.* Ne t'occupe pas de mon parapluie, il est retrouvé. »

🐝 Paris non fortifié, — c'est le roi des échecs ; — quand
il est *mat*, la partie est perdue ; — mais on ne le prend pas et
on recommence.

🐝 Paris non fortifié, c'est une ville de rendez-vous pour
le monde entier ; c'est la capitale du plaisir, de l'esprit et de la
pensée.

C'est là où viennent se reposer les rois exilés par les peuples,
et les peuples destitués par les rois ; — c'est là que de **toutes**

parts on vient étaler ses joies et cacher ses misères. — Paris, c'est la grande Canongate du monde entier.

🐜 L'ennemi! mais, Parisiens, mes bons amis, — il est au milieu de vous; — l'invasion, mais elle est faite; — votre ville! mais elle est prise, — par les brouillons, par les bavards, par les ambitieux de bas étage, par les avocats parvenus et les fabricants de chandelles enrichis et mécontents.

🐜 Invasion plus cruelle mille fois que celle de l'étranger, — car l'étranger respecterait Paris, — Paris, où il vient s'amuser, — Paris, son rêve et son Eldorado, — Paris, qui appartient au monde et auquel le monde appartient.

🐜 Parisiens, — Parisiens, — vous me rappelez les Troyens introduisant dans leur ville le cheval de bois, — cette horrible machine, — *machina feta armis*, — pleine d'armes ennemies, — et moi, — semblable à Laocoon, — je lance ma javeline contre le cheval de Troie, et je m'écrie :

O miseri! quæ tanta insania, cives?
. . . .

Mais je suis la Cassandre de Troie, — et je parle à des Cassandres.

Aut hoc inclusi ligno occultantur Achivi,
Aut hæc in nostros fabricata est machina muros,
Aut aliquis latet error. . . . . . .

🐜 Les grands peuples libres se sont défendus avec des murailles de poitrines et de bras. — Les peuples fatigués ou déchus se cachent derrière des murailles.

🐜 N'avez-vous pas ri, — mon cher monsieur, quand vous avez vu que juste à l'instant où l'on votait une loi ruineuse, honteuse et ridicule pour préserver Paris des horreurs de l'ennemi et notamment de la *perfide Albion*, les membres des deux Chambres anglaises — parlaient avec affectation de leur estime et de leur sympathie pour la France, — et prononçaient à l'envi des paroles de paix et d'amitié, — comme pour rendre la chose plus drôle et y ajouter encore un peu de comique, s'il était possible.

Provisoirement, — il faut jeter les yeux sur les ravages que va faire autour de Paris le génie militaire, — et se demander — si une invasion de Tartares et de Cosaques causerait une pareille désolation.

TRACÉ DES FORTIFICATIONS. — Le tracé du rempart bastionné à élever à l'entour de Paris restant comme le génie l'a tracé, et la zone de servitudes étant fixée à deux cent dix mètres, ainsi qu'on l'annonce, voici, d'après le *Journal du Commerce*, la liste exacte des bois, plantations, maisons, usines, à raser :

1. Une partie du village du Point-du-Jour, sur la route de Sèvres ;

2. Près de la moitié du bois de Boulogne, car la zone actuelle a à peine cinquante mètres devant le fossé ;

3. Toute la porte Maillot, au bois de Boulogne ;

4. Tout le quartier d'Orléans ou de la Mairie, à Neuilly et aux Thernes ;

5. Une bonne partie du parc royal de Neuilly ;

6. Plusieurs usines et maisons particulières situées au levant de la route de la Révolte ;

7. Tout le village situé entre les Batignolles et Clichy, sur la route de la Révolte ;

8. Plus de quarante maisons, bâtiments, auberges et usines sur la route de Saint-Denis à la Chapelle ;

9. Une partie de la Petite-Villette ;

10. Presque tout le village des Prés-Saint-Gervais, qui se trouve à la gueule du canon du rempart couronnant les hauteurs de Belleville à l'ouest ;

11. Une partie du village de Pantin ;

12. Toutes les maisons de la rue qui conduit de la place des Communes de Belleville à Romainville ;

13. Toutes les plantations des lieux dits les Bruyères et la Justice ;

14. Une partie du village de Bagnolet ;

15. Plus de la moitié du village de Saint-Mandé ;

16. Plus de cinquante maisons de maraîchers dans la vallée de Féchamp ;

17. Le parc et le château de Bercy tout entiers ;

18. Une partie du village de la Maison-Blanche, sur la route de Fontainebleau ;

19. Une partie de Gentilly ;

20. Presque tout le Petit-Montrouge ;

21. Enfin plus de deux cents maisons, usines et manufactures, à Vanvres, Clamart, Vaugirard, Issy, Grenelle et Beau-Grenelle.

Quant aux arbres à abattre, aux jardins à détruire, aux clôtures à renverser, aux carrières à fermer, le nombre en est énorme.

Toutes les voies de petite communication se trouveront interceptées ; les embarras et la gêne qui en résulteront sont incalculables.

Puis enfin il faudra jeter des ponts-levis, masqués par des ouvrages avancés, sur toutes les grandes routes.

Donc, par un vote de la Chambre des députés, — Paris est détruit.—Il faut créer un autre Paris morne, — ennuyeux, ennuyé ; — tu l'as voulu, — Georges Dandin ; — ce n'est pas cependant que ceux qui le demandaient avec le plus de ferveur y tinssent en réalité beaucoup ; non, il faut crier pour ou contre quelque chose ; — l'enthousiasme avec lequel on crie n'a pas de rapport à la chose pour laquelle ou contre laquelle on crie ; — pour crier, — tout est bon pour prétexte. Vous rappelez-vous, — il y a deux mois à peine, — l'indignation, les cris, les lithographies, — les plâtres — pour Mehemet-Ali, — qui allait être abandonné par la France ;—le jour où son affaire a été décidée,

vous auriez cru que les cris allaient redoubler ? — pas du tout ;
on n'y pensait plus. — Mehemet-Ali, — qu'est-ce que Mehemet-
Ali ? — Ah ! oui, — un vieux, — un Égyptien. — Oh ! bien, oui ;
mais il s'agit des fortifications.

Parmi les choses que l'on fait croire aux Français, — il faut
compter celle-ci : qu'ils ont un gouvernement constitutionnel
composé de trois pouvoirs égaux.

Il serait curieux de savoir quel est le pouvoir qu'exerce la
Chambre des pairs ; — elle n'a pas encore voté la loi des fortifications, et il n'est personne qui ne la considère comme parfaitement établie.

Cependant, messieurs les pairs, vous qui comptez parmi
vous la plupart des grandes illustrations du pays, — ce serait là
pour vous l'occasion d'un beau réveil.

Ce serait une grande et belle chose, — qu'un vote à une immense majorité, qui dirait :

« Halte-là, messieurs les avocats parvenus, — messieurs les
marchands de bas retirés, — messieurs les épiciers enrichis ; —
nous, les derniers gentilshommes ; — nous, les descendants des
héros qui ont rendu la France glorieuse et triomphante ; — nous,
les restes de la vieille noblesse française ; — vous avez assez
ruiné, dévasté et avili ce pauvre pays, — nous vous défendons
d'aller plus loin. »

N. B. Deux ou trois pairs feront des discours spirituels contre le projet de loi ; — après quoi la Chambre votera
pour le projet de loi.

La France est jouée — à pile ou face entre les talons
rouges du comptoir et les tribuns de l'estaminet. La pièce tombe
face.

Et ici, avec le vote de la Chambre, commence
LE RÈGNE PROVISOIRE *des talons rouges du comptoir*, —

Qui, au moyen des fortifications, se font hauts barons et seigneurs féodaux.

🐜 M. Casimir Delavigne a eu l'honneur de faire hier la *révérence* au roi; on a remarqué, comme costume de bon goût, son habit de taffetas céladon, et ses bas de soie de couleur de rose; — il aurait bien voulu *monter dans les carrosses du roi*, — mais il n'a pu *faire ses preuves*, quoiqu'il se pique de bonne maison; mais sa famille était de robe et n'a jamais été dans les grandes charges.

🐜 On a hier promené par la ville, en grande procession, le *chef de saint Jean-Baptiste*, pour empêcher les vignes de geler par le froid qui a repris.

🐜 MM. T. de R., — R. de G., — et Eug. B., les deux premiers jeunes gentilshommes *appartenant à monseigneur le Dauphin*, et le dernier *de plume*, sont sortis hier d'un *cabaret* de la place de la Bourse, après le couvre-feu, et un peu *jolis garçons*; arrêtés par le *guet*, ils ont battu l'*exempt* et ses *archers;* —M. le *lieutenant* civil en a été informé et, veut, dit-on, porter l'affaire au parlement.

🐜 On assure que la petite***, de l'Opéra, plus connue sous le nom de *Fifille*, qui a été à M. le duc de***, et qui a passé depuis au comte de***, va entrer *en religion*.

🐜 M. Alphonse Karr, *gazetier*, qui s'est permis de réciter dans quelques *ruelles* une épigramme contre monseigneur Thiers, grand connétable de France, a été rudement *bâtonné* par sa *livrée*. — Il a chargé M. Léon Gatayes d'*appeler* M. Thiers, mais MM. les *maréchaux* — ont décidé que M. Karr, n'étant pas d'épée, n'avait aucun droit à une réparation de ce genre.

🐜 M. Roussin vient d'être nommé général des galères de Sa Majesté.

🐜 MM. Th. Burette et Léon Bertrand, pris en flagrant délit de braconnage *sur les terres du roi*, — ont été condamnés à être *pendus haut et court*. — Leurs parents ont voulu se jeter aux pieds du roi, — mais, malgré la protection du R. P. Oll***, confesseur de Sa Majesté et de M. Barthe, qui vient *de* *traiter de la charge de premier président de la cour des aides* avec M. Persil, ils n'ont pu parler à Sa Majesté.

🐜 Au bal de l'ancienne liste civile, la société a paru mieux composée qu'au bal au profit des inondés de Lyon, où il faut dire qu'elle était beaucoup plus nombreuse. — M. de Ganneron, duc de la Cassonnade, l'un de nos plus élégants seigneurs, — y a dit ce mot, qui a été approuvé : « Le Parisien est généreux, mais très laid. »

🐜 Monseigneur le *Dauphin* — y a paru avec une magnifique cotte de maille *de Milan* et un *pourpoint garni de vair.*

🐜 Les jeunes gens du commerce semblaient s'y être donné rendez-vous, ils étaient tous si frisés et si pommadés, que la réunion de ces divers cosmétiques produisait un mélange horriblement nauséabond.

Une femme du monde disait : « C'est singulier, à chaque instant, je crois voir une figure de connaissance, et ce n'est qu'après que je me rappelle que ce monsieur que j'ai failli saluer n'est connu de moi que pour m'avoir vendu du satin ou de la dentelle. — Celui-ci — est très-cher, — celui-là surfait beaucoup, — cet autre aune à ravir. — La Truie qui file y avait ses représentants, — ainsi que l'Y grec, — les Deux Magots, — le Chat qui pêche, — et la Balance d'or.

🐜 On remarquait la fleur de la nouvelle noblesse française, de puissants barons et des seigneurs avec leurs dames :

M. Gentil, vidame de Saint-Ouen, — duc du Chat qui pêche, — avait un costume des plus galants : surcot mi-parti avec blasons de l'un en l'autre doublé de petit-gris et menu vair, tricot également mi-parti d'écarlate verte et d'écarlate blanche, manches déchiquetées en barbe d'écrevisse, souliers à la poulaine, rattachés au genou avec une chaîne de pierreries, camail nacarat à queue du même, aumônière en dague, gants de fauconnerie en buffle, garnis avec un tiercelet d'autour dûment chaperonné et clocheté.

On a remarqué sa voiture : il porte de sinople à deux ablettes d'argent, adossées, écartelé de gueules à trois chats au naturel, passant, avec un bonnet de coton, en abîme au trescheur d'or, le tout timbré d'un chapeau de soie imperméable avec des lambrequins assortis, et l'ordre de la Légion d'honneur *contournant*.

Madame MARTIN (du Nord), la chancelière, avec la tunique à la Spartiate, fendue sur la cuisse, et retenue d'agrafes de pierreries, le manteau de peau de panthère, la demi-lune de diamants et les cothurnes opales glacées de paille, et le sourire bleu de ciel de Diane allant visiter Endymion ; elle a sur le dos la trousse *(pharetra)* de rigueur où elle serre ses gants, ses flacons de sels d'Angleterre, son mouchoir de Chapron (spécialité), et les trente-deux sous pour son fiacre.

Madame BARTHE, — *femme du lieutenant criminel*, — rotonde goudronnée et fenestrée en truelle de poisson, béguin à la Médicis *orlé* de perles, corsage à pointe, manches déchiquetées et tailladées à l'espagnole, vertugadin à sept pans, souliers carrés losangés de rubans feu, gants cousus et brodés d'or de Florence, parfumés de benjoin et de civette, aumônière de velours incarnadin, ouvré et ramagé de la façon la plus galante du monde, chemise et robe de dessous garnies de point de Venise.

M. FOULD, — *comte de Jérusalem*, — turban à l'orientale, caftan de brocart, barbe pailletée de limaille d'or, l'anneau de Salomon à l'index de la main gauche, une roue jonquille au milieu du dos, et les pantoufles jaunes de rigueur.

M. DE RAMBUTEAU, — *échevin de la ville de Paris*, — poudré à frimats, coiffé à l'oiseau royal, habit à la française de velours épinglé, gorge de colombe, boutons tabatière, renfermant chacun une lettre du nom de ce monsieur, veste lilas glacé, brodé de soie couleur sur couleur, boutons en pointe de diamants, culotte de drap d'or doublée de toile d'argent, claque garni de plumes, à un louis le brin, cravate en maline de la bonne faiseuse, épée la poignée en bas, à lame de baleine, fourreau de chagrin, dragonne de rubans d'argent, baudrier congrant deux montres à miniature, bonbonnière en ivoire de Dieppe, garnie de pralines à la Reine. ◀

🐜 Madame LEBŒUF, *duchesse du denier douze*, — coiffée en hérisson avec un œil de poudre, deux repentirs au naturel des assassins au coin de la bouche, un corset cuisse de nymphe émue, lacé d'une échelle de rubans assortis, jupes de linon des Indes, à paniers relevés de roses pompon et de papillons de porcelaine de Saxe, les bas chinés à coins, mules à talons rouges, patin d'un demi-pied de haut, du rouge.

🐜 Monseigneur GOUIN, *baron de la rue Tiquetonne*. — Ancien surintendant général des finances, perruque in-folio, canons du grand volume, juste-au-corps à brevet, veste mordorée, jarretière de diamants, souliers à oreilles, canne d'ivoire à tête de porcelaine, tabac d'Espagne dans les poches, à la façon de M. le prince, solitaire extravagant au petit doigt de la main droite.

🐜 M. ROGER (du Nord), *grand maître de l'artillerie*. — Juste-au-corps de buffle, ceinturon bouclé de fer, bottes à entonnoir, grègues de cuir de Cordoue, agréments de non-pareille rouge, col rabattu, colichemarde de Tolède, baudrier piqué, feutre à plume rouge, gilet de flanelle à maille d'acier, royale et moustaches poignardant le ciel.

🐜 A la Chambre, pendant la discussion des fortifications, M. de Lamartine s'est embrouillé dans les nouvelles mesures et a proposé de charger un canon avec plusieurs milliers de poudre.

🐜 A la représentation au bénéfice de Mario, mademoiselle Albertine avait un diadème en pierreries si indécent, — que le prince de Joinville et le duc de Nemours, né pouvant en supporter l'éclat, se sont retirés au fond de leur loge, — pendant tout le temps qu'elle a dansé.

🐝 M.***, qui m'a paru un honnête garçon de quarante-cinq ans environ, a eu autrefois le bonheur de rendre un service important à madame Adélaïde, sœur du roi.

Tout récemment, et peut-être en voyant l'état peu agréable des rues de Paris, il a pris fantaisie à M.*** de travailler à l'embellissement et à l'assainissement de la grande cité. — Il se rend alors chez son ancienne obligée, lui expose des plans, des résolutions, et reçoit d'elle, avec l'accueil le plus gracieux et le plus cordial, une lettre de recommandation pour le chef de l'édilité parisienne.

Cette lettre était conçue en termes tellement vifs et pressants, que M.*** dut penser naturellement à l'embarras qu'éprouverait M. Delessert pour satisfaire la princesse sans se démettre de ses fonctions en faveur du recommandé.

La lettre remise, on annonça une réponse prochaine. Il fallait bien, en effet, prendre au moins quelques jours pour se décider à accomplir le sacrifice que la princesse paraissait désirer, ou du moins, pour l'éviter d'une manière convenable et par un palliatif suffisant.

Enfin, la lettre d'investiture arrive, et voici ce qu'elle contenait :

« Monsieur, j'ai l'honneur de vous annoncer que vous serez *incessamment* admis PROVISOIREMENT à remplir les fonctions « D'ASPIRANT AU SURNUMÉRARIAT dans l'administration de la salubrité publique.

« J'ai l'honneur d'être, etc. »

M.*** assure qu'il a répondu par une lettre très-piquante.

🐝 Il y a en Belgique plusieurs contrefaçons des *Guêpes* — — à divers prix. — Mon ami Gérard de Nerval m'écrivait dernièrement: — « J'ai vu votre portrait dans la contrefaçon belge, — je ne vous cache pas que vous êtes fort contrefait. »

Un autre voyageur m'écrit aujourd'hui même:

« J'ai vu les *Guêpes*, je te porterai le volume où est ton portrait, — Dieu! que tu es laid. »

La contrefaçon belge, — pardon, messieurs les libraires belges, de vous faire imprimer ceci — la contrefaçon belge est appelée par les gens sévères — un vol.

Car, sans faire entrer les auteurs dans le partage d'aucun bénéfice, la librairie belge — fournit à leur détriment leurs ouvrages à toute l'Europe, — à un prix naturellement inférieur à celui auquel les vendent les libraires français, qui sont obligés de partager avec les auteurs.

🐝 Pour moi, je ne me plains jamais de ces choses-là, — et, chaque fois que je mange un pain et deux harengs, — je serais enchanté que les miettes pussent nourrir cinq mille hommes, — et je n'élèverais aucune réclamation — quand ces miettes auraient un peu l'air de rognures.

M. Jamar, — celui qui, je crois, contrefait les *Guêpes* en Belgique avec le plus de succès, connaît sans doute cette insouciance, car, en me priant de faire quelque chose qui lui sera agréable, — il commence ainsi sa lettre :

« Monsieur A. Karr,

« En ma qualité d'éditeur de votre ouvrage, les *Guêpes*, à Bruxelles, je me crois permis de vous adresser une demande, etc., etc.   JAMAR. »

🐝 On disait hier, en grosse compagnie, que M. Couveley, peintre du roi, qui a l'habitude de porter beaucoup d'or sur lui, — a été assailli par des malandrins qui lui ont pris la bourse et ses deux montres.

🐝 M. Cousin a acheté la charge de premier porte-parasol du roi.

A une soirée, un de ces jours derniers,

Un jeune homme, appelé Batta, a joué du luth avec quelque succès ; — on a également applaudi le téorbe du sieur Artot.

🐜 Malgré les craintes sinistres inspirées par M. Gabrie, le maire de Meulan, les cultivateurs de cette commune ne sont pas encore venus sur Paris. — Puissent les fortifications être prêtes à temps pour repousser ces barbares. M. Chambolle, nommé mestre de camp par ordonnance royale, vient de lever une compagnie de mousquetaires.

🐜 M. de Montalivet, intendant de la liste civile, va prendre le titre de trésorier de l'épargne.

🐜 Un monsieur, qui occupe une position assez importante sous ses ordres, — a trouvé un moyen ingénieux d'augmenter ses appointements ; il écrit de temps à autre des lettres très-menaçantes — aux gardiens, — portiers ou conservateurs, — je ne sais comment on les appelle, — des résidences royales et des châteaux appartenant à Sa Majesté. — Il leur annonce que divers rapports l'obligent à mettre en doute leur zèle et leur activité dans les fonctions qui leur sont confiées. — Certes, il lui répugnerait beaucoup de leur causer du chagrin ; mais, cependant, il ne peut, sans manquer lui-même à son devoir, se taire plus longtemps sur l'inexactitude de celui-ci, sur la négligence de celui-là, etc., etc.

Ces braves gens, qui savent parfaitement ce que veut dire le monsieur, — font tuer quelques chevreuils, — quelques lièvres, — quelques faisans, sur les terres du roi, — et les expédient en bourriches à leur farouche censeur, qui les vend immédiatement à madame Chevet, veuve d'un célèbre maître queux du Palais-Royal.

🐜 Au bal de l'Opéra, on a toujours l'usage de souper après le bal, vers trois heures du matin, — usage charmant qui méritait bien d'être conservé comme il l'est. — En effet, on passe la nuit au bal, morne, froid, taciturne, endormi. Après quoi on fait un excellent souper qui vous réveille pour aller vous coucher, vous met en belle humeur et vous inspire les plus jolis mots que vous dites au cocher de fiacre. — Vous frappez à votre porte avec une gaieté folle. Il n'est pas de mots piquants, fins, spirituels, que vous n'adressiez à la portière. — Vous montez votre escalier en riant vous-même de ce que vous vous dites de joli. — Vous faites à votre domestique des épigrammes sanglantes, et vous vous couchez en proie à la plus heureuse disposition d'esprit pour veiller et amuser vous et les autres.

🐜 M. Paul Foucher a, hier, donné les violons à mademoiselle de C***. — Le guet a voulu s'y opposer à cause de l'heure avancée ; mais ce jeune gentilhomme l'a mis à la raison, lui et ses hallebardes, au moyen de quelques pistoles.

🐜 M. Lherminier, qui est, dit-on, grand clerc, vient d'être, par lettres du roi, nommé conseiller au parlement de Rennes.

🐜 Le même jour, on a donné à M. Roger (du Nord) le gouvernement de Beauvoisis.

🐜 A la dernière représentation de la petite Rachel, — on a étouffé deux portiers du théâtre. — MM. les échevins de la ville devraient bien faire en sorte que de tels accidents ne se renouvelassent pas. — On a remarqué sur les bancs du théâtre la fleur de la noblesse française. — M. Barthe, ex-procureur au Châtelet, a voulu s'y aventurer ; mais, quoiqu'il fût mis au goût du jour, avec un habit de satin à fleurs, des culottes fleur de pêcher et des bas verts, — les jeunes seigneurs se sont arrangés pour qu'il n'y pût trouver place.

🐜 Plusieurs journaux ont imprimé des lettres du roi — assez bizarres. — Ces lettres traitent fort mal la France et Paris et ses *aimables faubourgs*. — Elles manifestent de temps à autre un vif désir de voir les *Français écrasés*, etc., etc.

Certes, si les lettres étaient authentiques, le roi n'aurait absolument qu'à s'en aller.

Mais les journaux qui les ont publiées sont déférés au procureur du roi sous l'accusation de faux et de diffamation.

Il paraît cependant que les trois premières sont vraies et qu'on ne peut leur reprocher que des interpolations ; les autres sont, dit-on, fabriquées à Londres.

On assure que l'on a déjà fait acheter au roi plusieurs lettres de ce genre, et que cette fois on espérait le même résultat.

On dit que la *Contemporaine* est compromise dans ce trafic.

※ Mais, comme le roi demandait ce que c'était que ces lettres et combien on en voulait, on lui répond : « Trois mille francs de chaque.

— Elles sont apocryphes ! » s'écria-t-il.

※ C'est sur le refus de la liste civile qu'on les a données ou vendues aux journaux. Le ministère espérait mettre la main dessus dans les nombreuses saisies qui ont été faites, — mais on n'a pas réussi.

※ Il serait bien singulier que l'humanité, sous prétexte de progrès, fût dans une fausse route et qu'il lui fallût essayer maintenant de revenir sur ses pas. — Voici le résumé d'un travail statistique fort important ; les recherches que nous venons de faire nous ont conduit à établir .

1° Qu'à mesure que l'instruction s'est propagée d'année en année, le nombre des crimes et des délits s'est accru dans une proportion analogue ;

2° Que, dans le nombre de ces délits ou de ces crimes, la classe des accusés sachant lire et écrire entre pour un cinquième de plus que la classe des accusés complétement illettrés, et que la classe des accusés ayant reçu une haute instruction y entre pour *deux tiers* de plus.

En d'autres termes, quand 25,000 individus de la classe totalement illettrée fournissent 5 accusés,

25,000 individus de la classe sachant lire et écrire en donnent plus de 6 ;

25,000 individus de la classe ayant reçu une instruction supérieure en donnent plus de 15 ;

3° Que le degré de perversité dans le crime et les chances d'échapper aux poursuites de la justice sont en proportion directe avec le degré d'instruction ;

4° Que les récidives sont plus fréquentes parmi les accusés ayant reçu l'instruction que parmi ceux qui ne savent ni lire ni écrire.

J'ajouterai que ce résultat ne m'étonne pas le moins du monde, — et, s'il me restait du papier blanc, — je développerais ma pensée, ce qui sera pour un autre jour.

Passons à d'autres progrès.

L'asphalte des boulevards, qui fond l'été, rend le nettoyage plus difficile l'hiver et a causé un nombre effroyable d'accidents.

Le gaz se gèle — ou éclate — et a asphyxié une famille de six personnes.

Le chemin de fer de Saint-Germain met souvent trois heures à faire la route, une heure et demie de plus qu'un bon cheval.

Les caisses d'épargne ont élargi la conscience des domestiques — et leur permettent de se figurer que le vol n'est que de la prudence ; — ils dépouillent leurs maîtres sans scrupule, maintenant que cela s'appelle : — *Songer à l'avenir*

Il viendra un jour un homme qui inventera les routes pavées de grès et bordées d'ormes, — et cet homme sera appelé le bienfaiteur de l'humanité.

La baronne de Feuchères a laissé par son testament cent mille francs à M. Ganneron, duc de la Cassonade, — et cent mille francs à M. Odilon Barrot, marquis de la Basoche. — Ces deux seigneurs ont d'abord laissé dire qu'ils avaient donné leurs legs aux pauvres. — Puis ils ont fait mettre dans les journaux qu'ils ne pouvaient avoir donné des legs qu'ils n'avaient pas encore reçus. — Sans dire cependant ce qu'ils en comptent faire ultérieurement.

Or, j'ai la douleur de dire à ces deux seigneurs que je ne trouve pas qu'ils manifestent en cette occasion suffisamment de courage et de loyauté. — Si madame de Feuchères leur a laissé ce souvenir, — c'est qu'ils étaient non-seulement ses conseils, — mais ses amis fort dévoués, — du moins ils le lui disaient, ce que je sais de fort bonne part. — Laisser penser par de semblables réticences qu'ils n'accepteront peut-être pas le legs, — c'est donner une force nouvelle à tout ce qui a été dit contre madame de Feuchères.

Le libraire Ladvocat m'est venu voir il y a quelques jours et m'a dit :

— Je ne suis plus libraire ; — considère-moi comme un billet de faire part de la librairie.

— Et pourquoi ? lui demandai-je.

— Ah ! pourquoi ! c'est que, pour vendre des livres, — il faut d'abord qu'il y ait des livres.

— Eh bien ?

— Eh bien ! la politique et les affaires m'ont pris tous *mes* écrivains, — tous mes ouvriers.

S'il n'était pas ministre,

M. Villemain ferait son *Histoire de Grégoire VII et des Pères de l'Église*, — pour laquelle il avait déjà rassemblé des matériaux. Sans la politique qui les a tous pris,

M. de Barante écrirait son *Histoire du Parlement de Paris ;*

M. Thiers, celle du *Consulat et de l'Empire ;*

M. Mignet, l'*Histoire de la Ligue ;*

M. Guizot, l'*Histoire de la Révolution d'Angleterre ;*

M. Malitourne, l'*Histoire de la Restauration ;*

M. de Salvandy, l'*Histoire de Napoléon ;*

Etc., etc. ; à peu près soixante-dix volumes.

Tous travaux commencés et qui m'étaient promis.

Les difficultés qu'a faites l'Académie pour recevoir M. Hugo l'ont fait plus honnir depuis quelques années peut-être qu'elle ne l'a jamais été. — Les académiciens, du moins le parti Joconde, lui attribuent ces avanies, et l'un d'eux a dit le jour de la nomination : « M. Hugo entre à l'Académie comme on épouse une fille qu'on a deshonorée. »

🐜 Au moment où on faisait semblant d'enlever les neiges et les immondices, ainsi que je l'ai raconté dans le volume précédent, je descendais la rue Laffite dans un cabriolet de louage ; — je remarquai un tombereau arrêté, — ce tombereau était chargé de neige, et le charretier qui le conduisait jetait cette neige dans la rue Laffitte. « C'est étonnant, — pensai-je en regardant d'énormes tas contre les maisons ; — il y a cependant assez de neige dans la rue Laffite. Pourquoi y en apporte-t-on ? » Après avoir longtemps réfléchi, je demandai à mon cocher s'il savait pourquoi on apportait de la neige rue Laffitte ; — le cocher le savait parfaitement, et il m'expliqua le mystère.

Les conducteurs de tombereaux, à mesure qu'ils sont chargés, reçoivent, pour chaque tombereau, un cachet que plus tard ils échangent contre deux francs, prix fixé pour chaque voyage. — Mais, au lieu de conduire le tombereau à la rivière ou à tout autre endroit désigné, — ils rejettent dans une rue ce qu'ils ont pris dans une autre ; — par ce moyen, ils ménagent leurs chevaux, et font quatre fois autant de voyages dans une journée.

🐜 — Dis-moi donc, Gustave, à quelle époque, au collège, — commencions-nous à fumer de l'anis dans des pipes neuves, et des morceaux de baguettes à habit ?

— C'était, je crois, en troisième.

— Eh bien ! — aujourd'hui, on fume en troisième du tabac de caporal dans une pipe culottée.

Te souvient-il qu'en sixième, nous étions — tout déchirés, déguenillés, — montant aux arbres, — jouant à la balle et aux barres ; — les élèves de sixième aujourd'hui sont des messieurs, ont des cannes, et le fils de***, du Théâtre-Français, lisse ses cheveux avec des bâtons de cosmétique.

Voici du reste une annonce que je prends dans un journal :

A l'occasion de la Saint-Charlemagne et *à la demande des*

élèves, on donne aujourd'hui au Palais-Royal *Vert-Vert*, *Madame de Croutignac*, *Indiana et Charlemagne*, le *Lierre et l'Ormeau*.

C'est-à-dire les pièces les plus libres du répertoire.

L'éducation du collège est bien plus complète que de notre temps.

Je ne m'aperçois pas que M. Villemain fasse la moindre attention à cela.

🐜 A propos d'une pièce de M. Gozlan, ridiculement tour à tour permise, — défendue, repermise et définitivement défendue,

On raconte que M. Boccage, artiste dramatique, — voulant rassurer le ministre de l'intérieur, qui craignait que cette pièce ne fût le prétexte de quelque tumulte, dit à M. Duchâtel : « Monsieur le ministre, je réponds de tout, — je réponds qu'il n'y aura pas de bruit. — Monsieur Boccage, aurait répondu le ministre, je m'en rapporte bien à vous ; mais si, par hasard cependant, vos prévisions étaient trompées, et si on me demandait des explications à la Chambre, j'aurais mauvaise grâce à monter à la tribune et à dire : « Messieurs, M. Boccage m'avait répondu » qu'il n'y aurait pas de bruit. »

🐜 A propos de la même pièce, M. Boccage a, dit-on, écrit à M. Perpignan, censeur : « Je vous jetterai *par les fenêtres.* »

M. Perpignan lui a répondu :

« On ne jette plus par les fenêtres, — c'est une expression vieillie qui m'obligerait à vous répondre par une locution non moins surannée, — je vous couperai les oreilles. »

🐜 Outre les vaudevillistes invalides que j'ai déjà signalés comme se reposant de leurs travaux dans les sinécures administratives, il faut remarquer, — à propos de la Chambre des députés, — qu'elle renferme un grand nombre de commerçants qui, à l'âge où ils se retirent du négoce, c'est-à-dire quand ils ne se sentent plus capables du commerce de détail et de demi-gros, — se mettent à gouverner le pays, — au lieu de se retirer à la campagne et de se livrer à la pêche à la ligne, — comme ils faisaient avant l'invention du gouvernement dit représentatif.

🐝 Au sujet des lettres attribuées au roi, on a fait arrêter le gérant et le rédacteur en chef du journal la *France*, — contrairement aux lois qui régissent la presse.

Le *National*, qui a fort poussé aux fortifications, s'en étonne et s'en indigne. Pour moi, je m'étonnerais plus qu'un roi auquel on donne des citadelles et des bastilles plus qu'il n'en demande ait la magnanimité de ne pas faire pendre M. de Montour et M. Lubis. — A propos de quoi, je prie S. M. Louis-Philippe d'agréer l'hommage de mon admiration pour sa mansuétude extraordinaire. — Mais un roi qui sort de dix ans de constitutionnalité — ressemble beaucoup à un oiseau échappé de sa cage : — il ne prend pas son vol tout de suite.

🐝 La plaisanterie si ingénieuse qui consiste à me faire passer pour mort n'est pas une nouvelle invention. Il y a quelques années, — M. C. avec M. D. et quelques-uns de leurs amis, en imaginèrent une semblable au Café anglais, sur M. Duponchel, alors directeur de la scène à l'Opéra.

On fit imprimer des lettres de faire part, annonçant la *perte douloureuse* qu'on venait de faire de M. Duponchel, et on envoya à toutes les personnes qui tenaient de près ou de loin à l'Opéra une invitation *d'assister aux convoi, service et enterrement ; on se réunira à la maison mortuaire à neuf heures.* Puis on alla à l'administration des pompes funèbres commander un convoi convenable.

A huit heures, le portier de la maison de M. Duponchel vit arriver avec étonnement des ouvriers de l'administration, qui tendirent la porte de noir ; — puis arrivèrent le corbillard et six voitures de deuil, — et au même instant se présentaient, vêtus de noir et avec une figure de circonstance, — les chanteurs, les danseurs, les choristes, les machinistes, les lampistes, se disant : « Est-ce étonnant, je l'ai encore vu avant-hier !

— Et moi aussi. »

Enfin, on frappe discrètement au logis du mort, et c'est lui qui vient ouvrir.

🐝 Je remarquais dernièrement au bal de la liste civile jusqu'où peut conduire le funeste avantage d'avoir un signe dans le dos. —J'ai vu une femme qui a dû avoir à soutenir une **grande lutte** entre la modestie, que je lui suppose, **et** l'irrésistible **besoin** de montrer un signe qui relevait d'une manière invincible la blancheur de sa peau. — Le signe était fort bas.

🐝 M. Auguis, baron de la rue de la Huchette, a annoncé qu'il renonçait à exercer le droit de jambage dans ses domaines.

🐝 Les nommés Victor Hugo, — Ch. Delaunay, — A. **de Vigny**, — Théophile Gautier, — et A. de Musset, — vilains, taillables et corvéables à merci, — ont, dit-on, refusé d'aller battre la nuit les fossés qui entourent le château de M. Jacques Lefebvre, trésorier de l'épargne, comte de Onze pour cent, afin d'empêcher les grenouilles de crier. — M. le lieutenant criminel a mis quelques exempts à la poursuite de ces manants.

🐝 Parisiens, mes amis — et vous mes bonnes gens de la province, qui aviez, je suppose, envoyé vos députés à Paris pour tout autre chose; — les affaires vont ainsi parce que la pièce est tombée face, — il arrivera une autre fois qu'elle tombera pile, — et vous m'en donnerez de bonnes nouvelles.

Je n'ai pas besoin d'apprendre au roi Louis-Philippe qu'à dater du vote de la Chambre des députés sur les fortifications de Paris, il n'est plus roi constitutionnel, — à moins que ce ne soit tout à fait son bon plaisir.

L'auteur au Havre. — La ville en belle humeur. — Popularité de M. Fulchiron. — Ressemblance dudit avec Racine. — La Chambre des pairs. —
Le duc d'Orléans. — Le roi et M. Pasquier. — M. Bourgogne et madame
Trubert. — Les femmes *génées* dans leurs corsets par la *liberté* de la
presse. — M. Sauzet invente un mot. — M. Mermilliod en imagine un
autre. — Les masques. — Lord Seymour. — Mésaventure du préfet de
police. — Histoire de Francois. — Sur les dîners. — La liste civile fait
tout ce qui concerne l'état des autres. — A M. le comte de Montalivet. —
Le roi jardinier et maraîcher. — Plaintes de ses confrères. — Les *Guêpes*
n'ont pas de couleur. — Un poëme épique. — Un bienfaiteur à bon marché. — Une croix d'honneur. — La propriété littéraire. — Une prétention nouvelle du peuple français. — M. Lacordaire et mademoiselle
Georges. — Les princes et les sergents de ville. — Une anecdote du
général Clary. — M. Taschereau. — M. Molé. — M. Mounier. — M. de la
Riboissière. — M. Tirlet. — M. Ancelot. — M. de Chateaubriand.

MARS. — J'arrive du Havre, — jamais je n'ai vu une
ville en aussi belle humeur. — M. Breton, du *Journal du Havre*,
avait, dans un article fort bien fait, dénoncé à la ville un discours
prononcé à la Chambre des députés par M. Fulchiron, — et la
ville riait à perdre haleine.

J'allai sur la jetée, on parlait de M. Fulchiron, et on riait.

— M. Fulchiron a découvert les vents *alisés*, disait Corbière,
enveloppé dans son manteau brun.

— Il a bien découvert *le* mousson, — répondait le capitaine
Lefort.

— Ce que nous appelons *la* mousson ?...

— Précisément, — à moins cependant que ce ne soit toute
autre chose, car *son* mousson à lui *mène* DIRECTEMENT *aux îles
de la Sonde*, — ce que ne fait nullement *la* mousson, — attendu
qu'elle ne règne pas par là — et qu'on n'arrive aux îles de la
Sonde qu'en courant des bordées.

— Il ajoute que cela se fait *sans aucune peine.*

— On voudrait l'y voir.

— Il assure qu'*il n'y a qu'à tendre les voiles et à marcher devant soi.*

— Certainement, — disait M. Baron, — c'est juste comme pour jouer de la flûte ; il n'y a qu'à souffler dedans et à remuer les doigts.

— Venez-vous dîner ?

— Je ne mangerai pas, j'ai réellement trop ri.

Je descendis sur les quais ; — des calfats qui travaillaient à la coque d'un navire — parlaient et riaient à la fois. — Je m'approchai d'eux, — et ils disaient :

— Dites donc, M. Fulchiron qui dit à la Chambre des députés — que, *pour aller à Pondichéry, il faut* SORTIR *des vents réguliers et entrer dans les vents variables.*

— Comme si les enfants ne savaient pas qu'il faut, au contraire, *entrer* dans les vents réguliers et *sortir* des vents variables.

Et les calfats riaient aux éclats.

Le lendemain, — j'avais passé du Havre à Honfleur, et j'étais à *Trouville.* — C'était la marée basse, — et les filles pêchaient aux *équilles*, les pieds et les jambes nus sortant de leurs jupons courts.

Il y en avait une brune fort belle qui disait à une autre :

— M. Fulchiron a dit qu'il fallait *deux ou trois fois plus de temps pour aller à Pondichéry que pour aller à Java.*

— Deux traversées égales.

Et les filles riaient à se faire mal.

Il y avait au bord des enfants qui jouaient dans une flaque d'eau qu'avait laissée la mer en se retirant. — Ils avaient fabriqué un navire avec une petite planche ; — le mât était une grosse allumette et la voile une feuille de chou. — L'un d'eux dirigea mal le vaisseau, car il resta en panne au milieu de la mare. « Il faut, disait l'*armateur* au pilote maladroit, que tu sois bien *Ful-chiron*. »

🐝 Racine, qui faisait des tragédies comme M. Fulchiron, — a commis également, — autre point de ressemblance, — une faute du même genre quand il a fait dire à Mithridate :

> Doutez-vous que l'Euxin ne me porte en deux jours
> Aux lieux où le Danube y vient finir son cours?

« Oui, certes, j'en doute, » s'écria un spectateur.

Il est fâcheux que M. Fulchiron ne réserve pas ces choses-là pour ses tragédies.

🐝 Le duc d'Orléans et le roi se donnent un soin extraordinaire pour entraîner le vote des pairs en faveur des fortifications. — M. Pasquier, qui a le bon esprit d'y être fort résolûment opposé, a passé deux heures avec Sa Majesté. Le soir, M. Pasquier disait : « J'ai longtemps causé avec le roi ; — j'espère l'avoir ébranlé. »

Le roi, de son côté, disait : « J'ai eu avec M. Pasquier une longue conversation ; je crois l'avoir ébranlé. »

🐝 Le lendemain, le roi a dit : « Si cependant mes arguments n'ont pas produit sur M. Pasquier plus d'effet que les siens sur moi, — il doit être bien affermi dans son opinion. »

Au moment où j'écris ces lignes, — je ne sais pas encore ce qu'il adviendra des fortifications à la Chambre des pairs, — je crains bien qu'il n'arrive précisément ce que j'ai annoncé le mois dernier ; — cependant les hommes les plus considérables de la Chambre sont tout à fait contraires au projet ; — il restera toujours ceci de fort honorable pour eux, que le parti qu'ils prennent les prive à la fois de la faveur et de la popularité.

En effet, d'ordinaire, en France, — il suffit de déplaire à la cour pour mériter les amours du public ; — mais dans cette circonstance, unique peut-être dans l'histoire, — le gouvernement et l'opposition sont d'accord pour forger une arme dont chacun espère se servir pour écraser l'autre, pour piper des dés avec lesquels chacun espère tricher l'autre.

Certes, si les pairs voulaient se donner le libertinage de se mettre mal avec la cour — pour laquelle on leur reproche tant de complaisances, il leur était facile de choisir une occasion dans laquelle cet accès d'opposition leur attirât la bienveillance publique; — mais, en prenant celle-ci, ils mécontentent tout le monde, — et on ne peut attribuer leur résistance qu'à une opinion fondée sur le bon sens.

Dans l'*Auberge des Adrets*, Serres, auquel les gendarmes demandent sa profession, répond : « Ma femme prend des enfants en sevrage. » — M. Bourgogne, si on lui adressait une semblable question, répondrait : « Ma femme fait des corsets. »

Voici un bienfait incontestable de la presse. Madame Bourgogne fait des corsets; — madame Trubert n'est pas contente d'un corset que madame Bourgogne a fait pour sa fille; — M. Bourgogne fait imprimer une brochure qu'il répand dans Paris — avec ce titre :

Lettre adressée à madame Trubert, rue Miroménil, 29, par M. Bourgogne, rue Hauteville, 28.

Paris, — typographie de Firmin Didot frères, — imprimeurs de l'Institut, rue Jacob, 56. — 1841.

Ce n'est plus le temps aujourd'hui où on pouvait impunément, abusant d'un odieux privilége, ne pas prendre chez une marchande de corsets un corset que l'on ne trouvait pas fait à son goût; — le peuple a reconquis ses droits; — le marchand de corsets, grâce à la presse, appelle, de votre refus de prendre son corset, à la France, à l'Europe, au monde entier; — honneur donc à M. Bourgogne! — il a accompli un devoir — sans se laisser arrêter par cette futile objection, que la liberté de la presse menace de s'engraisser du carnage qu'elle fait des autres libertés; — que bientôt elle sera seule; — et qu'enfin la liberté de la presse semble un peu ici restreindre celle qu'on aime à trouver dans son corset, — et la liberté de choisir ses fournisseurs.

J'ai pris tant de plaisir à lire la brochure de M. Bourgogne, que je veux faire participer mes lecteurs à ma satisfaction, et en même temps contribuer à donner à cette œuvre de courage une publicité dont son auteur doit être désireux.

LETTRE ADRESSÉE A MADAME TRUBERT PAR MONSIEUR BOURGOGNE. — Madame, en me présentant chez vous, lundi dernier, j'espérais que vous voudriez bien m'entendre, afin de juger avec connaissance de cause une affaire *grave*, puisque les rapports mensongers et malveillants qu'on a pu vous faire pourraient compromettre la réputation de notre maison. N'ayant pas été reçu, j'ai l'honneur de vous écrire.

Je vais, madame, vous dire l'exacte vérité : *J'ai tout entendu;* ce que mademoiselle Marie pourra confirmer.

Lorsque ces dames vinrent la première fois, mademoiselle Trubert aînée, en entrant dans le salon, commença par dire : « Nos corsets vont bien, madame Bourgogne; » la gouvernante ajouta : « Quant à celui de la petite, il va comme un *cochon*. »

N'attendant pas qu'une dame considérable, qui se trouvait dans le salon, eût fini de lui faire ses observations, elle répéta : « Il va comme un *cochon*. »

Lorsque cette dame fut partie, madame Bourgogne demanda à voir le corset sur mademoiselle, à quoi ces dames répondirent avec un peu d'aigreur qu'elles étaient beaucoup trop pressées, qu'elles reviendraient mercredi ou jeudi.

Ainsi, on est venu *seulement* avec l'intention d'humilier madame Bourgogne devant le monde, sachant qu'à cette heure on en trouve toujours.

Elle fit observer à la gouvernante que ce mot inconvenant la blessait, qu'elle lui renvoyait ce mauvais compliment. (*Comme qui dirait : Vous en êtes un autre.*) Mademoiselle Trubert aînée dit alors : « Mais voilà comme nous parlons à tous nos fournisseurs. — Tant qu'il vous plaira, mademoiselle, moi, je ne le souffrirai pas. » (*Dignité, — leçon donnée à propos.*)

La seconde fois, lorsque la gouvernante vint avec mademoiselle Marie, pour faire voir le corset, il y avait encore des dames qui faisaient à madame Bourgogne de sincères compliments (*douce consolation pour une artiste méconnue*), et qui avaient la bonté de rire aux éclats avec elle (*bonté touchante en effet*) ; ce qui augmenta sans doute son impatience, car, sachant ce qui s'était passé, j'entrai dans le salon pour arranger le feu, afin de l'observer. Je la vis assise derrière la porte du boudoir, à l'endroit le plus sombre, feignant de lire un journal de modes ; mais, à ses mouvements convulsifs, elle me parut fort agitée.

Lorsque ces dames furent sorties, madame Bourgogne l'engagea, ainsi que mademoiselle Marie, à entrer dans le boudoir, en la saluant humblement, sans recevoir aucun signe de politesse. Elle la salua une seconde fois, auquel salut elle répondit par un bonjour bien sec. Le corset étant mis, madame Bourgogne demanda si madame Trubert l'avait vu sur mademoiselle. « Pourquoi me demandez-vous cela ? reprit la gouvernante d'un ton hautain. — Parce que ce corset n'est qu'un peu aisé dans toute sa longueur, ce qui convient aux jeunes personnes, et que je ne trouve pas qu'il aille comme vous avez dit (1). » Alors, sa fureur commença. « Je n'ai pas dit cela, vous en avez menti ! c'est mademoiselle Trubert qui l'a dit, et vous devriez me faire vos excuses. Je représente ici madame Trubert ; voyez votre corset, et taisez-vous ; je vous défends de causer avec moi, vous

(1) On se rappelle comment avait dit la gouvernante. — On doit remarquer ici la délicatesse avec laquelle madame Bourgogne évite de répéter le mot.

ignorez qui je suis, je ne veux pas vous répondre. » Madame Bourgogne fit alors la même question à mademoiselle Marie ; mais, en anglais, elle lui défendit de répondre. Sans doute, mademoiselle Trubert aînée, par bonté pour sa gouvernante, a voulu prendre ce mot sur elle ; mais j'affirme que c'est elle qui l'a dit et répété plusieurs fois.

« Comment ! dit alors madame Bourgogne, vous niez ce fait, ayant vu les paroles sortir de votre bouche ! D'ordinaire, une personne qui s'estime soutient ce qu'elle a dit. (*Haute moralité.*) Quoi qu'il en soit, je ne souffrirai pas qu'on me parle sur ce ton. Je reçois des personnes de distinction, qui toujours sont polies envers moi, et jamais une gouvernante ne m'en imposera. »

Alors sa fureur augmenta ; levant la main sur madame Bourgogne... (Je vis ce mouvement à travers le rideau.)

(*Pardon, — que faisait M. Bourgogne derrière le rideau d'une pièce où on essaye des corsets ?*)

... Disant avec une exaspération violente : « Taisez-vous, ou sinon ! Je vous l'ordonne, taisez-vous ! Vous êtes une bête ! Je vous méprise profondément ; vous ignorez qui je suis ; vous aurez de mes nouvelles : il vous en coûtera cher. Taisez-vous ! »

Il fut impossible à madame Bourgogne de se taire (*aveu naïf*) ; elle répliqua vigoureusement et sur le même ton ; alors, le scandale fut au comble. (*Cela devait être gentil.*)

Voulant mettre un terme à un pareil train, je frappai à la porte et lui imposai silence. (Lui, *pourquoi pas leur, puisque ces dames parlaient* du même ton ?)

Elle se calma peu à peu, mais en répétant dans ses dents : « Je vous méprise, vous aurez de mes nouvelles, vous ne savez pas à qui vous parlez... »

Lorsqu'elle sortit, elle ferma la dernière porte avec fracas, et criant sur le palier de toute la force de ses poumons : « Je vous méprise *tous, tous,* je vous méprise ; » elle parlait avec tant de véhémence, que les voisins se mirent aux fenêtres.

Voilà, madame, à peu près comme cette scène de désordre se passa.

S'il n'en eût rien résulté, j'aurais dédaigné la conduite et les emportements de cette furibonde ; mais elle a agi contre l'honneur et l'intérêt de notre maison : je dois les défendre.

Le soir même, ses menaces furent suivies d'effets ; vous écrivîtes, madame, que vous ne prendriez pas le corset que mademoiselle Marie avait laissé à corriger, de vous renvoyer *de suite*, sans y toucher, le corset que vous veniez de donnner à blanchir et réparer, et de vous envoyer votre mémoire, ne voulant plus avoir aucun rapport avec madame Bourgogne.

Le lendemain, madame Damaison, femme du notaire, et sa demoiselle vinrent, courroucées, demander leur facture en disant : « Nous avons passé hier la soirée chez madame Trubert, et, au salon, nous avons appris de belles choses sur votre compte.

« Vous ne saviez donc pas à qui vous répondiez de la sorte ? c'était à la comtesse***, de la famille de la branche aînée des Bourbons... (*Ce n'est pas la branche cadette qui ferait des choses pareilles ; aussi M. Bourgogne doit-il se féliciter d'avoir jonché Paris de son cadavre en 1830, comme tout le monde, pour l'expulsion de ladite branche*); que madame Trubert considère et chérit depuis douze ans. Vous avez cru parler à une femme de chambre : cela vous fera un tort immense ; nous et toutes nos connaissances ne mettrons plus jamais les pieds chez vous. »

Madame Bourgogne répondit qu'elle n'avait offensé personne ; qu'au contraire on l'avait insultée chez elle, qu'elle ignorait que la gouvernante fût comtesse (*concession légère, il est vrai, et corrigée par le reste de phrase, — mais concession cependant aux préjugés aristocratiques, qui m'étonne de la part de madame Bourgogne*), qu'en tout cas madame la comtesse s'était grandement oubliée.

En remettant la facture à madame Damaison, je lui dis : « Quel que soit le titre de cette *femme (très-bien)*, elle n'avait pas le

droit de venir faire du scandale dans une maison honorable. »
A ce mot *honorable*, madame Damaison hocha la tête et regarda
sa fille en souriant de pitié.

Je ne sais où la comtesse-gouvernante (*sarcasme*) a puisé ses
renseignements, mais, assurément, elle a été mal informée ; ce
ne peut être qu'une machination d'intrigants qui, jaloux de la
prospérité de notre maison, et dans l'intention de la déprécier,
ont fait agir cette méchante dame : car, de la manière dont elle
a osé parler, il semblerait que madame Bourgogne est de la plus
vile extraction, que sa vie est immorale et honteuse ; bien que
madame Bourgogne n'ait pas de titres de noblesse en parche-
min (*autre sarcasme*), elle n'est pas non plus de basse naissance.
(*Elle n'était pas née pour faire des corsets.*)

Je me trouve ici obligé, à regret, de dire un mot sur son
origine et sa vie tout entière. (*Modestie honorable.*)

Sa mère, Dorothée Young, était d'une des meilleures familles
de Mayence, fille du célèbre statuaire Young, dont les ouvrages
sont considérés aujourd'hui comme des chefs-d'œuvre. Elle
épousa, malgré l'aveu de son père (*mépris des préjugés dans
le sang*), François Krempel, honnête artiste attaché à la chapelle du prince de Metternich ; le mariage fut signé du prince ;
le père, irrité, deshérita sa fille. M. Krempel, sans fortune,
n'eut que son talent pour soutenir et élever sa famille. Il était, à
Coblentz, voisin et ami intime de M. Weskery, qui est encore
aujourd'hui à Paris premier secrétaire à l'ambassade de Prusse.
Par suite, les Français envahirent l'Allemagne ; le prince
quitta le pays. (*Était-ce bien une raison suffisante d'envahir
l'Allemagne, et les Français n'ont-ils pas agi un peu légèrement?*)

Kunégonde Krempel, aujourd'hui madame Bourgogne, na-
quit (*remarquez tout ce qu'il y a d'aristocratique dans ce pré-
térit*) au château de Coblentz ; la comtesse Kunégonde, parente
du prince, voulut qu'elle fût tenue en son nom sur les fonts de
baptême.

Elle perdit sa mère à l'âge de neuf ans; son père la mit en pension, et vint à Paris, où le comte sénateur Saur le fit entrer à la chapelle de Napoléon, pour la contre-basse; il entra aussi premier pour cet instrument au théâtre des Variétés (*première contre-basse aux Variétés!*), était compositeur et professeur de plusieurs instruments.

Il est mort chez lui (*chez lui!*) en 1833, rue de Rochechouart, 7 (*de sorte que moi, je me trouve voisin de M. Krempel, comme M. Krempel était voisin de M. Weskery* âgé de quatre-vingt-trois ans, après vingt-trois ans de service à son théâtre *(au théâtre des Variétés comme première contre-basse)*, qu'il ne quitta qu'à la mort.

En 1813, M. Krempel, étant remarié en secondes noces, fit venir sa fille à Paris; mais elle ne put sympathiser avec sa belle-mère (*indépendance de caractère*); elle préféra se placer, persuadée que, ayant reçu les principes de morale et de vertu de sa mère, elle pourrait se conserver dans toutes les positions. (*Belle pensée!*)

Ne sachant pas un mot de français, elle entra d'abord chez une maréchale, duchesse allemande; et plus tard dans d'autres honorables maisons que je pourrais citer.

Le 10 janvier 1820, je l'épousai (*juste récompense!*) à la mairie du deuxième arrondissement; la cérémonie eut lieu le même jour à Saint-Vincent-de-Paul. Étant moi-même sans fortune (*aveu plein de noblesse*), sa position ne fut pas améliorée (*conséquence rigoureuse*); elle se résigna, fit des économies, espérant un avenir meilleur.

En 1827, elle commença son établissement; là, de nouvelles peines l'attendaient. Elle éprouva des difficultés et des embarras de toute nature, que sa religion (*l'application de la religion à la fabrication des corsets est une découverte de ce siècle*), son courage surnaturel et son grand amour du travail lui firent surmonter.

Ce n'est que depuis 1832 que sa maison prend chaque année une extension croissante; elle est aujourd'hui une des plus fortes de son genre.

Étant arrivée, après tant d'années de tribulations, à former une maison *honorable*, je puis le dire hautement, peut-elle, de sang-froid, laisser un libre cours à la calomnie? Parce qu'elle n'a pu supporter les impertinences d'une gouvernante, verrait-elle ternir une réputation si bien acquise?

Ce n'est pas possible.

Ainsi donc, madame, jai l'honneur de vous prévenir que si une seule de ces dames venait encore lui parler de cette affaire, que pour son honneur la comtesse-gouvernante aurait dû taire, je distribue cette lettre à toute sa clientèle, qui se compose en grande partie de la haute société.

VICTOR BOURGOGNE.

Il faut croire que quelqu'une de ces dames a encore parlé de cette affaire à madame Bourgogne, car M. Bourgogne a rendu sa lettre publique. Comme on pourrait croire que j'invente la lettre et M. Bourgogne, la lettre restera déposée pendant trois jours au bureau du journal, rue Neuve-Vivienne, 46.

🐜 M. Sauzet, président à la Chambre des députés, — a dit : « L'honorable membre consent-il au *retirement* de son amendement? »

🐜 M. Mermilliod, avocat et député, a dit: « Le *réclamataire.* »

🐜 Le dimanche gras, — je me suis trouvé pris dans la file des voitures qui couvraient le boulevard; — tout Paris était là pour voir les masques, — sans songer qu'il faudrait que quelqu'un se décidât à être masqué. — C'est le contraire du gouvernement représentatif, où tout le monde veut jouer les rôles, et où personne ne veut être spectateur.

Comme tout le monde regarde les masques, il s'ensuit naturel-

lement qu'il n'y a pas de masques, — et les bonnes gens disent :
« Ce n'est pas étonnant : *le commerce va si mal* à présent ! »

Disons en passant que jamais on n'a vu une époque où on ait
dit : *Le commerce va si bien!*

Il faut remarquer, au contraire, que jamais on ne s'est tant
déguisé qu'aujourd'hui. — Autrefois on ne se déguisait que pendant les *trois jours gras.* — Aujourd'hui, trois fois par semaine,
pendant deux mois, dix bals masqués sont encombrés chacun de
plus de masques chaque jour qu'il n'y en a jamais eu à aucune
époque sur le boulevard.

Je suis curieux de savoir pendant combien de temps on ira
voir le jour, sur le boulevard, — les masques qui sont la nuit
dans les théâtres, — et pendant combien de temps on s'étonnera
de ne pas les voir où ils ne sont pas.

Par une bizarrerie assez ridicule, — l'autorité a fait ce
jour-là traverser Paris à quinze canons, avec des artilleurs à
cheval, — la mèche à la main. — On s'est obstiné à prendre le
tout pour des masques, — et plusieurs personnes du peuple ont
dit : « C'est lord Seymour. »

Ce pauvre lord, — qui n'a à se reprocher aucune manifestation en ce genre, est victime d'un préjugé populaire, qui s'obstine
depuis dix ans — à lui attribuer toutes les mascarades, à le reconnaître dans toutes les extravagances, — à lui mettre sur le dos
tous les verres qu'on casse, — tous les cochers qu'on rosse, —
toutes les vieilles femmes qu'on écrase.

Faute de masques, les gamins ont pris le parti de se
réjouir de toutes les figures un peu singulières qui circulaient
sur le boulevard. — Plusieurs promeneurs, non déguisés, se
sont vus, à leur grande surprise, déclarés masques, — et, comme
tels, poursuivis de huées et de cris joyeux.

Il y a quelques mois, arriva à Paris un M. Penckel; —
c'est un Allemand qui a voyagé longtemps en Russie, et qui
s'est ensuite marié en Italie.

Il descendit d'abord rue du Helder, n°..., jusqu'à ce qu'on lui eût préparé un logement, après quoi il s'en alla demeurer au faubourg Saint-Germain.

Une fois installé, il se rappela qu'il avait un frère qu'il avait laissé à Paris dix ans auparavant, et dont jamais, depuis, il n'avait reçu de nouvelles. — Il se transporta chez M. le préfet de police, lui fit part de sa pieuse inquiétude en le priant de faire faire toutes les recherches nécessaires pour le découvrir. — Il donna sa propre adresse, rue du Bac. Deux mois après, — comme il allait se mettre à table pour dîner, un homme se présenta, qui annonça avoir à lui parler de la part de M. Delessert; — il le fit passer dans le salon, et l'étranger lui dit :

— Le M. Penckel sur lequel vous avez demandé des renseignements est retrouvé.

— Grand Dieu! — où est-il? — menez-moi près de lui.

— Je ne le sais pas, — je ne peux vous conduire que chez M. le préfet, qui vous attend.

— Où est-il?

M. Penckel — descend sans chapeau, — prend un cabriolet qui passait, — abandonne le messager dans la rue, et arrive, pâle d'émotion, à la rue de Jérusalem. — Il demande à parler à M. le préfet. — M. le préfet dîne, — il attend, ses pensées se pressaient tumultueusement dans sa tête, — il allait revoir son frère.

Réjouis-toi, — honnête Penckel, tu sauras plus tard qu'à la fin de la vie les gens que tu aimes t'auront causé plus de chagrins, et de plus profonds, que tes ennemis. — Il est introduit.

— Monsieur, lui dit M. Delessert, — le M. Penckel dont vous êtes inquiet est retrouvé, du moins à peu près.

— Où est-il?

— Je ne le sais pas précisément, mais on est sur sa trace, et on ne peut tarder à connaître son adresse. — Voici ce qu'à force

de soins, de recherches et de peines, la police a découvert: —
Ce M. Penckel est Allemand.

— Je le sais.

— Il a été en Russie.

— Vraiment!

— Puis en Italie.

— Pas possible!

— Où il s'est marié. — De là, il est rentré en France, et il
a logé rue du Helder, n⁰ ... C'est là qu'on a perdu ses traces,
on ne sait plus où il est allé et on l'a perdu de vue.

— Eh bien! monsieur le préfet, je puis compléter vos renseignements.

— Comment cela?

— De la rue du Helder, M. Penckel est allé demeurer rue
du Bac.

— Ah!

— Numéro...

— Vraiment?

— Et, aujourd'hui même, — comme il allait se mettre à table,
— on est venu le chercher de votre part, — il est accouru sans
chapeau, — et il est devant vous, où il admire votre profonde
sagacité.

— Monsieur...

— Monsieur, — ce M. Penckel dont vous me parlez, sur lequel vous avez découvert tant de choses, — et dont vous avez
perdu la trace rue du Helder, — c'est moi; — celui sur lequel
je vous avais demandé des renseignements, c'est mon frère,
Ludwig Penckel. — Vos gens se sont trompés.

✱ Il y avait à la Salpêtrière un garçon de salle appelé
François.

Un jour, à l'heure du dîner, on appelle François.

On cherche François; pas de François; — c'était lui qui servait à table;—grand embarras.—Cependant on se passera de lui.

On sert le potage.

Les malades le trouvent excellent.

La marmite de la Salpêtrière est grande comme une chambre. — On met et on retire la viande avec un croc pendu à une poulie.

Le potage mangé, on descend le croc et on retire le bœuf.

— Ah ça! s'écrie un des domestiques, j'ai vu ce bouilli-là quelque part.

— C'est étonnant, dit un autre, comme il ressemble à François.

— Mais il a la veste de François!

— Mais c'est François!

C'était François qui, las de l'existence, s'était jeté dans la marmite. — On ne l'a pas mangé.

L'homme commence par l'enfance et finit par l'enfance; — mais ces deux états de faiblesse sont séparés par un long intervalle, un intervalle de vie, de force, d'action, de puissance. Le gouvernement représentatif, lui, a réuni ses deux enfances en une seule : enfance de faiblesse et enfance de décrépitude; — enfance qui suit le néant et enfance qui le précède. — Le gouvernement représentatif, semblable aux enfants morts sans baptême, ne tardera que quelques années à s'en aller dans les limbes; — enfant ridé et décrépit, enfant mort de vieillesse avant d'avoir vécu.

C'est singulier comme l'habitude nous rend indifférents pour les choses les plus révoltantes, à un tel degré que nous ne les voyons pas, quoique tous les jours elles se passent sous nos yeux.

Ainsi, une petite bourgeoise qui a de l'ordre et qui tient bien sa maison, quelque jolie, mignonne et dégoûtée qu'elle puisse être, — envoie le matin sa cuisinière à une de ces morgues où les bouchers étendent des cadavres d'animaux — sans que cela attriste ni dégoûte les passants.

Puis, vers six heures, on se met à table, — et la maîtresse du logis, — bourgeoise — ou non, — supposez-la, si vous voulez, la plus élégante et la plus belle, — la plus éthérée et la plus diaphane, — dissèque et fouille successivement divers cadavres, s'efforçant de se rappeler de quel morceau du corps mort aime à se repaître tel ou tel convive.

Celui-ci veut que le cadavre soit encore saignant;

Cet autre le préfère un peu plus cuit;

Elle engage son voisin à manger l'œil du veau, — ou telle autre partie du cadavre qui passe pour plus délicate et plus recherchée.

Voici un homme qui n'a plus faim; — mais il mange encore. — C'est si amusant de faire tenir dans son estomac le plus de cadavre possible! — D'ailleurs, quelques-uns se font gloire d'être gros mangeurs, — et c'est leur position dans le monde.

Et puis, on a mêlé à tous ces corps morts des ingrédients qui en hâtent la décomposition dans l'estomac et permettent d'en entasser davantage. — Entre les animaux qui mangent de la chair, — l'homme est le seul qui en mange pour son plaisir, c'est-à-dire au delà de sa faim.

De telle sorte qu'il m'est arrivé plus d'une fois — de voir à mes yeux se métamorphoser tout à coup la femme la plus gracieuse, donnant à dîner, — en une goule partageant un cadavre à une volée de corbeaux affamés.

Il est vrai qu'on a ajouté à tout cela l'usage dégoûtant de se rincer la bouche à table, — sordide propreté dont, pour ma part, j'ai soin de m'abstenir.

A propos de dîner, il faut encore remarquer que beaucoup de gens, en invitant, songent beaucoup moins à être agréables aux gens qu'ils reçoivent qu'à les écraser par l'opulence de leur maison, — beaucoup plus à les étonner qu'à les nourrir. — C'est dans ces maisons surtout qu'on mange des primeurs, — c'est-à-dire des légumes qui ont besoin d'être étiquetés pour qu'on ne les prenne pas au goût pour une seule et même herbe sans saveur. Beaucoup de personnes, en vous donnant *des pois verts* à certaines époques, n'ont évidemment d'autre intention que de vous *montrer* des pois *chers*.

🐜 J'ai déjà, à plusieurs reprises, donné à M. le comte de Montalivet la preuve d'estime de lui dénoncer à lui-même les abus qui se commettent dans son administration.

Je viens aujourd'hui lui apprendre qu'on fait du roi de France un jardinier et un fruitier, — et que les autres jardiniers et les autres fruitiers, ses confrères, se plaignent amèrement de lui.

Il y a à Versailles, — au château, — un potager fort beau et fort bien cultivé par le jardinier Grison. Ce potager produit beaucoup au delà de la consommation du château, surtout en fruits et en légumes de primeurs ; — vous croyez peut-être que le surplus est consacré à des présents.

Nullement, — on le vend à beaux deniers comptants à divers fruitiers de Paris.

Et, comme ceux qui vendent les produits de Versailles les ont pour rien, ils les donnent aux marchands à un prix auquel les producteurs industriels ne peuvent abaisser les leurs.

Pour vous montrer que je suis bien instruit, nous allons procéder par exemples.

EXEMPLE : — Il n'y a qu'un seul jardinier qui *fasse* des haricots verts de primeur, — c'est un nommé Gauthier qui demeure au Petit-Montrouge.

Cette année, au 20 février, on n'avait encore vendu que deux fois des haricots verts à Paris.

Les premiers par le roi, — les seconds par M. de Rothschild, qui a un jardin à Boulogne, — à Maillez, fruitier, marché Saint-Honoré.

Aujourd'hui Gauthier, qui, avec moins de ressources que ses deux rivaux, arrive cependant presque en même temps qu'eux, — est obligé, pour rentrer dans ses frais, de vendre ses haricots vingt ou vingt-quatre francs la livre, — tandis que ses concurrents, le roi de France et M. de Rothschild, les donnent à meilleur marché.

L'année dernière, — Gauthier, plutôt que de donner ses haricots à vil prix, a mieux aimé en faire des présents.

C'est agir royalement.

AUTRE EXEMPLE: — L'an dernier, à Trianon, pour un dîner qui devait avoir lieu, on avait demandé trente ananas au potager de Versailles; — le dîner n'eut pas lieu, et le lendemain les ananas étaient vendus à Bailli, glacier, rue Neuve-des-Petits-Champs, — à un prix auquel ne peuvent les céder les producteurs, auxquels chaque ananas coûte de huit à quinze francs.

Autrefois, les cultivateurs de Versailles obtenaient la permission de faire prendre dans la forêt de la terre de bruyère, nécessaire à leur travail, qui y est fort bonne; — mais la liste civile a pris le parti de la réserver pour le potager de Versailles et pour les pépinières de Trianon, — tandis que les jardiniers marchands sont obligés de la tirer de Palaiseau et de Saint-Léger, c'est-à-dire de quatre à cinq lieues de là.

Les jardiniers ont un si grand besoin de feuilles d'arbres ramassées et de mousse, qu'ils les payent, l'hiver, huit ou neuf francs par voiture. Il y a quelques années, les pépiniéristes ont fait une pétition pour demander la réforme de quelques abus, et on leur a supprimé la permission de ramasser des feuilles,—permission qui, du reste, leur a été rendue depuis.

Je sais bien, — monsieur le comte, — qu'Abdalonyme était jardinier avant d'être roi, — et que Dioclétien le fut après avoir été maître du monde;

Mais je ne vois aucun prince qui ait cumulé ces deux professions de roi et de maraîcher, et qui les ait exercées simultanément.

J'en excepterais un duc de Pirmasentz, ville de soixante-dix-huit maisons, dont j'ai raconté l'histoire dans un livre appelé

Einerley, et qui cultivait des œillets, — mais celui-là ne les vendait pas.

Croyez-vous, monsieur le comte, qu'il soit bien utile à la gloire du roi Louis-Philippe qu'il soit le premier à donner ce spectacle ?

Voici ce que me rapporte une guêpe, qui a passé les barrières et qui est allée du côté de Versailles *pour voir si le printemps s'avance*.

🐝 On lit dans un journal, sous la rubrique de Calais : « L'éclipse de lune a été la cause *bien involontaire* de l'échouement d'un de nos bateaux pêcheurs. »

🐝 Voici des choses un peu fortes que me dit une guêpe nouvellement enrôlée dans mes escadrons. — Si quelqu'un avait des preuves à me donner contre les assertions de ma nouvelle recrue, — je les accepterais et les enregistrerais avec plaisir,— ainsi que je le fais et le ferai toujours chaque fois qu'on me démontre ou me démontrera que j'ai été ou que j'aurai été mal informé.

Le maréchal Soult nous a appris entre autres choses, dans la séance du 22 janvier, qu'il avait gagné la bataille de Marengo tout en défendant Gênes.

Cette victoire, si opiniâtrément disputée par les Autrichiens au premier consul Bonaparte, ne lui est pas moins vivement contestée par les Français.

Du vivant de l'Empereur, certaines gens prétendaient que c'était le général Desaix qui avait gagné la bataille. Le fait est qu'il y fut tué.

Sous la Restauration, feu le duc de Valmy passait pour avoir gagné la bataille par une certaine charge de cavalerie.

Voici maintenant M. le maréchal Soult qui nous apprend qu'à lui seul est dû l'honneur de cette victoire, de même que celle d'Austerlitz.

Il y a trois ans, M. le maréchal Clauzel, dans ses *Explications*, apprit à toute la France qu'il avait gouverné Raguse et couvert de belles routes toute la côte dalmate. Il se vantait, en outre, d'avoir amené son *corps d'armée* à l'Empereur sur le champ de bataille de Wagram.

Vérification faite, il se trouva que tout ce que ledit maréchal Clauzel croyait avoir fait appartenait en propre au maréchal Marmont, duc de Raguse, sous les ordres duquel M. Clauzel était alors employé.

Pendant quinze ans le maréchal Macdonald s'est laissé appeler par tous les journaux *vainqueur de Raab*.

Cette bourde a été reproduite dernièrement par M. Ph. de Ségur dans un éloge qu'il a prononcé en Chambre des pairs.

Le fait est que la bataille de Raab a été gagnée par le prince Eugène Beauharnais, qui commandait l'armée d'Italie ; à la vérité, le maréchal Macdonald, alors général de division, servait sous les ordres de ce prince, mais il n'assista même pas à cette bataille, étant avec sa division à une journée en arrière.

Toutes ces choses pourraient bien devenir de l'histoire si la critique contemporaine n'y met bon ordre. Celui de nos maréchaux qui vivra le plus longtemps finirait par avoir gagné, à lui tout seul, toutes les batailles de la Révolution et de l'Empire.

🐝 Nous avons déjà parlé des avantages incontestables que procurent au pays les fréquents changements de ministère dont nous jouissons depuis quelques années. A peine les administrations et les institutions ont-elles commencé à recevoir une impulsion dans une ligne quelconque,—qu'un autre ministère vient changer la direction pour une autre, qui sera encore changée avant qu'on ait atteint aucun but.

Il y a encore d'autres agréments attachés à ce système, agréments qu'il n'est peut-être pas mauvais de dévoiler. Les ministres sortants — ressemblent à ces marins—dans une scène fort bien décrite par M. Sue, — qui, après dîner, s'amusent à jeter, par les fenêtres, la vaisselle et les meubles. On pourrait encore les comparer à ces marchandes de salade de la halle, qui, chassées à une certaine heure par les sergents de ville, — offrent, à un vil prix, le reste de leur marchandise.

Au moment du départ, toutes les complaisances, toutes les amitiés, tous les dévouements, sont admis à une grande curée de tout ce qui reste à la disposition des ministres : les croix, les emplois, l'argent, sont distribués à la manière des comestibles aux anciennes fêtes publiques. — Pendant que le ministre s'en va, — on l'arrête sur l'escalier, dans la cour, — à la porte du ministère ; — il est encore un peu ministre : on lui fait signer, signer, signer. Tout cela se fait avec tant de confusion, qu'il est arrivé quelquefois, par hasard, et sans mauvaise intention, que l'on ait commis quelque mesure utile, que l'on se soit laissé aller à décerner une récompense méritée. Le plus sûr est pourtant de ne pas s'y fier.

Il est un reproche qu'on me fait fréquemment.—Je reçois une lettre ce matin qui est la soixantième, contenant à peu près les mêmes choses ; je réponds aux soixante lettres et aux soixante reproches à la fois : Pourquoi n'avez-vous pas de couleur ?

Il faut que j'explique ce qu'on appelle, — en journalisme, — avoir une couleur. Quand vous voulez avoir une couleur, — je vous fais grâce des nuances, — vous annoncez que vous êtes pour ou contre le pouvoir

Si vous êtes pour le pouvoir, de ce moment vous êtes enchanté de tout ce qu'il fait et de tout ce qu'il fera ; s'il pleut, vous en rendez grâce à sa haute sagacité, à sa paternelle prudence. Si le pouvoir dit : « Comment vous portez-vous ? » vous citez le mot charmant ; les cheveux de M. Bugeaud vous paraissent blond cendré ; M. Fulchiron est un poëte distingué. Le pouvoir ferait guillotiner la moitié de la nation, brûler les moissons, rôtir les enfants, que vous n'en feriez pas moins l'éloge de son inépuisable bonté. — Si vous êtes dans l'opposition, tout ministre est un voleur, un traître. Le roi ne peut se promener dans son jardin sans que vous vous croyiez obligé de crier à la tyrannie et à l'arbitraire. A tout homme qui éprouve des contrariétés de la part de la police vous êtes obligé de tresser des couronnes. Le gouvernement répandrait l'abondance, la paix, l'union, dans toute la France, que ce n'en serait pas moins pour vous un gouvernement absurde, ennemi du pays, et qui pèserait sur la France.

※ Ne pas avoir de couleur, c'est ne suivre de règle que le sens commun, c'est blâmer le mal, louer le bien, rire du ridicule, quel qu'en soit l'auteur; c'est garder entre tous les partis du bon sens, de la bonne foi, du jugement et de l'esprit.

※ Grande nouvelle : les journaux nous annoncent que nous avons *enfin* un *poëme épique*, la divine épopée. — Il paraît que c'est une chose fort agréable et fort utile que d'avoir un poëme épique, — car dans tous les temps on a agité cette question : « Avons-nous un poëme épique? » Tous les vingt ans — il en paraît un nouveau, — et on dit alors : « La France n'avait pas de poëme épique. »

Si un poëme épique se compose de quelques milliers de vers très-ennuyeux, nous avions la *Henriade* de Voltaire, dont la France — ce me semble — aurait pu se contenter.

J'ai toujours entendu dire que la *Henriade* est un poëme épique ;—un poëme épique est une chose dont on est fier, mais qu'on ne lit pas.

Je ne trouve pas que le peuple français, — en cette circonstance, — montre un enthousiasme suffisamment frénétique.

On a cependant fait beaucoup d'annonces pour apprendre audit peuple français l'événement qui devait le combler de joie.

Mais — entends donc, — peuple français, entends donc — la *bonne nouvelle*. — Peuple français, tu as un poëme épique ; — la nature non plus ne se met guère en harmonie avec la circonstance, — l'hiver recommence, — les sureaux et les chèvrefeuilles, qui étaient tombés dans le piège que leur tendaient quelques rayons de soleil, ont vu sécher leurs premières feuilles.

déjà sorties, — absolument comme si nous n'avions pas de poëme épique ; — mais qu'est-ce que cela te fait, — peuple français ? — tu as un poëme épique ; — du reste, c'était le vrai moment d'en avoir un.

🐝 On s'occupe beaucoup à la Chambre et dans les journaux de la loi sur la propriété littéraire. — On a déjà prononcé beaucoup de discours, on a écrit de longues pages, et nous ne sommes pas au bout. Il y a quelques années déjà, — au milieu d'une discussion sur le même sujet, — j'avais proposé une loi, qui a été jugée, en ce temps-là, par les meilleurs esprits, si simple, si raisonnable, qu'on n'y a pas trouvé la moindre objection. Ce projet de loi, le voici, — j'ai lu tout ce qu'on a dit, tout ce qu'on a écrit sur la question ; il répond à tout :

ARTICLE UNIQUE. *La propriété littéraire est une propriété.*

Et cette propriété, une fois reconnue, rentrerait dans toutes les lois et ordonnances relatives à la propriété en général. Cela est simple, — cela est facile à trouver, — ce qui n'empêche pas que cela ne sera pas pris en la moindre considération.

🐝 On a frappé de ridicule l'ancien amour romanesque, — qui attendait cinq ans un regard, — cinq autres années un ruban, — cinq autres années un baiser sur la main, et n'arrivait à recevoir le prix de son douloureux martyre que lorsque ce prix était considérablement avarié et décrépit. — Cependant l'amour ressemble beaucoup à un jardin au bout duquel on arriverait en trois pas, si le chemin à faire n'était prolongé en une foule de petites allées tournant capricieusement, fleuries et embaumées.

La nature avait donné à l'homme sa femelle, comme à tous les animaux, — c'est l'homme qui a inventé la femme, — et c'est sa meilleure invention.

En ce temps-là, les romans et les romances ne vous peignaient que des Amadis ténébreux et des Galaors mélancoliques — *chantant leur martyre dans leur délire,* etc.

Aujourd'hui on a changé cela comme bien d'autres choses;
les romans et les romances ne représentent plus que des femmes
méprisées, — se roulant, se tordant aux genoux d'un homme, —
ce qui est assez laid.

La même manie de changement qui a fait mettre sur les
adresses le numéro avant la rue, — a amené quelque chose de
plus grave et de plus satisfaisant pour la vanité des gens; — autrefois, quand on perdait un parent, — la formule des lettres de
faire part était celle-ci :

« Nous avons l'honneur de vous faire part de la perte de
M..., etc. »

Puis, au bas de la lettre, en caractères plus petits, on ajou-
tait: « De la part de M. et de M... »

Il est évident que le mort jouait le premier rôle et que les parents, simples comparses, — n'avaient que le petit plaisir collec-
tif et indirect d'étaler les titres et les décorations de leur mort.
Cela ne pouvait durer ainsi, et on a changé la formule; on écrit
aujourd'hui : « M..., chevalier de... de... et de...; M. le président de..., madame la marquise de..., etc.; » puis, quand il
n'y a plus ni noms, ni titres, on ajoute au bas: « Ont l'honneur
de vous faire part de la mort de... »

Ce qui me paraît peu décent; — mais de ce temps-ci tout le
monde veut tellement paraître, qu'on est jaloux de l'attention
posthume qu'usurpe le pauvre mort.

J'ai sous les yeux un exemple curieux de ce nouvel usage. Il
s'agit de la mort de M. le baron Bl*** de B***, mort à Versailles.
— Eh bien ! si, averti par l'encadrement noir de la lettre, vous
voulez savoir lequel de vos amis vous avez à regretter, il faut
lire d'abord dix-sept noms suivis chacun de deux à trois lignes
de titres et de décorations en petit texte, avant d'arriver au nom
du mort, que rien ne sépare des noms de ses parents, afin qu'il
soit impossible de le lire sans avoir préalablement lu les autres.
Mais il s'est glissé dans cette lettre une singulière erreur: — on

a confondu l'ancienne et la nouvelle formule, et on s'y est considérablement embrouillé.

Dans l'ancienne formule — on mettait : « De la part de MM. tels et tels, de mesdames telles et telles, — ses frère, — cousin, — neveu, — nièce, etc. »

Dans la nouvelle, — on doit mettre : « MM. et mesdames tels et telles vous font part de la mort de M. Bl*** de B***, leur frère, cousin, oncle, etc. »

Dans la lettre de faire part de M. Bl*** de B***, on a confondu les deux formules, — et on dit : « MM. et mesdames tels et telles vous font part de la mort de M. Bl*** de Bl***, — leur père, beau-père, etc., — nièce et petite nièce. »

De telle sorte que ce vieillard de quatre-vingt-trois ans se trouve, dans la lettre qui annonce sa mort, être la nièce et la petite-nièce de mesdemoiselles trois et quatre étoiles.

Je viens de lire dans un journal que feu M. de Quélen, l'archevêque de Paris, — s'était adjoint — je ne sais plus quel prélat, — pour l'aider à supporter le *fardeau de l'épiscopat*. — Cela me rappelle que je vois de temps à autre dans d'autres feuilles et j'entends dire à la tribune — le *poids* des affaires publiques, — le faix de la royauté, — etc., etc.

Ces phrases étaient bonnes à la rigueur et pouvaient espérer des dupes quand il était d'usage de couvrir son ambition et son avidité d'un manteau d'amour du bien public et de désintéressement ; — mais elles sont bien ridicules aujourd'hui — que l'on joue les plus vilains jeux, cartes sur table.

UN BIENFAITEUR A BON MARCHÉ. — Un homme fort riche se délasse des travaux qu'il ne fait guère à la Chambre et de ceux qu'il fait faire à son argent — par des amours cachées ; modeste, il n'a pas la prétention d'être aimé tout à fait pour ses avantages extérieurs. Il ne peut pas, comme César, donner un royaume à la femme qu'il aime ; — il n'a pas de royaume, et, s'il en avait un, il ne le donnerait pas, — il le prêterait plutôt à quinze pour cent.

La belle, un de ces jours derniers, — était en conversation avec un rival heureux de son bienfaiteur — lorsque tout à coup la sonnette se fait entendre.

— C'est lui !

M. de*** se trouble.

— N'aie pas peur, mon ami, — je l'aurai bientôt renvoyé : j'ai un moyen.

On cache l'ami dans un cabinet. — Le bienfaiteur arrive :

— J'ai sonné bien longtemps, — dit-il.

— J'étais occupée à mettre en ordre des mémoires ; — je dois à tout le monde, — vous êtes un horrible avare, — vous ne me donnez rien, — je suis dans la misère.

— Mais, ma bonne...

— J'attends des fournisseurs, — des créanciers.

— Mais...

— Tenez, allez-vous-en, — je ne peux pas supporter votre présence. — Allez-vous-en, — vous reviendrez demain.

Le bienfaiteur s'en va. — En sortant — il laisse clandestinement sur la cheminée un billet de mille francs. La belle ne s'en aperçoit pas et le reconduit — pour être plus certaine de son départ.

M. de***, qui a vu le geste, — sort de sa cachette, — voit le billet de mille francs et le met dans sa poche.

— Comment, mon cher ange, dit-il à la déesse, — tu es gênée, et tu ne m'en dis rien ; — tu me caches tes chagrins, à moi qui serais si heureux de les effacer ! — mais c'est mal, — c'est très-mal ! — Comment, — tu ne pouvais pas me dire : « J'ai besoin d'argent. » Je suis bien en colère contre toi. — Tiens, j'ai là un billet de mille francs, — je veux que tu le prennes ; — je ne te pardonnerai qu'à cette condition.

La belle hésite, — sans s'exposer cependant à être prise au mot. — M. de*** insiste, — fait accepter le billet de mille francs de son rival, — et s'échapppe pour aller conter l'anecdote au foyer de l'Opéra.

🐜 M. le marquis de Basincourt, qui pendant les désastres de Lyon a négligé ses propriétés pour celles des pauvres habitants, qui a sauvé à la nage la vie de plusieurs personnes en danger, — a distribué de l'argent et du pain à ceux que l'inondation avait le plus maltraités, a été nommé officier de la Légion d'honneur.

C'est très-heureux et très-flatteur... pour la croix, — et c'est tout au plus si elle le mérite.

🐜 A la Chapelle-Saint-Denis, le cimetière est tenu par un homme qui n'a d'autre charge que d'enterrer les corps qui lui arrivent. — Il n'a pas de registres, et, conséquemment, ne peut donner aucun renseignement. — Une fois qu'il a mis ses morts en terre, tout est fini pour lui, et, à ce qu'il croit, pour les autres, tellement que l'autre jour il trouvait fort mauvais la colère où était un monsieur qui cherchait une fosse sans pouvoir la reconnaître ; il n'a jamais pu la lui indiquer. — Une autre personne, plus favorisée, a été guidée par lui ; mais, comme il ne va lui-même qu'au hasard, il l'a conduite sur une tombe où était un autre mort que le sien, — ce dont elle ne s'est aperçue — qu'après une assez considérable effusion de larmes pieuses.

Ce quiproquo de douleur rappelle ce qui se passa à Paris à l'église des Petits-Pères— à l'époque du choléra : — on prenait les morts dans des *tapissières,* où on en entassait une douzaine en ayant soin seulement de numéroter les cercueils.

Arrivé à l'église, le cocher faisait porter chaque bière pendant quelques instants dans le chœur.

Allons, no 1 ;—les parents du no 1, venez pleurer votre mort ; assez pleuré le no 1 ; — passons au no 2.

Allons, les parents du no 2,—finissons-en, nous ne sommes pas ici pour nous amuser, — dépêchons la douleur, —pleurons un peu vite.

Tout cela alla fort bien jusqu'au moment où on arriva au n° 6 : — comment distinguer le n° 6 du n° 9 ; — l'un de ces deux chiffres peut être l'autre renversé.

A qui le mort? — voyons ; — eh bien! les parents du n° 6 et les parents du n° 9 ; — pleurez ensemble et partons.

🐜 Les Français ont eu longtemps un ridicule qu'on retrouve du reste plus ou moins chez les autres peuples,— c'est la prétention d'être invincibles. — On en a vu récemment une dernière manifestation lorsque messieurs les députés s'emportèrent si fort contre M. Bugeaud, qui avait osé dire que les Français avaient été quelquefois battus dans le commencement des guerres de la République.

🐜 Remarquons en passant, à propos de M. Bugeaud, — que son discours en faveur de la paix a été récompensé par un commandement militaire.

Revenons à notre sujet : — la nouvelle prétention des Français est aujourd'hui d'être humiliés, insultés, foulés aux pieds ; — vous avez vu le gâchis où ont failli nous mettre M. Thiers et les affaires d'Orient ; — depuis ce temps il est impossible qu'un cuisinier anglais fasse une sauce, — qu'un serf russe coupe un arbre, — sans que les journaux annoncent à la France que c'est dans l'intention de l'insulter ; — les bonnes gens le croient et sont prêts à crier comme le père du Cid :

C'en est fait, — prends ma vie avec un tel affront,
Le premier dont ma race ait vu rougir son front.

On prend des attitudes abattues, — des airs déshonorés à n'en plus finir.

Dernièrement des carrés de papier (organes de l'opinion publique) avaient fait croire aux Français que l'on jouait à Londres une pièce injurieuse pour notre honneur national, — intitulée le *Coq gaulois chante, mais il ne se bat pas.*

Les Français se sont indignés, sans penser que pendant quinze ans, en France, il ne s'est pas joué un seul vaudeville, — où il n'y ait eu un Anglais bafoué et battu.

Indignation de plus en plus véhémente des carrés de papier, — et par contre-coup du peuple français.

Pendant ce temps, Victor Bohain, — qui est aujourd'hui à Londres, et qui,—lorsqu'il demeurait à Paris, n'allait au théâtre que pour y dormir,—s'est mis à courir les théâtres de Londres, et n'a pu voir ni la pièce en question, ni rencontrer quelqu'un qui l'eût vue quelque part.

🐝 PROGRÈS DE L'ANNONCE : — On lit dans divers journaux :

« M. Lacordaire prêchera dimanche à Notre-Dame, *en habit de franciscain.* »

Cela rappelle beaucoup les affiches des théâtres de province qui annonçaient que mademoiselle Georges jouerait *avec tous ses diamants.*

🐝 Au bal déguisé de lundi chez la reine, où toutes les femmes étaient brillantes, on a remarqué madame la duchesse de Nemours, qui était admirablement belle dans un costume choisi par le roi, qui avait mis tous ses soins à la rendre encore plus jolie.

Les princes étaient tous fort exactement costumés. On a dansé jusqu'à cinq heures.

Le lendemain, — le prince de Joinville, — le duc de Nemours — et le duc d'Aumale — ont demandé à M. L... un bal où ils sont arrivés déguisés, le premier en débardeur, — le second en hussard, — le duc d'Aumale en marin ; — ils se sont fort amusés, — et se sont laissés aller à mille folies, entre autres de déchirer les habits de ceux qui n'étaient pas déguisés. — Leur danse a été si animée, que, dans un établissement public, elle eût inévitablement éveillé la sollicitude des sergents de ville. — Le duc de Nemours a ôté son habit.— Il est possible, — comme

dit le vieux journal, le *Constitutionnel*, dans ses jours de terreurs, — que nous dansions sur un volcan ; — mais il faut dire
que nous y dansons beaucoup.

🐜 Voici une anecdote que m'a racontée un jour, — en
dînant chez notre ami G⁂, — ce bon général Clary, qui vient
de mourir subitement :

Il était lieutenant, et se trouvait à dîner à la campagne avec le
général Lasalle. — Un bourgeois arriva un peu en retard et fort
en désordre, — et dit pour s'excuser qu'il avait mis pour la première fois au cabriolet un cheval très-vigoureux qu'il avait ; —
que le cheval s'était emporté, avait rompu les brancards ; que
son domestique était blessé, et que c'était un grand hasard si lui
n'avait pas été tué ; — que, du reste, il avait donné ordre à son
domestique de reconduire le cheval sans l'atteler.

— Il est donc bien difficile ? — demanda le général Lasalle,

— Si difficile — que je considère comme impossible de l'ac-
coutumer jamais à la voiture.

— Voulez-vous me prêter votre cheval et votre cabriolet pour
m'en retourner à la ville après dîner?

— D'abord, mon cabriolet est brisé, — et, ne le fût-il pas,
je ne voudrais pas vous exposer à un danger que je crois très-
grand et inévitable.

— C'est égal, j'y tiens. — Obligez-moi, mon cher, dit le général au maître de la maison, de me faire avoir un cabriolet.

On veut détourner le général, mais il se montre si décidé,
qu'on lui cède.

— Lieutenant Clary, dit-il, voulez-vous m'accompagner?

— Certainement, général.

Après dîner, — on attelle le cheval ; — Clary et Lasalle allu-
ment chacun un cigare, — et montent dans le cabriolet après
avoir subi de nouvelles observations.

Le cheval gagnait à la main, et portait le nez au vent. — Le
bruit des roues l'effrayait au point de lui faire faire des bonds

convulsifs. — Lasalle, qui était très-vigoureux, — le maintenait de toutes ses forces. — Bientôt il fut obligé de tourner chacune des rênes autour de ses mains ; — mais on arriva à une chaussée pavée, — le bruit des roues augmenta ; — le cheval devint fou et s'emporta tout à fait, malgré les efforts de Lasalle. — La situation se trouva bientôt très-aggravée par cette circonstance qu'il se rencontra une colline à descendre. « J'avais assez peur, » disait Clary en racontant le fait.

Lasalle me dit : « Faites comme moi. » — Il me donna une des rênes, — il se mit à tirer sur l'autre de ses deux mains.

Mais bah ! — le cheval ne courait que plus fort.

Alors Lasalle me dit froidement : « Rendez-moi la rêne. » — Je la lui donnai ; — il noua les deux ensemble et les jeta par-dessus le tablier du cabriolet, sur le dos du cheval, croisa les bras et se remit à fumer son cigare, qui n'était pas éteint, — le mien l'était. — Le cheval alors — n'étant plus géné, — se lança à travers la campagne, franchissant les fossés.

— Voulez-vous du feu, Clary ? — me dit le général.

Mais à ce moment — le cheval, le cabriolet, Lasalle et moi, fûmes précipités au fond d'un ravin, — le cheval à moitié mort, le cabriolet brisé, — moi fort étourdi ; — Lasalle, debout, — me répéta : « Voulez-vous du feu ? » — Ma foi, — je rallumai mon cigare, qu'au moment de la chute j'avais machinalement et convulsivement tenu serré entre mes dents, — et nous continuâmes la route à pied.

Dans la discussion des fonds secrets, M. Thiers a dit qu'il n'y a plus à faire que de la politique extérieure, — le tout parce que sa femme ne veut recevoir que des étrangers, et parce qu'elle a du ruban violet et blanc. Ceci veut dire que, manquant d'idées pour gouverner et organiser son pays, il demande à remuer l'Europe pour que le bruit du monde empêche de voir le trouble de la France.

La gauche, — qui faisait de si longs discours contre les fonds secrets, — les a votés, — *comme un seul homme*, — en faveur de M. Thiers, — les marchande cette fois-ci à son successeur. —On n'est violée qu'une fois, ô gauche! et il est ridicule de jeter de si grands cris à la seconde.

Éloquence de M. Taschereau : « Ah! — oh! — hi! — han! — je demande l'appel nominal. » — (A propos de l'armée): « A bas les sinécures! » — A M. Guizot : « Allez à Gand! » — A M. Soult : « Vous n'étiez pas au siége de Troie. »

Le rapport des fortifications traîne en longueur à la Chambre des pairs, c'est déjà quelque chose que cette lenteur, comparativement à la pétulance de l'autre Chambre.

Nous avons cependant la douleur de répéter ici — que la coalition des Tuileries et du *National* l'emportera, — que les ambassadeurs, les généraux, les hommes dépendants, et tous ceux qui veulent le devenir, — se joindront pour voter le projet de loi — à une portion de la Chambre très-prononcée contre le projet en paroles, et qui se laissera *attendrir*. On craint la *faiblesse* de MM. Pasquier et Portalis.

M. Ancelot a été élu à l'Académie; — cette élection est entachée de vaudeville, — il faut l'avouer.

M. de Chateaubriand, qui n'écrit plus une ligne sans parler de sa mort et de sa sépulture, — semble s'être fait le saule pleureur de sa propre tombe.

La direction de l'Opéra, qui n'est que l'application du 1er mars à l'art dramatique, est menacée d'un changement de ministère. — C'est vers le 1er juin qu'aura lieu cette révolution; — on remarque déjà qu'il n'y a plus que la *Favorite* et plus de répertoire.

Avril 1841.

Pour cette fois, je commence bien. — J'ai envoyé mon
sommaire aux journaux, et on me fait remarquer que je suis
coupable d'un délit. — La loi est formelle.

J'ai dit trente-quatre sous, j'en ai le droit dans mon volume;
mais, dans les annonces, je dois dire un franc soixante-dix centimes. — Dans un pays où quatre cents hommes passent leur
vie à faire des lois avec d'autant plus d'empressement que, pour
les uns, — leur âge, leur fortune et leur position ne les soumettent pas aux lois qu'ils font; — que pour les autres, — tous
avocats, toute loi enfante des procès, — il est impossible d'aller
de l'église Notre-Dame-de-Lorette au boulevard sans avoir
contrevenu à deux ou trois lois et à cinq ou six ordonnances.

Ainsi, si un libraire, — par fantaisie, — s'avisait de mettre
dans les annonces qu'il ferait d'un livre de M.*** ces deux vers
qui se trouvent dans l'ouvrage :

Le soleil se levait dans une vapeur bleue,
Au bout d'un chemin vert long de plus d'une lieue.

Il voudrait bien dire :

Le soleil se levait dans une vapeur bleue,   [dix-huit mètres.
Au bout d'un chemin vert long de trois mille neuf cent quatre-vingt-

Autrement, — ceci n'est pas une plaisanterie, — il peut être poursuivi et condamné.

J'ai quelque raison de m'alarmer à ce sujet, — parce que la semaine ne m'a pas été favorable. — J'ai été condamné à la prison pour la garde nationale, et au timbre par je ne sais quel tribunal. — Par suite de quoi, mon premier numéro sera timbré. — Avec quelque pureté de cœur que je me réveille chaque jour, j'ai, depuis quelque temps, bien du mal à me coucher innocent.

🐝 Parlons de l'homme aux trente-quatre sous : — l'homme aux trente-quatre sous (vieux style) est M. Pelletier-Dulas, — élu député à Château-Chinon, dont l'élection a été annulée par la Chambre à cause qu'il s'en faut de un franc soixante-dix centimes — qu'il paye le cens d'éligibilité.

🐝 Ce monsieur a paru plus qu'assez audacieux de s'aller ainsi glisser en la compagnie de gens qui payent trente-quatre sous de plus que lui ; — on l'a renvoyé avec ses pareils, c'est-à-dire avec des gens qui payent trente-quatre sous de moins que M. Auguis. — Si M. Auguis lit les *Guêpes*, il doit rire dans sa barbe de ce que je le prends ici pour exemple.

🐝 Toujours est-il que M. Pelletier-Dulas, — qui, avec trente-quatre sous de plus, — eût fait des lois pour les autres, s'en est retourné à Château-Chinon subir les lois qu'il plaira de faire à ceux qui ont trente-quatre sous de plus que lui. — Et, s'il veut parler en public, il sera obligé de se faire membre de quelque société philanthropique ou scientifique, ou patriotique ou religieuse, — toutes ayant divers prétextes, — mais n'ayant qu'un seul et même but, — ainsi que j'ai déjà eu occasion de le dénoncer, à savoir : de monter sur quelque chose et de parler devant d'autres gens.

🐝 C'est pourquoi — je suis décidé à ne plus laisser faire cette vieille plaisanterie usée sur la loquacité des femmes — à une époque où les hommes feignent une foule de goûts, de vertus, de vices, de sciences, de missions, de devoirs, etc., pour se rassembler dans des endroits et y parler d'abord, chacun à son tour, au commencement des séances, puis tous à la fois, pour ne pas perdre de temps à écouter.

🐝 DE LA PROPRIÉTÉ LITTÉRAIRE. — Une des plus grandes preuves de l'amour de la parole dont sont possédés les gens en ce temps-ci est sans contredit — la ridicule discussion sur la propriété littéraire.

Je commencerai par dire que je suis aussi désintéressé dans la question que M. Lherbette ou M. Chaix-d'Est-Ange, — qui n'écrivent pas.

Si j'avais eu besoin ou désir d'argent, — j'aurais fait un tout autre métier que celui de poëte, — métier auquel je ne demande que l'indépendance, — la paresse et la dignité, — acceptant comme argent trouvé — celui qui me revient de mes vers ou de ma prose.

De quoi je donnerai pour preuve, — seulement en ce qui regarde les *Guêpes*, — que depuis un an et demi que je les publie — je n'ai jamais prétendu tirer aucun bénéfice des reproductions qu'en ont faites les journaux de Paris et surtout de la province, — ne suivant pas en cela l'exemple de mes confrères de la Société des gens de lettres, — Société sur laquelle je me suis suffisamment expliqué — dans mon volume du mois de mars 1840 ;

Que j'ai refusé formellement de joindre à mon volume quelques pages d'annonces, — pour lesquelles on m'offrait d'assez fortes sommes, — ce que je ferai seulement à prendre du mois prochain, — pour m'aider à payer le timbre, auquel j'aurai à donner six cents francs par mois, — ce que je serais assez embarrassé de faire sans cet expédient.

🐜 J'avais proposé une loi, — claire et simple suffisamment : *La propriété littéraire est une propriété.*

M. de Lamartine et quelques bons esprits étaient de mon avis; — mais ils n'ont pas osé proposer à la Chambre quelque chose d'aussi raisonnable, et ils ont pris un terme de cinquante ans, qui a été repoussé.

🐜 On ne peut, — disait-on, assimiler les œuvres de l'esprit et de l'intelligence aux propriétés grossières et matérielles ; — ces œuvres appartiennent à la société,

Tudieu! messieurs, quel respect aujourd'hui et quelle humilité ! — cela ressemble beaucoup à l'action de Jacques Clément, qui se met à genoux pour mieux poignarder Henri III.

🐜 La société, — qu'entendez-vous par ce mot? Qu'est-ce que la société a en commun? — La société qui profitera des œuvres de l'esprit, ce sera, dans vingt ans, — un libraire, — un marchand de quelque chose; — ce sera un Lebigre ou un Ledentu d'une autre époque. — Hélas ! — hélas ! — mes bons messieurs de la Chambre, — je vous le dis, en vérité, — c'est une loi agraire que vous nous proposez là ;—c'est un partage des œuvres de l'intelligence ; — et, — je suis forcé de le faire remarquer, messieurs mes représentants, — j'ai toujours vu que les gens qui criaient le plus fort pour le partage étaient ceux qui mettaient le moins à la masse.—Les lois agraires n'ont jamais, à aucune époque que je sache, — été présentées par les gros capitalistes et les riches propriétaires. — Je ne pense pas que M. Roy — ou M. de Boissy — soient fort partisans d'une loi agraire, — messieurs. — C'est un rapprochement qui n'est peut-être pas très-heureux pour vous, messieurs.

🐜 Je l'ai déjà dit, — ce n'est pas la chose en elle-même qui me frappe; — pour moi, je n'ai jamais demandé beaucoup d'argent à la littérature, — et je puis, quand je voudrai, gagner ma vie à deux ou trois autres métiers que j'ai appris. — Je suis jardinier et laboureur, et je compte pour un bon travailleur sur les bateaux de pêche d'Étretat.

Mais je prends en grande pitié — ces pauvres gens qui s'intitulent conservateurs, — et auxquels on a tant de fois demandé déjà avec raison : « Mais que conservez-vous donc ? »

Voici que l'on attaque la propriété — par un de ses côtés, il est vrai, les moins respectés ; — mais, quoi qu'il en soit,—c'est toujours la propriété.

Et il ne s'est pas trouvé, à la Chambre, un homme pour dire : « Messieurs, — il n'y a pas plusieurs sortes de propriété ;— la question qui nous est soumise n'existe pas, — la propriété littéraire est garantie par les lois, déjà au moins assez nombreuses, sur la propriété. — Nous n'avons rien à faire ;—si nous faisons une loi sur la propriété littéraire, il n'y a pas de raison pour que nous ne fassions pas une loi spéciale sur toutes les formes de la propriété ;—et je vous propose une loi—sur chacune des formes que voici :

» Sur la propriété des chapeaux ;

Idem	melons cantaloups ;
Idem	maraîchers ;
Idem	abricots ;
Idem	prunes ;
Idem	pêches ;
Idem	— à l'eau-de-vie ;
Idem	de l'habit vert de M. Auguis. »

🐜 Accordez, messieurs, aux œuvres de l'esprit — l'admiration ou le mépris que vous voudrez, —mais, comme propriété, je n'admets ni l'emphase de votre éloge hypocrite, — ni votre dédain superbe ; les deux vers dont je viens de trouver la dernière rime — m'appartiennent juste et sans aucune différence comme la planche appartient au menuisier qui vient de la raboter.

🐜 Il y a un monsieur payant trente-quatre sous de plus

que M. Pelletier-Dulas, je retrouverai son nom, — je l'espère.
—Ceux qui liront les *Guêpes* plus tard et qui y verront l'histoire
de ce temps-ci — ne me pardonneraient pas de ne leur avoir pas
conservé ce nom.

Ledit monsieur a remarqué — que les poëtes avaient plus de
talent quand ils étaient plus pauvres, — et qu'il n'y avait conséquemment pas lieu à garantir leurs propriétés, ni à assurer leur
fortune.

C'est absolument — comme les huîtres que l'on fait jeûner
pour qu'elles soient meilleures à manger ; — comme les pauvres
volatiles auxquels on crève les yeux pour qu'ils engraissent plus
vite ; — comme les carpes que l'on fait cuire toutes vivantes
pour augmenter leur saveur.

Pourquoi, — ô mon bon monsieur ! pendant que vous
y étiez, — n'avoir pas rédigé la chose en un petit aphorisme,—
comme celui de la *Cuisinière bourgeoise ?*

« Le lapin *aime* être écorché vif, le lièvre *préfère* attendre. »

« Le poëte *aime* mourir de faim, le député *préfère* manger. »

Mais, messieurs les conservateurs, si vous aviez, faute
de mieux, conservé un peu de sens et de raison — au milieu de
la folie universelle, — n'auriez-vous pas remarqué quels terribles arguments vous donnez à l'émeute ?

Si moi, par exemple, je croyais et tenais à ma propriété littéraire, — que répondriez-vous à ces paroles que je vous dirais :

« Comment ! vous, — monsieur un tel, — vous me niez la
propriété des œuvres de mon esprit, de ce que j'ai créé, — de
ce qui n'existait pas avant moi ! — et vous voulez que je recon-
naisse votre droit et celui de vos descendants sur cette belle campagne où vous passez les étés,—sur une portion de la terre, de
l'herbe, de l'eau et des fruits, qui existaient avant vous, — qui
existeraient sans vous, — qui existeraient malgré vous, —
que Dieu nous a donnés à tous en commun, sans que rien en
indique le partage ; — tandis qu'il a pris la peine de partager à

chacun l'intelligence et l'esprit ! — Voyez plutôt votre part. »

🐝 Messieurs, — a dit M. Berville, — il me semble que l'homme de lettres n'est pas trop malheureux ;—le président du conseil est un homme de lettres, — le ministre de l'instruction publique est un homme de lettres, — le président du dernier conseil était un homme de lettres, — et le rapporteur de la loi est un homme de lettres.

Très-bien, monsieur Berville,—vous en verrez bien d'autres, je vous assure. — Puisque vous voulez absolument les mettre hors du droit commun, — ils arriveront à tout, — comme cela commence déjà assez bien ;—mais ils arriveront comme on entre dans un pays conquis, — en ravageant et en détruisant.

Messieurs les conservateurs, que Dieu vous conserve ! car vous vous conservez bien peu vous-mêmes.

🐝 Il s'est élevé à la Chambre une facétieuse discussion,— qui a donné à MM. Chaix d'Est-Ange, — Lherbette et Durand de Romorantin—une occasion de développer un esprit de galanterie qui doit les avoir mis au mieux dans l'esprit de nos basbleus. — Que leurs faveurs leur soient légères !

Ces messieurs voulaient que la femme de lettres fût placée au-dessus de la loi qui régit toutes les autres femmes, — et peu s'en est fallu qu'il ne fût voté cette monstruosité : — « Qu'une femme pourrait publier malgré son mari des ouvrages dont il est moralement, matériellement et légalement responsable,—c'est-à-dire des ouvrages dont chaque ligne peut lui amener un duel ou un procès ruineux. » C'est Me Dupin qui a sauvé la Chambre de ce vote par trop saint-simonien.

🐝 Voici deux vers faits d'avance pour la postérité, que j'ai trouvés l'autre jour au bas du portrait d'un avocat—chez un de ses amis : —

L'avocat C*** D*** était un vrai malin
Qui défendait la veuve — et faisait l'orphelin.

🐝 Voici un mot qu'un ami de M. Villemain disait en l'entendant causer l'autre soir : « Mon Dieu! que Villemain est donc aimable! Il ne dit pas un mot de ce qu'il pense, il ne pense pas un mot de ce qu'il dit, — mais qu'il est donc spirituel et gracieux ! »

🐝 M. Mac ***, citoyen médiocre, monte rarement sa garde. — Dernièrement il avait laissé amasser sur sa tête douze jours de prison ; — comme tout le monde, — après avoir échappé vingt fois à la vengeance de la société, représentée par MM. — Ripon, — Begouin, Verther, Rostain, etc., et autres gardes municipaux, il fut une fois pris au gîte par un commissaire dûment escorté et orné de son écharpe.

— Messieurs, vous me permettrez de m'habiller?

— Oui, monsieur,—mais je ne vous quitte pas, — nous connaissons les tours, — et cette fois vous ne nous échapperez pas.

— Comme vous voudrez. — Joseph, donne-moi des bas.

— Voici les bas que demande monsieur.

— Quels bas est-ce que tu me donnes là?

M. Mac *** jette les bas sur son lit avec impatience et dit :

— Donne-m'en d'autres.

— En voici d'autres.

— Que diable veux-tu que je fasse de ceux-ci? — Tiens, décidément j'aime mieux les premiers.

M. Mac *** va reprendre les bas qu'il a jetés sur son lit, — mais ils sont tombés dans la ruelle ; — il tire un peu le lit, — passe derrière et se baisse pour les ramasser.

— Allons, monsieur, — disait le commissaire, — avouez que vous espériez n'être pas encore pris de sitôt. — Vous en avez attrapé plusieurs. — Mais je me suis chargé moi-même de votre affaire, — et je me suis dit : « Voyons donc le monsieur qui est si malin. » — Eh bien! vous ne trouvez donc pas vos bas? — c'est singulier, ce qu'on perd de temps à chercher ses bas ; — moi, c'est mon chapeau que je perds sans cesse. — Dites donc, monsieur, ils sont peut-être restés dessus. — Je suis sûr qu'à la fin de ma vie j'aurai passé huit ans à chercher mon chapeau. — Oh ! ça, c'est une plaisanterie. — Monsieur le comte, relevez-vous donc, — je sais bien où vous êtes, — il ne faut pas un quart d'heure pour ramasser une paire de bas. — Allons donc.—Nous n'en finirons jamais.

— Monsieur le commissaire, — dit Joseph, —écoutez un peu.

Le commissaire prêta l'oreille et dit :

— Eh bien ! c'est un bruit de voiture ? qu'est-ce que ça me fait ? — Allons donc, monsieur le comte, finissez donc, — relevez-vous.

— Mais c'est sa voiture qui s'en va, — dit Joseph.

— Qu'est-ce que ça me fait? — répéta le commissaire.

— Ah ! c'est que M. le comte est dedans, — ajouta Joseph.

— Comment, comment ?

Le commissaire se lève effaré,—tire le lit, cherche—derrière, dessus,—dedans,—dans les armoires,—dans la cheminée ; — il s'égare, il perd la tête, — il ouvre deux tiroirs et une tabatière.

— Où est-il ?

— Je vous l'ai dit, dans sa voiture—et loin d'ici maintenant.

Enfin, à force de perquisitions,—le commissaire découvre, — derrière le lit, — une porte très-basse— et très-cachée dans la draperie, — qui communiquait avec une autre pièce.

DE LA VALSE ET DE LA CONTREDANSE. — Les gens de goût se plaignent de l'invasion de la valse à deux temps qui a été essayée l'hiver dernier, — et est fort à la mode cet hiver ; — cette valse est disgracieuse pour les femmes et pis que cela pour les hommes. « Si ceux qui valsent à deux temps, — disait une femme l'autre jour, — se voyaient si ridicules ensemble,— ils ne voudraient plus se retrouver jamais. » — La valse à deux temps fait manquer bien des mariages.— Il n'y a pas d'infidélité ou de caprice qui ne soit justifié par ce mot : « Je l'ai vu valser à deux temps. »

Il y a deux ou trois ans, — j'ai écrit en parlant de la contredanse et de la figure du cavalier seul — les lignes qui suivent. — Cette figure a été supprimée depuis. — Il ne tient qu'à moi de prendre cette conséquence pour un résultat, — et, en rapprochant les dates, de m'ériger moi-même en réformateur de la contredanse française.

J'ai souvent écouté des gens échanger en dansant des mots — toujours les mêmes — qui semblent faire partie de la contredanse ; on dirait un dialogue enseigné par les maîtres de danse au son de la pochette, et pouvant se chanter sur l'air de la *trénis* ou de la *pastourelle*, et que l'on répète à toutes les danseuses pendant toute une nuit, sans y rien changer. L'*été*, — en avant deux, — à droite, chassez à gauche, traversez, balancez vos dames.

— Il fait bien chaud. Ah ! oui, — ou — mais non. Vous avez une robe rose ; c'est une bien jolie couleur que le rose. (Variante si la robe est bleue : Vous avez une robe bleue ; c'est une bien jolie couleur que le bleu).

— Avez-vous été beaucoup au bal cet hiver ?

— Il y a beaucoup de bals cette année. J'ai eu le *bonheur* de vous voir chez (nommer une maison dans laquelle il soit du bon ton d'être admis ; il n'est pas nécessaire que vous y alliez réellement).

— Main droite, main gauche, — balancez, — à vos places.

— Finissez par un *jeté battu* et un *assemblé*.

— En avant deux.

— On ne fait plus le dos à dos.

— A vos places, — tour de main.

La connaissance devient plus intime, la phrase monte.

— J'adore les cheveux noirs (ou les cheveux blonds, ou les cheveux d'or, selon que la personne est brune, blonde ou rousse).

(— C'est ce que les moralistes appellent :

« Ces danses mêlées de paroles brûlantes et pleines d'enivre-
ments où l'amour prend les formes les plus séduisantes et
achève par la parole ce qui n'est que trop bien commencé par
la musique et de *voluptueux entrelacements*. »)

— *Pastourelle*, — conduisez vos dames, — *en avant trois*,
cavalier seul !

J'ai connu des hommes braves et intrépides, dont le corps
était couvert de blessures, des hommes que j'avais vus affronter
la mort avec le sourire sur les lèvres et un visage impassible.
Eh bien ! à ce moment solennel du cavalier seul, il n'en est pas
un que je n'aie vu hésiter, arranger sa cravate, passer sa main
dans ses cheveux pour se donner une contenance, s'embarrasser
et sentir rougir de honte, de timidité, de peur, la cicatrice faite
à son front par le sabre ennemi.

En effet, l'espace est là ouvert devant vous ; un espace qu'il
faut remplir de grâce et d'élégance, devant des yeux qui ne sont
distraits par rien. Vous êtes sur un théâtre, sans être plus élevé
que les spectateurs. Tous les yeux sont sur vous. Votre habit
vous gêne ; vous rougissez rien que de la peur de rougir ; vos
yeux se troublent, ne voient plus ; vos genoux flageolent et se
dérobent ; il vous semble à vous-même que vous êtes devenu un
de ces pantins dont les jambes et les bras sont mal attachés et
prêts à tomber ; votre respiration est pénible et embarrassée.

Vous voudriez que le lustre tombât, sinon sur vous, du moins
sur quelqu'un, ou que le feu prît à la cheminée.

Le plus funeste accident vous ravirait, pourvu qu'il vînt
mettre un terme à votre angoisse.

Vous usez d'une foule de petits subterfuges, vous n'osez regarder ceux qui sont en face de vous. Mais vous êtes embarrassé de sentir que vous baissez les yeux, vous voulez les relever et ils ne vous obéissent pas, ou partout ils rencontrent
des regards embarrassants.

Vous avez commencé par marcher, mais vous vous faites des

reproches de votre lâcheté; il faut *danser* franchement, et, dans votre élan de courage, vous commencez un pas que vous n'achevez pas; vous êtes en avance de trois mesures; vous avez fini, la musique va encore, vous vous arrêtez en face des deux *dames;* — le *cavalier* médite déjà son pas et s'embarrasse par avance; il aurait pitié de vous, car tout à l'heure il aura besoin de votre pitié; il vous tendrait la main, — mais les *femmes!* elles vous voient là, rouge, essoufflé, le corps légèrement penché, les mains tendues vers elles, avec un sourire niais et contraint, et elles ne livrent leurs mains aux vôtres pour le tour de main que quand la mesure viendra l'ordonner rigoureusement.

J'ai appris à danser, et je suis assez habile à tous les exercices; je rencontre parfois, dans les rues, un brave homme, maigre et grêle, qui m'a donné des leçons; ce professeur est danseur et joue les *diables verts* à l'Opéra quand M. *Simon* est malade. M. *Simon* est premier *diable vert* de l'Académie royale de musique et a reçu la croix d'honneur en 1838.

Une fois j'ai essayé de pratiquer les leçons de mon professeur.

Mais, arrivé au cavalier seul, j'ai appelé la mort de meilleur cœur que le bûcheron de La Fontaine.

J'étais si désespéré, que je ne sais si je me serais contenté de la prier de finir, pour moi, mon cavalier seul.

Tout se mit à tourner devant moi : les danseurs avaient des formes étranges.

Le piano ricanait et se moquait de moi.

Les figures des tableaux se tenaient les côtes et riaient aux éclats.

Les bougies dansaient dans les candélabres en me contrefaisant; et le cornet à piston me sembla la trompette du jugement dernier; hélas! on me jugeait, en effet, un sot et un maladroit.

Tout disparut; je ne sais comment cela finit, je me retrouvai à ma place, près de la femme que j'avais engagée à danser; je n'osai plus lui parler, ni la regarder. Je ne voyais pas son visage, mais il me semblait apercevoir du mépris jusque dans ses pieds, et dans les plis de sa robe.

Jamais, depuis, je n'ai osé m'exposer à un pareil supplice.

✸ ÉLOQUENCE DU PALAIS. — Le 6 mars 1841, devant le premier conseil de guerre de la ville de Paris, Mᵉ Pinède, avocat, a dit : « Le poignard est un instrument odieux ; — il est le symbole de la lâcheté, aussi, *c'est dans d'autres climats* qu'on le CULTIVE, *mais en France jamais.* »

✸ LES MIRACLES DU PUITS DE GRENELLE. — Les bourgeois les plus notables de Paris ont reçu sous enveloppe un billet rose dont voici le spécimen :

Ministère de l'intérieur.

Ce billet est personnel.

M   est autorisé à visiter, avec sa société, l'intérieur du puits de Grenelle.

Le directeur des Beaux-Arts,
CAVÉ.

Nota. Ce billet n'est valable que pour une fois, et doit être déposé en descendant. Les cannes, paquets, parapluies et chiens, doivent être déposés à l'orifice, chez le concierge du puits.

Beaucoup desdits bourgeois s'y sont présentés, et ont été fort surpris quand on leur a fait remarquer qu'on ne pouvait les introduire, *eux et leur société, dans l'intérieur du puits*, dont l'orifice n'a que quelques centimètres de largeur. — On a eu beaucoup de peine à leur faire comprendre qu'ils avaient été mystifiés.

Lors de l'érection de l'obélisque, — des billets semblables ont été envoyés pour visiter *l'intérieur* de l'obélisque. Après avoir

frappé aux quatre faces du monolithe sans qu'on leur ouvrît, —
plusieurs privilégiés s'en sont pris au marchand de dattes qui se
tient d'ordinaire à ses pieds de granit.

🐜 On vend trois sous, par les rues, — avec l'autorisation
du préfet de police, — une brochure grise, — dans laquelle on
trouve l'anecdote que voici :

« Un riche chaudronnier, demeurant rue Louis-Philippe, 17,
le sieur D..., atteint de la goutte, ayant entendu dire que l'eau
du puits de Grenelle le guérirait immédiatement, parvint, avec
la protection d'un des principaux ouvriers de M. Mulot, ingénieur en chef, à approcher du jet ; il emplit une bouilloire de
cette eau bienfaisante, et, rentré chez lui, il se préparait à en
faire usage lorsqu'il ne fut pas peu étonné de trouver au fond
de sa bouilloire un anneau dit alliance en or. Il ouvrit la bague
en présence de sa femme ; mais à peine eut-il jeté les yeux sur
les chiffres gravés à l'intérieur, qu'il devint presque fou de surprise et de joie. La femme, effrayée de cet état de délire, appela
les voisins, et, quand le sieur D... fut un peu calmé, il leur raconta que le jour où il quittait le département du Puy-de-Dôme
pour venir à Paris, n'emportant pour toute fortune que l'anneau
d'alliance de sa mère, il laissa tomber cette même bague dans
une espèce de lac très-profond, situé au versant d'une des montagnes de l'ancienne Auvergne ; les noms de son père et de sa
mère, qui se lisent parfaitement dans la partie concave de l'anneau, ne peuvent lui laisser aucun doute sur l'identité. La science
se charge d'expliquer ce que ce brave homme regarde comme
un miracle, ou, pour mieux dire, ce singulier événement ne fait
que venir à l'appui de tout ce que les savants ont avancé pour
expliquer le jet des puits artésiens.

» On assure que depuis ce temps une foule de gens se pres-
sent pour recueillir de cette eau souterraine, que l'on continue
de vanter pour la guérison des rhumatismes aigus et des douleurs de toute sorte. »

Voilà la littérature que le gouvernement protége et entoure de sa sollicitude éclairée.

🐜 UNE HISTOIRE DE VOLEUR. — On a ri beaucoup ces jours derniers de l'embarras d'un homme qui, reconnaissant sur le dos d'un voleur un habit qui lui avait été dérobé, prit son voleur au collet, et, après une lutte de quelqües instants, le lâcha dans la crainte de déchirer son habit.

🐜 M. TH. — D'UNE FEMME DU MONDE, D'UN SOULIER ET D'UNE MAISON SUSPECTE. — J'ai parlé déjà d'un Américain qui donne à Paris des bals, dans lesquels il impose une étiquette de son invention, et des conditions humiliantes auxquelles se soumettent les gens les mieux nés et les mieux élevés pour ne pas être exclus des invitations, et j'ai reproché à ces derniers le peu de dignité de leurs concessions. Au dernier de ces bals, M. le duc ***, nom dont la terminaison ressemble beaucoup à celle du mien, — devait être présenté chez M. Th... par madame de ***. Cette dame arriva dans la maison plus tard qu'elle ne l'avait prévu, — et le duc l'attendit dans un des premiers salons. M. Th... se promenait alors d'une façon toute royale, — jetant un mot aux uns, jetant un signe de tête aux autres, — lorsqu'il avisa M ***, qui se perdait de son mieux dans la foule, pour ne pas être remarqué du maître de la maison avant que la présentation fût faite. — Mais M. Th... alla droit à lui et lui dit : « Monsieur, je n'ai pas l'honneur de vous connaître, — comment vous appelez-vous ? »

Cette question, peu convenable en elle-même et fort peu corrigée par l'urbanité de ton avec laquelle elle était faite, — troubla un moment M ***, accoutumé à d'autres façons ; cependant il répondit : « Je suis M ***, » et il prononça son nom, en ajoutant : « Je dois vous être présenté par madame ***. » M. Th..., — frappé de la consonnance, s'écria :

— Comment, monsieur, vous vous permettez de venir chez moi, — après vos plaisanteries...

—Mais, monsieur, — reprit M***.

— Mais, monsieur, — répliqua M. Th...

— Je ne vous comprends pas.

— Ni moi, — vous.

— Je suis le duc***.

— Le duc?

— ***.

— Ah! pardon, j'avais entendu un autre nom.

Si vous me connaissiez, mon bon monsieur Th..., — vous sauriez — que je ne vais pas dans le monde, — que je ne vais pas partout, — que mes goûts et ma paresse me rendent peu assidu dans des maisons meilleures et plus haut placées que la vôtre — où l'on m'accueille avec bienveillance, — que je ne me glisse nulle part, — que je refuse beaucoup d'invitations et n'en ai de ma vie sollicité aucune ; — je ne suis pas assez grand seigneur pour pouvoir me permettre de ne pas choisir beaucoup ma société.

🐝 SUR LES FORTIFICATIONS. — *A quoi tient un vote.* — La discussion de la Chambre des pairs, qui n'est pas encore terminée au moment où j'écris ces lignes, est entièrement conforme à ma prédiction. — Les antifortificationnistes — (c'est le barbarisme qu'amène aux Chambres toute loi nouvelle) ont eu sur leurs adversaires un immense avantage, et ont démontré, jusqu'à l'évidence, l'absurdité du projet.

Les bonnes gens s'étonnent de ceci, que, grâce à quelques bons esprits qui se glissent dans les Chambres, — et en plus grand nombre à la Chambre des pairs, — il arrive presque toujours que les questions importantes sont présentées sous leur véritable jour, — et que, cependant, après que le vrai, le juste et le raisonnable ont été démontrés, les Chambres ont assez fréquemment le malheur de voter le contraire de ce qui ressort évidemment de la discussion.

Il faut dire aux bonnes gens, — d'abord que le nombre fait

loi, — et ensuite que le plus grand nombre vote pour ou contre le ministère systématiquement, — et que les lumières qui jaillissent de la discussion (quand elles jaillissent) peuvent avoir de l'influence sur l'esprit des votants, mais pas sur leur vote.

On racontait à la dernière représentation de l'Opéra qu'un général, connu par la protection libérale qu'il accorde aux arts, — avait consulté, dans le vote qu'il a promis, beaucoup moins ses connaissances et son expérience — que la promesse exécutée d'avance du rengagement de mademoiselle *** à l'Académie royale de musique.

DES FLEURS, DES CRITIQUES ET DES ROMANCIERS, — et, *en particulier*, — *de* quelques fleurs de M. EUGÈNE SUE.

Il semblerait que, pour être journaliste, — c'est-à-dire pour distribuer chaque jour, sans appel, — la louange et le blâme aux hommes et aux choses, — pour assigner à chacun son rang et son mérite, il faudrait avoir affermi son esprit par l'étude, son jugement par l'expérience, et son impartialité par une position acquise assez élevée pour se sentir inaccessible à l'envie. Il semble que le journalisme devrait être réellement un sacerdoce au lieu de se décerner à lui-même ce nom comme il fait ; — et se composer d'écrivains émérites, — de prud'hommes reçus et assermentés.

Au lieu de cela, — c'est par les journaux que l'on débute aujourd'hui, et que les plus jeunes gens et les plus inexpérimentés — commencent par attaquer et assiéger par la critique et le dénigrement — les positions qu'ils ne se sentent pas le courage ni la force d'emporter par le travail et le talent.

Aussi n'y trouve-t-on que ce que vous savez, — et ce n'est qu'après sept ou huit années d'autocratie au bas d'un carré de papier, — sept ou huit années pendant lesquelles il a maltraité tous les talents de l'époque, qu'un feuilletoniste — essaye presque toujours infructueusement de donner enfin le modèle après le précepte ; — d'écrire un livre qui montre au monde ravi

comment il faut faire, et qu'il s'efforce de monter personnellement sur les piédestaux dont il a renversé les statues impor-
tunes. Ce sont des tentatives fécondes en avortements, — et, si
le plus fameux critique de ce temps-ci, — *Gustave Planche*, —
a imaginé le titre de *Beatrice deotati* qu'il a fait annoncer sur la
couverture des livres mis en vente par le libraire *Gosselin*, il est
juste de dire,—qu'il n'a jamais rien imaginé au delà—et qu'il lui
a été impossible d'écrire la première ligne de l'ouvrage annoncé.

M. de Balzac, mon ex-ami, est en ce moment très-fâché
contre moi, — il est décidé à ne plus me voir, quoique nous
soupions quelquefois ensemble, — et, quand je me trouve placé
devant lui, — pour ne pas tourner les yeux de mon côté, il se
prive volontairement de toute la partie de l'univers qui se trouve
derrière moi. Je n'en dois pas moins dire que, dans la petite
revue parisienne qu'il a publiée pendant quelques mois, — il a
fait quelques chapitres de critique littéraire fort remarquables
— et qui avaient toutes sortes de mérites, — outre celui de venir d'un homme expert en la chose dont il parlait, — et du premier de nos romanciers.

Quand la critique n'est pas faite par un homme de semblable portée, — par un homme qui a fait ses preuves, — et
son *chef-d'œuvre*, comme disent les compagnons du devoir, —
c'est un métier un peu plus humble que ne semblent le croire
ceux qui l'exercent. — C'est, — on l'a dit avec raison, — le
métier de chiffonniers, qui gagnent leur vie en cherchant des
ordures. — Le premier des critiques est immédiatement au-
dessous du dernier des producteurs, — et le ton de supériorité
que prennent ces messieurs à l'égard des écrivains les plus
distingués a pour eux-mêmes le désagrément d'être parfaitement ridicules.

Vous me permettrez, mon cher Sue, d'être un peu aussi
critique et envieux, et de me venger sur quelques-unes de vos
lignes du succès de vos ouvrages.

Si je parle souvent des fleurs et des arbres, — et des prairies, et des bois, et de la mer, — c'est que c'est là que s'est
passée toute ma jeunesse et que se passe encore la meilleure
partie de ma vie. — Aussi, suis-je fort expert en ces choses, —
et n'est-il personne qui me puisse prendre, en aucun de mes
livres, à donner à une fleur une autre couleur que la sienne, —
ou à la faire épanouir en une autre saison que celle qui lui a été
assignée par la nature. — Je les connais parce que je les aime,
— parce que je vis avec elles. — Si je vous dis aujourd'hui que
les cerisiers sont en fleurs, — ce n'est pas un effet de style que
je cherche, c'est que j'ai dans mon jardin des cerisiers en fleurs,
et que je viens de quitter la plume pour les aller voir un moment, c'est que c'est pour moi un événement, et des plus importants, qu'une belle journée de soleil.

Comment, vous, — vous qui avez des fleurs et une serre dans
votre charmante retraite, — vous avez commis les énormités que
voici :

Vous faites fleurir non-seulement l'*aubépine* en même temps
que les *premières violettes*, mais encore — l'*héliotrope* et le *jas-
min*, — vous faites des bouquets dont chacune des fleurs qui les
composent est séparée des autres par deux ou trois mois.

Mais je vois la source de votre erreur, — vous êtes un jardinier fashionable,—vous vous en êtes rapporté à votre serre, qui
vous a trompé — en vous donnant en mars des fleurs du mois
de juin et du mois de juillet.

Mais il y a quelque part un homme qui, depuis une
dizaine d'années que je fais par-ci par-là quelques livres, — a
passé une partie de sa vie à me reprocher de parler trop des
fleurs et de parler trop de moi, — qu'il soit content, je vais un
peu parler de lui.—Je l'attendais au coin de la première phrase
qu'il ferait lui-même.

La fantaisie vous en a donc pris aussi de parler de vous-
même, monsieur, — dans les conseils, assez raisonnables du

reste, que vous donnez à des jeunes gens, — en leur montrant
les écueils de la carrière littéraire et en leur disant : « J'étais
bien plus heureux quand *j'étais* OBSCUR ET IGNORÉ, — quand je
voyais le soleil à travers la *clématite* ROSE de ma fenêtre. »

Je ne ferai pas remarquer — l'ambition de ce temps passé
j'étais, — mais je vous dirai — que vous me semblez mettre de
côté quelques lambeaux des livres que vous déchirez, un peu
comme les tailleurs rognent le drap qu'on leur confie, et vous
vous parez de ces lambeaux avec peu de discernement. Tenez,
monsieur, voyez à quoi vous vous exposez, — vous donnez le
droit à tout le monde de vous dire : « Non, monsieur, vous
n'avez jamais vu le soleil à travers les clématites roses de votre
fenêtre. »

Parce qu'il n'y a de clématite rose sur aucune fenêtre ; —
parce que je vous offre dix mille francs de votre clématite rose.

Et de quoi voulez-vous que je parle,—si je ne parle de moi ?
— Où voulez-vous que je prenne les incidents, les passions, les
joies et les douleurs que je vous raconte dans mes livres , — si
ce n'est dans ma vie et dans mon cœur : —on n'invente qu'avec
le souvenir.

Il y a eu au Luxembourg une exposition d'horticulture,—dans
laquelle figurait un œillet de mon nom ; — je ne sais pas celui
de l'horticulteur que je dois remercier du plaisir que cela m'a fait.

DE LA TYRANNIE ET DE L'INVIOLABILITÉ DE MESSIEURS
LES COMÉDIENS. — Messieurs les comédiens plus ou moins *ordi-*
naires persistent dans leurs prétentions, non pas d'être bons
comédiens, — mais d'être bourgeois estimés dans leur quartier,
— gardes nationaux exacts, — bons époux et enterrés au Père-
Lachaise.

M. de Longpré a fait une comédie sur les comédiens, les comédiens du Vaudeville ont refusé de la jouer, sous prétexte que
leur profession n'y est pas représentée avec les égards convenables. — Je ne connais pas la pièce de M. de Longpré,—mais

je le défie bien de nous montrer des comédiens plus ridicules que ceux que ces messieurs nous montrent quelquefois pour notre argent et aujourd'hui pour rien.

Comment, messieurs, vous acceptez parfaitement des appointements avec lesquels on payerait six présidents de cour royale et vingt-cinq juges d'instruction,—le dernier d'entre vous refuserait ceux d'un sous-préfet ; — je ne trouve pas cela mauvais, — mais on ne peut séparer la médaille de son revers ; — sans cela, les sous-préfets, les présidents de cour royale et les juges d'instruction joueraient vos rôles et vous feraient jouer les leurs.

Comment, messieurs, vous qui , par état, jouez et ridiculisez tout, les rois, — les prêtres , — les poëtes, — les savants, — les médecins, — les diplomates, — non-seulement par des comédies,—mais parfois aussi par les façons grotesques dont vous les représentez au sérieux, vous avez la prétention d'être seuls à l'abri de la satire ! — Allons, messieurs, à notre tour nous réclamons le bénéfice de l'égalité que vous continuez à demander du haut de votre supériorité actuelle.

🐝 On reprochait à madame *** d'être un peu sévère pour un de ses amis,—lequel est, il faut le dire, un de ces caractères bourrus, désagréables, pour lesquels il faut toujours se rappeler qu'ils sont les plus honnêtes gens du monde pour pouvoir les supporter un instant.

Il vous est si dévoué, lui disait-on, — il se jetterait à l'eau pour vous sauver. « Que voulez-vous, reprit madame ***, je ne me noie jamais et il m'ennuie toujours. »

🐝 M. Bertrand, — dont j'ai raconté la fin déplorable il y a deux mois, n'est pas si pendu que je l'avais cru, — il a pris, au contraire, la direction du *Journal des Chasseurs*, un des plus amusants recueils que je connaisse ; — il n'en est pas moins la *bête noire* de ces messieurs de la liste civile. M. de *Sahune* a dit qu'il donnerait plutôt sa démission au roi qu'une permission à M. Bertrand.—M. de *Fos* en a perdu le sommeil ;—enfin, pour éviter qu'il soit introduit par ruse dans les forêts de l'État, — on va faire une nouvelle rédaction de permission : — au nombre des défenses expresses expliquées sur chacune, on ajouterait celle d'emmener M. Bertrand.

M. Bertrand ne se rappelle avoir tué depuis 1830, — sans jamais avoir été pris par les gardes, — quoique l'objet d'une surveillance spéciale, — que cent cinquante mauvais chevreuils.

Maintenant que les journaux nous ont fait assez de récits prodigieux sur les succès, — que dis-je ? sur les triomphes de mademoiselle Elssler aux États-Unis ; — qu'ils nous ont montré assez de magistrats dételant les chevaux, s'attelant à la voiture et la traînant au théâtre, — il est bon de dire la vérité : — mademoiselle Elssler n'a pas même pu obtenir qu'on abolît pour elle l'usage de faire cirer et frotter les planches du théâtre ; — elle a objecté qu'elle se tuerait ; — on lui a répondu un peu brutalement que cela serait malheureux, — mais que, si on ne cirait pas le théâtre, ce serait inconvenant, et que, entre une inconvenance et un malheur, on ne pouvait pas hésiter, — qu'ainsi on continuerait à cirer et à frotter.

J'ai inutilement demandé à l'administration du timbre qu'on fît un timbre particulier pour les livres, — qu'il s'agit, je crois, non pas de salir, mais de marquer. — A la Chambre des députés, il a été un moment question d'apposer un poinçon, une sorte de timbre, sur les châles de Cachemire, — on a repoussé la proposition parce que cela gâterait les châles.

Je vais probablement adresser une pétition à la Chambre à ce sujet, — mais il y a là plus de marchands de châles et de représentants de marchands de châles que d'écrivains, — et cela ne servira qu'à faire constater la supériorité des châles sur les livres.

J'ai vu dans un article de modes — les noms de deux nouvelles étoffes : — l'une, qui se vend chez Delille, s'appelle *ailes de Guêpes*, — l'autre, je ne sais où, — s'appelle *baarpoor*.

— Comment aller demander du baarpoor, — comment se rappeler cela, — et ensuite comment le prononcer ?

🐜 MUSÉE DU LOUVRE. — Ici encore, je n'ai ni le droit ni
l'intention de répéter ce que j'ai dit l'année dernière sur ce sujet. — Vous me permettrez de vous renvoyer au volume des
Guêpes d'avril 1840, page 171, — où vous trouverez des choses
fort bonnes à lire.

J'ajouterai à ce que j'ai dit alors sur le jury que ce n'est pas à
MM. Garnier, Picot, Bidault et autres académiciens de l'école de
David pour le moins que je m'en prendrais de la partialité quelquefois choquante de leurs jugements ; — mais à MM. Horace
Vernet, Delaroche, Blondel, Abel Pujol, Hersent, etc., qui, portés par la jeune école, s'abstiennent d'assister aux délibérations
du jury, sous prétexte d'indignation, — et laissent sans contre-
poids et sans protestations les décisions de leurs confrères plus
assidus, — semblables en cela aux gens qui ne soignent pas leurs
amis malades, sous prétexte de sensibilité.

🐝 Joignez à cela que MM. Ingres et Schnetz sont tous
deux en sens inverses sur la route d'Italie.

L'année passée, le duc d'Orléans a acheté un tableau de
M. Rousseau, paysagiste habituellement repoussé par le jury.

🐜 Cette année, — mon ami Couveley avait envoyé deux
tableaux, résultats d'études très-intéressantes, faites dans un
voyage récent dans l'Orient; le premier, acheté par M. Aguado,
avait été loué par le roi lui-même ; — le second était une esquisse de très-petite dimension, à peine terminée et sans aucune
importance aux yeux de son auteur ; — le jury a accepté l'esquisse
et refusé le tableau. — Couveley a fait savoir à M. Aguado qu'il
lui rendait sa parole et ne le considérait pas comme obligé de
prendre son tableau déshonoré. — M. Aguado a eu le bon goût
de s'en rapporter à lui-même et de répondre qu'il gardait la parole et le tableau de Couveley, — et que de plus il permettrait
qu'il fût visité dans sa galerie.

🐜 Un autre de mes amis, — Ferret, — l'homme le plus consciencieux dans son travail, le plus dénué d'intrigue, — qui a exposé depuis plusieurs années des œuvres de peinture sévère qui ont attiré l'attention des peintres et des connaisseurs, a été repoussé.

Madame*** avait présenté quatre tableaux peints par elle, deux sous son nom, deux sous le nom de ses élèves; — on a accepté les derniers et refusé les autres. — Un des tableaux refusés est exposé chez Giroux, — avec une inscription constatant le fait, etc., etc.

Je vais maintenant vous parler au hasard de quelques tableaux qui ont attiré mon attention dans les visites peu fréquentes que j'ai faites au Louvre, pour les raisons que j'ai déduites l'année dernière.

196. — *Chinois* qui d'abord ont l'air d'être peints par euxmêmes, comme les *Français* de M. Curmer, — mais en réalité le sont par M. Borget.

1429. — *Deux joueurs d'échecs*, par M. Meissonnier; — c'est un petit tableau grand comme une tabatière, — mais plein d'esprit et de finesse.

2018. — *Portrait en pied de madame la duchesse de Nemours*, par M. Franck Vinterhalter. — On sait que la duchesse de Nemours est une très-charmante personne. — Je ne trouve pas que M. Vinterhalter ait réussi dans toutes les parties de son ouvrage; — tout ce qui est costume est peint d'une façon remarquable, les fleurs qui entourent la princesse sont rendues avec une rare perfection et une grande richesse, — mais le ton de la chair manque de distinction.

1037. — Le *Relancer du sanglier*, par M. Jadin. — Magnifique cadre de bois sculpté. — Un des chiens n'a que trois pattes. — La funeste habitude qu'a prise M. Jadin de ne donner que trois pattes aux chiens est encore bien plus évidente dans le tableau 1036 : *Hallali*, — cadre encore plus beau que le précédent; c'est le même, doré.

24. — Les *Bergers de Virgile*, par M. Aligny, sont d'un vert que j'ai eu le plaisir de ne jamais rencontrer jusqu'ici sur des figures humaines. On me dit que cela a du style, — je laisse dire.

1050. — Une fantaisie de Tony Johannot; une des figures n'est pas aussi jolie que celles qu'il fait d'ordinaire; elle est surtout trop grande; — les accessoires sont peints avec beaucoup de bonheur.

1717 — 1719, — par M. Robert Fleury, — les deux meilleurs tableaux de cette année à mon sens : — de la pensée et de la peinture. — C'est bien beau. — Je ne connais rien de plus beau, excepté les pastels si distingués, si purs, si nobles, de M. Maréchal, de Metz, 1772, — 1773, — 1774.

547. — Cette toile représente le portrait — d'un magnifique canapé de velours cramoisi. — Je voudrais qu'on ôtât le monsieur que l'on a mis dessus et qui me dérobe une partie du canapé.

704. — Une *Chasse au Lion*. — Une des manies des peintres est de donner au lion la figure humaine. — Qui veulent-ils flatter? — Un des lions de M. Finard a l'attitude d'un homme qui, dans un duel, les bras croisés, attend que son adversaire ait fait feu sur lui. — Il y a bien aussi un cheval bleu, — mais, comme je ne suis pas allé en Afrique, — je ne puis prendre sur moi d'affirmer qu'il n'y a pas de chevaux bleus en Afrique.

1131. — A la bonne heure : — voici une *Madeleine repentante*. — On nous fait toujours des Madeleines ravissantes de beauté, de jeunesse et de fraîcheur, — comme si on se repentait d'autres péchés que de ceux qu'on ne peut plus faire, — comme si on allait encombrer à la fois sa vie de crimes et de remords. — Les remords d'une belle femme, ce sont des regrets. La *Madeleine* de M. Laby — est à l'âge et dans l'état d'avaries où une femme peut se repentir sans que personne le puisse trouver mauvais.

1047. — Un monsieur laid et mal peint.

646. — Le ciel reflété dans l'eau de ce paysage a plus de solidité que le ciel réel, — qui a l'air d'être le reflet de l'autre.

1060. — Portrait d'un pâté de jambon.

1822. — Ce tableau représente des lions à deux fins. — C'est un animal ressemblant à la fois au lion et au chameau.

209. — Un portrait de femme. — Je ne dis que cela, et je gage qu'on ne m'en saura pas gré.

650. — M. E. L. dans un désert, avec des éperons et une cravache.

— La vue s'étend à trois lieues, et on n'aperçoit pas le moindre cheval.

108. — *Attaque du Teniah.* — Ce tableau est de M. Bellangé. — Malgré l'énorme et désagréable quantité de couleur garance dont il est tacheté par le sujet, il a des qualités remarquables.

— Les hommes tués et blessés sont bien tombés. — Les terrains sont très-bien peints.

1439. — A la bonne heure, voici la mer.

1373. — *Ève et le Serpent.* — Ève est rose vif, — le serpent lilas ardent, — l'arbre vert furieux. — Une grande plante assez bien peinte jaune féroce. — L'arc-en-ciel ferait soupçonner Dieu d'être élève d'Ingres, si on le compare à ce tableau. — Théophile Gautier me dit que c'est très-beau. — Je n'en crois pas un mot.

2013. — Voici un tableau aussi charmant que ceux de MM. Robert, Henry et Maréchal ; — c'est une grande mare l'hiver, par M. Wickembourg ; quelle vérité ! quelle perfection ! — la glace y est glissante ; — il y fait froid.

26. — Ceci a encore ses admirateurs : — c'est un rond de papier rose dans un rond de papier d'or qui est dans un carré de papier bleu.

M. Amaury Duval, — jeune peintre fort estimé de ses confrères, — a encore exposé un portrait de madame Véry — qui est une très-belle personne. — Je ne sais vraiment pas comment je l'ai reconnue, — toujours est-il que je ne voudrais pas qu'elle le sût.

1892. — Portrait d'un foulard, — d'une touffe de capucines et d'une blanchisseuse. — La blanchisseuse et la touffe de capucines ne valent pas grand'chose ; — le foulard est *réussi* assez pour indiquer à l'auteur sa véritable vocation. — Il peint très-bien les foulards.

210. — Une figure par M. Louis Boulanger. — Tant pis pour vous, madame, pourquoi vous faites-vous peindre et exposer ? — je dirai que vous avez la figure d'une poupée d'enfant, — que vos mains, qui sont belles et bien peintes, ont tort de faire tourner leurs pouces ; — quant à votre robe qui paraît être de papier peint, — ce doit être la faute de M. Louis Boulanger.

1745. — Tant pis pour vous aussi, madame : je dirai que vous êtes bleue.

1057. — Poissons rouges très-bien faits ; — beaucoup les préfèrent dans le bassin des Tuileries.

Mon voisin M. Alaux et M. Galait ont fait chacun un tableau très-estimé. — Les peintres préfèrent celui de M. Alaux, — moi j'aime mieux celui de M. Galait, quoiqu'il ait fait mieux d'autres fois.

Je continue à ne pas me rendre compte des tableaux de M. Delacroix, — La composition de la *Prise de Constantinople* ressemble beaucoup à celle de la *Justice de Trajan* de l'année dernière : — le groupe des cavaliers est assez beau ; — il y a là dedans, à la fois, de l'harmonie et une confusion qui fatigue. — Dans le tableau du naufrage, la mer est perpendiculaire ; — je la préfère horizontale, mais cela vient peut-être de ce que je l'ai toujours vue ainsi. Je n'aime pas beaucoup la peinture de M. Delacroix : ceci n'est pas un blâme, c'est une façon de sentir. — Je lui rends néanmoins la justice de dire qu'il est original et toujours lui-même, — et qu'on reconnaîtrait au milieu de deux mille toiles une esquisse de lui grande comme la main.

Encore un mot sur six petits tableaux de M. Gudin dans un même cadre; — plusieurs sont fort jolis; — et sur une petite, toute petite toile de M. Diaz, d'une couleur féerique. — Le pauvre cadre de bois, si simple, qui entoure l'étude de femme de M. Jourdy, m'a fait désirer tout d'abord que son tableau fût bon, et j'ai été heureux de voir toutes les excellentes qualités de sa peinture. — J'en oublie des meilleurs et sans doute aussi des plus mauvais, mais j'ai la tête brisée, — je m'en vais, — je paye à la peinture chaque année un tribut de cinq migraines, — celle-ci est la cinquième, je suis quitte, — adieu.

Mai 1841.

Les lettres attribuées au roi. — M. Partarrieu-Lafosse patauge. — Me Berryer. — Embarras où me met le verdict du jury. — Opinion de saint Paul sur ce sujet. — La Contemporaine. — Une heureuse idée de M. Gabriel Delessert. — Sang-froid de M. Soumet. — M. Passy (Hippolyte-Philibert). — Un mot de l'archevêque de Paris. — Le faubourg Saint-Germain et un employé de la préfecture de la Seine. — De M. Grandin, député, et de son magnifique discours. — J'ai la douleur de n'être pas de son avis. — M. Hortensius de Saint-Albin. — Deux petites filles. — Une singularité du roi. — Réalisation du rêve d'Henry Monnier. — Paris malade. — Vertus parlementaires. — A mes lecteurs. — Une église par la diligence. — Récompense honnête. — Récompense moins honnête. — Pensées diverses de M. C.-M.-A. Dugrivel. — Les concerts. — De M. S*** improprement appelé *Sedlitz*. — Steeple-chase. — Choses diverses. — M. Lehon. — Les gants jaunes. — Des amis. — Un proverbe.

MAI. — *Les lettres.* — Voici ce qui est arrivé pour les lettres attribuées au roi dont j'ai déjà parlé. Il paraît qu'on en a autrefois déjà racheté quelques-unes, mais que Sa Majesté, impatienté d'en voir toujours reparaître de nouvelles, aurait dit à M. le comte de Montalivet, qui lui en parlait :

— Je ne réponds pas de ce que j'ai pu écrire il y a trente ans ; j'étais en émigration ; — je n'étais pas toujours sûr de mon dîner. — J'ai pu écrire des choses assez singulières. — Mais, pour ce qui est des lettres que l'on m'attribue depuis que je suis roi de France, je suis certain de ne pas les avoir écrites.

Et le roi, qui n'aime guère à donner de l'argent quand il ne s'agit pas de moellons ou de menuiserie, a défendu qu'on achetât les lettres.

Le journal la *France*, qui n'avait publié les lettres qu'après trois ou quatre autres carrés de papier, — a été mis en cause et accusé par M. Partarrieu-Lafosse — d'abord de faux, — puis ensuite d'offense à la personne du roi.

Le ministère public a abandonné l'accusation de faux par la raison qu'un faux ne pouvait être affirmé que par des experts écrivains, — que leurs erreurs ont une notoriété comique, et que, s'ils s'avisaient de déclarer les lettres réellement écrites de la main du roi, la monarchie dite de juillet — se trouverait dans une situation plus qu'équivoque.

Que si, au contraire, les accusés étaient condamnés, les experts, que la presse eût proclamés infaillibles dans le premier cas, seraient nécessairement, dans le second, accusés d'ignorance et de corruption.

Raisons qui ne me paraissent que spécieuses.

Pour moi, je ne crois pas les lettres vraies, — par cela seulement qu'il y a des choses qui s'enchaînent entre elles, — et que l'homme qui aurait eu de telles pensées, par cela même ne les eût pas confiées aux hasards du papier, en un mot, parce que cela serait trop bête.

Le jour de l'audience, M. Partarrieu-Lafosse, — monté sur son siége, — a commencé à travailler.

Il a parlé assez longtemps et assez mal. M. Berryer, qui est peut-être le seul orateur de cette époque où on parle tant, lui a répondu par une plaidoirie —forte, habile, perfide, insinuante et audacieuse.

MM. les jurés se sont retirés dans leur chambre et en sont sortis au bout d'une demi-heure, avec un verdict d'acquittement.

Comme la question primitivement posée était celle-ci :

« Le prévenu est-il coupable d'avoir, par la publication de telles et telles lettres, offensé la personne du roi ? »

Le verdict du jury aurait voulu dire seulement que—le gérant de la *France*, n'ayant fait imprimer lesdites lettres qu'après les avoir vues imprimées dans d'autres feuilles, sans que leur publication fût l'objet d'autres poursuites, — et aussi longtemps auparavant, en Angleterre, sans que l'ambassade s'en fût occupée, — a pu être de bonne foi.

Mais M. Partarrieu-Lafosse — ayant eu le malheur de dire dans son réquisitoire :

« Si les lettres étaient vraies, il en résulterait ceci : qu'un roi élu en 1830 pour répondre aux sentiments nationaux et aux sympathies patriotiques du pays, aurait, sur tous les points, déserté ces sentiments et ces sympathies ; qu'il aurait participé à l'écrasement de la Pologne pour servir les intérêts de la Russie ; qu'il aurait promis à l'Angleterre l'abandon d'Alger pour mieux assurer la perpétuité de sa dynastie, et non pas la perpétuité de l'ordre monarchique et constitutionnel, dont il semblerait préméditer la ruine ; qu'enfin, il aurait conçu des desseins tyranniques pour contenir à son gré la capitale du royaume, et pour tourner contre les citoyens un projet destiné uniquement à repousser les attaques des ennemis de la France.

» Voilà, messieurs, la pensée de ces lettres, et, je vous le demande, comment qualifieriez-vous un roi qui aurait pu les écrire ? Ne diriez-vous pas que c'est un de ces tyrans qui ne procèdent que par voie de dissimulation, et dont le langage public est en opposition flagrante avec les pensées qu'ils ont au fond du cœur ? »

La réponse du jury, — les journaux du lendemain aidant, a été prise dans le public — comme admettant l'authenticité des lettres.

Ce qui m'a, au premier moment, un peu embarrassé, moi qui, à propos de ces malheureuses lettres, dans le numéro des *Guêpes* de février 1841, me suis avisé de dire : « Certes, si les lettres étaient authentiques, le roi n'aurait absolument qu'à s'en aller. »

Et je ne serais pas sans inquiétude sur la manière dont le parquet apprécierait mon appréciation — si M. Partarrieu n'avait été beaucoup plus loin que moi dans sa plaidoirie. — Ce ne serait toujours pas lui, — il ne l'oserait pas, — qui porterait la parole contre moi ; — quoique j'aime mieux, le cas échéant, être accusé par lui que par un autre,—vu le peu de succès avec lequel il a travaillé dans cette circonstance.

Je ne félicite pas le parti légitimiste de la nouvelle recrue qu'il a faite dans la personne de la *Contemporaine*, — qui, il y a une douzaine d'années, a obtenu une sorte de célébrité en vendant le récit de ce qu'elle ne pouvait plus vendre en réalité ;—récit qui a servi de cadre à quelques hommes d'esprit pour faire les *Mémoires d'une contemporaine*.

N'est-ce pas saint Paul qui a dit : *La lettre tue ;*

Il a bien ajouté, il est vrai : *L'esprit vivifie ;*—mais c'est qu'il y a dans cette affaire *plus de lettres* que *d'esprit*.

Un empereur romain disait, dans une circonstance différente : « Je voudrais ne savoir pas écrire. »

Résumons : le public a pris le verdict du jury en ce sens que les lettres sont déclarées authentiques. — Le public se trompe, le jury n'a pas dit que les lettres fussent du roi, mais il n'a pas dit non plus qu'elles ne fussent pas de lui.—L'honneur de Louis-Philippe exige que cette question soit résolue sans la moindre ambiguïté.

TRAIT DE SANG-FROID DE M. SOUMET. — On a donné, le

même jour, au Théâtre-Français, deux pièces de M. Soumet ;— cet écrivain qui, depuis un mois, a publié un poëme épique (la *divine Épopée*), une tragédie (le *Gladiateur*), et une comédie (le *Chêne du roi*), me paraît produire dans des proportions telles, que l'on a à peine le temps de lire aussi vite qu'il fait imprimer; — certes, s'il continue à aller de ce train-là, il suffira seul à la consommation de ce qui reste de lecteurs en France, où tout le monde écrit aujourd'hui, — et on pourrait, je crois, sans inconvénient supprimer tous ses confrères.

M. Soumet, pour montrer son sang-froid et la certitude qu'il avait d'avance de son double succès, raconte lui-même qu'il a fort bien dîné ce jour-là, et qu'il a mangé un poulet aux truffes.

Un des collègues de M. Passy (Hippolyte-Philibert) —a dit de lui : « Il a toute la suffisance et toute l'insuffisance d'un parvenu. »

M. GABRIEL DELESSERT. — M. le préfet de police a eu une heureuse idée relativement aux voitures.

Les numéros qu'on oblige les propriétaires de faire peindre sur les panneaux ont pour but de les empêcher d'échapper par la fuite à la punition des accidents qu'ils peuvent causer.

Il a donc imposé aux fiacres et aux cabriolets de place,—voitures d'une lenteur notoire et proverbiale,—traînés par des restes et par des ombres de chevaux, — d'énormes numéros dorés.

Aux cabriolets de régie, —qui vont beaucoup plus vite,— des numéros très-petits et très-étroits.

Et, enfin, aux cabriolets et aux carrosses bourgeois, qui seuls ont des chevaux vifs, — vigoureux et indociles, — qui seuls peuvent causer des accidents, — qui seuls peuvent s'échapper rapidement, d'imperceptibles numéros, — dont s'abstiennent même tout à fait la plupart des voitures à quatre roues.

UN MOT DE L'ARCHEVÊQUE DE PARIS. —On raconte de monseigneur Affre, archevêque de Paris, —qui signe Denis, — que, n'étant encore que simple abbé, il se trouva dans une voiture publique avec un jeune homme du commerce, voltairien qui courait la France pour *placer* du calicot et décrier l'Être suprême, — parlait fort légèrement du gouvernement d'alors et réservait toute son admiration pour ses articles — tant en toile qu'en coton.

Le commis voyageur, voyant un prêtre, pensa qu'il serait de bon goût de l'insulter et d'amuser à ses dépens les autres personnes encaquées avec eux dans la diligence.

— Monsieur l'abbé, lui dit-il, savez-vous quelle différence il y a ent reun âne et un évêque?

— Non, monsieur, répondit modestement l'abbé.

— Eh bien! je vais vous l'apprendre : — c'est que l'évêque porte la croix sur la poitrine et que l'âne la porte sur le dos.

On rit beaucoup dans la voiture. — L'abbé laissa s'apaiser la joie de ses compagnons de voyage, et dit au jeune homme du commerce :

— Et vous, monsieur, pourriez-vous me dire, à votre tour, quelle différence il y a entre un âne et un commis voyageur?

Le jeune homme chercha longtemps et finit par dire :

— Ma foi, monsieur l'abbé, — je ne sais pas.

— Ni moi non plus, monsieur, reprit l'abbé.

J'aime mieux cela que son mandement à l'occasion du baptême du comte de Paris.

UN EMPLOYÉ DE LA VILLE DE PARIS. — Pendant que le faubourg Saint-Germain devient plus noble que jamais et récompte ses quartiers avec des scrupules inusités, l'homme qui est chargé par la ville de mettre les noms des rues retranche inexorablement tous les *de*, et intitule les rues

Rue Richelieu,

Rue Condé,

Rue Grammont,

Rue Béthisy,

Rue Astorg, etc.; etc.

Personne ne dérange ce monsieur, qui va toujours son train, dégradant tous les noms.

🐜 DE M. GRANDIN, DÉPUTÉ. — M. Grandin est député.— Je ne sais pas bien précisément ce que vend l'honorable membre de la Chambre basse, mais à coup sûr il est marchand de quelque chose. — Je crois qu'il vend du drap, mais je n'en suis pas sûr.

M. Grandin a cru devoir monter à la tribune, — et a dit :

« Messieurs, certes, c'est un homme estimable que celui qui abandonne sa famille et traverse les mers pour porter au loin les produits de son industrie ; — mais, il faut le dire, il y a des négociants indignes qui vendent sur les marchés étrangers des marchandises de mauvaise qualité, — des marchandises *impudiques*. »

On se demandait beaucoup dans la Chambre — ce que M. Grandin entend par les marchandises impudiques. — Au milieu d'un grand nombre d'avis, — on s'est généralement réuni à celui de M. Hortensius de Saint-Albin, jeune magistrat frisé, — qui a pensé que cela devait s'entendre — des sous-jupes, — dont on parle tant dans les journaux.

🐜 Pour ce qui est de la première partie du remarquable discours de M. Grandin, je dirai que *l'homme qui abandonne sa famille pour traverser les mers et aller porter au loin les produits de son industrie* — peut, au moins, à aussi juste titre, être appelé — pour ce fait, *intéressé* qu'estimable.

🐜 Il y a même bien peu de temps que je me laissai aller à rêver sur ce sujet et que j'arrivai à une conclusion toute différente de celle de M. Grandin.

🐜 C'était un peu avant le coucher du soleil, — une grande nuée grise voilait les riches reflets orangés de l'horizon, — le soleil, caché par ces tristes vapeurs, laissait tomber par une étroite déchirure du nuage de longs faisceaux de rayons pâles.

15*

La mer paraissait noire et roulait le galet avec un bruit sourd, quoique aucune agitation ne parût à sa surface ; — par moments, des bouffées de vent venaient du sud-ouest.

La nuée grise s'étendait sur la mer en montant et laissait un moment l'horizon découvert ; — il paraissait alors d'un bleu pâle légèrement cuivré ; mais d'autres vapeurs plus noires, qui semblaient monter de la mer, ne tardaient pas à former de nouvelles nuées qui venaient épaissir celles qui tendaient le ciel d'un crêpe funèbre ; — tout était sombre, le ciel et la mer ; — le bruit intérieur de la mer augmentait ; — on voyait par instants de longues lames blanches courir sur la mer et venir du large à la plage, où elles se brisaient écumantes en pluie fine que le vent emportait au loin.

Dans un moment — où l'horizon était clair et limpide, — je vis se découper sur son front verdâtre la silhouette noire d'un navire.

Et je trouvai l'homme plus grand que je ne l'avais jamais vu, — en pensant à l'audace qui le fait ainsi traverser les mers sur de frêles embarcations, et je me dis : « Est-ce que par hasard l'homme serait grand ? »

Mais bientôt je pensai que ces hommes qui étaient sur ce navire étaient des marchands ; — qu'ils allaient vendre et acheter, et gagner de l'argent , — et que tout ce grand courage n'était que de l'avidité. — Je m'écriai avec Horace : « Celui-là avait le cœur entouré d'un triple airain qui, le premier, confia sa vie à un navire ; » — et je restai triste sur la plage.

DEUX PETITES FILLES. — M. Villemain a une petite fille qui a sur son gentil visage tout l'esprit de son père, — c'était la manière la plus adroite de lui ressembler. — Il y a quelques jours, elle jouait avec la plus jeune des filles de Victor Hugo.

(Victor Hugo a les plus beaux enfants du monde, — en les voyant on ne s'étonne pas qu'il parle si bien des enfants et qu'il les aime avec tant de tendresse. — Il y a quelque temps, — dans une maison — où étaient MM. de Lamartine, — de Balzac, — Théophile Gautier, — Eugène Sue — et madame de Girardin, on le pria de dire quelques vers, — j'insistai beaucoup pour les *Oiseaux envolés*, et pour cette autre pièce où il raconte son enfance dans un grand jardin ; — quand il s'arrêta, nous pleurions tous.)

La petite Hugo montra à la petite Villemain ses plus beaux joujoux ; — celle-ci ne voulut pas demeurer en reste, — lui fit des siens des récits superbes et ajouta — qu'elle avait planté dans le jardin du ministère des oignons de jacinthe et qu'ils avaient produit des fleurs magnifiques, mais déjà fanées.—« Tu viendras les voir au printemps, l'an prochain, » dit-elle ; — puis tout à coup sa figure devint pensive, — et, se ravisant, elle ajouta : « Ah ! c'est que *nous* n'y serons peut-être plus. »

Entre les enfants, les petits garçons—ne sont pas précisément des hommes plus petits, — ils n'ont aucun des goûts, aucun des intérêts qui occuperont plus tard leur existence ; mais les petites filles ont déjà toutes les grâces et toutes les coquetteries de la femme ; — une petite fille n'est qu'une femme très-petite, une femme que l'on regarderait en retournant la lorgnette ; on marierait une petite fille de six ans sans l'étonner ; — une petite fille de six ans est prête à tout.

Le roi, qui commande très-souvent des tableaux de bataille, a une singulière antipathie qui embarrasse quelquefois beaucoup les peintres ; —il ne peut pas voir un homme sous les pieds d'un cheval ;—s'il a trouvé une semblable scène dans une esquisse, il la fait effacer ; —cela ôte de la vérité à une bataille, quelque peu sanglante qu'on la veuille faire.

Dans l'édition originale publiée par livraisons et timbrée ainsi que l'auteur l'explique plus haut, la page où chaque fois est placé le timbre—ne porte que ces mots : *Page salie par le fisc.*

LE VŒU D'HENRY MONNIER. — Henry Monnier — (que diable est-il devenu, que je ne le rencontre plus jamais ?) nous a dit depuis longtemps, dans une de ses spirituelles boutades, que son vœu le plus ardent était de voir réunis les fils des pairs de France avec les fils des marchands de peaux de lapins. —Cette heureuse fusion est faite, — car on sait que l'honorable colonel Th..., —dont les fils ont pour camarades, et presque pour courtisans, des fils de pairs de France, — a fait sa fortune dans le commerce des peaux de buffles. — Les buffles étaient autrefois de très-gros lapins de l'Amérique.

PARIS. — Paris a été fort malade tout le mois dernier. — Depuis que le choléra y a passé, —il en reste toujours quelque chose.—Les médecins appellent cela des diminutifs les plus jolis et les plus coquets, — cholérine,—cholérinette, etc. Mais, néanmoins, quelques-uns en meurent, — et beaucoup en sont fort malades. — A d'autres, cela produit un effet meilleur pour eux, mais plus fâcheux : ils deviennent bêtes et méchants, de bons et spirituels qu'ils étaient.

VERTUS PARLEMENTAIRES. — La proposition Remilly s'est encore présentée sous une nouvelle forme.

Cette proposition, quelque figure qu'elle prenne, continue à n'être pas autre chose que ceci :

Deux partis se disputent le pouvoir.

Comme le pouvoir a ceci de particulier, à l'époque où nous vivons, qu'il ne peut rien ; —quand je dis pouvoir,— lisez places et argent.

Le parti vaincu met immédiatement en avant la proposition Remilly, qui a pour but de déclarer incompatibles les fonctions de député avec toutes fonctions salariées.

Le parti vainqueur, — qui est naturellement en majorité, puisque c'est le nombre qui a décidé de la victoire, — et que d'ailleurs une partie des vaincus s'est ralliée à lui avec fureur, — repousse ladite proposition Remilly.

Quand les autres arriveront au pouvoir (lisez places et argent) à leur tour, — par trahison, coalition, etc., etc., —ils auront à repousser à leur tour la même proposition, qu'ils soutenaient si morale et si indispensable contre ceux qui la veulent aujourd'hui et qui la repoussaient hier.

La proposition Remilly, en un mot, sera toujours présentée, — et ne sera jamais admise.

🐜 A MES LECTEURS.—Je vous avais annoncé,—mes chers lecteurs, — que, pour payer une partie du timbre auquel je suis condamné, comme vous pouvez le voir,—j'admettrais une demi-feuille d'annonces.

Mais à peine cette résolution a-t-elle été connue qu'il s'est présenté de toutes parts — des sirops indécents,— des pastilles obscènes, — des vêtements immoraux, — des pâtes contraires aux bonnes mœurs, — des fécules barbares, — des instruments immodestes, — des bonbons immondes,—une foule, en un mot, de ces marchandises impudiques, comme dit l'honorable M. Grandin, — qui encombrent quotidiennement la quatrième page des grands carrés de papier — se disant les organes de l'opinion publique.

J'ai repoussé les annonces, — j'ai payé, je paye et je payerai le timbre de mon propre argent.

🐜 Pendant que je parle des grands journaux, il faut que je demande pourquoi on les lit.— Voici de quoi ils se composent invariablement :

Un grand article, — appelé *premier Paris,* — contenant des *réflexions sur la situation,* — c'est une tartine délayée,—c'est un insipide brouet clair,—dans lequel il n'y a rien que le lecteur puisse comprendre ;—cette série de longues phrases, de grands mots qui, semblables aux corps matériels, sont sonores à proportion qu'ils sont creux,—est un logogriphe qui veut dire, pour les initiés, différentes choses dont vous ne vous doutez pas, et qui n'ont aucun rapport avec ce que vous croyez y comprendre.

Voici un article *pour* les fortifications ;—que croyez-vous que cela veuille dire?—rien autre chose que ceci : « Mademoiselle***, danseuse très-maigre, est rengagée à l'Académie royale de musique. »

Et cette longue dissertation sur la guerre d'Alger et contre le général Bugeaud ?

Que la femme de M.*** n'a pas encore le bureau de tabac qu'elle sollicite, etc.

— Continuons :

Nouvelles étrangères. — Les mêmes, dans tous les journaux, — toutes puisées à la même source, — chaque journal les tient d'un seul et même M. *Havas*, qui en a l'entreprise.

Nouvelles diverses. — Les mêmes dans tous les journaux, — chacun prend celles que les autres donnaient la veille.

Chambre des pairs. — *Chambre des députés.* — Les mêmes dans tous les journaux, — les journaux du matin les prennent sur les journaux du soir.

Réclames. — Éloges divers, — tarifés et payés.

Annonces. — La kyrielle de marchandises dont je vous parlais tout à l'heure.

Ces deux articles n'ont pas plus de variété que les autres, — ils sont identiquement les mêmes dans les divers journaux, — qui sont parfaitement de même avis sur tout ce qui se paye un franc la ligne.

Amusez-vous bien.

UNE ÉGLISE. — Envoyer de Toulouse à Paris par la diligence une église que Clément Boulanger était allé y peindre, — cela eût été dispendieux ; c'est pour cela qu'il n'a rien au Salon cette année. Les Toulousains sont très-contents de ses tableaux et voudraient le garder, — lui, autant que je me le rappelle, aime le pâté de foie de canard,—je crains qu'il ne reste quelque temps encore.

Pendant ce temps, madame Élise Boulanger enrichit un catéchisme de ses gracieux dessins,—je n'en connais qu'une Madeleine pénitente beaucoup trop jolie — qui m'a fait m'écrier : « Quel dommage ! elle pécherait si bien encore ! »

UNE RÉCOMPENSE HONNÊTE. — En 1836, — M. Gudin a exposé un grand tableau qui a été fort remarqué.—Ce tableau représentait l'entrée du Havre, vu de la rade, — au moment où y entrait le navire le *Casimir Delavigne*.

Ce tableau fut donné par le roi à la ville d'Avignon, laquelle ville d'Avignon en a été fort reconnaissante, mais ne l'a jamais reçu. — Le député d'Avignon — dont je ne sais pas le nom, mais qui porte des moustaches — a été chargé de le réclamer instamment. — Il n'est pas probable que le tableau soit en route depuis cinq ans sans être arrivé à sa destination ; — on s'occupe de chercher ce tableau, qui n'a pas moins de douze pieds de haut, de la cave aux combles du Louvre ; — on ne le trouve pas.

Le parti légitimiste a manqué deux occasions de se montrer généreux.

A la vente des dames de la Miséricorde, faite dans les salons de M. J. de Castellane par toutes les belles dames légitimistes, il y avait plusieurs ouvrages de la duchesse d'Angoulême,—entre autres un coffre en tapisserie, qui était coté cent francs.

Pendant les cinq jours qu'a duré la vente, il ne s'est présenté personne qui voulût mettre ce prix à l'ouvrage de la dauphine.

Ce qui s'est le plus vendu, ça été des torchons ; on trouvait très-plaisant d'aller en marchander aux duchesses et aux princesses, qui les déployaient ; elles en ont vendu étonnamment.

Cet élan modéré rappelle celui qu'a excité la souscription faite par M. de Brézé pour le buste du duc de Bordeaux, — elle a rapporté fort peu de chose ; — on a remarqué, parmi les souscriptions envoyées à M. Vernes, celle-ci, qui montre un touchant sacrifice :

« **M. B*****, vingt francs — qu'il a trouvés. »

Les belles vendeuses ont prié M. de Castellane, en récompense de leur zèle charitable — de leur donner sur son théâtre une représentation secrète de *Passé Minuit*. — Il est toujours bon et encourageant que la vertu soit récompensée... ne fût-ce que par le vice.

La pièce n'a pas été jouée sur le théâtre, mais dans un petit salon.

Une des scènes les plus piquantes de la pièce est celle où l'acteur au lit, — en costume de nuit, — semble toujours sur le point de se lever brusquement, — et entretient le public dans une appréhension continuelle de ce qu'il va montrer, — jusqu'au moment où il se lève en chemise.

C'est M. de Tully qui a joué le rôle d'Arnal, et qui s'en est, — dit-on, — tiré à merveille.

Ces dames n'ont nullement paru embarrassées de revoir, quelques instants après, dans le salon, l'acteur qui venait de jouer devant elles un rôle aussi singulier.

Ces façons-là deviennent fort à la mode ; — j'avouerai qu'entre deux excès, puisque la plupart des femmes ne peuvent faire autrement, — je préférerais encore la pruderie. Mais je ne dis plus un mot de toutes ces choses ; — on prend trop mal les observations que j'ai faites en d'autres circonstances, et je suis assez lâche avec les femmes.

— Comme l'autre matin j'attendais qu'une personne à laquelle je faisais une visite, pût me recevoir, — je trouvai dans le salon un petit volume intitulé :

PENSÉES DIVERSES

par C.-M.-A. Dugrivel.

Et je me mis à le parcourir au hasard.—Je veux vous donner part au plaisir que j'y ai pris.

PREMIÈRE PENSÉE DE M. C.-M.-A. DUGRIVEL, p. 23. — « Ce que l'on dit et ce que l'on pense NE SONT pas toujours d'accord. »

Cela a déjà été dit, — mais est heureusement rajeuni par l'expression *ne sont*.

DEUXIÈME PENSÉE DE M. C.-M.-A. DUGRIVEL, p. 96. — « La plupart des hommes, vus de près, sont rarement ce qu'ils paraissent de loin. »

Celle-ci est hardie, mais le moraliste, le philosophe, ne doit pas reculer devant sa pensée, quelque choquante qu'elle puisse être pour les opinions reçues. — D'ailleurs, quelque audacieuse qu'elle puisse paraître, cette pensée de M. C.-M.-A. Dugrivel n'est contraire ni aux bonnes mœurs, ni à la religion, ni à la charte.

QUATRIÈME PENSÉE DE M. C.-M.-A. DUGRIVEL, p. 100. — « L'ingratitude est la monnaie dont se paye le plus souvent un bienfait. »

Il faut l'avouer, — cette pensée est triste ;— est-il donc vrai que le philosophe ne peut se livrer à une étude un peu approfondie sans y découvrir des choses aussi affligeantes,—et doit-on réellement lui savoir gré de sa découverte?

CINQUIÈME PENSÉE DE M. C.-M.-A. DUGRIVEL, p. 111.—« L'avarice, examinée de près, sent bien la crapule. »

Attrape ! — j'aime qu'on dise leur fait aux hommes et à leurs passions. — La philosophie n'a pas pour but de dire des douceurs à son semblable, — et je suis content de voir M. C.-M.-A. Dugrivel morigéner l'homme et le tancer de la bonne façon.

SIXIÈME PENSÉE DE M. C.-M.-A. DUGRIVEL, p. 117. — « Il est des gens toujours amis de ceux qui sont au pouvoir. »

Bravo !—il est possible que cela déplaise à M. Passy— (Hippolyte-Philibert), mais rien n'arrête M. Dugrivel: ni la hardiesse de la pensée, — ni les dangers de l'application.

SEPTIÈME PENSÉE DE M. C.-M.-A. DUGRIVEL, p. 169. — « Je me venge des méchants par une pensée contre la perversité humaine, — mes armes sont bien innocentes. »

Très-innocentes, en effet, monsieur C.-M.-A. Dugrivel.

HUITIÈME PENSÉE DE M. C.-M.-A. DUGRIVEL, p. 171. — « Il est tout naturel que l'homme cultive les arts et l'industrie, puisqu'ils contribuent à augmenter son bonheur. »

NEUVIÈME PENSÉE DE M. C.-M.-A. DUGRIVEL, p. 210. — « Si la brutalité produit des êtres vivants, comment la pensée ne produirait-elle rien ? »

DIXIÈME PENSÉE DE M. C.-M.-A. DUGRIVEL, p. 211. — « La vie est un songe. »

Pardon, monsieur C.-M.-A. Dugrivel, — ceci n'est-il pas un peu risqué ?

ONZIÈME PENSÉE DE M. C.-M.-A. DUGRIVEL, p. 200. — « La fortune est aveugle et rend aveugle. Paradoxe ! »

DOUZIÈME PENSÉE de M. C.-M.-A. DUGRIVEL. — « L'amabilité est un agrément qui n'est pas propre à embellir toutes les personnes. »

Je ne puis citer davantage : je vous renvoie au livre imprimé en 1841, — qui se vend chez Debécourt, à Paris, rue des Saints-Pères, 69. Le volume se compose de deux cent quinze pages, chaque page renferme au moins cinq pensées. — C'est-à-dire mille et soixante-quinze pensées.

LES CONCERTS. — Je divise les choses dites *plaisirs* en deux classes : — les plaisirs qui m'amusent et les plaisirs qui m'ennuient ; — je préfère les premiers, et je m'abstiens obstinément des seconds.

Ceci vous paraît, au premier abord, une pensée dans le genre de celles de M. C.-M.-A. Dugrivel ; — eh bien ! soyez de bonne foi, et vous verrez que c'est plus difficile que vous ne pensez. — Repassez dans votre mémoire la semaine qui vient de s'écouler, et voyez si vous n'avez pas consacré quelque soirée à quelque plaisir qui vous aura parfaitement ennuyé.

Je ne vais jamais au théâtre, — et beaucoup moins encore
dans les concerts.

Je l'ai déjà dit, si je n'étais pas fils d'un piano célèbre, les
pianistes auraient affaire à moi.

Ils jouent aujourd'hui plus pour les yeux que pour les oreilles, — et frappent sur leur clavier comme s'ils avaient peur
qu'on ne sût pas que c'est de bois. M. Listz a, presque chaque
fois qu'il joue, un piano tué sous lui. Au dernier, il a joué debout; — il jouera couché au prochain. — Mais que voulez-vous
que fassent ces pauvres diables ? — les éloges les perdent. —
Dernièrement, un homme, qui du reste a ordinairement de l'esprit, — disait qu'il aimait voir un pianiste *pantelant*. — Il arrive
très-souvent à M. Listz, — quand il vient d'exécuter sa musique pantelante, — de terminer en se laissant tomber inanimé
sur son piano. — On trouve cela ravissant. Au concert de
M. Chopin, — auquel je n'assistais pas, on m'a raconté que, le
morceau fini, M. Listz, qui ne jouait pas du piano, mais qui
voulait absolument jouer un rôle, — se précipita sur M. Chopin
pour le soutenir, pensant qu'il allait se trouver mal.

Depuis que Schubert est mort, — sous prétexte de trois
belles mélodies qu'il a laissées, — tout le monde s'amuse à faire
des choses plus ou moins incolores et ennuyeuses et surtout
dénuées de mélodie, qu'on publie sous son nom, — et auxquelles
les gens accordent la même admiration qu'à ses meilleurs ouvrages.

Dans une maison — où je me trouvais dernièrement,
— on a amené un jeune phénomène : — c'était un enfant de
douze ans très-fort sur le piano. Il s'est assis et a commencé,
puis imperturbablement — a joué plus d'une heure — sans être
arrêté par les applaudissements, qui avaient pour but de le faire
finir et qu'il prenait pour des encouragements. — En vain, on
se disait : « Charmant enfant ! à quelle heure le couche-t-on ? »

Il ne s'arrêta qu'à la fin de son morceau, — si toutefois ce qu'il a joué peut s'appeler un morceau, car je ne connais rien d'entier qui soit de cette longueur.

Quelqu'un que je ne nommerai pas — disait :

— Eh bien! cela m'intéressait davantage au commencement.

— Pourquoi cela?

— Parce que l'enfant était plus jeune.

🐝 Il y a peu de choses auxquelles je doive d'aussi ravissantes sensations qu'à la musique; — mais je finirai par n'en plus vouloir entendre à cause des différents bruits prétentieux— dont on m'assourdit sous prétexte de musique.

Je n'ai plus de ressources que dans de petites mélodies, franches, — vraies, — qui me bercent l'esprit et me font rêver.

L'autre jour, j'ai entendu une jolie voix chanter — une chanson, — une romance, — je ne sais quoi, — mais c'était ravissant. Cela s'appelle : — *Je n'ose la nommer!* — La chose est de F. Bérat.

Si céci te tombe sous la main, — tu verras en même temps, — mon ami Bérat, — que tu me feras plaisir de m'envoyer cette romance, que je voudrais tenir de toi.

🐝 Beaucoup de braves gens, — quand je me plaignais d'avoir été ennuyé par des chefs-d'œuvre, objets de leur admiration la plus furieuse, — m'ont dit · « Il faut entendre cela plusieurs fois. »

J'ai trouvé le piége grossier : — comment! j'entendrai seulement une fois la musique qui me charme, — et plusieurs fois celle qui m'ennuie!

Travaillez donc douze ans à passer pour un homme d'esprit, pour qu'on ose encore vous dire de semblables choses!

Non, — mes braves gens, — je ne tombe pas dans le panneau, — j'entends le plus souvent possible la musique qui me plaît, — et, quand il m'arrive d'en entendre d'autre, — je regrette qu'il n'y ait pas un autre moyen de faire savoir qu'elle m'ennuie.

🐜 Un étranger, M. S — z, a cherché à Paris la célébrité par un moyen bizarre : — il a gagé consommer dans sa matinée — une promenade de deux lieues, trois bouteilles de vin et trois femmes.

Du temps d'Hercule, pour' attirer l'attention, — il ne fallait pas moins d'un bœuf et de cinquante vierges. — C'est un des douze travaux. — Je n'aime pas beaucoup que l'on fasse passer l'amour à l'état de travail.

Il est du reste triste de voir de telles prouesses, — qui ne servent qu'à montrer la pauvreté des choses ordinaires, — et l'humilité de ceux qui parient contre.

Une veuve à laquelle on racontait le fait — a dit : « Mais, — autant que je puis me rappeler, — ça n'est pas très-extraordinaire. »

M. S — z, se voyant célèbre, se fait beaucoup présenter aux femmes dans le monde.

Mais il a été puni d'une manière bien cruelle. — Son vrai nom, que je n'écris pas ici, — pour m'associer à la punition, — n'a pu entrer dans la tête des gens, et on l'appelle obstinément M. Sedlitz.

Son exploit est plus ou moins admiré sous un nom qui n'est pas le sien. — On ne peut l'annoncer dans un salon sans qu'on se pousse du coude en se disant : « C'est lui. » — Pour recueillir les fruits de sa gloire, — il lui faudrait faire comme certains marchands, — et s'appeler à l'avenir M. S — z, dit Sedlitz, — ou se faire annoncer ainsi : — M. S—z, celui qu'on a mal à propos désigné sous le nom de Sedlitz.

Peut-être se décidera-t-il à quitter son vrai nom et à porter à l'avenir celui qu'il a rendu illustre.

🐜 Tout bonheur se compose de deux sensations tristes : — le souvenir de la privation dans le passé, — et la crainte de perdre dans l'avenir.

🐜 Voici le printemps ; — l'air qu'on respire est imprégné

de lilas. — Ce matin chaque brin d'herbe avait sur sa pointe une transparente perle de rosée, — les unes blanches, les autres rouges comme des rubis, — d'autres vertes comme des émeraudes, — puis à chaque instant l'émeraude devenait un rubis, — le rubis une topaze ou un saphir. C'est une riche parure qui tombe tous les matins du ciel, — qui la prête à la terre pour une demi-heure, — et que le soleil remporte au ciel sur ses premiers rayons, — à l'heure à laquelle la terre est livrée au travail, — à la haine, — à l'ambition *réveillés.*

L'âme s'épanouit, — une foule de petits bonheurs purs fleurit dans le cœur.

LES COURSES AU CLOCHER. Cela s'appelle encore *steeple-chase* ; —comme les journaux racontent ce qui s'y passe avec de grands enthousiasmes, il est bon que je dise à ce sujet la vérité ; — on trouvera un jour dans les *Guêpes,* — le plus petit livre qui se soit jamais fait, le mot de toutes les énigmes et de tous les mensonges de ce temps-ci.

Ces courses se font d'ordinaire à la Croix de Berny, sur un terrain fangeux, — où les chevaux à chaque temps de galop enfoncent jusque par-dessus le sabot. Après divers obstacles factices, tels que des haies à franchir, etc., les chevaux et les cavaliers épuisés doivent franchir la Bièvre.

La Bièvre est une rivière qui roule une boue noire et infecte.

Il est grave de s'exposer à tomber dans ce marais fétide.

On ne s'y expose pas, — il n'y a pas là de chance à courir : — on y tombe certainement.

L'expérience de plusieurs années a démontré que les choses se passent toujours ainsi.

Arrivé à la Bièvre, — le cheval, fatigué par le terrain sur lequel il a couru et sauté, et se sentant sans point d'appui, résiste et refuse, le cavalier insiste, le cheval saute, — tombe au milieu ou sur l'autre bord, où il glisse et retombe dans la mare — d'où on le sort avec ou sans le cavalier qu'on repêche, —

tous deux noirs, sales, infects, et cela si invariablement, qu'on croirait que c'est le but réel de la chose.

C'est le délassement le plus élégant de la plus élégante jeunesse, — et on ne néglige rien pour être regardé par les femmes les plus belles et les plus à la mode.

Le prétexte est l'amélioration des races de chevaux en France. — Jusqu'ici on n'a fait, pour l'amélioration de la race, — qu'estropier et tuer les individus.

🐜 J'ai reçu un prospectus annonçant un ouvrage parlementaire — et qui commence ainsi :

A une époque où la parole gouverne tout.

C'est plus vrai, — hélas! — que ne le croit le brave homme, auteur du prospectus; — mais ledit brave homme paraît trouver cela charmant, — c'est en quoi nous ne sommes plus du même avis.

Il n'y a que les comédies et les tragédies faites par les hommes dont le commencement fasse deviner la fin; — la Providence est plus mystérieuse dans ses voies, — ses ressorts sont plus cachés, ses péripéties plus imprévues; — le plus souvent, dans la ville réelle, les romans n'ont pas de second volume, — les drames n'ont pas de cinquième acte.

🐜 Un mari a quelque chance de voir que l'on fait la cour à sa femme; mais, une fois que l'on est d'accord avec elle, — tout semble s'entendre pour le tromper et pour lui cacher ce qui se passe. C'est seulement lorsque Thésée devient négligent ou infidèle — et qu'Ariane, à son tour, rend de soins, de chagrins, de concessions et d'humilité — tout ce qu'elle en a fait payer avant de répondre à une flamme dont elle s'aperçoit qu'elle brûle seule, — que les imprudences, les mauvaises humeurs de la femme lui font soupçonner qu'il se passe quelque chose,—qu'il se dit : — « Mais,— mais,— mais monsieur un tel fait, je crois, la cour à ma femme; » — et il met à la porte l'amant, qui depuis six mois cherchait à avoir un prétexte et un expédient pour s'en aller, pour qu'il ne soit pas dit qu'il n'ait pas pris soin de préparer toutes les phases de son infortune, — et qu'il ait cessé d'être au dénoûment la providence de l'amant comme il l'a été pendant tout le cours du roman.

M. LEHON. On s'est naturellement beaucoup occupé de la déconfiture de M. Lehon, le notaire; — beaucoup de gens veulent qu'on fasse de nouvelles lois à ce sujet.

Hélas ! — ce n'est pas de lois que nous manquons : — nous avons à la Chambre quatre cent cinquante faiseurs de lois en permanence, — qui en font Dieu sait combien, — comme si on changeait de lois comme de gants, — et je ne m'aperçois pas que les choses pour cela en aillent beaucoup mieux. On aura beau faire des lois, — on ne décrétera jamais l'honneur, — la probité et le désintéressement; — une loi de plus n'empêchera pas un crime, — et fera seulement que ce sera une façon prévue de le commettre, et, cette façon, on saura bien l'éluder pour en prendre une autre.

Prenez-vous-en à cette agitation — qu'on a jetée dans tous les esprits, — à cette prétendue égalité qui n'est que le désir de primer sur les autres, — qui fait que personne ne veut rester dans sa sphère; — que personne n'acceptera pour but de sa vie — de mettre ses pieds dans les traces des pieds de son père, — et de ne le reconnaître autrement que comme point de départ.

LES GANTS JAUNES. A ce propos, il me revient une chose à l'esprit; je ne m'amuse guère à répondre aux attaques variées dont je suis parfois l'objet de la part de certaines gens, au bas de certains journaux et ailleurs; — les pages dont se composent les *Guêpes* n'y suffiraient pas; — et, d'ailleurs, je serais bien vengé si ces pauvres gens pouvaient savoir à quel point tout cela m'est égal.

Il arrive cependant quelquefois qu'une attaque à laquelle

je ne ferais aucune attention me donne un prétexte raisonnable de traiter un sujet qui me convient, — c'est ce qui arrive à une sorte de recueil à couverture verte, — auquel je ferai d'abord le chagrin de ne pas le nommer.

Ces messieurs, en parlant d'une soirée, — veulent bien y mentionner ma présence, — et disent à ce sujet :

— « On a remarqué que ce *critique* portait des gants noirs. — Est-ce par économie ? »

D'abord, — messieurs, — pour faire semblant d'ignorer que je fais des livres, il faudrait que les premières pages de votre brochure ne fussent pas occupées par une espèce de récit qu'un de vous a bien voulu copier dans un roman de moi, qui s'appelle *Geneviève*, et signer de son nom.

Il viendra, je l'espère, un jour — où, les hommes n'étant pas tout à fait fous, il deviendra impossible de comprendre l'importance qu'on attache de ce temps à la couleur des gants.

J'ai déjà eu occasion de le dire,—l'ancienne aristocratie tenait à la beauté des mains.— La nouvelle tient à la beauté des gants.

Certaines conditions de l'aristocratie étaient un peu difficiles à atteindre.

Il fallait de la naissance, de l'esprit, du savoir,—du courage, — de l'élégance, de l'honneur.

On a changé tout cela au bénéfice de cette grosse bêtise qu'on appelle égalité. — Tout cela est remplacé avantageusement par des gants jaunes.

Il n'y a plus que deux classes d'hommes en France :

Non pas les honnêtes gens et les fripons ;

Non pas les gens d'esprit et les sots ;

Non pas les hommes de cœur et les lâches ;

Non pas les savants et les ignorants ;

Non pas les hommes élégants et les rustres.

Il n'y a que les hommes qui portent des gants jaunes et les hommes qui n'en portent pas.

Quand on dit d'un homme qu'il porte des gants jaunes, —qu'on l'appelle un gant jaune, —c'est une manière concise de dire un homme comme il faut. — C'est en effet tout ce qu'on exige pour qu'un homme soit réputé homme comme il faut.

Comme, par les raisons que j'ai déduites plus haut, il n'était pas aisé de parvenir à l'aristocratie, on a fait descendre l'aristo-cratie à la portée du plus grand nombre,—à une paire de gants de cinquante sous.

Mais ce privilége, déjà fort modifié,—ce monopole déjà bien partagé, a fait crier les gens qui n'y atteignaient pas encore, — et on a demandé l'abolissement de l'aristocratie comme on de-mande à présent l'abaissement du cens électoral.

Le besoin de gants jaunes à vingt-neuf sous se faisait trop généralement sentir pour que l'industrie ne vînt pas au secours des victimes du monopole.

PARENTHÈSE. — Je ne veux pas perdre ceci, qui me vient à propos de l'abaissement du cens électoral.

Vous, messieurs, qui demandez cet abaissement,—vous trou-vez sans doute mauvais que l'échelle de l'argent soit celle sur la-quelle on mesure les capacités électorales et gouvernementales.

Pensez-vous atteindre votre but de corriger cette sottise en faisant qu'un plus grand nombre arrive aux affaires par cette voie que vous blâmez ? — Croyez-vous la rendre meilleure en l'élargissant ?—Croyez-vous qu'un abus soit détruit parce qu'un plus grand nombre en profite ?

On a donc fait des gants à vingt-neuf sous ; — et les gants jaunes sont restés plus que jamais la première, —la seule condition d'admission et de considération dans le monde.

Je répondrai, messieurs, à la question que vous voulez bien m'adresser : « Est-ce par économie ? »

Pourquoi pas,—messieurs ?—et si je vous disais tout ce que je n'ai pas été obligé de faire dans ma vie au moyen de semblables économies, — c'est-à-dire par le mépris de certaines vanités,—

en ne désirant jamais paraître riche, — en étant plus fier de ma pauvreté et de mon indépendance mille fois que vous ne l'êtes de vos fausses élégances, — qui vous donnent tant de tourments, — qui vous obligent à des luttes si acharnées, qu'elles sont devenues le but de votre vie, et qu'elles vous forcent, tant le superflu vous est devenu nécessaire, à traiter le nécessaire en superflu !

Non, je ne suis pas dupe de cette prétendue égalité des gens de lettres avec les gens du monde, ce qui ne les a amenés qu'à l'égalité des dépenses sans les faire arriver à l'égalité des recettes. — Je n'ai pas voulu prendre un rôle dans cette sotte comédie, — où tout le monde veut tromper tout le monde sans que personne soit trompé ; — où l'on est ridicule quand on ne réussit pas, et odieux quand on réussit.

Nous voici déjà un peu loin des gants jaunes.

CHOSES DIVERSES. — Il y a des honneurs bizarres ; — ce qu'un marchand appelle son honneur, c'est de payer ses billets, — parce que c'est seulement ainsi qu'il a du crédit, c'est-à-dire qu'il peut remuer une somme d'argent plus que décuple de celle qu'il possède en réalité ; mais, une fois un billet protesté, un marchand est capable de tout.

Un juge d'instruction ne reçoit que douze — quinze ou dix-huit cents francs : — c'est une sottise. — La magistrature, en général, n'est pas payée, — il n'y a pas un chanteur de province qui se contenterait des appointements d'un président de cour royale.—Eh bien ! à ce juge d'instruction qui reçoit quinze cents francs,—offrez cent mille francs pour qu'il trahisse—son devoir, — il les repoussera avec indignation, — mais rien ne l'arrêtera s'il s'agit de son avancement — qui peut-être augmentera son revenu de cent écus.

LES AMIS.—Un ami, c'est un homme armé contre lequel on combat sans armes.

— C'est un homme qui sait sur quel coup précisément il vous prendra en tirant l'épée.

— C'est un homme qui connaît l'escalier qui conduit chez votre femme ; qui sait les moments de froideur et les instants où vous êtes dehors et l'heure précise à laquelle vous rentrerez.

— Un ami, c'est Judith qui vous assoupit dans ses bras et vous tue au milieu des songes agréables qu'elle vous fait faire.

— C'est Dalilah qui connaît le secret de votre force et de votre faiblesse.

— Quand un homme a deux amis, ce n'est que pour se plaindre alternativement de chacun d'eux à l'autre.

— On prend des amis comme un joueur prend des cartes ; on les garde tant qu'on espère gagner.

— L'homme qui a un ami, qui s'assimile un autre homme, présente une surface double aux coups du malheur. On peut lui casser quatre bras et lui fendre deux têtes ; il portera le deuil de deux pères : il aura le tracas de deux femmes.

— Entre deux amis, il n'y en a qu'un qui soit l'ami de l'autre.

— Entre tous les ennemis, le plus dangereux est celui dont on est l'ami.

— A la fin de sa vie, on découvre qu'on n'a jamais autant souffert de personne que de son ami.

— Ce serait pourtant une belle et sainte chose que l'amitié. Mais qui comprend l'amitié ? Chacun veut avoir un ami, mais personne ne veut être l'ami d'un autre. On emprisonne ce qu'on appelle son ami dans ses propres idées à soi, dans ses goûts : on lui trace la route qu'il doit suivre. Il y a des limites où l'amitié cesse. Si votre ami prend un parti, avant de le suivre, vous examinerez s'il a tort ou raison. Ce serait là ce qu'on devrait faire pour un indifférent ; mais un ami ! s'il est malheureux, on doit être malheureux avec lui ; criminel, on doit être criminel avec lui. Tout ce qu'il fait, on en doit supporter la responsabilité comme on supporte celle de ses propres actions ; deux amis doivent se suivre dans la vie comme s'ils ne faisaient qu'un.

L'amitié ne doit pas être un pacte, mais une assimilation ; on ne doit pas prendre un ami, on doit devenir lui.

UN PROVERBE. — J'ai connu un homme, jeune, bien fait, à moitié spirituel, passablement brave, riche ; en un mot, fort disposé à être heureux. Pour y parvenir, il résolut de mettre en pratique cet aphorisme : *Il faut avoir des amis partout.*

Il donnait à dîner, prêtait de l'argent, sacrifiait ses maîtresses, permettait à qui voulait de rendre ses chevaux poussifs ; la bien-veillance générale était une des conditions de son existence. Il jouait aux échecs et perdait ; il dansait, et dansait gauchement ; enfin, il n'avait de supériorité dans aucun genre, et ne pouvait exciter l'envie, si ce n'est par sa fortune ; mais sa fortune n'était pas à lui.

Tout le monde était son ami ; tout le monde le tutoyait : il était enchanté. Peut-être, s'il eût regardé d'un peu près les bénéfices de cette amitié universelle, eût-il vu que les gens qui ne chantaient jamais, parce qu'ils avaient la voix fausse, ne s'en faisaient aucun scrupule devant lui. L'hiver, on le mettait loin du feu pour donner la meilleure place à un étranger. On lui donnait à dîner avec la soupe et le bouilli : *on ne se gêne pas avec ses amis ;* — on servait tout le monde avant lui, et les en-fants essuyaient leurs tartines sur ses vêtements.

Un jour, un de ses *amis* lui écrivit une lettre en ces termes :

« Sauve-toi ; je suis entré dans une conspiration qui vient d'être découverte ; on a saisi mes papiers. Comme tu es *mon ami,* comme je sais que l'on peut compter sur toi, je t'avais mis un des premiers sur la liste des conjurés. Notre affaire est certaine ; nous serons tous condamnés à mort. Fuis sans perdre un instant. »

Hermann demeurait dans un quartier de la ville assez éloigné ; l'homme chargé de la distribution des lettres s'aperçut que la lettre destinée à Hermann était la seule à porter dans son quar-tier ; il pensa ne pas devoir se gêner avec un *ami ;* il remit au

lendemain pour porter la lettre, en même temps que les autres
qui ne pouvaient manquer de venir pour le même quartier ; il ne
porta la lettre que le surlendemain. Derrière lui arrivaient les
soldats chargés d'arrêter Hermann.

Le chef de la troupe était *un ami* d'Hermann, il ne voulut pas
avoir la douleur de l'arrêter lui-même, et resta à la porte ; les
soldats, sans chef pour les réprimer, maltraitèrent fort le prisonnier.

Néanmoins, sous prétexte de s'habiller, il passa dans un cabinet et sauta par la fenêtre.

Il tomba précisément sur *son ami*, que sa sensibilité retenait
malheureusement à la porte ; l'ami jeta un cri qui donna l'alarme ;
il fut repris et conduit en prison.

On instruisit son procès ; toute la ville était convaincue de son
innocence ; mais la plupart des juges se récusèrent pour ne pas
avoir, en aucun cas, à condamner *un ami*.

L'accusateur, qui était *son ami*, comprit que sa réputation
d'impartialité se trouvait singulièrement compromise par sa liaison connue avec l'accusé ; pour combattre cette prévention, il se
vit forcé de le charger plus qu'il n'avait jamais fait aucun autre.
Son avocat était tellement ému, — car *il le chérissait*, — que,
lorsqu'il voulut parler, sa voix fut étouffée par ses sanglots ; il
reprit un peu courage, mais sa mémoire était troublée ; les arguments sur lesquels il avait le plus compté ne se présentaient
plus qu'à travers un nuage ; sa voix était faible et mal accentuée.
Hermann fut condamné à l'unanimité.

L'autorité, vu le nombre infini de *ses amis*, redoutait un coup
de main pour forcer la prison et l'enlever ; aussi fut-il mis aux
fers, et ne lui laissa-t-on la consolation de voir personne. Le
jour de son supplice arriva ; un moment, le désespoir lui prêta
des forces ; il se débarrassa de ses liens, échappa aux soldats,
et se serait enfui, si la foule immense des gens qui *lui étaient
attachés* eût pu s'ouvrir assez vite pour lui livrer passage ; il fut

rattrapé et garrotté. Le bourreau, qui l'avait *beaucoup aimé*, avait peine à contenir sa douloureuse émotion; sa main, mal assurée, ne put séparer la tête du tronc qu'au cinquième coup.

———

Juin 1841.

Fragments d'une belle réponse de l'auteur des *Guêpes* à un homme étonné. — Les philanthropes. — Les prisons. — Les fêtes. — Question des hannetons. — M. Basin de Rocou. — Quelques citations de M. de Lamennais. — Une singulière oraison funèbre. — Les médailles de baptême. — De M. Dugabé et d'un nouveau théâtre. — Un mot du roi. — Véritable histoire de l'infante. — Comme quoi un jeune Polonais est devenu neveu de la reine de France. — Des cheveux roux. — M. Villemain. —Mademoiselle Fitzjames.—On oublie M. Molé.—Humbles remontrances à monseigneur l'archevêque de Paris. — Question sérieuse traitée de la façon la moins ennuyeuse qu'il a été possible à l'auteur. — M. Duchâtel. — Économies de M. Auguis. — Le parti des pharmaciens. — L'inconvénient d'avoir un frère célèbre. — Un danseur de l'Opéra au couvent. — Repos du roi. — M. Thorn. — Un parapluie vert. — Un voisin de campagne. — De quelques carrés de papier.

FÊTES DE MAI. — Comme je quittais Paris, le dernier jour du mois d'avril, un homme de ma connaissance me rencontra qui parut m'examiner avec étonnement. — « Comment, *mon cher*, me dit-il, les gros souliers et les guêtres de cuir ! Vous quittez Paris — la veille des fêtes de mai? — Est-ce que vous comptez n'en pas parler dans votre volume du mois prochain? »

Je fis alors à cet homme une réponse si belle, que j'eus regret quand elle fut finie, — ce qui n'eut pas lieu tout de suite, —

de ne pas l'avoir réservée pour un auditoire plus distingué et surtout plus nombreux, — et qu'aujourd'hui encore je ne puis me résigner à la voir perdue pour mes contemporains et pour la postérité, — ce qui fait que je vais m'efforcer de m'en rappeler quelques fragments, — sauf à prétendre, si on ne partage pas l'admiration qu'elle m'a inspirée, que j'en ai oublié les morceaux les plus saillants.

🐝 Mon bon ami, lui dis-je, — les philanthropes, — qu'à une époque d'injustice et de passion on avait appelés *filous en troupe*, — ont amélioré bien des choses.

.Ils ont inventé deux manières de compatir à l'infortune des prisonniers :

PREMIÈRE MANIÈRE. — Pour ceux qui ont commis de grands crimes, — tels que d'avoir assassiné leur père à coups de hache, — coupé leur sœur en petits morceaux, — empoisonné leur mère — ou noyé leur cousin, — et qui ont eu le malheur de rencontrer des jurés assez indulgents pour voir là des circonstances atténuantes et ne les faire condamner qu'à la prison, — les philanthropes les ont jugés d'autant plus à plaindre qu'ils étaient plus criminels; et, pensant qu'ils avaient besoin de grandes consolations, — ils se sont occupés de leur rendre la vie agréable; — ils ont amélioré leur potage, — assaini leurs prisons, planté leurs jardins d'arbres d'agrément, — en un mot, convaincus de l'âpreté de leurs remords, ils ont fait en sorte qu'ils n'en pussent être distraits par aucun autre chagrin et qu'ils y fussent livrés tout entiers.

🐝 DEUXIÈME MANIÈRE. — Mais pour ceux qui se sont laissé aveugler par la lecture de certains carrés de papier, où on répète les saugrenuités emphatiques que le gouvernement actuel disait contre son prédécesseur, alors qu'il n'était pas encore gouvernement, — pour ceux qui ont tenté sans succès contre ledit gouvernement actuel ce qui a si bien réussi audit gouvernement actuel en juillet 1830,

Les philanthropes ont arbitré — qu'il était difficile d'être plus sévère contre eux qu'un père, ancien mauvais sujet, ne l'est pour son fils, à l'égard des fautes qu'il a commises autrefois, jusqu'à ce que l'âge soit venu lui apprendre à traiter de vices les plaisirs qu'il ne peut plus prendre, et à ériger en vertus les infirmités qui lui arrivent;

Que le monde n'attache aucune idée de déshonneur aux crimes politiques;

Qu'en un mot, les condamnés politiques étant moins malheureux que les autres, — on peut sans scrupule faire sur eux des essais philanthropiques variés, tels que le régime cellulaire, — l'isolement, — et une foule de tortures morales, — par suite de quoi la plupart de ces pauvres diables — meurent furieux ou vivent fous et idiots.

🐜 Les philanthropes, — pendant longtemps, — ne s'occupèrent de l'homme qu'à son entrée en prison, — ne faisant pas la moindre attention à lui tant qu'il n'est que misérable et dans la longue route de privations, d'abstinence et de douleurs qu'il parcourt avant d'arriver au crime.

Ils ont craint, un moment, de voir manquer les occasions de s'attendrir, — et, perfectionnant leur industrie, — ils ont imaginé de donner aux enfants une éducation toute littéraire et républicaine, — éducation qui, sous le premier point de vue, les détourne des métiers utiles et productifs, et, sous le second, les élève dans l'admiration d'une foule de vertus d'une autre époque, vertus toutes prévues par le Code pénal, — et dont la moindre envoie celui qui la pratique faire, à Brest ou à Toulon, un voyage de cinq ou six années.

🐜 D'où vient que pas un de ces braves philanthropes, — aujourd'hui que plusieurs d'entre eux sont fort bien vus au château, — n'a imaginé de rendre un peu plus amusantes les fêtes que l'on donne au peuple à certains anniversaires?

D'où vient que pas un des grands poëtes, — des romanciers

distingués, — des dramaturges célèbres, — des écrivains de tous genres, qui depuis dix ans se sont succédé au pouvoir, — n'a trouvé dans sa cervelle la moindre variété à apporter aux *quatre orchestres de danse du carré Marigny,* — aux mâts de cocagne, etc., etc.?

Quelque chose, — il faut le dire, — car, si je vaux un peu, c'est par mon impartialité, qui vient de mon indifférence — quelque chose a été tenté à l'égard du feu d'artifice : — on l'a fait tirer sur le pont Louis XV, — au lieu du rond-point des Champs-Élysées, — mais cela avait déjà été osé par le gouvernement de la Restauration, — ce qui ne l'a pas empêché d'être renversé.

🐝 J'ai vu quelques-unes de ces fêtes quand j'étais enfant, — depuis j'ai lu le récit de beaucoup d'autres dans les journaux. — Quand une succession naturelle, une invasion, une restauration, une révolution, — ou toute autre cause, nous a amené un nouveau gouvernement, je me suis dit chaque fois : — « Ah! on va peut-être donner d'autres fêtes. » — Sous ce rapport-là, comme sous beaucoup d'autres, je ne me suis pas aperçu que les changements de gouvernement aient apporté rien de nouveau. — Depuis une trentaine d'années que je suis spectateur des choses que font les autres, — j'ai vu les partis tour à tour vaincus et triomphants, se fusiller, — se guillotiner, — s'emprisonner, — s'exiler, — etc.

🐝 Mais aucun n'a osé changer ni la forme des ifs des illuminations publiques, ni ces ifs eux-mêmes, qui ont porté tour à tour le suif officiel, que le peuple a le droit de voir brûler à certaines époques pour augmenter la joie qu'il est censé ressentir des naissances, fêtes ou avénements variés.

Aussi m'a-t-il semblé voir — que, dans ce cas, le peuple n'accepte de tout cela qu'un jour de loisir, et se donne à lui-même le choix de ses divertissements, — lesquels ne sont pas non plus très-variés, et consistent à aller boire aux barrières le petit vin, que si bêtement et si odieusement on lui charge dans la ville d'impôts égaux à ceux que payent les vins fins qui se servent sur la table des gens riches.

Il n'y a moyen de distinguer ces fêtes les unes des autres que par le nombre des accidents qui y arrivent ; — il n'y a eu cette fois qu'un cuirassier de tué ; — la précédente avait coûté la vie à deux hommes.

QUESTION DES HANNETONS. — De toutes les parties de la France — on écrit : « Les arbres sont dépouillés par les hannetons, que depuis bien longtemps on n'avait vus en nombre aussi formidable. » — Suivent les lamentations.

En effet, — en plein mois de mai, — on voit des arbres aussi dépouillés de feuilles que l'hiver. Le soir, les hannetons volent en si grande quantité, que le bruit de leur vol force d'élever la voix pour causer.

Certains arbres en sont tellement couverts, — ils s'y pendent si pressés en forme de feuillage brun, qu'un homme étranger à la campagne, au lieu de dire : « C'est un prunier, c'est un hêtre, — c'est un chêne, » — dirait : « C'est un hannetonnier. »

Cela me rappelle un pauvre diable que l'on mit une fois en route pour l'Italie. — Après lui avoir persuadé que la végétation était sur cette terre bénie toute différente de ce qu'elle est dans les autres pays, que les arbres y produisent naturellement une foule d'objets qui ne naissent en France qu'à force de travail et de main-d'œuvre : « Tu y verras, lui disait-on, — le saucissonnier, c'est-à-dire l'arbre qui produit des saucissons, — la variété à l'ail est fort rare ; — tu y verras le bretellier, c'est-à-dire l'arbre à bretelles, elles sont mûres vers la fin de septembre, — tu m'en rapporteras une paire ; — mais ne va pas prendre des bretelles sauvages qui ne durent rien. »

— Toujours est-il qu'il en devint fou.

N'ai-je pas quelque part déjà fait cette remarque qu'une branche de commerce s'est perdue en France ?

Je me rappelle avoir vu des enfants déguenillés courir les rues, ayant à la main des hannetons pleins un bas bleu, — et sur l'épaule une branche d'orme femelle, — et ameutant autour d'eux de jeunes chalands empressés au cri de : « V'là d'zhann'-tons, d'zhann'tons pour un yard. »

Cela vient de ce qu'il n'y a plus d'enfants. — A l'âge où on faisait voler des hannetons avec un fil à la patte, au son de cette romance que nous avons peut-être chantée les derniers : « Hanneton, vole, vole, vole ! » à cet âge aujourd'hui — on fume, — on a une canne, — on lit le journal, — on boit de l'eau-de-vie, — et on *demande* au Palais-Royal — les pièces où mademoiselle Déjazet joue les rôles les plus voisins de la nudité absolue.

AUTRES CONSIDÉRATIONS SUR LES HANNETONS. — Il y a quelques années, M. Romieu — préfet de la Dordogne — songea à détruire, du moins en partie, ce terrible coléoptère, — et donna une somme par chaque boisseau de hannetons. — C'était une mesure sage dans l'intérêt de l'agriculture ; car chaque hanneton tué aurait produit plusieurs centaines de *vers blancs* ou *mans*, qui, l'année d'après, métamorphosés en hannetons, auraient donné quelques milliers de vers blancs.

On plaisanta fort M. Romieu à ce sujet, — on en fit plusieurs caricatures — la peinture et la sculpture ont laissé des monuments de la façon dont fut appréciée cette mesure utile.

Et beaucoup de gens — de cette classe si nombreuse — qui aiment trouver de l'esprit tout fait, et qui répètent avec une charmante naïveté ce qu'ils ont entendu donner comme plaisant, — quand même, pour leur part, ils n'y comprennent absolument rien, — beaucoup de ces braves gens, s'ils entendaient nommer M. Romieu, s'écrieraient : « Ah ! oui, Romieu — hannetons — hi, hi, hi, — hé, hé, hé ! » — sans savoir à quel propos le nom de M. Romieu s'est trouvé accolé aux hannetons ; — et leurs auditeurs se mettraient à rire, sans comprendre plus qu'eux, et s'empresseraient à la première occasion de répéter la plaisanterie, qui ne manquerait pas d'avoir encore le même succès.

🐜 UNE ILLUSTRATION. — Je trouve dans le *Moniteur* un sujet de se féliciter pour ceux qui aiment la gloire de leur pays : — le roi vient de nommer chevalier de l'ordre royal de la Légion d'honneur — M. BASIN DE ROCOU — *homme de lettres.* Cette distinction nous révèle un écrivain sans contredit supérieur à mon ex-ami M. de Balzac — puisque celui-ci n'est pas encore décoré, sans quoi il faudrait douter de la sagesse du roi en fait de littérature et de décorations. — Je ne sais seulement par quelle fatalité, humiliante pour moi, je me trouve ne rien connaître absolument de M. Basin de Rocou — si ce n'est qu'il vient d'être nommé par le roi chevalier de l'ordre royal de la Légion d'honneur.

🐜 M. DE LAMENNAIS. — J'ai déjà reçu beaucoup d'injures et de menaces à propos de M. de Lamennais. — On sait le cas que je fais des unes et des autres. — Je me permettrai donc encore cette fois de citer ces paroles d'un prêtre chrétien que je trouve dans un nouveau livre de M. de Lamennais.

Après une appréciation dure, — exagérée, ridiculement emphatique des hommes aujourd'hui au pouvoir, — appréciation cependant juste sous quelques rapports, il s'écrie :

« Et le peuple livré à cette race d'hommes, — le peuple qui la souffre, qu'en dire ?

» M. de Bonald parle beaucoup de résistance passive, il ne permet que celle-là. — La résistance passive est la résistance du cou à la hache qui tombe dessus.

» Peut-être l'emploi de la force est-il nécessaire aujourd'hui, car on ne doit pas la laisser à jamais du côté du mal. »

Puis, quand il a jeté ces paroles provocantes, ces paroles d'insurrection, de haine et de sang, — à une époque agitée comme celle-ci, à une époque où tout cela germe si vite et si cruellement dans les cerveaux qui, faisant leur éducation politique dans les estaminets, arrosent chaque pensée de ce genre d'une gorgée de café et d'eau-de-vie, il ajoute avec une hypocrisie jésuitique :

« Mais il faut que ce soit la miséricorde qui tienne l'épée. »

J'ai trouvé dans ce livre, entre autres choses contre lesquelles j'aurais un blâme bien plus sévère encore, si M. de Lamennais, ce prêtre qui n'est ni catholique ni chrétien, n'était pas en prison, — une pensée juste et bien exprimée que voici :

« Il y a des esprits si stériles, qu'il n'y pousse pas même de bêtises ; — il s'y en trouve cependant, mais elles y ont été transplantées. »

En voici une autre assez belle, — si ce n'est qu'elle devient un non-sens, appliquée à l'époque d'aujourd'hui, où il n'y a plus de pouvoir et où le prêtre écrit des livres pareils à ceux de M. de Lamennais :

« L'histoire, qu'est-ce? le long procès-verbal du supplice de l'humanité : — le pouvoir tient la hache, et le prêtre exhorte le patient. »

Disons encore à ce sujet que, s'il est une chose bêtement immorale, — c'est le prestige dont on entoure de ce temps-ci tout homme qui subit les rigueurs de la justice, dès l'instant qu'on peut donner à sa condamnation une couleur quelque peu politique.

On envoie des adresses à M. Lamennais, et M. Lamennais répond : » La prison m'était due pour avoir défendu les cœurs justes. — J'y suis entré avec une grande joie. »

Je lis dans le *Siècle* un éloge funèbre ainsi conçu : « M. Jules Olivier, juge au tribunal de Grenoble, vient de mourir dans un âge peu avancé. M. Jules Olivier avait été tout récemment en butte aux rigueurs du gouvernement. »

On ne se donne même plus la peine d'arguer lesdites rigueurs d'injustice; — non, il suffit pour la gloire d'un homme qu'il ait été en prison.

Que pensez-vous qu'il arrive de cette glorification de la prison?

STEEPLE-CHASE. — Voici quelques phrases que je copie dans un journal français, relativement à une course faite en France et par des chevaux appartenant à des Français : — « New betting room stakes. — Two years old atakes. — Les sportmen — le stud-book. — Les gentlemen riders turf — sport — STEEPLE-CHASE. »

Tout homme qui a un cheval, un tiers de cheval, — car il y a des gens qui ont un tiers de cheval de course, comme un tiers de charge d'agent de change, — tout homme qui parie, tout homme qui veut faire semblant d'avoir un cheval, tout homme qui veut faire semblant de parier, s'efforce de ne parler qu'anglais. — C'est un ridicule qui passera comme passent les ridicules, — quand il sera détrôné par un autre.

MM. LES DÉPUTÉS. — A propos du baptême du comte de Paris, — déjà flagorné et insulté par les journaux selon leur couleur, — le ministre de l'intérieur a fait frapper des médailles : quelques-unes en or pour la famille royale; d'autres en argent pour quelques hauts dignitaires. — Celles de MM. les députés étaient en bronze, économie suffisamment expliquée par leur nombre de plus de quatre cent cinquante.

Beaucoup d'entre eux, — considérant que la médaille en argent, qui coûte au ministère vingt-cinq francs, pouvait avoir une valeur intrinsèque d'une dizaine de francs, — se sont agités jusqu'à ce qu'on leur ait donné une médaille d'argent.

Du reste, la session est finie de fait, et MM. les députés assiégent les ministères de demandes de toutes sortes; et on se tromperait fort si on croyait que les députés des oppositions sont les moins âpres à cette curée.

Voici, à ce sujet, une petite anecdote :

M. Dugabé est gendre de madame..., propriétaire de la cité Berryer, passage situé à côté de l'église de la Madeleine. Madame..., pour donner un peu de mouvement à sa cité, a pensé qu'il serait excellent d'y construire un théâtre. — Elle a fait demander le privilége avec beaucoup d'instances par M. Dugabé, se contentant, dit-on, du bénéfice apporté à son quartier, et abandonnant à son gendre le produit du théâtre, qu'on devait louer quinze mille francs. — On assure que M. Berryer en a dit quelques mots, et que l'importance du pétitionnaire avait rendu tout d'abord le ministre très-favorable à la demande; — mais on a ensuite pensé que, lors de l'ouverture de l'église, le curé ne manquerait pas de trouver inconvenant le voisinage aussi proche d'un théâtre, et que, si on s'avisait alors de supprimer le théâtre, on crierait au jésuitisme, au parti prêtre, etc.; c'est pourquoi on a refusé le privilége, c'est pourquoi — M. Dugabé a prononcé à la Chambre deux discours contre l'administration.

🐝 UN MOT DU ROI. — Voici un mot du roi Louis-Philippe, qui est plus juste que constitutionnel : — « MM. les députés sont quatre cent cinquante; — mais j'ai pour moi l'unité. »

🐝 VÉRITABLE HISTOIRE DE L'INFANTE ISABELLE. — *Comme quoi un jeune Polonais est devenu neveu de la reine de France et de la reine Christine.* — On a souvent plaisanté amèrement dans plusieurs journaux légitimistes et républicains sur les difficultés que rencontrait le roi Louis-Philippe pour l'établissement de sa nombreuse famille. Voici cependant une nouvelle alliance qui s'est faite et conclue non-seulement sans qu'il se soit donné pour cela aucune peine, mais encore à peu près malgré lui.

M. le comte ....ski, — j'espère que ces trois lettres sont fort discrètes, attendu qu'elles appartiennent aux deux tiers des Polonais, — était connu dans le monde comme un assez joli homme, élégant et *comme il faut*, et ami de M. le marquis de C***. Rien jusque-là n'avait fait présager qu'il dût devenir aussi prochainement neveu de deux reines, d'autant qu'il passait pour avoir peu de penchant au mariage.

L'infante dont on a tant parlé par ces derniers temps — est fille de don François de Paule, infant d'Espagne, domicilié à Paris, hôtel Galiffet ; — et, par suite d'une généalogie aussi longue que celle de la Genèse, nièce de la reine Amélie de France, et de la reine Christine d'Espagne. — Aussitôt l'enlèvement connu, on mit à la poursuite de la princesse le gouverneur des infants, qui rejoignit le couple à Namur, où il trouva l'appui des autorités prévenues par le télégraphe. — On laissa, ou plutôt on fit échapper le comte …ski ; — et le gouverneur annonça à l'infante qu'il allait la ramener à Paris.

— Monsieur, lui dit-elle avec beaucoup de calme et d'autorité, je ne pense pas que vous ayez l'intention de porter la main sur moi. — Eh bien ! je ne vous suivrai qu'après que vous m'aurez donné votre parole d'honneur de respecter une condition que je mets à mon obéissance.

— Quelle est cette condition, mademoiselle ?

— Monsieur, je suis comtesse ….ski ; — ma condition est celle-ci : vous me reconduirez directement chez mon père, — et vous ne me renverrez pas au couvent.

— Je vous le promets.

— C'est bien, partons.

On part, on arrive ; l'infant refuse de recevoir sa fille.

— Que faire ? Si vous vouliez retourner au couvent ?

— Non, monsieur, je ne retournerai pas au couvent.

— Mais où voulez-vous aller ?

— Cela m'est égal, pourvu que ce ne soit pas au couvent.

— Je suis fort inquiet.

— Moi, je suis fort tranquille, j'ai votre parole que vous ne me renverrez pas au couvent.

— Ma foi, je ne vois qu'une chose : c'est de vous conduire au ministère de l'intérieur, puisque c'est du ministère de l'intérieur qu'est venu l'ordre de vous arrêter.

— Comme vous voudrez.

On arrive au ministère de l'intérieur. — M. Duchâtel est à Chantilly — ou ailleurs ; — le sous-secrétaire d'État est également absent ; — il n'y a absolument que M. Mallac, secrétaire particulier de M. Duchâtel. Le gouverneur lui expose son embarras.

M. Mallac n'est pas moins embarrassé.

— Que voulez-vous que je fasse de l'infante ? dit-il au gouverneur.

— C'est justement la question que je viens vous faire pour mon compte, répond le gouverneur.

— Il faut que vous retourniez près de don François de Paule.

— Je le veux bien.

M. Mallac fait ouvrir à l'infante les appartements de madame Duchâtel, qui est à la campagne avec son mari, et la confie aux soins de mademoiselle ***, amie de pension de madame Duchâtel, qui l'a gardée auprès d'elle, se réservant ceux de faire fermer les *portes* et les *fenêtres*. Le gouverneur revient avec un nouveau refus de l'infant.

— Allons, — allons, — dit M. Mallac, il faut la décider à retourner au couvent.

— Mademoiselle, lui dit-il, votre père refuse de vous recevoir ; — dans cette situation, vous n'avez d'autre asile convenable que le couvent.

— Vous vous trompez, monsieur, répondit l'infante avec dignité, j'ai un asile sûr et honorable auprès de mon mari, — M. le comte ....ski.

— Mais, mademoiselle, vous savez bien que votre mariage...

— Monsieur, quelques heures après mon évasion, nous avons trouvé, dans un village, un prêtre qui nous a mariés.

— Ce mariage manque de toutes les formalités, mademoiselle.

— Monsieur, je suis au moins mariée devant Dieu ; — je suis comtesse ....ski, et vous m'obligerez en m'appelant ainsi. — On a beaucoup parlé de mon aventure, n'est-ce pas ?

— Je ne vous cache pas, madame...

— Je le savais, il y a eu du scandale ; j'en suis désolée, mais c'était le seul moyen d'arriver à mon but ; — ma mère savait que j'aimais M. le comte ....ski, — je le dis sans rougir, parce que je suis sa femme maintenant. — C'est pour cela qu'elle m'a mise dans cet affreux couvent, d'où j'ai risqué ma vie pour m'échapper, car j'ai descendu d'une fenêtre de trente pieds de haut avec des draps et des serviettes ; — je n'y retournerai pas, parce que j'y mourrais. — Qu'y a-t-il de nouveau en Espagne, monsieur ?

— Madame, Espartero est régent.

— Cela va désoler ma mère ; elle avait rêvé la régence pour mon père ; — pauvre femme ! elle s'aveuglait, cela lui irait si peu. — Ma tante Amélie a dû être bien fâchée contre moi ?

— On dit qu'elle a été fort triste de ce qui est arrivé.

— J'en suis désolée. Et ma tante Christine ?

— Elle est arrivée à Paris.

— Monsieur, faites-moi, je vous prie, donner un mouchoir.

M. Mallac s'empresse d'obéir à l'infante.

— Savez-vous, monsieur, ce qui m'a trahie et ce qui m'a fait reconnaître ? — rien autre chose que mes maudits cheveux roux ; — si je pouvais au moins en accuser quelque chose de moins laid ; — n'est-ce pas que c'est affreux ?

M. Mallac cita Rubens, qui aimait à donner cette nuance aux cheveux de ses héroïnes, et la plupart des peintres, qui, plus justes appréciateurs de la beauté que le vulgaire, ont pour les cheveux ardents une affection particulière.

Sur ces entrefaites, M. Duchâtel arrive ; — on demande M. Mallac ; — M. Mallac va lui raconter la chose.

— Il faut la décider à retourner au couvent.

— C'est impossible.

— Il faut la renvoyer chez le père.

On envoie encore le précepteur, plus que jamais dans l'embarras.

Il revient avec un nouveau refus de recevoir l'infante, mais avec un consentement formel à son mariage avec le comte ....ski.

— L'infante, à cette nouvelle, saute de joie.

— Je vais donc être rendue à mon mari.—Allons, monsieur, donnez-moi mes passe-ports — et demandez des chevaux.

Mais il n'y a point de passe-ports au ministère de l'intérieur ; on va prendre les ordres du roi ; le roi répond : « Donnez-lui ses passe-ports, — mais je ne veux pas qu'ils partent du ministère de l'intérieur : j'aurais l'air d'avoir donné mon approbation à ce singulier mariage ; envoyez le passe-port chez don François, c'est lui qui le fera donner à sa fille. »

L'infante s'est mise en route.

La reine Amélie a dit, dans sa naïveté de femme simple, honnête et bonne qu'elle est : « Ce qui me console, c'est qu'il y avait deux lits dans la chambre où on les a arrêtés. »

🐜 Dans ce roman réel, — si rare dans la vie, où les romans n'ont qu'un premier volume, — ce n'est pas le Polonais qui est mon héros. — Tout mon intérêt se porte sur la jeune femme animée d'une passion si vraie et si profonde, d'une croyance si absolue ; si forte de son amour. — Et je songe avec tristesse que tout cela doit finir par un cruel désillusionnement.

— Don François n'est pas riche, et d'ailleurs ne paraît pas disposé à négliger un des plus magnifiques prétextes que puisse trouver un père pour marier sa fille sans dot. On pense que le comte ....ski va aller offrir à Espartero les services du neveu de la reine Christine et de la reine Amélie.

🐜 La question adressée à M. Mallac par l'infante d'Espagne me rappelle une mésaventure arrivée à un dramaturge obscur à propos d'une cantatrice de second ordre, qui a les cheveux

roux, — mais qui n'en convient pas. — Le pauvre diable avait
fait laborieusement un éloge des cheveux roux.

« Apollon, — dit-il dans sa lettre, — avait les cheveux roux
comme Jésus-Christ et comme sainte Magdeleine. — La nature
avare, qui a caché les pierreries dans le sein de la terre et les
perles au fond des mers, a rendu rares les plus belles choses.
— La rareté des cheveux roux en signale le mérite. — Il n'y a
que deux couleurs de cheveux : — le noir et le roux. — Le blond
est au roux ce que le châtain est au noir ; le blond est un roux
incomplet et manqué.

» Le roux est de la couleur de l'or et du feu, — de l'or, le
plus précieux des métaux ; — du feu, le plus puissant des éléments, » etc., etc.

Il y en avait sept ou huit pages, que je veux bien vous épar-
gner.

La dame répondit : « Il est possible, monsieur, que votre
lettre soit spirituelle et qu'elle soit agréable à quelque femme,
si vous en connaissez qui ait les cheveux de la couleur que vous
préconisez si fort. *** »

« P. S. Je ne pourrai me trouver au souper auquel vous
m'aviez invitée, — j'ai m'a migraine. »

M. VILLEMAIN. — « Que l'on est donc méchant dans le
monde ! disait l'autre jour M. Villemain : voilà déjà que l'on veut
nuire à mes pauvres petites filles : on répand le bruit qu'elles
me ressemblent. »

MADEMOISELLE FITZJAMES. — Mademoiselle Fitzjames
est une danseuse très-maigre, qui a une plus grande influence
politique qu'on ne le croit généralement. — L'autre soir, en la
voyant danser avec une écharpe de gaze, — quelqu'un a dit :
« On dirait une araignée qui danse avec sa toile. »

M. MOLÉ. — Le jour du grand dîner de trois cents couverts donné pour le baptême du comte de Paris, — on a oublié

d'inviter M. Molé, — qui a cependant donné à dîner au roi, à Champlâtreux.

🐝 HUMBLES REMONTRANCES A MONSEIGNEUR DE PARIS. — C'est une bizarre chose aujourd'hui qu'une promenade du roi au travers de ce peuple qui a laissé dire pendant tant de temps à ses poëtes qu'il adorait ses rois. L'art militaire n'a pas d'études, la stratégie n'a pas de secrets qu'on n'emploie pour protéger la rentrée et la sortie de Louis-Philippe; — les sentinelles avancées, les marches, les contre-marches, toutes les ruses de guerre sont mises en usage pour faire prendre l'air à Sa Majesté. — Je ne sais si Turenne ou Napoléon, s'ils étaient encore de ce monde, deux hommes qui en leur temps passaient pour entendre quelque chose à l'art de la guerre, — j'en parle par ouï-dire, je ne m'y connais pas; — je ne sais s'ils se chargeraient sur leur tête de faire, sans danger, promener le roi de France pendant une heure au milieu de son peuple. Quand le roi doit sortir, on fait maintenant une haie de soldats du côté opposé à celui qu'il doit prendre, puis on change brusquement de route.

On lit dans les journaux :

« Après la cérémonie, vers midi et demi, au moment du retour, les gardes municipaux et les sergents de ville ont ouvert le passage sur le quai aux Fleurs, le pont au Change et les quais de la rive droite, en forçant la foule à reculer. Le public, pensant alors que le cortége suivait ce chemin, s'est porté de ce côté; mais alors le cortége a passé devant la Morgue; il a suivi le quai des Orfévres, le pont Neuf, les quais de là Monnaie et Malaquais, le pont du Carrousel et le quai des Tuileries. A une heure, le roi était rentré au château. »

On a remarqué que la voiture du roi n'était traînée que par deux chevaux.

🐝 C'est ce moment que monseigneur l'archevêque de Paris a pris pour prononcer un discours, qui aurait été fort convenable adressé à Louis XIV, mais qui a l'air aujourd'hui d'une sanglante ironie : — « Sire, a dit monseigneur Affre, — *Jésus-Christ, par le premier de ses sacrements, impose le même caractère au descendant des rois et au fils du citoyen le plus obscur.* »

Vraiment, monsieur Affre, — vous n'y pensez pas, — de venir ainsi, comme Bossuet, rappeler les rois au souvenir de la condition humaine, la même pour tous ; — de leur rappeler par des paroles sévères qu'ils ne doivent pas se laisser éblouir par la splendeur de leur rang, ni enivrer par l'encens qu'on leur prodigue ;

De les prier ainsi de se souvenir des autres hommes, et de les vouloir prendre en compassion et en miséricorde.

O saint homme ! qui traversez ainsi la vie, les yeux sur la pointe de vos souliers, sans regarder ni devant vous, ni à droite ni à gauche, — et ne vous apercevant, dans votre pieuse contemplation, de rien de ce qui se passe, de rien de ce qui s'est passé depuis cinquante ans.

Ce n'est plus le temps où les rois étaient adorés, et où La Bruyère lui-même, — ce moraliste frondeur, disait de Louis XIV : « Le roi n'a pas dédaigné d'être beau, afin de réunir en lui toutes les perfections. »

Votre discours, monseigneur, ressemble singulièrement à un vieux cantique à la Vierge que chantent encore aujourd'hui les marins de nos côtes de Normandie :

Quelqu'effort que le *Turc* fasse,
Nous nous moquerons de lui,
Et braverons son audace
Par votre invincible appui.

Vous n'avez donc pas compris, — monseigneur, — cet abaissement où est tombée la royauté aujourd'hui, tel que vous auriez

dû retourner vos paroles, — et recommander les rois à la clémence et à la merci des peuples.

Est-il un homme qui chaque jour soit aussi cruellement et
aussi impunément insulté que le roi de France? — ne savez-
vous pas qu'au moment où vous parliez on jugeait le quatrième
assassin du roi? — et l'enfant que vous baptisiez, tandis que
quelques journaux le traitaient assez ridiculement de monseigneur, presque tous ne lui donnaient-ils pas déjà aussi comme
un baptême de railleries et d'invectives?

Demandez à vos vicaires moins distraits, monseigneur, et ils
vous diront que la royauté est aujourd'hui la royauté insultante
dont on aggrava le supplice de Jésus-Christ, — une couronne
d'épines sur la tête, — un roseau pour sceptre, — et des soufflets sur le visage.

Il faut absolument, monseigneur, faire aujourd'hui soi-même
ses discours ; — et, quelque beaux que soient les modèles de
l'éloquence de la chaire, il les faut abandonner, car ils parlaient de choses qui ne sont plus.

Les temps sont accomplis, — monseigneur ; — les opprimés
ont escompté les consolations de l'Évangile : *les derniers sont
devenus les premiers*, sans attendre pour cela la vie future ; —
et les *pauvres d'esprit*, auxquels on avait promis le *royaume du
ciel*, l'ont vendu — comme Ésaü son droit d'aînesse pour un
plat de lentilles, — et se sont emparés des royaumes de la
terre, où ils s'en donnent à cœur joie.

LES LIVRES. — La longue plaisanterie du gouvernement représentatif suit toujours son cours. — Les fortifications
votées sont en pleine activité. — M. Thiers, qui ne trouvait
rien de si facile que de nourrir Paris assiégé avec le double de
sa population ordinaire, — devrait bien se charger en ce moment de résoudre une question de quelque gravité, sur laquelle
M. de Lespinasse et un ou deux de ses collègues ont essayé
inutilement d'attirer l'attention de la Chambre.

Depuis plusieurs années, la consommation de la viande diminue à Paris dans une proportion d'autant plus remarquable, que la population a, au contraire, considérablement augmenté. — La viande est arrivée à un prix tellement exorbitant, que les ouvriers qui, plus que personne, auraient besoin d'une nourriture forte et substantielle, — sont obligés de s'en abstenir presque entièrement, et qu'il a été découvert qu'il se mangeait à Paris une horrible quantité de viande de cheval.

Je suis peu indulgent pour les prétentions sottement encouragées par une partie de la presse, — qui pousse les ouvriers à demander des droits politiques ou d'injustes augmentations de salaires : — mais j'ai toujours élevé la voix plus haut qu'aucun de ces estimables carrés de papier — quand il s'est agi de souffrances réelles.

Sous prétexte d'encourager et de soutenir l'agriculture en France, — on grève de droits si énormes les blés et les bestiaux étrangers, — qu'il n'y en peut entrer, parce que, dit-on, les éleveurs et les cultivateurs français ne pourraient soutenir la concurrence. — J'ai entendu M. Bugeaud, agriculteur distingué, dire à la Chambre des députés : « J'aimerais mieux voir entrer en France une armée de Cosaques qu'un troupeau de bœufs étrangers. » — Et personne n'a dit à M. Bugeaud : — « Parce que c'est à la fois pour vous un métier profitable, et d'aller vous battre contre les Cosaques, et de vendre cher les bœufs de vos prairies de la Dordogne ! »

Je comprendrais, — à la rigueur, — s'il s'agissait de quelque industrie dans l'enfance, que l'on voudrait acclimater dans le pays, que l'on pût, *pendant un nombre d'années limité,* protéger les efforts encore incertains de cette industrie, jusqu'à ce que nos compatriotes eussent acquis l'expérience et l'habileté nécessaires pour produire avec les mêmes avantages que les étrangers. — Mais, le temps fixé écoulé, il faudrait dire aux gens : — « Le pays ne peut pas prolonger davantage ses sacri-

fices ; — si vous n'êtes pas arrivés au même degré que vos concurrents de l'étranger, tant pis pour vous : — c'est que vous
avez manqué d'intelligence ou d'activité, — ou que le pays
manque des éléments nécessaires. »

Mais l'agriculture n'est pas, que je sache, une invention nouvelle, — pas plus que la viande n'est une nourriture récemment
découverte.

Si nos éleveurs ne peuvent donner leurs produits au même
prix que les étrangers, — on ne peut sacrifier, non pas seulement les intérêts, mais la santé de toute la classe ouvrière et de
toute la classe pauvre, aux intérêts des éleveurs.

Cette protection, qui consiste à payer plus cher les produits du
pays qu'on ne payerait ceux de l'étranger, et à ne pas profiter
de ceux-ci, — n'a de prétexte qu'autant que cela ne dure-
rait que pendant un temps limité, — et que cela aurait pour
but d'arriver à pouvoir donner les produits indigènes à un prix
inférieur à celui des produits exotiques ; — car, si le prix n'était
qu'égal, on serait en perte de tout ce qu'on aurait payé de trop
pendant tout le temps de l'apprentissage de l'industrie protégée.

Et peut-être, dans ce cas-là, — serait-il plus sage et plus
honnête de donner aux éleveurs des encouragements en argent
pris sur d'autres impôts, pour compenser la perte momentanée
qu'ils éprouveraient en donnant leurs produits aux mêmes prix
que ceux des étrangers.

Mais quand cette situation devient permanente ; quand il faut
payer dix sous de plus par livre la gloire de manger le bœuf de
sa patrie, au lieu de manger le bœuf de l'étranger ; — quand,
surtout, plusieurs générations d'ouvriers et de pauvres doivent
ne pas manger de viande, s'étioler et souffrir, et n'avoir pour
consolation que la pensée que leurs compatriotes plus riches
mangent de la viande française, — je trouve cela un fricot médiocre, et je ne puis m'empêcher de dire que ce système de protection est une monstrueuse sottise et une niaiserie infâme.

🐜 Mais les choses seront ainsi, ou pis encore, tant qu'on n'aura pas compris que les impôts devraient peser, non pas sur les choses de première nécessité, mais sur tous les luxes, quels qu'ils soient ; — que le pain, — la viande, — les vins du peuple, devraient en être exempts, — et qu'on devrait en grever les vins fins, — les voitures, — les chevaux de luxe, — que ce serait un impôt raisonnable que celui qui s'établirait sur les gants, sur certaines étoffes, — sur les chapeaux, etc.

Je sais qu'il y a eu autrefois en Angleterre, — et je ne sais si cela existe encore, — un impôt sur la poudre à poudrer, qui était d'un assez grand produit, parce qu'on tirait à vanité de faire poudrer les domestiques.

Une loi qui établirait qu'on peut porter gratuitement une veste, — mais que, si on y ajoute derrière deux pans pour en faire un habit, on sera soumis à un impôt de tant par année, — suffirait pour remplir les coffres de l'État.

Et au moins une partie du peuple cesserait de payer sa part d'impôts en abstinence, en jeûne et en maigreur.

🐜 Cette question, la plus grave, sans contredit, de la session, — n'a pas obtenu un quart d'heure d'attention ; — le ministère a dit : « Nous verrons plus tard, »—et tout a été fini.

Il n'y a de questions réellement graves à la Chambre que celles qui peuvent ramener ou renverser un ministère.

Mais nos représentants ne sont occupés en ce moment que de retourner dans leurs foyers, suffisamment munis des bureaux de tabac, — des ponts, — des routes, — des bourses dans les colléges, — des priviléges de toutes sortes que leurs électeurs leur ont fait promettre pour prix de leur voix, — et tout en leur recommandant l'indépendance et l'incorruptibilité.

🐜 Et la question si importante de la subsistance est ajournée ; — tout ce que MM. les députés vont faire pour le peuple en cette occurrence —sera de bien boire et de bien manger dans divers gueuletons dits patriotiques, et de porter des toasts

à son affranchissement et à l'extension de nos droits politiques.
— Je voudrais bien qu'on y comprît le droit de manger — autrement que par représentants.

🐝 LES JOURNAUX. — M. Duchâtel a dit à la Chambre :
— « Tout le monde convient que le gouvernement a besoin d'un journal. »

Je suis, à ce sujet, parfaitement de l'avis de M. Duchâtel; seulement, je crains bien que nous n'entendions pas ce besoin tout à fait de la même manière.

Outre la faveur qui s'attache en France à tout ce qui est contre le pouvoir, — outre l'esprit fanfaron du plus grand nombre des gens qui se croient braves et audacieux de lire sans danger, au coin du feu, un journal qui attaque le gouvernement, — la presse systématiquement opposante et dissolvante se répand sous toutes les formes, se glisse dans les masses par le bon marché.

Pendant ce temps, le gouvernement actuel, inventé par le journalisme et perpétuellement menacé dans son existence par celui qui l'a créé, — sent le besoin d'avoir *un* journal ; — il en a trois : — le *Moniteur*, — le *Journal des Débats* et le *Messager*. — L'un des trois est le plus cher et le moins répandu de tous les journaux; — les deux autres sont entre les plus chers après lui et les moins répandus.

Ces trois journaux ne sont lus que par des gens qui, par leurs idées, leur position et leurs intérêts, appartiennent au gouvernement. — Ils ne parlent qu'à des gens d'avance convaincus ; — ils y lisent les réponses à des attaques contre le gouvernement, qu'ils n'avaient pas lues et qu'ils apprennent par là ; — tandis que ceux qui ont lu ces attaques dans les journaux de l'opposition ne lisent jamais une ligne des journaux du gouvernement.

Cela fait un jeu peu divertissant et ressemblant beaucoup à ce qui arrive aux gens qui mangent de ces bonbons appelés *demandes* et *réponses*, — que l'on vend au poids et au hasard, —

de telle sorte qu'une personne a quelquefois toutes les *demandes*, et que c'est une autre qui a toutes les *réponses*.

Certes, le gouvernement, au lieu de payer clandestinement certaines plumes et certains journaux plus ou moins indépendants, pourrait avoir un journal à lui, un journal le plus riche, le plus répandu, le plus recherché de tous, avec les sommes qu'il jette honteusement dans la presse. — On a vu le succès de la presse à bon marché : les journaux à quarante francs se partagent plus d'un million de lecteurs. Pourquoi le journal du gouvernement n'est-il pas à vingt francs? — pourquoi n'attache-t-on pas par des liens avoués et honorables à sa rédaction les écrivains les plus habiles et les plus aimés du public?

Tout cela serait facile, — mais *quos vult perdere Jupiter dementat*.

Ainsi, dans l'affaire des lettres attribuées au roi — tous les journaux en ont produit des extraits ; — des brochures de toutes sortes ont circulé en grand nombre dans les départements ; — la défense du roi a été mise — dans un des deux journaux que personne ne lit.

A la Chambre, on avait annoncé que M. Guizot parlerait des fameuses lettres ; — il a parlé à côté.

Le bon M. Auguis — a principalement séduit ses électeurs par la simplicité qui préside habituellement à sa toilette — et ils l'envoient à la Chambre pour appliquer au gouvernement de la France l'économie qu'il apporte dans son extérieur. La session presque finie, il a cru devoir faire son examen de conscience et s'est demandé à lui-même contre quel luxe abusif il s'était élevé ; — il a alors songé à son embarras quand ses électeurs, à l'époque des gueuletons représentatifs, l'appelleraient comme Dieu appela Adam après sa faute, — Adam, *ubi es?* — et lui demanderaient compte des économies qu'ils l'ont envoyé faire à la Chambre basse.

Il a vu avec terreur qu'il avait laissé passer les meilleures occasions; et cependant, décidé à demander une économie sur n'importe quoi, il est monté à la tribune et a déclaré à la face de la France que les animaux du Jardin des Plantes mangeaient trop.

Il a demandé positivement qu'on les fît empailler, par économie, — attendu que c'est une dépense une fois faite. Dans sa farouche indépendance, M. Auguis a déjà bien des fois attaqué l'existence d'autres hôtes du Jardin des Plantes, et on n'a pas oublié ses violentes philippiques contre les singes et contre leur *palais*.

Voici le dénombrement des partis qui existent en Espagne : parti libéral, — parti carliste, — parti exalté, — modéré, — progressiste, — rétrograde, — monarchiste, — républicain, — catholique, — fanatique, — sanguinaire, — constitutionnel soi-disant, — unitaire, — trinitaire, — chaussé, — déchaussé, — absolutiste illustré, — absolutiste ténébreux, — etc.

Il faut y joindre encore le parti des apothicaires; car, dans la Chambre des députés de Madrid, sur deux cent quarante membres, on compte quatorze pharmaciens.

Je suppose que vous avez un frère illustre par ses vertus, par ses talents, ou sans qu'on sache pourquoi. — Comme beaucoup d'autres, — ce frère s'appelle François Tartempiou. Vous vous nommez Alfred ou Edgard Tartempiou.

Vous vous présentez ou l'on vous présente dans une maison.

On annonce M. Tartempiou. A ce nom européen de Tartempiou, tout le monde se retourne; — le quadrille commencé s'arrête; un beau danseur manque son *cavalier seul*. — On murmure le nom de Tartempiou. « Ah! Tartempiou vient ici? » Les femmes jettent un regard de côté dans une glace.

Mais un monsieur dit :

— Ce n'est pas là Tartempiou. Je le connais beaucoup. — J'ai dîné avec lui avant-hier. — On a cependant annoncé M. Tartempiou.

—Oui, mais c'est son frère!

—Ah! ce n'est que son frère?

— Ce n'est rien, c'est son frère.

Et tout le monde est déjà mal disposé pour vous.—Il semble que vous les avez attrapés. — Ils vous siffleraient volontiers.

🐜 Le *public* est irrité comme celui d'un théâtre de province sur les portes duquel on avait affiché : « La *Dame blanche*, opéra en trois actes; paroles de M. Scribe, musique de Boiel-dieu. »

On entre en foule. On lève le rideau. Un acteur s'avance et dit : « Que les cors se fassent entendre! Chez les montagnards écossais on donne volontiers l'hospitalité. »

Un peu après, un autre personnage dit : « C'est réellement un état fort agréable que l'état militaire. »

— Ah ça! dit un spectateur qui avait entendu la pièce à Paris, il y avait des couplets : « Ah! quel plaisir! ah! quel plaisir d'être soldat! »

La remarque circule; on siffle, on crie, on hurle, on demande le régisseur. Le régisseur s'avance, fait ses trois saluts et dit :

— Que veulent ces messieurs?

— La musique!

— Pardon, vous n'avez pas lu l'affiche; elle porte ceci, en caractères un peu fins, il est vrai : « Un dialogue vif et spirituel remplacera la musique, qui nuit à l'action. »

🐜 Le public du salon où vous entrez est trompé : il croyait avoir un personnage illustre, et ce n'est que son nom, ce n'est que vous.

Un peu décontenancé d'abord, vous vous remettez cependant bientôt; vous invitez une femme à danser, vous dansez de votre mieux; elle vous dit :

— Votre frère ne danse pas, n'est-ce pas?

— Non, madame.

— J'en étais sûre : les hommes supérieurs n'aiment pas la danse.

La contrariété vous anime, vous êtes plus spirituel que d'ordinaire, vous trouvez des mots heureux, vous les dites sans en trop rire vous-même : vous croyez vous être réhabilité. — La maîtresse de la maison vous dit :

— Ah! monsieur; monsieur votre frère a bien de l'esprit. Il n'a donc pas pu venir?

— Non, madame.

— Je comprends, — ses moments sont précieux; il n'a pas voulu venir s'ennuyer ici.

— Eh bien! et moi, — pensez-vous, — et mes moments donc : ils ne sont donc pas précieux? — Ce qui ennuierait mon frère est donc trop bon pour moi?

Vous prenez un fiacre, le cocher vous rançonne.

Vous raisonnez, il vous bat; vous prenez son numéro, le citez chez un commissaire; — le commissaire demande le nom du plaignant.

— Tartempiou.

Le commissaire sourit et s'incline.

— Ah! ah! le grand Tartempiou! — donnez-vous la p.... Il avance un siége.

— Non, monsieur; son frère.

— Ah! très-bien!

Et il retire son siége. Le cocher réclame cinq francs.

— Monsieur, je ne serais pas venu ici pour cinq francs; mais il faut cependant punir ces gens-là; c'est cinq francs qu'il veut me voler.

— Ah! monsieur, dit le commissaire, pour cinq francs, vous ne voudrez pas compromettre le beau nom que vous portez; donnez, donnez cinq francs, et n'en parlons plus.

Un matin, votre frère daigne arriver chez vous.

— Ah! te voilà!

— Oui, monsieur.

— Oh! monsieur...qu'est-ce qu'il y a?

— Il y a que vous me déshonorez.

— Moi!

— Oui...vous avez accompagné au théâtre une femme...

— Parbleu, oui; c'est ma maîtresse.

— On vous a vu.

— Je ne me cachais pas; elle est charmante.

— On a dit et répété votre nom, mon nom.

— Ah!

— Croyez-vous que cela me soit agréable?

— Mais, mon frère, cela me l'est beaucoup à moi.

— Ne plaisantons pas. Quand on est porteur d'un nom honorable, il faut l'honorer; il ne faut plus qu'on vous voie avec cette femme.

— Tu es fou! c'est ma maîtresse; elle est jolie; je l'aime.

— Alors vous m'obligerez de ne plus venir chez moi.

Un autre jour, votre frère revient.

— Eh bien! j'en apprends de belles. Vous allez prendre une boutique?

— Ma foi, mon frère, c'est ma seule ressource : la famille a tout dépensé pour toi, personne ne m'a aidé, je veux essayer de l'industrie.

— Fi!

— Fi plutôt de la misère et de la faim! Si tu veux me donner de l'argent, je ne me ferai pas boutiquier.

— Je n'en ai pas.

— Alors laisse-moi en gagner, — ou plutôt aide-moi; — si tu veux, en me recommandant à M...., tu peux faire presque ma fortune.

— Du tout, je n'avouerai pas que j'ai un frère qui porte mon nom, un frère boutiquier, fi!

Ce nom, ce terrible nom, — illustré quelquefois par un

faquin adroit et intrigant, — c'est pour vous la robe de Nessus ; — ou plutôt c'est comme un habit qu'un ami vous aurait prêté ; — l'ami est derrière vous qui vous dit à chaque instant :

« Prends garde, tu vas verser du punch *sur ton habit*.

» Ne lève donc pas les bras comme cela, — tu vas faire craquer les entournures de l'*habit*.

» Je t'avais dit de ne pas le boutonner, — tu vas déformer mon habit.

» Ne mets donc pas la main dedans pour te poser à la Chateaubriand, — tu vas m'arracher un bouton.

» N'oublie pas de prendre une voiture, — il pleut, tu gâterais mon habit. »

Vous finissez par dire à l'ami : « Eh bien ! reprends ton habit. »

De même, un matin, vous dites à votre illustre frère — « O mon illustre frère ! tu m'ennuies considérablement avec ton nom de Tartempiou ; tu seras désormais le seul Tartempiou, tu porteras uniquement ce nom devenu trop grand et trop lourd pour moi : je ne m'appelle plus Tartempiou, je puis faire ce que je veux. — Je m'appelle Tartempioux ; l'*x* me rend la liberté et mon bonheur, et de nous sortiront deux races distinctes : les Tartempiou dont tu seras l'origine, et les Tartempioux dont je serai la souche ; et si, dans cinq mille ans d'ici, ces deux races, devenues ennemies, s'entre-déchirent ; si nos neveux, oubliant qu'ils sont cousins, s'avisent de se manger à des sauces variées, sur toi seul en retombera le crime. *Vade retro*, Tartempiou! Tartempioux n'a plus rien de commun avec toi.

Un égoïste de nos amis, — qui se croit à la fois le centre, le but et la cause de tout ce qui est et de tout ce qui arrive, disait avant-hier :

— Il n'y a qu'à moi qu'il arrive de ces choses-là !

— Qu'avez-vous donc ?

— Vous voyez bien, il pleut.

🐜 Dernièrement le danseur Barré a été mandé au couvent des Augustins, où il a été introduit chez la supérieure, où il a appris pourquoi on le faisait venir.

On venait de renvoyer le maître de danse de la maison, — parce qu'il n'avait pas su montrer aux jeunes élèves, — demoiselles comme il faut, — la danse à la mode aujourd'hui parmi les femmes élégantes, — le *cancan*; — et on priait Barré de vouloir bien le remplacer.

Il faut avouer qu'aujourd'hui l'éducation des femmes est étrangement perfectionnée, et que les femmes savantes de Molière auraient beaucoup à apprendre auprès des petites pensionnaires d'aujourd'hui.

🐜 Depuis que le roi Louis-Philippe a obtenu ses fortifications tant désirées, — il ne prend plus aucune part aux affaires et ne s'occupe de rien : il est comme un académicien qui a enfin attrapé son fauteuil et qui s'y repose.

🐜 Aux fêtes de Chantilly, les légitimistes ont pris parti avec fureur contre les chevaux du duc d'Orléans engagés sous le nom de M. de Cambis; — ils applaudissaient avec frénésie quand le prix était gagné par un cheval de lord Seymour — ou de tout autre, — et restaient tristement silencieux quand le vainqueur appartenait au prince royal.

🐜 La lutte établie contre les fêtes de Chantilly par le parti légitimiste n'a pas été heureuse. — Le soin de paraître s'amuser plus que les invités du château a beaucoup nui au plaisir qu'on a éprouvé réellement.

🐜 On a répandu le bruit que les fêtes de M. Thorn sont le résultat d'une souscription mystérieuse du faubourg Saint-Germain, qui se cotise pour avoir une sorte de club dansant. — C'est fort bête, mais cela fâche beaucoup M. Thorn.

🐜 On rencontre souvent par les rues — un dragon ou un cuirassier au grand trot. — Les fers de son cheval font jail-

lir du pavé des milliers d'étincelles. — Son sabre résonne dans
le fourreau. — On se range en toute hâte sur son passage. —
Les mères se serrent contre les murailles avec leurs enfants.

Où vas-tu, guerrier? — Où s'arrêtera ton coursier écumant?
Vas-tu sur un champ de bataille, rejoindre ton drapeau, —
donner ou recevoir la mort?

Ou, simple messager, apportes-tu la nouvelle d'une victoire
ou d'une défaite? — Demain les cloches des églises appelleront-
elles les hommes pieux et les hommes curieux à un *De profundis*
ou à un *Te Deum*?

Quelque malheur public va-t-il réjouir les employés, les ouvriers et les lycéens, en fermant les bureaux, les ateliers et les
classes pour vingt-quatre heures? — En te voyant passer si rapidement on s'interroge, et plus d'une portière songe à retirer
son argent de la caisse d'épargne.

Où vas-tu, guerrier, et d'où viens-tu?

Es-tu un messager de crainte ou d'espérance, de joie ou de
deuil?

Non, le guerrier est une estafette envoyée du ministère des
finances à la rue de la Tour-d'Auvergne, par mon ami***, employé audit établissement, pour me demander s'il n'aurait pas
par hasard laissé chez moi un parapluie vert.

Darmès, — qui a tiré sur le roi, vient d'être, par la
Cour des pairs, condamné à la peine des parricides, — c'est-à-
dire à être conduit sur le lieu du supplice et à avoir le poing
coupé, puis la tête tranchée.

MM. les pairs ont, en cette circonstance, un peu agi comme
les architectes qui, sachant qu'on leur diminuera un quart ou
un cinquième en réglant leur mémoire, mettent sur ledit mémoire
un cinquième ou un quart de plus qu'ils ne veulent avoir.

Darmès a été exécuté deux jours après son jugement.

Le roi a, dit-on, fait grâce des accessoires, c'est-à-dire de la
chemise blanche et du poing.

🐜 UN VOISIN DE CAMPAGNE. — Le roi Louis-Philippe avait près de Neuilly un voisin fort incommode. C'était un citoyen ennemi des rois en général, et du roi de Juillet en particulier, — qui offrait à la patrie toutes les tribulations qu'il trouvait moyen de faire subir au malheureux monarque.

Sa propriété, contiguë à celle du roi, consistait en un petit terrain, sur lequel il se plaisait à rassembler tous les chiens morts repêchés dans la rivière, et en général tout ce qui pouvait offenser l'odorat. — Le roi s'en plaignit à M. de Montalivet, qui prit sur lui de délivrer le parc de Neuilly de cet inconvénient ;— il alla trouver le voisin, et lui demanda s'il voudrait vendre son petit terrain.

— Non, répondit le voisin.

— Parce que?

— Parce que j'aime mieux le garder.

— Mais si on vous en offrait un bon prix?

— Je ne le donnerais pas.

— Le double, le triple de sa valeur?

— Nullement.

M. de Montalivet revint tristement rendre compte au roi du mauvais succès de sa démarche. — Le roi n'osait employer contre son voisin les moyens judiciaires qui eussent servi au dernier de ses sujets. — Il fit venir M. Legrand, directeur des ponts et chaussées, et lui fit part de son embarras. — M. Legrand y rêva un peu et trouva le projet d'une route royale que l'on fit passer au milieu du carré de terre du voisin, que l'on *expropria pour cause d'utilité publique*, — ce qui força le roi d'abandonner, de son côté, à la route, un petit coin de terre.

🐜 On lisait, ces jours derniers, dans le *National*, dans le *Journal du Peuple*, etc., etc., un article ainsi conçu :

« Avant nous, M. Alphonse Karr, *ami du château*, qui fait appeler par le roi *des choses assez singulières* les choses contenues dans les lettres de 1808 et 1809, avait inséré dans ses

Guêpes que « *si le roi avait écrit les lettres qu'on lui impute, il n'aurait plus qu'à s'en aller.* »

Il a paru à quelques personnes assez bizarre que ces estimables carrés de papier prissent précisément, pour m'intituler *ami du château*, le moment où, selon eux, — je les ai *prévenus*, eux, qui sont les *ennemis du château*, dans leur appréciation des lettres attribuées au roi.

Cela me rappelle une mésaventure arrivée, en une autre circonstance, à un autre carré de papier appelé le *Pilote du Calvados* ; — ledit carré de papier s'était donné plusieurs fois la distraction innocente de me dénoncer comme *vendu au pouvoir*, — ce qui avait fait rire assez fort les gens qui avaient l'extrême bonté de nous lire tous les deux.

Un jour, je ne sais comment il se fit que le carré de papier en question imagina de transcrire dans ses colonnes un article que j'avais fait pour blâmer avec quelque sévérité une mesure du gouvernement. Mon carré de papier du Calvados est saisi à la requête du procureur du roi du département, — moins indulgent que celui du parquet de Paris, — et on lui fait tranquillement un bon petit procès par suite duquel il est condamné à une bonne petite amende et à trois bons petits mois de prison.

La probité, l'impartialité et l'indépendance sont donc des choses bien étranges en ce temps-ci, qu'on n'y croie pas, même en les voyant, — et que leur apparition soit passée à l'état de miracles contestés par les esprits forts !

Faut-il donc que je fasse remarquer aujourd'hui à mes lecteurs, après bientôt deux ans que je cause avec eux, que je dis à chacun son fait dans l'occasion, — que je n'appartiens à aucun parti ni à aucune coterie, — que je ne suis ami que du juste, du vrai, de l'honnête et du grand, — que je ne suis l'ennemi que de l'injustice, de l'hypocrisie, de l'absurdité, de la sottise et des platitudes.

Je n'ai gagné guère à cela que d'être fort mal vu de tous les partis et de toutes les coteries, — de n'avoir l'appui de personne et de combattre seul dans la mêlée.

Je suis bien heureux, vraiment, de mon indifférence pour les clapotements que font dans les coins obscurs quelques langues contre quelques palais. — Voici, maintenant, qu'on dit et qu'on imprime que j'ai amassé des sommes énormes, que j'ai acheté un château, et que je cesse de publier les *Guêpes*.

D'ordinaire, je demeure assez sur les chemins, n'ayant pas grand'chose à faire à Paris, que je n'aime guère. — Avant cette invention, chaque fois que je quittais Paris, on racontait que j'étais en prison pour dettes. — En vain, quelque ami disait : — « Mais il est à Étretat, je l'ai mis en voiture. — Bah ! répondait-on, vous ne nous en ferez pas accroire, on sait où il est.

— Mais voilà une lettre que je reçois de lui avec le timbre de Montivilliers, qui est le bureau de poste d'Étretat.

— Allons donc, on connaît ces ruses-là.

— Mais il revient demain.

— Tarare ! »

Cette fois, tout cela est changé. — Quand je m'absente, c'est pour aller acheter un château ou une terre. — Je joue le rôle du marquis de Carabas, — et j'éblouis les gens par une fortune scandaleuse.

Tout ceci n'empêchera pas les *Guêpes* de continuer à prendre leur vol chaque mois, qu'elles sortent des roses de mon jardin de la rue de la Tour-d'Auvergne, ou des joncs qui couvrent d'un tapis d'or les côtes d'Étretat et de Sainte-Adresse.

FIN DU DEUXIÈME VOLUME.

TABLE DES MATIERES

1840

1841

Paris. — Imprimerie de A. Wittersheim, rue Montmorency, 8.

Ingram Content Group UK Ltd.
Milton Keynes UK
UKHW032040240723
425688UK00011B/46